文革史料叢刊第五輯

第三冊

李正中　輯編

只有不漠視、不迴避這段歷史，中國才有希望，中華民族才有希望！忘記歷史意味著背叛！

——摘自「文革史料叢刊·前言」

蘭臺出版社

巴金先生說在文革

受盡火與血磨煉

的人是不會沉默的

巴金先生說在文革受盡火與血磨煉的人是不會沉默的

八十又

五叟

李正中

著名中國古瓷與歷史學家、教育家。
李正中　簡介

祖籍山東省諸城市，民國十九年（1930）出生於吉林省長春市。
北平中國大學史學系肄業，畢業於華北大學（今中國人民大學）。
歷任：天津教師進修學院教務處長兼歷史系主任（今天津師範大學）。
　　　天津大學冶金分校教務處長兼圖書館長、教授。
　　　天津社會科學院中國文化研究中心主任、研究員。
現任：天津理工大學經濟與文化研究所所長、特聘教授。
　　　天津文史研究館館員。
　　　天津市漢語言文學培訓測試中心專家學術委員會主任。
　　　香港世界華文文學家協會首席顧問。
　　　（天津理工大學經濟與文化研究所供稿）
為加強海內外學術交流，應邀赴日本、韓國、香港、臺灣進行講學，
其作品入圍德國法蘭克福國際書展和美國ABA國際書展。

文革五十周年祭

百萬紅衛兵打砸搶燒殺橫掃五千年中華文史精華　　可惜

中國知識分子慘遭蹂躪委曲求全寧死不屈有氣節　　可敬

國家主席劉少奇無法可護窩窩囊囊死無葬身之地　　可歎

內鬥中毛澤東技高一籌讓親密戰友林彪墜地身亡　　可悲

2016年李正中於5.16敬祭

前言：忘記歷史意味著背叛

文學巨匠巴金說：

應該把那一切醜惡的、陰暗的、殘酷的、可怕的、血淋淋的東西集中起來，展覽出來，毫不掩飾，讓大家看得清清楚楚，牢牢記住。不能允許再發生那樣的事。不再把我們當牛，首先我們要相信自己不是牛，是人，是一個能夠用自己腦子思考的人！

那些魔法都是從文字遊戲開始的。我們好好地想一想、看一看，那些變化，那些過程，那些謊言，那些騙局，那些血淋淋的慘劇，那些傷心斷腸的悲劇，那些勾心鬥角的醜劇，那些殘酷無情的鬥爭……為了那一切的文字遊戲！……為了那可怕的十年，我們也應該對中華民族子孫後代有一個交代。

要大家牢記那十年中間自己的和別人的一言一行，並不是讓人忘記過去的恩仇。這只是提醒我們要記住自己的責任，對那個給幾代人帶來大災難的「文革」應該負的責任，無論是受害者，或者害人者，無論是上一輩或是下一代，不管有沒有為「文革」舉過手點過頭，無論是造反派、走資派，或者逍遙派，無論是鳳或者是牛馬，讓大家都到這裡來照照鏡子，看看自己為「文革」做過什麼，或者為反對「文革」做過什麼。不這樣，我們怎麼償還對子孫後代欠下的那一筆債，那筆非還不可的債啊！

（摘自巴金《隨想錄》第五冊《無題集·紀念》）

我高舉雙手讚賞、支持前輩巴老的呼籲。這不是一個人的呼籲，而是一個民族對其歷史的反思。一個忘記自己悲慘歷史和命運的民族，就是一個沒有靈魂的民族，沒有希望的民族，沒有前途的民族。中華民族要真正重新崛起於世界之林，實現中華夢，首先必須根除這種漠視和回避自己民族災難的病根，因為那不意味著它的強大，而恰恰意味著軟弱和自欺。這就是我不計後果，一定要搜集、編輯和出版這部書的原因。我想，待巴老呼籲的「文革紀念館」真正建立起來的那一天，我們才可以無愧地向全世界宣告：中華民族真正走上了復興之路……。

當本書即將付梓時刻，使我想到蘭臺出版社出版該書的風險，使我內心感動、感激和感謝！同時也向高雅婷責任編輯對殘缺不全的文革報紙給以精心整理、校對，付出辛勤的勞累致以衷心得感謝！

感謝忘年交、學友南開大學博導張培鋒教授為拙書寫「序言」，這是一篇學者的呼喚、是正義的伸張，作為一個早以欲哭無淚的老者，為之動容，不覺潸然淚下：「一夜思量千年事，人生知己有一人」足矣！

李正中於古月齋

2014年6月1日文革48周年紀念

序言：中國歷史界的大幸，也是國家、民族之大幸

張培鋒

　　李正中先生積三十年之功，編集整理的《文革史料叢刊》即將出版，囑我為序。我生於1963年，在文革後期（1971-1976），我還在讀小學，那時，對世事懵懵懂懂，對於「文革」並不瞭解多少，因此我也並非為此書寫序的合適人選。但李先生堅持讓我寫序，我就從與先生交往以及對他的瞭解談起吧。

　　看到李先生所作「前言」中引述巴金老人的那段話，我頓時回想起當年我們一起購買巴老那套《隨想錄》時的情景。1985年我大學畢業後，分配到天津大學冶金分校文史教研室擔任教學工作，李正中先生當時是教務處長兼教研室主任，我在他的直接領導下工作。記得是工作後的第三年即1987年，天津舉辦過一次大型的圖書展銷會（當時這樣的展銷會很少），李正中先生帶領我們教研室的全體老師前往購書。在書展上，李正中先生一眼看到剛剛出版的《隨想錄》一書，他立刻買了一套，並向我們鄭重推薦：「好好讀一讀巴老這套書，這是對「文革」的控訴和懺悔。」我於是便也買了一套，並認真讀了其中大部分文章。說實話，巴老這套書確實是我對「文革」認識的一次啟蒙，這才對自己剛剛度過的那一個時代有了比較深切的瞭解，所以這件事我一直記憶猶新。我記得在那之後，李正中先生在教研室的活動中，不斷提到他特別讚賞巴金老人提出的建立「文革紀念館」的倡議，並說，如果這個紀念館真的能夠建立，他願意捐出一批文物。他說：「如果不徹底否定「文革」，中國就沒有希望！」我這才知道，從那時起，他就留意收集有關「文革」的文獻。算起來，到現在又三十年過去了，李先生對於「文革」那段歷史「鍾情」不改，現在終於將其衰輯付梓，我想，這是中國歷史界的大幸，也是國家、民族之大幸！

　　前兩年，我有幸讀到李正中先生的回憶錄，對他在「文革」中的遭遇有了更為真切的瞭解。「文革」不僅僅是中國知識分子的受難史，更是整個民族、人民的災難史。正如李先生在「前言」中所說，忘記這段歷史就意味著背叛。李先生是歷史學家，他的話絕非僅僅出於個人感受，而是站在歷史的高度，表現出一個中國知識分子的真正良心。

　　就我個人而言，雖然「文革」對我這一代人的波及遠遠不及李先生那一代人，但自從我對「文革」有了新的認識後，對那段歷史也有所反思。結合我個人現在從事的中國傳統文化教學與研究來看，我覺得「文革」最大的災難在於：它對中華優秀傳統文化做出了一次「史無前例」的摧毀（當時稱之為「破四舊，立新風」，當時究竟是如何做的，我想李先生這套書中一定有非常真實的史料證明），從根本上造成人心

的扭曲和敗壞，並由此敗壞了全社會的道德和風氣。「文革」中那層出不窮的事例，無不是對善良人性的摧殘，對人性中那些最邪惡部分的激發。而歷史與現在、與未來是緊緊聯繫在一起的，當代中國社會種種社會問題、人心的問題，其實都可以從「文革」那裡找到根源。比如中國大陸出現的大量的假冒偽劣、坑蒙拐騙、貪汙腐化等現象，很多人責怪說這是市場經濟造成的，但我認為，其根源並不在當下，而可以追溯到四十年前的那場「革命」。而時下一些所謂「左派」們，或別有用心，或昧了良心，仍然在用「文革」那套思維方式，不斷地掩飾和粉飾那個時代，甚至將其稱為中國歷史上最文明、最理想的時代。我現在在高校教學中接觸到的那些八十年代、九十年代後出生的年輕人，他們對於「文革」或者絲毫不瞭解，或者瞭解的是一些經過掩飾和粉飾的假歷史，因而他們對於那個時代的總體認識是模糊甚至是錯誤的。我想，這正是從巴金老人到李正中先生，不斷呼籲不要忘記「文革」那段歷史的深刻含義所在。不要忘記「文革」，既是對歷史負責，更是對未來負責啊！

記得我在上小學的時候，整天不上課，拿著毛筆——我現在感到奇怪，其實就連毛筆不也是我們老祖宗的發明創造嗎？「文革」怎麼就沒把它「革」掉呢？——寫「大字報」，批判「孔老二」，其實不過是從報紙上照抄一些段落而已，我的《論語》啟蒙竟然是在那樣一種可笑的背景下完成的。但是，僅僅過去三十多年，孔子仍然是我們全民族共尊的至聖先師，「文革」中那些「風流人物」們今朝又何在呢？所以我認為，歷史是最公正、最無情的，是不容歪曲，也無法掩飾的，試圖對歷史進行歪曲和掩飾其實是最愚蠢的事。李正中先生將這些「文革」時期的真實史料拿出來，讓那些並沒有經歷過那個時代的人們真正認識和體會一下那場「革命」的真實過程，看一看那所謂「革命」、「理想」造成了怎樣嚴重的後果，這就是最好的歷史、最真實的歷史，這也就是巴老所說的「文革紀念館」的一個重要組成部分啊！我非常讚成李正中先生在「前言」中所說的，只有不漠視、不回避這段歷史，中國才有希望，中華民族才有希望！

是為序。

中華民族最黑暗的年代「文革」48周年紀念於天津聆鍾室
〔注〕張培鋒：現任南開大學文學院教授博士班導師

古月齋叢書7　文革史料叢刊　第五輯

砸烂刘少奇大叛徒集团

天津专集（一）

南开大学"八·三一""八·二八"红色造反团

一九六七年四月二日印

目　　录

前　　言

　　战鼓咚咚，炮声隆隆，亿万无产阶级文化革命大军，在我們伟大的領袖毛主席的統率下，跃馬橫戈，向党內一小撮走資本主义道路的当权派、大叛徒猛烈开火！无产阶級和資产阶级的全面大搏斗在全国全面展开了。形势大好，越来越好！

　　天津市的无产阶级革命派，在毛泽东思想伟大紅旗下，联合起来，向万张反党集团夺权！夺权！夺权！形势一片大好。让我們举起双手，欢呼天津市的新生，让我們举起双手迎接即将誕生的一个紅光閃閃的用毛泽东思想締造的新天津吧！

　　毛主席教导我們："你們要关心国家大事，要把无产阶級文化大革命进行到底！"我們自去年九月，进行了一些調查研究工作，翻閱了一些敌伪档案資料，同全国各地革命造反派的战友們在一起，同天津市革命造反派一起，揪出了一批自首变节分子，混进革命队伍內的阶级异己分子、托派、特务等等，将刘少奇叛徒集团的狐獴爪牙揪了出来。这是毛泽东思想的伟大胜利！

　　早在二十年代就有勾結、三十年代就开始正式形成的刘少奇大叛徒集团，是一个遍布全国各地的庞大的反革命叛徒集团。这个集团一直将京津地区作为他們篡党篡政的重要踞点，黑手伸进了天津各个部門。这些无恥的叛徒窃踞了重要职务。以万张反党集团为核心，互相勾結，互相提携，加官晋爵，結成死党。其中有的人就是万张反党集团的骨干分子。无产阶级的大叛徒安子文公然把南开大学作为他們在天津踞点中的一个，先后将大叛徒高仰云、娄凝先安插在南开大学，做党委书記和校长，准备一旦时机成熟，便伺机而动，篡夺河北省、天津市的党政大权。这些叛徒，同万张反党集团勾結在一起，串通一气，把天津作为他們复辟資本主义、阴謀篡党篡政的前哨陣地。另一方面，叛徒們利用窃踞的各部門的重要职务，盗窃国家机密情报，里通外国，把天津市作为他們媚敌叛国的重要基地。这群死心踏地反党反社会主义反毛泽东思想的阴謀家、野心家集团，是埋在我們伟大首都門戶的一颗定时炸弹，如若让他們的阴謀得逞，这将是千百万革命群众人头落地，血染江河，无产阶级的大业就将废于一旦，铁打的社会主义紅色江山就要改变颜色了。革命造反派的战友們，同志們，我們切切不可等閑视之！

　　史无前例的无产阶级文化大革命的胜利开展，敲响了一切大大小小叛徒的丧钟，他們的末日到了，他們彻底完蛋了！

　　下面，让我們把天津一批无产阶级的可恥叛徒揪出来示众！撤他們的职，罢他們的官，夺他們的权，专他們的政！把他們打入十八层地狱，叫他們永世不得翻身！

　　无产阶级革命造反派团結起来，夺一小撮党內走資本主义道路当权派的权！

　　打倒党內最大的走資本主义道路的当权派刘少奇！

　　砸烂刘少奇大叛徒集团！

13

万张反党集团的付帅大叛徒张淮三

（天津市委书記处书記）

一九四五年，抗战胜利以后，张淮三来到国民党統治下的天津。这个可恥的怕死鬼，刚刚迈进蔣管区，就觉得"身上的每一个細胞都是緊张的。"一九四八年一月，张淮三給联絡站金爽家送活动經費时，被潛伏在金爽家的国民党特务逮扑。和他同时被捕的还有其他党員、干部和不少被牵連的群众。特务們因为逮捕了张淮三这个"重要犯人"有功，受到上司的嘉奖，各个升官晋級。张被捕后，先后經过国民党警察四分局、警察总局、警备司令部稽查处扣押审問，然后作为"要案"移送"国民党北平行轅青年訓練大队"。蔣介石亲自派了少将級大特务审訊。在敌人的法庭上，在国民党特务面前，张淮三为了保存一条狗命，不惜出卖党的事业、人民的利益，叛变自首，供认自己是地下党的负責人，并填写了"自新人員登記表"，更可鄙的是，他公然站在人民公敌蔣介石狗象前宣誓："余誓以至誠，信仰三民主义，永远与共产党脱离关系，服从总裁訓示，遵守政府法令，并严守本部一切机密，如有违背，願受严厉制裁。"看！张淮三的叛徒嘴脸多么可恶！张淮三对党对人民犯下的这一罪行必須彻底清算！

张淮三叛党以后，受到了国民党的"优厚待遇"。不久，便突然被"释放"。特务机关为他写信，让天津伪警察局交还他被扣下的金子，保其"安抵"解放区。解放前夕，敌特将张淮三这个"要案"的三审材料运往台湾。

张淮三用革命烈士的鮮血換取了自己的狗命，反过来又替蔣介石卖命。全国解放后，张淮三的臭婆娘宋捷还把张淮三的全家照片寄給台湾蔣介石正帮。同志們，这一切意味着什么？！

叛徒张淮三出獄以后，通过反革命修正主义分子，前北京市委第二书記刘仁（当时城工部領导人之一），重新混入革命队伍。在安子文、万晓塘一手包庇下，飞黄騰达，青云直上，先后担任了团市委书記、地方工业局局长、市委組織部部长、市委书記处书記等重要职务。一九五五年肃反时，万晓塘亲手主持审干工作。他在张淮三叛党問題上，一手遮天，和安子文狼狽为奸，共同作弊，使这条"蠹虫"得以长期隐藏在我們党內。

安子文和万晓塘对起来揭发张淮三問題的干部和群众百般打击和陷害。万晓塘一直重用张淮三，同他結成死党。多年来，他們招降納叛，搜罗叛徒、特务，在天津組成了反革命黑司令部，公开对抗以毛主席为首的党中央，积极充当刘邓的爪牙，大肆贩卖修正主义黑貨。

他們以刘少奇为靠山，和前北京市委串通一气，与彭眞、罗瑞卿、安子文、薄一波等抱成一团。一方面公开对抗毛主席和党中央，一方面又把刘少奇奉着神明，把天津市閙得烏烟瘴气。无产阶級文化大革命中，更疯狂地推行刘邓資产阶級反动路綫，鎮压革命群众运动。他們颠倒黑白，軟硬兼施，**挑动群众斗群众**，制造一个又一个 的 流 血 事件，犯下了滔天罪行。

然而作法者必自毙，作茧者必自縛，**搬起石头砸自己的脚**是一切反动派 的 必 然 后果。当今，无产阶级文化大革命的胜利开展，这伙叛徒一个个被革命群众揪了 出来，他們的反革命面目一个个被革命造反派識破了！今天是我們革命造反派向他們討还血債的时候了，我們要揮舞起毛泽东思想的千鈞棒，向万张反党集团猛烈砸去，砸它个脑浆迸裂，砸它个灵魂出壳！将无产阶级的大印牢牢地掌在我們革命造反派的手里，永保祖国紅彤彤的顏色，永保天津市紅色政权。

无 产 阶 級 大 叛 徒 高 仰 云

（前南开大学党委书記，現任河北省政协付主席，
陝北米脂县人，富农出身）

高仰云是一个貪生怕死的胆小鬼，他的历史就是一部叛徒的历史。

一九二七年，高仰云混入我党后，曾參加"左联"。当时，革命正处于低潮，高仰云馬上逃跑回家躲了起来。后来成了国民党二十五师杜聿明手下的軍棍。

一九三五年四月高仰云在北京被国民党反动派逮捕。这个貪生怕死的軟泥胎，为保住自己的狗命，向国民党反动派卑躬屈膝乞求活命。在国民党的报紙上发表了令人发指的《反共启示》。声明："誠心悔悟，願在政府領导之下，坚决反共，作一忠实国民，以后决不参加共党組織及其他任何反动活动……"看！高仰云的叛徒眞面目是何等的可恥可憎！他的反共反人民的气焰是何等的囂张！从此，高仰云就由一个共产党員变成了叛徒，由人变成了狗！

和高仰云一起叛变的还有彭眞、薄一波、安子文、楊献珍等大小叛徒，他們在黑司令刘少奇的指揮下，出卖了党，出卖了人民，出卖了革命，换得了一条狗命。这就是刘少奇一伙們說的"保存革命力量"的实质。

高仰云出獄后，由于大叛徒安子文的包庇，很快就混入我党，幷且窃踞要职，继續干着反共反人民的勾当。一九四五年高仰云任西北局党校校长，楊献珍任中央馬列学院院长，这两个大叛徒狼狈为奸、互相包庇，推行了一整套反毛泽东思想的修 正 主 义 路綫。当时去党校学习的都是县级以上的干部，久經考驗，实际斗争經驗很丰富，因此党校敎学方针是以自学为主，幷提出："向学員学习"、"为学員服务"的口号。对于这些符合毛泽东思想的口号和教学方法，高仰云大加攻击，胡說什么"自学为主"是錯誤的，要以讲授为主。"向学員学习，为学員服务"的口号太狭隘了，提出"为敎学服务"的口号，以此来对抗毛主席的敎育方针。当时党校强調理論学习以毛主席著作为主，幷强調要用毛主席的整风方法学习，可是高仰云却向楊献珍那儿去"学习"，回来后，竟胡說什么这样不系統，不正規，从而設置了哲学、政治等五門功課，公然砍掉了毛主席著作的学习。充分暴露了高仰云仇視毛泽东思想的反动本质。

物以类聚，人以群分，大叛徒高仰云，同楊献珍情同手足，还和反党分子习仲勋、高、饒反党集团有着密切的联系。一九四九年，高仰云勾結反党分子习仲勋，去东北找高崗要来黄金二百两，并要来足够装备一个师军队的葯品，购买了大量物資。处級以上干部每人手表一块，另有大卡車、吉普車、自行車、收音机等。这些东西完全是为着領导干部预备的，弄来的葯品办了一个医务室也都是为領导干部看病的。高仰云就是这样为高、饒反党集团在西北收买人心，为实行資本主义复辟准备条件，直到高、饒集团被揪出后，他在党校所做《动员学习七届四中全会文件的讲話》中还只字不提高、饒反党集团的阴谋活动，不提肃清高崗在党校的恶劣影响，反而大讲什么"团结"，"解决自己思想上的驕傲自大，自由主义等問題，解决党員和領导之間有关团结的問題。"眞是混蛋透顶！

一九五八年高仰云带着他的臭老婆，历史反革命分子李琛，来到南开大学。不久校刊就在头等位置刊登了楊献珍的一篇文章，题目是《从名繮利索中解放出来》，这是一篇攻击我們最最敬爱的伟大領袖毛主席的黑話。当时正是毛主席的光輝著作《正确处理人民内部矛盾的問題》大量发行的时候，楊献珍对此恨之入骨，恶毒地說："现在做理論工作的人生之道就是写小册子，而写小册子的作用不仅可以賺得稿費，而且可以成为全国的名流，有的在中国出了名，还要企图在外国得名，成为世界国际理論权威……眞正是名利双全……。"这是不折不扣的燕山夜話！而高仰云来校后不久就迫不及待的販卖楊献珍的黑話，其反动咀脸，昭然若揭！

一九五八年八月十三日，我們最最敬爱的伟大領袖毛主席来到了南开大学，全校革命师生无不为之欢欣鼓舞，而在高仰云把持的校刊上，連标题在內总共才七十八个字，在一个很不显眼的地方报道这个消息。而同一版上，有关高仰云做开学动员报告报道的大字标题，却比《毛主席来到南开园》大一倍。毛主席在我校视察后，做了很重要的指示，高仰云狗胆包天，竟然封鎖毛主席的伟大指示，不向全校师生传达，这是高仰云反对我們伟大領袖毛主席的又一罪证。

一九六〇年高仰云去联系自費旅行，到赫鲁晓夫門下寻师访友。回国后就积极执行赫鲁晓夫的修正主义路綫，說什么"国內关系趋向于緩和"，誣蔑搞阶级斗爭是"天下本无事，庸人自扰之"；并积极执行赫鲁晓夫全民党制度，搞什么"一套人馬，两个牌子"的党政大合一；把許多資产阶级知识分子，提拔到校系各级領导崗位上来，企图实行資产阶级敎授治校；并大肆鼓吹业务第一，教学为主的反革命修正主义路綫。

大量事实証明，高仰云不但是一个貨眞价实的无产阶级大叛徒，而且是一个不折不扣地反革命修正主义分子，在我国国民经济暂时困难时期，高仰云立刻就暴露出了他的叛徒眞面目，大肆宣揚什么"当前的主要任务是保命，""留得青山在，不怕沒柴烧。"这不是地地道道的活命哲学又是什么？想当年他們不是也在所謂"保存革命力量"的招牌下出卖了党，出卖了人民嗎？今天，在新的条件下，他們又搬出了这套"留得青山在，不怕沒柴烧"的鬼話，为他們背叛党背叛革命的罪行辯护，瓦解革命人民的斗志，和赫鲁晓夫修正主义一唱一合，又何其毒也！

在彭眞、安子文、薄一波一伙长期包庇下，高仰云不但隐瞞了这段叛徒的历史，而且还时时进行着資本主义复辟的准备。一九六二年高仰云找安子文去为他的老婆李琛翻案，自己又亲自去西北将"历史反革命分子"定成"一种政治錯誤"，給了一个不痛不痒的警告处分。一九六○年高仰云去广州丛化休养以前，曾去安子文、薄一波、郭洪涛处密谋。高同他的老婆李琛到广州不久，薄一波、刘錫武也先后去丛化休养，这一伙叛徒与当地大叛徒等反党头目一起爛阴风，点鬼火，蓄謀变天。一九六四年調他到山西，但他拒不从令。后来大叛徒安子文对他說："你先把身体养好，过两年就給你分配好工作。"我們联系到一九六四年后，彭眞、安子文等反党野心家調动兵馬和叛徒向京津集中，准备搞反革命政变，这批叛徒的狼子野心不是昭然若揭了嗎？

革命的同志們，上面我們把大叛徒高仰云的主要罪行略加揭露，就可以看出，刘少奇的大叛徒集团究竟是什么貨色了。值得注意的是，他們人还在，心不死，无时无刻不在伺机反扑。在这场文化大革命中，大叛徒高仰云打着"造反"的旗号，妄图实行資本主义复辟。当革命小将揭露了他們的叛徒咀脸时，他們互相包庇，訂立攻守同盟，企图蒙混过关。这群傢伙决不会自行退出历史舞台。我們一定要遵照毛主席的教导："宜将剩勇追穷寇，不可沽名学霸王，"彻底砸烂刘少奇大叛徒集团！

无产阶級大叛徒娄凝先

（娄凝先，又名娄海山，魯文元，李維宣，原天津市付市长，現南开大学付校长）

娄凝先是一个不折不扣的、血債累累的无产阶级大叛徒！是一个思想反动灵魂丑恶的資产阶级孝子賢孙。远在上大学时期，他就与反动大战犯杜聿明的臭妹子杜滌生抱成一对，过着花天酒地，腐朽糜烂的生活。1928年，娄贼怀着对共产主义的好奇心里，投机革命混入青年团。1930年底調到山西，任团特委书記。31年被捕入獄。由于娄凝先反动的阶级本性不变，貪生怕死，苟且偷安，在敌人的法庭上，公开背叛了党，背叛了革命，供出了党的地下組織，給敌人做为見面礼，用我們同志的鮮血和生命換得了一条狗命，成了无产阶级的可耻叛徒。

娄凝先是个实足的軟骨头，在他身上，沒有一絲一毫的共产党員的气息。在他自己的供詞中說：在集合点名时，遇見叛徒丁学溪，心里就"嘀咕"，害怕得要死。怕"把我本来面目会拉出来。"当"敌人即叫老丁从法庭后面屋門里面出来与我对証"时，娄贼吓破了胆，"当場招了口供。"他还供认："敌人說所有情况都已清楚，就看你是否忠实，要我写下口供。"对于敌人的这种誘騙，娄贼唯命是听，句句照办，立即"答应給写"，把他掌握的所有地下党組織和組織的名单，全部写在白紙上，双手捧給了敌人！娄凝先不但是一个十恶不赦的可耻叛徒，而且是对敌人无限"忠实"的奴才和走狗！

娄凝先出卖了山西特委书記阴凯庆同志。当时和娄一起被捕入獄的老同志揭发說："阴凯庆同志对别人說过：'我活不了啦，又多了一个証明家（指娄凝先）。'"叛徒侯

17

富山說："阴死是娄证明的。"叛徒孙斌口供也說："娄证明了特委书记阴凯庆。"連娄本人也不得不承认："我确实和老阴对过堂。"幷且在供出的党团员中，說了老尹（指老阴）"是党委书記。"阴凯庆同志的牺牲，就是因为娄凝先这伙叛徒的出卖。血償要用血来还！娄凝先百般狡辯，企图瞒天过海是絕对办不到的！

在敌人的法庭上，被娄凝先所出卖的党团员中，还有刘天章、郝敬敏、于澄波、宋二虎、尹毓兰、席玉汝、张敬德、老万等，在所供出的組織中有兵工厂、商专、农专、成成中学、井州学院、晋生織染厂的支部等等。此外还供出了我党派人到楡次、太谷、祁县一带开辟工作的情况。娄凝先为了保住自己的一条狗命，竟出卖了这許多組織和同志，甚至不惜烈士的鲜血和头顱向敌人换取"自由"，使党的事业遭到巨大的损失，眞正罪大恶极，死有余辜。

娄凝先在进入"反省院"后，多次写反动文章，登在反省院中的"自新月刊"上。幷多次写出院宣言之类的东西。在最后出院的"宣言"上，娄声称："站在国民党旗帜下，絕不参加反动团体或做反动事情。……。"这是娄凝先再次叛党投敌的鉄证！

娄凝先爬出反省院后，一直没有老老实实地向党向人民交待他的滔天罪行，而是千方百計地隐瞒其变节臭史，欺騙組織。通过彭眞、薄一波、宋紹之等叛党分子，搖身一变又混入党內，幷窃踞晋察冀边区政府秘书长的要职。全国解放后，在万晓塘、张淮三的包庇和重用之下，这个双手沾满革命烈士鲜血的大叛徒，不但没有得到应有的惩罰，反而飞黄騰达，扶搖直上，由一个付秘书长一跃而为付市长。娄在任付市长期间，依仗权势，在他所把持的部門，特别是天津市文艺界結党营私，招降纳叛，猖狂地进行反党反社会主义反毛泽东思想的罪恶活动，充当了万张反革命修正主义集团的急先峰。

应该指出，娄凝先这个老狐狸是很狡猾的。他凭着万张反党集团的包庇，施展其反革命伎俩，混过了一次又一次的整风和审干运动。当眞混不下去了的时候，又搬出了一套投降哲学来为自己辯护。說什么他只是"重复叛徒的口供"呀，什么"为了应付敌人"呀，"是用的假名字"呀，說什么供出的同志是："好久不见了，不知到何处去了"呀，甚至恬不知恥的說什么写口供出卖的同志是："估計叛徒会把他供出来而写的"。眞是混蛋透頂！这完全是为自己的投降变节行为辯护的遁词，这是地地道道的叛徒哲学！让这些荒謬的混蛋理論統統見鬼去吧！

轰轰烈烈的无产阶级文化大革命开展以后，娄凝先这只老狐狸态度更是恶劣，始終采取对抗的态度，多次划框框，定調子，說反革命修正主义分子臧伯平是"坚定的革命左派"，顽固地执行資产阶级反动路綫，残酷鎮压革命派，甚至在其叛徒的丑恶面目完全暴露后，还大耍两面手法，颠倒黑白，混淆是非，态度十分蛮横，說这也是"机密"，那也是"机密"，"不能讲"，拒不交待其血腥罪行。幷多次搬出"省委已下了結論"这块"王牌"来欺騙和蒙蔽革命师生，妄图蒙混过关。娄凝先是我們革命队伍中的蠹贼，是我們身边的定时炸弹。我們一定要高举毛泽东思想的伟大紅旗，继承先烈的光荣传统，永保无产阶级革命气节，彻底批判叛徒哲学，把大叛徒娄凝先斗倒斗臭，打入十八层地獄，使其永世不得翻身！

叛变投敌的可恥叛徒唐扑农

（原名：唐士奎，天津市人民图书馆付舘长）

一九三三年，定县党組織由于叛徒郭凤岐、王俊岭的出卖而遭破坏。唐扑农怕得要死，四处奔跑，投亲戚、拉关系，以求保命。同年七月他在保定被敌人逮捕，通过伪派出所送往国民党行营，八月間轉入"武汉軍人监獄"，前后住獄三年。

唐扑农这个无恥的奴才，"为了早日获得自由"，奴顏卑膝地向国民党特务写了《悔过书》，承认自己是一个共产党員，大罵"共产主义不适应中国之国情"，"共产党主张不适用于中国，一文不値"，甚至还痛心疾首地"悔恨自己犯了罪，誤入歧途"，今后不再干了。公开表示要努力"按照国民党的三民主义办事，为党国效劳。"为此，他厚顏无恥地乞求国民党准許他进入反省院"反省自新"，眞是一付十足的奴才相！完全丧失了一个共产党員的起碼气节。

在反省院中，唐扑农按照国民党的意旨积极"反省"。他在《誠化月刊》上連篇累牘大量发表反共媚敌的反动文章，出卖灵魂。在题为《共产党救国运动的阴謀》一文中颠倒黑白，混淆是非，破口大罵中国共产党，疯狂攻击党的抗日方針。胡說什么："丧心病狂的所謂中国共产党……，牠在外面也标着抗日救国的美旗，組織什么'反日会'，"义勇軍"，像煞有介事似的憤恨热烈，而骨子里却另有企图，目的就在于分裂同胞感情，破坏国家統一，消弱抗日实力。所以到了民众上了牠的圈套，他便宣传中央不能为民众抗日，而掉轉枪口，向中央射击。他却不說中央的所以不能集中於全力以抗日，正是因为他們分裂同胞的感情，破坏国家的統一，消弱抗日的实力……。"眞是一派反动透頂的无恥瀾言！对国民党的献媚，对共产党的咒罵，反动立场何其明确，反动感情何其鮮明，眞是一个地地道道的国民党的奴才。与此同时，他还一而再，再而三地向国民党政府表白自己以前参加共产党是"犯了罪"，参加共产党工作是"犯了国法"，"成了暗害全国家全民族抗敌的罪人"。

方志敏在《死》一文中怒斥叛徒写道："拋弃自己原来的主人信仰，撕毁自己以前的斗争历史，砳的一声，跳入那暗沉沉的秽臭的污水潭里去，向他們入伙，与他們一块去搶，去攎，去刮，去榨，去出卖可爱的中国，去残杀无辜的工农，保住自己的头，让朋友的头滚落下地；保住自己的血，让朋友的血标射出来。这可能都做下去，还算是人？！是狗！是猪！是畜牲！不，这是猪、狗、畜牲不食的东西！"唐扑农就是这样一个猪狗畜牲不食的东西！

唐扑农屈膝媚敌，出卖灵魂，深得敌人的欢心，换取了一条狗命。在反省院不到半年时间，就获得了"自新"。在国民党"鄂反省分院"举行的第五十一次評判委員会議上，他得到了"开释"，尤其令人气憤的是，唐扑农还在国民党青天白日的破旗下，面对着蔣介石的狗头象，举行反省"典礼"，接受伪院长的訓話，最后领取"自新証书"。敌人的所謂"行营政訓处"电影股，为他专門摄制了新聞影片。他的"反共宣言"也在国民党的报纸上登载出来，终于从国民党的狗洞里爬出来了。

为了让大家看清唐扑农等人的叛徒咀脸，现将其"出院宣言"抄录于下：

"我們多半都是富有热情的青年，有的以生活不安，受了共产党的煽惑，而陷身螺絨，有的以爱国热情的驱使，参加抗日，受了共产党的利用，身犯国法，现在受了长期的牢狱困苦，受了半载以上的反省生活，终于恢复了完全的自由，重新过到了青天白日之下了，兹于出院之初，特别郑重声言如下数点：

郑 重 声 明

（一）我們过去的所以犯罪，是因为看到国家的衰弱，民族的安危，不择手段地去做救亡工作，以致在"共党""假救国"的旗帜之下受了絶大的欺驱，受了不少的牺牲，但我們之所以受人欺骗，受了牺牲的还是因为知識幼稚，认識不清的缘故。现在我們經了六个月以上的训练，深厚的反省，已經认清了三民主义的革命道路，我們今后更应记着过去的错誤，把握住艰难困苦中的切实教训，使自己免于一誤再誤，更要以自新之人，自觉之人的精神使其他同胞也同样的免于走入岐途。

（二）我們的牢獄生活已經结束，宝贵的自由又重新获得，我們自由要欣忭快慰，但是我們更要知道我們的国家，已經陷入了万分危急的悲境，全民族中的任何人，都在过着被帝国主义卖国贼汉奸重重束縛压迫的地狱生活，我們要想得到眞正的自由，获得快乐的人生，就不能不以最大的努力，打破束縛国家的鎖枷，爭取全民族的自由。

（三）中外古今的事实告訴我們，弱小民族、弱小国家要爭取自由，只有弱小民族、弱小国家內部的精誠团结，现在日本帝国主义正在一步緊似一步地侵略，割去了我东北四省，控制我华北。

另一方面，共产到处骚扰破坏革命建设，戕贼革命努力，甘心为赤色全帝国主义看作走狗，同时又有国贼汉奸，不顾全民族的利害，而出卖国家，出卖民族，眼看有五千年历史的国家，将要陷于灭亡，四万五千年的轩辕华胄，将要沉沦于奴隶的地位，我們要救此国难，极此危亡，只有站在三民主义旗帜之下，整齐我們的步伐，集中我們的力量，与危害我們民族生存的帝国主义者共产匪党，及一切反叛民族的恶势力猛力斗争，以共同完成国民革命的使命警钟是早已响了，国家已經到了危急迫不及待的时候了，让我們高喊着前进的口号，一齐冲鋒吧！打倒共产党、复兴中华民族，拥护中国国民党。

反省人唐士奎　卅二岁　河北人等……

这就是叛徒的自供状！这就是叛党的鉄証！有人說：叛徒叛变是不自觉的，是上级决定的，这些事实给那些政治庸人一記响亮的耳光，他們的行动完全是出自反动的阶级本性；他們的声音完全是发自他們的內心。他們是不折不扣地地道道的叛徒。

唐扑农重新混入革命队伍之后，一九四〇年整风时期，他隐瞒自己罪恶的历史、拒不向党组織彻底交待，继而又钻进党內，成了埋在党內的一顆定时炸彈。在无产阶级文化大革命中，他企图轉移斗争的大方向，保住自身，蒙混过关，公开把給他贴大字报的青年干部打成了"反革命"。更不能容忍的是，在十六条公布之后，他竟敢违背十六条。该館工人出身的一般干部王云給他提了点意見，就被他打成"牛鬼蛇神"，关进私設的监獄，押了四十余天。其鎮压文化革命的手段何其毒也！

狗改不了吃屎，叛徒终究是叛徒。唐扑农的反革命咀脸在文化大革命中得到了集中的暴发和表露。前恶近罪一日算。今天是我們跟叛徒彻底討还旧債的时候了。唐扑农的債要算，一切大小叛徒的債都要算，不把他們斗倒、斗臭、斗垮，我們革命造反派决不善罢甘休，敌人不投降就消灭他。

打倒大叛徒王志誠

（原名：王忌，富农出身，现为天津棉花机械厂党委书記）

王志誠是一个混进革命队伍的投机分子。从他在监狱和反省院的表現証明，他又是一个不折不扣的无产阶级大叛徒。王志誠的历史就是一部反共反人民的反革命史。

王志誠一九二七年入党，一九二八年初在太原国立师范学校召开的追悼李大釗同志的大会上，敌人破坏了会場，逮捕了两名共产党員，搜去党的地下組織的名单。事后，敌人又按照名单在报紙上連連发表通輯令，大肆捕人。王志誠見势不好，怕得要死，立刻暴露了叛徒咀脸。他想自首，又怕自首保不住狗命，于是愴惶逃窜，夹尾南下，到了郑州，因车不通，不得不再溜回太原。于一九二八年三月六日被捕入狱。

被捕后关在太原监狱。敌人对他实行了刑訊，只过了两次堂，就被敌人的威逼吓破了胆，便在一天晚上，和当时与他关在一起的山西省委书記时靑（此人后来也成了叛徒）說："我受不了啦，我要說了。"于是便向敌人乞求活命、出卖了組織和同志。当时党組織决定开除大叛徒郭鉅才的党籍，王志誠不惜出卖灵魂，也将党的机密洩漏給了大叛徒郭鉅才。为了討好敌人，他带着特务搜捕我省委地下机关，幷去工业专門学校抓人。至此，王志誠已完全出卖了党，出卖了人民，出卖了組織和同志，成了万人唾弃的可耻叛徒。

由于王志誠的叛变投敌，終于获得了敌人的"好感"。一九三三年便成了敌人"破案留根"的对象，从监狱提到了"太原反省院"反省自新。从此，王志誠更加卖国投降，完全成了一条断了脊梁骨的癩皮狗。他肉麻地向国民党表示"悔过自新"，在"入院誓书"上写道："为图改悔，幷願研究三民主义，以期改正思想，确定革命之途径"，对于国民党反动派准他"反省"更是感激涕零。他无耻地說："进入反省院是我不幸中之幸福"，"反省院把我救出来了"，从此"脫离了苦海无际的岐途"，向"坦白的大道上走向前去"，成了一个永新人。幷且大写反共文章，厚颜无耻地向国民党反动派表示忏悔，为敌人涂脂抹粉，恶毒攻击伟大的中国共产党。他的《我的自述与反省》就是他媚敌叛党的代表作。

王志誠的反革命活动，終于又获得了敌人的欢心。敌人根据《訓导管理应当注意事項》规定："反省人必須信仰三民主义，尤其应有反共的决心，如该犯未下反共决心，亦是反省无效"，經一年的"訓练"，看王志誠已經完全接受了敌人的反动立場、反动思想，下定了反共的决心。认为符合一个叛徒的"条件"，經过严格的审查，于一九三三年十二月一日填写了《反省人出院具結》，給国民党反动派签字划押；保证"确认三民主义为革命最高原則，出院誓与至誠拥护国民革命，尽忠于中国国民党及中华民族，如再加入任何反动团体，願受党国最严励处分。"这样，这个无耻的叛徒便从敌人的狗洞里爬了出来。

在这场史无前例的无产阶级文化大革命运动中，我们同广大的革命造反派的战友们，一起揪出了刘少奇大叛徒集团。大大小小的叛徒一个一个被揪出来了，但是这群无耻的东西，同一切反动派一样不甘心退出历史舞台。他们大肆宣扬散布叛徒哲学，为自己的叛徒行径辨解。为了彻底粉碎这些无耻滥言，我們将王志誠在"反省院"中写的反动文章《我的自述与反省》略加剖析，看这些狗东西，究竟是一群什么貨色」

王志誠在談到他入党的动机时说："我們青年，过去本沒有什么思想、主义、观点……完全是一个感情冲动的青年，所以有人說菜主义是革命的，某主义是反革命的，他听了以后，便以为然，自己便不用一点脑力去分析分析。""加入共产党的起因，完全是一个感情冲动，理智薄弱而加入的"；"至于說到共产党內，凭心而論是一点工作也沒有的，不过每礼拜开小組会一次，这是我在共产党內做过的事情，就这样混了半載……。"。

看了这篇《李秀成自述》式的反共文章，奴颜卑滕的《忏悔录》，問題不就很清楚了嗎？王志誠等人，本来就不是一个共产党人。他对共产党和共产主义事业，本来就是一窍不通，格格不入。实际上，他是混进我們党內的投机分子，所以一旦遇到敌人的高压、酷刑，他们就立刻暴露了叛徒的可耻咀脸，降此而己，岂有他哉」

王志誠出院后，便一直与大特务郭鉅才《叛徒》保持着密切的联系。一九三七年，他隐瞒历史，再次混入党內，在延安整风时又蒙混过关。一九五二年他調来天津棉花机械厂工作，在厂十几年，招降納叛，结党营私，打击和排挤革命干部，包庇和提拔坏人。企图把棉机厂搞成一个复辟资本主义的"独立王国"。一九六四年以来，王志誠在天津煤炭设备厂任四清工作队队长。为了保护走资本主义道路的当权派过关，他顽固地推行资产阶级反动路綫。在他蹲点的一个車间里，公然把十三个给工作队提意見的革命同志打成了"反革命"，并送劳改队劳改。十三人中，一个是党的积极分子，两个是团員，其余全是党員。其后，长期拒不給予平反。

无产阶级文化大革命蔽响了刘少奇叛徒集团的丧钟，大叛徒王志誠已成瓮中之鼈。目前，这个老混蛋正陷入全厂职工的重重包围之中，全厂革命造反派，高举毛泽东思想伟大紅旗，多次进行了批斗，取得了光輝战果。

女　叛　徒　周　鈇　中

（现在天津市紡织工业管理局工作。化名：李芳，周王氏，周輝华，王幽兰）

周賊于一九二五年加入中国共产党，二八年末在海丰被俘。后越狱，逃往香港，不久又被关押。二九年二月經我党营救返上海，周因害怕斗爭，拒絕去洪湖根据地，便来到北方局，进入天津市宝成紗厂做工。当时天津市委的领导人大黑帮头子彭眞分配其管妇女工作。在此期間，結識了大叛徒乔国楨，张軼材，并与乔結婚。二九年末，周被捕，押入"天津第三监狱"，判刑六个月，刑滿出狱后，被派往山东省青岛工作。三一年再次被捕，先押在青岛，后押往济南"山东自新院"。在这个反省院中，周狗的反动真面目彻底大暴露，据她自己說，和她一起被捕的共四十八人，其余四十七位同志为了党和人民的利益，坚貞不屈，英勇斗爭，最后全部壯烈牺牲，表现了共产党人的伟大气节。只是她这个卑鄙无耻的狗东西，却貪生怕死，苟且偷生，出卖組織、出卖同志、出卖灵魂。以一张"联合反共宣言"换取了"自新証书"，从敌人的狗洞里爬了出来。

周在"联合反共宣言"上恬不知耻地宣称："在本院师长的指导教悔之下，……我們明白了共产主义的錯誤，了解了三民主义的正确。"胡說什么"共产主义是超时代的非科学的"，甚至疯狂攻击馬克思"把社会进化的因果颠倒了"。恶毒地誣蔑我們党"抛开了民族的立場，硬造无产阶级对内的斗爭"，"号召集合一股痞流氓……作破坏民族革命，颠复民国的企图，眞正罪大恶极。"眞是恶毒之至，反动之极！更令人不能容忍的是，她竟然在国民党面前宣誓："在青天白日的旗帜下，……努力反共，剷除危害民族的共产党，扑灭不科学的共产主义"。公然喊出："打倒共产党"，"中国国民党万岁！"的极端反动的口号。自此，她已經彻头彻尾地背叛了中国共产党，背叛了共产主义事业，成了不齿于人类的可耻叛徒，成了无产阶级不共戴天的仇敌。

周鉄中就是按照她的"誓言"行事的。出獄后，她与另一个叛徒张軼材（托派头子）同居，幷写信給国民党南县县党部执行委员会的宣传部长李純初，征得同意，携帶其女乔沙去南县居住，經过她四处活动，张軼材也凭"自新証"当上了"民报"社編辑。从此，周自由出入国民党县党部，終日与敌人楊伯輝，周紹义等鬼混在一起。周紹义亲切地称周为"鉄妞"，乔沙称周紹义为"舅舅"，眞是物以类聚，人以群分。三八年以后，张軼材經过国民党的专門训练，被派往源陵县任县督导员，周随同往。在源陵的八年中，他們与国民党、土匪、地主等糾合在一起，对貧苦农民敲榨勒索，高利盘剝，自己过着荒淫无耻的生活。

一九四九年七月，我解放军进入南县以后，周眼看国民党大势已去，便大耍其两面手法，混入我干部队伍。但是狗改不了吃屎，在南县人民公审国民党南县县党部书記楊伯輝时，周公开为其辯护，妄图使楊逃脱人民的制裁。

一九五〇年，周鉄忠与她的老主子，大叛徒薄一波、安子文接上了关系，为了遮人耳目，抬高身价，他們巧妙地合演了一出双簧。薄一波、安子文明明知道了周狗的下落，却偏偏要在《新湖南报》上登报寻找所謂"乔国楨烈士子女的母亲周鉄忠"，幷"希省、市各地要有知其工作地址者，就来信告诉我处，……。"于是周鉄中頓时身价百倍，由叛徒一跃而成为"烈士夫人"。母女三人，先后到北京"投奔"薄、安門下。薄、安对周一家体贴入微，关怀备至，先后将周之女乔沙（大右派，现已揪出）和儿子乔石分别入高等学校，幷經安子文决定，薄一波同意，由組織部每年給他們四百元的"撫邮金"。一九五二年，薄、安狼狈为奸，进一步把周拉入党內。于是这个叛徒除"烈士夫人"貴冠之外，又增加了一件"共产党员"的外衣。同年，薄一波、安子文又以国家十七级干部把她安插埋伏在天津。

十九年来，周鉄忠一直死心塌地的履行他在国民党监狱中的誓言，与薄一波、安子文、张軼材、高仰云、历史反革命分子李琛、大特务谷軍、托派分子傅伯卿等亲密交

23

接，大干反共反人民反社会主义的反革命勾当。她怀着刻骨的阶级仇恨，恶毒攻击毛主席和战无不胜的毛泽东思想，咬牙切齿地咒骂主席思想"再有三年就要完蛋了！""你們不敢說，我敢說！""毛主席是伟大領袖，反正沒有人抄毛主席的像！"用心是多么恶毒，其反动气焰又是何等嚣张！是可忍，孰不可忍！

一九六一年在經济暂时困难时期，周鉄忠一伙见有机可乘，大肆活动，搜罗反党反社会主义的材料，妄图一举变天。在文化大革命中，对紅卫兵更是恨之入骨，骂他們是"土匪"，是"王八蛋"，其用心又是何其毒也！

同志們，"凡是反动的东西，你不打，他就不倒。"周鉄忠一伙决不会甘心于他們的灭亡。他們决不会放下屠刀，他們也决不会成佛。我們要奋起毛泽东思想的千鈞棒，把她砸个稀巴烂，举起鉄扫帚，把他們統統地打扫干净。

結　束　語

革命的同志們，我們这一集着重揭发了天津地区刘少奇大叛徒集团的部分成员的反革命罪行。这批叛徒，本来就不是什么革命者，而是混进革命队伍內部的投机分子，阶级异己分子。因此，当他們陷入敌人之手后，一个个都卑躬屈膝，跪倒在敌人脚下，举起双手，叛党自首，成了可耻的叛徒。在文化大革命中，这些叛徒又多是走資本主义道路的当权派，是刘邓資产阶级反动路綫的頑固执行者。长期以来，他們为非作歹，上瞒毛主席和党中央，下瞒广大革命群众，披着"老革命"、"老党员"的外衣，干尽了坏事，做絕了反党反社会主义反毛泽东思想的罪恶勾当。在民主革命时期，他們背叛党和人民，出卖組織和同志；在今天，他們又疯狂地进行資本主义复辟活动，阴謀篡党、篡政、篡军，旧債新仇，现在是彻底清算的时候了。

可是，天津市现在还广泛流传着种种叛徒哲学。說什么"这是組織决定"，"虽然写了启事，但无叛党活动"；什么"这是为了保存革命力量，出狱后更好为党工作"；什么"誰在那时候也要写反共启事"，等等，等等。这些无耻濫言，本来就是叛徒們所奉行的活命哲学。他們吹出这股妖风，就是企图为他們的叛党自首行径辯护，但值得注意的是，我們有些胡涂同志，竟然也盲目地跟着敌人宣传起叛徒哲学来。胡說什么"这是历史問題，他們已經承认了錯誤"等等。这是非常危险的！大量的铁一般的事实宣判了一切叛徒哲学的破产，同时也給那些好心的胡涂同志一付清凉剂。遵照毛主席的教导，我們万万不可书生气十足，把复杂的阶级斗爭看得太简单了。

这些叛徒为保住自己的狗命，他們向敌人发誓許願，出卖灵魂破口大骂共产党，出卖革命同志，带領敌人搜捕我地下机关，他們保存的不是什么"革命力量"，而是他們的狗命，是他們继續残害人民的反革命力量。他們用革命的利益，同志的鲜血，求得自己的苟活。他們替法西斯卖力，活着不如一条狗，死了也遺臭万年！什么"老革命"？！什么"老党员"？！

至于什么"組織决定"，我們說，这是叛徒們的黑司令刘少奇的"决定"，刘少奇迎合敌人分化瓦解革命队伍的需要，迎合叛徒們活命哲学的需要，在建党路綫上炮制了一条反毛泽东思想的投降主义路綫。多少年来，刘少奇背着我們伟大的領袖毛主席，干了一系列罪恶的勾当，还儼然以白区工作正确路綫的代表自居，眞是恬不知恥！今天我們就是要把刘少奇大叛徒集团揪出来示众，把刘少奇的反毛泽东思想的建党路綫批倒批臭！

一切叛徒哲学可以休矣！

我們的工作还刚刚开始，艰巨的任务还摆在我們前头。天津的阻力，目前还是相当大的。但是我們牢牢記住毛主席的教导，下定决心，**不怕牺牲**，排除万难，去争取胜利。我們愿同广大革命造反派的同志們联合起来，共同战斗，彻底砸烂刘少奇大叛徒集团！挖掉埋在我們天津——伟大首都門戶的定时炸弹，为了誓死保卫党中央，保卫毛主席，保卫社会主义**江山**，我們刀山敢上，火海敢闖，誓与刘、邓、陶血战到底！不把刘少奇大叛徒集团彻底打倒，死不瞑目！

南开大学 八·二八 八·三二 紅色造反团

一九六七年三月

叛徒何其多

彻 底 砸 烂
刘少奇大叛徒集团

—伪"山西反省院"概况

修 訂 本 第 三 集

附录：叛徒何其多

南开大学　八三一　　紅色造反团
　　　　　八一八

一九六七年四月二日

最　高　指　示

敵人是不会自行消灭的。无論是中国的反动派，或是美国帝国主义在中国的侵略势力，都不会自行退出历史舞台。

《將革命进行到底》

人民靠我們去組织。中国的反动分子，靠我們組织起人民去把他打倒。凡是反动的东西，你不打，他就不倒。这也和扫地一样，扫帚不到，灰尘照例不会自己跑掉。

《抗日战争胜利后的时局和我們的方針》

伪"山西反省院"概况

一、情况簡介：

"反省院"是国民党反动派妄图消灭共产党，瓦解共产党的重要手段之一。在二十至二十年代，蔣介石国民党反动派为了达到消灭共产党，扑灭革命烈火的目的，一方面布置"剿共"，对广大的共产党員和进步力量进行残酷的鎮压和屠杀；另一方面则采取了极为反动的軟化政策，通过国民党特务，对被捕的政治犯进行反动教育。使其"反省自新"，叛党投敌，或充当其反共打手，或再打入我們革命队伍内，妄图分化瓦解共产党。为此，国民党反动派在全国各地建立了很多"反省院"。山西反省院就是在这种形势下成立的。它始于一九二八年八月，称为"自新院"，一九三一年八月改为"反省院"。这个"反省院"按照国民党反动派的說法，"专收容共产党犯之輕微者，而施于感化"。在敌人监狱里，国民党认为某"政治犯""表现不錯"，也提到"反省院"。

反省人入"反省院"前要具誓书，表示坚决服从院长的領导，誠心"悔悟"。

院中組織机构和人員主要有評判委員会、訓育主任、总务主任、院长。訓育主任主管反省人一言一行，由国民党訓练担任。訓育主任下設工艺部，图书室，出版部。以此手段来"感化"反省人，"使之确定信仰三民主义，反对中国共产党。"反省人可以在《自新月刊》上发表文章，有"論著"、"杂感"、"詩歌"等，但无論何种形式都是丑化、污蔑中国共产党，吹捧、美化国民党。內容极端反动，用詞极其恶毒。

"考查方法"有談話、訓話、批閱笔记、日记、观察語言行动等等。經过一个时期的"考查"，如果訓育主任认为可以出院，即由訓育主任提交評判委員会审查。評判委員会由太原伪警备司令部、伪山西高等法院各派一名国民党要員参加，决定其反省人員可否出院。最后，报院长审批。

按国民党出院条件审查很严，"反省人必須信仰三民主义，尤其应有反共决心，如该反省人未下反共决心，亦是反省无效"。（見《訓育管理应注意事項》）請看这伙叛徒入院时的宣誓詞吧！

　　"自新人等入院后，认清三民主义，确为救国主义，誓以至誠拥护中国国民革命，尽忠于中国国民党及中华民国，决不再入任何反动团体，如违背誓言，愿受党国最严厉处分。

謹　　誓　　×××"

　　由此可知，从"反省院"經国民党"批准"出来的究竟是些什么东西。此外，出院时还要具结，声明"忠于国民党"，不再加入任何其他"反动"组织。出院以后，国民党要反省人经常与院內通信，至少两个月写信一次，向国民党报告自己出院后的"工作情况"和"思想情况"。

　　以上就是国民党"反省院""訓育"出院的概况。請同志們想一想，从敌人的狗洞里爬出来的能有什么好貨色嗎？决不会有！除了是党和人民的可耻叛徒，就是"訓练有专"的国民党狗特务。

　　在"反省院"里，国民党采用的手段是非常狡猾毒辣的。他们表面上打着资产阶級的"民主"、"自由"的招牌，实则是借此手段达到他们用强硬手段所得不到的效果。因此，对革命者来說，是一个更加严峻的考驗，不是在"自由"中坚持革命气节，就是在"自由"中接受軟化，投敌变节，二者必居其一。

　　戚本禹同志在批判叛徒李秀成时說过："历史上有过不少这样一些风流一时的人物，在某种情况下，他们能够经受住战火的考驗，甚至被敌人俘房以后，开始也还能经受住酷刑的折磨，但是經受不住敌人一再的威逼利誘和思想軟化。有的人在刀和剑的面前不曾倒下去，却在敌人甜蜜的誘惑下解除了武装"。

　　已經查明，从"山西反省院"出来的叛徒們，在国民党金錢收买，封官許爵，威逼利誘，思想軟化政策下，在叛徒总头目刘少奇的指使下出卖了共产主义理想，出卖了革命同志，背叛了党，背叛了人民，背叛了无产阶级革命事业。

　　請看下面的事例：

　　山西反省院的刘岱峰（原名刘林，現任中央物价委员会付主任，曾出卖同志五十至六十人），张文昂（原名张勋，现任中央农业机械科学院党委书记），娄凝先（原名李維宣，南开大学付校长，原天津市付市长）等就是这样的无耻叛徒。他们为了迎合国民党反动派的反共需要，向主子献媚討好，经常在《自新月刊》上写反共文章。娄凝先写过《梅姐的死》、《老子姓名时代考》等反动文章。张文昂的反共文章更是連篇累牍，现将他們的反共詩文二則抄录如下：

　　　　"我回忆着我的过去，
　　　　流着痛心的眼泪，
　　　　因为我牺牲了自己的宝贵的青春，
　　　　又损磨我所爱护的社会。
　　　　我回忆着我的过去，
　　　　我十二分欣慰我的现在，
　　　　感謝党国的赐子——
　　　　获得这样的好机会，
　　　　作彻底的改悔。"

　　"自新！你是直接間接看见这猙獰凶恶共产党，将无数天真烂漫活泼的有为青年，誘引到三分不象人，七分倒是鬼的境地。还继續不断訛騙别的未上当青年充当它的炮灰。"

　　看！叛徒的嘴脸多么丑恶，多么无耻！他們咒罵我們党的語言是多么恶毒，他們的"改悔"之意，"感謝党国"之心，真是发自肺腑，他們在反动派面前献媚取宠，卑躬屈膝，舐主子皮靴的样子多么殷勤！为了向国民党反动派乞討一条狗命，他们是什么卑鄙的勾当都干得出来的。他們是党的可耻叛徒，中华民族的敗类。今天必須把他們从革命队伍中全部清除出去!

"山西反省院"的叛徒們是刘少奇大叛徒集团的重要組成部分。一九三六年，薄一波从"北平反省院"积极地进行媚敵投降活动。一九三七年春天，他在閻錫山面前重弹刘少奇一九二六年的濫調："当前形势瞬息万变，各处正在用人之际，可是太原监獄还关着二、三百政治犯。这些人都是爱国有为的青年，现在仍然关在囚牢里，消磨年华，这与閻先生目前的政治主张和正在山西开展着的救亡运动不相适应。可說是一个諷刺。既然是两家合作，让一批共产党人公开进行救亡运动，当然很好，让另一批共产党人，甚至更多的一些共产党人都来共同进行救亡运动，岂不更好!"閻錫山虽然表面上接受了叛徒薄一波的"意見"，实际上他仍然坚持其反动立场，坚持严格的出院手續，其目的是使反省人出院后服服貼貼地为国民党卖命。"山西反省院"的一批叛徒們也正是这样做的。

这批叛徒出院后，与北平反省院的叛徒們相互勾結，形成了一个庞大的叛徒集团。他們一部分在閻錫山的控制下組成了"决死队"，其組織主要成員如下：

第一纵队：薄一波、王鶴丰、周仲英、廖魯言、刘有光、梁膺庸、付玉田（均为北平反省院爬出来的叛徒）。

第二纵队：张文昂（山西反省院出来的叛徒）、韓均（北平反省院出来的叛徒，已死）。

第三纵队：董天知（北平反省院出来的叛徒，已死）。

卫旅政治部：梁化之（閻錫山的亲信，特务）、刘岱峰（山西反省院出来的叛徒）。

解放后，薄一波等原"决死队"的重要成員之间仍有广泛秘密来往。薄一波于一九五九年在北京民族飯店宴請"决死队"叛徒們。同年，周仲英也在北京西单"全聚德"請这批叛徒吃烤鴨，密谋变天。

另一部分参加了一九三六年在"成成中学"校內秘密举办的党員訓練班。其大部分成員是从"反省院"出来的叛徒。在訓練班代課的有刘少奇、彭眞等人，极力培植私人势力。解放后，"山西反省院"这批叛徒在刘少奇叛徒集团包庇重用下，个个青云直上，人人晋級加爵，长期潜藏在革命队伍中，干尽了反党、反社会主义的罪恶勾当。例如：叛徒娄凝先六四年調来南开大学就是安子文亲自安插的。上任之前，娄曾向安提出不願意留在天津工作，安回答說："你还是留在天津好，老朋友多，离开天津你就看不成党的文件了。"他們在有目的、有計划地把叛徒們安插在全国各地，这就是他們篡党、篡军、篡政实行反革命复辟的組織基础，一旦时机成熟，就要大搞反革命政变。請看这些叛徒在全国各地的分布情况吧!

郭洪涛（国家經委副主任）

宋日昌（上海市副市长）

刘岱峰（全国物价委員会付主任）

娄凝先（南开大学副校长）

王志誠（天津棉花机械厂党委书記）

赵树理（作家协会）

郭实夫（成都市委书記）

侯富山（广州市监委书記）

…………

不难看出，刘少奇在白区所推行的完全是一条叛党投敵，投降納叛的反革命路綫。他的叛党黑指示不仅下达到"北平反省院"，而且也伸向全国各地。他們以"北平反省院"为核心，組成了一个极其庞大的叛徒网，散布在全国各省、市、部門。在刘少奇的大黑伞下，长期以来干着反党、反社会主义、反毛泽东思想的罪恶勾当。他们的阴謀如若得逞，中国就不可避免地要出现反革命复辟，我国就要改变颜色。"他們的基本队伍，或是帝国主义国民党的特务，或是托洛茨基分子，或是反动军官，或是共产党的叛徒，由这些人做骨干组成了一个暗藏在革命陣营的反革命派别，一个地下的独立王国。"他們是我們最危險的敌人。

　　刘少奇这个反革命修正主义分子，无产阶级的大叛徒必须打倒！反革命叛徒集团必須消灭！文化大革命必须进行到底！我們再次万万分火急呼吁：无产阶級革命派战友們，立即行动起来！把隐藏在我們党內的所有叛徒們統統揪出来，斗倒，斗臭，全部、干净、彻底地消灭！

南开大学　八·三一　紅色造反团
　　　　　八·一八

二、叛徒名单（已被揪出的一部分）：

原　名	現　名	职　　务
孙　斌	薛向晨	前中央民族事务委員会付主任
郭惠卿	郭洪涛	国家經委付主任
袁希安	袁志和	山西省委工业部部长
张　勳	张文昂	中央农业机械化科学院党委书記
郭巨才	郭挺乙	（已枪决）山西水利厅×工程队
刘光炎	刘展一	安徽宿县专区行政局局长
李維宣	娄凝先	南开大学付校长
宋震寰	宋日昌	上海付市长
郭春华	郭实夫	成都市委书記
李　彬	李志敏	山西省委付秘书长
刘　林	刘俗峰	中央物价委員会付主任
侯丰利	侯富山	广州市监委书記
馬福春	馬福春	北京化工学院党委书記
张玉梅	青　东	在中央建委工作（刘俗峰老婆）
王　忌	王志誠	天津棉花机械厂党委书記
张兴盛	张茂甫	中国人民银行总行商业信貸局局长
赵树理	赵树理	作家
王立仁	王卓如	全国供銷合作社付主任
丁楚元	张紹武	现在台湾
王世益	时　青	西北交通干校党委书記（已退休）
武光湯		山西省付省长
	曾延伟	国家經济研究院研究員
赵秉彝	馬　林	山西省政协付主席

三、 附 录:

(一) "山西反省院"国民党特务主办的《自新月刊》发刊詞:

本刊的使命是

一、青年是有清白自觉的志願和热烈的情緒,但沒有丰富的經驗和判断的头脑,以致我們过去走入迷途,陷于危境。今經长期沉思考虑,透彻悔悟,願把我們清白态度表現于外;怀抱的思想,献諸社会。冀得社会人士的深刻了解,复求革命領袖的同情指导。这是本刊所負的第一个使命。

二、C.P(注:共产党)"秘密須知":"甚至严刑拷打,絕不招供","招供就是卖党"。……在所謂"鉄的紀律"和"严守秘密"訓练之下的共产党員絕不論及眞情况,这是公开脱离C.P的青年,也畏于牠无情的残杀,不敢积极反共。我們脱离C.P是切于中国革命的需要和为民众利益而牺牲的,对于挖我們的心,吸我們的血及卖我們民族的共产党,只有站在知此知彼场合上,暴露牠的阴謀詭計;站在党国利益立场上;描写牠的滔天罪恶。使全国人士集中到反共旗帜之下,消灭牠的組織,这是本刊所負的第二个使命。

三、反共以后,共党的队伍潰退了,共党的努力分化了,但是共党的理論不只仍旧潛伏在青年的脑海,就是共党骨髓的著作,还是渊漫于出版界,那等而上之,也不过站到别派立场上,各自乱評共产主义,古人云:"攻心为上",那么我們反共的战术是什么?在消极上說:"我們是恪守科学方法,和社会进化定律,駁斥共产主义缺陷,綜合历史的研究,和事实分析,抨击共党之謬論,尤其尽量翻譯反馬克思主义的作品,以供研究的作証。在积极上說,我們要基于总理的遺敎、三民主义的原則,証以經济、政治社会等学科的原理,发揚光大,而成为救中国指示,世界革命的具体法則。这才是反共的直接意义和价值,也就是本刊所負的第三个使命。

四、处在国际帝国主义和封建势力統治局面下的中国民众,因民生問題便发为繁乱复杂的要求和思想了,在农村社会,有代表封建势力的土豪劣紳把持者,在工厂林立的郡际,有鼓吹阶級斗爭的共产党煽惑着;甚而至于步武帝国主义的国家主义派,及不确实际的无政府主义派,也到处乱喊。的确青年在思潮复杂、青黄不接的中国,免不掉徬徨和吝嗟!本刊同人准諸进化規律,社会状況,及中国实际問題,努力鼓吹三民主义的意識形态,使青年找着中心思想,确定新人生观,为完成中国革命的中坚分子,这是本刊所負的第四个使命。

注:C.P是共产党的簡称

自新 創刊号

(二) "山西反省院""訓育綱領"。其中申明,凡出院者,"不仅不再加入反动团体(按:指共产党),且能偵察反动分子"(按:指共产党人与其他爱国人士)云云。足見其出院者,即为国民党之特务,其"反省院"即为国民党特务訓练机构。

緒 言

山西于民国十七年八月成立自新院,专收容共产犯之輕微者,而施于感化,十八年十二月,中央頒布反省院条例。二十年八月,乃改自新院为反省院,院长由高等法院院长兼任。二十二年四月,中央公布反省院条例,規定院长专任。是年七月,督彭奉行政司法行政部令,忝长斯职。八月一日,……其予反省人,为使其信仰本党主义。认識中国革命起見,乃确定以党义为中心科目,搜罗党义书籍,广为讲述,限期閱讀,期于本党主义，能明确了解。考查其日記笔記，以察其学习之勤惰。实行个别談話，以瞻其思想进步之程度。奉行总理紀周及各种革命紀念会，讲述总理遺敎与革命事实，使灼知中国革命之途径，成立党义研究会及辯論討論讲演等会，以剖释共产主义之謬誤；从而指正其窺惡思想。……凡此皆可以使其对于本党主义，能眞誠信仰，对于本党領袖，能决心拥护，奋发其革命精神，而为本党效力也。……举凡所以訓练反省人者，一心实干硬干快干之精神赴之。克坚伐頑，必使其感觉本党主义之伟大，領袖之英明，而确定改悔之誠意而后止。……而出院之反省人，因本院至誠感格，故虽出院，仍时与本院通音向，感化极見融洽。……不仅不再加入反动团体，且能偵察反动分子。向有与在院反省人来函，则与劝以反省机会，不可錯过。足証出院反省人，实已大彻大悟，此堪差告慰于党国者也。……

民国二十二年八月一日武誓彭謹序于山西反省院

（三）伪"山西反省院反省人入院誓书"：

山西反省院反省人入院誓书

具誓书人×××今因誤入歧途幸蒙党国原有賜予自新机会誓自入院之日起情願遵守院內一切規則法令服从院长及諸师长之指导力图改悔幷願努力研究三民主义以期改正思想确定革命之途径而有违背誓言任何制裁情甘承所具入院誓书是实

具誓书人×××

中华民国二十年×月×日

（四）伪"山西反省院院歌"

山西反省院院歌

宏哉党国届法伸恩　　設院反省誘掖狂渾
以敎以育論溺是拙　　思想概正三民乃薄
庶庄共慶民族永存

（五）伪"山西反省院《自新月刊》征稿条例"：

山西反省院《自新月刊》征稿条例

（1）凡关于发揚三民主义駁斥共产理論痛陈共党之阴謀詭計祸国之实况以及关于复兴民族振兴农村之論文記文艺等稿件一律欢迎

（2）投寄之稿一律贈以本刊如能惠寄共产之秘密决議案或重要文件者均当酌酬現金

（六）伪"山西反省院"反省人出院誓辞：

山西人×××硺认三民主义为革命最高原则出院后誓以至誠拥护国民革命尽忠于中国国民党及中华民国如再加入任何反动团体願受党国最严励处分所具结是实

具結人×××

中华民国×年×月×日

（七）伪"山西反省院"組織系統表：

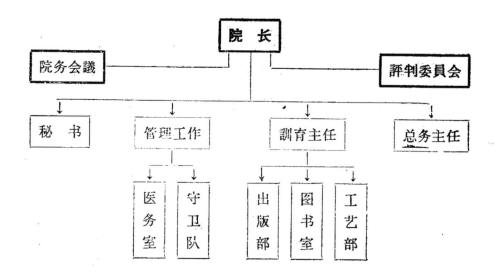

彻 底 砸 烂
刘少奇大叛徒集团

伪"安徽反省院"概况
修 訂 本 第 五 集

南开大学八三一八二八红色造反团

一九六七年四月二日

最　高　指　示

在拿枪的敌人被消灭以后，不拿枪的敌人依然存在，他們必然地要和我們作拚死的斗爭，我們决不可以輕視这些敌人。如果我們現在不是这样地提出問題和認識問題，我們就要犯极大的錯誤。

《在中国共产党第七届中央委員会第二次全体会議上的报告》

帝国主义者和国內反动派决不甘心于他們的失败，他們还要作最后的掙扎。在全国平定以后，他們也还会以各种方式从事破坏和搗乱，他們将每日每时企图在中国复辟。这是必然的，毫无疑义的，我們务必不要松懈自己的警惕性。

《在中国人民政治协商会議第一届全体会議上的开幕詞》

伪"安徽反省院"概况

一、情　況　簡　介：

一九二七年"四·一二"蔣介石叛变革命以后，对共产党和革命人民实行了极其野蛮残酷的大"清党"和大屠杀政策。一时尸体遍野，血流成河。但是，正如毛主席所說："中国共产党和中国人民并没有被吓倒，被征服，被杀絕。他們从地下爬起来，揩干净身上的血迹，掩埋好同伴的尸首，他們又继续战斗了。"中国共产党高举起革命的大旗，組織群众，創立紅軍，武裝群众，建立革命的根据地，实行武裝抵抗，中国革命又进入了一个新的时期。

国民党的屠杀政策惨遭失败，不得不实行反革命的另一手——"軟化政策"。于一九二九年，公布了反革命的"反省条例"，将原"自新院"一律改为"反省院"，伪"安徽反省院"也应随成立。

（一）反省院是一个地地道道的特务机构：

"反省院"直属国民党特务組織ＣＣ和軍統領导，陈立夫、陈果夫就是这个反动組織的大头子。"反省院"的設立，他們的目的是：

"反省院这一制度，在剿赤路綫和国民革命过程中占的地位，是非常重要的，它不仅使每一个反省人消极地脫离反动关系，还要积极地参加国民革命。"

几句話，道破了反省院成立的本质。对于獄中的共产党人，"积极地参加国民革命"，就意味着叛党变节，出卖灵魂，投进国民党的怀抱。一些可耻的叛徒，在獄中的所謂"參加國民革命"就是用自己的行动參加国民党的白色恐怖：发表反共文章，写"反共启事"，在政治上助长敌人的反共气焰。这种东西，对于当时不明真象的人頗有迷惑力，是敌人用暴力手段所达不到的，它的作用是瓦解我党的組織，动摇人心，从而造成政治上的孤立。当叛徒們博得国民党主子的欢心出獄之后，許多人便成了国民党的特务。

为了达到"訓练有素"的特务人員，反省院制定了一套特务制度。

反省院設有院长：国民党特务机关委派。

訓育主任：院长手下的得力打手。訓育員、輔助訓育員、教师等均系特务人員。依靠这些特务人員，对共产党人展开强大的"軟化"攻势，达到叛变为止。

訓育项目主要有：課务、訓练、考查等。控制极其严格残酷。

課务：将犯人分成不同班級，实行級任制。分別由訓育主任、訓育員、助理員担任。

課务的中心內容：国民党的"党义"課、"唯生論"課等。"党义"灌輸的是三民主义，即必须认定它是"救国主义"、"至誠"拥护；而馬列主义，是"洪水猛兽"，"于中国国情根本不适宜"，是"祸国殃民的灾根"。

"唯生論"是灌輸保命哲学，为了活命，什么人类理想，共产主义信仰，全可以抛弃。只要叛变，保住狗命就是最高原则。

訓练、考試：采取导师制。所授各种反动课程，每月考試一次。試卷及其考試結果，送訓育主任审閱后，交院长审核。授課时，犯人必須作笔記；閱讀时，必須作笔記。大小特务要随时检查，报告訓育主任。如果认为有問題，就要遭到特务們的个別訓斥，幷将談話作成記录，进行詳細考查，以做能否出獄的证据。这三项达不到国民党的"要求"，或认为有問題，要想出獄是万万办不到的。

(二)殘酷的法西斯統治：

犯人入院必須經过严格的审查，入院六个月后，必須把該犯人的全部情况、学历、家庭情况、"历史犯罪"、"獄中表现"、"思想背景"、"近日情况"上报审核。入院时，对其携帶之图书等物进行"細密"检查，如內容认为稍有問題，即沒收或扣压。

犯人寄出文件，要經管理科检閱登記，抄写两份，經管理科校对无誤，留存一份备考，另一份登記后才能发出。发出信件数目有明文规定，不可多寄。

寄入信件，經管理科检閱登記后，尚可发給犯人，犯人閱后，收回院方保管。

反省人会見亲友时，要在管理科办理手續。幷且预先要經院方特务"談詢"方能允許会見。会見时有特务在場监視，幷做会見談話記录。

出院时，必須是"反共"要有"决心"，"党义"认識"明确"，"自白"必須"彻底"，"行动"合"要求"。履行"悔过切結"、"通信切結"，寻找"院方认可"的"妥实"保人"填具保結"，幷保証犯人出院后不再有"反革命及危害民国罪状及避限通信、报告最近行迹，职业状况，有亲友戚屬者，其亲友戚屬須填写領回管教切結"后才能出院。反省院六个月为一期，經考查合于反省条件者可出院，否则送回监獄。

平时，反省院的特务随时可检查反省人的住室（包括：检查行动、图书、文件）。

反省人之款須存院方，随时调查反省人款項用途。院内各特务人員还要汇报各反省人的情况，并做各种分类記載。如：“习性考查”、“个别談話記載”、“反省人存款用途考查”，“思想考查細目”等等。共有名目三十七种之多，把犯人的一言一行，一时一事，一举一动都作了詳細的記載。**特务們連每一个犯人的习性脾气，都要考查入卷，以备将来之用，其法西斯統治，何其严酷！**

为了使反省人“反共”，还要召集各种集会，如“精神讲話会”（由院里的特务人員和院外反省头目主讲）、“党义研究会”、“演讲会”等等。譬如“演讲会”就明文确定，“报告过去参加反动之历史，其目的在暴露共产祸国殃民之罪恶，一方面表示报告者反共之决心，一方面則使听众对共产残酷的行为有深切之认識，促其**早日反省。**”这是反省院国民党特务們从反革命理論上、思想上、行动上对犯人施加强大政治压力的有机組成部分。通过这种形式，要对犯人将来叛变反共作好理論、思想和興論的准备。尤其恶劣的是他們把这些反共文章刊登出来，散布毒素，迷惑更多的人，从他們的讲演題目上就可以看出是极端反动的。例如《赤匪与土匪》（程十金）、《过去之反动及今后之作人》（李新然）、《我的反动活动史》（周质彬）、《述共产的罪恶与反省》（汪乃松）、《我們要消灭共匪》（尹荣找）、《共匪的罪恶》（謬运彬）等等。

“讲演会”是反省院进行**法西斯統治**的重要內容，一个月至兩个月定期表演一次。

反省院还办有反动刊物《反省月刊》，定期出版。目的是：

“发表三民主义，駁斥共产理論，暴露共党阴謀詭計殃民祸国实况。”經不起考驗的叛徒，从該反动刊物上，发表大量反共文章。下面是大叛徒何仲池《我的自白》中的一段：

“……我經过了若干次失败的敎訓，鉄証如山的証明了馬克思主义是如何的不适用于中国。共产党的路綫政策是如何的行不通，我应当赶快的回头，切勿犹豫，另找出路去。出路何在？归化在三民主义旗帜之下。从今后，将馬克思主义拋到毛厕去，对共产党毫无留恋，我当然要自由了。”

《反省月刊》創刊号

看！这个可恥叛徒的醜恶咀脸、卑鄙灵魂不是完完全全地暴露在我們面前了嗎？他对馬克思主义恨之入骨，要把它“拋到毛厕里去”；对共产党没有点滴感情，“毫无留恋”；对于革命的挫折，不是看作敌人的疯狂反扑，而是归罪于“馬克思主义”“不适用于中国”，因此，他要“切勿犹豫，另找出路去”，“归化在三民主义旗帜之下”与国民党同流合污。更可恨的是，这个可恥的叛徒，把当时中央的活动情况，**中央的委員，全部出卖給敌人，甚至将周总理、蔡和森、苏兆徵、邓中夏、任弼时等同志全部供出。**

《反省月刊》登出的全是这类的反动文章。例如：**《中国共产党罪恶的写真》**（姚安国）、《中国共产党工作方式之批判》（李良辰）、《中国共产党的崩潰及其罪恶的检討》（陶开甲）、《鄂豫皖匪区廿年內部残杀之前因后果》（陶积德）等等，对共产党和革命根据地极尽誣蔑誣蔑之能事，把出卖党和人民的根本利益做为誘餌，换取敌人的信任，討得一条狗命。

《反省月刊》是特务在院中进行法西斯统治的另一重要手段，也是在全国制造白色恐怖的有机组成部分。

平时，院中反省人的"日記及其作品"，經考查股登記，分别送到有关特务手中，用紅笔在原文上詳細批註并填写表格，归卷入档，随时备考，或作总考查时之用。

特务們与反省人交談，必須按規定将談話时間、地点、都做了具体記录。每月有兩次以上长时間的談話，归卷入档。并将犯人每日的思想言行，汇报給訓育主任，也整理归卷。

在反省院里，国民党特务所实行的一切法西斯统治手段，都是为了使反省人叛变革命，叛变党，达到反共反人民的目的。經过上述的思想"軟化"，一些混入党內的投机分子，一些意志薄弱的怕死鬼，就举起了双手，跪在地上向敌人投降，滚进了国民党怀抱。他們有的出卖組織，把他們自己所知道的我党活动情况全部奉告給敌人，使我党不少組織遭到破坏。他們出卖同志，把全部掌握的組織关系出卖給敌人，于是又有一批同志被捕入狱。大量的材料証明，我們的同志往往不是国民党的特务首先发现的，而是由狱中叛徒的告密而被捕的。叛徒对党的危害在某种情况下比国民党特务更大，更恶劣。因此，不管叛徒們在其叛变之前职位多高，貢献多大，一旦投进敌人的怀抱，就是党的罪人，人民的罪人，是决不能饶恕的，只有彻底清算，坚决打倒，这才是对党，对革命，对人民的負責。对叛徒的怜悯，就是对革命的犯罪。

国民党在全国設立"反省院"（1929—1937）时，正是民族矛盾日益加深，阶级矛盾激烈的时期。国民党反动派与日本帝国主义遥相呼应、互相利用，妄图消灭共产党，因此形成了以国民党、日本帝国主义为一方，以共产党和革命人民为另一方的对立形势。当国民党反动派逮捕共产党人之后，它的最大价值不是这个人在軍事上解除了武裝，失去了战斗力，而是在政治上的威信和影响，用它去招降尚在坚持革命斗爭的人，帮助敌人从政治上更快地摧毁革命队伍。决不能輕看叛徒們的一张"反共启事"、"反共宣言"的政治作用，那些自己坚持气节，宁为玉碎不为瓦全的革命者，是不会去誘劝别人投降的。叛徒們的"声明"，是与敌人政治上正面进攻有机配合的。他瓦解革命营壘的实力，壮大反革命陣营的声势。反省院是国民党反动派实行反革命"軟化政策"的产物，是阶级斗爭的必然表現。

混进革命队伍中的阶级异己分子，他們从来就不是革命者，而是政治投机商。一旦他們认为时机巳到，必定暴露他們反革命的本来面目，反轉来鎮压革命运动。在革命过程中，有的人逐步改造了自己的非无产阶级思想，轉变了立場，成了坚定的革命者；有的沒經彻底改造，因此在革命的关键时刻，由徘徊、动摇到最后叛变投敌，成了可耻的变节分子；有的在拿枪的敌人面前，尚能坚持得住考驗，不愧是英雄好汉，然而，經不住敌人糖衣裹着的炮弹的攻击，最后在敌人的"香风"中丧失了革命斗志，成了叛徒。这就是叛徒形成的阶级根源。

但是，为什么在卅年代出現了一大批叛徒呢？这也是有它的社会根源的。

首先，三十年代正是阶级矛盾激化，民族危机日益加深的时候，国民党打着"解决民族矛盾"的旗号，什么"国难当头"，"精誠团結"啦，什么"抗日必須安內"啦等等，把矛头指向中国共产党和中国革命人民。因此，从军事上、政治上展开了进攻。面对着国民党反动派的反革命政策，刘少奇不是进行针锋相对的斗争，而是迎合国民党反动派反共政策的需要，打着"统一战线"、"需要干部"的幌子，背着党中央和毛主席，制定了出卖党的原则，出卖革命利益的反动"自首"政策，叛变自首的人和已成特务的人，就乘机混入党内，受刘少奇的保护，得以长期隐藏身份，把毒根栽在我们党内。其后，由于叛徒的共性，他们紧紧地抱成一团，互相吹捧，互相提携，背着毛主席，组成了一个地下黑司令部，作为其实行反革命政变的组织基础。这就是为什么当国内外斗争稍有动荡时，他们就蠢蠢欲动的原因之一。国内外阶级斗争的许多事实，充分证明了这一点。

其次，一九二七年国民党反动派叛变革命之后，实行了世界历史上罕见的"四·一二"大屠杀，一个革命者，面对着阶级敌人的疯狂屠杀，应看到的是反动派的脆弱，革命前途的辉煌灿烂，从而更加坚定其共产主义的理想。然而，刘少奇在尸骨遍野，血流成河的大屠杀面前，吓破了狗胆，制定了反革命的"自首"政策，什么"需要干部"啦，什么"保存实力"啦等等，完全是骗人的鬼话！说穿了首先是为了保存他自己的狗命，然后才想到别人。这与赫鲁晓夫"脑袋掉了，还有什么主义，还要什么原则"的叛徒哲学是一样的货色，只不过，刘少奇伪装得更巧妙些罢了。

（三）反省院与国民党特务

管理反省院的大小头目都是国民党的特务。他们的目的，要把反省人也"训育"成合于国民党要求的特务人员，大量材料证明国民党确确实实这样做了。

为了把反省人"训育"成特务，反省院分两步走。

（1）反省人入院后，院方公开要求："反省人之反动关系，力求其彻底自白，并令其对未经转受之反动分子的反动情形、踪迹，相具报告，呈报中央（指匪国民党中央）缉办。"

反省人所写的自白书，实际上是他们步入国民党特务群的第一步。国民党根据这些自白书，寻觅线索，逮捕更多的人。这从国民党中央给安徽反省院的"嘉奖令"中就可以看出来：

中 央 指 令 嘉 奖

"本院在院反省人，均能真诚反省，故年余以来，潜伏各方面共产分子，为反省人所检举者，数达四千名，最近又举报第二十次共产党员调查表三百五十三份。中央以本院工作努力，当以二四二六号指令嘉奖。……"

"……近由反省人方面探悉反动分子梁××之行踪，据实呈报中央通缉案究办……"

二 令 安 徽 反 省 院

"……探悉反动分子梁××之行踪，据实报请缉案究办，以靖乱呈悉。该梁××业已捕获，该院时能于反省人中取得线索，供给中央，送有破获，具见办事切实，应予嘉奖，以彰劳績。此令。"

反省人的叛变自白，是他們叛变自首的第一步，也是他們叛徒嘴脸的大暴露。他們把出卖同志、出卖組織做为保存自己狗命的手段，在他們叛变的背后，不知道有多少革命志士被杀害，有多少党的組織被破坏，这一笔血償，今天必須彻底清算！

（2）叛徒們保住狗命爬出反省院以后，就开始充当国民党特务。反省院明文规定：

"……本院规定凡反省人出院后，每两月，至少必須与本院通信一次，报告本人行迹，职业生活及参加革命工作（指参加国民党特务活动）等等……。本院复信，大多系慰勉，或介紹职业以及工作之指示。……"

安徽反省院自一九三五年二月至十一月，出院人四十七名，在十个月中与反省院通信往来达三百四十八次，平均每人与院方通信达七次之多，請看下表：

出 院 姓 名	出 院 人 来 信				院 中 复 信			
	来信次数	来 信 內 容			复信次数	复 信 內 容		
		报告生活情况及問題	請示介紹工作及职业	报 告 工 作		問候或勉励	介紹职业与工作	指 示 工 作
王××	7		2	5	9		1	8
赵××	10		1	9	9		1	8
刘××	11		1	10	12	1	1	10
陆××	5			5	4			4
陈××	4		2	2	5		2	3
……								
……								

叛徒們走出狗洞反省院时，国民党給以"慰勉"、"介紹职业"，可謂"关怀备至"，然而，"工作之指示"，一語泄露了天机，原来"慰勉"、"介紹职业"都是幌子，給以"工作之指示"，替国民党充当特务，干破坏共产党組織工作，逮捕共产党人和其他革命者才是实。从上述表格中，使我們更加清楚地看到，由国民党反省院直接指揮的特务系统中，就有一条以反省院为領导的叛徒集团組成的全国特务网，他們"招共产党之降"，"納共产党之叛"配合国民党ＣＣ军统特务机关，打入共产党和革命組織內部，进行反革命活动，这就是国民党反动派設立反省院的重要目的之一。这是当时阶级斗爭的产物，是国民党实行反革命敎化政策的具体表现。

在我們党內，代表大地主大資产阶级利益的刘少奇，正是迎合了国民党反动派的需要，制訂了一整套招降納叛的黑綱領，將国民党特务机关中蒐养出来的叛徒特务集团、拉入党内，給予合法的身份，封官許爵，长期收买、长期蓄奈、长期栽培、长期阴謀策划，以至許多叛徒，重新掌握了党和国家的部分大权，以待时机，实行反革命复辟。可見，以刘少奇为首的大叛徒集团，是国际共产主义运动中又一赫鲁晓夫式的阴謀家、野心家集团，是国民党反共反人民政策在我們党内的反映，是代表帝国主义大地主阶级、大资产阶级利益的。他們一直充当帝国主义、国民党反动派在中国的一支别动队的作用。这是刘少奇背叛人民、背叛革命、背叛共产主义事业的鉄証！

无产阶級文化大革命，敲响了大叛徒集团彻底破产的丧钟，他们的反革命阴謀活动被紅卫兵小将揭发出来了。这是一件大好事，是毛泽东思想的又一伟大胜利！

毛主席敎导我們："凡是反动的东西，你不打，他就不倒。这也和扫地一样，扫常不到，灰尘照例不会自己跑掉。"刘少奇大叛徒集团的反动本性是不会改变的，他們是决不会甘心于自己的失败的。我們无产阶级革命造反派，一定要牢記毛主席的教导："宜将剩勇追穷寇，不可沽名学霸王"。发扬"痛打落水狗的精神"，把矛头对准刘少奇叛徒集团，对准刘、邓、陶，穷追猛打，把他們打入十八层地獄，叫他們永世不得翻身！

打倒刘少奇！砸烂刘少奇叛徒集团！

无产阶級文化大革命胜利万岁！

战无不胜的毛泽东思想万岁！

伟大的中国共产党万岁！

伟大的导师、伟大的領袖、伟大的統帅、伟大的舵手

毛主席万岁！万岁！万万岁！

南开大学八三一
八二八紅色造反团

一九六七年四月二日

二、叛徒名单（一部分）

伪"安徽反省院"部分叛徒名单

现　名	化　名	现　名	化　名
商恩普	张兆名	倪映霞	江　平
楊寿先	呂道德	楊　宪	寄　生
祝金才	祝軍山	姚安国	文　卿
吳的怀	景　华	李道闊	海　岩
吳传福	黄　昏	王俊义	筱　农
李伯阶	金　藻	周质彬	吳　明
张皖英	张玉华		

三、附录：

1.伪"安徽反省院"讲演会要求：

反省人讲演会

目的：反省人讲演会，大半自动报告关于过去参加反动之历史，其目的在暴露共产

祸国殃民之罪恶，一方面表示反省人反共之决心，另方面则使听众对共产党残酷的行为有深切之认识，促其早日反省。

2.伪"安徽反省院"的征稿标准：

安徽反省院月刊征稿标准：

凡关于发挥三民主义，驳斥共产理论，暴露共产阴谋诡计殃民祸国实况，以及复兴民族挽救国难等论著评述记事文艺等稿件，均所欢迎。

（见安徽反省月刊本刊稿例第二部分）

3.伪"安徽反省院"特务活动的罪证：

中央指令嘉奖：

本院在院反省人，均能真诚反省，故年余以来，潜伏各方面共党分子、为反省人所检举者，数达四千名，最近又举报第二十次共产党员调查表二百五十三份，中央收本院工作努力，当收二四二号指令嘉奖，其原令如下："虽件均悉，已分别饬力，该院长工作努力，殊甚嘉许，嗣后如有所获，仍仰随时呈报，以凭核力，此令。"

　　　　　　×　　　　　　×　　　　　　×

本院对于反省人之反动关系，力求其彻底自白，并令其对于未经转变之反动分子的反动情形踪迹，拟具报告，呈报中央缉力，近由反省人方面探悉反动分子梁××之行迹据实呈报中央通缉案究办，旋于三月九日及十六日先后奉到中央及司法行政部嘉奖指令二件，其原令如下：

中国国民党中央执行委员会组织委员指令含金字第三〇〇〇号。

　　令安徽反省院

呈为探悉反动分子梁××之行迹据实报请缉案究办以遏乱萌呈悉。该梁××业已捕获，该院时于反省人中取得线索，供给中央，迭有破获，具见办事切实，应予嘉奖、以彰劳绩。此令。

　　　　司法行政部训字一二〇八号

案准中央执行委员会组织委员会第二九九号公函内开

直安徽反省院，办事认真，常于反省人中设法觉得线索，呈报中央，经迭次破获要案在案，自应予以嘉奖，以昭激励，相应函请等由：准此，合行会仰知照！此令。

打倒刘少奇

（天津市革命史研究所大字报选）

天津市革命史研究所

革命造反委員会《紅炮手》編輯部編

一九六七年四月四日

炮 打 司 令 部

——我的第一张大字报

　　全国第一张马列主义的大字报和《人民日报》評論员的評論，写得何等的好啊！請同志們重讀一遍这张大字报和这个評論。可是五十多天里，从中央到地方的某些領导同志，却反其道而行之。站在反动的資产阶級立場上，实行資产阶級专政，将无产阶級轰轰烈烈的文化大革命运动打下去。顛倒是非，混淆黑白，围剿革命派，压制不同意見，实行白色恐怖，自以为得意，长資产阶級的威风，灭无产阶級的志气，又何其毒也！联想到一九六二年的右傾和一九六四年形"左"而实右的錯誤傾向，岂不是可以令人深省的嗎？

毛 泽 东

一九六六年八月五日

目　录

超越了布哈林的布哈林門徒

天津市革命史研究所　孟　闖

一月八日，戚本禹同志在接見測繪学院、技术工程学院革命造反团的革命派时，曾經提到"刘少奇过去在苏联留学，受布哈林的影响很深。"这一句話可說是一針見血，挖到了刘少奇的老根；刘家舖子的膏丹丸散，大量大量地是从布哈林那里蔫来的，不唯如此，"青出于兰而胜于兰"，刘少奇在不少問题上已远远地超越了布哈林，使得他的老师也望尘莫及了。

下面，我們就布哈林和刘少奇的某些观点来作一些簡单的对比，看一看这个自称为"刘克思"的江湖骗子究竟是卖的什么狗皮膏葯。

一、"平衡"論与"平行"論

我們伟大的領袖毛主席教导說，无产阶级在夺取政权以后，"必須实现国家的社会主义工业化，坚持經濟战綫上的社会主义革命。"現通过阶级斗爭，消灭国民經济中的資本主义成份，对于馬克思主义者說来是不言而喩的事情。但是，混入无产阶级革命队伍中的資产阶级"理論家"却唱出了另一种調調：布哈林唱的是"平衡"論，刘少奇則加了几个裝飾音唱出了"平行"論。

布哈林认为，苏联的国民經济中有社会主义成份和資本主义成份，这两种成份可以沿着不同的軌道和平地向前移动，彼此"平衡"，不相抵触，而在将来的某个時候二者相交合成为一个统一的社会主义形态。

刘少奇亦步亦趋，他认为在我国的国民經济中，社会主义成分和資本主义成分可以"平行"发展。他在《天津讲話》中就直言不諱地說过："私营企业的活动范围很大，可以和国营企业平行发展。"又說："政府要发展国营生产，也要发展私营生产"，"要使国营私营互相合作配合"，"我們希望合作得多，合作得长"，一句話，社会主义經济成份和資本主义經济成分，要长期"平行"发展，还要彼此"合作"。

我們看，布哈林只說两种成分和平地向前移动，互不相撞。而刘少奇却认为两种成分不但互不"相撞"，还要"互相合作配合"，还要"合作的多，合作的长"！在这里，他不是远远地超过了布哈林嗎？

二、"发财吧！"与"赚大錢"

毛主席在我国社会主义革命即将开始之际曾經明确地指出："中国資本主义的存在

和发展，不是如同资本主义国家那样不受限制任其泛滥的。"毛主席又說："如果认为我們现在不要限制资本主义，认为可以抛弃'节制资本'的口号，这是完全錯誤的，这就是右傾机会主义的观点。"与这种馬列主义論断相反，布哈林、刘少奇之流作为资产阶級的代理人在无产阶級专政的条件下提出了发展资本主义的口号。

1925年4月，布哈林提出了一个极为反动的"发财吧！"的口号，支持私人资本主义經济的发展。当即遭到了斯大林和克魯斯卡婭等馬克思主义者的严厉駁斥。时过二十多年之后，混入我們党內的资产阶級代表人物刘少奇又以更囂张的形式提出了同一个口号："賺大錢的时候在后头！"1949年刘少奇对天津资本家們发出号召說："今天工业利潤不可能很多，但工业的前途是很光明，眼光要放远一些，賺大錢的时候在后头！"刘少奇这样說了还不过癮，又加上一句"到底賺多少錢才算合法？我以为賺多少錢都合法！"刘少奇也沒有忘掉号召富农发财，他在1951年5月又說："在农村我們曾經宣传过'劳动致富'。什么是'劳动致富'呢？就是劳动发财，农民是喜欢发财的……"。

我們看，布哈林还只是羞羞答答欲語还羞地"脫口說出了'发财吧！'这句話"（《斯大林全集》第七卷三一九頁）而刘少奇却是毫不含糊連篇累牘，滔滔不絕地大唱了好几年，以致放肆到认为不同意他的那一套謬論就是"反动的"，"空想的"，"违背大多数人民的利益、违背进步的"。在这里，他不是又远远地超过了布哈林嗎？

三、"不妨碍富农經济"与"长期保存富农經济"

列宁說过："富农是最残忍、最粗暴、最野蛮的剝削者，在其它国家的历史上，他們屢次恢复过地主、皇帝、神甫、资本家的政权。……这些水蛭吸了劳动人民的血，城市和工厂的工人越挨餓，他們就越发财。这些吸血鬼过去和现在都把地主的土地抓到自己的手里，他們再三盘剝貧苦农民。"我們伟大的領袖毛主席也指出："富农……被称为农村的资产阶級。中国的富农大多数有一部分土地出租，又放高利貸，对于雇农的剝削也很残酷，带有半封建性。"这就是說富农是残酷的剝削者，是一个十分反动的阶級。在进行社会主义革命的时候毫无疑問要把这个反动阶級彻底消灭掉。而布哈林、刘少奇之流却作为富农阶級的代言人，高声叫嚷要"保存富农"。

布哈林集团的头目之一弗魯姆金說："我們不应当妨碍富农經济的生产。"

刘少奇更上一层楼，毫不掩飾地說："保存富农經济的政策，当然不是一种暫时的政策，而是一种长期的政策。"又說："有人問：'雇人耕种的土地是否有限制？'我們的答复是：'沒有限制'。无論雇长工也好，雇零工也好，雇十个八个甚至一百个也好，只要是自己耕种或雇人耕种自己經营的土地，我們就应当加以保护，不得侵犯。"

我們看，弗魯姆金說，不应当妨碍富农經济的生产，而刘少奇却說要长期保存富农經济，甚至发展到有一百个雇工也要加以保护，不得侵犯。弗魯姆金比之于刘少奇显然是小巫見大巫了。

四、"富农和承租企业家长入社会主义"与
"資本家、地主、富农都将进入社会主义"

毛主席教导我們說："敌人是不会自行消灭的。无論是中国的反动派，或是美国帝国主义在中国的侵略势力，都不会自行退出历史舞台。"在无产阶級夺取政权以后，被推翻的剝削者，总是千方百計地企图恢复他們失去的"天堂"，重新复辟资本主义的剝削制度。与这种馬克思主义的論断相反，布哈林，刘少奇之流大肆宣揚无产阶級专政的敌人会自行长入社会主义。

布哈林在其臭名昭著的《到社会主义之路》一书中宣称："我国基本的农民合作社組織網将由一些不是富农式的而是"劳动"式的合作社細胞构成，这些細胞将长入我們的全部国家机关的体系中去，因而成为社会主义经济的单一鏈条中的环节，另一方面，富农的合作社也会同样經过銀行等等长入这个体系中去。但他們在某种程度上是异类，例如象租让企业那样。"这一段烏七八糟的語言，讲的是些什么东西呢？斯大林一針見血地指出其結論是："城乡资本家，富农和承租企业家，都长入社会主义。"（見《斯大林全集》第12卷，第廿七頁）

刘少奇說的更玄妙！他在一九五六年七月十三日同外宾談話中說："在我国，大规模的阶級斗爭已經过去，**资本家、地主、富农都将进入社会主义。**"刘少奇还当着资本家的面卖弄风情地說："只要我們现在的合作搞下去，将来是可以和平进入 社 会 主 义的。"又說："将来召集大家来开个会，討論怎样轉变为社会主义，大家一定不会皺着眉来，一定是眉开顏笑的来开会。"

我們看，刘少奇不仅认为资本家、富农能进入社会主义，在"进入的方式"上，不仅认为是和平的，而且还认为是"眉开顏笑"的。在这里，阶級斗爭"熄灭了，存在的只是牧歌式的阶級合作。"我們不由得想起了赫鲁晓夫常常对西方垄断资产阶級代表人物說的一句話："不用我来号召，你們就会走向共产主义。"刘少奇的资产阶級"眉开顏笑"进入社会主义的神話，比起赫鲁晓夫来也是有过之而无不及，更不要說布哈林了。

其他，刘少奇在很多重大問題上的观点和言論，无不与布哈林的謬論維妙維肖。

刘少奇是一个什么人？是远远地超越了布哈林的布哈林門徒，是与赫鲁晓夫并駕齐驅的当代最大的修正主义者，是党內头号走资本主义道路的当权派！让我們高举毛泽东思想伟大紅旗，識破刘少奇的反革命修正主义面目，把它彻底斗垮斗臭，不获全胜，决不收兵！

1967.2.13.

刘少奇是中国历史上最大的工贼

—— 一評刘少奇天津讲話

天津市革命史研究所　　常望东

无产阶级和资产阶级有着刻骨的阶级仇恨！

资产阶级是无产阶级不共戴天的阶级仇敌！

"資本来到世間，就是从头到脚，每个毛孔都滴着血和肮髒的东西"（馬克思）。资产阶级正是在无产阶级的壘壘白骨之上建筑起了他們罪恶的天堂！

伟大的无产阶级革命导师馬克思和恩格斯，早在一百多年前，就在《資本論》、《英国工人阶级状况》等光輝著作中，用血的事实控訴了資本主义剥削的空前残酷和野蛮，发抒了工人阶级烈火般的仇恨，幷在气壮山河的《共产党宣言》里，以无产阶级的鋼鉄声音，宣告了資本主义制度的死刑。

今天，我們伟大的領袖毛主席，高举着无产阶级世界革命的大旗，領导着全世界革命人民，为"建立一个沒有帝国主义、沒有資本主义、沒有剥削制度的新世界"而斗爭。（《关于国际共产主义运动总路綫的建議》）

消灭人对人的压迫和剥削，实现共产主义理想，是銘刻在工人阶级伟大心坎上的至死不忘的誓言。

而与此相反，工人阶级的叛徒，新老修正主义者，则卖力地謳歌資本主义的剥削。歇斯底里地发出了"資本主义剥削万古长青"的囈語。他們对工人阶级进行牧师式的欺騙，麻痹工人阶级的斗爭意志，起到了資产阶级政客所不能起的作用。这样的家伙，在資本主义社会有之，在社会主义社会中也有之。刘少奇就是一个典型！他是中国历史上最大的工贼。

下面，让我們来看一看，刘少奇在一九四九年《天津讲話》中，謳歌資本主义剥削的連篇鬼話吧：

今天資本主义的剥削不但沒有罪恶，而且有功劳，封建剥削除去以后，資本主义剥削是有进步性的。今天不是工厂开得太多、工人剥削太多，而是太少了，工人、农民的痛苦在于沒有人剥削他們，你們有本事多剥削，对国家人民都有利，大家贊成。

《在工商业家座談会上的讲話》

我們就怕資本家不来剥削你，資本家能够剥削很多工人那才好，有人剥削总比沒有人剥削好一点，沒人剥削完全沒有飯吃，有人剥削还能吃个半飽，这总是好一点。

《在青代会上的讲話》

我就向他（启新洋灰公司經理周叔弢）解释这个問題，你想开第四个厂子是剥削工人多了这算不算罪恶呢？这不但不算罪恶，而且有功劳，多剥削几个人好呢？还是少剥削好呢？还是多剥削几个工人好，失业的工人要求复工，他們想（到）資本家的厂里作工，也就是說：

請你剝削我一下吧'：他們要你剝削，能剝削我們倒舒服一些，否則我們倒覺得痛苦，今天东亚毛织厂剝削一千二百个工人，也算不少吧！但是你們能剝削二千四百工人，多上一倍，也就更好，周叔弢的思想是錯的，我說剝削得越多功劳越大，馬克思也說过：'資本主义在青年时代是有历史功績的'，我說这个功績是永垂不朽的。

《在青代会上的讲話》

資本家的剝削是有历史功績的，沒有一个共产党員会抹杀資本家的功劳。罵是罵，功劳还是有的。当然罪恶也有一点，但功大罪小。今天中国資本主义是在年青时代，正是发展他的历史作用，积极作用，建立功劳的时候，应赶緊努力，不要錯过。今天資本主义剝削是合法的，愈多愈好，股息应该提高。

《在工商业家座談会上的讲話》

請看，这都是些什么狗屁"理論"！？

"工人、农民的痛苦在于沒有人剝削他們"嗎？不！工人、农民的痛苦在于他們遭受了地主、資本家敲骨吸髓的剝削。收租院的恶狗、大斗，三条石厂主的皮鞭、木棒，劫走了他們最后的一粒谷子，榨出了他們最后的一滴血汗。說这种剝削不会給工人、农民带来痛苦，是赤裸裸地混帐邏輯！刘少奇这种毫无掩飾、正面地謳歌阶级剝削的行为，眞是使得資本主义发生以来的所有的資产阶级政治經济学家都望尘莫及！即使希特勒的理論家，恐怕还沒有創造出这样的"盗理"呢！

"能剝削我們倒舒服一些，否則我們倒覺得痛苦。"这眞是咄咄怪事！受了剝削覺得"舒服"，不受剝削覺得"痛苦"，刘少奇的这种"理論"，不是說明他是一个天生的賤骨头嗎？不是說明他是一个天生的資产阶级奴才嗎？一九五一年，毛主席曾經发起对电影《武訓传》的批判，因为它歌颂一个封建势力的奴才。我們看看刘少奇，他不是資本家的奴才又是什么？不同的是，他比武訓更有"理論"，更有地位，更有影响。不把刘少奇这个不受剝削就感到渾身痒痒的賤骨头打倒，他就要复辟資本主义！

"剝削得越多功劳越大"。按照刘少奇的"理論"，当代世界上，美帝国主义的"功劳"要算最大了，因为它不仅剝削本国的劳动人民，还剝削亚、非、拉，乃至欧、澳、北美的广大人民。它是当代世界上最大的剝削者，最大的强盗，大概也就成为刘少奇心目中最崇敬的"英雄"了。

刘少奇利用职权和地位，公然号召資本家起来大大地、狠狠地增加对工人的剝削，暴露了他是在最准确意义上的党內走資本主义道路的当权派。

"資本主义剝削是有进步性的"。这完全是胡說八道！在中国的民主革命轉变为社会主义革命的关头，資产阶级已成为革命的直接对象，成为被打倒、被消灭的阶级，資本主义的生产关系已成为生产力发展的桎梏；在这样的时候，資本主义的剝削非但沒有进步意义，而且是反动透頂了，腐朽透頂了，要被送进历史博物館了。刘少奇大叫："資本主义剝削是有进步性的"，不过是反动資产阶级在被送上历史的断头台时发出的最后的呼叫。

綜上所說，刘少奇一系列謬論的核心是一句話："資本主义好"。他的笛子吹过来吹过去，都离不开这个基本旋律。

刘少奇在贊美資本主义的剝削上，就其时間的先后和形式的囂张而言，是赫魯晓夫的师兄,而不是赫鲁晓夫的师弟。他既是中国历史上最大的工贼,也是当代国际共产主义运动中最大的工贼之一,正如红卫兵小将所说:他是一个地地道道的中国的赫鲁晓夫。

我們最最敬爱的領袖毛主席教导我們說:"敌人是不会自行消灭的。无論是中国的反动派,或是美国帝国主义在中国的侵略势力,都不会自行退出历史舞台。"让我們"奋起千鈞棒"把刘少奇这个大工贼彻底打翻在地!

一九六七年一月十四日

刘少奇妄图在中国复辟
资本主义制度的罪证

——二評刘少奇《天津讲話》

天津市革命史研究所　常望东

1949年当解放战爭取得全国性胜利,民主革命阶段即将完成,社会主义革命即将开始的伟大历史轉变时期,我們的伟大导师,伟大領袖,伟大統帅,伟大舵手毛主席及时地发出了关于由新民主主义革命轉变到社会主义革命的一系列英明指示,并在党的七届二中全会上制定了一系列正确的方針政策,又諄諄誡告全党全軍"必須用极大的努力去学会管理城市和建設城市。必須学会在城市中向帝国主义者、国民党、資产阶級作政治斗爭、經济斗爭和文化斗爭,并向帝国主义者作外交斗爭"。

刘少奇却在中国革命的伟大轉折的关鍵时刻,鬼鬼祟祟地进行了一系列活动,妄图扭轉历史車輪,把中国引上資产阶级专政,即半殖民地半封建社会的悲惨道路上去。

这是代表两个阶级两条道路的一場严重的阶级斗爭。

刘少奇在他的天津讲话中公开对抗毛主席关于由新民主主义革命轉变到社会主义革命的一系列英明指示,对抗党的七届二中全会,提出了一整套背叛无产阶级事业,迎合資产阶级需要的方針政策,大搞投降主义,跪倒在大資本家面前,乞求他們出来"治理"国家。他的讲话是彻头彻尾的叛徒咀脸的大暴露,让我們揭开他幻想資产阶级专政的美梦,参覌参观刘氏"治国"的兰图。

一、抹煞阶級、阶級斗爭,大搞和平共
处的"全民国家"

毛主席在七届二中全会上指出:"中国革命在全国胜利,并且解决了土地間題以后,中国还存在着两种基本的矛盾。第一种是国內的,即工人阶級和資产阶級的矛盾。第二种是国外的,即中国和帝国主义国家的矛盾"。对于主席的这一教导,刘少奇恨之

入骨，他針鋒相对地提出："把天津打开以后……中国革命的敌人——帝国主义、国民党、官僚資本家跑掉了，消灭了，沒有了。"一句話，夺取政权后万事大吉，阶級敌人統統"完蛋了"。进而他别有用心地說："听說美国工厂里，厂长、工程师和工人很难分别，这是资产阶级民主精神……我劝大家放下架子，进工厂时穿工人服装，让工人看来和他們一样就能丢掉隔閡"。稍微有一点馬列主义常識的人都可以嗅出刘少奇散布的是什么貨色。他故意混淆社会主义和资本主义两种不同制度的根本区别，幻想美国的民主，抹煞我社会中两个阶級的界綫，苦心規劝资本家及资产阶級知識分子涂上一层保护色——披上工人服装的外衣，混入工人队伍，进行腐蝕破坏，挖社会主义的墙脚。这里刘少奇大肆宣揚"阶級斗爭熄灭論"的鬼算盘打得多么精細啊！无論刘少奇多么巧妙地为資本家乔装打扮，狼外婆的羊皮总是会被撕下来的。刘少奇所散布的没有阶級、阶級斗爭、和平共处的論調，正是赫秃"全民国家"、"全民党"的样版。刘少奇眞不愧为赫秃的大师兄。

二、刘少奇"全民国家"的实质——資产阶級专政

毛主席教导我們："无产阶级及其政党由于受到几重敌人的压迫，得到了鍛炼。具有了領导中国人民革命的資格，誰要是忽視或輕視了这一点，誰就要犯右倾机会主义的錯誤。"我党的历史也証明，只有在工人阶级領导下，团结广大劳动群众和革命知識分子才能取得革命的彻底胜利。

刘少奇却公开对抗毛主席的指示，否认工人阶级在社会主义革命中的領导地位，甚至連依靠工人阶级也不承认，叫嚣"工人阶级在一定的时候也可以是不能依靠的……不要以为依靠工人阶级是没有問題的"，从这句話里，不难看出刘少奇站在资产阶级反动立場，对工人阶级的刻苦仇恨。也許他认为这样赤膊上阵过于露骨，于是改变了腔調說："城市讲生产，资本家的知識比我們多，比工人知道的多"，"国家现在接收官僚资本的工厂，管理后还不如資本家管理得好，何况再接收几十、几百个小工厂。那么怎么管理呢？那更管不好，……我們看見过許多事实，资本家办的工厂被工人接收来办合作社，但办了一两个月就垮台了。"够了，这些恶毒地誣蔑工人阶级，美化、頌揚资本家的言詞听了令人作呕。这那里还有一点共产党员气味，完全是一付奴顔卑膝，跪倒在资本家面前，把工人阶级劳动人民打下的江山拱手让給资产阶级的叛徒行为。在刘少奇看来，我們接收了官僚资本家的企业根本領导不了生产，搞下去只有垮台，不如让资本家继继領导，继續压在工人阶级头上。早在七届二中全会上，毛主席就指出："资产阶级怀疑我們的建設能力，帝国主义者估计我們終久会向他們討乞才能活下去"。刘少奇的言行，同资产阶级、帝国主义配合的多么紧密！

伟大的中国工人阶级在中国共产党和毛主席的英明領导下，"不但善于破坏一个旧世界，我們还将善于建設一个新世界。"中国人民伟大胜利的历史已給了刘少奇和资产阶级以及帝国主义者响亮的一记耳光。正告你，刘少奇，你的依靠资本家"发展生产"搞资本主义复辟的美梦在中国是永远不会实现的。

綜观刘少奇的"治国方案"可以得出这样的结論：刘少奇是地地道道的无产阶级革

命事业的大叛徒，他对中国人民犯下了滔天罪行。他的否认阶级斗争，大搞阶级合作，依靠资产阶级"建国"的綱领，是一个彻头彻尾的反党反社会主义反毛泽东思想的反革命修正主义綱领，我們必須鳴鼓而攻之，彻底清算刘少奇在历史上的全部罪行。

評刘少奇天津講話《羣众运动的規律》

天津市革命史研究所　東　　航

一九六四年六月，修正主义分子刘少奇来天津大肆活动，在河北省、地委书記会議上抛出了反党反社会主义的大毒草《群众运动的規律》（以下简称《讲話》）刘少奇在这篇赫鲁晓夫式的报告里，疯狂地攻击我們伟大的領袖毛主席，攻击大跃进，抹杀两个阶级，两条道路的激烈斗争，幷对我省广大劳动人民进行恶毒的污蔑，视革命群众为阿斗。这篇讲話充分暴露了刘少奇反党反社会主义反毛泽东思想的丑恶嘴脸。今天我們要給以彻底的清算。

一、恶毒攻击毛主席的調查研究，极力吹捧资产阶級分子王光美的所謂"蹲点"

我們伟大的导师，伟大的領袖，伟大的統帥，伟大的舵手毛主席，作为当代最伟大的馬克思列宁主义者，他一貫諄諄教导我們"一切实际工作者必須向下作調查。"要了解情况，唯一的方法是向社会作調查，調查社会各阶级的情况。毛主席还以他数十年如一日的实际調查研究行动，給我們树立了最最光輝的典范。在中国革命各个不同时期，毛主席总是坚持調查研究，在馬列主义一般原理的指导下，分析各个阶级、各种力量的对比和动向，为无产阶级革命政党制定正确的政策和策略，使大海航行中的革命航船繞过一个个险滩暗礁，駛向胜利的彼岸。

修正主义分子刘少奇近年来却一直放肆詆毁毛主席的調查研究方法。企图用王光美的一个什么狗屁"蹲点"来頂掉毛主席的調查研究。他在《讲話》中，含沙射影攻击毛主席的調查研究是"只听汇报"。說什么"大跃进的一些缺点，就是中央、省委領导干部沒有蹲点，只听汇报"，"如果不参加斗争，孤立地調查研究是不行的"，等等。

什么"不参加斗爭"呀，什么"孤立地調查研究"呀，这完全是胡扯八道，是对毛主席的恶毒污蔑。二十多年前，党內的教条主义者曾把毛主席的調查研究污蔑为"狹隘經驗論"，今天修正主义者刘少奇又把毛主席的調查研究污蔑为"只听汇报"，他們这种污蔑只能是狂犬吠日，蚍蜉撼树，不仅无损于伟大的、光焰无际的毛泽东思想的一根毫毛，却給他們敲响了丧钟。

周恩来同志最近接見紅卫兵小将时，一再勉励大家要在长征中学习調查研究，指出这是毛主席的基本功。确确实实，要想成为一个真正的馬列主义者，真正掌握毛泽东思想的革命事业接班人，练不好这一个基本功是根本不可能的。

刘少奇在否定毛主席的調查研究的同时，大肆叫嚷要"蹲下去"。說什么"关于蹲点的方法，河北省較好，唐山撫宁較好"。不知底細的人要問：为什么"河北省較好，唐山撫宁較好"呢？一句話說穿了，就是因为刘少奇的老婆——妖妇王光美其人在河北省唐山专区撫宁县的卢王庄"蹲点"！再一句話說穿了：調查研究不行了，应該让位于王光美的"蹲点"了。这还不够，刘少奇再鼓一口气吹捧下去："无論如何要蹲下去，搞生产也要这样办，一件新的工作都要这样搞"。这就是說，王光美"蹲点"的狗皮膏葯什么都能治，"搞生产也要这样办，一件新的工作都要这样搞"，簡直我党的一切工作都得遵照王光美的"蹲点"办法去比葫芦画瓢了。刘少奇竟敢把一个王光美吹捧得比我們伟大的領袖毛主席还高明，眞是囂张到了极点，猖狂到了极点！

二、攻击大跃进

一九五八年中国人民在中国共产党和毛主席的領导下，奋发图强自力更生，高举总路綫、大跃进、人民公社三面紅旗取得了輝煌成果。我們的这一伟大成就遭到了帝国主义、现代修正主义和国內阶級敌人的恶毒攻击和謾罵，他們攻击我們实行"强迫劳动"，"不爱惜劳动力"、"只凭热情"、"升虚火"等等，这些无耻的誹謗和滥言是不值一駁的。修正主义分子刘少奇也参加了这个反对大跃进的行列，同国內外阶級敌人唱着一个腔調，我們看看他的講話吧！

"过去我們光听汇报，大跃进有的数字是假的，我們信了。"

"土改时对地主扫地出門，不是群众要求；大跃进时白日黑夜地干，起先有热情，后来就不干了。"

这里他含沙射影地指責党中央、毛主席不深入实际，听取假汇报数字，结果把大跃进"搞糟了"。誣蔑大跃进不是群众的要求，是强迫群众"白日黑夜地干"，群众"只凭一时热情"等等。即然如此，那还談得上什么大跃进的伟大成就呢？还談得上什么群众路綫呢？这里旣否定了大跃进，又否定了广大群众的革命积极性和創造性。

我們知道，在大跃进的日子里，广大群众在党的領导下，发揮了冲天干劲，改天换地，实干苦干，历史愈来愈証明大跃进的成績显著，威力无穷，这是毛泽东思想的伟大胜利。任何否定大跃进，抹煞大跃进成績的人都是注定要失败的。

三、抹煞两个阶級、两条道路的斗爭

我們伟大的領袖、伟大的导师、伟大的統帅、伟大的舵手毛主席教导我們：社会主义社会是一个相当长的历史阶段，在社会主义这个历史阶段中，还存在着阶級、阶級矛盾和阶級斗爭，存在着社会主义同资本主义两条道路的斗爭。存在着资本主义复辟的危险性。主席光輝的阶級斗爭学說，創造性地发展了馬克思列宁主义，把社会主义革命推向了一个更新的阶段。

刘少奇长期地反对毛主席的阶级斗争学說，一貫抹煞社会主义社会中两个阶級，两条道路的斗爭，利用一切場合明目张胆地兜售阶級斗爭熄灭論。在他的《群众运动的規律》的大毒草中，通篇沒有"阶級"、"阶級斗爭"、"社会主义"、"資本主义"的字眼，却翻来复去地談論什么"基层干部可靠不可靠，可靠应依靠，不可靠就依靠会犯錯誤"，"我們相信不相信基层干部，也就看他說的話是可信不可信"，"这些情况是好干部干的；至于坏干部更不可信"……够了，他連篇累牍地用所謂抽象的"好干部"、"坏干部"、"可靠干部"、"不可靠干部"代替了他們的阶級性，用偸天换日的手法抹煞了阶級分析。毛主席敎导我們："在阶級社会中，每一个人都在一定的阶級地位中生活，各种思想无不打上阶級的烙印。"很清楚，在阶級社会中絕沒有什么抽象的、超阶級的好坏干部，可靠不可靠干部之分，只有无产阶級当权派和資产阶級当权派之分，刘少奇企图否认阶級斗爭的狼子野心不是昭然若揭了嗎？

毛主席亲自領导制定的《二十三条》中指出："这次运动的重点是整党內那些走資本主义道路的当权派，这些当权派有上面的根子，也有下面的根子，上面的有在社、区、县、地甚至有在省和中央部門工作的一些反对搞社会主义的人們，其中有的本来就是阶級异己分子，有的是接受贿赂，狼狽为奸，违法乱紀。"这里明明指出，上面的根子是反对搞社会主义的阶級敌人。而刘少奇的黑报告中却說："坏干部上面的根子是受地富思想影响的人"。这里他既否定了阶級斗爭，又保护了上面的走資本主义道路的当权派，故意混淆两类不同性质的矛盾，把严重的两个阶級、两条道路的斗爭輕描淡写地說成是"受地富思想影响"的人民內部問題。这还不足以說明刘少奇是党內一小撮走資本主义道路当权派的保护伞嗎？

四、視革命羣众为"阿斗"，极尽汚蔑愚弄之能事

毛主席敎导我們說："人民，只有人民，才是創造世界历史的动力。"对待人民群众的态度是无产阶級革命家和資产阶級革命家的分水岭，是历史唯物主义者和历史唯心主义者的分水岭。刘少奇汚蔑愚弄群众的罪行，暴露了他資产阶級的阶級本性。

刘少奇在《讲話》中，指手划脚一再逼迫各級书記要"亲自扎根"，要"扎根串連选好根子"，其实质是压制群众的革命烈火，工作队在少数人中进行地下活动，把运动搞得冷冷清清，以达其扼杀群众运动，包庇党內走資本主义道路的当权派的目的。

刘少奇又大肆叫嚷"工作队人要多些，队伍要强些"、"我們要集中优势兵力打歼灭战，真正搞彻底"。說的倒好听！工作队"多些""强些"，根本不是为了什么要把运动"搞彻底"，而是为了多派几个管得宽的媒姆，去对群众实行"訓政"，以便包办代替，把运动納入他的邪軌。

刘少奇在这篇题为《群众运动的規律》里还好象发现新大陆似的，大言不惭地宣布："到什么时候，就强調什么，这就是发动群众的規律"。这完全是一派胡言！我們知道，毛主席总結了我党許多年来領导群众运动的經驗，在一九四三年提出了"从群众中集中起来又到群众中坚持下去，以形成正确的領导意见，这是基本的領导方法"的英明指示。

毛主席所說的这个"基本的領导方法",就是我党和一切馬列主义政党发动群众的规律。刘少奇企图用他的所謂"规律"来代替毛主席的英明指示是枉費心机的,刘少奇的"发动群众的規律",实际上是赫魯晓夫的"发动群众的規律的""理論"上的概括。赫魯晓夫不是"到什么时候强調什么"嗎?沒有小麦吃的时候,就强調玉米好吃,营养丰富;要顛复苏联的无产阶级专政的时候,就强調斯大林是"暴君";要投降美帝国主义的时候,就强調核武器"毀灭人类"等等等等。刘少奇的"理論"与赫魯晓夫的"理論"实有异曲同工之妙。这个"理論",在政治上是机会主义,在哲学上是实用主义,在方法論上是地地道道的詭辯論。刘少奇,你想用这样的破烂貨来和毛泽东思想相对抗真是太不知人間有羞耻事了!

更岂有此理的是,刘少奇胡說什么"搞(四清)的时间不要太长,太长群众厌倦,工作队情緒不高"——这是什么狗屁邏輯?毛泽东思想武装起来的中国人民"念念不忘阶级斗爭",只要地、富、反、坏、右沒有彻底消灭,党內走资本主义道路当权派沒有彻底消灭,帝国主义和一切反动派沒有消灭,就要永远斗爭下去决不知道"厌倦"为何物!只有修正主义者才会厌倦斗爭。見到斗爭就厌倦,这正是刘少奇修正主义灵魂的大暴露!刘少奇污蔑革命人民"厌倦"斗爭,正象《人民日报》形象地描繪鉄托那样,"跪倒在泥塘里的侏儒拼命向立在高山上的巨人吐唾沫,怎样吐也只能落到自己的脸上"(《人民日报》一九五八年六月二十六日評論員文章)。

刘少奇的《讲話》是一株地地道道的反党反社会义主反毛泽东思想的大毒草,全国革命群众,特别是天津的革命群众应該首先起来鳴鼓而攻之,务将其彻底批垮斗臭而后已!

一九六七年一月七日

刘少奇在一九四七年土地会議上的
"結論报告"是什么貨色

天津市革命史研究所　　望　东

一九四七年当解放战爭正在激烈进行时,我們伟大的領袖毛主席在人民解放軍撤离延安后,仍留在陕甘宁边区,亲自指挥全国战局。同时为了工作的便利,决定組成以刘少奇为首的中央工作委員会,在河北平山县西柏坡村进行中央委托的工作。直到一九四八年五月毛泽东同志和党中央到达西柏坡村以后,中央工作委員会才結束工作。在这段时間內,刘少奇乘机大搞独立王国,培植个人威信,与党中央毛主席分庭抗礼。一九四七年九月刘少奇主持的全国土地会議就是他违背党中央的組織原則,不請示不报告,大搞独立王国的有力罪証。

土地問題是中国革命过程中的一个极为重要的問題,土地改革是民主革命阶段一场极其尖銳、复杂、深刻的阶级斗爭。毛主席一貫指示:"土地改革的总路綫是依靠貧农、团结中农、有步骤地有分别地消灭封建剥削制度，发展农业生产。"刘少奇在他所主持的全国土地会议上，却直接对抗毛主席的土地改革总路綫，大搞形"左"实右的土改路綫，结果从一九四七年九月全国土地会議以后到一九四八年三月，在他影响所及的各解放区土改运动中发生了不同程度的"左"傾偏向，某些地区甚至发展成为严重的冒險主义傾向。在这个关鍵的时刻，毛主席及时地发现了刘少奇的严重错誤，并亲自总結了各解放区的土地改革經驗，规定了土改的一系列方针、政策、才扭轉了局面，避免了不应有的损失，保証了土地改革和解放战争的胜利进行。

然而，长期以来，刘少奇篡改历史，貪天之功，把伟大的土改成績記在自己的"功劳簿"上，真是不知人間有羞恥之事！下面，我們把刘少奇在一九四七年九月全国土地会議上的总結报告部分言行拿来示众，看！这个反革命修正主义分子的真面目。

一、含沙射影攻击毛主席

为了树立自己的威信，刘少奇首先把他的攻击矛头指向了我們最最敬爱的領袖毛主席。他在报告中含沙射影地說："世界上沒有一个十全十美的領导者，古今中外都沒有。如果有，那就是装腔作势，猪鼻子里插葱装象。"紧接着他就自吹自擂地說："……今天土地政策是彻底了，就现在的形势情况看，土地政策不能前进了，土地改革的政策再不能彻底了，……今天的彻底平分最彻底了。"这里他恬不知恥地告訴人們："我，中国的刘克思，是中国有史以来最能彻底解决土地問题的，彻底的不能再彻底了。""我就是古今中外沒有的十全十美的領导者"。真是不打自招，活现出了他的狼子野心。

二、破坏党的阶級路綫，严重侵犯中农利益

毛主席指示全党："在实现耕者有其田的全部过程中，必须坚决联合中农，絕对不許侵犯中农利益（包括富裕中农在内），如有侵犯中农利益的事，必须賠偿道歉。"然而刘少奇却公开对抗毛主席的指示。鼓动群众斗爭中农，提出"群众对于个别中农不愿意抽（按：指抽出土地）就不要强迫去抽，对群众有利，群众要抽，一定要抽。如果中农坚决的反对，甚至与富农一道来反对，就要进行必要的斗爭……。""地主很难爭取到中农反革命，而富农則接近中农，爭取中农的可能性較地主为大，有危險性"。这里他故意混淆阶級界限，把中农推向地主、富农一边，作为斗爭对象，严重地破坏了党的土地改革政策。与此同时，大力宣传打乱平分的絕对平均主义，叫喊："打乱平分一般讲有他的好处，但阻力太大"。显然，刘少奇斗爭的矛头完全对准了中央。

三、否訊区别，主張乱打乱杀

毛主席早在一九四六年七月就教导全党同志："必須爭取一切可以爭取的人。在农

村中，一方面应坚定地解决土地問題，緊緊依靠僱农、貧农，团結中农；另方面在进行解决土地問題时，应将一般富农、中小地主分子和汉奸、豪紳、恶霸分子加以区别"。刘少奇却反其道而行之，他在报告中猖狂地唱反調說："在土地法大綱上政策上沒有规定区别对待，不规定好"。"……如地主之間，地主与富农，富裕中农与劳动富农区别一下在原則上是对的，但政策上规定就会出毛病。"刘少奇的主张，說穿了就是不要区别，不要政策，乱斗一通，乱杀一通。他以极"左"的面目出现，企图取代毛主席的正确路綫。

四、宣揚經济主义，腐蝕羣众的革命斗志

伟大的土地改革的中心是平分封建阶級的土地及其粮食、牲畜、农具等生产資料，以彻底消灭封建势力。它是一場极其尖銳的你死我活的阶級斗争。党的政策不准侵犯城市工商业，这是从当时的历史条件出发，从无产阶級革命事业的长远利益出发而规定的正确政策。而刘少奇却誣蔑說："群众无非是想要些东西，一个商店和作坊沒有多少东西。一些台台柜柜葯箱箱，分了也沒有用。一切工厂商店……几时想要，下一个命令就行了，不要着急"。这里刘少奇把一場严重尖銳的消灭封建势力的阶級斗争贬低为"群众只是想要点东西"，不侵犯工商业只是因为其"油水不大"，这不是大肆宣揚反动的經济主义以侵蝕群众的革命精神又是什么？

我們仅举以上几点就可以看出刘少奇在全国土地会議上所搞的反党反毛泽东思想活动是多么恶毒。他給土改和解放战争带来了多么严重的损失。针对这种情况，毛主席在土地会議后連續发出了一系列指示：《目前形势和我們的任务》《关于目前党的政策中的几个重要問題》《在不同地区实施土地法的不同策略》《糾正土地改革宣传中的"左"倾錯誤》《新解放区土地改革要点》《关于工商业政策》《在晋綏干部会議上的讲話》等，严厉地批判了刘少奇所执行的錯誤的土改路綫，坚持了正确的土改路綫，指导中国革命取得了彻底胜利。

土地改革的彻底胜利是毛泽东思想的伟大胜利，是毛泽东同志創造性地发展馬克思列宁主义的又一个光輝的范例。

刘少奇在土改运动中反党反毛泽东思想的滔天罪行以及他給中国革命事业带来的巨大损失必須彻底清算！我們一定要把反革命修正主义总头目刘少奇斗倒斗垮斗臭！

刘少奇不投降，就叫他灭亡！

一九六七、二、六、

刘少奇篡党的輿論准备

——評反动影片《燎原》

天津市革命史研究所　　紅兵

我們伟大的領袖毛主席教导我們說：凡是要推翻一个政权，总要先做意識形态方面的工作，革命的阶級是这样，反革命的阶級也是这样。实践証明，毛主席的这个論断是完全正确的。

反党野心家刘少奇，为了全面地篡党、篡軍、篡政，实现資本主义复辟，若干年来大造輿論准备，1962年由彭永輝、李洪辛編剧，张骏祥、顾而已导演拍摄的故事片《燎原》就是其中之一。

《燎原》写的是1922年安源煤矿工人大罢工的故事，影片中儼然以"党的化身"和工人群众的"救世主"出现的雷焕觉，就是党內头号走資本主义道路的当权派刘少奇的伪装和加工。

在讲到安源工人运动时，我們首先要指出，我們伟大的領袖毛主席在安源工运史上有着不可抹灭的功績，正是毛主席第一个播下了安源革命风暴的火种。1921年冬天，毛主席背着一把雨伞徒步来到了安源，他深入工人群众宣传革命的眞理，調查了工人的生活和斗爭，幷决定在这里办工人补习学校，不久便派来干部在安源建立了第 一 所 工 人学校。1922年 3 月16日，"安源路矿工人俱乐部"也是在毛主席的直接关怀下成立的。1922年年中，毛主席第二次来到安源，召开了党員会議，分析了国际国内形势，介绍了苏联十月革命成功的經驗，幷指示了斗爭策略和口号，指出要使敌人屈服，可能需要采取罢工的手段。由于毛主席这些英明的指示，工人俱乐部的組織迅速地扩大了，部員由三百左右激增到七千多人。1922年 9 月，在安源大罢工的前夕，毛主席又亲自写信作了具体的指示，幷鼓励大家一定坚持干到底。毛主席这些及时而正确的領导，是安源工人大罢工胜利的根本保证。

但是，令人憤慨的是，影片中竟无一字提到毛主席的領导，而把一切功劳統統記到慣会貪天之功的刘少奇的帐上。影片之中工人的形象不可胜数，但沒有一个人口中提到过毛主席，也沒有一个人口中提到过共产党。他們挂在咀边上的不是"雷焕觉"，就是他的俱乐部。

《燎原》这株大毒草的泡制者，为了衬托和拔高"雷焕觉"的形象，竟然抄起了黑笔，向着工人脸上大肆抹灰，影片中有名有姓的工人及其家属十二个，沒有一个是眞正的工人阶級的形象。他們全都被糟踏得不象样子。下面让我們来分析一下几个主要的工人形象：

老工人易老倌子——胆小怕事，老于世故，見了总监工卑躬屈膝，口称"三老爷"。

对工人阶级的前途丧失了一切信心。认为工人是一盘散沙，是"一百个猴儿一百条心"。

老工人张老耿——愚昧无知，烧香拜佛。宿命论者。天生的"软体动物"，看见工人与资本家起来斗争就大加阻拦，说："闹不得的。聚众闹事，这个罪名压下来不是砍头就是坐班房。"对买办资本家抱着无限幻想，认为"新来的这个吴矿长啊，看着好象蛮和气的"，于是就"求求矿长大人，求求三老爷做做好事。休邮我們工人的下情。"

刘德平——对于无产阶级的阶级敌人不恨，拜倒在他们的淫威之下，求他们"做做好事积点儿德"。对于自己的阶级兄弟不爱，眼见工人郑海生被工头活活打死，不敢揭发。在需要挺身而出为阶级兄弟申冤时，却"恨不得地下裂个縫钻进去，万不得已时，"才"由人丛中抖抖索索地走了出来。"

青年工人易猛子——沒有社会主义、共产主义理想，一味莽撞、蛮干。不肯做細致的工作，办事只图痛快。

其它所謂"工人"更不必去說了。一言以蔽之，在銀幕上活动的全部工人都是"阿斗"、"群氓"，他們灾难沉重，却不知那里是条生路，他們在渴望着一个"救世主"的出现，"賜"他們以幸福。

就在編导者这样精心的安排之下，浓装淡抹的刘少奇——雷煥觉出場了。这还不算，編导者还挖空心思，給雷煥觉的出場设计了这样的背景："天空。万道金光透过云层倾射大地"。暗示这个"英雄"象太阳一样带来了"万道金光"。我們說，只有毛主席才是我們心中最紅最紅的紅太阳。刘少奇是个什么东西，也配得上这样的比喻！简直是混蛋透頂！

編导者把雷煥觉塞进工人群众中后，让工人圍繞着他轉。他們央求着他："雷先生，給我們結个团体吧"，"領着我們干"。于是雷就組织了工人俱乐部，成了工人的"头脑"。这个悲天憫人的"英雄"人物，总是在"阿斗"們束手无策的时候，显圣般地出现在他們的面前拯救了他們。請看：

徐监工打死郑海生，矿长吴晓岚意欲藏尸灭証，下令把尸首抬走，工人正不知所措之际，雷煥觉赶到大喝一声"慢一点"，十二万分及时地制止了吴晓岚的罪恶企图。

工人刘德平在吴晓岚软硬兼施的高压下，不敢揭发郑海生被监工打死的眞相，雷煥觉一句話把他教育了过来，使他当場指出凶手，替死者申冤。

深入虎穴，舌战吴晓岚、王連奎、李旅长，为工人争得了罢工的最后胜利。

等等等等。

編导者仍不以这样的吹捧为滿足，还把老工人易老偌子拉出来"总結"了这么几句經过悲欢离合提炼出来的"經驗"。"大家想一想，这几十年来那一回鬧事情不是叫矿局来一个个地摆布啊！好不容易来了老雷……我們才有了主心骨。……俱乐部就是我們路矿工人的头脑。"

这就是說：工人的心目中只有这个加工、美化、拔高了的假刘少奇。直言不諱地說他是工人的"主心骨"，是工人的"头脑"，編导者究竟要干什么，不是明显而又明显了嗎？

更恶毒的是，影片结尾部分雷煥觉站在公事房洋台上的一場戏。他居高临下，面对着空坪上的人山人海，裝模作样，举手"致意"。編导者别有用心地制造了这个"众星捧月"的場面，阴险而形象地暗示出刘某人是"众望所归"。它用画龙点睛的手法，道出了隐藏在影片背后的主題：刘少奇是"当然的領袖。"

刘少奇篡党、篡政、篡軍的大量罪恶事实的被揭发，說明毒草《燎原》的出現决不是一件偶然的事。他已不仅是一般地为資本主义复辟制造輿論准备，而是开始几乎指明道姓地为刘少奇的篡党制造輿論准备。根据刘涛、刘允眞的揭发，刘少奇早在1941年就曾經說过："外国出了个馬克思，中国为什么就不能出一个刘克思"。"領袖来自群众。在安源时，抛头露面的是李立三，埋头苦干的可就是我。"这一段話彻底暴露了刘少奇的篡党野心，說明他早就想当"刘克思"，要当"領袖"，要拿出"在安源时"做为政治資本来招搖撞騙，从而树立他作为"領袖"的形象。我們还要特别强調指出，1962年正是刘少奇大肆攻击党中央、毛主席，大肆攻击三面紅旗，大肆吹捧王光美和他自己的时候，大毒草《燎原》的出現就更不是偶然的事情。我們一定要高举毛泽东思想伟大紅旗，乘胜追击，不仅彻底戳穿《燎原》的反革命实质，还要彻底查清这部黑电影的政治背景，把活动于幕后的那些反动傢伙統統揪出来示众！

1967.1.26.

刘 少 奇 与 宋 棐 卿

天津市革命史研究所 向 东

一九四九年三月，党的七届二中全会在解放战爭的胜利炮火中召开，我們最最伟大的領袖毛主席，在我党即将进入城市之时，諄諄告誡全党："必須学会在城市中向帝国主义者、国民党、資产阶級作政治斗爭、經济斗爭和文化斗爭，幷向帝国主义者作外交斗爭。既要学会同他們作公开的斗爭，又要学会同他們作蔭蔽的斗爭。如果我們不去注意这些問題，不去学会同这些人作这些斗爭，幷在斗爭中取得胜利，我們就不能維持政权，我們就会站不住脚，我們就会失败。"（毛选，四卷，一四二八頁）

在这里，毛主席明明白白教导我們，进城以后要同資产阶級作政治的、經济的、文化的斗爭，否则我們就不能維持政权。而一身反骨的修正主义分子刘少奇，却放肆地反对毛主席的英明指示，他一进城市就和資产阶級拥抱了，就拜倒在資产阶級膝下了。

請看，刘少奇与宋棐卿的勾搭，就是一个极好的明証。

天津有一个著明的"文明地獄"——东亚毛紡厂（即現在的第三毛紡織厂）。統治这个地獄的活閻王是大資本家、汉奸洋奴宋棐卿。一九四九年四月下旬，刘少奇以"中共中央負責人"的身分，一来天津就和宋勾搭上了。刘少奇带着臭婆娘王光美，于四月二十一日前往东亚"参观"，在該厂大发謬論，为宋棐卿剝削工人的罪行捧場叫好，說什么"在中国这样年青的資本主义，还需要大大发展"，"資本主义的剝削在其一定的历史条件下具有进步性。"刘少奇还公然向資本家許願，說什么"由新民主主义社会轉入社会主义社会以后，如果你有管理工厂的才能，仍要你管理工厂。"这就是說，刘少奇表示在社会主义社会中要把工厂的领导权拱手让給資产阶级。刘少奇的这一番議論，說到了資本家的心坎上，以致使得"这位长久郁悶的宋經理笑了！"

这还不算，刘少奇回到北京后，又給宋棐卿写了信，說他"得悉貴公司职工团結、劳資双方共同努力扩大生产、增設新厂之計划，甚为欣慰。"明明白白表示他对于搞阶級調和、合二而一地大大发展資本主义很感兴趣，快乐无限。并肉麻地吹捧說，这样一来，"国家民族之复兴指日可待也"。在刘少奇的眼里，創造历史、創造中国的光明的未来的，不是毛泽东思想武裝起来的革命人民，而是資本家，是宋棐卿这样的寄生虫們。这是典型的刘氏混蛋邏輯，不折不扣的历史唯心主义！

毛主席在七届二中全会上还指出："对于私人資本主义采取限制政策，是必然要受到資产阶級在各种程度和各种方式上的反抗的，特别是私人企业中的大企业主，即大資本家。限制和反限制，将是新民主主义国家內部阶級斗争的主要形式。如果认为我們现在不要限制資本主义，认为可以抛弃'节制資本'的口号，这是完全錯誤的，这就是右傾机会主义的观点。"（毛选，卷四，一四三三頁）毛主席的这个指示，强調了工人阶級和資产阶級之間的阶級斗争，强調了必须限制資本主义的发展。而刘少奇的信，却正是在这两点上疯狂地反对毛泽东思想。他用阶級調和代替阶級斗争，用"大大发展"資本主义代替限制資本主义的发展。他站在什么立場上，代表什么人說話，不是很明显的嗎？

事实充分地說明，刘少奇是一个貨眞价实的混入党內的資产阶級代表人物，是党內头号走資本主义道路的当权派，不把他从党中央赶出去，就随时有資本主义复辟的危险！

打倒刘少奇！

把刘少奇从中央委员会踢出去！

一九六七年一月十日

附录一：刘少奇同志講政策，多年疑梦解开了（节录）

四月二十一日，刘少奇同志去参观他（按指宋棐卿）的工厂，该厂职工代表会抓住这个机会，一定要集合全厂职工，請刘少奇同志讲話……当少奇同志原则而又具体地說明剝削与被剝削不是資本家和工人愿意不愿意的問題、而是为社会发展规律所决定的时候；說明在中国这样年青的資本主义，还需要大大发展，而資本主义的剝削在其一定的历史条件下具有进步性的时候；說明在中国共产党領导下，由新民主主义社会轉入社会主义社会以后，如果你有管理工厂的才能，仍要你管理工厂的时候；这位长久郁悶的宋經理笑了！他长长的、从內心里吐出了一口气："我这一回可明白了！"会后，他向职工代表会建議：把四月二十一日定为东亚企业公司的一个节日，每年逢此，举行紀念。他說："我发展企业的理想象一个梦，一直梦了这多年，今天，在共产党領导下，才眞正实现了——这是我由消极等待到积极发展的轉折点。"

（見一九四九年五月十三日《天津日报》第一版）

附录二：刘少奇致宋棐卿的信

宋棐卿先生大鉴：

　　接四月三十日来函，得悉貴公司职工团结、劳资双方共同努力扩大生产、增設新厂之計划，甚为欣慰。望本公私兼顾劳資两利之方針，继續努力，前途光明，国家民族之复兴指日可待也。順候

台安

刘　少　奇

五月三日

（見一九四九年五月五日《天津日报》第一版）

附录三：宋棐卿致刘少奇的信

　　敬启者敝厂自蒙

閣下惠临訓話后，全厂职工对于政府之工业政策有了新的了解及新的希望与新生命，至为愉快，因此已决定每人皆尽最大之努力以完成此伟大为人群服务之使命，而副政府及閣下关垂訓示之至意。今仅将敝厂决定发展之計划奉陈如后：

　　1.敝麻厂决于最近期內加开夜班。

　　2.敝毛厂决再添购原毛增加生产。

　　3.敝化学厂虽已停工将近一年，今巳計划即行开工。

　　4.敝公司幷正筹划再开設麻袋第二厂，以增生产。

　　以上各項知关

　　屬注，仅先将此概要奉聞，以后进行至何程度，亦必随时报告，聆受指导也。謹上

少奇副主席勛鉴

宋棐卿謹启　三十八年四月三十日

（見一九四九年五月五日《天津日报》第一版）

刘少奇天津之行暴露了他的真面目

天津市革命史研究所　鉄矛

　　"在資产阶級民主革命过程中，許多人加入我們的党，幷不純粹是由于拥护我們党的无产阶级綱领，而主要是因为看到我們党为爭取民主而进行了光輝的堅决的斗争，他們在接受无产阶级政党的革命民主主义的口号时，幷沒有把这些口号同社会主义无产阶

級的整个斗爭联系起来"（列宁語）。刘少奇就是一个混入党內的阶級投机分子！在革命的火車头轉到新阶段，触及其所代表的阶級利益时，他和一切投机分子一样，出卖了无产阶級，暴露出他反革命、反社会主义的真实面貌。

我們党在民主主义革命的某些緊要关头，出现了陈独秀、张国燾等人脱离革命，背叛无产阶級的罪恶活动。刘少奇步陈独秀、张国燾之后尘，在一九四九年，伟大的中国人民革命由新民主主义革命向社会主义革命阶段轉折的关键时刻，背叛了无产阶級，同资产阶級同流合污，妄图把无产阶級的社会主义革命扭轉到资本主义道路上去。

一九四九年四月，刘少奇在天津的一系列言行，彻底地暴露了其叛徒的嘴脸！他一到天津，便和吸尽工人血汗的资本家混蛋們搞得火热，成了资本家的席上貴宾。出席了资本家的座談会；参加资本家会議，大作讲演；私訪资本家宋棐卿、周叔弢等，他們互相結义，要在"社会主义"时期，大干一场。刘少奇应允到那个时期，他将把工厂交給资产阶級，让他們继續当"經理"，鼓吹资本主义在中国有光明的前途，正处在"年青时代"，只有发展资本主义，"国家民族之复兴指日可待也。"刘少奇对资产阶級是如此的热誠，而对天津的广大工人冷眼视之，不了解工人在政治上和經济上的要求，却一味地迎合资产阶級，要工人去請求资产阶級的剝削，胡說什么"能剝削我們倒舒服一些，否則我們倒觉得痛苦"等等。刘少奇在天津的言行，大大博得了资产阶級老爷們的喝采。說什么刘少奇对他們"平凡而伟大的热誠"，使他們"激动得要流泪了"。他們更加黃袍于刘少奇之身，捧为他們自己阶級的"久仰的思想导师"。刘少奇就是这样廉价地投靠了资产阶級，出卖了无产阶級的革命利益，堕落为革命的叛徒！

反对社会主义的叛徒，反对改良主义和机会主义，这是純洁党的队伍，保证社会主义革命事业沿着毛泽东思想指引的航道胜利前进的一场严肃的阶級斗爭。彻底清算刘少奇这个叛徒的反革命罪行，把他从党的队伍里清除出去，成为当前一切革命者的重要任务！

一切革命造反派在毛泽东思想红旗下团結起来，同社会主义的大叛徒刘少奇进行不調和的斗爭！把刘少奇从党內清除出去！

一九六七年一月十六日

刘少奇鎮压农村四清运动的罪行必須彻底清算！

天津市革命史研究所　　史　兵

一九六三年五月，在伟大領袖毛主席的亲自主持下，制定了《中共中央关于目前农村工作中若干問題的决定（草案）》。在毛主席的革命思想指导下，全国亿万农民，以高度的革命热情，在很短的时間內，掀起了一场轰轰烈烈的农村社会主义革命，向党內那些走資本主義道路的当权派，那些伺机反攻倒算，企图复辟的地富反坏分子、新旧資产阶级分子和一切牛鬼蛇神，展开猛烈的斗爭。进一步巩固和发展了农村社会主义的陣地。

大好的群众革命的形势，吓破了党內走資本主义道路当权派刘少奇的胆。他为了扑灭这股熊熊的革命火焰，一九六四年夏天，利用党中央和国家主席的职权，亲自出馬，周游南北各省，大力培植某些省市的愚弄群众，鎮压群众的所謂四清"标本"。周游返京，又盗用中央名义，急急忙忙召开了一次"四清"会議。在这次会議上，刘少奇抛出了一条同毛主席革命路綫相对抗的形"左"实右的机会主义路綫，說什么会后的四清运动要"搞大兵团作战"，"要打奸灭战"，"一个县一个县地打"。为了証实他这种修正主义理論的"正确"，于是他抬出了当时某些省集中大批工作队员大军压境，搞一个县的"經驗"，推广于全国，强加于全党。并吹捧"这样搞能练兵练将，能搞彻底。"

伟大的領袖毛主席一再教导我們說："馬克思列宁主义的基本原則，就是要使群众认訳自己的利益，并且团結起来，为自己的利益而奋斗。"应该相信群众，依靠群众，尊重群众的首創精神。可是，刘少奇却反其道而行之。在四清运动中，他提出了什么"大兵团作战"啊，"打奸灭战"啊等等，就是反毛泽东思想的。刘少奇用"左"的詞句掩飾其右的反动本质。

刘少奇的所謂"大兵团作战"，其反动本质就是鎮压广大貧下中农的社会主义革命积极性，阻止群众起来自已解放自己，企图把几万万农民的社会主义革命的热情圈圈在他的資产阶级反动路綫的囚籠里，进而使之熄灭。革命的群众运动变成了資产阶级运动群众的运动。

刘少奇的所謂"大兵团作战"，"打奸灭战"的反动性还在于它否定了在毛主席和党中央領导下，十七年来农村社会主义革命和建设所取得的巨大成就。在刘少奇的眼里，我国农村的百分之六、七十的生产队变了质，被敌人夺了权；大部分生产队干部都被视为不革命的甚至是反革命的。

一九六四年在农村四清运动中凡是执行刘少奇的反动路綫的地方大好的革命形势几乎被扼杀尽净，热火朝天的群众运动变成了工作队的包办代替；无数拥护党、拥护社会主义、热爱毛主席的干部和一部分基本群众成了斗爭的对象，遭到了围剿，把他們打成了"变质分子"、"貪污分子"、"投机分子"，一时气象森严，人人自危，一片恐怖景象，而那些党內走資本主义道路的当权派，却得到了各种形式的保护，有的甚至以"离开本地閙革命"的名义·逃避了当地广大貧下中农的批判和斗爭，跑到另一地区充当鎮压群众运动的劊子手。对此，刘少奇之流还自以为得意，其实，他們干了資产阶级和一切剥削阶级迫切希望干而不可能干的鎮压人民革命的反革命勾当。

一九六五年一月我們伟大領袖毛主席亲自主持制定的《二十三条》及时地糾正了刘少奇的错誤路綫，农村的社会主义革命运动在毛泽东思想的指导下，更迅猛地发展起来。

刘少奇在四清运动中，給党和人民造成了极大的损失，人民必须清算他欠下的这笔債！可是，頑固地站在資产阶级立场上的刘少奇，自一九六四年以来，不但不向党、向人民、向敬爱的領袖毛主席低头认罪，却又在这次伟大的文化大革命中，祭起他鎮压群众运动的资产阶级反动路綫，派遣大批大批的工作队员，造成大军压境之势，对广大的革命师生、革命干部实行新的围剿，妄图把这场方兴未艾的革命运动扼杀于始，其用心何其毒也！

毛主席一再教导我們必須向修正主义作不調和的斗爭，"不同这些危害革命和革命战争的有害的傾向作斗爭，幷且彻底地克服它們，正确路綫的建設和革命战爭的胜利，是不可能的。"为了保卫无产阶级的江山永不褪色，保卫伟大的毛泽东思想，保卫毛主席的革命路綫，我們必須以千百倍的愤怒，批判和揭露刘少奇的资产阶级反动路綫，把他在全党全民中彻底搞臭！

一九六七年一月八日

王光美化名——"董朴"的来历

天津市革命史研究所　　金　樟

资产阶級分子王光美一九六三年去河北省撫宁县卢王庄公社桃园大队"蹲点"的时候，自称是河北省公安厅的秘书，姓"董"名"朴"。"董朴"，这个假名是不是随手拈来的呢？不是！据我們的"考証"，它有一个阶級內容。

最近，我們得知，王光美有一个狗舅，原是恒源紗厂的资方代理人。他于一九二〇年进入天津恒源紗厂后，几十年內，先后当过該厂整理科管理員、工务員、运轉科长、調查股长、統計股长，以至到布厂主任、副經理兼副厂长。这个坏蛋終生以工人阶級为敌，在工人阶級的白骨之上，为他和他的主子建設起了魔鬼的宮殿，是个吃人肉、喝人血的老吸血鬼。在伟大的无产阶级文化大革命中，他終于沒能逃脱紅卫兵小将銳利的目光，被抄了狗窝。

一月十一日晚，我們从一个黑暗角落里的昏暗灯光下，搜索到了这个老寄生虫，問他姓甚名誰？老鬼战竞竞地答道："董权甫"。老狗一再地把"甫"讀作"朴"。至此，一个疑案全部得到解答：王光美的化名"董朴"，就是其狗舅"董权甫"名字的翻改！

这一个事实說明了什么呢？說明王光美是一个地地道道的资产阶級孝子賢孙，說明她是一个受资产阶級之命打进无产阶級队伍中的坏种。她要继續的是她资本家狗父、狗舅、狗兄的吃人事业。她标之为名，呼之于口，念念不能忘怀的那个"董朴"，絕不是一个单个资本家舅舅，而是丧失了美妙天堂的整个的资产阶級！王光美之呼喚"董朴"，正像巫婆一样在呼喚着资产阶级复辟的恶风黑雨的到来。

我們要牢記毛主席的伟大教导，念念不忘阶级斗争，把无产阶级文化大革命进行到底。彻底斗倒刘少奇，坚决打断白骨精王光美的脊骨！

一九六七年一月九日

編 者 的 話

根据我市广大无产阶級革命派战友們的要求，现将我所革命同志批判党內最大的走資本主义道路的当权派刘少奇的大字报选編付印。这些大字报曾先后在《紅炮手》第1—7期刊登过。

天津市革命史研究所革命造反委員会
《紅炮手》編輯部
一九六七年四月四日

革命史研究所前身是天津历史研究所，文革併入天津社会科学院历史研究所。"金棒"所是金桂昌的化名？

最 高 指 示

"帝国主义者和国內反动派决不甘心于他們的失败，他們还要做最后的挣扎。在全國平定以后，他們也还会以各种方式从事破坏和搞乱，他們将每日每时企图在中国复辟。這是必然的，毫无疑义的，我們务必不要松懈自己的警惕性。"

彻底批判反革命修正主义文藝黑綫在"小百花"的流毒

揪出修正主义的总后台——刘尓柜

一 戏子也造反了！

附：造反派打砸抢抄出有关
历史演出海报及工作人員
历史档案（机密資料）。

天津市長征文工团（原小百花劇团）
革命造反联合总部

前　言

當前,在全國范圍內展开的对黨內头号走資本主义道跡的當权派——刘少奇的大批判,是无产阶級同資产階級之間在政治、經濟、文化、教育等各个領域內的一場你死我活的总決战。大量事实証明,长期存在于文藝界的一条又粗、又黑、又臭、又长的反革命修正主义文藝黑綫,它的总后台就是刘少奇! 正是因爲有他在撑腰, 所以這条反革命修正主义文藝黑綫,才能够这样长期地兴風作浪、風靡一時。

我們年輕的"小百花"劇团,多年来脱离了广大的工农兵,背离了毛主席的无产階級革命文藝路綫,也正是刘少奇支持着周揚这条文藝黑綫在我团的反映,正是他們黑手——反革命修正主义分子李耕濤及我院党內走資本主义逆路的當权派閻鳳楼在把水搅混,公开与毛毛席的无产階級革命文藝路綫相对抗。

正如毛主席在两次批示中指出的"文藝界十五年來,基本上(不是一切人)不执行党的政策,問題不少, 人数很多, 社会主义改造在許多部門中, 至今收效甚微。"

一句話, 文藝界大多数机关、团体的"权"不是在无产階級手中, 而被一小撮反革命修正主义分子所窃取。

"小百花"劇团也不例外,多年來文藝大权、党政大权, 一直被党內走資本主义道路的當权派閻鳳楼、以及反动学术权威王軾、叛党分子韓俊卿等所把持。他們忠實地执行以周揚、夏衍爲首的,以刘少奇爲总后台的一套反革命修正主義文藝黑綫,他們結党营私、招降納叛。用"三名主义""三高政策"腐蝕"小百花"的青年, 使"小百花"劇团成爲他們搞資本主义复辟的工具, 使得"小百花"這个年輕的文藝团体幾乎跌进修正主义的泥坑。

今天, 这筆帳一定要算清! 一定要和广大的工农兵群众, 用战无不勝的毛澤東思想共同徹底批判修正主义的总后台——刘少奇! 共同徹底批判以周揚、陸定一、夏衍爲首的反革命修正主义文藝黑綫! 讓文藝界的大"权"重新掌握在工农兵手中! 重新回到毛主席的无产階級革命文藝路綫上来!

打倒刘少奇!

彻底铲除反革命修正主义文藝黑綫!

毛主席的革命文藝路綫万岁!

光焰无际的毛澤東思想万岁!

我們心中最紅最紅的紅太阳毛主席万岁! 万岁! 万万岁!

天津市长征文工团(原小百花劇团)革命造反聯合总部

一九六七年四月五日

69

最 高 指 示

"帝国主义者和国內反动派决不甘心于他們的失败，他們还要做最后的挣扎。在全國平定以后，他們也还会以各种方式从事破坏和搔乱,他們将每日每时企图在中国复辟。這是必然的,毫无疑义的,我們务必不要松懈自己的警惕性。"

徹底批判反革命修正主义文藝黑綫在"小百花"的流毒
揪出修正主义的总后台——刘仔柜

(一)千方百計地在天津尋找修正主义接班人、为資本主义复辟作輿論准備

毛主席說: "无产阶級要按照自已的世界观改造世界，資产阶級也要按照自已的世界观改造世界。在這一方面，社会主义和資本主义之間誰胜誰負的問題还沒有眞正解决。"

"小百花"的前身是原河北梆子劇団少年訓練隊，1958年在刘少奇"大砍文工团，大建院、团"的黑指示下，建立了天津河北梆子劇院"小百花"劇团，最早只有八名学員。1957年发展到50余名，平均年齡只有十三岁，也就是从1957年开始，天津市的市、局修正主义"老爷"們，便看中了这批青少年，妄图把这样一个年青的一代培养成資产阶級接班人，以便利用这个文藝陣地做爲他們搞資本主义复辟的工具。前天津市市长李耕濤就是周揚的一隻黑手，而文化局局长王血波、黎砂，及我院党內走資本主义道路的当权派閻鳳楼、反动学术权威王毅、叛黨分子韓俊卿則是这支黑手的五个爪指，也就是这支黑手搅得"小百花"烏烟瘴气，使得毛主席的无产階級革命文藝路綫在我院(团根本不能施行，眞是水潑不进，針揷不进!

毛主席教导我們說: "不破不立、不塞不流、不止不行，破就是批判，就是革命。破字当头，立也就在其中。"

而天津万張反革命修正主义宗派集团及反革命修正主义分子李耕濤长期以來，歪曲和抵制党的"双百"方針，實行所謂"首先繼承"、"先立后破"的修正主义文藝方針。到1962年万張反革命修正主义宗派集团的得力干将白樺(宣傳部部长)，便对天津市戲劇工作提出了"挖、整、創、移"的反动口号，實际上是爲复辟資本主义大造輿論。对待"小百花"更是"精心"栽培，从1958年"小百花"劇团建团起，文化局党組就决議: 确定"小百花"劇团爲天津市的"重点"劇团、"尖端"劇团。李耕濤並爲"小百花"訂了一个修正主义的办团組織章程十条，现摘录如下:

①本劇团是社會主义性質的劇团，共产主义是本劇团的領导思想。

②本劇團招收學員的方法，是从群众中來的方法，即主要是從业余劇團选拔吸收的方法，同時也輔之以招考学員的方法、

③本劇团学生学習年限定爲六年，但要根据学員学習情況，每年評定一次，可以跳級（如从一年級升到三年級）可以留級、可以降級（例如從四年級降爲三年級）六年級學習完毕的学員即改称演員。

④本劇团的学員期滿时，必須具备初中以上文化水平。

⑤本劇团的学員待遇是享用供給制的方法，但另用錢可随年級不同略有差別。

⑦本劇团的演員以二十五岁爲限，超過二十五岁即轉本院其他劇团。

以上幾条，完全是修正主义的一套文藝綱領，同時也可以看出李耕濤的狼子野心，他只字不提毛澤東思想，不提无产阶级政治，不提爲工農兵服務，公开对抗毛主席的革命文藝路綫！是可忍熟不可忍！

不僅如此，这伙黑邦分子還把"小百花"当成搞資本主义复辟的"試驗田"。并爲了"加强領導"特派他們的得力干將賈杜（原文化局藝术处处长），常駐"小百花"积极推行反革命修正主义的文藝黑綫。由于他們的"努力"，57年58年"小百花"排出什么"战宛城"、"忠义俠"、"五雷陣"、"道庭門"、"龙鳳配"、"途灯"、"杀狗"、"小上坟"等烏七八糟戲，並开始爲市局的"老爺"們服务。

１９５９年李耕濤更明目張胆地訂立了一个文藝"三十条"，与毛主席的革命文藝路綫公开对抗。

毛主席教导我們說："我們的文学艺术都是为人民大众的，首先是为工农兵的，为工农兵而創作，为工农兵所利用的。"

而李耕濤却在"三十条"中胡說什么："群众所喜爱的演員，就應該采取合乎群众要求的办法，盡量給群众以深刻印象，使在群众中获得喜爱，此系羣众观点。"還說："小百花 团是演历史戲的劇团，……如何以舊劇形式演現代戲，可作爲一个題目討論，但形式和內容未得到协調之前，不必勉强演現代戲。"他所提到的群众根本不是工農兵，无非是舊社會的遺老遺少，和象他這样的"老爷"們。他不讓演現代戲，对历史劇如此留恋不合，可見他在替誰說話，立场又站到什么地方。而我院走資本主义道路的当权派閻鳳楼，則"严格"执行他主子的黑指示，果然不排現代戲，后来即便排了一两出但連服裝都不做，讓"借"或穿自己的，处处刁难，而古裝戲的服裝却大买特做，價值數万元的古裝戲服裝有的至今還未动過一次。

总之，李耕濤的"三十条"黑指示，是在"小百花"推行旧中宣部，旧文化部和天津黑市委的反革命修正主义文藝路綫的綱領，而我院走資本主义道路的当权派閻鳳楼，忠实地执行了这"三十条"黑指示。与此，李耕濤還提出要："繼承挖掘老東西"、"找絕招，学絕技"，爲了使青年更快地繼承封建主义的"遺产"，還提出"十絕百戲"的脱离无产阶级政治的反动口号，閻鳳楼便馬上执行，所以在１９５９年上半年令"小百花"幾乎所有演員，亦赴全国各地"学絕招"、"学名戲"、"挖絕技"，学習回来之后，全力以赴大搞"百戲彙报演出"，拚命的"挖掘傳統、繼承傳統"抱着封建主义的僵尸不放，并在

周揚的旨意下，排出了爲右傾机會主義分子翻案，歌頌"海瑞"的"生死牌"。以及"杀生"（李惠娘），"伐子都"，等具戲。1959年国庆"小百花"进京献禮，演出"荀灌娘。更受到周揚、田汉、陸定一、邓拓等黑邦分子的重視，邓拓並提黑詩一首：

　　　　"喜看北曲又翻新，千載灌娘孰与倫。
　　　　小小百花多異彩，英雄本是少年人。"

　　從这首黑詩可以看出，这个反党分子不仅公开反对毛澤東思想，而且他又找到了一个搞資本主义复辟的陣地，他是多么"高兴呀"！

　　從此，我院党內走資本主义道路的當权派閻鳳楼、叛黨分子韓俊卿更受其主子的"垂青"，並經常亲自去北京向他們的主子汇报，領取黑旨意。周揚等也亲自下来观察其"功績"，爲其喽囉撐腰。1962年閻鳳楼对黨不滿，躺倒不干工作，正值周揚到天津視察，韓俊卿便馬上跑到周揚面前大哭大閙，爲閻鳳楼的錯誤翻案。周揚立即批評市、局，使得閻鳳楼、韓俊卿更加得意忘形，老虎屁股摸不得。可見主仆之間的关系是何等密切！

　　1960年周揚又直接命令李耕濤讓"小百花"排"生死牌"、"五彩轎"，爲右傾机會主义分子喊冤叫屈，大肆吹捧"海瑞"，主子令下，却忙坏了他的爪牙，李耕濤亲自执筆改詞、改动作，閻鳳楼更是亲自督陣，晝夜赶排，可見他們对周揚的命令执行的是多么"堅決"！此戲排成后，周揚大爲欣賞，并准備讓"小百花"出國带此戲目，后来國未出成，計也未能得逞。而后而梆子一团排了"五彩轎"，周揚、林默涵便亲自来津接見作者及主要演員並面授机宜，并讓一团去北京放毒，可見梆子劇院与周揚的关系并非一般。

　　这一小撮修正主义的"老爺"們，爲了使"小百花"变得更快，在1960年，他們還苦費心机地給"小百花"制定了二十四字方針即："繼承优秀傳統、吸取百家之长，不断革新創造，树立獨特風格。"这是不折不扣地修正主义、封建主义、資本主义的文藝方針。而"小百花"幾年来就是沿着这样一个'方針'，背离了毛主席的革命文藝路綫，而"繼承"了封建主义、資本主义的"百家之长"。

　　李耕濤爲了表示他抓"小百花"有功，不打自招地說："小百花的工作，已經列入市委书記处的工作日程。"可見他們把"百花"变爲他們复辟資本主义的陣地是早有准備的了。他們爲了給自己撈取政治資本，1960年市委、宣傳部和文化局指定"小百花"劇团爲先进集体，出席全国先进集体、先進工作者代表大會，"代表"韓俊卿大言不慚地吹嘘她和其主子一通，而小百花的演員却連个信儿也不知道。

　　1961年、62年本是国内經济暫時困難的两年，也正是国內外階級敌人囂張之时，天津市的牛鬼蛇神也紛紛出籠，爲其总台后，刘少奇搞資本主义复辟搖旗吶喊。李耕濤、閻鳳楼見时机已到更是奔跑在前，什么"梅絳雪（鬼狐戲）""挑花圈（攻击三面紅旗之戲）"、"西廂記"、"海瑞动本"等毒草在李耕濤的指揮下，閻鳳楼的督战下，從反动学术权威王勃、右派分子李邦佐、王庚生、李相心及賈杜手中紛紛出籠，并在天津举行了一个大肆攻击社会主义，大放毒草的"百戲演出"，什么"小上坟"、"挖蔓菁"、"送灯"、"鉄弓綠"等等紛紛登上舞台，大放其毒，而李耕濤却洋洋自得，認为这是"在天津起了偉大的作用。"可見其心何其毒也！并且馬上在中國大戲院又准備"四大"演出（四大青衣、四大花旦等），这不僅是公开鼓吹"名"、"利"，而且還配合了國內外階級大量放毒，為資本主義復辟大造輿論。當時影響極壞，天津馬上刮起一股"专场"演出風，并流毒首都北京及上海等地，而李耕濤、閻鳳樓更是好不得意。李耕濤就公開講："四大的方針，這是社會主義的培养演員的方法"。而閻鳳樓赶忙鸚鵡学舌："小百花的"四大"在天津起了'先鋒'作用"。真是恬不知耻，狗胆包天！可見他們為其总后台刘少奇复辟資本主义的"立場"是多么坚定！

(二)拒不執行毛主席"文艺为工农兵服务的方針"，把"小百花"置于工农兵之上

毛主席説："我們的文艺工作者一定要完成這个任务，一定要把立足点移过来，一定要在深入工农兵群众、深入实际斗争的过程中，在学習馬克思主义和学習社会的过程中，逐漸地移过来，移到工农兵這方面来，移到无产阶级這方面来。只有這样，我們才能有真正为工农兵的文艺，真正无产阶级的文艺。"

"小百花"劇团自1958年至1962年内根本没有深入工农兵，連"走馬观花"的這一形式都没走过，新排的戲上演也不超过十天，一登報就嚷登"客滿"，而且專門要"大戲 大劇場 大城市,"這怎么説得上深入工農兵呢？李耕濤就講："戲不能演长了，长了就看膩了"！閻鳳樓也馬上提出："劇团也要為干部服务，這些人也是工農兵的一部份，為共產党員服务、為干部服务也就是為工農兵服务了"。這是公開对抗毛主席的為工農兵服务的根本方向，以此来反对深入工農兵，所以，那幾年"小百花"是一个集体的"三名、三高"的特殊單位。經常為"會議"演出 為"高干"演出。每年夏天還要到北代河"修養"。

多年来，真正的為工農兵演出，据不完全統計還不到一百場，而為"會議"、"高干"演出却高达二百五十場之多，下工厂、農村、部隊不多，而到达的大城市却有二十幾个。对于公演，李耕濤還有特殊要求"规定每場演出至少要收入500元。"1959年在新華戲院上演"荀灌娘"時，李還规定25排以前，票价一律一元二角。當向他反映賣不出去時，李却説："賣不出去，自己招待"。並還特別强調一登報就要登"客滿"。他説："票价高説明戲好，票价低説明戲坏。"當劇場門前出现賣黑票時，李耕濤却高兴地説："这就好了，买黑票的越多越証明观众爱看你們的戲"。其实他指的這些观众无非是舊社会的遺老遺少罷了。李耕濤就是這样公開宣揚"票房价值論"。公开反对為工農兵服务。閻鳳樓更不怠慢，每次演出則常往票房"巡視"，票賣不出去，就大发脾气。

很长時間以来，由于不深入工農兵，只為"会議"、"高干"和李耕濤所要求的"一元二角"的观众演出，严重地背离了毛主席的革命文藝路綫，許多工農兵群众反映我們是"貴族式的劇团"、是"高干劇团"。李耕濤、閻鳳樓不但无动于衷，而且還策划准备盖一个修正主義的劇場(新華戲院)，以便更长期脱离工農兵，好只為他們这些"老爺們"服务，规定："劇場必須"夏天有汽水，冬天有茶水，地板有地毯，楼上有客厅"等，而且已經盖成，但不和他們的"口味"，又拆了三次， 這些"老爺" 們竟达到利令智昏的如

此地步！"小百花"背离了毛主席的无產階級革命文藝路線，这个罪魁禍首就是周揚及他的黑爪牙李耕涛、閻鳳婁！而总后台就是刘少奇！

(三)鼓吹"业务第一"、"艺术至上"，反對政治掛帥、思想改造。

毛主席說："各个阶級社会中的各个阶級都有不同的政治标准和不同的艺术标准。但是任何阶級社会中的任何阶級，总是以政治标准放在第一位，以技术标准放在第二位的。"

周揚文藝黑綫的突出表現，就在于不要无產階級政治，不要无产階級专政，不要毛澤東思想。而只用"三名主義"、"三高政策"来腐蝕青年演員，以便成爲他們搞資本主義复辟的工具。"小百花"在這些方面表現更爲突出，更爲集中。

李耕濤在他的黑"三十条"指示中，就公开地反对突出政治，而只强調"技术"、"藝术"。他說什么："沒有技术就沒有藝术，沒有功夫就沒有戲。"還說："要有好戲，必须有好演員。"他指的好演員，就是指业務条件好，但对毛主席著作的学習則公开反对。1961年劇團向李耕濤請示学習幾篇主席著作，李反对說："我這里不是政治学校，要学習政治，可以到黨校去学嘛！"与此相反，他却大量提倡学古人、學古典文學，他經常講："要有古人头悬樑、锥刺骨的精神。"並且在1960年下半年制定出一个"提高"演員的规划：

一、"小百花"的演員，今后要按高中、大学办"小百花"剧團。

二、從60年起三年内　选一批人到"南大"文学系深造，毕业后，演出時登广告××是"南大"文学系毕业生演出。

三、從60年起，一年内，每人一套范文瀾的"中國通史簡編"要求一年学完，唐詩要經常讀，是文化課的主要課程。

四、要求"小百花"所有的演員达到上台会演戲、下台会写文章，其中有一部份人要写劇本或者加工改編其他演出的节目、劇本，如果不能当演員，可以讓他去当導演、当藝术干部。

以上可以看出李耕濤的狼子野心，如果照此办理"小百花"整个都要变顔色了！

李耕濤所要求的就是資产階級的"名、利"，根本談不上爲工農兵服务，談不上无產階級的政治，更談不上光輝的毛澤東思想。他所要求就是什么"絕"、什么"戲"、什么"个人"。他常講："梅先生、韓院长常演出，无"絕"爲人称"絕"。厉慧良有"絕"每戲用一、两手，用在高潮与劇情相結合，人称"絕"。好吃多給"絕"亦不絕。"李耕濤明目張胆地宣揚"业务至上"、"技术第一"，在他的眼里有"絕招"就是好演員，无怪乎天津市文藝界的許多牛鬼蛇神都被他們視爲珍宝，唯所欲爲。不僅如此，李還經常对他的爪牙說："演員就不怕出名，演員就是要出名的，我們应該帮助他們出名，要靠我們宣傳他們才能出名，梅兰芳19岁就出名了，你們(指青年演員)要在25岁以前出名。"他還跟搞創作的人說："你們不僅要爲演員写戲，還要爲演員写文章，演員就是靠人捧出来的。"

因此"小百花"一演出，宣傳机器便在李及文化局、宣傳部的"老爺"們的亲自指揮下，大捧特捧，尤其在"荀灌娘"上演时，什么"报逼"、"劇照"、"电台录音"、"速寫"等几乎开动了整个宣傳机器，使"小百花"名傳全國，更給這些"老爺"們記了一大"功"！李耕濤並請反黨分子邓拓、孫定國題詞，爲他吹捧"小百花"，可見他們是一丘之貉！

1961年，李所炮制的"四大專場"演出，报紙上也大加报道，鼓吹什么："同行當的專場演出是"小百花"剧团积极培养戲曲表演人材，努力提高藝术質量的重要措施之一，這种办法實际上是同行當的演員在舞台上進行藝术"竞賽"，因而會大大鼓舞演員的進取心，促使他們积極鑽研业务"等等。够了！周揚那一套修正主义文藝黑綫，已經吹得差不多了！所謂"藝术竞賽"就是旧社會"同行是冤家"的发展！所謂"大大鼓舞演員的進取心"就是使青年演員更追求資产阶級的"名、利"，所謂"促進他們积極鑽研业务"就是更加露骨地把毛澤東思想排斥在外，把无产阶級的政治丟得一千二净！

此外周揚的黑爪牙李耕濤、閻鳳樓一伙，還經常宣揚"階級斗爭熄灭論"，讓青年忘掉阶級斗爭，忘掉主观世界的改造，而只追求"藝术"。他們講什么："講什么阶級，阶級已經被消灭了"。"給×××、×××（两个地主子女）每人一間房子，讓他們十年不下搂深造"等等。就是演出登报也只叫登這两个地主子女的名字。从生活上，牛奶、巧克利、鷄蛋，更是百般照顧，就是不問其政治表現。在1960年"小百花"準備出國时，李耕濤、閻鳳樓竟策划給地主子女"私改成份"，拉他們入团，並发展了一批"任务"团員，以裝璜門面。從而，更促成演員只拚命鑽业务，不問政治，更談不上主观世界的改造了。而李耕濤更大施資产階級之威風，極力强調：演員要"吟詩、繪畫"、"要有各方面知識的修养"。純粹是刘少奇那一套資产阶級的处世哲学。而閻鳳樓則每天督練检查，使得"小百花"的演員整天地鑽业务、背唐詩、學繪畫。整天鑽進古书堆里欣賞"古詩、古畫、風、花、雪、月"。简直成了脱离社会上三大斗爭的一个"世外桃园"。

李耕濤還制定了一个不要毛澤東思想的"四好隊員"的标准：即

①政治思想好、　　②业务進步好、　　③文化学習好、　　④生活作風好。

就是不談学习毛主席著作好。真乃司馬昭之心路人皆知矣！

爲此，特抄录李耕濤62年在南方給"小百花"的一封信，更可以看出修正主义文藝黑綫的惡毒計划："回津之后放假了天即敢演出准備工作，七一上演。爭取在中國戲院演出，予計如下：开炮戲"鷄凌空"，連演三場，緊接"鬚生專場"二場、"刀馬专場"二場、"鬚生、刀馬"混合演出二場，接着上全部"王宝釧"三場、"叶含嫣"三場、全本"白蛇傳"三場、全本"蝴蝶盃"三場、全本"王宝釧"与"叶含嫣"之間上演"刘三姐""蝶恋花"三場、以上共計24場。加上"荀灌娘"三場、"生死牌"二場、"合鳳裙"二場，共31場。加上15場折子戲，共計46場，7月份31天，加上5个星期天共計36場戲。加上"審命"三場，即可以49場应付36場足够。八月一日正常三伏热天停演。開始新戲半月至二十天，排出"梅絳雪"三場、"武生专場"二場、"花臉專場"二場、"青衣專場"二場、"花旦專場"二場、"刀馬專場"二場、"鬚生專場"二場，共計15場。"荀灌娘"二場、"合鳳裙"二場、"鷄鳳凌空"二場、"王宝釧"、"蝴蝶盃"、"叶含嫣"、"白蛇傳"、"刘三姐"、"蝶恋花"、"審諨命"、"生死牌"各二場，以上共計３５場。加上１０場折子戲（即小戲），共計４５場。可以演一个月，至９月２０日休整１０天。十月一日上演"兰陵王"、上演１０場。緊接上演"武丑专場"二場、"文丑专場"一至二場、"小生專場"二場。以上共計１６場。上演至少四个老生的本戲二場、上演至少四个花旦的本戲二場，加上若干个新折子戲及已有的本戲演至十月底，休整１０天。选演上述的若干戲，再演一个月，再休整一下。新年上演流派：韓××康××學金鑲鑽，孫××学韓俊卿、張××学梁慈兰、杨××学？、劉××派、閻××派。总之，"小百花"要繼承各流派。專場演出时，应以全園中的理想演員作配角，例如"刀馬專場""双鎗山"应以×××配×××，"穆柯寨"应以×××配×××，再演的"花旦專場"应把××× ×××排上去。

日期既延长，原定发展党、团員的計划抓緊，至少应完成原計划的百分之八十如何？這件事抓緊了，思想工作也就好做了。可以試驗評訂四好队員：①政治思想好、②业务进步好、③文化学习好、④生活作風好。也可以稳定思想。

各專場每一个戲誰負責，怎么个办法？总之"百花"必須緊張起來，否則走下坡路。一九六二年的計划你們定下否？如未定下來，以上想法供給你們参考。

……請鳳楼同志閱后轉黎砂同志、賈杜、趙風同志、問候所有同志同学們。

演出时可合，可分隊，予計从七月至年底爭取收入　五萬元。一个月开支一萬五，六个月共計九萬，尚余六萬如何？

| 注　意 | 再聲明所寫的想法（不算意見）是抛磚引玉。" |

以上這封信集中了修正主义的所有精華，什么"名"、"利"、"錢"、"毒草"应有尽有，真是按排的"緊凑"，可謂風雨不透。而无产阶级政治，光辉的毛澤東思想，工農兵，在他們的眼里却根本算不了什么。足可見，其反党，反社會主义，反毛澤東思想的丑恶嘴臉已暴露无遺了！

試想，１９６２年全国已大演現代戲，可是这个黑計划除了一堆毒草之外，那有一点是社会主义的味道？

試想，１９６２年正是林彪同志号召全國大学毛主席著作的時候，而在這个黑計划里哪有一分鐘是按排学习毛选的時間呢？

試想，１９６２年，正當刘少奇黑"修养"再版、國内外阶級敌人嚣張之時，而这个黑計划配合的又是多么"默契"！

毛主席早就明确指出："我們的文学艺术都是为人民大众的，首先是为工農兵的，为工農兵而創作，为工農兵所利用的。"

可是这个黑計划里，那有一点儿是為工農兵而創作，為工農兵所利用的意思呢？！

这种情形，决不能再繼續下去了！一定要从根剷除这条黑綫，揪出他們的总后——刘少奇示众！

打倒刘少奇！

彻底砸烂反革命修正主义文艺黑綫！

(四)宣揚名利思想、実行 "三名、三高" 政策，大搞和平演变、拉扰腐蝕青年。

1958年以前，"小百花" 的青少年還是比較艱苦朴素、勤学苦練的，還保持了一些貧下中農的优良作風。但从建团言，李耕濤就為 "小百花" 選擇高樓深院、从南市搬至吳家窰，已佔有一所樓房，六排平房。但還嫌条件不好，于是，又在修樓選擇了更好的高樓深院。並計划在60年盖个 "小百花大樓"，什么 "練功房"、"讀書房"、"走廊"、"宿舍"、"排練間" 等，撥款48万元，土地6000平方米（因經費太大未批准）。准備讓青年不出大門整天在屋 "修養"。妄圖把 "小百花" 培養成一个严重脱离社會上三大斗爭的修正主義班子！随着生活的逐步升級，青少年的思想也就慢慢地发生了变化，好的作風丢光了，資产階級的思想滋长了。李耕濤、閻鳳樓則經常宣揚名利思想，給資本主義复辟制造条件，制造輿論。李公开講："天上已備金交椅，只待百花凌青云'。鼓吹 "成名成家'，讓年青的 "小百花" 上修正主義之 "天"。閻則經常說 "一招鮮，吃遍天"，迫使演員晝夜為 "鮮" "絕" 而奋斗。李還大講什么 "苦讀書、苦練功、多拜師、多拜友"。並胡說什么："能創造，有新的貢献，這不叫个人主義"。給青少年演員灌輸的淨是這些東西。所以，造成有的人練功排戲积极参加、开會學習就上医院，当主角 "玩命練"、当配角 "泡蘑菇"。

1959年在北京，叛党分子韓俊卿帶領演員專門去拜訪荀慧生，學習 "花田錯" 后又專請荀慧生為演員 "講課"。1961年在北戴河，韓俊卿曾幾次帶汓員拜訪老右派、反党分子田汉。在李耕濤提出 "拜名師" 學戲后，馬上形成一股風。×××跟厉慧良学 "长板坡"、×××跟張世林学 "夜奔"、×××跟小盛春学 "水帘洞"、×××跟周信芳學 "跑城"、×××跟楊榮环學 "出塞" 等等。並且提出要繼承 "流派"，將来 "小百花" 要有 "小韓俊卿"、"小王玉庆"、"小金宝环"、"小銀达子"。就是不談多學習英雄人物，多出幾个雷鋒式的英雄。

與論准備作好了，就可以开 "戲" 了。什么 "四大"，"四大" 后還有 "四小"，对没有曝子的武演員也起了名字 叫什么 "七郎八虎"。並且亲自規定演員每人照兩張像片，一張戲裝、一張便裝，為了更好的突出 "个人"，並且連登報的方法李耕濤都亲目授計。

請看他的黑指示：

"劇場要去 "中國大戲院"，爭取在报纸上見客滿，橫額是 '小百花四大專場演出' 暨行登 '演員的名字'，字体要用伤宋体，要鮮明、略小於橫額，每个演員名下 '橫行登劇目'，字要略小於演員的名字，請方紀部长交涉。"

演出每 "一大" 出場，字幕上打名字，舞台亮灯光，采取在报纸上介紹演員。"荀灌娘" 演告只登主演劉××閻××的名字，每次最多不超過三个名字，一定登在劇目的上面，並還說："采取有效方式，演員角色定后，就一心鑽一兩个戲，不要乱演，不願意演，耐心說服，"四大" 后還有 "四小"。

看！這个反革命修正主義分子為了讓演員出 "名" 花費了多少 "心血"，堂堂的大天津市长，居然也管起演員在报纸上登名來了，可謂 "能者多勞"，真是不亏周揚、劉少奇的 "高徒"，培養修正主義接班人真可称為 "有方"，打着紅旗反紅旗，真无愧 "赫禿"

式的人物。

在业务上已"扫清"了"道路"，生活上便更是大搞物質刺激、处处特殊化，閻鳳樓對青年演員以关怀照顧爲名、行腐蝕演变之实。生活实行"供給制"，想买什么就买什么。例如：59年进京献礼每人买一双皮鞋，女青年每人還买一件綫上衣；61年去東北每人买一件棉大衣，每人一个皮領子；62年去南方嫌演員携帶包袱难看，又給每人买一个皮箱。对"主演"更是多方"照顧"，演出前、后給巧克力、鷄蛋、餠干，並且專給幾个特殊演員訂牛奶喝。在青年中擴大差別，以反对"絕对平均主义"爲名制造所謂"主演"的特殊化。市文化局也积极推行主演路綫，确定"小百花"幾名地富子女的"主演"爲"戲劇家"协會會員。而且在渡荒期間，這些演員也被列爲"高知"按時发給糖、豆等特殊供应品。

党内走資本主义道路当权派閻鳳樓並規定："給外單位演出必須有"大轎車接送"，說什么："不能把演員嗓子吹坏。如果沒有"大轎車"就不給演出。"而且每到外地演出总是强調"吃好、睡好、演出好"，根本不談政治，更不談爲工農兵服務。而且在演出期間，总是以照顧演員身体爲名大买水果等营养品。

更不能容忍的是，當国家經济遭受暂時困难之际，爲了保命；1961年1月李耕濤讓"小百花"去東北演出，严重脱离了工農兵群众，他說："小百花"、歌舞团是天津的两个門面，都搞浮腫了，怎么能执行任务。並還說："留得青山在、不怕沒柴烧。"向青年贯輸資产階級的保命哲学。在東北演出期間，幾乎每日一小宴，三日一大宴，出門大轎車。並有大夫、干部陪同，還专門有干部拿着温度表到劇場里試温度，不到25度則不能演出，看修正主义的毒素已經泛濫到何等地步了！

1962年到南方演出，是黎砂、賈杜、閻鳳楼想方設法去的，他們以"擴大河北梆子影响、讓青年演員开擴眼界"爲名，實际上是以"小百花"爲工具，使他們能够遊山、玩水、保命。然而使"小百花"的青年向修正主义的泥坑更邁进一步。只南方一行，就浪費国家資財12万元之多。今天，我們每个同志回忆起来過去的情景，眞是不寒而慄！我們在这些修正主义的"老爺們"的引导下，已經跌进了修正主义資本主义的深淵了。而這些"老爺們"並不感到满足，在工資上他們更是大作文章。1960年李耕濤对演員提出了一套修正主义"十級工資制"、"十級增薪制" "十級獎勵制"的"三十制度"。

推行並发揮了周揚的"三高政策"。一句話，就是錢、錢、錢！李曾說："我培養的演員，无論怎样也要比小鮮灵霞高"。（指工資）因此，有的学生只二十來岁毕业工資就定得很高，后經文化局幾次研究，才將最高的工資定爲文藝十級"98元"。实际上这就是高工資，比十七級的行政干部還要高很多。並且，李耕濤、閻鳳楼等人爲了表示他們对演員的"关怀"，决定发給第一批毕业生每人一件毛衣、一条毛料裤。第二批則每人一件塑料雨衣。他們就是这样明目張胆、肆无忌憚地大搞特搞修正主义的物質刺激。

不僅在工資上如此，吃、喝、穿、住也都安排的異常"仔細"。力向資本主义"看齐"。吃的除了特殊照顧外，李耕濤還要成立什么"半流食堂"、"花旦食堂"、"武生食堂"等等。眞是无耻之尤，荒謬絕倫。

而他本人就是一个專門研究"吃"的"專家"，他在南方回來后，就曾寫過一首十分低級、庸俗透頂的"詩"：

南國風光數第一，　　　　好吃不過椰子雞。

各地都有各地庙，　　　　回到天津吃鯗魚。

像这样的修正主义分子抓"小百花"，"小百花"又怎能不修呢？

穿也要特殊，借"供給制"為名，大肆浪費國家資財。62年去南方每人发出國料子服一身，並且不穿就不讓上馬路，看！修字号的"家规"是多么"严格"！

李耕濤、閻鳳樓為了进一步使青年"和平演变"、加強深造"藝术修養"，于1960年將演員集体宿舍改为三、五人一間的小宿舍，將双人床改為單人床。无怪63年計委的一位干部來"小百花"參观宿舍后頗有感觸地說："小百花"劇团演員的生活条件比大学助教還高哪！"可見"小百花"脱离广大工农兵群众到什么程度！

62年在武汉演出，趙凨(团长)組織女青年去拜访汉劇"权威"陳佰華，向陳佰華学习化粧和"保护"皮膚的方法，陳當楊就向演員宣揚："外出時头上要蒙紗巾，防止尘土吹在臉上，還要打小洋傘，防止太陽晒了皮膚。並要定時睡覚，休息不能會客"等等。完全是貴族小姐的生活方式。試想，照她这样做，怎么能深入工农兵，怎么能不"修"呢！

這也不難看出，党內走資本主义道路的当权派閻鳳樓和反革命修正主义分子李耕濤把青年引向了什么道路？！

(五)結黨营私、招降納叛，千方百計抵制毛泽東思想，反對大演革命現代戲

以党內最大的走資本主义道路的当权派刘少奇為总后台，反革命修正主义文藝黑綫的头了陸定一、周揚為首，在全國各地网罗了大、小牛鬼蛇神，為他們的資本主义复辟大造與論，搖旗呐喊。天津同样如此，河北梆子劇院、"小百花"劇团更為突出。从解放后河北梆子劇团建团起，党、政、文藝大权一直被右派分子王庚生、賈家宝、李卲心、何遷，地主分子、國民党員王劫、及兩广总督之后，賣國影片"清宫秘史"的"光緒A角"大毒草"五彩轎"的作者李邦佐，党內走資本主义道路的当权派閻鳳樓、叛党分子韓俊卿所掌握着，真是"庙小妖風大"。一个一百多人的劇团，竟有這样一个庞大的牛鬼蛇神的"精华"集团。多年来，在市、局的"老爷"們的重用下，真是唯所欲為，大為其主子周揚效劳，向社會主义放出一支又一支的毒箭，什么"有鬼无害論"、什么"好鬼李慧娘"、什么"海瑞动本"、"五彩轎"、"南北合"等等，大批毒草紛紛出籠。在舞台上大反社会主义，报刊上大寫反党文章，简直是好坏当道，群魔亂舞。就是这样李耕濤還嫌"秀才"少，在他的黑"三十条"指示中，公开招降納叛。他說："先組織一个戲劇研究委員会，把天津喜爱戲劇的有些特长的有些經驗的有些学問的老先生吸收进来，聘請他們当敎授。"就是在这个黑指示下，河北梆子劇院更成了大、小牛鬼蛇神的"避風窩"，閙的河北梆子劇院亂七八糟。幾年来，光違法亂紀的"敎授"們就被捕进去幾个，可見"秀才"並非少矣！

周揚一伙所以招降納叛、結黨营私就是為其总后台刘少奇搞資本主义复辟制造輿論淮備，擴充其反革命势力，反对毛澤东思想，反寄賣徹毛主席的无产阶級革命文藝路綫。幾年来，在"小百花"不能貫徹毛主席《在延安文藝座談会上的講話》的最高指示、不能

按照毛主席的最高指示辦事。其根本原因，就是從中央到地方，貫穿着一條以劉少奇爲總后台，以周揚、陸定一爲代表的一條反革命修正主義的文藝黑綫。這條黑綫和毛主席的无产階級革命文藝路綫是水火不相容的！他們所追求的不是社會主義的東西，而是資本主義、封建主義、修正主義的東西。所以他們對革命的現代戲怕得要死，恨之入骨。

然而，"小百花"的黨內走資本主義道路的當权派及這一小撮牛鬼蛇神也不例外。當排演革命現代戲時，處處与以刁難，衣服不做、時間不給、甚至連作曲、編導都沒有。當全國大学雷鋒時，我團要排演"雷鋒"，反动学术权威王靭竟狗膽包天的說："我就不拍雷鋒的馬屁！"公開對抗毛主席提出的"向雷鋒同志学習"的肇大号召！當演出革命樣板戲"奇襲白虎团"時，文化局走資本主義道路的当权派及反黨分子白樺竟不讓上演，以至售出的十一場票也全部退回。當我團青年演員要求排支援剛果人民斗爭的戲時，也被我團黨內走資本主義道路的當权派閻鳳樓批評爲"你們不要從興趣出发"。1965年全中南局匯報演出的革命現代戲劇本，都扣在閻鳳樓手中，一個也不讓排。直到如今，革命現代樣板戲，我團却一個也沒有。

1965年，全國已經沒有演傳統戲的了，但反黨分子陸定一竟然跑到天津看傳統戲。据了解，反黨分子陸定一也到其他城市看了不少，主要是了解一下它還占有多少陣地，爲大搞反革命復辟做輿論准備。當时要到我團大礼堂来看，同志們都不願意演，就是認爲又"復辟"了，但閻鳳樓却爲其主子大做思想工作，訓斥大家說："中央也沒說不讓演古裝戲！叫你們演你們就演，有問題領導負責。並說："現在不還是兩条腿走路嗎？！老戲誰也沒說不演，還要一条腿粗一条腿細嘛！"結果爲反黨分子陸定一演出了"喜榮歸"、"斷橋"等才子佳人戲，這個混蛋看后異常高興，並拱手相謝！他謝什麼呢？就是謝我們又給了他搞資本主義復辟的一絲希望！果然，在這個混蛋走后，又傳出了"兩条腿走路"的混帳話。有的文藝單位，剥下的"靴"、"靴子"又穿戴上了，又要"復辟"。

1964年夏，趁王光美到天津介紹"桃園經驗"之際，劉少奇和他的臭妖婆王光美也然有其事的要看看我們的現代戲"丰收之后"。當時由反革命修正主義分子刘子厚及万張反革命修正主義宗派集團的头目万曉塘的陪同下觀看了我們演出，看后，還伙反黨分子蜂拥黨內头号走資本主義道路的當权派劉少奇夫妇上台，劉氏夫妇其實對現代戲根本不感興趣。劉少奇說什么："很賣力气，男声唱腔要改變"等非驢非馬的話，根本不談"方向"問題。而王光美這個臭妖婆却一把抱住一個飾演老四妻的女演員，連說什么："你演得太好了！"其實不是演員演得太好了，而是因爲"老四"（劇中的一反面人物）是一個走資本主義道路的吃小亏佔大便宜的投机倒把分子，她怎么不和這個"老四妻"有所共鳴呢？！

通過這兩次演出，既可以看出他們的反毛澤東思想，反毛主席革命文藝路綫的丑惡灵魂；也可以看出他們對其爪牙是如何关心、如何撑腰！

毛主席教导我們說："在我國，資产階級和小資产階級的思想，反馬克思主義的思想，还会长期存在。……无产階級和資產階級之間在意識形态方面的誰胜誰負問題，还没有真正解決。我們同資产階級和小資产階級的思想还要进行长期的斗争。不了解這种情况，放棄思

想斗爭，那就是錯誤的。"

通過以上点滴事實，我团人人揭發、个个控訴，我們清醒地看到，文藝界尤其是我們自己由于長期地受修正主義文藝黑綫的控制，不少的人在不同程度上受了封建主義、資本主義、修正主義文藝思想的毒害。

所以，我們必須用毛澤東思想檢驗自己，衡量自己，在我們的头脑中、我們的灵魂深处開革命。首先要大破特破从思想上破以刘少奇爲总后台，以周揚、夏衍爲首的反革命修正主義文藝黑綫，大破資產阶級世界观。大立特立从思想上立毛澤东思想，貫徹毛主席的革命文藝路綫，树立毛澤东思想的絕对权威。

由于我們長期脫离工农兵，背离了毛主席的革命文藝路綫，我們客观世界、主观世界的改造的任务会更重。但我們有信心和决心，今后只要我們活学活用毛主席著作，堅决貫徹毛主席的无產阶級革命文藝路綫，爲工农兵服务，和工农兵相結合。我們就一定能把"小百花"改造成爲一个高举毛澤東文藝思想偉大紅旗的"新长征"！把文藝大权、文藝陣地統統地从修正主義分子手中奪回来，爲我們无產阶級所掌握！！！

"宜将剩勇追穷寇，不可沽名学霸王。"

讓我們穷追猛打党內头号走資本主义道路的当权派刘少奇，連根鏟除以周揚、陸定一、夏衍为首的反革命修正主义文藝黑綫，杀出一片紅彤彤的毛澤東思想文藝陣地来！！！

打倒刘少奇！
彻底批判以周揚为首的反革命修正主义文艺黑綫！
彻底砸烂万、堅反革命修正主义宗派集团！
彻底砸烂黑巿委、黑宣传部、黑文化局！
打倒反革命修正主义分子李素敏！
打倒我团走資本义道路的当权派曲潤楼！
毛主席的革命文艺路綫胜利万歲！
伟大的中国共产党万歲！
伟大的导师、伟大的領袖、伟大的統帅、
伟大的舵手毛主席万歲！万歲！万万歲！！

天津市长征文工团（原小百花劇团）
革命造反联合总部及部分革命干部

1967.4.5.

梅花欢喜漫天雪，冻死苍蝇未足奇

打倒刘少奇，批臭黑《修养》

最　高　指　示

凡是错误的思想，凡是毒草，凡是牛鬼蛇神，都应该进行批判，决不能让它们自由泛滥。

十六中学（跃华）教师又造反啦，这个婆子是教师辑录由勤工人刻印，都是战斗队、批斗老教师和当众演出。

当年二十四、五岁的年青人，现今已七十五岁了不知感存世者作何回想？

悲哉！去见毛主席吧！和仰

老人家算算帐吧。

天津十六中(教)《万水千山》战斗组辑录

天津東方紅业中《起宏圖》战斗队

天津十六中学《工勤》战斗队　刻印

1967.4

目　　录

毛主席論批判《修养》

（1）刘少奇的"论共产党员的修养"一书是一本典型修正主义代表作，这本书在国内国际都有很大的影响，现在批判他，给红卫兵出个难题。

—— 毛泽东

（2）要批判刘少奇的《论共产党员的修养》和邓小平多年来的讲话

—— 毛泽东

（3）刘少奇的《论共产党员的修养》我看过几遍，这是反马克思主义的，现在我们的斗争方法要高明一些，不要老是砸烂狗头，打倒ＸＸＸ，我看大学生要很好研究一下，选几段写文章批判。

—— 毛泽东

周总理等中央首長谈批判《论修养》

刘少奇的《论共产党员的修养》是唯心主义的东西,在党内起很大的不作用,许多高级干卩受这个东西坏影响。唯心主义多了,唯物主义就少了,形而上学的东西甚至是封建主义的东西多了,毛泽东思想就少了。刘少奇引用了许多孔孟的话,当然孔孟的话也有好的,可以借来旧词新解,但比起同时代一些比較朴素唯物主义者那就差得很。

———— 周总理 2.17 讲话

刘少奇的《论共产党员的修养》是唯心主义的,过去有人向他提过意,他也没有改,毒害不少人,这次批判,我们要用毛泽东冠着来加强我们的修养,毛泽东思想的修养就是要在斗争中去修养,这一次就是最好的培养,做毛主席做毛时,得到这样的学习鍛鍊,这是我们最大的幸福。

———— 周总理 2.18

党内有关《论修养》的书是苏共的一套,是灌输资产阶级路线,向上汇报别人的一举一动,一言一行很积极,不是对错误进行教育,这根本不符合毛泽东思想,我党的些党原则里,哪有这一套?把人搞得谨小慎微,本身就是个人主义,没有造反精神。

———— 戚本禹 1966 .12

刘少奇长期在党内推行的《论共产党员的修养》完全是资产阶级的东西,没有造反精神,提倡奴隶主义,这样的东西不批判怎么行呢?不批倒它,我们就不得解放,我们党就不能达成毛泽东思想的坝。

———— 戚本禹 67 1.10

越学孔孟那些东西,越反动。刘少奇就是提倡孔孟,要搞修养,他的修养就是要当大人物,就是当官作老爷,我们是为人民服务,当个螺丝釘,这是我们的修养。……,刘少奇搞两种教育制度就是从这些观点出发的,使一些人当官作老爷。

———— 戚本禹 67 1.27

你们很关心毛主席最近作些什么工作。毛主席最近攻虑批改的问题。毛主席和我们谈了。左批判问题上是要批判刘少奇《论修养》和邓小平多年来的讲话,对他们进行全国性批判。

——— 张春桥

《论共产党员的修养》也要从政治上来批判。为什么六二年那个时候再版?当时,林彪同志提示要作毛主席的好战士,而刘少奇却提示作马克思列宁的学生。

——— 闫良贵 67.1.6

在军委召开的军级以上干部会上有关批判刘少奇的讲话

康生同志讲话

关于刘少奇的《论修养》问题,请同志们打开语录本第204页把第24节的标题划掉。把它改为"纠正错误思想"。同节208页倒数第五行刘少奇 ……(大笑)"这一段话全部删掉。

为什么把标题改了?这是刘少奇的语言,是不通的,是不科学的,在毛主席著作中从不用"思想意识修养"这个词。思想和意识有联系,但这是两个概念,意识是指人的头脑对客观世界的反映。在一定意义上讲,在生理上讲,意识和知觉有相同的意义,失掉知觉就是失掉意识,意识是包括感性认识和理性认识这两个方面的。思想有独立的含义,它是指在一定的经济条件下对于社会现实的反映,有时叫思维,主要讲通过感性知识达到理性知识,看来刘少奇这个"马克思主义者"是不通的。

毛主席讲过，刘少奇的《论修养》是欺人之谈，革命的根本问题是政权问题。在这本书中只谈个人修养，个人道德，根本不谈夺取政权问题。离开了政治，离开了阶级斗争，必然就会陷入唯心主义的泥坑。同志们有时间可以看看这本书。

刘少奇说：共产主义修养，要有崇高的共产主义道德，说"己所不欲勿施于人"，这完全是孔、孟之道。刘少奇又说，修养要有最大的勇敢，"莫做亏心事不怕鬼敲门"，这就是他说的共产党员的最大勇敢。

他在这本书中说到要学习马克思、恩格斯、列宁、斯大林的时候，说什么"没有偶像崇拜"。可以看出这是暗示攻击毛主席。刘少奇在谈到忠实坦白时说"无事不可对人言"，照他这样说，党的机密也可以告诉蒋介石了。

刘少奇还说过要有最高的自尊心和自爱心，请同志们注意他所谓自爱心是保护自己的生命和健康，这是赫鲁晓夫的活命哲学，这就可以理解的往后他叫薄一波、安子文自首，这就是他所谓的修养。

陈伯达同志讲话

毛主席认为这本书脱离阶级斗争，脱离无产阶级夺取政权的斗争空空洞洞地讲一些什么个人修养，是欺人之谈。书里也谈阶级斗争，但只是概念上的没有把阶级斗争当成现实问题，这本书是抗日战争时期写的他不分析在抗日战争时期无产阶级政党应该如何做。

毛主席说这本书是唯心论，是反马列主义的。这本书尽管讲了那么多马列主义概念，阶级斗争结果把阶级斗争变成了个人修养，提倡资产阶级的个人修养。毛主席说不讲现实的阶级斗争，不讲夺取政权的斗争，只讲个人修养，蒋介石也可以接受。每个人都是阶级的个人，他讲的个人是没有阶级的个人，是抽象的个人，他讲的是孔、孟之道，从封建主义到资本主义都可以接受。马克思和列宁都讲过阶级斗争的理论，阶级斗争必须引导到无产阶级专政。当然，发现阶级斗争是一个进步。事实上《论修养》讲的阶级斗争还不够格，完全是资产阶级个人主义。这本书是空空洞洞的，也有马克思概念，也有孔、孟之道，是个大杂烩，是个不三不四的资产阶级的个人主义的东西。

后来刘少奇还有一封信说：中国没有斯大林，只有靠我们来工作。那时候，毛主席已经很明显是我们党的伟大领袖。毛主席已经突破了斯大林的框框创造性地发展了马列主义，中国不是只有斯大林而是有更高的斯大林。林彪同志已经充分地阐明了这个问题。

高举毛泽东思想的革命批判旗帜
把反动透顶的刘氏黑《修养》批倒、批臭

《修养》这本书，是欺人之谈，脱离现实阶级斗争，脱离革命，脱离政治斗争，闭口不谈革命的根本问题是政权问题，闭口不谈无产阶级专政问题，是地地道道唯心主义的修养论，转弯抹角地提倡资产阶级个人主义，提倡奴隶主义，反对马克思列宁主义、毛泽东思想。按照这本书去"修养"，只能是越养越"修"，越修养越成为修正主义。对这本书必须彻底批判，肃清它的恶劣影响。对这本书的批判，也是批判资产阶级反动路线的至要内容。

> 《红旗》杂志一九六七年第五期评论员《在干部问题上的资产阶级反动路线必须批判》

（一）《论修养》是一个地地道道的资本主义复辟的宣言书

最 高 指 示

　　帝国主义者和国内反动派决不甘心于他们的失败，他们还要作最后的挣扎。在全国平定以后他们也还会以各种方式从事破坏和捣乱，他们将每日每时企图在中国复辟。这是必然的，毫无疑义的，我们务必不要松懈自己的警惕性。

　　《修养》是一个彻头彻尾的修正主义的建党纲领，是一个资本主义复辟的宣言。长期以来，党内头号走资本主义道路当权派、旧中宣部、旧北京市委，力图以反动的《修养》来腐蚀和毒害我们的党员，腐蚀和毒害广大的青年，从而为在我国复辟资本主义进行舆论准备。

> 清华大学井岗山兵团在首都四月三日大会上的发言

毛主席教导我们：革命的根本问题是政权问题。在无产阶级专政时期要对无产阶级专政，从来都是区别马克思列宁主义者和形形色色的修正主义者的试金石。党内头号走资本主义道路的当权派在《修养》及其大毒草中闭口不谈革命的根本问题是夺取政权，闭口不谈无产阶级夺取镇压顽小谈武装斗争夺取政权打碎资产阶级国家机器。很明显《修养》中所说的什么改造"时雅用"呀，实际上就是赫鲁晓夫和平过渡的翻版就是和平长入社会主义的反革命谬论，就是地地道道的修正主义货色。

中国人民解放军北京卫戍区代表4月3日支首都大会上的发言

一九六二年正当国内外阶级斗争极其尖锐的时候，正当苏联修正主义领导集团大肆攻击高举马克思列宁主义毛泽东思想大旗的中国共产党是"教条主义"的时候，党内头号走资本主义道路当权派，以为复辟时机已到，又把他的《修养》再版发行。再版《修养》不但继续宣扬右倾机会主义，去流大反第二国际机会主义"大反"党内反右斗争"大反"教条主义"把矛头直接指向我们伟大的领袖毛主席加以毛主席为代表的无产阶级革命路线。

北京工农兵体育学院毛泽东思想红卫兵和北京职业学院东方红工的代表工首都四月三日八会上的发言

一九六二年国际国内两条路线的斗争异常激烈，国内阶级敌人为被"罢"了官的右倾机会主义者鸣冤叫屈，招呼还魂。《海瑞罢官》《燕山夜话》纷纷出笼。此时党内头号走资本主义道路的当权派，一面明目张胆地胡说什么右倾机会主义分子"只要不是里通外国的就可以翻案"；另一方面又支他的《修养》再版中大砍、大批关于两条路线斗争的部分，大加特加关于防止党内反右"斗争防止"左"倾的部分，为右倾机会主 眢提供翻案的理论根据。他把原版中七零八散的黑话集中起来恶毒地攻击以毛主席为代表的党中央一九五九年领导的反右倾斗争过头了，是比历史上的"左倾机会主义的斗争还左"，是"主观臆造"，是"平地起风波"，是把某些同志"当做机会主义"来做为党内斗争射击的草人等等。

《修养》是一个修正主义建党的纲领，是资产阶级反动路线的"理论"根据，是培养修正主义苗子的教科书，是资本主义复辟的舆论准备。

北京矿业学院东方红
北京工农兵体育学院毛泽东主义兵团

一九六二年国际上出现了一股反华逆流，国内一小撮牛鬼蛇神蠢蠢欲动，粉墨登场，这时党内头号走资本主义道路当权派看到时机已到，经过精心修改，再次抛出《修养》这部毒草为他篡党篡军，篡政，制造舆论，这是一篇地地道道的反革命复辟的宣言书，其要害就在于篡权，它的手段是先从字在人们灵魂深处篡权，继而达到他在全国全面篡权的罪恶目的。

北航《红旗》编辑部

《修养》这本书，披着马克思列宁主义的外衣，贩卖修正主义的黑货为复辟资本主义鸣锣开道，是一株地地道道的大毒草，必须揭穿它的画皮肃清它的流毒，沿着毛泽东思想的光辉道路，大踏步前进。

首都大专院校红代会六月三日群众大会

(二)《论修养》是一株彻头彻尾的反毛泽东思想的大毒草

毛泽东同志是当代最伟大的马克思列宁主义者，毛泽东同志天才地，创造性地全面继承捍卫和发展了马克思列宁主义，把马克思列宁主义提高到一个崭新的阶段。

毛泽东思想是在帝国主义走向全面崩溃社会主义走向全世界胜利的时代的马克思列宁主义。毛泽东思想是反对帝国主义的强大的思想武口，是反对修正主义和教条主义的强大

的思想武四。毛泽东思想是全党、全军和全国一切工作的
指导方针。

——林彪

党内头号走资本主义道路当权派一九六二年又把《修养》作了重大修改再版
云笼，这是他妄为复辟资本主义制造舆论妄图颠覆无产阶级专政，改变我
国社会主义航道大阴谋的一个组成部分。《修养》的恶毒，它的反革命本质，
就是只讲资产阶级修养，不要无产阶级专政。《修养》再版云笼的特殊阴险
目的在于，对抗我们伟大领袖毛主席的指示，含沙射影地攻击毛主席、
航林彪付统帅提出的活学活用毛主席著作"读毛主席的书，听毛主席的话
照毛主席的指示办事，做毛主席的好战士"的伟大号召，配合当时的反革命逆流
妄图为颠覆无产阶级政权鸣锣开道。

　　　　　　毛泽东思想哲学社会科学部吴传启4月8日在首都大会上发言
《修养》只字不提毛泽东思想，不提毛主席对马克思列宁主义的伟大贡献，
却说什么我们普通的同志，今天诚然还没有马克思列宁主义创始人那样高的
天才，那样渊博的科学的知识，我们大多数同志，在无产阶级革命理论方面不
能达到他们那样高深和渊博。这实际上是转弯抹角地否定毛主席天才地、
创造性地全面地继承捍卫和发展了马克思列宁主义，否定毛主席把马克
斯列宁主义提高到一个崭新的阶段。

《修养》只教做马克思和列宁的好学生，从不谈向毛主席学习，做毛主席
的好学生，有的地方还故意借古讽今，含沙射影地来攻击我们最最敬爱的
伟大领袖毛主席，这是我们绝对不能容忍的。特别恶毒的是这个党内头号
走资本主义道路当权派在一九六二年一方面污蔑活学活用毛主席著作的群
众运动是简单化"庸俗化"，一方面却重新大量即行他的自己的这本大毒草，
大肆宣传到处放毒，明目张胆地反对毛泽东思想，妄图用自己的一套修
正主义的"理论"来抗拒毛泽东思想。

　　　　　　青岛四方机车工厂革命工人代表、市总工会无产阶级革命派代表和青岛医
学院东方红公社代表在济南四月六日群众大会上的发言。

毛主席早就教导我们：「修正主义者，右倾机会主义者，口头上也挂着马克思主义，他们也在那里攻击「教条主义」。但是他们所攻击的正是马克思主义的最根本的东西。」《修养》攻击的所谓「教条主义」，正是马克思列宁主义，正是毛泽东思想的精髓。敌人的污蔑，丝毫无损于我们心中最红最红的红太阳的光辉。它只能是搬起石头砸自己的脚，进一步暴露他的狼子野心。

北京矿业学院东方红
北京工农兵体育学院毛泽东主义兵团

党内头号走资本主义道路当权派在《修养》中闭口不谈学习毛泽东思想，却说什么这样就可以「真正大公无私」，这完全是骗人的鬼话。无产阶级革命派都懂得，只有用毛泽东思想来彻底改造世界观，才能达到大公无私。反对学习毛主席著作，就不可能改造资产阶级世界观，这样就只能是大私无公。

中国人民解放军北京卫戍区代表4月8日左右首都大
会上的发言

（三）彻底揭穿《论修养》的「公私溶化论」的资产阶级个人主义的画皮

最 高 指 示

一个共产党员，应该是襟怀坦白，忠实，积极，以革命利益为第一生命，以个人利益服从革命利益；无论何时何地，坚持正确的原则，同一切不正确的思想作不疲倦的斗争，用以巩固党的集体生活，巩固党和群众的联系；关心党和群众比关心个人为重，关心他人比关心自己为重。这样才算得一个共产党员。

毛主席教导我们："共产党员无论何时何地都不应以个人利益放在第一位，而应以个人利益服从于民族的和人民群众的利益。"

党内头号走资本主义道路的当权派提出的个人利益完全溶化党的利益中，是要了一个花招，是在党的利益这块招牌背后的秘藏垢，发展形形色色的个人主义。"公私溶化论"就是公开地在思想领域里搞公私合营，以私化公，私字第一，为公是假，为私是真。这个谬论就是在党的利益的幌子下，提倡个人主义，想把个人利益塞进党的利益之中，"溶化"起来，使个人主义在党内合法化。这就是党内头号走资本主义道路的当权派假革命真反动的"公私溶化论"的实质和核心。

地质学院东方红公社在首都四月三日大会上的发言。

党内头号走资本主义道路的当权派在《修养》一书中胡说什么把党员个人利益"完全溶化在党和无产阶级的一般利益和目的之中"这是彻头彻尾的"合二而一"的谬论，是同毛主席一贯提倡的"大公无私"，"毫不利己专门利人"完全对立的。资产阶级世界观的核心是一个"私"字，无产阶级世界观的核心，则是一个"公"字，"公"和"私"是水火不相容的。"公"战"私"的斗争是无产阶级思想同资产阶级思想斗争的焦点，也是以毛主席为代表的无产阶级革命路线同资产阶级反动路线斗争的焦点，二者没有调和的余地。党内头号走资本主义道路的当权派竭力宣扬"公中有私"和"在必要时要放弃党的一些工作来保存同志"等，实质上是在推销他的反动的资产阶级个人主义的活命哲学。抱有这种世界观的人，当革命遇到暂时的挫折和困难的时候，就会叛党叛国，成为可耻的叛徒。

党内头号走资本主义道路的当权派在抗日战争爆前夕,指使别人投降变节,发表投降国民党,叛变共产党的"反共启事",就是他的反革命活命哲学,叛徒哲学的一个最好的证明。

青岛化工学院革命师生代表支济南四月六日大会上的发言

刘少奇教人们学会"吃小亏占大便宜"的人生哲学。他在《论修养》中说:"事实也证明党员只有全心全意地争取党的事业的发展成功和胜利,才能提高自己的能力,增加自己的本领,否则党员要进步,要提高是根本不可能的。因此,党员个人的利益必需而且能够和党的利益完全取得一致。"

在这里刘少奇教人们牺牲一点个人的小利益,只要党的事业发展成功和胜利,到那时候,个人就能够得到大的利益,个人就能够得到进步和提高,得到个人所要求达到的一切。他口头上讲的是个人利益和党的利益一致,实际上是"私"字当头,要党的利益服从个人的利益。他不是教人们一心为公,而是一心为私,把"为公"作为手段,达到"为私"的目的。

河大八一八《红炮兵》战斗队

《论修养》开篇就提出共产党员为什么要进行修养,说明修养的根本目的是什么,刘少奇是怎样回这个问题的呢?他说什么要成为一个"革命家",就要总结实践的经验,加紧自己的修养,提高自己的思想能力,告诉人们要想当"革命家"必须加紧"修养"。万变不离一个"我"字。这不是什么无产阶级革命的需要,而是个人奋斗。

毛主席教导我们说:"我们这个队伍,完全是为着解放人民的,是彻底地为人民的利益而工作的。"毛主席殷切地希望我们革命队伍中的每一个成员都成"完全"、"彻底"地为人民服务的勤务员。

显然，《修养》是以资产阶级名利思想为诱饵，诱惑革命人民走……路的腐蚀剂。用心何其毒也！！

河大八·一八《红炮兵》战斗队

不是有许多同志学了《修养》后被紧紧地束缚在"我"字的小圈子里而不能自拔了吗？不是有许多同志学了《修养》后在处人、处在等"小节"上狠下功夫，因而青云直上，飞黄腾达，成为脱离群众的精神贵族吗？不是有许多同志学了修养后完全丢掉了斗争性，成了意志颓废，奴隶主义十足的伪君子吗？不是还有的同志已经"苦修苦练"的非常"顺从"、"服贴"，在这场文化大革命中死保党内一小撮走资本主义道路的当权派，死保错误路线成为资产阶级反动路线的牺牲品吗？一句话《修养》是腐蚀人们灵魂的麻醉剂，是裹着金子的毒品，是化妆成美女的毒蛇！

北航《红旗》报编辑部

中了《修养》的毒，就会离开政治斗争，放弃思想改造，任凭资产阶级思想充斥自己的头脑。中了《修养》的毒，就只能是打着党内的利益的旗号，干着发展个人主义的勾当。中了《修养》的毒，就会为了向上爬，为了发展"个性"，为了保护自己的既得利益，对领导唯唯诺诺，俯首贴耳，奴性十足，成为执行资产阶级反动路线的工具。中了《修养》的毒，就只能成为修正主义的俘虏。

清华井岗山兵团代表在省都四月三日大会上的发言

《修养》一书宣扬的是典型的资产阶级个人主义的世界观和处世哲学，它直接对抗毛主席关于"完全""彻底"地为人民服务，毫不利己专门利人"

一秒〈人民的利益云发〉的光輝思想。

《修养》的作者是一个论文道义的资产阶级的庸人哲学家。如果按照他的处在哲学去进行"修养"只会越修养越成修正主义,共产党员就要"修养"成为鼠目寸光,自私自利,唯利是图、投机取巧的资产阶级代表人物,甚至会"修养"成赫鲁晓夫那样的个人野心家。

山东化工学院
山东海洋学院 的红卫兵小将在济南四月六日大会上的发言

(四) 彻底批判《论修养》贩卖孔、孟"修身养性"
    之道,贩卖唯心主义的反动本质

最　高　指　示

人的正确思想是从哪里来的?是从天上掉下来的吗?不是。是自己头脑里固有的吗?不是。人的正确思想,只能从社会实践中来,只能从社会的生产斗争、阶级斗争和科学实验这三项实践中来。

我们共产党员应该经风雨,见世面;这个风雨,就是群众斗争的大风雨,这个世面,就是群众斗争的大世面。

刘少奇明目张胆地对抗毛主席的教导,不让我们到革命斗争的实践中去锻炼,却要我们学习孔孟主观唯心主义"自我修养"的精神并且还"创造性"也提出什么"学习,反省和检讨"的修养公式。他说:"在这样的学习,反省和自我检讨中,去肃清自己一切不正确的思想残余以至某些不合于共产主义利益的最微弱的萌芽"。按照刘少奇这个修养公式去做杂天闭户读书(指的是读古书)读马列主义创始人的著作),内容不对。但我觉得可以成为"有修养"的委人了。如果都按这个公式去做,其结果,仍然是脱离群众,脱离革命,站到个人主义的小天地里去,仍然要越修越"假",越修"越假",越修养越"毫无意义。

同济八·一八《红卫兵》战斗队

党内走资本主义道路的当权派接连举起孔、孟学说的几面黑旗的黑旗条条,奉若神明,要共产党员学习,以此作为自我修养的根据。他要长产党员问及些神仙学习"不知"知天命","率性""不逾距"学习行为就孔孟所为","动心忍性",究竟是为了什么呢?他说,因为这些人是"在历史上担当大任起过作用的人物",因为"人皆可为尧舜"……假果如此!拐弯抹角,油腔滑调,最后还是为了"我"为大人物,我"为"尧舜"。毛主席教导我们:"六亿神州尽舜尧","群众是真正的英雄"。而党内头号走资本主义道路当权派却拚命鼓动人们追求"我"为"尧舜"和个人出人头地。在他眼里哪里还有人民群众,哪里还有人民群众的威力?剩下的只是一个"我"字。

上海新师大人民公社红卫兵历史系战士 红海潮

《修养》公开号召党员去学习封建唯心主义思想家孔子、孟子、曾子,把这些封建唯心主义的说教奉为"经典",要共产党员加以学习,这是对我们共产党员的极大的毒害,我们共产党员决不能再上他的当。

山东化工学院
山东海洋学院 的红卫兵小将在济南4月6日大会上的发言

（五）粉碎《論修養》的奴隸主義和投降主義的

反 动 哲 学

最 高 指 示

共产党员对任何事情都向一个为什么，都要经过自己头脑的周密思考，想一想它是否符合实际，是否真有道理，绝对不应盲从，绝对不应提倡奴隶主义。

刘少奇教人们学会"宽大"、"容忍"和"委曲求全"的奴隶主义处世哲学。他在《论修养》中说：他也可能有最高的自尊心、有爱心。为了党和革命的利益，他对同志最能宽大，容忍和"委曲求全"甚至主必要的时候能够容忍各种误解和屈辱而毫无怨恨之心。

在这里，刘少奇一味强调"宽大"容忍"、"以德报怨"，"忍受屈辱"等々。要人们调和折中，阉割了马克思列宁主义、毛泽东思想的革命灵魂，成为一个没有革命原则，没有革命斗争精神，唯々诺々的奴隶主义者。

河大八一八《红炮兵》战斗队

为了实现篡权目的，党内头号走资本主义道路当权派以党的化身"出现用他修正主义的《修养》来腐蚀我们的广大党员，妄图把党员训教成有依有顺的奴隶训教成不动脑筋的糊涂虫，训教成他的驯服工具，妄图使全党都听他的号施令。如果他的阴谋得逞，那么不要很久，就会出现全国性的反革命复辟，马列主义的党就会变成修正主义的党，变成法西斯党，整个中国就要改变颜色，这是何等的危险啊！

北京航空学院《红旗》报编辑部

《修养》完全是骗人之谈。一九三九年《修养》初次发表的时候，正是日本帝国主义走资本主义道路者叛派闸口不谈抗日战争不提出了党员正那样一个历史关头的重大政治使命，却大谈什么个人修养这不是别有用心又是什么？

摘自六七年四月七日《人民日报》

毛主席教导我们，不破不立，"不塞不流"，"不止不行"。马列主义的本质是革命的，批判的。彻底批判《修养》，就是斗，批，改的重要内容，就是文化大革命的重要方面；彻底批判《修养》就是对全国各地无产阶级革命派的最大支持，就是对世界革命的巨大贡献。

北京航空学院《红旗》报编辑部

埋葬中国的赫鲁晓夫鼓吹的奴隶主义(摘录)

我们敬爱的伟大领袖毛主席从来就反对奴隶主义。早在一九三〇年毛主席就教导我们:对于上级领导机关的指示不根据实际情况进行讨论和审查,一味盲目执行,这种单纯建立在"上级"观念上的形式主义态度是很不对的"。一九四二年,在整风运动中,毛主席又教导我们:"对于任何东西都用鼻子嗅一嗅鉴别其好坏然后才决定欢迎它,或者抵制它。""共产党员对任何事情都要问一个为什么,都要经过自己头脑的周密思考,想一想它是否合乎实际是否真有道理,绝对不应盲从,绝对不应提倡奴隶主义"。最近,毛主席还这样教导我们:"危害革命的错误领导不应当无条件接受而应当坚决抵制。"

奴隶主义是剥削制度的产物。几千年来,剥削阶级总是把自己打扮成天生的"主宰",而把革命造反者丑化成大逆不道的犯上作乱者。"奴隶主义"的哲学就是适应剥削阶级的需要而产生的一种压制革命,腐蚀革命意志的反动哲学。

党内头号走资本主义道路的当权派,中国的赫鲁晓夫就是这种反动哲学最大的贩卖者。他通过大毒草《修养》和一系列的言行,把奴隶主义全面地不断地搬到党内,长年累月地腐蚀共产党员的斗志,破坏党的革命原则,毒害党的肌体,为他篡党篡国的阴谋制造舆论,准备条件,犯下了不可饶恕的罪行。

驳"组织上的绝对服从"的反动谬论

毛主席教导我们,政党是阶级斗争的工具"。"既要革命,就要有一个革命党。没有一个革命的党,没有一个按照马克思列宁主义的革命理论和革命风格建立起来的革命党,就不可能领导工人阶级和广大人民群众战胜帝国主义及其走狗"。今天我们所以要有共产党,正是为了无产阶级实现推翻资本主义,建立社会主义和共产主义这样的政治目的。任何政党都不过是为了实现某个阶级的政治主张的一种组织形式。因此,党的组织路线应当服从政治路线应当成为贯彻与实现党的政治路线的保证或工具。

但是党内头号走资本主义道路当权派却明目张胆地猖狂地反对毛主席的建党原则,大肆鼓吹组织原则高于一切,政治路线要服从组织路线,提倡组织上无条件地,盲目地绝对服从。

他叫嚷:"我们主张组织上绝对服从。"

他还指责有一种人的观点,"要我服从上级和多数是可以的,但上级和多数在原则上,政治上先要正确。若在政治上错了,我就不服从。这就是以多数的,或上级的,或中央的正确不正确为服从的条件。应有条件提示是不对的。"

他还别有用心地欺骗人们说,他主张"不论对也不对都要服从",是为了维护党的统一。"

长期以来,这个党内头号走资本主义道路当权派,不遗余力地推行所谓组织上的"绝对服从"的奴隶主义,给党和革命事业带来了十分严重的损失。其中最突出的一个事例就是,抗日战争爆发前夕,他自认是党组织化身,指使别人自首变节,投降国民党,叛变共产党。一些变节分子听从他的指使抛弃革命的政治原则,公开发表"反共启事",宣誓"坚决反共",被他看成是"组织原则"上正确,受到了他的大力提拔,篡夺了党的许多领导地位。可是那些坚定不移的同志,在政治上毫不动摇,拒绝自首变节,反而因为没有"绝对服从"他的黑指示,而受到他残酷迫害和打击!这是多么恶劣的是非颠倒!这是多么荒谬的反动逻辑!他所鼓吹的"组织上的绝对服从"的奴隶主义,正是为他的反动的阶级投降主义服务的。

不许用奴隶主义冒充党的民主集中制

这个党内头号走资本主义道路当权派为了贩卖他的奴隶主义,不惜践踏党的民主集中制的原则,把他的"奴隶主义"冒充成我们党的民主集中制。

毛主席教导我们:"在组织上,厉行集中指导下的民主生活。"其路线"其中一条就是党的领导机关要有正确的指导路线"。列宁也说得好,"没有共同党性基础的人们,光靠机械的少数服从多数的原则是无法进行工作的。"这些都规定了民主集中制需要有正确的指导思想,指导路线作为前提和条件。毫无疑义,这个正确的指导思想就是伟大的毛泽东思想,这个正确的指导路线,就是毛主席的无产阶级革命路线。

而这个党内头号走资本主义道路当权派离开正确指导思想,说什么"服从组织,服从多数,服从上级,是绝对的,无条件的。"在《修养》中,他煞有介事地强调:

"只要是大多数，是上级或中央通过和决定了的就要服从，就是不对也要服从，恰恰在这个时候，特别要遵守纪律，要服从多数，要服从上级或中央，不管多数和上级或中央对与不对。"甚至说："真理在少数人方面，而大多数人所主张的是非真理的时候，少数人还只有服从多数人"等等。

服从！绝对服从！无条件服从！正确的少数也要服从错误的多数，正确的下级也要服从错误的上级，正确的个人也要绝对服从错误的组织，反不得问为什么，否则就是"破坏党的民主集中制"，就是"破坏党的纪律"。这是什么"党的纪律"！这完全是党内头号走资本主义道路当权派为维持他的反动统治而套在革命群众头上的反革命的纪律。

中国的赫鲁晓夫鼓吹什么无条件地服从多数，还有一个险恶的目的，就是配合赫鲁晓夫修正主义向我们党的进攻，妄图逼迫我们党屈从于苏修的意志跟着赫鲁晓夫的指挥棒团团转，向修正主义投降。

我们一定要彻底揭穿中国的赫鲁晓夫这种冒充党的民主集中制的奴隶主义。他的"民主集中制"，否定了以毛泽东思想为指导，抽掉了革命的灵魂，借民主集中制之名，行奴隶主义之实，挂民主集中制的羊头，卖奴隶主义的狗肉。让我们以毛泽东思想为武器，把他妄图用奴隶主义冒充党的民主集中制的反动阴谋，暴露在光天化日之下。

打倒反动的工具论

中国的赫鲁晓夫还用更巧妙的伪装来贩卖奴隶主义，他把共产党员的志愿说成是应当做"党的驯服工具"。他说："是做驯服的工具还是做调皮的工具呢？是做容易驾驭的工具呢，还是做不容易驾驭的工具呢？当然要做驯服的工具，要做容易驾驭的工具"。他的奴隶主义，在政治上是不讲革命原则的修正主义，在组织上是绝对的命令主义，在对待党员群众上是无头脑的工具主义！这是彻头彻尾的反毛泽东思想的反动谬论。

毛主席教导我们："共产党人的一切言论行动，必须以合乎最广大人民群众的最大利益，为最广大人民群众所拥护为最高标准。"毛主席这一教导是每一个共产党员唯一正确的志愿。

毛主席号召我们，要"放下包袱，开动机由"；提高革命的自觉性，避免陷入盲目性。毛主席对反种革命的自觉精神曾作如下的阐述："所谓发挥积极性，必须具体地表现在领导机关、干部和党员的创造能力，负责精神，工作的活跃，敢于和善于提出问题，发表意见批评缺点，以及对于领导机关和领导干部从爱护观点出发的监督作用。"而在奴隶主义倡导者的心目中，共产党员不应该有革命的首创精神，每一个党员都要成为"很精巧的工具"，成为一堆没有思想的机械。

更重要的是，中国的赫鲁晓夫在这里蓄意回避了一个很重要的原则问题，即做什么党的"驯服工具"？是马克思、列宁主义、毛泽东思想武装起来的党还是修正主义的党？是以毛主席为首的无产阶级司令部还是以反了党内头号走资本主义道路当权派为首的资产阶级司令部？他曾经鼓吹过：即使大多数或上级或中央真错了，你也要服从，先照错误的去执行。按照他的逻辑，那就是不管在什么情况下都应该做他的"驯服工具"，而且让他"使起来非常灵便，得心应手"。反动奴隶主义的工具论完全是为他进行资本主义复辟作舆论上和组织上的准备的。

毛泽东思想哲学社会科学部红卫兵联队

去看看吗？"王光英问："你听谁说的？"答："过去应伊利说过。"王光英当时说："光美到解放区去，临走时，还是李宗仁送到飞机场去的呢。"

王光美究竟是什么样的人物，我们很怀疑，对他的历史我们应审查。

一九六四年夏季省委召开三干会，刘少奇偕（女夫婆）来津住在贵宾招待所。刘子厚、林铁等请刘少奇向干部作指示，会上刘少奇推荐王光美讲话。他说："光美有实际体会，会比我讲的好。"在省委三干会上传达了刘少奇的指示，提出了"反修防修三项根本措施：社会主义教育干部参加劳动，两种教育制度。"只字没提毛主席有什么指示。王光美的"桃园蹲点"，就谈少奇指示，不谈主席思想。两个人一唱一和，互相抬举。在此期间王光英见到王光美，王光英在会外也替王光美吹嘘，见了党员干部就问："听了光美在桃园蹲点的报告了吗？"光美还准备到保定去蹲点啊。"与此同时，市委统战部长周茹也在干部中宣扬："少奇同志水平很高，真不愧是接班人哪！王光美的蹲点报告，实际上不仅是光美蹲点，也是少奇蹲点，枕头旁边就作了指示"。"听说王光美桃园蹲点后还到保定蹲点，还到连队当兵，这也是培养接班人哪"。王光美、周茹之流的话同出一辙。王光美的这次来津还受到大资本家的舅舅董秋甫的设宴招待。王光英的代理人、军统特务儿子车至这窜前跳后，大肆张罗，以能为这样的人服务津津自得。王光英曾对市委统战付部长李杰说过："光美下去蹲点，最耽心的是少奇同志的健康，常常叫看烟卷就睡着了，有一次把被子烧了。"因此李杰号召"学习少奇同志这样的革命精神"，王光英并再次向李杰提出入党要求，王向李说："光美这次来津曾问到我，你还没入党啊！应该争取吗！"李当时对王表示：你现在条件还不够，还得改造一个时期。"可以看出，王光美与其资本家亲属的阶级感情多么深厚，关系多么密切。

文化革命开展以来，王一反过去飞扬拔扈、盛气凌人的常态，精神特别紧张。他曾向工商界透露："听林铁说现在有人反对二位主席（毛主席和刘少奇），要少说话，紧紧跟上形势。"王平透露："听说工商界也要文化大革命，这是绝对秘密，不要对别人讲。"当时（十六条公布以后）

己很注意人名單的排列次序，说什么刘澜涛没在名單里，可能中央局改组了，并向工商界中一些人宣扬："光美在清华大学蹲点作的报告很好，很受群众欢迎"，"江青同志在北大讲话，他有一个儿子有精神分裂症"，把这两个问题相提并论，用意何在？系有意诋毁。当听到传达主席给林彪同志一封信时，王光英给刘少奇粉饰说到："刘主席也提倡学习主席著作"就在这个时间内，王光英张罗民建工商联秘书长去看刘少奇、王光美出国访问的影片。而且当红卫兵小将抄资本家家时，王先采取了措施，把存折和定息转移，送到工商联要求保存（拖干部下水），当红卫兵对资本家家属斗争时，应仰利说："我与别的家属不一样，王光美是我妹妹"。

市委统战部卫东红色造反团 张玉珍、蔡世藩、贾美瞳 口述

"火炬" 整理

1967. 1. 16

天津一业中、十文中（教）《万水千山》战斗组联合翻印

1967. 4. 9

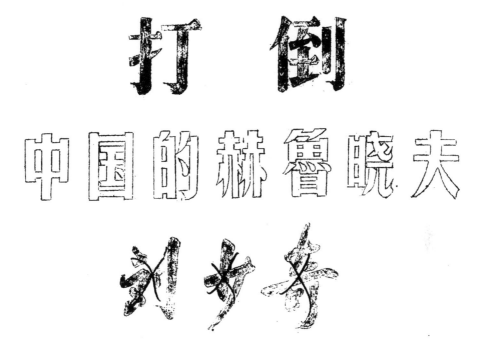

打倒
中国的赫鲁晓夫
刘少奇

天津市第一业余中学
十六中(教)《万水千山》战斗组
联 合 印制
一九六七年四月九日

目　　　录

刘少奇是中国历史上最大的工贼
——一评刘少奇天津讲话

宗望东

无产阶级和资产阶级有着刻骨的阶级仇恨！

资产阶级是无产阶级不共戴天的阶级仇敌！

"资本来到世间，就是从头到脚，每个毛孔都滴着血和肮脏的东西"（马克思）。资产阶级正是在无产阶级的累累白骨之上建筑起了他们罪恶的天堂！

伟大的无产阶级革命导师马克思和恩克斯，早在一百多年前，就在《资本论》、《英国工人阶级状况》等光辉著作中，用血的事实控诉了资本主义剥削的空前残酷和野蛮，发挥了工人阶级烈火般的仇恨，并在气壮山河的《共产党宣言》里，以无产阶级的钢铁声音，宣告了资本主义制度的死刑。

今天，我们伟大的领袖毛主席，高举着无产阶级世界革命的大旗，领导着全世界革命人民，为"建立一个没有帝国主义、没有资本主义、没有剥削制度的新世界"而奋斗。《关于国际共产主义运动总路线建议》

消灭人对人的压迫和剥削，实现共产主义理想，是铭刻在工人阶级伟大心坎上的至死不忘的誓言。

而与此相反，工人阶级的叛徒，新老修正主义者，则卖力的讴歌资本主义的剥削。歇斯底里地发出了"资本主义剥削万古长青"的呓语。他们对工人阶级进行牧师式的欺骗，麻痹工人阶级的斗争意志，起到了资产阶级政客所不能起的作用。这样的家伙，在资本主义社会有之，在社会主义社会中也有之。刘少奇就是一个典型！他是中国历史上最大的工贼。

下面，让我们来看一看，刘少奇在一九四九年《天津讲话》中，讴歌资本主义剥削的连篇鬼话吧：

> 今天资本主义的剥削不但没有罪恶，而且有功劳，封建剥削除灭以后，资本主义剥削是有进步性的。今天不是工厂开得太多、工人剥削太多，而是太少了。工人、农民的痛苦在于没有人剥削他们，你们有本事多剥削，对国家人民都有利，大家赞成。　《在工商业家座谈会上讲话》

我们就怕资本家不来剥削你，资本家能够剥削得了几个工人那才好，有人剝削還比沒有人剝削好一點，沒人剝削完全沒有飯吃，有人剝削還能吃個半飽，這總是好一點。

《在書代會上的講話》

我就向他（名新祥庆公司經理周叔強）解釋這個問題，你想開第四個廠子是剝削工人多了，這样你不犯罪是呢？這不但不犯罪，而且有功劳，多剝削幾個人好呢？還是少剝削好呢？還是多剝削幾個工人好，失業的工人要求復工，他們想（到）资本家的廠里作工，也就是說：'请你剝削我一下吧！'他們受你剝削，能剝削我們倒舒服一些，否則我們倒覺得痛苦，今天东亚毛織廠剝削一千二百个工人，也算不丁了吧！'但要你們能剝削二千四百工人，多上一倍，也就更好，周叔強的思想是錯的，我說剝削得越多功劳越大，馬克思也說过：'资本主義在青年時代是有历史功績的'我說這个功績是永垂不朽的。

《在書代會上的講話》

资本家的剝削是有历史功績的，沒有一个共产党員会抹杀资本家的功劳。罵是罵，功劳還是有的，當然罪孽也有一點，但功大罪小。今天中國资本主義是在年青時代，正是發展他的历史作用，积极作用，建立功劳的時候，立即努力，不要錯过。今天资本主義剝削是合法的，越多越好，赶急立剝提高。

《在工商業家座談会上的講话》

請看，這都是些什麼"狗屁理论"？

"工人、農民的痛苦在于沒有人剝削他們"嗎？不！工人、農民的痛苦在于他們遭受了地主、资本家敲骨吸髓的剝削，收租院的老狗、大斗，三条石廠主的皮鞭、木棒，劫走了他們最后的一粒谷子，榨出了他們最后的一滴血汗。說這种剝削不会给工人、農民帶来痛苦，是赤裸裸地混帳逻輯！刘少奇这种毫无掩饰、正正地讴歌阶级剝削的行为，真是使得资本主義發生以来的所有的资产阶级政治经济学家都望尘莫及，即使希特勒的理论家，恐怕还沒有创造出这样的"盗理"呢！

"能剝削我們倒舒服一些，否則我們倒覺得痛苦。"这真是咄咄怪事！受了剝削竟得"舒服"，不受剝削竟得"痛苦"，刘少奇的这种"理论"，不是说明他是一个天生的饿胃义嗎？不是说明他是一个天生的资产阶级奴才嗎？一九五一年，毛主席曾经發动对电影《武訓传》的批判，因为它歌颂一个封建势力的奴才。我们看看刘少奇，他不是资本家的奴才又是什么？不同的是，他比武訓更有"理论"，更有地位，更有影响。不把刘少奇这个不受剥削就感到浑身痒痒的残骨头打倒，他就要复辟资本主义！

"剥削得越多功劳越大"。按照刘少奇的理论，当代世界上，美帝国主义的"功劳"要算最大了，因为它不仅剥削本国的劳动人民，还剥削亚、非、拉，刀至欧、澳、北美的广大人民。它是当代世界上最大的剥削者，最大的强盗，大概也就成为刘少奇心目中最崇敬的英雄了。

刘少奇利用职权和地位，公然号召资本家起来大大地、狠狠地增加对工人的剥削。暴露了他是在最准确意义上的党内走资本主义道路的当权派。

"资本主义剥削是有进步性的"。这完全是瞎说八道！在中国的民主革命转变为社会主义革命的关头，资产阶级已成为革命的直接对象，成为被打倒、被消灭的阶级，资本主义的生产关系已成为生产力发展的桎梏；在这样的时刻，资本主义的剥削非但没有进步意义，而且是反动透顶了，腐朽透顶了，早该送进历史博物馆了。刘少奇大叫："资本主义剥削是有进步性的"，不过是反动资产阶级在被赶上历史的断头台时发出的最后的呼叫。

综上所说，刘少奇一系列谬论的核心是一句话："资本主义好"。他的笛子吹过来吹过去，都离不开这个基本调样。

刘少奇在鼓吹资本主义的剥削上，就其时间的先后和形式的嚣张而言，是赫鲁晓夫的师兄，而不是赫鲁晓夫的师弟。他既是中国历史上最大的工贼，也是当代国际共产主义运动中最大的工贼之一，正如红卫兵小将所说：他是一个地地道道的中国的赫鲁晓夫。

我们最最敬爱的领袖毛主席教导我们说："敌人是不会自行消灭的。无论是中国的反动派，或是美帝国主义在中国的侵略势力，都不会自行退出历史舞台。"让我们奋起千钧棒，把刘少奇这个大工贼彻底打翻在地！

一九六七年二月十四日

（接下一页）徒刘少奇进行不调和的斗争！把刘少奇从党内清除出去！

一九六七年一期十六日

刘少奇天津之行暴露了他的真面目

"在资产阶级民主革命过程中，许多人加入我们的党，并不纯粹是由于拥护我们党的无产阶级纲领，而主要是因为看到我们党为争取民主而进行了光辉的坚决的斗争，他们在接受无产阶级政党的革命民主主义的口号时，并没有把这些口号同社会主义无产阶级的整个斗争联系起来"（刘宁）。刘少奇就是一个混入党内的阶级投机分子！在革命的大关头转到新阶段，触犯其所代表的阶级利益时，他和一切投机分子一样，出卖了无产阶级，暴露出他反革命、反革命主义的真实面貌。

我们党在民主主义革命的某些紧要关头，出现了陈独秀、张国焘等人脱离革命，背叛无产阶级的罪恶活动。刘少奇步陈独秀、张国焘之后尘：在一九四九年，伟大的中国人民革命由新民主主义革命向社会主义革命阶段转松的关键时刻，背叛了无产阶级，同资产阶级同流合污，妄图把无产阶级的社会主义革命扭转到资本主义道路上去。

一九四九年四月，刘少奇在天津的一系列言行，彻底地暴露了其叛徒的咀脸！他一回天津，便和波尔二人血与污的资本家混蛋们搞得火热，成了资本家的座上贵宾。出席了资本家的座谈会；参加资本家会议，大作讲话；私访资本家朱斐卿、周叔弢等，他们互相结义，要在社会主义"时期大干一场。刘少奇远忘到那个时期，他将把工厂交给资产阶级，让他们继续当"经理"，鼓吹资本主义在中国有光明的前途，正处在"年轻时代"，只有发展资本主义，国家民族之复兴指日可待也。"刘少奇对资产阶级是如此的热诚，而对天津的广大工人冷眼视之，不了解工人在政治上和经济上的要求，即一味地迁就资产阶级，要工人去请求资产阶级的剥削，胡说什么"能剥削我们倒舒服一些，否则我们便觉得痛苦"等々。刘少奇在天津的言行，大大博得了资产阶级老爷们的喝采。说什么刘少奇对他们"平凡而伟大的热诚"使他们"感动得要流眼泪"了，他们更加紧枪于刘少奇之身，捧为他们自己阶级的忠仆的思想导师"。刘少奇就是这样廉价地投靠了资产阶级，出卖了无产阶级的革命利益，堕落为革命的叛徒！

反对社会主义的叛徒，反对改良主义和机会主义，这是纯洁党的队伍，保证社会主义革命事业沿着毛泽东思想指引的航道胜利前进的一场严酷的阶级斗争。彻底清算刘少奇这个叛徒的反革命罪行，把他从党的队伍里清除出去，成为当前一切革命者的重要任务，

一切无产阶级左派在毛泽东思想红旗下团结起来，同社会主义的大敌

刘少奇妄图在中国复辟
資本主义制度的罪証

—— 二评刘少奇《天津讲话》 常望东

1949年当解放战争取得全国性胜利，民主革命阶段即将完成，社会主义革命即将开始的伟大历史转变时期，我们的伟大导师，伟大领袖，伟大统帅，伟大舵手毛主席及时地发出了由新民主主义革命转变到社会主义革命的一系列英明指示，并在党的七届二中全会上制定了一系列正确的方针政策，又谆谆告诫全党全军必须用很大的努力去学会管理城市和建设城市，必须学会在城市中全帝国主义者、国民党、资产阶级作政治斗争、经济斗争和文化斗争，并向帝国主义者作外交斗争。"

刘少奇却在中国革命的伟大转折的关键时刻，鬼鬼祟祟地进行了一系列活动，妄图扭转历史车轮，把中国引上资产阶级专政，即半殖民地半封建社会的悲惨道路上去。

这是代表两个阶级两条道路的一场严重的阶级斗争。

刘少奇在他的天津讲话中公开对抗毛主席关于由新民主主义革命转变到社会主义革命的一系列英明指示，对抗党的七届二中全会，提出了一整套背叛无产阶级事业，迎合资产阶级需要的方针政策，大搞投降主义，跪倒在大资本家面前，乞求他们出来"治理"国家。他的讲话是彻头彻尾的叛徒咀脸的大暴露，让我们揭开他幻想资产阶级专政的美梦，参观参观刘氏"治国"的兰图。

一抹煞阶级，阶级斗争大搞和平共处的"全民国家"

毛主席在七届二中全会上指出："中国革命在全国胜利，并且解决了土地问题以后，中国还存在着两种基本的矛盾。第一种是国内的，即工人阶级和资产阶级的矛盾。第二种是国外的，即中国和帝国主义国家的矛盾"。对于主席的这一教导，刘少奇恨之入骨，他针锋相对地提出："把天津打开以后……中国革命的敌人——帝国主义、官僚资本家跑掉了，消灭了，没有了。"一句话，夺取政权后，帝国主义阶级敌人统"完蛋了"。进而他别有用心地说："听说美国工厂里，厂长、工程师、工人很难分别，这是资产阶级民主精神……我劝大家放下架子，

113

进工厂时穿工人服装，让工人看来和他们一样就能毛地高奥。"稍微有一点马列主义常识的人都可以嗅出刘少奇散布的是什么货色。他故意混淆社会主义和资本主义两种不同制度的根本区别，幻想美国的民主抹然我国社会中两个阶级的界线，苦心规劝资本家和资产阶级知识分子涂上一层保护色—披上工人服装的外衣，混入工人队伍，进行前蚀破坏，挖社会主义的墙脚。这里刘少奇大肆宣扬"阶级斗争熄灭论"的鬼算盘打得多么精细啊！无论刘少奇多么巧妙地为资本家乔装打扮，狼外婆的羊皮总是会被撕下来的。刘少奇所散布的没有阶级、阶级斗争，和平共处的论调，正是赫秃"全民国家"、"全民党"的翻版，刘少奇真不亏为赫秃的大师兄。

二、刘少奇"全民国家"的实质——资产阶级专政。

毛主席教导我们："无产阶级及其政党由于受到几重敌人的压迫，得到了锻炼，具有了领导中国人民革命的资格'谁要是怒视或轻视了这一点，谁就要犯右倾机会主义的错误。"我们党的历史也证明，只有在工人阶级领导下，团结广大劳动群众和革命知识分子才能取得革命的彻底胜利。

刘少奇却公开对抗毛主席的指示，否认工人阶级在社会主义革命中的领导地位，甚至连依靠工人阶级也不承认，叫嚣"工人阶级在一定的时候也可以是不能依靠的……不要以为依靠工人阶级是没有问题的。"

从这句话里，不难看出刘少奇站在资产阶级反动立场，对工人阶级的刻骨仇恨。也许他认为这样赤膊上阵过于露骨，于是改变了腔调说："城市讲生产，资本家的知识比我们多，比工人知道的多"，"国家现在接收官僚资本的工厂，管理后还不如资本家管理得好，何况再接收元十几百个小工厂，那么怎么管理呢？那更管不好，……我们看见过许多事实，资本家办的工厂被工人接收来办合作社，但办了一两个月就垮台了。"够了，这些恶毒地诬蔑工人阶级，美化、颂扬资本家的言词听了令人作呕，这那里还有一点共产党员气味，竟然……付收敌专脏，泡倒在资本家脚前，把工人阶级劳动人民打下的工厂拱手让给资产阶级的叛徒行为。在刘少奇看来，我们接收了官僚资本家的企业根本就弄不了生产，搞下去只有垮台，不如让资本家继续经营，继续压在工人阶级头上。早在七届二中全会上，毛主席指出："资产阶级怀疑我们的建设能力，帝国主义者估计我们终久会向他们讨乞才能活下去。"刘少奇的言行，同资产阶级、帝国主义配合的多么紧密！

伟大的中国工人阶级在中国共产党和毛主席英明领导下，"不但善于破坏一个旧世界，我们还将善于建设一个新世界。"中国人民伟大胜利的历史已给了刘少奇和资产阶级以及帝国主义者响亮的一记耳光。正告你，刘少奇，你的依靠资本家"发展生产"搞资本主义复辟的美梦在中国是永远不会实现的。

综观刘少奇的"治国方案"可以得出这样的结论：刘少奇是地地道道的无产阶级革命事业的大叛徒，他对中国人民犯下了滔天罪行。他的否认阶级斗争，大搞阶级合作，依靠资产阶级"建国"的纲领，是一个彻头彻尾的反党反社会主义反毛泽东思想的反革命修正主义纲领，我们必须鸣鼓而攻之，彻底清算刘少奇在历史上的全部罪行。

刘少奇篡党的舆论准备

—— 批判大毒草影片《燎原》孟向

我们伟大的领袖毛主席教导我们说：凡是要推翻一个政权，总要先做意识形态方面的工作，革命的阶级是这样，反革命的阶级也是这样，实践证明，毛主席的这个论断是完全正确的。

反党野心家刘少奇，为了全面地篡党、篡军、篡政，实现资本主义复辟，若干年来大造舆论准备，1962年由彭永辉、李洪辛编剧，张骏祥、顾而已导演拍摄的故事片《燎原》就是其中之一。

《燎原》写的是1922年安源煤矿工人大罢工的故事，影片中俨然以党的化身和工人群众的"救世主"出现的雷焕觉，就是党内头号走资本主义道路当权派刘少奇的伪装和加工。

在讲到安源工人运动时，我们首先要指出，我们伟大的领袖毛主席在安源工运史上有着不可抹灭的功绩，正是毛主席第一个播下了安源革命风暴的火种。1921年冬天，毛主席背着一把雨伞步步来到了安源，他深入工人群众宣传革命的真理，调查了工人的生活和斗争，并决定在这里办工人补习学校，不久便派来干部在安源建立了第一所工人学校。

1922年十月 日，"安 路矿工人俱乐部"也是在毛主席的直 的。1922年年中，毛主席第二次来到安源，召开了党员会议，分析了国际国内形势，介绍了苏联十月革命成功的经验，并指示了斗争策略和口号。指出要使敌人屈服，可能需要采取罢工的手段。由于毛主席这些英明指示，工人俱乐部的组织迅速地扩大了，部员由三百左右激增到七千多人。1922年9月，在安源大罢工的前夕，毛主席又亲自写信作了具体的指示，并鼓励大家一定坚持干到底。毛主席这些及时而正确的领导，是安源工人大罢工胜利的根本保证。

但是，令人愤慨的是 影片中竟无一字提到毛主席的领导，而把一切功劳统统记到慑会兼太之功的刘少奇的帐上。影片中工人的形象不可胜数，但没有一个人口中提到过毛主席，也没有一个人口中提到过共产党。他们挂在咀巴上的不是"雷焕觉"，就是他的俱乐部！

《燎原》这株大毒草的炮制者，为了衬托和拔高"雷焕觉"的形象，竟然抄起了黑笔，向着工人脸上大肆抹黑，影片中苦名有姓的工人及其家属十二个，没有一个是真 一个工人 而被丑化的 得不象样子了。下面让我们来分析一下几个主要的工人形象：

老工人易老馆子——胆小怕事，善于妥协，老于产滑 卑躬屈膝，口称"三老爷"。对工人阶级的前途丧失了 切信心。认为工人是 盘散沙，是"一百个雄儿一百条心。"

老工人张老取——愚昧无知，烧香拜佛，宿命论者。天生的"软件功煌"。看见工人与资本家进来斗争就大加阻拦，说."闹不得的。聚众闹事，这个罪名压下来不是砍头就是坐班房。"对买办资本家抱着无限幻想，认为"新来的这个矿功长啊，看着好象还和气的"，于是就"求求矿长大人，求求二老爷做点好事 体邮我们工人的下情。"

刘憨子——对于无产阶级的阶级敌人不恨，拜倒在他们的淫威之下，求他们"做做好事积点心德"。对于自己的阶级兄弟不爱，眼见工人被惨害 做工夫活活打死，不敢揭发。在需要挺身而出为阶级兄弟申 时，心里恨不得地下裂开缝钻进去 万不得已时，才由人丛中抖抖索索地走 出来。

青 人易德子——没有社会主义 共产主义理想，一味蓦 [

蛮干。不肯做细缴的工作，办事只凭感供。

其它所谓"工人"更不必去说了。一言以蔽之，在银幕上流动的全部工人都是"阿斗"、"群氓"，他们灾难沉重，却不知那里是条生路。他们渴望着一个"救世主"的出现，"赐"他们以幸福。

就在编导者这样精心的安排之下，浓装淡抹的刘少奇——雷焕党出场了。这还不算，编导者还挖空心思，给雷焕党的出场设计了这样的背景："天空。万道金光透过云层倾斜大地。"暗示这个"英雄"象太阳一样带来了"万道金光"。我们说，只有毛主席才是我们心中最红最红的红太阳。刘少奇是个什么东西，也配得上这样的比喻！简直是混蛋透顶！

编导者把雷焕党塞进工人群众中后，让工人围绕着他转。他们央求着他："雷先生给我们结个团体吧"，"领着我们干"。于是雷就组织了工人俱乐部，成了工人的"头脑"。这个悲天悯人的"英雄人物"，总是在"阿斗们"束手无策的时候，显圣地出现在他们的面前拯救了他们。请看。

徐监工打死郑海生，矿长吴晓岚意欲藏尸灭证，下令把尸首抬走，工人正不知所措之际，雷焕党赶到大喝一声"慢一点"，十二万分及时地制止了吴晓岚的罪恶企图。

工人刘德平在吴晓岚软硬兼施的高压下，不敢揭发郑海生被监工打死的真相，雷焕党一句话把他教育了过来，使他当场指出凶手，替死者申冤。

深入虎穴，舌战吴晓岚、王连奎、李旅长，为工人争得了罢工的最后胜利。

等等々々。

编导者仍不以这样吹捧为满足，还把老工人杨老筷子拉出来"总结"了这么几句经过悲欢离合提炼出来的"经验"。"大家想一想，这几十年来那一回闹事情不是叫矿局一个个地摆布啊！好不容易来了老雷……我们才有了主心骨。"俱乐部就是我们路矿工人的靠山。

这就是说，工人的心目中只有这个加工、美化、拔高了的假刘少奇。直言不讳地说他是工人的"主心骨"，是工人的头脑，编导者究竟要干什么，不是明显而又明显了吗？

117

更恶毒的是，影片结尾部分蓝莫夫在 公事分 会上的一场戏。他居高临下，面对着空坪上的人山人海，装模作样，举手"致意"。编导者别有用心地制造了这个"众星捧月"的场面，阴险而形象地暗示出刘某人是"众望所归"。它用画龙点睛的手法，道出了隐藏在影片背后的主题：刘少奇是"当然的领袖"。

刘少奇篡党、篡政、篡军的大量罪恶事实的被揭发，说明毒草《燎原》的出现决不是一件偶然的事。他已不仅是一般地为资本主义复辟制造舆论准备，而是开始几乎指名道姓地为刘少奇的篡党制造舆论准备。根据刘涛、刘允真的揭发，刘少奇早在1941年就曾经说过："外国出了个马克思，中国为什么不能出一个刘克思"。"领袖手创群众"。在安源时，抛头露面的是李立三，埋头苦干的可就是他。"这一段活深深暴露了刘少奇的篡党野心，说明他早就想当"刘克思"，要当"领袖"，要拿出在安源时"作为政治资本来招摇撞骗，从而树立他作为"领袖"的形象。我们还要特别强调指出，1962年正是刘少奇大肆攻击党中央、毛主席，大肆攻击三面红旗，大肆吹捧王光美和他自己的时候，大毒草《燎原》的出现更不是偶然的事情。我们一定要高举毛泽东思想伟大红旗乘胜追击，不仅彻底戳穿《燎原》的反革命实质，还要彻底查清这部黑电影的政治背景，把活动于幕后的那些反动家伙统统揪出来示众！

1967.1.26

送自《红旗手》一九六七.4—5期

一业中 十六中（教）《万水千山》战斗组 联合翻印
1967 4 9

刘少奇　王光美
与臭资本家王光英的往来关系

王光英解放前在工商界是无名之辈。解放后，由于与王光美、刘少奇的关系，经原统战部付部长李之楠（天津市大资本家李钟英的儿子，阶级异己分子，已被清洗）和原统战部付秘书长李定（大地主出身，现为万晓塘反党集团的高级参谋和忠实走卒）一手提拔重用，加上王光英善于投机取巧，积极钻营，因而扶摇直上，一跃而为工商联秘书长、付主任、主委，成为工商界的显赫人物，乃至安排为全国人民代表大会的代表，全国青联付主席、省市人民代表和人民委员会委员、政协付主席等十多个头衔。三次出国访问，成为工商界中的知名人士。

王光英几年来与刘少奇、王光美往来关系极为密切，在工商界中以"党"的代表自居。谁要稍对他有不满和意见，他就视为"反党"。他常々从王光美等处得到些内部消息，招摇撞骗，大肆吹嘘，借以抬高身价。五六年全行业合营时，王光英提出："听毛主席话，跟共产党走，走社会主义道路。"据我们对王光英水平的了解，这是经"名人"指点的。这个口号后来成为全国工商界中的号召。由此，王光英的身价倍增，王也洋洋自得，不可一世。

五九年底、全国工商联和民建召开"神仙会"。六〇年初，刘少奇邀王光英一家聚会，以马列主义的词藻贩卖"吃小亏占大便宜"、"占小便宜吃大亏"的市侩哲学，王光英如获至宝，把这篇讲话在北京打印，大肆散发，借此抬高身价，宣扬刘少奇的影响。由于与刘少奇、王光美的关系，王光英得到刘少奇的暗示与王光美的支持，自以为是非常进步的人物，自以为完成了改造的里程，自以为与共产党员差不多了。不止一次地向李定等人提出入党的要求。原人委七办右派分子窦伟，在五七年就以王光英为例，提出要在青年资本家里吸收几个党员，为工商界树立榜样，好使他们改造有奔头的反动主张，这不是没有来由的。

王光英与其老婆应伊利常在工商界里炫耀："我们母亲在北京，搞托儿所搞得很好，没有肠胃传染病，少奇同志很赞扬，过去她很支持我们搞托儿工作，人称我母叫革命的妈妈，我们是革命家庭张口"少奇"如何如何，闭口"少奇"如何如何。常谈北京小道消息，工商界的人都说王光英一手通天，愿意向他探听小道消息。

一九六○年，中央统战部派人来津做定息调查，我部张玉珍同志曾找王光英个别接触，了解他的定息开支情况，王光英当时来示，主要有两项开支，一项出国作衣头了，另外我母亲住在少奇同志处，我给他一些零花钱。王光英的老婆应伊利还在家属中吹嘘："我们送给少奇同志一条围巾，少奇同志戴的那条围巾是我们送的。"

在国民经济暂时困难时期，王光英曾数次买河蟹送到北京，据说送给陈叔通、黄炎培等人。究竟王光英有没有接受王光英的其它礼物，我们有怀疑。

在此期间，王光英也曾向工商联的党员又一次提出入党要求，并说："少奇同志向我谈过，不入党比入党的作用大。"

一九六二年初，党内召开七千人大会。毛主席讲发扬民主，活跃民主生活。同年五月，天津开人大会议，会上王光美作了发言，大讲国际国内形势。在谈到国际形势特点时王讲："现在不仅东风压倒西风，而且东风压掉西风。这种说法直接与毛主席对国际形势的分析对抗，抹杀了国际上严重尖锐的阶级斗争。有人问王光美："你的报告有没有根据？国际形势'东风压倒西风'是毛主席的论断。你的'东风压掉西风'有没有根据？王答："有有出处。"现在不禁要问："出处在哪里？"

六二年初，开放自由市场，王光英认为开放摊贩市场会起作用，当有人与他争论时，王光英说："你不了解中央精神！"与刘少奇的"三自一包"紧相呼应。

王光英可谓左右逢源，一方面以接近中华人民共和国的元首而自命得意，另一方面与台湾的亲属国民党的空军（少将）军官有书信往来。六二年王曾接台湾的来信，王表示要作些"争取工作"。应伊利与个别资本家闲谈中也讲到："我父亲（王槐青）与李宗仁认识，我哥哥在李宗仁手下作事，过去李宗仁还常到我家里去。过去有人给光美介绍一个国民党青年军官，光美不同意，没搞成。我家学兮好几派，常々一吃饭就争论起来。老太太、老太爷很知音。"用以说王光美很早就是进步……

当一九六五年李宗仁回国时，光……同时，还不……

徹底砸烂

刘少奇

大叛徒集团

附叛徒名單

南大 八一八 红色造反团编

河北大学毛泽东思想
"八·一八" 红卫兵
千钧棒 兵团 印

一九六七年四月十日

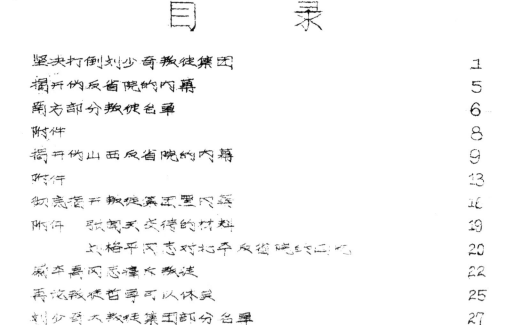

最高指示

过去他们是一批单纯的文化人，不对了，他们的人钻进了政治、军事、经济、文化、教育各个部门里。过去说他们对方是一批明火执仗的革命党，不对了，他们的人大都是有严重问题的。他们的基本队伍，或是帝国主义国民党的特务，或是托洛茨基分子，或是反动军官，或是共产党的叛徒，由这些人汇集中组成了一个暗藏在革命阵营的反革命派别，一个地下的独立王国。

对于叛徒，除罪大恶极者外，在其彻底交代的条件下，予以自新之路，或是交代，还可予以接待但不准重新入党。

目　录

堅決打倒劉少奇叛徒集团！

凱歌陣陣，喜訊頻傳，在我們偉大的領袖毛主席的英明領導下，无产阶级文化大革命呈现出一派大好形势。以刘少奇、邓小平为代表的党内走资本主义道路的当权派和顽固坚持资产阶级反动路线的人，一個个地被揪出来了，一个个地被打倒了，他们的权一个个地被夺了过来。当今的天下，是无产阶级革命造反派的天下，是资产阶级反动路线全线崩溃，是无产阶级革命路线全面胜利的天下！

在这样一派大好形势下，我们严正宣判以刘少奇为首的大叛徒集团也彻底完蛋了！这是一个令人振奋的大好消息，是使革命人民欢欣鼓舞，阶级敌人魂飞魄散的大好事。让我们热烈欢呼毛泽东思想的这一伟大胜利！

一、刘少奇叛徒集团的由来、发展和形成：

刘少奇叛徒集团是一个庞大的反党反人民反毛泽东思想的反革命集团。根据我们几个月的调查核实，现已查明的其中有：彭真、薄一波、安子文、杨献珍、廖鲁言、刘澜涛、魏文伯、曹荻秋、王德、徐冰、赵林等三四十人。他们大部分人，先后在30年到31年被国民党拘于"北平军人反省分院"。

当时，正是日本帝国主义的法西斯铁蹄践踏祖国壮丽河山，中华民族处生死存亡的紧要关头。无数坚强的革命者，赴汤蹈火，视死如归，在敌人的监狱里大义凛然，威武不屈，献出了自己宝贵的生命，他们不愧为中华民族的优秀儿女。

而刘少奇，这个叛徒集团的罪魁祸首，当时北方局的党负责人，却指示狱中党员可以履行自首手续。通过徐冰（现卜其中央统战部长）由孔祥桢（现第一轻工业部付部长）给狱中写了两封信，经魏学玲（现外贸下机械进出口公司付经理）传了进去，当时北平军人反省分院党支口书记是薄一波，这些家伙们，上下勾通，里外串通，以"自首书""反共启事"换取了狗命，从敌人的监狱里爬了出来。说什么"确在政府领导之下坚决反共，作一忠实国民，从兹绝不参加共产党组织反任何反动行为。"刘少奇们的奴才面目是何等可耻可鄙，其叛徒咀脸是何等可恶可憎，其反共气焰是何等嚣张！

这就是刘少奇之流投敌变节的铁证。他们叛党自首又意味着多少革命者人头落地啊！缅怀革命先烈，我们能够饶恕这些可耻的叛徒吗？不能，绝对不能！

刘少奇之流叛党投敌绝非偶然，这是由他的反动立场所决定约，同时也是国民党大特务叶秀峰、徐恩曾所制定的破案面摧"（破其宇宙之举 消国民党之根）政策的产物。这根是反觉反人民的毒根，规定在接得见号所挖毒以下约定时炸弹，你不把捧它们就要炸毁你，倘侬无我 有我无你，这是两个阶级 两条道路、两条路线的大博斗。

二、刘少奇叛徒集团的阴谋活动：

刘少奇的叛徒集团以冀北方局的叛徒为基础，在三十年代就形成了，三十年来，他们心跳下军，或策划于密室，或点火于基层，拼成一个全国性的大叛徒网，遍布于京津、西北、东北、华北、西南、中南各地。其中以京津 西北、中南为重心。京津地区是他们准备直接控制党、篡军、篡政 实行"宫廷政变"的据点，西北地区是他们储备、训练反革命势力的大本营；中南地区是他们里通外国、勾结美帝的最前哨。

这些叛徒在刘少奇的庇护下互相吹捧 互相提携，个个加薪晋级 飞黄腾达，把持了一线和三线的至要职务，割据了中央、各中央局、省市委的党 政 军、财大权，为实现全国性的反革命复辟准备了组织和干力条件。

这些叛徒们 长期以来，一直背着我们最々敬爱的伟大的领袖毛主席和党中央进行着种々阴谋活动。

九四四年，在抗日战争胜利前夕，彭真和刘少奇暗订攻守同盟，说这些人出狱写的是"假"自首书。

一九四七年，七大会议上，刘少奇、邓小平包庇叛徒、企图规定写过自首书的叛党分子也可以当中央委员。

一九五0年 在社会主义革命开始时，刘澜涛、安子文、蒋波等叛徒王忘叛党自首之地草岚子合影留念。（有照片为证）可见，其贼心不死。

一九五五年 在社会主义革命之潮时，他们锁毁归北平时期的敌伪档案，妄图销脏灭迹，蒙混过社会主义关。

九六0年，在我国国民经济暂时困难时期，大叛徒方们三到广东丛化"休养"志前到安子文、薄一波、郭洪涛之处密谋，了后，他与他的奥者婆、女特务李琼一起去广东。蒋 波、刘锡武也先后去丛化"休养"，他们与当地大叛徒王德等反党头子交往甚密，收阴风，点邪火，蓄谋变天。

九六一年，正当国内外阶级敌人十分猖獗的时候，刘澜涛、安子文等几十名叛徒又聚集在一起，在叛党自首之地草岚子再次合影留念（有照片为证），真是磨刀霍々，杀气腾々，摆开蠢々欲动的架式。

一九六二年，刘少奇指使安子文把叛徒名单登记上来，交给邓小平，凡登记的，都定为有了"组织结论"，同时两一次订下了攻守同盟，谁追查就说"中央知道"，"这是组织秘密，不能告诉你。"刘少奇再一次给叛徒宰上了护身符。

一九六四年前后，彭真、安子文等反党野心家，调动兵马和叛徒，齐向京津集中，准备搞反革命政变。

一九六六年十月以前，刘少奇、邓小平之流纠结特务集团、反革命集团，及党右倾机会主义集团，予谋炮轰天安门，血染全中国，实行反革命的"宫廷政变"。

请同志们想一想，炮轰天安门，血染全中国，那将是多么危险的情景，那将要有多少革命的人民人头落地啊！

文化大革命敲响了这个叛徒集团的丧钟，彭、陆、罗、杨反党集团被揪出来了。刘少奇再也沉不住气了，于是便精心炮制了一条资产阶级反动路线，公开对抗以毛主席为代表的无产阶级革命路线，疯狂地镇压革命群众，企图扼杀无产阶级文化大革命，以保叛徒集团过关，保他自己过关，准备伺机反扑，东山再起！

三、一切叛徒哲学、叛徒逻辑必须彻底批判：

正如毛主席说的："敌人是不会自行消灭的。"这些叛徒也决不会自行退出历史舞台。他们这些人大多是身兼二职的双料货：历史上的叛徒，现工的反革命修正主义分子和顽固执行反动路线的人，对于他们的支吾抵赖，这些叛徒敬你之种之叛徒逻辑。

曰："产与了，了反只启革，可我没告密，不称叛变。"这完全是胡说八道！你们宣示"坚决反共"，向国民党诉罪，这叫什么？中国共产党的党章哪一期一条哪一款规定了自己的党员出卖背叛共产党的变节行为是合法的行为？没有！根本没有！

为了反只启革不称叛变的论调，反革命修正主义分子、以及集团的辩护士围扬起。再敬有这种谬论："既反共产党人马过自的书被杀了，也不能叫作叛徒。"

我们要正告这些叛徒及其辩护士们，你们休想从这里找到贩卖的根据。

二曰："当时二级指示，我们就顺从了。"

我们不禁要问，你们的上级是谁，你们听谁的？很明显，你们说的"二级"不是毛主席，而是刘少奇，你们说的"中央"根本不是以毛主席为首的党中央，而是刘、邓集团。

毛主席说："危害革命的错误领导，不应当无条件接受，而且坚决抵制。"刘少奇指示你们写叛党书，如果你是坚定的革命党人，而不是投机分子和动摇分子，那你一定会坚决抵制。事实证明无数的共产党人就正是按照毛主席的指示做的。

凡是不以毛泽东思想为最高指示的人都没有好下场！

第三个谬论叫做："为了保存实力，我们就写了声明。"

这也是一派胡言。与其说"为了保存实力"不如说是为了保存你们自己的狗命！

要知道，国民党反动派利用着这些叛徒的声明不知道又去迷惑了多少人心，收买了多少叛徒，来害了我们多少革命党人。同志们，不要小瞧那几张"反共启事"，那将意味着多少共产党人的人头落地啊！

如果说写叛党书不叫叛变，而叫什么"为了保存实力"，那么我们无数宁死不屈的烈士的鲜血岂不是白流？江姐、陈然岂不是都成了傻瓜？这么说，我们每个革命者坚决不答应！一千一万个不答应！！

第四种谬论是："我在狱中的问题，上级都了解，已经作了结论。"

这也根本不符合事实。这些叛徒出狱之后，在刘少奇、彭真的于包庇之下又钻进了革命的队伍，他们对党中央、毛主席隐瞒了那一段丑恶的历史。一个叛徒在他的履历中是这样写这段历史的："经外面党组织上文营救出狱。"看，这么潇洒几笔，就把其中的要害问题迴避过去。这就是所谓的"上级都了解"。

叛徒的最后一种论调是："党和毛主席以后会表示态度的，会下结论的，会给我处理的。"

我们要奉劝这些叛徒一句：历史已经给你们下了结论，那就是在这场史无前例的伟大革命运动中，宣判你们这些叛徒以死刑。

这里我们要谈到关于李秀成问题的大辩论。戚本禹同志提出了忠王不忠的革命论断，于是敲响了叛徒集团的丧钟。可是周扬之流坐不住了，他们赶忙纠集了一帮文人谋士（其中不少人就是叛徒）向革命的同志扑过来，疯狂围攻，不顾一切地为他们的"前辈"——叛徒祖宗李秀成辩护。

"正当周扬一伙的反革命气焰极其嚣张的时候，我们伟大的领袖毛主席及时地发觉并制止了周扬一伙为叛徒李秀成辩护的阴谋，给以革命同志极大支持。"（1967/8 人民日报）

读吧！我们伟大的领袖毛主席的态度是多么鲜明啊！这难道不是已经宣判刘少奇反革命叛党集团死刑了吗？那些为叛徒升解翻案的胡言乱语都滚他妈的一边去吧！

综上可见，要不要粉碎刘少奇反革命叛党集团，这是关系到我们国家会不会变颜色的问题，关系到我们如何写历史的大事。

我们必须还历史以本来的面目。是英雄还是叛徒，是陈玉成还是李秀成，是江姐、陈然还是安子文、薄一波，必须泾渭分明。这里来不得半点折衷。英雄和叛徒的界限绝不容混淆，我们要尊重革命的历史，尊重历史唯物论的真理，我们更要尊重无数先烈的鲜血！

我们向全国一切革命的工人、农民、解放军战士，革命的知识分子，革命的干部和红卫兵小将後王郑莲呼吁：让我们在毛泽东思想的光辉旗帜下，大振革命造反精神，向进叛徒集团，把刘少奇的大小黑帮统统地揪出来，全党共诛之，全国共讨之，不全被揪彻底干净，全下地滴灭刘少等反革命叛徒集团，我们绝不收兵。

揭开伪反省院的内幕

一九三一年到一九三七年间，日本帝国主义的铁蹄践踏了我东北的壮丽河山，并向关内大举进攻，国民党反动派却置之不理，掉转枪口，专门对付共产党。臭名远扬的已已国民党特务头子陈立夫、叶秀峰之流提出了所谓对付共产党人的"破案固根"政策，除破"共产党犯人"之案，固下寿根于军阀阵营之中。反省院是为实践这一反动政策而建立起来的。从其建院直到一九三七年苏州反省院只关押"共产党犯人"达千百来人，为国民党反共反人民培养了许多"人材"，制造了几百颗定时炸弹，深深埋在共产党内下。

在反省院，国民党对付"共产党犯人"采取了软化的手法，积极地进行反动教育，解除共产党人的思想武装，组织犯人学习《三民主义》《唯生论》等反动教材，一方面标榜"犯人自治"，成立什么"自治会"，允许有限的"自由活动"，以借此机会观察犯人思想动态，一方面又密布特务，予以监视，以观破案固根之效。

在反省院，每个共产党人都面临着坊严峻的考验。真正的革命者，真正的共产党人"沙场上挥枪持戈英雄汉，监狱内英勇顽强不变节"，硬的能顶住，软的不二蒌。就在苏州反省院中，才少共产党员是值得我们钦佩的，他们保持了共产党员的贞节。但是在同一时期同地点，又有些人他们经不住敌人的软硬兼施，当了可耻的俘虏，成了可耻的叛徒。

他们完全接受了国民党的三民主义，公然声称共产主义不适宜中国国情。在反省院内拼命学习三民主义，精心修习《唯生论》，按时写日记和读书心得，并在院方主办的《反省院半月刊》上发表文章，大骂共产党。

他们虔诚地跪在国民党主子面前，唯命是从，唯命是听。他们忠实地汇报思想，力求"其步"，在国民党主子的手操纵下，他们甘心让主子稻坐幕后，自己出面组织什么"自治会"，借"自治会"名义组织什么"报告会"，公开宣扬叛徒哲学，污蔑阶级斗争等学说。

他们在反省院内，无时无刻不用自己的言行，表示自己对国民党主子的忠心，表示自己对三民主义的诚意，表示自己愿作一志贞国民，效劳党国，为保国，新的会，什么反动话都讲得出，什么反动事都作得出。这一言一行，宣布了他们是一个彻头彻尾、地道道地的叛徒，大叛徒声正义所写的反动诗就是其中一个铁证。

"《接受》，我抛弃了旧日的行程，踏上我新的道路，这不是因为旧路的荆棘丛生，是因为荆棘的尽头找不到花园。

我抛弃了旧日的行程，踏上我新的道路，这不是因为旧路的崎岖险恶，是因为崎岖的道路永不属此类。

我渴望着美丽的花园，我渴望着清朗的山泉。

我抛弃了旧日的行程，踏上我新的道路。"

国民党对所有成省犯人，经过进行严格审查，分期予以出院，"安插"到革命队伍之中。他们准于"平反"的标准是：思想上完全接受了三民主义，唯生论等等谬论，彻底与马列主义决裂；行动上已有诚心悔悟，确有跟国民党走下去的决心。其审查手续繁琐于一必经国民党酋亲自委员批准。给予重新证，以视为"自己人"，这些叛徒出院时竟写了"自白书"、"反共宣言"等等，破口咒骂共产党，表示绝不参加共党活动，甚至恶毒地往叫嚣要反共"。

办理手续出院，又一次隐约地宣布了他们的叛徒命运。

国民党对自己费尽心机培养出的"人材"绝不满足仅仅捞到的那纸"反共声明"之类的东西。他们"破案"的目的，在于"固根"，他们放出院的目的，全在于"安插"到革命队伍之中。这些叛徒出院后，谨遵主子嘱咐，纷赴个人所主地，到国民党党党员下，特务机关报到，接受其领导与监督，积极党成机关交给的情报收集，发展组织等任务。这批叛徒利用自己钻到革命队伍中的便利条件，出卖灵魂，出卖同志，出卖组织，出卖党，出卖祖国，与国内外敌人互相勾结，一气串通，倒机变天！多少年来，他们依靠刘少奇，一向与毛主席为首的党中央相对抗！今天我们必须高举毛泽东思想伟大红旗，把他们揪出来示众，彻底斗倒斗臭。

下面公布我们在广大革命造反派大力支援下，初步了解的南方反革命分院的门分叛徒名单，仅供革命造反派参考。

南方部分叛徒名单 （之一）

原 名	现 名	职 务
张平	章汉夫	外交部付部长
徐迈三	徐达进	国务院二办主任
吴敏	柏枚之	国务院付秘书长
李林	李浩敏	国务院六办主任

原名	现名	职务
王夫	王濁夫	北京政法学院党史教师
宋劲文	宋劲文	国家计委付主任
陈婴	陈白尘	中国作家协会书记处书记
王仁	张忍之	前中央组织下
李宣滋	黎初黎	中央对外联络下付下长
杜谈	杜埈	中国作家协会
袁也烈	袁也烈	水产下付下长
李茗正	李舜琴	教育下司长
李企鸣淀	李企鸣	前中央组织下
张淀	张淀	美协
梁守仁	梁鹰庸	化工下付下长
黄安	眉哲明	军委工程兵司令下科研付下长
	王兴让	供销总社付业局长
	丁赞	科学院办公室
	余寿康	计量局付局长
	刘流	作家
	谢冰	中央文化下司长
卢树森	卢正义	文教下司长
黄安民	黄安民	江苏省大丰县委
	徐陵波	江苏南通中学校长
彭子敬	彭康	西安交大党委书记、付校长
菅三亭	菅文蔚	江苏省付省长
刘国良	陆植三	南京民政局长
季怀	季怀	无锡市阶察室观察员
吴觉	吴觉	安徽省导淮委员会主任
朱灼	朱明玉	浙江农学院总务处长
匡亚明	匡亚明	南京大学党委书记、付校长
何少仙	王××	广东敌政管理局局长
李默农		已死
方趄	方光生	福州银行
孙劲秋	孙权平	江苏哲评社会科学研究所付所长
宋振鼎	宋振鼎	内蒙古自治区党委秘书长
蔡选	蔡选	江苏人民出版社社长
张云卿	曾狄秋	上海市市长、市委书记
王进二		徐州师范学院总务处长
郑吕乐	郑三民	上海音乐协会
刘少华	纵翰民	南京艺术学院院长代书记
叶明	叶以群	华东作协

原　名	現　名	職　務
钱象柱	方立凡	南京化学化肥公司政治下主任兼书记
张共田	张共田	陕西省人事局长
李培之	李培之	上海科研所党委书记（7）
石金培		安徽省委秘书长
马约翰	马约翰	清华大学体育教授（已死）
成海滨	成海滨	退休（江苏涟水）
严举	严举	福建省劳动局长（已死）
瞿先熙	瞿先熙	苏州江苏师范学院中文系教授
蒋振国	欧阳蕙林	江苏省宣传下长
陈戌	陈一戌	上海市委党校
骆新汉	骆耕汉	北京经委经济研究所
张铁贞	张铁贞	水利下水利总局长
	陈沈白	前江苏文物管理委员会主任
丁之俊	孙存樱	江苏省教育厅付厅长
何摄声	何致英	上海警备区政治下付主任
麦飞	凌子风	北影导演
张策文	张策文	铁道兵政治下主任
马尔骏	马行	上海财委主任
	施亚夫	南京花木公司付经理
	顾金槌	前江苏省纺织工业厅（56年）
	彭康老婆	西安交大校长
	吕弦德	新海连市X中学校长或市文化館微焉
周瑞麟	周端麟	江苏建二里中学校长
介妓	陆如愚	五类分子被管制
张汀	张汉尘	工艺美术学院付院长
杜国桿	林伯修	广东省政协付主席
王樵	王樵	五三年被南京玄武公安分局逮捕
芽蕴辉		原大连海运学院党委书记兼院长

附　件

中国国民党中央执行委员会颁发自新証明书規則

本会为保卫自首人和自新人起见，特颁发自新証明书。
凡向中央依法履行自新手续之自首人或自新人经呈報核盘查案者皆得领取自新証明书。

三、持有自新证明书人须受当地党卫监督与管理。

四、自首或自新人之放核期限定为二年，在放核期限内，由甲地转移至乙地时，除另办核转手续外，须将自新证明书等持军到达地党卫里验报受该党卫之监督管理，否则发生其他乃持不于保障。

五、凡自首人或自新人放核期满经认为确再化之虞者得令其将自新证明书缴由民籍党卫转呈中央注销自首人或自新人并得到随时申请加入本党为予备党员。

六、持有自新证明书人遇迁逮捕时应示呆自新证明书，由逮捕机关随时密函当地最高级党卫查明核办以保障之效。

七、持有自新证明书人如果有反动行为及其他不法情了一经查出或举发时，除追缴自新证明书外并依法严厉制裁。

八、凡遗失自新证明书时应随时将遗失情形呈报当地党卫并给本党党员二人以上证明各该党卫始得据情呈中央核准补发。遗失而不呈报者一经发觉即取消其自新保障。

九、本规则经中央执行委员会核准施行。

附 发给自新证明书手续

二十五年九月十七日第五届中央常务
委员会第二十一次会议上通过

一、中央组织卫经办之自首或自新案件于每月终将依法办妥手项之自首人或自新人之姓名年籍等项列表汇送中央秘书处转陈常会核准备案后始应填发以资保障。

二、经常会核准备案之自首或自新人之名单由中央秘书处通知本京军警宪最高机关暨各该人民籍省府及之等法院以免误会。

揭开伪山西反省院的内幕

"反省院"是国民党反动派妄图消灭共产党，瓦解共产党的重要手段之一。在二十至三十年代，蒋介石国民党反动派为了达到消灭共产党，扑天革命到火的目的，一方面佈置"剿共"对广大的共产党员和进步力量进行残酷的镇压和屠杀；另一方面则采取了极为反动的软化政策，通过国民党特务，对被捕的政治犯进行反动教育，使其"反省自新"，叛党投敌，或充当其反共打手，或再打入我们革命队伍内，妄图分化瓦解共产党。为此，国民党反动派在全国各地建立了很多"反省院"。山西反省院就是在这种形式下成立的。它始于一九二八年八月，称为"自新院"，一九三

131

年八月改为"反省院"。这个"反省院"按照国民党反动派的说法："专收容共产党把之轻微者，而施于感化"。在敌人监狱里，国民党认为某"政治犯""表现不错"，也提到"反省院"。

反省人入"反省院"前要具誓书，表示坚决服从院長的领导，诚心"悔悟"。

院中组织机构和人员主要有评判委员会、训育主任、总务主任、院長。训育主任主管反省人一言一行，由国民党训练担任。训育主任下设一艺廠、图书室、出版廠。以此手段来"感化"反省人"使之确定信仰三民主义 反对中国共产党。"反省人可以在《自新月刊》上发表文章 有"论著"、"杂感"、"诗歌"等，但无论何种形式都是丑化、污蔑中国共产党，吹捧 美化国民党。内容极端反动，用词极其恶毒。

"考查方法"有谈话、训话 批阅笔记、日记 观察语言行动等。经过 个时期的"考查"，如果训育主任认为可以出院，那由训育主任提交评判委员会审查 评判委员会由太原伪警备司令部、似山西高等法院各派 名国民党要员参加 决定其反省人员可否出院。最后，报院長审批。

按国民党出院条件审查很严，反省人必须信仰三民主义，尤其必有反共决心，如该反省人未下反共决心，亦是反省无效"。请看过伪叛徒入院时的宣誓词吧！

"自新人等入院后，认准三民主义，确为救国主义，誓以至诚拥护中国国民革命 尽忠于中国国民党及中华民国，决不再入任何反动团体，如违背誓言，愿受党国最严厉处分。

谨誓　　×××"

由此可知，从"反省院"经国民党"批准"出来的究竟是些什么东西。此外 出院时还要具结"声明"忠于国民党"，不再加入任何其他反动组织。出院以后，国民党要反省人经常与他们通信，至少两个月写信 次 向国民党报告自己出院后的"工作情况"和"思想情况"。

以上就是国民党"反省院""训育"出院的概况。请同志们想一想，从敌人的狗洞里爬出来的能有什么好货色吗？决不会有！除了是党和人民的可耻叛徒，就是"训练有素"的国民党特务。

在"反省院"里，国民党采用的手段是非常狡猾毒辣的。他们表面上打着资产阶级的"民主"、自由"的招牌，实则是借此手段达到他们用硬手段所得不到的效果。因此，对革命者来说，是一个更加严峻的考验，不是在"自由"中坚持革命气节，就是在"自由"中接受教化，投敌变节，二者必居其一"。

戚本禹同志在批判叛徒李秀成时说过"历史上有过不少这样一些风流一时的人物，在某种情况下，他们能够经受住战火的考

132

验，甚至被敌人俘虏以后，开始也还能经受住酷刑的折磨，但是经受不住敌人一再的威逼利诱和思想软化。有的人在刀和剑的面前不曾倒下去，却在敌人甜蜜的诱惑下解除了武装。"

已经查明：从"山西反省院"出来的叛徒们，在国民党金钱收买、封官许爵、威逼利诱、思想软化政策下，在叛徒总头目刘少奇的指使下出卖了共产主义理想，出卖了革命同志，背叛了党，背叛了人民，背叛了无产阶级革命事业。

请看下面的几例：

山西反省院的刘岱峰（原名刘林，现任中央物价委员会付主任，曾出卖同志五十至六十人），张文昂（原名张劲，现任中央仪表机械科学院党委书记），娄凝先（原名车维黉，南开大学付校长，原天津市付市长）等就是这样的无耻叛徒。他们为了适合国民党反动派的反共需要，向主子献媚讨好，经常在《自新月刊》上写反共文章。娄凝先写过《梅姐的死》、《告守姓名时代孜》等反动文章。张文昂的反共文章更是连篇累牍。现将他们的反共诗文二则抄录如下：

"我回忆着我的过去，
流着痛心的眼泪，
因为我牺牲了自己的宝贵的青春，
又损磨我所爱护的社会。
我回忆着我的过去，
我十二分欣慰我的现在，
感谢党国的赐予——
获得这样的好机会，
作彻底的改悔。"

"自新！你是直接间接着到这种行凶恶共党，将无辜天真烂漫活泼的荷为青年，诱引到三分不象人，七分倒是鬼的境地。还继续不断诡骗别的未上当青年充当它的炮灰。"

看！叛徒的嘴脸多么丑恶，多么无耻！他们忠君我们党的语言是多么恶毒，他们的改悔之意，"感谢党国"之心真是发自肺腑，他们在反动派面前献媚取宠，卑躬屈膝，舐主子皮靴的样子多么殷勤！为了向国民党反动派乞讨一条狗命，他们是什么卑鄙的勾当都干得出来的。他们是党的可耻叛徒，中华民族的败类。今天必须把他们从革命队伍中全部清除出去！

"山西反省院"的叛徒们是刘少奇大叛徒集团的重要组成部分。一九三六年，第一波从"北平反省院"积极地进行媚敌投降活动。一九三七年春天，他在阎锡山面前至弹刘少奇。一九三六年的滥调："当前形势瞬息万变，各处正在闹人之际。可是太原监狱还关着

二、三百政治犯。这些人都是爱国有为的青年，现在竟然关在四年里，消磨年华，这与阎先生目前的政治主张和正在山西开展着的救亡运动不相适应。可说是一个憾剧。既然是两家合作，让一批共产党人公开进行救亡运动，当然很好，让另一批共产党人，甚至要多的一些共产党人都来共同进行救亡运动，岂不更好！"阎锡山虽然勉强地接受了叛徒薄一波的"意见"实际上他们坚持其反动立场，坚持严格的出院手续。其目的是使这个人出院后服之贴之地为国民党卖命。"山西反省院"的一批叛徒们也正是这样作的。

这批叛徒出院后与北平反省院的叛徒们相互勾结，形成了一个庞大的叛徒集团。他们一刀分在阎锡山的控制下组成了"决死队"其组织主要成员如下：

第一纵队：薄一波、王鹤丰、周仲英、廖鲁言、刘有光、梁膺庸、付玉田（均为北平反省院出来的叛徒）。

第二纵队：张文昂（山西反省院出来的叛徒）、韩钧（北平反省院出来的叛徒，已死）。

第三纵队：董天知（北平反省院出来的叛徒，已死）。

卫旅政治卫：聂化之（阎锡山的亲信、特务）、刘岱峰（山西反省院出来的叛徒）。

解放后薄一波与民"决死队"的重要成员之间仍有了众秘密来往。薄一波于一九五九年在北京民族饭店宴请"决死队"叛徒们。次年周仲英也在北京西单"全聚德"请这批叛徒吃烤鸭，密谋变天。

另一刀分参加了一九三六年在"成成中学"校内秘密举办的党员训练班。其大刀分成员是从"反省院"出来的叛徒。在训练班代课的有刘少奇、彭真等人，极力培植私人势力。解放后，"山西反省院"这批叛徒在刘少奇叛徒集团包庇重用下，一个个青云直上，人人晋级加爵，长期潜藏在革命队伍中，干尽了反党、反社会主义的罪恶勾当。例如：叛徒娄凝先六四年调来南开大学就是安子文亲自安插的。上任之前娄向安提出不愿离开在天津工作，安国焘说："你还是留在天津好，老朋友多，离开天津你就看不成党的文件了"他们在有目的、有计划地把叛徒们安插在全国各地，这就是他们篡党、篡军、篡政实行反革命复辟的组织基础，一旦时机成熟，就要大搞反革命政变。请看这些叛徒在全国各地的分布情况吧！

郭洪涛（国家经委付主任）

时逸之（西北科学院院长）

宋日昌（上海市付市长）

刘岱峰（全国物价委员会主任）

娄凝先（南开大学付校长）

武广唐（山西省付省长）
王志戊（天津棉花机械厂党委书记）
赵树理（作家协会）
郭实夫（成都市委书记）
侯富山（广州市委政治部）
．．．．．

不难看出，刘少奇在白区的推行的完全是一条投降投敌、招降纳叛的反革命路线。他的叛党黑指示不仅下达到"北平反省院"，而且还伸向全国各地。他们以"北平反省院"为核心，组成了一个极其庞大的叛徒网，散布在全国各省市卫所。在刘少奇的大黑伞下，长期以来干着反党、反社会主义、反毛泽东思想的罪恶勾当。他们的阴谋不得逞，中国就不可避免地要出现文革大黑帮，我国就要改变颜色。"他们的基本队伍，或是帝国主义国民党的特务，或是托洛茨基分子，或是反动军官，或是共产党的叛徒，用这些人作骨干组成了一个暗藏在革命阵营的反革命派别，一个地下的独立王国。"他们是我们最危险的敌人。

刘少奇这个反革命修正主义分子、无产阶级的大叛徒必须打倒，反革命叛徒集团必须消灭，文化大革命必须进行到底，我们再次不分大声呼吁：无产阶级革命派战友们，立即行动起来。把隐藏在我们党内的所有叛徒们统统揪出来，斗倒，斗臭，全刀干净、彻底地消灭！

附　件

（一）"山西反省院"国民党特务主办的《自新月刊》发刊词、
本刊的使命是

一、专年是有洁白觉的志愿和热烈的情绪，但没有丰富的经验和判断的头脑，以致我们过去走入迷途，陷于危境。今经长期沉思考虑，透切悔悟，愿把我们洁白态度表现于外；怀抱的思想，献诸社会，冀得社会人士的深刻了解，冀求革命领袖的同情指导。这是本刊所负的第一个使命。

二、C P（注：共产党）"秘密须知"，"甚至严刑拷打，绝不招供"，"招供就是叛党"，…在所谓"铁的纪律"和"严守秘密"训练之下的共产党员绝不论及真情况，这是公开脱离C.P的专年，也畏于地方性的残杀，不敢积极反共。我们脱离C.P是切于中国革命的需要和为民众利益的牺牲的，对于挖我们的心，吸我们的血及卖我们民族的共产党，只有站在知此知彼场合上，揭露牠的阴谋诡计，站在党国利益立场上，描写牠的滔天罪恶。使全国人士集中到反共旗帜之下，消灭牠的组织，这是本刊所负的第二个使命。

三、反共以后，共党的队伍溃退了，其党的势力分化了，但是其中的理论不只仍旧潜伏在青年的脑海，就是其产骨髓的著作，还是渊薮于出版界，那等而上书，也不过站到别派立场上，各自解释共产主义，古人云："攻心为上"，那么我们反共的战术是什么？在消极上说："我们是招采科学方法，和社会进化定律，取存共产主义缺陷，综合历史的研究，和事实分析，择去其党之谬论，尤其尽量淘汰在马克思主义的作品，以供研究的佐证。在积极上说，我们要整于总理的遗教三民主义的原则，证以经济政治社会等学科的原理，发扬光大，而成为救中国指示，世界革命的具体法则。这才是反共的直接意义和价值，也就是本刊所负的第三个使命。

四、处在国际帝国主义和封建势力统治局面下的中国民众，国民生活愈发为纷乱复杂的要求和思想了，在农村社会，有代表封建势力的土豪劣绅把持着，在工厂林立的郡队，有鼓吹阶级斗争的共产党煽惑着，甚而至于步武国主义的国家主义派，及不确实际的无政府主义派，也到处乱喊。的青年在思潮复杂、青黄不接的中国，免不掉彷徨和苦闷，本刊阀人准诸进化规律，社会状况，及中国实际问题，努力鼓吹三民主义的意识形态，俾青年找着中心思想，确定新人生观，为完成中国革命的中坚分子，这是本刊所负的第四个使命。

注：CP是共产党的简称

自新 创刊号

(二)"山西反省院""训育纲领"。

其中申明，凡出院者，"不仅不再加入反动团体（按：指共产党）且能侦察反动分子"（按：指共产党人与其他爱国人士）云云。足见其出院者，即为国民党之特务，其反省院即为国民党特务训练机构。

绪 言

山西于民国十七年八月成立自新院，专收容共产犯之轻微者而施于感化，十八年十二月，中央颁布反省院条例。二十年八月，乃改自新院为反省院，院长由高等法院院长兼任。二十一年四月中央公布反省院条例，规定院长专任。是年七月，警彭奉行政司法行政口令，兼我新职，八月一日，对其予反省人，为俾其信仰本党主义，认识中国革命起见，而确定以党义为中心科目，搜罗党义书籍，广为讲述，限期阅读，期于本党主义，彻明确了解，致重与日记笔记，以察其学习之物情。实行各别谈话，以瞻其思想进步之程度。举行总理纪周及各种革命纪念会，讲述总理遗教与革命事实，使灼知中国革命之途径。成立党义研究会及书论讨论讲演等会，以剖辨共产主义之谬误。从而指正其腐恶思想。…凡此皆可以俾兴对于本党主义。能真诚信仰，对于本党领袖，能决心拥护，奋发其革命精神。所谓本党改大心。…举凡所以训练反省人者，一心实干硬干快干之精神赴之。克坚伐谋，必使其感觉本党主义之伟大，领袖之英明，而确定改悔之诚意所后止。…而武院之反省人，因本院至诚感格，故虽出院，何时与本院通音问。感化板思融洽。…不仅不再加入反动团体，且能侦察反动分子。何佾与右院反省人来函，则与劝以反省机会，不可错过。足证本院反省人，实已大彻大悟，此堪喜告慰于爱国者心。
…

民国二十三年八月一日

武誓彭谨序于山西反省院

(二) 伪"山西反省院反省人入院誓书"

山西反省院反省人入院誓书

具誓书人××× 今因误入歧途幸蒙党国反省赐予自新机会誓自入院之日起特顽遵守院内一切规则法令服从院长及诸师长之指导力图改悔并预努力研究三民主义以期改正思想确定革命之途径而倘违背誓言任何制裁情甘承所愿入院誓书是实

具誓书人×××

中华民国二十年×月×日

(四) 伪"山西反省院院歌"

山西反省院院歌

宏哉觉国宪法仲恩　　该院反省涛掖狂澜
以教以育论溺渥抵　　思想概正三民乃蓮
康正只庆民族永存

五：伪"山西反省院《自新月刊》征稿条例"

山西反省院《自新月刊》征稿条例：

（11）凡关于发担三民主义驳斥共产理论痛陈共产之阴谋诡计祸国之实况以及关于复兴民族振兴农村之论文记文艺等稿件 律欢迎

（12，投寄之稿 一律赠以本刊如能慧寄共产之秘密决议案或重要文件者均当酌酬现金

（六）伪"山西反省院"反省人出院誓词

山西人×××确以三民主义为革命最高原则出院后誓以至诚拥护国民革命誓忠于中国国民党反中华民国如再加入任何反动团体愿受党国最严励处分所具结是实

具结人×××

中华民国×年×月×日

（七）伪"山西反省院"组织系统表

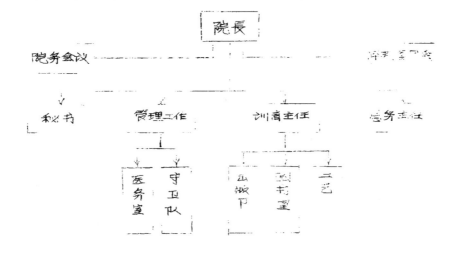

彻底揭开叛徒集团黑内幕

刘少奇大叛徒集团，是一个庞大的反党、反人民、反毛泽东思想的反革命集团。这个大叛徒集团以冀北为首的叛徒，早在三十年代就开始形成。现在根据我们自己四个月来调查的材料，彻底揭开刘少奇大叛徒集团的黑内幕，把刘少奇大的叛徒集团斛出来示众，全党共诛之，全国共讨之。

一九三六年初，正是抗日战争的前夕。刘少奇从延安派到天津担任北方局书记。林枫任北方局秘书长，兼任刘少奇秘书，经常和刘少奇在一起。同年六七月间，刘少奇背着毛主席和以毛主席为首的党中央，迎合国民党大特务叶秀峰等亲手制定的"挖菜国根"政策，指示狱中共产党员，可以履行反共自首手续，与刘少奇这一卑鄙罪恶活动的，有叛党分子林枫（中共中央党校校长）徐冰（中央统战部长）、孔祥祯（第一轻工业部付部长）魏文伯（华东局书记处书记）、魏登令（外贸部机械进出口公司付经理）等人。这个变节投敌的指示，是通过林枫和徐冰，让孔祥祯写成信件，由魏文伯介绍魏发玲送进监狱中去的。当时，五伯在北平军人反省分院里，狱中的党支部书记是大叛徒薄一波。叛徒们在狱中看到刘少奇的指示后，欣欣若狂，正中下怀，便写信询问细情。徐冰对孔祥祯讲："这是中央（按：实际上是刘少奇）的指示，外边需要干下，要作为组织上的任务去完成。"于是，在刘少奇得力打手徐冰的授意下，按照刘少奇的意图，孔祥祯又通过魏发玲，向狱中写了第二封信。薄一波等收到信后，一方面积极策划，让杨献珍起草"反共启事"，另一方面又耍了一个鬼花招，向刘少奇提出"三项要求"。这"三项要求"是：1自首无狱的责任要由党负，2自首无狱后不受歧视，3自首无狱后要按正式党员立即分配工作。刘少奇把薄一波的"三项要求"写信给当时的华中央总书记陈潭秋本人。刘、陈串通，互相勾结。陈潭天暗自在"三项条件"上签了字。这是刘少奇陈潭天等背着毛主席干策划的罪恶勾当。见附件下）这时相献功所写的《反共启事》也三易其稿，终于征得了国民党敌人们的同意。这一群怕死的可耻的叛徒向敌人举双手投降，一一履历者另《上益字划押，由薄一波、安子文等转交，先后分批从敌人的狗洞中爬出来。

随着，这就是无产阶级大叛徒薄一波等所写的变节投降的自首书《反共启事》

徐子文等因思想简单观察力薄弱，从前北平军人反省分院反省期间既往不咎，而中周专年均需确定方针为雅利益，而奇斗余等幸蒙政府宽大为怀，不咎既往，发给旅费，自新诚心悔悟，在政省领导之下彻底反共反其他任何反动以后，决省本不参加共党组织及其行动，此并无为害于党国民莫再受其煽惑特登报声明。

徐子文、安子文） 刘华甫（刘澜涛）

董旭生董天远（夏雅动）（鲜维勋）

花仲任相献珍（两式一周肯英）

冯俊斋（冯马千之） 张永璞（薄一波）

徐子荣（徐子荣）

中华民国二十五年八月三十日

（抄于华北日报）

当薄一波等叛徒在上下勾连、里外串通、变节自首的时候，我们党的忠诚战士刘格平同志正面对敌人的铁窗和钉镣，坚决抵制刘少奇的黑指示，揭穿任薄一波等叛徒们精心设计的《反共启书》上签名。他不怕牺牲，坚决斗争，宁愿把牢底坐穿，表现无个共产党员大义凛然的英雄气概。而相形之下，叛徒们可耻的丑恶咀脸，更加可憎可恶！

无产阶级大叛徒薄一波，一九三〇年在天津第一次被捕，国民党把他关进"第三监狱"。那时天津还是国民党大军阀阎锡山的势力范围。阎锡山一眼就看中了薄一波（他俩是闪乡）因此，仅六个月，薄一波就被释放了。一九三一年薄一波在北平第二次被捕，经第二监狱转为北平军人反省分院。一九三六年，阎锡山一看时机成熟，便派遣其亲信、大叛徒郭挺才（和阎同村）大特务头子梁化之（阎的亲戚）携带巨款和亲笔信，到北平进行上屋活动。郭领找了大军阀、卖国汉奸宋哲元，一力保释薄一波等大叛徒。薄一波出狱后，曾在北平太庙茶房内经冰接头，谈到恢复党籍和分配工作等问题。不久，薄一波"奉命"前往太原，去投奔和晋调化的恩人阎锡山。阎薄相见，阎书人写了一个"义"字，意思是说薄是一个人材，于是薄一波跪倒在阎锡山脚下，一跃而成为阎锡山的大红人，青云直上，当上阎锡山的秘书和专员。阎锡山也凭靠大叛徒薄一波，大捞政治资本，让薄替他纠集大批叛徒，组织所谓"牺牲同盟救国会"，其核心就是阎锡山的嫡系部队"决死队"。薄一波是"决死队"第一纵队的政委，长期替阎锡山卖命。

隐藏在党内垂垂三十年的刘少奇大叛徒集团，遍布全国各地，大搞反革命阴谋活动，一刻也没有停止过。直到去年十月，毛主席亲自发动的文化大革命正在深入发展，叛徒们仍不甘心自己的失败，多次互订攻守同盟。薄一波、徐冰、孔祥祯等利用毛主席接见红卫兵时间，在天安门城楼休息室密谋。王鹤峰等利用电报电话互相通气，负偶顽抗。例如大叛徒王鹤峰从大连拍给李治文的电报：

东北局组织部李治文同志：

共写以毛自用息电印（已通过中央组织部李楚离同志）帮助转告北京市委冯基平，陕西省委刘文玉、华东局魏文伯、赵朗新、天津南大方仲五、吉林赵林等，如果有红卫兵问他们我和熊镳在狱中的名字时，务请绝对不要告诉他们。

王鹤峰
1966年11月29日

一九六七年刘少奇大叛徒集团予谋在三月分两次发动军事政变。目前，在无产阶级革命派大联合、大夺权中，叛徒们十分猖狂，大肆宣扬叛徒哲学，恶毒垂死还以死在激"白话下两一小撮保皇派爱情，也辉大特其革到先护，他骗的势力待徵假机国。

刘少奇大叛徒集团非常狡猾，当他们走到山穷水尽，我朝后头的地步时，又"倒打一耙，妄图把水搅浑，蒙混过关。可耻的大叛徒徐水等人竟狗胆包天，往柯庆施同志身上栽脏，胡说刘少奇给监狱的里指示是由柯庆施同志传送的。最近有些单位竟然相信叛徒的话，公然把柯庆施同志 刘格平同志打成"叛徒"。是可忍，孰不可忍？！柯老过去曾多次受刘、邓的陷害，就连柯老之死也与刘少奇有关，柯老是在四川养病死的，刘少奇当时曾给李井泉打过一个密电，这个密电后来落在了北京"西纠"手里。"柯老当时若不在四川，满可以死不了。"因此我们郑重声明：柯庆施同志是毛主席的好学生 好战士！华北一批人叛变自首的问题，柯庆施同志没有任何责任。

史无前例的无产阶级文化大革命，敲响了刘少奇大叛徒集团的丧钟。在毛主席的英明领导下，我们同全国的革命造反派的战友们一起揪出了刘少奇大叛徒集团，揭开了它的黑色内幕 宣判了刘少奇大叛徒集团的死刑。这是毛泽东思想的伟大胜利！是无产阶级文化大革命的伟大胜利！

我们宣誓：誓死保卫毛主席 誓死保卫以毛主席为首的党中央！坚决把刘少奇大叛徒集团 网打尽，不获全胜，决不收兵！

附件：张闻天交待的材料（摘录）
——关于一九三六年自首案真相

南开大学抓叛徒战斗队：

我现在交待以下三个问题：

1 立场问题。…

2 事实真相。 刘少奇初去北方局（1936年春）不久，就给我写了 封关于如何解决在狱工作干部问题的伩。 他说，现在北平监狱中有 批干部 过去表现好，据监狱内下传来消息，管理监狱的人员知国子不良，准备逃走，也想及早处理这批人，所以只要履行 个不反共不叛党的简单手续（按：这是胡说八道）犯人即可出狱， 此外他还附寄来了狱中干部提出的二个条件的要求书 要我签字，好使狱中干部相信，中央是同意那样办的。我当时很相信刘少奇的意见，并也在请求书上签了字，退回去了… 我现在记得 当时我没有把此事报告毛主席 或提到中央特别讨论。

3 责任问题。根据以上的立场和具体情况，即可看出，关于此案的直接主谋者、组织者和执行者是刘少奇。他利用他的资产阶级的招降纳叛的干部政策，以实现他篡党篡政篡军的政治野心。但是我在这方面也负有严重的政治责任。 没有请示我们的伟大领袖毛主席 没有提到中央会议上正式讨论，而轻率的以我个人的名义 同意了刘少奇的建议，并在请求书上签了字。这样我不但违犯了党章、党纪的规定，损害了党的组织的纯洁性，还活了我们只产党人永不变节、忠贞不屈的光荣传统，而且也给刘少奇招降纳叛的干卫政策打开了方便之门。我在这个问题上犯了严重的反党罪行，而且也救了刘少奇的帮凶。

张闻天

1967 2 18

刘格平同志对北反省院平的回忆

我是一九三四年在暴动中被捕的，先后送到许多地方。三四年六七月分送到张学良那里，三五年被判无期徒刑后，被送到陆军监狱，三六年一月又被送到军人反省分院。当时里面有六七十人，分为南监北监，前面有办公楼，后面可以放风散步。南北监之间有岗楼，不叫两面的人见面。每边最多没五十多人，房子面积很小，人挤得都不能翻身。平时每五六个人一间房，很调皮的人占独间，我就是占的独间。和我一起去的共三十人，大卫分在北监，也有几个在南监。那时国民党军法处经常搞工作，方法很多，有的用钱收买，有的封官，有的把母亲、老婆、儿子等亲人叫去，设法叫你叛变。开始只有少数人叛变。

和我一起归案的共有十七人。我最重，判无期徒刑；张吴书记判十年，后得痢疾病死了；有四个人释放了（其中有国书记）。把我送进了军人反省分院，其他人都按刑事犯放了

一九三六年主席已到延安。我们狱中的人也学习，有文件也有书籍（包括哲学、经济学）。狱中的人文化程度不同，有人会外文，就翻译俄文、英文、日文等书籍，有大学生、中学生，也有文盲，不识字的，住上几年就可以学一门外语。当然这种学习是经过许多斗争的，设法不叫敌人知道、发现。那时我们买通了看守长，他给我们送东西、文件，南北监联系，两监都是这样。

我记得三四—三五年（据况）曾经经过一次绝食斗争，从那以后就可以看报了。在狱中的人，有的是党员，有的不是党员，有的原是党员，入狱后要经过政践才能以党员看待，有的干脆当外围。在狱中，一般是不发展党员的。

我在北监是支卫书记，南监的支卫书记是殷坚。他在苏联住过，后到德国医院看病，被发现是党员，而被处死了。他在时，常给我联系，交换文件。

反省政策是从三二、三三年开始的。以前采用抓住就杀，后来就采用反省政策，登报反共。我原在妇工作时，凡是登报的都是叛变，就不是党员了。在狱中有的想要出去，我就分得很严格，不和他接触。对当时新进来的人，放风时就互相了解他，如果他表现不好，就没人理他了。

三六年（八、九月）聽監荷人要整報我去，（可能是殷埋）征求我的意見，我說："我不去去。"他說："可以不寫反共。"开始他說給我听了声明前几句："因年幼无知文游不慎⋯"看来他们早就有風題。那时獄中斗论里也很厉害，但跟我联系不多。他们找我联系，说外面組織批准。开始大多數人是抵抗的，他们把我当作頑固的釘子，尤其是北监的大卫分和我端在一起。弟一批去去以后，他们就来信，号召说什么外面很需要人，这样去去的人就多了，由来抵抗的人就不抵抗了，大卫分就去去了。到七七事变时是不是就都去去了，留下的也不过三十多人。留下的情况也不闷，那时也有規定，坐牢半年以后才能写启去去。我反正不写启了。那时在獄中不反共是时刻有殺处死的可能。他们去去以后闹得很厉害，写信动员。我还得革俦，一坐到底，不能恼泥。

七七事变后，我们要求根据释放政治犯的条件释放。他们说对我保护，实际又把我送到苏一监獄重新坐牢，减刑为十年。九四四年期满去獄，实际坐牢十年另三天。

我去来以后，到解放区，如遇凡写反共启事的大卫分都改名了。在獄中方仰云叫小方心（当时獄中有三个小方，方仰云、方錫文——西安政变当了特务、另一个忘了叫什么名字）。有些人去獄后也没荷見过面，也不认识。

我去来以后，他们（蒋、安等）都没事了，有的还担任重要工俦，我以为他们是什么特殊特况，組織批准了，又经过了在风审干等运动，根本不知道他们有反共启事，更不想他们把这个事竟隐瞒起来了。

南开闪学来我这心，让我看了方仰云的反共启事以后，我才重视了这件事情，我就到中共反映这个问题。中共闪志接見了我

中央对此问题很重视，中央说闪学们俦得很好。我完全支持你们，有问题什么时候来都可以。

他们说是北方局批准的，倒底是谁不知道，我看现在值得怀疑。

当时释放的人，是党员要和組織联系，有介绍信。北监去来的是我开介绍信，介绍信也是暗谱代号，一般是：

"××兄书去去了，到你处去，请你好久照顾他身体不好⋯"

底下国款，也是代号，上级獄外組織一看就知道了。凡是写反共启事的，我是不开介绍信的。

在监獄中，开始坚持斗争，我们是一致的，但在去獄这个问题上不一致，开始多數人不同意去来，后来由于去去的来优动员，多數人就动摇了，去去了，我们从多數变成了少數，他们把我看作頑固分子。

我最近看了几个人的关于这个问题的结论都有问题。如吴云

天的是："经組织活动五狱—— 安子文"根本不提警报，更不说反共内容。这个问题是严重的。不过也是可以理解的。安子文在組织卫已经廿多年了，以后又是組织卫长，这些问题都要经过他，还能弄好？！

九六六 十二·廿二

戚本禹同志痛斥叛徒

—— 摘自《评李秀成自述》、
《怎样对待李秀成的投降变节行为》

一、"参加过革命斗争，懂得革命气节"並不能作为替叛徒
辩护的根据

李秀成未尝不知道革命气节，他自己就曾经拿革命气节来教育过别人。但是这並不妨碍他寻求理由来为自己的投降变节行为辩护。

历史上有过不少这样一些风流一时的人物，在某种情况下，他们能够经受住战火的致验，甚至被敌人俘虏以后，开始也还能经受住酷刑的折磨，但是经受不住敌人一再的威逼利诱和思想软化。有的人在刀和剑的面前不曾倒下去，却在敌人甜蜜的诱惑下解除了武装。

如果有人一定要把李秀成的死叫作"尽忠"和"死节"，那么就得请他首先著亲了主持·献城投降的苏州八叛将翻案，因为这八个人也曾经向中外反动派作过斗争，而在投降以后，"未及三日"，就被敌人杀死了。其次还得替私通清朝的叛徒投王陈德风翻案，因为陈德风也是因为投降不成所被敌人杀掉了。再次，还得替历史上一切在反抗阶级压迫和民族压迫斗争中被敌人杀死了的变节分子和叛徒翻案，因为他们遭遇了同李秀成一样的命运。

二、被捕后的"假投降"是不存在的

在复杂的阶级斗争中，判断一种计划性质的最正确的方法，就是看它对谁有利？

两军对垒，一方的军事统帅为另一方俘虏了，对敌方来说，他的最大价值，就是以他個回的威信和影响去招降他的下队。

自己不肯投降的人，是不会去劝别人投降的。

首先是自己要投降了，接着又去劝别人投降，首先是为了自己，其次也是为了自己的儿子和部下，⋯

（李秀成的"投降十要"）在实行过程中，也一定会遇到坚决革命派的抵制，但是他仍然可以帮住敌人更快地摧毁大江南北的革命队伍。

三、"投降变节是为了保存实力"是投降变节者特有的可耻想法

能不能说，李秀成的投降是为了保存革命群众的力量，也就是"保民为车"呢？⋯

也许，在李秀成自己想来，他为了保存自己的生命，甘愿从此作一个"贱民"；他想保存自己儿子和部下的生命，也必须诱使他们都变成甘愿被蹂躏一致役主镇的"顺民"。但是这种想法本身就是投降变节者特有的可耻的想法。他所设计的投降办法并不是什么保存革命实力的策略，而是一种瓦解革命实力的策略。革命群众的生命既不能用投降的办法保存，更不能用投降的办法保存。革命群众的生命只能依靠革命群众自己机智、英勇的斗争来保存。

四、投降变节都是有思想基础的

李秀成的投降变节不是偶然的。

既然如此，我们对国破家之时尚念念不忘珍珠财宝的李秀成，又怎么能够希望他坚持革命气节呢？

这说明他们的叛徒思想早就铸就了，所以，一旦过贼就会作五体部下跪的奴才姑。

可见，只要投降变节，就会认贼作父，心理和习惯上的不协调、不一致终究只是暂时的现象。

五、投降变节决不是因为历史条件的限制

（陈玉成与李秀成相比）相同的时代，相同的家乡，相同的出身，相同的境遇，一个慷慨蹈死，一个屈辱变节，"历史局限性"为什么竟会有这样的不同？

同一时代，同一种历史条件，都存在着两种截然不同的人物。一种人宁死不屈，慷慨赴义，另一种人投降变节，屈膝媚敌。怎么能用"历史局限性"来为后一种人开脱呢？

六、投降变节就是意味着从革命者变成了反革命

只要是投降变节了，那么斗争历史越长，革命职务越高，向

145

题也就越严重。 从马克思主义的观点来看，这意味着一个革命者，因为经不起考验而变成了反革命。

既变,就致明它是由革命变成了反革命,怎么是革命工作中的缺点和错误呢?

可见"功"与"过"的问题 几分成绩几分错误的问题,是革命队伍内部评价人物的是非标准,投降变节是革命和反革命的大是大非问题,怎么可以同革命队伍内部的功过问题混为一谈呢?

既他投降变节了,那就等于他自己把自己开除去了革命队伍,这时我们就不能再用评价革命人物的功过标准来评价他了。如果他叛变投敌了,我们还要把他称作是革命队伍中的伟大英雄,而且还要歌颂他、追念他 用"金字"铭刻他的名字,那么古往今来的 功大叛徒岂不是都可以获得历史的大郊,以此翻身雪耻,留芳青史,而千千万万的知名不知名的英雄烈士的慷慨殉难,岂不都是无谓的牺牲和愚昧的死吗!?

有人会说 李秀成的投降没有被敌人接受,没有给太平天国革命造成"严重的危害" 不能同上面那些人作比较。是的,李秀成的投降没有被敌人接受,因此他没有能作出更多的坏了,但是,这不等于李秀成不想去作更多的坏了。反革命的坏事作得多少,可以使问题的程度有所不同,却不能改变问题的性质。

七 为投降变节行为辩护的语言,在马克思主义里是找不到的

无产阶级革命中也有这样的事例。例如考 基曾经是了革命者,但是 当他叛变了革命以后,列宁骂他是叛徒、资产阶级的"走狗"和"奴才",难道列宁也犯了什么错误吗?

马克斯主义是革命的科学。为投降变节行为辩解的语言在马克思主义里是找不到的。歪曲了列宁和毛主席的话,用来为历史人物的投降变节行为辩解,是对马克思主义的最大污辱。这种歪曲和污辱是不能容许的 否则就会产生极其有害的后果。

八 叛徒可耻

在自己的兄弟姐妹、父老乡亲被敌人这样残酷屠杀的时候,一个革命将领却味着良心去歌颂那些最反动的杀人刽子手,难道这还不够可耻吗?

九、英雄伟大

〔陈玉战〕他崇高的气节，坚定的立场，视死如归的决心，表现了太平天国英雄们的革命不怕牺牲的伟大精神。

"人生自古谁无死，留取丹心照汗青。"洪仁玕不愧为文天祥浩然正气的继承者。

"王师未捷身先死，长使英雄泪满襟。"杜文忠的自述，才真正是太平天国英雄的"就义歌"。

十　必须重新改写历史

如果我们尊重革命的历史，尊重历史唯物论的真理，我们便不能让变节分子"自白书"继续彪炳于革命的史册。

（标题为编者所加）

再论叛徒哲学可以休矣

钟山风雨起苍黄，百万雄师过大江。
虎踞龙盘今胜昔，天翻地覆慨而慷。
宜将剩勇追穷寇，不可沽名学霸王。
天若有情天亦老，人间正道是沧桑。

在我们最最敬爱的伟大领袖毛主席的领导下，全国工农兵上革命知识分子、革命干部正在战无不胜的毛泽东思想伟大红旗下大联合、大夺权，以及彻底摧毁刘少奇、邓小平为首的资产阶级司令部，彻底肃清小撮走资本主义道路的当权派的大夺权的红色风暴席卷全国，震动全世界。

我们南开大学八一八、八三一红色造反团在全国革命造反派战友们的大力支持下，按照毛主席最新指示，沿着革命先烈的征途，在夺获了以刘少奇为首的北京叛徒集团之后，又揪出了刘少奇之流包庇的又一个大叛徒集团，这是无产阶级文化大革命的伟大胜利，这是毛泽东思想的又一伟大胜利！

然而，敌人决不会自动退出历史舞台，他们还要垂死挣扎。为了迷惑群众，进行反攻倒算，他们顽固地坚持资产阶级反动路线，刮阴风，放暗箭，甚至混入革命队伍，颠倒黑白，混淆是非，编造了不少为叛徒辩护的谬论，形成一股为叛徒翻案的黑风。这是决不能容忍的。现在我们就当前流传的几种谬论，再加以驳斥。

一曰："过去长在敌人手掌中生活，不犯错误是困难的。"这是多么坦率的叛徒自白！请问：世界上有哪个叛徒是在自己人和朋敌的面前写自白书叛变的呢？又有哪个叛徒不是在敌人的软硬兼施下，为了保命和满足个人欲望而甘受敌人驱策的叭儿狗的呢？我们的英雄先烈江竹筠、刘胡兰和千千万万无产阶级英雄，难道不是在敌人的阎王殿中威武不屈、舍身就义的吗？在同样的条件下，你们这些可耻的叛徒却成了苟且偷生的软骨虫。革命先烈都是挺立在红岩上的参天劲松，这种铁的事实是永远颠倒不了的。

向共产党叛变投敌，就意味着把自己从革命队伍中开除出去，就是从革命蜕变成反革命，怎么能说"这是在革命工作中犯错误"呢？不！这是跳大海也洗不净的滔天罪行。如果把叛党说成是犯错误，这就是明目张胆地为叛徒集团翻案。这是白日作梦，永远也办不到。

二曰："我出卖的组织，别人已经出卖了，我出卖的同志，他已经叛变了。"

这是多么绝妙的叛徒哲学！试问、难道你出卖的组织必须是任何人不出卖的组织，你才算叛徒吗？你出卖的同志必须是永不变节的无产阶级革命者，你才算是叛变吗？照此说法，一个组织，投一百个叛徒出卖了，那么就得有九十九个坏蛋不算叛徒，照此说法，一个被出卖的同志成了叛徒，那么出卖同志的叛徒反倒可以转化为革命者了。这些天才的蠢驴，为叛徒、为自己辩护，已经斗昏了头，使出揣度恶马的手段：硬想把驴粪蛋说成金银球，岂不知天下还有羞耻二字！

我们说，不管出卖的组织是否被别人出卖过，出卖的同志是否叛变了，这仅仅是事物的表象，而在敌人面前出卖灵魂，战战兢兢地说谎话，作为救生圈和保身符，好保住自己的狗命。这是事物的本质。一个人投降了敌人，将会被敌人利用，然后从思想上、组织上瓦解革命队伍。所以，叛捕后的这种"假出卖"，实际上就是真出卖，必然是要遭到亿万军民群众唾弃的！

叛徒们的第三种诡辩是："写自白书、反动文章、反动日记，那是在敌人的压下，对敌斗争的需要。"

这同样是一派胡言！我们知道，无产阶级革命有着丰富的斗争策略，为了斗争的需要而利用敌人内部的矛盾，为了斗争的大局牺牲局部的利益，这都是无产阶级革命家在斗争中常用的斗争策略。然而，无产阶级革命家决不允许任何人以任何借口来牺牲革命的利益，抛弃革命的原则。刘少奇之流豢养的这伙叛徒，为了给自己开脱罪责，现在又搬出他们贯要的一套，把苟延残喘的变节行为说是"斗争的需要"。我们要正告这些叛徒，你们所谓的"斗争需要"，正是国民党向共产党斗争的需要，正是国民党反动的"斩草除根"政策的需要，正是国民党分化瓦解共产党革命队伍的需要。这伙叛徒正是适应了国民党的需要，干国民党之所要，行国民党之所需，这就是他们一幕幕的自首书，一段段反动日记、反动文革的反动实质。正是他们大写反共文章，为国民党分化革命队伍找到了口实；正是他们的苟延自首，为国民党瓦解共产党埋下了定时炸弹，也正是他们的叛党叛共，为国民党破坏我们共产党的组织，杀害我们的同志立下了汗马功劳。

这些背叛了毛主席、党中央的狗叛徒，迎合国民党反动派的需要，对中国最广大的人民犯下的滔天罪行是罄竹难书的！

叛徒们还有一种谬论狡辩是："中央对这个问题有了结论。"

这一类早已不值一驳！这些叛徒在无耻以后，对以毛主席为首的党中央，长期隐瞒那丑恶的历史。而刘少奇之流又从政治舆论上、组织上对他们百般庇护，将他们一手拉入革命队伍，为他们自己阴谋篡党、篡政、篡军打下了基础。试问：以刘少奇为首的资产阶级司令部怎么可能为这些叛徒作出正确的结论来呢？今天无产阶级文化大革命的号角响彻云霄。随着刘少奇反革命集团的土崩瓦解，叛徒们这最后一根救命稻草也彻底完蛋了！

叛徒逻辑如此等等，不管还有多少为叛徒开脱的谬论，实质上都是"保卫哲学"，都是为林尊城夫、刘少奇之流开护，出卖无产阶级根本利益，投降帝国主义、资产阶级专政的叛徒逻辑。这种谬论的流传，正是刘少奇反革命叛党集团猖狂反扑的表现，是他们企图东山再起的前奏。

"金猴奋起千钧棒，玉宇澄清万里埃。"我们毛主席的红小兵，从来不怕天、不怕地、不怕神不怕鬼，在光芒万丈、光焰无际的毛泽东思想阳光下，挥舞阶级斗争的千钧棒，不砸烂刘少奇之流的大叛徒集团，死不瞑目！让我们在伟大的领袖毛主席的统帅下，去创建一个红彤彤的新世界！

刘少奇大叛徒集团部分名单

中央各部委，国务院

彭 真	前北京市委第一书记
薄一波	国务院付总理
安子文	中共中央组织部部长
李楚离	中共中央组织部付部长
徐 冰	中共中央统战部部长
平杰三	中共中央统战部付部长
胡敬一	中共第二档案馆馆长
徐子荣	中央公安部付部长
廖鲁言	农业部部长
蔡子伟	农业部付部长

朱 敏	农业口畜牧局局长　党委书记
宋之汜	农业口植保局局长
刘瑞龙	农业口付口长
屈 健	农业口农田水利局局长
孙森甫	农业口人事司司长
程照轩	农业口付口长
杨献珍	中共中央高级党校校长
刘锡武	中央监委付书记
李运昌	中央监察口
卢正义	教育口政教司付司长
李琦琴	教育口司长
孔祥祯	第一轻工业口党委书记
武竞天	铁道口
刘昭	铁道口工作
袁也烈	水产口付口长
马辉之	交通口付口长
杨放之	国务院付秘书长
徐运逃	国务院文办付主任
李浩铁	国务院六办主任
周仲英	国家经委付主任
郭洪涛	国家经委付主任
韩军	国家计委付主任　已死
覃汉夫	外交口付口长
崔洞	外交口专家招待处前人事处处长
缪敏	全国妇联付主任　女
田益	北京卫生出版社主任
王心波	大庆油田付总指挥
李秀峰	房建工口口长
王兴让	全国供销总社付业局长
曾彦淮	国家经济研究所

中央局、省、市委

西北局：

刘迋涛	中共中央西北局第一书记
胡锡奎	西北局书记处书记
刘子久	西北局政治研究室
冯基平	陕西省委书记处书记
刘文亚	陕西省愿斗会主席
唐之国	陕西省黄河中下游水土保持委员会党委书记
刘聚奎	西北一军工丁

华北局
　　吴玉夫　　　山西省付省长
　　敬鹿之　　　山西省阳泉市政协
　　大幸明　　　山西省委统战下下长
　　郭凤岐　　　河北邯郸
　　徐凌汉　　　河北保定纤维厂原厂长
　　刘南之　　　北京内燃机厂付厂长
　　宋幼文　　　国家计委付主任
　　王常林　　　北京市六建筑公司　彭真的拜把兄弟
　　王仲专　　　北京砂纸厂
　　阎铁中　　　天津纺织莜理局　女
东北局：
　　赵　林　　　吉林省委代理书记
　　王鹤峰　　　东北局监察组组长
　　张振生　　　哈尔滨铁道工作
中南局：
　　王　德　　　中共中央中南局组织口长
　　候正亚　　　福建省委书记处书记
　　彭国定　　　原广东省委秘书长
　　何少仙　　　广东省邮政管理局局长
　　候富三　　　广州市委监委书记
　　苏瑞克　　　广州迎宾馆
　　付玉田　　　广西僮族自治区付主席
　　张软材　　　湖南商星付星长
华东局
　　曹荻秋　　　上海市委书记
　　刘慎之　　　华东局检查组
　　杨实仁　　　上海人委秘书长
　　王五祥　　　曾任江苏省委书记
　　筱文蔚　　　江苏省付省长
　　黄安民　　　江苏大丰县委工作
　　戚海淇　　　江苏连水集
　　李恺　　　无锡市监察室监狱员
　　陆植三　　　南京民政局局长
　　蔡逻　　　江苏人民正版社社长
　　吴治平　　　徐州市委书记
　　王椎　　　解放前在南京商业局
　　顾进枢　　　曾任江苏省纺织工业厅厅长
高等院校：
　　匡亚明　　　南京大学党委书记兼校长

彭　康	西安交大校长兼书记
方仲玉	前南开大学党委书记
娄凝先	南开大学付校长
周黎杨	南京某中校校长
彭　德	大连海运学校党委书记
丛輸民	南京艺术学校党委书记　付院长
宋明亚	浙江农学院总务处长
立　羽	北师大教员
王进三	徐州师院
戴有光	哈军工付院长
王西彦	北京政法学院

中等学校：
徐睦滋	南通中学校长

军队：
刘光书	军委总政治下作宣传工作
杨恒安	南京军区某负责人
唐哲明	军区工兵司令下科学研究下四负大
徐　涛	总政治下

文艺团体：
陈白尘	作家协会书记处书记
杜埃	作家协会
张渺	中国美术家协会
王玉堂	山西文联

科研单位：
宋则民	中国农业科学院付院长
贺致平	中国农业科学院党委书记
赵明新	中国科学院华北东分院党委书记
孙叔平	江苏省哲学社会科学研究所所长
吴　勉	导准委员会主任

〈完〉

（文中有些名字的写法不统一，只见文如此，仅供参考

文件汇编

★

批判李雪峰专集

天 津

二机半红卫兵《重开战》纵队

一九六七年四月十日

你们要关心国家大事，要把无
产阶级文化大革命进行到底！
——毛泽东——

目 錄

第 1 集

李雪峰在天津的十大罪状

7.

1. 继续对抗毛主席的指示，公开发泄对党中央和毛主席的不满情绪。毛主席说："你们要改装挂帅，到群众里边去，和群众在一起把无产阶级文化大革命搞得更好。"李雪峰来到天津三个多月，一直在上面，不深入基层群众，只是找少数的几个组织代表人物几次秘密座谈，关起门来决定天津市的问题，地搞自上而下的大揖合，完全违背了毛主席的教导。李雪峰在天津还公开发泄对党中央毛主席的不满情绪。他在一次接见革命群众组织负责人的讲话中说："我们是火烧屁股也做不人，我这次来是毛主席派我来的，周总理和我谈的，我到这里工作是请示中央的，从愿望里犯过错误，到过不能犯错误。"李雪峰在群众面前大发牢骚，发泄他内心对党中央和毛主席的不满情绪，恰恰说明他来津正是为了找到一个搞得好不好的机会，然后一个罪上施好代来，将革命把花。李雪峰继续抵抗毛主席的指示，密望满怀的机不遂，发觉了他在天津的彻底失败，三个月来天津文化大革命的推行更证明他的反党反毛，反毛泽东思想对抗文化大革命的反动本质没有改变。

2. 大搞包办代替，对抗十六条。

十六条指出："要信任群众，依靠群众，尊重群众的首创精神，这是搞好文化大革命的关键。"李雪峰在天津的反其道而行之，继续推行资产阶级反动路线，怕群众当成斗争，把自己当成滑药店开门迎来，包办代替，根本不倾听广大革命群众的意见，只靠少数人则以钉划"工表会"的名单。天津各级背各小组长直不派出来，偷偷包揽。街道代表会的代表是在开始前一两小时才通知有关领导推荐的，工代会参加工农革干代表大会秘密进行，成面撩罗搞宣热火朝天的群众运动搞得冷冷清。李雪峰这样做绝不是因为他不懂得搞好文化大革命做过头是什么，而是害怕群众，仇视群众和别有用心的大暴露。

3. 竭力破坏和歪曲革命的"三结合"，在大联合中，大搞调各褚部、害闹一毛主席指出："要夺党权的新生单位和地方必须实行革命的三结合方针建立一个革命的、有代表性的、有无产阶级权威的临时权力机构。

李雪峰在天津搞的"三结合"完全违背了毛主席的指示并任意破坏和歪曲他抛弃了革命的灵魂，抹煞了两条路线的斗争不分阶级，不分是非，把某些老牌的保守组织扶持起来，仅又在争权筹备小组移任重职，还这届各的三十二个组织夺权筹各小组成员中，就有六七个是保守组织，工代会学代会也都吸收了不少保守组织，而许多真正的革命造反派被排斥在外对天津市十四所高等院校，只有十个组织参加红代会。共中三个组织是保守组织一个保守组织成当了核心村组长。

李雪峰搞的这一套实质上就是调各拼音，害二而一的火来烧，根本谈不上是革命的、有代表性的、有无产阶级权威的机关。李雪峰破坏天津市革命的"三结合"的罪行必须加以清算！

拉一批，打一批，挑动群众斗群众

李雪峰在天津收用了资产阶级改客惯用的拉一批，打一批的卑部伎俩，拉拢和收买其中的部分组织，用以装璜门面，企图作为他反对群众本主义的御用工具。

与政法公社同结天大八·一三，在公安局实行了"1·20"反夺权，对革命造反派实行资产阶级专政，大肆自我恐师，支持政法公社调查陈伯达同志材料，伙同北京的反动组织"红战团"调查廉出的材料，而李雪峰对此袖却不见，听而不闻，反而偏心不予追究，并捏为党"造反派"以其为首于二月八日连续两次血洗"联系"的有关人听属的政治事件，李雪峰却先不制止，纵右派如组，两挑动群众斗群众。在群众组织内部挑拨、对立。有些组织的负责人敬步到底收买拢右，跟着步到雪峰的指挥棒团转，就变成了李雪峰复辟资本主义集团的御用工具。

大专院校红卫兵革命造反派司，革命造反的新时期将到，在了八·一三的反夺权斗争中，以路线原则进行着激烈的斗争，李雪峰怀恨在心，视此为其拦枪。当该党部在营团内共上犯了严重错误时李雪峰抱着不可告人的阴谋邪，趁事态发展的紧要关头，不予指导有意疏空，极此拖后火多总下代表明，对营团团注只导不提，使为落继续发展，让错误积得更大。而事后却无么从低起这一错误不欲弃团一棍予打死，搞了大书毫下其其几件组织。这是李雪峰打击破坏革命造反派的典型案例。

5. 振力扶植、救恩相包恩保守势力。

李雪峰到天津的三个月，是天津保守势力由分化在瓣裂壮新复活进而制革命造反派靠反杆的三个月。这是李雪峰的"功劳"。

李雪峰来津后，多次奖扶植推"，向河大八·一八"学习。"向河大八·一八"联欢的标语满天飞，河大八·一八就成为天津的当然"左派"。这就是夺团雪峰在天津树立起来的"左派"标杆，为天津的保守势力吹响了向革命造反派靠杆反杆的号角。随后河大八·一八就成了天津夺权筹备小组的常委和红代会的核心成员。其他保守势力也相继被扶入了夺权筹备小组和人我会中，变异而委一夺掌级，与捏格的野战兵团，也连这对低贯减了。大牌子竖起来了，大标语贴出来了，什么"野党任天津坐集！""野火烧不尽春风吹又生""坚决支持李雪峰同志领导天津市文化大革命"等々。有的改头换面销进了"大联合"内保守势力采取软硬兼施，威胁、拉拢、造谣污蔑、围攻打击等手段，从政治生活经济和记"另刊"等方面对革命造反派进行疯狂反扑，甚至在光天化日之下屡次欧打革命造反派队员，竟无人敢说一句公道话，有的保守组织依仗李雪峰的狗势对革命造反派说"你们是右派""我们才是左派"。

6. 代头为夫资本主义道路当权派唱冤叫屈，妄图实行资本主义复辟。

李雪峰来天津的又一个大功劳是代头为资本主义道路当权派唱冤叫屈，向革命造反派反攻倒算，在天津刮起一股扶后算账的妖风。

李雪峰公然在天津大专院校红代会上妄图为他们向题翻案，为天津市资本主义复群又打公了情气弹。他说："同志们知道我是犯了错误的，就是我执行了资产阶级反动路线，这主要是指文化大革命的初期，主要内容是在对待群众的态度问题上。看！李雪峰对本党的反党、反社会主义反毛泽东思想的罪行是多么轻描淡写。表现的多么"轮松"多么"潇洒啊！他把广大革命群众揭发他忠实推行刘、邓资产阶级反动路线，对抗毛主席的革命路线和就任华北局第一书记以来一系例反党反毛主席、反毛泽东思想的滔天罪行统々赖掉了。特别是把包庇彭真山西河南省委镇压文化大革命的罪行推了个一干二净，甚至把他向电党报送、转发到国的检查在夫"由此可见李雪峰的猖狂之々。

……上，她反后……就是李雪峰的反革命复辟宣言书。李以他自身为标准，给天津市各单位早已被打下台去的党内走资本主义了的当权派树立了榜样，天津一小撮走资本主义道路的当权派则蠢动，借机相之机，纷纷向革命造反派反攻倒算，扬言"我们就是不承认反派夺权"有的走资本主义道路当权派还主动手殴打贴报的革命群众。李雪峰妄图资本主义复群的狼子野心已经充分暴光大化日之下了。

7. 重新复活绝对相信论，竭力压制革命的群众运动。

李雪峰在北京使用过的镇压群众运动的大棒——绝对相信，现在又重新舞了出来，并拼命捧出。他以"我是毛主席派来的"到处宣扬，极力抬高自己的身价。被李雪峰收买拉拢的一些人也争着为李雪峰大肆贩卖，不计血本。河大八·一八三月十八日发公报言"谁怀疑李雪峰就是不相信党中央、不忠于毛主席。谁是……李雪峰同志……就谁就是反革命……天津市的大于之"李雪峰他是毛主席派来的，我们坚决支持，谁反对李雪峰推就是反对党反对毛主席。揪出炮打李雪峰同志的后台老板示众门"……的大标语铺天盖地而来。大肆宣传谁就是党中央、就是毛主席就是革命左派。

李雪峰还极力在天津制造一言堂，反对李雪峰的大字报一贴上就被复盖，并对贴大字报的人进行围攻、拍照、记黑明单。在各中大力发展自己的势力。

在推举中学红找会的代表时，基层单位把支持李雪峰作为条件之一，参加工代会的代表中，有一个组织就是因为贴了一张反×的标语，而被取消参加红代会的资格。李雪峰甚至把工代会做到……，有的干脆不少学生家长动员自己的子女不要反李雪峰。有的甚怕被打成反革命而开除要反李雪峰的人或战斗组。

半年前绝对相信论的僵尸被李雪峰唤活了这是李雪峰来天……作"之一。

8. 颠倒黑白、混淆是非、围攻打击革命造反派。

天津市无产阶级革命派在向党内一小撮走资本主义道路当权……同时，自觉地提出夺自己头脑中"私"字的权，并主动进行开……站在反革命立场上的李雪峰，在扶植保守势力的同时把革命造……成眼中钉，肉中刺利用革命组织审心之机采取压、拖、拉的手……革命造反派斗争中的错误抓其一点不及其余、恶毒进行攻击……点、不及其余、把革命造反派打成保×派!"或"反动组织"把……纯、打硬抱夺权不联合等问题恣意扩大、丑化、至盘否定革命……爹。欲置于死地而后快。有的革命造反派队员在压力下，抱头……痛，最后摘下袖章，退出队反大队。有些革命造反派二大……现在还没到反动后期就已经找后账了。有位革命造反派工人……说"我们苦心、硬要我们解散、看来参加组织、不如不参加组……革命造反组织）以后什么都不干的好。省得第二次打成反革命……七人发展到七千余人的革命造反组织、目前只剩下一千余人了……些铁的事实，是对李雪峰的控诉，革命造反派的同志们我们决……过这……群众组织的罪魁恶首李雪峰！

9. 大耍两面派、明里是人、暗里是鬼，

李雪峰是个地々道々的两面派！是个十足的"小人"他在革造反派各组织间，极其挑拨离间之能革，制造对立、分化瓦解革命造反派。二日六四.八日他曾两次接见大专院校红卫兵造反总下和天工"八.二五"的代表、指定了他们是革命组织、大方向是正确的，说天大"八.一三"犯了严重的方向路线错误。

10. 蒐尽挑拨革命造反派与解放军的血肉关系。

中国人民解放军是毛主席亲手缔造的人民军队，是举世无双的非常革命化的无产阶级队伍，是无产阶级文化革命的柱石，我们对解放军无限仰赖，无限热爱。李日峰是地々道々的走资本主义道路的当权派。他在天津迷迷糊画执行资产阶级反动路线，实行资本主义复辟，这种坏极必须打倒。但是垂死挣扎的李日峰却不顾一切的把自己和解放军等同起来，散布"谁反对李日峰就是起矛"指向解放军"的错误口来，并张站全天津城，企图借解放军之名亲人拥护自己，并借人民对解放军无限仰赖无限热爱的心情，蒐尽挑拨革命造反派和解放军的关系，以达到其瓦削革命造反派的目的。被李日峰收买挣扎的某些组织，把"谁反对李日峰就是反对解放军"这个混蛋作为攻击某些革命造反组织的借口。其它的革命派，一定识破李日峰的诡计，决不会上李日峰的当会。李日峰与人民作对到底，逃逃好下场。

天津工学院红卫兵

天津二机半红卫兵《宣否战》纵队

1967. 4.10.

天津市一月至三月文化革命
大事記

一月份

2日：李子箏到天津市。

4日：天津二十八个单位批斗张淮三而张却被×××送往山西。

6日：《天津政法公社》成立。

7日：天津革命造反派夺了《天津日报》社党内一小撮走资本主义道路当权派的权。

8日：天大八一三退出大专院校造反总部破坏了无产阶级革命派大联合,制造了分裂。

9日：批斗张淮三。

10日：《野战兵团》纷纷去北京向中央文革施打加压力。天大八一三查封天津电视台。

12日：天大八一三夺电视台编委会。

14日：《天津日报》发表了33个单位的紧急通令。

15日：《天津日报》发表了52个单位的"紧急通告。"

17日：天大八一三在《天津日报》进行反夺权。

19日：华北局机关革命造反派联合起来夺华北局的权,因中央文革通知夺权停止,而李子箏说:"十二小時的政变流产了。"

20日：天大八一三南大卫东等组织夺了市公安局的权,天大八一三冲进天津人民广播电台,要广播。

21日：中共党校"红战团贴出了"调查康生同志布告。

22日：大专总部联合冲报批八一三砸大专院校造反总部八一三冲击电台凌晨伯达同志打电话给蔚大富（关于调查康生问题）中央党校《红旗》战斗队发表"通告"砸了"红战团。"

23日：天大八一三与中央党校"红战团"炮打康生同志"揭揭发出现"揪出八一三一小撮打康;生同志的反革命分子。"大字报

24日：北大文革駐津聯絡站聲明："八一三的大方向全然錯了。" 八一三砸了北大的宣傳車。

25日：天大八一三打了北大六名同學六名同學宣佈絕食。

26日：6.00時南大衛東帶著三輪二班三百余人圍住監要犯人凌展 天大八一三沖進電台打了北京大專院校同學八一三發表"嚴正聲明"謊總部不知道炮打康生一事。

27日：胡昭衡同志大字報指出："萬張反黨集團的御用工具之一的'野戰兵團'（野總）應該解散。"

28日：解放軍接管了天津人民廣播電台和天津日報社。

29日：北京大專院校發表嚴正聲明對天津井司關於八一三問題表示強烈抗議。

　　二月份

2月．華北局造反派發表了李子峰在山西的罪行。

2日：＿＿11日大專院校造反總部沖之井司。

4日：在×××授意下提出了"萬張反黨宗派集團" 因而避免了上揪下扫。

6日：8日　李子峰兩次接見大專院校紅衛兵革命造反總部和天工八·二五代表肯定他們是革命造反組織,大方向是正確的八一三犯了嚴重的方向路線錯誤。

7日．八一三等組織批斗胡昭衡。

8日：發生東大武斗事件八一三要負很大責任李子峰接見新北大紅六團成員解學恭對××組織說："對天工八二五我們不了解希望大家提供情況總之是人民內部矛盾。"

10日：《新北大公社》紅衛兵戰士貼出"八一三炮打中央文革罪責難逃"大標語。

12日：八一三"製作天津政法會社后盾"墨迹未干又連夜貼出"砸爛政法公社""天津政法公社是反革命組織"等標語以至許多靈通人士都不解其意八一三發第一號整風通告·肯定了1·20奪权。

13日：國務院中央軍委下令取締《天津政法公社》這个反革命組織。

中国人民解放军对天津市无产阶级文化大革命做出了新贡献结束了《天道政法公社》二十二天白色恐怖河北大学八一八红卫兵发表一个声明结果威振天津城被捧为了"当然左派"。

16日：八一三忽然承让犯了方向性路线性错误。

18日：在×××授意下八一三挂牌请罪从而形成全市性革命小将围一些缺点错误到处请罪高潮大灭革命造反派威风大长保皇派志气在的保皇派甚至说："我们虽然有些保守可是我们没犯多大错误。"使之继"万晓塘死人整活人"的第二个反革命事件。这种请罪是全国罕见的。

26日：在民园组织了女八个单位参加的批判万张反党集团大会会前围选不出一个比较完美的农民组织参加大会所以没有农民代表参加大会。

27日：二月份河大八一八秘密成立了一个天津市大联合夺权筹备委员会。

三月份

3日：在宾馆举行夺权筹备小组选举会议在2·26批判"万张反党集团"的大会28个单位基础上少了两个组织又增加了六个河北大学八一八红卫兵在大会上提出对"野战兵团"要重新识识。二月底三月初出现了"青松不老野战兵团不倒"等标语。

4日：李子峰在宾馆接见十八中造旅红卫兵时读到胡昭偻问题时说你们要爱护他支持他把他打成左派。"十八中同学要给胡贴大学报李说："现在正搞三结合现在你们给他贴大学报影响不好……"

10日：召开夺权筹备小组会议传达总理转达的主席指示。(大意先召开五个代表会再夺权)。

11日：河北大学毛泽东思想八一八红卫兵发表声明说什么："谁怀疑李子峰同志就是不相信党中党不相信毛主席。""谁恶意毒攻击李子峰同志破坏革命的三结合谁就是反革命"从11月起整个天津大街上全是"支持李子峰""李子峰同志是毛主席派来的我们支持""镇压反革命""揪出破坏革命三结合的反革命逆流的后台……"

日：华北局的保皇兵云集天津城大保李子峰。

日：天津日报公布夺权筹备小组成立,但未有公布名单。

18日16日：天津市贫下中农代表会在乎人们意料之外地第一守段开了。

日：市级机关干部会议。

日：召开天津市大专院校红卫兵代表大会。

日：天津中等学校红卫兵代表大会召开。天津一中代表于宾馆问李子峰："为什么不要天工八二五而要天工思想兵?"李回答："不是我不要他们,而是群众不要他们,我本想让他们'三大块'合并。

2日：全市革命职工代表大会召开。劳二半八一八发表严正声明"坚决打倒李子峰。"

4日：天津日报转载《人民日报》关于"北京革命职工代表会议胜利召开"的文章中却把"坚决彻底打退资产阶级反动路线新反扑,痛击资本主义反革命逆流"一句话删去了,这是为什么?

5日：首都红代会《新北大公社》"政法尖兵"严正声明"坚决打倒李子峰。"中央人民广播电台广播山东青岛王效禹同志文章,同时重播了《红旗》五期社论这还不足以引起我们的重视吗?

日：天工八二五严正声明"打倒李子峰。"

补充三月五日　天津日报发表了"陈永贵站在昔阳县夺权斗争前例"中指示"党内一小撮走资本主义道路的当权派把陈永贵同志视为眼中钉……恨不得把他置于死地而后快。…他们还把魔掌伸向大寨处心积虑地想把我们最敬爱领袖毛主席亲自扶拉起来的大寨红旗拔掉。

补充三月十四日天津市夺权筹备小组关于召开工农学干代表大会的倡议中第三条说:"……革命群众组织的代表人物他们是毛泽东思想哺育起来的新生力量他们体现了革命的大方向建议根据需要和可能尽量吸收他们参加有关的会议,共商国家大事报会议有充分的代表性。"　二机半红卫兵《卫开战》纵队 4.10

最高指示

毛主席提出：走需要奪权的那些單位，必須實行革命的三结合的方針，建立一个革命的、有代表性的，有无产阶级权威的臨時权力機構。這个权力機構的名称，叫革命委員会好。

天津奪权籌備小組名單

單位	地址	負责人
1 天津工程系統革命联络委員会	傅渡道14号	孙长瑞
2 天津及革命系无产阶级革命造反总P	滨江道45号	车润东
3 忠卫东系革命造反总P	自明道9号	白木福
4 基建系无革命造反派总P	湖北路德孝里1号	白启荣
5 各系机关无产阶级革命造反指挥P	建设路4号	孙树森
6 印刷系统无产阶级革命造反指挥P	滨江道46里	号俊成
7 半工半读无产阶级革命造反指挥P	市委高级大院	朱文田
8 天津南醒系厂无产阶级革命造反大队	北半环路6号路	马联泉
9 毛泽东思想红卫兵战斗队	陈塘庄货场	黄德君
10 天津期友庆革命委員会	营德道45号	王汉章
11 天津市毛修綜纺厂红卫兵联合指挥P	北京热堂	张承明
12 河大八·一八	号涛道	刘永茂
13 天大八一二	天津大学	杨长俊
14 医专工革八·一八	大连道6号	郭长年
15 延南大卫东	南大卫东楼那室	张国忠
16 河北戟陕红镇战斗隊	河西尔雄	李汉忠
17 天津市中等学校红色造反团	荣麻路升里	刘卫东
18 河北师院八一一八	唐家口	王承顺
19 体院毛泽东思想红卫兵	李先庄	史津立
20 天津市合里商无产阶级革命造反总P	气车大院	杨世俊

21. 市级机关革命干部造反联络委员会　　　睦南道17号　　　巴木兰
22. 财贸系统革命造反总P　　　解放北路　　　王勇
23. 天津商级第一商业局系统联合总P　　　营业道49号　　　刘增森
24. 物资商毛泽东思想革命造反列底战斗纵队　营口道4号　　李文金
25. 红锋报社　　　建设路94号　　　周伟
26. 文艺界革命造反联络委员会　　　和平剧院　　　王宝祥
27. 卫生系统〔走P司〕　　　滨江道29号　　　王焕香
28. 医药化工农学大联合造反总P　　　荣贵庄　　　张振帮
29. 农林水户所林水化大革命造反总P　　　张贵庄　　　耿候仁
30. 发电设备厂半工半读红专学校

　　　　　　　　　"八一八""九一五"　　　批兵　　　许凤志
31. 工农学大联合革命造反总司联
32. 天津南开红歌午剧团东方红东社　　　沈阳道3号　　　蒙述顺

　　天津大专院校红代会：

天大八、一二〔14〕　铁院小一八（4）　体院毛泽东思想红卫兵（3）
南大卫东　　（6）　轻院红旗　（4）　外专毛泽东主义先锋队、战斗队
河大八　一八（6）　财校东方红（4）　天工毛泽东思想（4）　（3）
晋院八、一八（3）
其先个单位共50名　　组成。人员写顺序式，按单位分配
40按人极分配　分配名额见上海〔〕内。

　　　中专红代会〔共27个组织〕
主席司成员：（暂缺27个）

和平区、（5）南开中半、十八中、女乙中、一中、25门卫校、
红桥区：（3）南开中学、一〇九中　五十九中、
河西区（4）〇五中、专一中、失业中学、商一半、
河东区：（3）火中、五十四中　四十五中
河北区：（4）火十九中、六十九中、铁一中、文二中、
塘沽区：（2）塘一中、塘二中、

北效区：⑴ 滑翔学校

南效区：⑴ 咸水沽一中、

东效区：⑴ 军粮城中学、

西效区：⑴ 农机学校、

（汉沽区、北大港因没很好选过　暂列席、席位保留）

常委：⑼

　一0九中、十八中、十六中、　扩一中　女六中、241五校

　一中　药二半、农机学校、

参加考叔单位：⑶个）一0九中、十八中、十六中、

候选人

革命委员会选举结果（拟）

新港会革命委员会	2
一机局反到底联合总P	1
二机系统革命造反委员会	1
电信局革命造反委员会	1
街铁系统革命大联合委员会	1
革工系统革命造反派大联合委员会	1
化工系统革命联合委员会	1
财贸革命联合筹备委员会	2
铁路无产阶级革命派大联合总P	1
捲烟厂革命造反联合总P	1
第一机床厂革命联合筹备委员会	1
滨港东方红化工厂东方红革命造反联合总部	1
电业系统革命造反总P	1
基建系统无产阶级革命造反总P	1

註：以上选举结果是由革命职工委员会选出170名代表参加工、农、学干
代表会议　再由这170名代表选出17名为革命委员会的候选人　。

165

革命职工代表会 25名常委：

新冶金革命委员会　　　　　　　　　　　　　　　　3

工机局东流革命造反派联合委员会　　　　　　　　3 1 1

一机所反到底联合总P　　　　　　　　　　　　　1 1

邮局无产阶级大联合革命总P　　　　　　　　　　1 1

电信局东方红革命造反委员会　　　　　　　　　　1 1

钢铁东流联合革命委员会　　　　　　　　　　　　2

军工东流革命造反派大联合委员会　　　　　　　　1 1

电业东流革命造反总P　　　　　　　　　　　　　1

化工东流革命联合委员会　　　　　　　　　　　　2

基建东流无产阶级革命造反联合总P　　　　　　　2 2

财贸革命联合筹备委员会　　　　　　　　　　　　2 2 1

铁路无产阶级革命派大联合总P　　　　　　　　　1 1

第一机床厂革命联合筹备委员会　　　　　　　　　1

天津港电报电社

塘沽区东方红　化工厂东方红革命造反联合总P 1

卷烟厂革命造反联合总P　　　　　　　　　　　　1

第一轻工业局东流无产阶级革命联合委员会　　　　1

天津抗大药厂红卫兵　声动卫东　李瑾
4.5

天津工机车红卫兵《重开战》纵队

1964. 4 9

揭穿李雪峰的大阴谋

——告天津市人民书——

最高指示

划清反动派和革命派的界限，揭露反动派的阴谋诡计，引起革命派内部的警觉和注意，長自己的志气，灭敌人的威风，才能孤立反动派，战而胜之，或取而代之。

为了实现假夺权，真复辟的阴谋，李雪峰正在加紧玩弄一个极端阴险，毒辣的反革命伎俩，这就是利用职权，打着"支左"的招牌，把天津驻军推到第一线，做挡箭牌，制造军民对立，利用伟大的中国人解放军的崇高荣誉，散布迷信，鼓吹奴隶主义 招摇撞骗，愚弄群众，拼命挥午"反解放军"的大棒恫吓群众，不准造反，镇压革命，千方百计地把"反解放军"的帽子扣到革命造反派头上，把他们打成"反革命"指具革命造反派，打击革命造反派，摧垮革命组织。何其毒也！对此，革命人民一定要有清醒的头脑要奋起毛泽东思想的千钧棒，彻底戳穿这个大阴谋。

"天津驻军支持李雪峰。你们反对李雪峰就是不相信解放军，反对解放军。"这是他们手中的王牌，也是他们口中的紧箍咒。

这是狗屁不通的混蛋话，是彻头彻尾的反革命逻辑。

我们认为，李雪峰就是李雪峰，解放军就是解放军，李雪峰决不能代表解放军。有人说："这是"形而上学"，我们说："这不是"形而上学"，而是"质而上学"是阶级观点，是 分为二。无数事实表明，李雪峰是刘邓黑司令部的忠实干将，是地地道道的党内走资本主义道路的当权派，是中国人民解放军的死敌。反对李雪峰决不是反对解放军，恰恰相反；只有打倒李雪峰，才是真正地拥护解放军。

革命造反派最听毛主席的话，最相信伟大的中国人民解放军。同时也最懂得：局部不等于全部，个别不能代表整体"，正如 个地方党委不能代表中国共产党， 个党员不能代表中国共产党一样，一个地方驻军，一个指战员无权代表中国人民解放军，任何一个地方的驻军 任何一个指战员犯了错误，出了问题，都只能由自己负责，不允许用嫁祸于人的手段把自己的错误强加到中国人民解放军头上，上不允许假"解放軍"之名，不检查错误，不接受批评，更不允许肆意给提出正当批评帮助的革命群众扣上

"反解放军"的帽子。当然，绝对不允许任何人以任何借口把某驻军，某指战员所犯的错误，渲染夸大，强加在解放军的头上，恶毒攻击解放军。总之，解放军就是解放军，一个地方的驻军就是一个地方的驻军，一个指战员就是一个指战员，决不能混为一谈。只有中央军委才能代表中国人民解放军，只有毛主席和林付主席才能代表中国人民解放军，相信解放军就是相信中央军委，相信毛主席和林付主席，相信99%以上的指战员是革命的和要革命的，而不是什么盲目相信每一个地方的驻军，每一个指战员及其每一行动。

中国人民解放军与毛主席的革命路线不是对立的，而是统一的，他是执行毛主席革命路线的武装集团，其灵魂就是毛主席的革命路线。相信解放军就是要绝对相信毛主席的革命路线，确立毛主席革命路线的绝对权威，就是要用毛主席的革命路线衡量一切，统帅一切。学习解放军就是要努力学习毛主席的革命路线。总之，坚决执行毛主席的革命路线，热爱毛主席的革命路线，誓死捍卫毛主席的革命路线。如果因为执行毛主席的革命路线而与该某驻军某指战员发生矛盾和对立，那就说明该驻军负责人该指战员背离了毛主席的革命路线，就应该千方百计地帮助他们认识错误，改正错误，迅速回到毛主席的革命路线上来。如果军队中某负责人打着"支左"的牌，却恶意污蔑和打击革命造反派，拼命瓦解和摧垮革命组织，疯狂踩躏毛主席的革命路线，那就表明他是混进军队内的走资本主义道路的当权派，就应当以适当的方式，积极帮助中国人民解放军尽快地把他揪出来，斗倒、斗臭。军民互助。一方面驻军的革命领导干部，坚决听毛主席的话，率领广大指战员，坚决支持左派广大群众，帮助地方进行无产阶级文化大革命，另一方面，军队参加地方的文化大革命，受到阶级斗争大风大浪的严峻考验，也暴露出一些问题，地方革命群众应以适当的方式，积极地帮助军队进行文化大革命，加速军队的革命化，使军权能够掌握在真正忠于毛主席，忠于毛泽东思想，忠于毛主席的革命路线的人手中。我们深信，经过无产阶级文化大革命，军民一定会在毛主席的革命路线的伟大红旗下联合得更好，团结的更好，军民关系一定会更加融洽。"军民团结如一人，试看天下谁能敌。"

中国人民解放军是人民的榜样，也是人民的子弟兵，受人民的批评和监督。革命群众以适当的方式帮助部队改正缺点，纯洁队伍，这是最正常的军民关系，是对解放军的信任和爱护，是好事。如果人民群众害怕部队了，不敢批评部队了，那就说明这个部队有问题了，脱离群众了，说明他已不是人民的子弟兵了。你看，对于蒋匪军，人民群众就不去批评，不去帮助，而是坚决消灭。那种否认人民群众对军队的批评监督作用的说法是损坏解放军的谬论，必须打倒！那种给对某驻军，某指战员提出善意的批评帮助的革命群众扣上"反解放军"的大帽子，打成"反革命"的做法是十分错误的，必须立即坚决制止！

对所有驻军，所有指战员，特别是对军队中的领导干部不加分析地一概相信，一概服从的观点是十足的奴隶主义，奴隶主义使人抛弃阶级观点，抛弃革命原则，不分敌我友，以致上敌人的当，受敌人驱使，为敌人效劳。无数事实证明：奴隶主义在任何时候，任何场合都只能为反革命修正主义分子篡夺领导权，巩固资产阶级专政效劳，与革命没有一丝一毫的好处。毛主席教导我们"绝对不应提倡奴隶主义"。奴隶主义必须打倒，否则　毛泽东思想的绝对权威就不能确立，革命造反精神就不能发挥毛主席的革命路线就不能贯彻，修正主义就会得势，破除迷信，打倒奴隶主义！

军队不是生活在真空里，各阶级都懂得："有　则有权"因此都特别注视军权。所以在军队里也毫无例外的存在着两条路线，两条道路的斗争，存在着反复夺权，而是很尖锐很复杂的，任何一个驻军，任何一个指战员存在着站在哪个阶级立场上，执行哪条路线，走哪条道路的问题。中国人民解放军之所以正确伟大，就是因为它是在我们伟大导师伟大领袖伟大统帅伟大舵手毛主席和他亲密战友林付主席领导的，就是因为它念念不忘阶级斗争不断地胜利地开展两条路线两个阶级两条道路的斗争和反复的夺权斗争，使军权能够掌握在革命的领导干部手中，使毛主席的革命路线能够战胜资产阶级反动路线而得到贯彻，而决不是因为什么军队不存在着阶级斗争，军队内的阶级斗争是客观存在的，是回避不了的，也是没有丝毫的必要进行回避，因此必须破除迷信，打倒奴隶主义，用阶级分析法看待每个指战员，革命的坚决支持，不革命的批评帮助，反革命的揪出来，斗倒斗臭。在军队参加的地方的文化大革命问题上，照样存在着两条针锋相对的路线。

相信群众，依靠群众，放手发动群众，尊重群众的首创精神，让群众自己教育自己，自己解放自己的从群众中来到群众中去，先当群众的学生，后当群众的先生，以两条路线为准，分清左中右支持左派广大群众，批判资产阶　级反动路线，把无产阶级文化大革命进行到底。这是毛主席的革命路线。

对群众不相信，不尊重不依靠指挥一切，包办代替，做"太上皇"当"工作组"甚至与地方党内走资本主义道路的当权派勾结在一起，压制群众，打击左派镇压革命，扶植保守势力，拉拢收买搞拼合，保护资产阶级反动路线，保护党内走资本主义道路的当权派这是个立场问题方向问题是路线的核心。"支持左派广大群众，"就是毛主席的革命路线，否则就是资产阶级反动路线。山西、黑龙江、山东等地驻军的革命领导干部率领广大指战员积极响应毛主席的伟大号召，忠实执行毛主席的革命路线，坚决"支持左派广大群众，"在无产阶级革命派的大联合，大夺权，革命的"三结合"形成和巩固中起了极其重要的作用。伟大的中国人民解放军已经为无产阶级文化大革命创立了不朽的功勋，今后必然会作出更加卓越的贡献。但是天津驻军的某些负责人则不然。他们在李雪峰之流的操纵下，鼓吹和推行反动的"血统论""自来红论"和保守论"扶植保守势力，搞拼凑搞拼合，保护党内走资本主义道路的当权派李雪峰之流，欺骗群众压制群众打击革命造反派瓦解革命组织长资产阶级志气，灭无产阶级威风，制造军民对立破坏军民关系损伤解放军的荣誉，执行了一条资产阶级反动路线。天津驻军"支左联络站"实际上是支李（雪峰）联络站。我们衷心的希望天津驻军某些负责人能立即进行严肃的自我批评，诚恳地接受批评，认识错误改正错误，迅速回到毛主席革命路线上来，造资产阶级反动路线的反，造资本主义复辟逆流的反，造党内走资本主义道路当权派李雪峰之流的反，真正支持左派广大群众，将天津市的无产阶级文化大革命进行到底！这样做符合人民的利益，才符合毛主席的教导。

总之，天津驻军某些负责人支持李雪峰是完全错误的，是立场的错误方向的错误路线的错误，革命造反派要打倒党内走资本主义道路的当权派李雪峰就不得不以适当的方式抵制和反对这条资产阶级反动路线，这样做正是捍卫伟大的中国人民解放军的[illegible]

总之，天津延安革命造反派自始至终是坚决执行以毛主席为代表的无产阶级革命路线的，是革命的。

（numbered items）

为了彻底推垮资产阶级反动路线的阴谋诡计，我们要求：

（一）中央《红旗》杂志今年第64号和17号；

（二）《红旗》杂志今年第五期社论《……》；

（三）《解放军报》三月十四日《……社论》……

无产阶级文化大革命的急先锋——革命造反派的战友们！

革命是一定要把无产阶级文化大革命进行到底的！

打倒……！

打倒……！

打倒……！

打倒……！

无产阶级文化大革命胜利万岁！

毛主席万岁！万岁！万万岁！！

革命造反派的知识分子同志们，联合起来，为彻底粉碎……

解放军……天津市革命造反派的工农……去夺……

（署名）

二九九华东工学院《雄兵》以及

兵团《江北代》会师北大公社《政治大》以及《革命》

战斗队

4.10

171

二月廿三日晚蒯大富在兵团大会上谈形势（摘要提纲）

《迎接第八个回合——人类命运的决战》

（一）国际上越南局势处于关键时刻

美、苏、英会谈进一步出卖了越南的利益，越南正在打持久战，若能把持久战打下去是我们的胜利。看来美帝本性不改，不会从南越撤兵，不会让步，而越南特别是南越也不会让步，打持久战可能性很大，也可能美帝对中国发动侵略战争，坚持打持久战，可能使亚非拉美地革命人民狠狠地打击美帝，而美帝顾反不了。中国无产阶级文化大革命在世界上引起了不可估量的震撼，敌人恨之入骨拼命攻击，诬蔑。但文革是使毛泽东思想在世界上得到普及，在日本印度也出现了炮打修正主义司令部的大字报。现在密切注视美帝的侵略动态，因而要尽力保护解放軍，不得冲击解放軍，没有解放軍就没有我们，这是最大的原则。

（二）回顾文化革命历史：文化大革命历史上一共打了七个回合：

（1）66-5-1 以前，彭罗陆楊制定了"二月提纲"准备篡党、政、軍大权。六月一日出一張马列主义大字报，把这反革命阴谋打下去，掀起了文化大革命新高潮。

（2）六月初，由于刘少奇長期对抗毛主席，知道文化大革命要革自己的命，于是派出工作组，消防隊、镇压革命造反派，八届十一中全会矛头直接指向刘少奇，使我校八月底也出现了大批揭刘少奇的大字报。

（3）陶铸、王任重的两面手法把批工作组引向邪路，提出"怀疑一切"的极错误的反动口号，八月份底九月底不仅批了工作组，而且直接指各地省、市委，指向了司令部。实际上反革命修正主义分子只有一小撮，广泛的一轰适合了革命队伍中的一些小資产阶级感情说什么"左派轰不倒，右派轰垮活该"。当时中央文革已写好一篇批判"怀疑一切"的文章，准备在《红旗》第十二期作为社论发表，但因为当时王任重也在湖北搞批判"怀疑一切"目的是为保自己，若发表社论就等于支持王任重，打击了革命小将，因而没发表红旗社论，发表了保字号的消了，批判資产阶級反动路线，批省市委高潮，掀起来了，但这时工人运动还没有起来。

(4) 十月三日社论发表没多久保守号夭折，十月十八日口号事件把矛头指向毛主席，把关键的口号砍了去，十二期社论出来，全国各地指向了第一书记，同时上海工人出了"安亭事件"工人开始起来了。

(5) 十二月里风"上海解放日报社事件"炮打中央文革，攻击江青，在北京砸打三司，很快就把这股反革命逆流冲垮了，并砸了"联动"我校上街游行造谣传打倒刘少奇。元旦社论出来了，揪出了陶、波陶铸，解放军又揪出了贺龙，全国展开了阶级斗争。

(6) 一月上旬，大刮经济主义黑风，切断交通，企图对毛主席对中央文革施加压力，毛主席批转的新二传马列主义大学报，进行了坚决的反击，解放军介入了文化大革命，开始夺权。

(7) 最近一月中旬，炮打康生，我校也上了阶级敌人的当，参予了这股逆流，总理展开痛击逆流。《红旗》第三期社论发表展开夺权斗争，同时开了第二　　　，向党直夺权。出现了不好的现象，即左派队伍之间，左派内部打架，总之这七个回合有共同特点。

①每一个回合都是两条路线，两个司令部的斗争。而且都是以毛主席为代表的无产阶级革命路线取得胜利。②每个回合的周期越来越短，斗争日益激烈深入③敌人越来越赤膊上阵，矛头直指向毛主席和林付统帅。

(三)目前形势：目前形势正处于第八个回合前夕，是决战前的沉默，我们信心十足，谁胜谁负，决定性的胜利还没有到来，这场决战是主要的决战。决战前的形势是：①我们处于优势。但是准备不足我们在政治上，经济上，军事上，处于优势我们有天才的，有着无穷智慧的伟大领袖毛主席的领导，有战无不胜的毛泽东思想，有中央文革的正确领导，有解放军等々。但是前阶段由于左派内部不稳，没有看到敌人，对当前形势及认识不满足，准备不足，而敌人利用这一时机大整我们的黑材料②敌人处于劣势，但不甘心失败。有些人书气十足，眼中看不到敌人，目前"刘邓不认罪，陶铸不投降"他们反而在猖狂活动，不要幻想他们可以改正，投降。现在"联动"

已不继续公开出现。而因改头换面，换成招牌到农村，到边疆去了，~~地下秘国地写坏反动对联~~，已有情报表明，他们已有人叛国去香港和苏联、他们多是官干和名级军官子弟，他们知道一些我国政治军习的国家秘密，并且他们有武口，有武装是光子给的，有的是假的，他们还在散集黑材料、印传单，妄图用国苦以我国十七年伟大成就（广州已有）歪拟无产阶级文化大革命的成绩，美蒋特务正来活动，四有潜入大陆的，一些全国性的所谓造反组织中就有他们黑特活动，伺机反扑，目前布八个回合已有迹象表现，他们要进行政治反扑，攻击毛主席、中央文革。在敌人的反扑面前，能否有50%的人站在毛主席远边，有人说文化大革命要收，不是！现在不提收，而是收聚拳头，准备打最狠一拳。

估计第八个回合决战的前途：①较好的前途是象反十二月黑风那样，政治上很快龆以瓦解取胜。②由与准备不足、一下而张义大，不得不动解放军进行镇压③敌人在政治上、经济上向我们反扑，我们要付正较大的代价。④最坏，科敌人连经济上、政治上、军事上国际国内天寒人祸一起来，敌人是全向中国进攻。将巨大的惊涛恶波（北有苏联，东有日本、台湾蒋邦 南海美帝、西有印度）有可能跟毛主席全上井岗山，我...胜利的信心决不可动摇，胜利一定属于我们，要向前看和硬任务；要三镜以宁大原则，a.对毛主席本付统帅要绝对信任，b.对中央文革绝对信任。c.对解放军地对信了对刘邓陶的认识要清不把记们的想。形势大话：江等旅费，号以兵团战士分析形势，但给逐料新研老验。

清华大学战士 孙光华 （未经本人审阅）

天津二中井岗山兵团翻印

天津二机车红卫兵 从童开战公纵队

1967. 4. 8.

毛主席和党中央总结的四点夺权经验

二月二十八日谢富治同志接见工人革命代表时说：夺权我们有经验，现在毛主席党中央在去年总结前阶段夺权经验有四点：

(一)夺权要实行革命的三结合，不结合是不行的，不三结合夺权不巩固，正结合是革命的三结合。

(二)夺权要搞大联合，是搞革命的大联合。一个企业，一个工厂，一个部门都要实行大联合。你夺过去，我夺过来，成了抢权了。

(三)夺权必须是革命造反派，真正的左派夺权。不能保皇派夺权，不能挑拨夺权。

(四)夺权必须以本单位、本企业、本部门，本企业革命左派自己夺权，必要时，也应该是外部与其有直接关系的，可以配合，可以协助，离开这四条夺权就不行了，是不是符合这四条。符合这四条就成，不符合这四条就无效，不符合毛泽东思想的夺权绝对无效。

自房工人"二七"革命造反战斗队给印

天津 机车车辆工厂总建东战斗纵队

反对李曰峰就是反对毛主席吗。

反对李曰峰就是反对毛主席吗？不是！绝对不是！！！军万动运初期，被批奥的破烂今天又窜到天津城来了，我们正信李曰峰，找不到！在炮轰轰罪恶滔天的李曰峰就是有理！就是有理！！有些别有用心的家伙，硬把李曰峰与毛主席党中央之间划等号，在李曰峰有伟大的中国人民解放军之间划等号，似竟破坏解放军与革命群众和向解放军的血肉关系。

李曰峰你见此情况后，不立刻表现表态或幕后支持这样恶，我就砸烂完的狗头！！李曰峰就是李曰峰！解放军就是解放军！！反革命修正主义分子李曰峰绝对绝对不能和我们伟大的领袖毛主席相提并论！！！

打倒李曰峰！

中央軍委命令

林彪同志：此件挺好。

毛泽东 一九六六年四月六日

毛主席指示中国人民解放军介入地方文化大革命,大力支持左派这是一个伟大的具有战略意义的决定这是一个崭新的历史任务我军广大指战员积极响应伟大领袖毛主席的号召在支左工作中起了很大作用最近我们检查了某些军区的支左工作有的做好的有的做的不好目前正现许多新问题应当及时引起严重注意。

为此,特发布命令如下:

(一) 对群众组织,无论革命的或者被反动分子所控制的或者情况不清楚的。都不准开枪,只能进行政治工作。

(二) 不准随意捕人,更不准大批捕人。对于确实查明的反革命分子要逮捕,但必须证据确凿,经过批准手续。

(三) 不准任意把群众组织宣布为反动组织,加以取缔。更不准把革命组织宣布为反革命组织。对于犯有某些错误的群众组织,要积极进行帮助教育。对于确实查明被反动分子控制的群众组织,要作分化争取工作,孤立其最坏的头义,争取受蒙蔽的群众。必须公开宣布其为反动组织加以取缔的,要经中央批准。

(四) 对于过去冲击过军事机关的群众,无论左中右概不追究,只对确以查明特别坏的右派头义要追究,但应尽量缩小打击面,不能仅义根据是否冲击过军事机关这一点来划分左中右。

(五) 对待较大的群众组织采取什么态度,应就地深入调查研究进行阶级分析,采取大量行动前应向中央文革和全军文革请示报告。

(六) 一概不要进行群众性的"请罪"运动。也不要强迫群众写检讨,群众自动写的检讨书退还其本人。有些不觉悟并且坚持错误观点的群众,不要急于要他们认错而要给预时间,让他们在斗争中自己教育自己。不允许体罚和变相体罚。例如带高帽,挂黑牌,游街罚跪等义。

(七) 在军队中要深入进行以毛主席为代表的革命路线同资产阶级反动路线的两条路线斗争的教育。学习毛主席著作,必须结合两条路线的斗争。广泛收集揭露反动路线和一小撮党内走资本主义道路的当权派的广泛具体材料,印发到连队进行教育,使广大指战员了解他们的反动事实进行彻底批判肃清其恶劣影响。

(八) 对派到地方上去或主持支左的干部,要详细交待政策,要防止赵永夫式的反革命分子(赵永夫原青海省军区付司令员,是一个混进党内军内的反革命分子,他要弄阴谋手段,篡夺军队,对革命群众的组织,进行残酷的武装镇压)或思想很右的人去主持支左工作。

(九) 在支左工作中要学会作群众工作,相信群众,依靠群众,有了群众商量，善于采取说服教育的方法，而不应白采取简单粗暴和命令的方式。

凡业已违反上述请条律法的都要立即改正。积极进行善后处理。令后坚决持以上条办事。

这个命令要在我军所有机关连队
内部用电报,电话迅速传达。
广泛张贴

中共中央军事委质会
一九六七年四月六月

二机半 红卫兵《重开战
纵队
一九六七年四月十日

打倒劉少奇
砸烂黑《修養》

第 二 集

南开大学八·三一八·二八紅色造反团

《誓与刘邓陶血战到底》联絡站

一九六七年四月十一日于天津

目　录

最 高 指 示

修正主义，或者右傾机会主义，是一种資产阶級思潮，它比教条主义有更大的危险性。修正主义者，右傾机会主义者，口头上也挂着馬克思主义，他們也在那里攻击"教条主义"。但是他們所攻击的正是馬克思主义的最根本的东西。他們反对或者歪曲唯物論和辯証法，反对或者企图削弱人民民主专政和共产党的領导，反对或者企图削弱社会主义改造和社会主义建設。在我国社会主义革命取得基本胜利以后，社会上还有一部分人梦想恢复資本主义制度，他們要从各个方面向工人阶级进行斗争，包括思想方面的斗争。而在这个斗争中，修正主义者就是他們最好的助手。

《关于正确处理人民內部矛盾的问题》

必須批判劉少奇的大毒草《論修养》

《新南开》編輯部

毛主席教导我們："凡是錯誤的思想，凡是毒草，凡是牛鬼蛇神，都应該进行批判，决不能讓他們自由泛濫。"党內头号走資本主义道路的当权派、老牌反革命修正主义分子劉少奇的《論共产党員的修养》是一株反馬列主义反毛澤东思想的大毒草。

这株大毒草是劉少奇修正主义的代表作，是劉邓資产阶級反动路綫的总禍根，是他們复辟資本主义的黑綱領、宣言書和信号弹。二十多年来，劉少奇这个反革命修正主义分子，为了达到他不可告人的目的，緊随社会上阶級斗爭的气候变化，推涛助浪，兴妖作怪，曾多次修改黑書《論修养》，充塞毒素，但还唯恐不足，到一九六二年劉少奇撕下了仅有的假面具，砍掉了裝璜門面的馬列主义詞句，塡满了修正主义的黑貨，在阶級敌人的緊鑼密鼓中，把大毒草《論修养》又抛出来了。

在这本黑書里，劉少奇为了按照他修正主义的建党綱領来改造我們党，达到他篡党、篡政的目的，把矛头恶毒地对准了我們的伟大領袖、我們心中最紅最紅的紅太阳毛主席。他与帝、修、反互相勾結，緊密配合，破口大罵，用尽了人間恶毒的語言，采用了各种手段来攻击我們伟大的領袖毛主席，貶低伟大的毛澤东思想。劉少奇比起他的祖宗赫魯晓夫来，更是"青出于兰，而胜于兰"，有过之而无不及。

在这本黑書里，劉少奇裝扮成馬克思主义的样子，喊着漂亮的詞語，打着"共产党員要加强党性休养"的招牌，販卖着不要革命，不要阶級斗爭，不要夺取政权，不要无产阶級专政的"修"字号黑貨。他不遺余力地大肆鼓吹資产阶級个人主义，提倡奴隶主义，与毛主席公开唱对台戏。毛主席要我們成为完全、彻底地为人民服务的勤务員，他却讓我們去当什么出人头地的"革命家"，"政治家"，"領袖"，"模范"等等；毛主席要我們成为无私无畏、敢于为共产主义事业冲鋒陷陣的战士，他却讓我們脱离无产阶級的政治去"修养"，成为謹小愼微的伪君子；毛主席要我們襟怀坦白，以革命利益为第一生命，他却要我們"在爭取党的事业的发展成功和胜利中"来发展个人主义，把党和人民作为謀取个人名利的阶梯，等等，等等。总之是千方百計讓我們"修养"成地地道道的修正主义的接班人，成为資本主义复辟的工具。劉少奇的黑心何其毒也！

在这本黑書里，他还大力地鼓吹阶級調和，抹煞阶級斗爭，妄图以此来掩盖和取消我們党內两条路綫，两个阶級的斗爭，大搞"合二而一"，宣揚叛徒哲学，消磨我們的斗志，极力把我党革命拉向右轉，妄图使我們馬列主义的党变成修正主义的党，改变我們国家的颜色。

但是，这样一株大毒草不但一直沒有受到批判，相反却在劉邓一伙反革命修正主义分子的把持下，利用他們窃踞的要职，开动宣传机器，把毒草吹捧成香花，到处贩毒，腐蚀人們的灵魂。他們甚至把它冒充为馬列主义的基本教材灌输給广大共产党員、共青团員和革命干部，来抵制和反对广大革命群众学习毛主席著作。妄想以他的"修养"取代伟大的毛澤东思想。然而在这场你死我活的阶级大搏斗中，广大革命群众并没有上他們的当，他們最爱毛主席，最信仰毛澤东思想，他們如飢似渴地活学活用毛主席著作，用毛澤东思想改造自巳的世界观。用毛澤东思想武装的成千上万的象雷鋒、王杰、刘英俊 欧阳海式的英雄人物，他們不愧为毛主席的好战士。但也有一些个人主义的思想没有得到改造的人，却上了当。他們把《論修养》当成"灵丹妙药"，視为至宝，苦心攻讀，不厌其煩，结果是一"修"再"修"，越"养"越"修"。这种不要毛泽东思想，脱离三大革命实践的《修养》論，深深地毒害了他們。这些人斗志消沉、奴隶主义严重、唯唯喏喏、唯命是从，缺乏革命造反精神。因此在这次伟大的无产阶级文化大革命中，充当了資产阶級反动路綫的牺牲品。更有甚者，成了鎮压广大革命造反者的打手和帮凶。

这株大毒草，在刘、邓一伙反革命修正主义分子吹捧和煽惑下，不仅在国內到处泛滥，流毒全国，而且流毒国外，欺骗和迷惑了很多外国的革命同志。給我国和全世界的革命事业带来了不可弥补的巨大损失。我們必須連根把它剷除。刘少奇对中国人民和世界人民欠下的帐，必須彻底清算！

伟大的領袖毛主席教导我們說："不破不立。"革命的同志們，是时候了，是彻底批判和剷除这株大毒草的时候了！我們应当积极行动起来，用伟大的毛澤东思想作武器，全党共誅之，全国共討之。只有彻底批判和剷除它，才能彻底肃清我們头脑中資产阶級反动路綫的流毒，肃清它在全中国和全世界的流毒，才能使毛主席的革命路綫在我們头脑中扎根；只有彻底批判和剷除它，才能真正作到破"私"立"公"，实现思想革命化，成为坚强的共产主义战士，成为坚强可靠的无产阶级革命事业接班人。

对于那些受刘氏《修养》毒害较深，还没有同資产阶級反动路綫划清界綫的人，我們要大喝一声："你們錯了！現在是你們彻底觉醒的时候了！"我們希望你們挺身而出，投入战斗，从自巳身上开刀，彻底批判和剷除这株大毒草。我們深信，在这次群众性的大批判中，通过活学活用毛主席著作，一定会連根剷除刘少奇《論修养》这株大毒草，讓毛澤东思想放射出更加灿烂的光輝！

《論修养》出籠的历史背景

《論共产党員的修养》是一株反毛澤东思想的大毒草，是中国推行修正主义的理論策源地之一，是刘邓資产阶級反动路綫的总祸根，也是刘少奇丑恶灵魂的写照。

这本書流传很广，毒害很大，不彻底加以批判和肃清，无产阶级革命就不能进行到底。

为了砸烂这个修正主义的理論黑店，使毛澤东思想眞正在全党和全民中扎根，必須把刘少奇的《論共产党員的修养》这部黑書批倒、批臭。为了更好地鏟除这株大毒草，把这本黑書批倒、批臭，現将这本黑書写作和再版的历史背景作个介绍：

一、《論共产党員的修养》一書发表的历史背景：

这本書发表于一九三九年七月，而一九三九年正是我国处在抗日战爭时期，国內外的阶级斗爭异常尖銳和复杂，阶级投降主义和民族投降主义逐漸抬头，党內的右傾机会主义思潮一天一天地严重起来。

在国际上，德、意、日法西斯侵略势力非常囂张，第二次世界大战到了一触即发的程度，严重的阶級斗爭摆在世界人民的面前。

在国內，抗日战爭已經爆发，国共已經合作，在抗日統一战綫內部，存在着两条不同的抗战路綫。一条是国民党的片面的抗战路綫：即假抗战、眞投降；另一条是中国共产党領导全国人民的全面抗战路綫：即依靠人民大众，实行人民战争。这两条路綫的斗争，实质上是反映了无产阶级和大地主大资产阶级争夺抗日战争的領导权的问題，也是关系到抗日战争的成败的问題，中华民族的存亡问題。

国內外的阶級斗爭，必然地要反映到党內来。当时以王明为代表的右傾机会主义思潮愈来愈加严重，形成了一条右傾机会主义的路綫，与毛主席的无产阶级革命路綫相对抗。

由此我們不难看出，一九三九年不是風平浪静的，而是国內外阶級斗爭非常复杂、非常尖銳，党內出現了与毛主席的革命路綫相对抗的右傾机会主义路綫，即修正主义的时刻。这个时候党內的主要危险是右傾投降主义。正在这种情况下，中国最大的党內走资本主义道路的当权派，头号修正主义分子——刘少奇，就急急忙忙地抛出了这株大毒草——《論共产党員的修养》，他打着反对右傾机会主义、教条主义的旗号，干着贩卖修正主义黑货的勾当。書中大肆散布资产阶级的个人主义，鼓吹封建聖贤的修养之道，妄图使党員脱离工农群众，脱离火热的阶级斗争，把党引向邪路，以此与毛主席革命路綫和建党思想相对抗。

二、一九六二年《論共产党員的修养》再版的历史背景：

一九六二年，"三家村"、"四家店"的祖师爷——刘少奇又精心刻画了《論共产党員的修养》再版本。别有用心的大量出版和发行，强使全国各地大小書店都塞满了这本黑書——《論共产党員的修养》，并大量銷售国外。

我們知道，一九六二年是不寻常的一年，当时正是我国經济遭到暂时困难，而帝国主义、現代修正主义和各国反动派及其国內反动分子乘机向我国人民和中国共产党猖狂进攻的时候，也是蔣介石叫囂要窜犯大陆，国內地、富、反、坏、右兴風作浪和右傾机会主义大搞翻案風的时候。同时，一九六二年也是毛主席的光輝著作，《毛澤东选集》第四卷刚刚再版不久，林彪同志又发出了号召，开展活学活用毛主席著作群众运动的时候，在这种形势下，这个中国党內头号走资本主义道路的当权派——刘少奇，就与社会上的牛鬼蛇神上下串通，遙相呼应，他迫不及待地跳了出来，抛出了經过他精心修改，着意粉飾的《論共产党員的修养》，公开为右傾机会主义鳴鑼开道，大肆販卖修正主义黑货，以此来对抗毛选四卷的出版，貶低和反对毛澤东思想，对抗林彪同志的号召。以配合国际上的帝、修、反和国內的地、富、反、坏、右这股妖風，恶毒地攻击三面紅旗，攻击我們最敬爱的領袖毛主席，攻击伟大的毛澤东思想。以达到篡党篡政的目的，并为此作好舆論准备。

北京工农兵体育学院毛澤东主义兵团《挖修根》战斗队

《論共产党員的修养》是刘少奇反革命复辟的信号弹

一九六二年，刘少奇从历史的垃圾箱里拣起他的《論共产党員的修养》，擅擅尘土，重新抛了出来。

为什么不早不晚，他要在这个时候，在"修养"问题上大做文章呢？难道真象他自己在开头所表白的那样，是为了"党的建设和巩固"嗎？这是弥天大謊！刘少奇，这个中国的赫魯晓夫，早就在策划篡夺党的領导权了。《論共产党員的修养》就是他发动反革命复辟的信号弹。

一九五九年到一九六二年，正是我国处在暂时經济困难时期，帝国主义、现代修正主义、各国反动派乘机猖狂反华；僵尸蔣介石在台灣蠢蠢欲动。国內不法的地、富、反、坏、右牛鬼蛇神紛紛出籠，妄想变天。此时，反革命修正主义分子刘少奇配合国內外这股反革命逆流，大肆販卖"三和一少"、"三自一包"等等修正主义的黑貨，連他那臭名昭著的《論共产党員的修养》也塞满了書店，到处兜售。一时烏烟滾滾，黑云压城，群魔乱舞。

这是为什么？

毛主席教导我們："帝国主义者及其走狗中国反动派在中国这块土地上的失败是不会甘心的。他們还会互相勾結在一起，用各种可能的方法反对中国人民。"毛主席还教导我們："凡是要推翻一个政权，总要先造成舆論，总要先做意識形态方面的工作。革命的阶級是这样，反革命的阶級也是这样。"刘少奇在这时抛出《論共产党員的修养》，就是要和国內外反动派互相勾結，一唱一和，为他实行反革命复辟作舆論准备。

在这本反革命黑書里，刘少奇喊着馬列主义的詞語，打着"要作馬克思和列宁的好学生"的招牌，招搖过市，实际上他把馬列主义完全出卖了！什么是馬列主义？毛澤东思想就是馬列主义，就是当代最高、最活的馬列主义。正如林彪同志所說的："毛澤东思想是在帝国主义走向全面崩潰，社会主义走向全世界胜利的时代的馬克思列宁主义。毛澤东思想是反对帝国主义的强大的思想武器，是反对修正主义和教条主义的强大的思想武器。"在今天，毛澤东思想照耀着整个世界，鼓舞着全世界人民走向斗爭，走向革命，走向胜利。

帝国主义，现代修正主义和国内外反动派，在毛澤东思想的阳光下，惊恐万状，毛澤东思想巳經和正在武裝亿万革命群众，他們被彻底埋葬的日子就不远了！因此，他們总是把千百倍的仇恨，集中在战无不胜的毛泽东思想上面，他們总是把进攻的矛头，指向光焰无际的毛泽东思想，他們千方百計、丧心病狂地詆毀、攻击毛泽东思想。

同一切反动派一样，反革命修正主义分子刘少奇，要实现他篡党、篡軍、篡政，在中国复辟资本主义的野心，首先就一定要把他的矛头指向我們最伟大的領袖毛主席。就在这本《論共产党員的修养》里面，他用尽了人間最恶毒的語言，肆无忌憚地对我們伟大領袖毛主席进行了最无耻最恶毒的攻击。

他說："在过去某一时期內，某些教条主义的代表人"，"只是胡謅一些馬克思列宁主义的术語，自以为是'中国的馬克思、列宁'，装着馬克思、列宁的恣态在党內出现，并且毫不知羞耻地要求我們的党員象尊重馬克思、列宁那样去尊重他，拥护他为'領袖'，报答他以忠心和热情。他也可以不待别人推举，径自封为'領袖'，自己爬到負責的位置上，家长式地在党內发号施令，企图教訓我們党，責罵党內的一切，任意打击、处罰和摆布我們的党員"，这种人"是党內的投机分子，共产主义运动中的蟊賊。这种人在党內，終归要被党員群众所反对、揭穿和抛弃，是无疑问的。"

刘少奇是在談历史嗎？是在攻击"教条主义"，攻击某些"教条主义"的"代表人"嗎？不是！完全不是！請看他自己写的自供吧："然而我們是否能够完全自信地說，在我們党內就从此不会再有这种人了呢？我們还不能这样說。"这句絕妙的供詞完全暴露了刘少奇的反革命面目！他是在含沙射影地攻击我們伟大領袖、攻击我們心中最紅最紅的紅太阳毛主席，他的狼子野心是何等的恶毒！他的咀脸，他的腔調和当年赫魯晓夫大反斯大林何其相似！

在国际共产主义运动中，当工人阶级的叛徒，国际共产主义运动中的蟊賊赫魯晓夫妄图篡夺伟大苏联的党、政、軍大权的时候，他首先就是迎合国际和苏联国內的阶级敌人反对国际共产主义运动的反革命逆流，大作秘密报告，从大反伟大的馬克思主义者、国际共产主义运动公认的工人阶级的伟大領袖斯大林同志开始的。他借口反对"个人迷信"，对斯大林同志不是摆事实，講道理，而是用煽动的、蛊惑人心的語言对斯大林同志进行人身攻击。他咒罵斯大林是"凶手"、"刑事犯"、"强盗"、"赌棍"、"伊凡雷帝式的暴君"、"俄国历史上最大的独裁者"、"混蛋"、"白痴"等等，用尽人間污秽下流的恶言毒語。他这样做，就是为了降低斯大林同志在苏联人民和全世界革命人民中的崇高感信，达到他篡夺苏联党、政、軍大权的卑鄙目的。

赫魯晓夫是这样，反革命修正主义分子刘少奇与赫魯晓夫相比，有过之而无不及。

也就是在刘少奇《論共产党員的修养》重新抛出来的一九六二年，还是那个赫魯晓夫，糾集了一小撮爪牙打手，掀起了空前的反华浪潮，大反高举馬列主义大旗的中国共产党，疯狂地咒罵我們最伟大的領袖毛主席，他們咒罵我們党中央和伟大領袖毛主席是"疯子"、"教条主义"、"左傾冒险主义"、"假革命"、"个人迷信"、"个人独裁"，

185

恰恰在这个时候自称为"刘克思"的刘少奇也赤膊上阵，疯狂咒骂我們伟大領袖毛主席"毫不知恥"，"自封为領袖"，是"投机分子"，"蠹賊"，"装着馬克思、列宁的姿态在党內出現，，"家长式地在党內发号施令"。他和赫鲁晓夫一唱一和，密切配合，他用尽了人間最恶毒的語言攻击我們最伟大的領袖毛主席，妄图降低毛主席在人民群众中的威信，为实现他纂党、纂軍、纂政的野心作輿論准备，讓中国走苏联修正主义的道路。

他不但作輿論准备，而且切切实实地干起来了。看，他在向大大小小的喽囉們下动員令了："敎条主义的代表人"，"在党內，終归要被党員群众所反对、揭穿和抛弃，是无疑问的"。他公然煽动牛鬼蛇神出籠了！也就是在刘少奇的阴謀策划下，党內走資本主义道路的当权派結党营私，招降納叛，地、富、反、坏、右、牛鬼蛇神互相勾結，上下串通，从中央到地方結成了一条又粗又长的黑綫，多次策划暴乱，密謀政变，妄图改变我們国家的顏色，顚复我們的紅色政权。

无产阶级文化大革命敲响了刘少奇及其爪牙的丧鐘，恰恰是他們自己被广大革命群众所"反对"、"揭穿"和"抛弃"了！历史是最无情的。誰要历史倒退，不管他是什么样的"英雄好汉"，不管他是多么了不起的"厖然大物"，誰就要身败名裂，自取灭亡。

但是我們在和这些反动派作斗爭的时候，要重視他們。千万不能小看了《論共产党員的修养》。《論共产党員的修养》是刘少奇反革命修正主义理論的代表作，是刘少奇反革命的宣言書，予謀变天的信号弹。这株大毒草流毒深广，必須彻底批判！

不破不立。不粉碎刘少奇的反革命理論，就不能大立毛澤东思想；不粉碎刘少奇的反革命阴謀，无产阶级专政就要改变顏色。为了保卫党中央，保卫毛主席，我們应当向刘少奇发动总攻击，重炮猛轟，穷追到底！从哪里出来，还应当再回到哪里去，把刘少奇連同他的"修养"抛到历史垃圾箱里去！

南开大学八•一八紅色造反团

《新南开》公社

从《論修养》看刘少奇的叛徒嘴脸

一九六二年，反革命修正主义分子刘少奇，把他的《論修养》从历史垃圾堆中拾起来。修修补补，在国际上帝、修、反大肆反华的緊鑼密鼓中重新抛了出来。这是一株反毛澤东思想的大毒草，是他向革命人民猖狂进攻的信号弹，是他在中国复辟資本主义的宣言書。在这本書中，刘少奇贩卖了一系列反毛澤东思想的修正主义黑貨。同时，他还宣揚了一整套"叛变有理、变节无罪"的叛徒哲学，把无产阶级的革命事业出卖得一干二凈。事实証明，反革命修正主义分子刘少奇是一个无与伦比的无产阶级最大的叛徒。

对于刘少奇的叛徒哲学和种种謬論必須予以彻底批判，彻底肃清！

一、进步不快論。他說："有的党員进步得很快，甚至原来較落后的赶在前面去了；有的党員进步得很慢；有的党員甚至在斗爭中动搖起来，革命的实践对于他没有起前进的影响，他在革命的实践中落后了。"

立坊的动搖乃至叛变，难道可以用进步快慢解释嗎？变节投敌难道仅仅是"在革命的实践中落后了"嗎？根据刘氏"修养"，动搖变节分子和革命战士根本没有什么本質区别，叛徒根本没有什么"罪过"，他們仅仅是"落后"，而落后是常有的事。这是地地道道为叛徒辯护的反革命理論！

二、困难估計不足論。他說："他們或者没有估計到这种困难，或者在实际上遇到困难的时候，就悲观失望起来，甚至有的共产党員因此而从共产主义队伍中动搖出去。"

这就是說，叛徒变节投敌，不是由其反动的資产阶级世界观和反革命立坊决定的，而是困难在作怪。叛徒的本質没有什么不好，只不过思想方法有时不对头，有时有点"悲观"而已，这是彻头彻尾的唯心主义的叛徒語言！

"疾風知劲草，烈火炼眞金。"无数革命先烈为了人民的利益，为了共产主义事业，披荆斩棘，浴血奋战，赴湯蹈火，不怕牺牲。他們不愧为眞正的共产党人，不愧是革命的中流砥柱。在敌人的牢獄里，他們是刘格平，为了免除后代的苦难，他們宁願把牢底坐穿；在刑坊上他們是夏明翰、刘胡兰，傲然挺立，含笑以赴；在硝烟四起的战坊上，他們是黃继瑞、謝继光，勇于牺牲；在平凡的崗位上，他們是张思德，勤勤恳恳，兢兢业业，完全彻底为人民服务。他們是中华民族的脊梁，是全民族的骄傲，他們永远是鼓舞我們为共产主义事业献身的榜样！

而那些在革命最艰难的关键时刻，也是党和人民最需要我們的时刻，考驗我們的时刻，在敌人的白色恐怖面前害怕了，动搖了，甚至向国民党反动派写"自白書"发表"反共启事"，出卖组织，出卖同志用以换取国民党反动派的"寬大为怀"者，是我們工人阶级的叛徒，是中华民族的败类，是全国全世界人民的死敌，我們要全党共討之，全国共誅之。

刘少奇对叛徒的美化，是对革命先烈的极大侮辱，就是对革命事业的出卖；我們絕对不能容忍！

三、残存剝削阶級意識論。他說："在历史上由于这样的原因而动搖出党的人是不少的。在这种人的思想中残存着剝削阶級的意識，不了解共产主义事业的伟大，没有共产主义的伟大胸怀。"

苟活偸安，卖身求荣，立誓反共，提着同志的头顱，作为投靠反动派的见面礼，残存一点剝削阶級的意識，夠用嗎？！

从革命变成反革命，这意味着思想和立坊的根本轉变，意味着和反革命站在一起，成为彻头彻尾的反革命分子，人民不共戴天的死敌。

思想上存在着缺点和錯誤，"残存着剝削阶級的意識"，是人民內部问题。刘少奇把叛徒和革命战士混为一谈，混淆革命和反革命的界限，为叛徒开脱，为叛徒辩护，他是要我們和叛徒握手言欢，"和平共处"。要我們象他一样去出卖革命先烈；出卖无产阶级革命事业。刘少奇身上哪里还有一絲一毫共产党人的气味？！

四、受不起成功和胜利的鼓励論。他說："有些党员受不起成功和胜利的鼓励，在胜利中昏头昏脑，因而放肆、官僚化，以至动搖、腐化和堕落，完全失去他原有的革命性"。

这里，刘少奇沒有說明叛徒为什么"受不起成功和胜利的鼓励"，也根本沒有指出"失去原有的革命性"的阶级本質。

按照他們的理論，叛徒叛变的根源，在于"成功和胜利的鼓励"，是由于革命斗爭的胜利造成的，而与叛徒的反动立场、反动的人生观无关。如果沒有"成功和胜利的鼓励"，就不会有叛徒。越是胜利，叛徒就越多。因此我們根本不应該革命，根本不应該爭取胜利。真是反动透頂，謊謬絕倫！

这是对革命人民和革命事业的恶毒咒骂！这是对光荣、伟大、正确的中国共产党丧心病狂的恶毒攻击！我們坚决不允許刘少奇采用这样恶劣卑鄙无耻的手段替叛徒辯护，为叛徒开脱。刘少奇的罪恶目的永远也不会得逞！

五、社会引誘論。他說："还有个别的人受不起旧社会剝削阶级的引誘，看到了花花世界，看到了金錢美色，他們就动搖起来，以至因此犯罪，直至叛变党和革命。"

叛徒为什么"叛变"？是"旧社会剝削阶级的引誘"，还是叛徒們本来就神往"花花世界"，追求"金錢美色"？还是讓叛徒自已来回答吧！

大叛徒卢正义写过很多反动作品，有些是講他为什么叛变的，他在一首题为《轉变》的反动詩中这样說：我抛弃了旧日的行程，踏上我新的道路，这不是因为旧路的荆棘丛生，是因为荆棘的尽头找不到花园。我抛弃了旧日的行程，踏上我新的道路，这不是因为旧路的崎岖险恶，是因为崎岖的道上找不着山泉。我憧景着美丽的花园，我渴望着清彻的山泉，我抛弃了旧日的行程，踏上我新的道路。

另一个叛徒张文昂在反动派面前痛哭流涕，为"誤入岐途"而伤心落泪。他写道：我回忆着我的过去。流着痛心的眼泪，因为我牺牲了我宝貴的青春，又損磨我所爱的社会。叛徒的自白給了刘少奇一記多么响亮的耳光！

他們哪里是"受不起旧社会剝削阶级的引誘"？哪里是因为看到"花花世界"而动搖背叛？他們本来就无限迷恋肮脏腐朽的旧社会，疯狂地追求紙醉金迷、花天酒地！这种人为了他个人的利益，在一定的时期内，也能加入革命队伍，甚至他們也能"艰苦奋斗"，不怕"荆棘丛生"，不怕道路"崎岖险恶"。但他們革命的目的絕不是为了伟大的共产主义事业。当革命的紧要关头，反革命要杀他的头，他的美梦要化为泡影的时候；或是当反动派給他們官做，讓他們发财，他可以亨乐腐化的时候，他們就必然要叛变投敌。这是叛徒叛变的根本原因。

伟大的領袖毛主席教导我们說："我們的共产党和共产党所領导的八路軍、新四軍，是革命的队伍。我們这个队伍完全是为着解放人民的，是彻底地为人民的利益工作的。"

我們這個队伍，一切以党的意志和人民的意志为轉移。只要是为了共产主义事业，我們刀山敢上，火海敢闖！我們要做宁死不屈的共产主义战士，不做那些只为了謀图个人私利的变节投敌的叛徒。我們的党是一个光明磊落、伟大正确的党。我們要做坚强的革命战士，而决不允許以任何借口讓那些可恥的叛徒混杂在我們的队伍中。正因为这样，不管有沒有社会的引誘，那些混杂在革命队伍中的投机家，政治奸商，迟早要背叛人民，背叛革命，走上反革命的道路。

六、保存实力論。他說："党在可能的条件下顾全和保护个人的不可缺少的利益——如給他以教育学习的机会，解决他的疾病和家庭问题，以至在反动統治的环境下，在必要时还要放弃党的一些工作来保存同志。"

毛主席說："共产党員无論何时何地都不应以个人利益放在第一位，而应以个人利益服从于民族的和人民群众的利益。"

刘少奇却反其道而行之，公然鼓吹党員个人利益第一，主张党为个人服务，把党变成工人贵族的奴仆。甚至为了所謂的"保存同志"，可以放弃党的工作。全党的利益可以牺牲，革命的原則也可以出卖，而革命的叛徒无論如何是要受到保护的。看：这和赫魯晓夫所鼓吹的"关心人民福利"，只要是能得到"土豆烧牛肉"一切都可以不要了的彻头彻尾的活命哲学、叛徒哲学还有什么两样？反革命修正主义分子刘少奇的咀脸是何等的丑恶！

刘少奇的所謂的"保存实力"就是叛徒們的护身符，刘少奇們就是要用这块护身符把叛徒变节投敌合法化，使大大小小的叛徒长期潜藏在我們的队伍中，腐蝕我們革命队伍，达到他們复辟变天的目的。

以上事实說明，宣揚叛徒哲学、叛徒邏輯，为叛徒弁护，替叛徒开脱是刘少奇《論修养》这棵大毒草的重要部分。为什么刘少奇这样大肆兜售叛徒哲学、叛徒邏輯呢？这个謎在这次无产阶级文化大革命中才完全揭开。

原来刘少奇这个反革命修正主义分子，赫魯晓夫式的个人野心家，阴謀家，早在三十年代他就是无产阶级的大叛徒！一九三六年，正当日本帝国主义加紧侵略中国，中华民族处在生死存亡的紧急关头，刘少奇背着毛主席和党中央，指使安子文、薄一波等一伙大叛徒公开发表"反共启事"宣誓"坚决反共"，投降变节，从狗洞里爬出来。又是他，公然违背毛主席关于叛徒不准重新入党的指示，不但給叛徒們恢复了党籍，而且一个个封官加爵，青云直上，从中央到地方，布下了一个庞大的叛徒网，形成一条从刘少奇到基层，对抗毛主席革命路綫复辟资本主义的黑綫。这一伙人，是刘少奇长期以来进行反党反社会主义反毛澤东思想罪恶活动的政治资本，同时也是他妄图在中国篡党、篡政、复辟资本主义的干部条件和社会基础。为了保住这一批人，刘少奇几十年来費尽了心血。他曾經多次赤膊上陣，公开为叛徒翻案。在七大会議上，他就曾經提出"有自首行为的人可以当中央委員"的反动理論，在《論修养》重新抛出来的一九六二年，在刘少奇的指揮下，大大小小的叛徒和牛鬼蛇神，利用电影、戏剧以及其它艺术形式，为叛徒歌功頌德，树碑立传。《論修养》就是刘少奇为叛徒变节投敌制造理論根据，为叛徒翻案，为发动反革命政变、实行资本主义复辟制造輿論准备的一个重要的方面軍。

"有錯誤就得批判，有毒草就得进行斗爭"。我們必須迎头痛击刘少奇們的挑战，我們必須連根拔掉刘少奇反毛澤东思想的大毒草《論修养》。在我們連根剷除这株大毒草的时候，必須把他兜售的叛徒哲学也予以清算，坚决打倒，彻底肃清它的流毒，把大大小小的叛徒統統揪出来，把他們的叛徒咀脸拿出来示众！讓战无不胜的毛澤东思想占領一切陣地，讓毛澤东思想的光輝旗帜，在伟大祖国的上空，高高飘揚，永远飘揚！

南开大学八一八紅色造反团《新南开》公社

愤怒揭发《黑修养》对我的毒害

編者按：

刘培庚同志用自己切身体会，对黑《修养》揭发控訴的很好。通过他的揭发和控訴，完全暴露了黑《修养》的反动本質。黑《修养》打着"修养"的招牌，而实际上是我們思想改造上的一付腐蝕剂，是资产阶级个人主义发展的温床，是向人們推行奴隶主义的策源地。如果我們照刘少奇的《修养》去"修养"，"修养"的結果，不是个人野心家，也会变成十足的奴隶。如果我們的国家被这部分人掌权，那么就必然会走向修正主义。刘少奇用心何其毒也！

当前，批判大毒草《論修养》的群众性运动已逐渐形成，我們特别希望大家讀了这篇文章后，要通过活学活用毛主席著作結合我团或个人的特点，对大毒草《論修养》的毒害进行深刻的揭发和批判，彻底肃清我們头脑中的保守思想和资产阶級反动路綫的遺毒，使我們在思想上眞正打一个"翻身仗"。

在这坊史无前例的无产阶级文化大革命中，本来，我們最最敬爱的伟大領袖毛主席讓我們发揚大无畏的革命造反精神，彻底批判资产阶级反动路綫，把党內大大小小的走资本主义道路的当权派和一切牛鬼蛇神都揪出来，将他們斗倒斗臭、制服，把我們无产阶级的政权从他們手中夺回来。但是在运动的前一阶段，我辜負了毛主席的教导，沒和毛主席站在一起，却受了刘邓资产阶级反动路綫的蒙蔽，和他們站在一起，成了文化大革命的絆脚石。

这是为什么呢？

其重要原因，就是我受了刘氏《論修养》的毒害。在今天，全国革命造反派起来批判《論修养》的时候，我一定要和大家一起，彻底揭发、批判"修养"对我的毒害，从"修养"的枷鎖中彻底解放出来，在思想上打一个翻身仗。

我和"修养"接触的时間不长，但是"一見鍾情，臭味相投"。黑"修养"本来是一篇欺人之談，是道道地地的唯心論的修經。它不要无产阶級专政，不講阶級斗爭，大肆攻击馬列主义和战无不胜的毛澤东思想；鼓吹个人奋斗。就是这样一本修經，却迎合了我自己头脑中的資产阶級个人主义思想，使我对他百讀不厌，重要的章节几乎能背得出。这本修經在我手里的磨損，几乎比毛选还要快。也就是这样反复的想从"修养"中来提高自己的修养，才使我从其中找出了为个人主义辯护的理論，找到万能的挡箭牌。这样，修經的修理就和我的个人主义狼狽为奸，相依为命。在我要求入党的过程中，本来动机和目的就不純，一讀《論修养》，犹如火上加油。至使自己在要求进步过程中不是破"私"立"公"，而是破"公"立"私"，并且"始而漸焉，久而安焉"。

伟大的領袖，我們心中最紅最紅的紅太阳，毛主席教导我們說："一个共产党員，应該是襟怀坦白，忠实，积极，以革命利益为第一生命，以个人利益服从革命利益；"修养却反其道而行之，极力鼓吹个人利益第一，在为"公"的招牌下大捞个人政治資本，宣揚利用一切工作机会，作为自己向上爬的手段的个人野心家，投机家的哲学。我过去就很欣赏这种哲学，我有过比較严重的自悲感，觉得自己沒有什么能力，干不出什么惊天动地的事业来。不过是一个庸夫俗子。但就在这自卑之中仍然包含着严重的个人主义的名利思想。"修养"就象一个幽灵，抓住了我的这一点死思想，借尸还魂，大显神通。他首先告訴人們，"人皆可以成舜尧"，都可以成为什么"政治家"，讓人們先定下向上爬的思想和方向。接着又告訴人們如何向上爬，那就是"先苦其心志"呀，"劳其筋骨"呀，"行拂乱"呀，"动心忍性"呀，說明白点，就是一句話，要想使自己将来地位显赫，能担当"大任"，必须先装一番假象，以騙众人耳目，求得社会輿論上的同情，为自己向上爬打下群众基础。过去我就很相信这些鬼話，觉得应该有个雄心壮志，有个前进方向。即使成不了什么"舜尧"和什么"家"，但应向这方面努力；即使不能成"担当大任"的人物，經过一番"认眞的"脚踏实地的"修养"也終会与众有些不同，至少不至于那样平庸无奇，无所作为。我常想，既然"修养"能給自己带来这无穷的"好处"，那我为什么不能下定决心，来个"节衣縮食"，"动心忍性"，"臥薪尝胆"的"修养"呢？我认为眞的經过这一番"修养"，那么辛苦过去之后就是自己前途大放光明之时。因此，我下定决心，放长綫，釣大魚，来个"欲得之，必先与之"，"委"现时一切之"屈"，以"求"将来自己获名得利之"全"。在我的一切行动中，常常貫穿这种思想。

当一项工作摆在我們面前的时候，我不是首先想到这项工作对革命有什么意义，从思想上解决问题，而只是认为既然工作来了不干是不行的，閙情緒更对自己不利，不如硬着头皮，干得积极一点，反而能把这项工作变为自己向上爬的手段。平时我也不願計較小的得失，因为这不符合"委屈求全"，反而容易失大。我常常被个人荣誉心驅使去为集体工作。

因为我从"修养"中知道，"党的阶级的成功与胜利，也就是党员的成功与胜利"。因此我想，一个人功劳簿上的荣誉，只能記載他为集体献出的力量，否则功劳簿就要空白。我有时就是在这种思想指导下为集体工作。否则为集体工作的念头也就云消雾散了。如果不是为了縮小我和"大人物"之間的距离，我也就不会願意为集体奔走效劳了。毛主席教导我們要"全心全意地为人民服务"，要"完全"，"彻底"为人民的利益而工作。修經所散布的謬論和战无不胜的毛澤东思想是相差得何等的远啊！

一年多来，黑"修养"不知不觉地使我受到了很大的毒害，使我在修正主义的泥坑里越陷越深，不能自拔。而反过来，我为黑"修养"卖命效劳，却不遗余力。尤其在文化大革命中，我一直被刘邓資产阶級反动路綫蒙蔽几个月，充当了文化大革命的一块絆脚石。

毛主席教导我們："不是东風压倒西風，就是西風压倒东風，在路綫问题上，没有調合的余地。"黑《修养》就象一股西風，在我的头脑中占踞了压倒的优势，使我变得对資产阶級反动路綫唯唯喏喏，百依百順，在路綫问题上长期不觉悟，失去了起碼的辨别能力，完全迷失了方向，成了只知道跟着党委走的奴隶。

運动初期，黑"修养"中的一个"党的观念"，一个"組織观念"，就象两条无情的繩鎖，把我緊緊拴在資产阶級反动路綫的破馬車上，把我拖了許久。运动前期，我死抱住"修养"不放，时时刻刻不忘增强"党的观念"、"組織的观念"，为了表現自己这两个观念强，我下定决心跟着党支部、总支、党委走。我的一切言行，都是为以党組織满意为最高标准。因此，我跟着总支一起搜集黑材料，整理黑材料，共同欺骗和蒙蔽同学，使之不能起来造反。而对敢于起来造反的同学却极尽打击和迫害之能事，"长資产阶級威風，灭无产阶級志气。"但我对此，不以为耻反以为荣，总觉得这是理所当然的事情，是"党的原則性的最高表現"。

運动中，自己言行全没有什么是非标准，一切以总支满意不满意为标准，自己成了一樣任人摆布的活机器。对一切问题不能用阶級分析的观点来分析，这就是最大的奴隶主义。

運动中自己本来有些意見是和同学一致的，但这些意見一旦遭到支部和总支的反对以后，我就立即改变自己的观点，而且唯恐轉的不快。改得不彻底。改了之后，自己还提心吊胆的想，怎么自己的想法老是与組織意見有分歧？认为自己到底还只是一个新党員"組織观念差"。緊跟党組織的思想，使自己在这场运动中"忽左忽右，两面三刀。"在历史系"六二二"大辯論时，表現得尤其突出。本来自己是反对总支書記的，认为他鎮压了历史系文化大革命。但一和支部交换意見，自己馬上就彻底轉变了。这样就使自己举起右手同意的、为之大喊大叫的意見，常常忽然来一个一百八十度的大轉弯，輕易地举起左手就把它全盘否定了。我认为非如此，就不能表現自己是"毫不躊躇"，"毫不勉强"地服从組織纪律；非如此，就不能表現出自己的"党的观念"、"組織观念"强。"修养"的结果，使我自己成了学舌的鸚鵡，传声的話筒，任人摆布的阿斗。

总之，在一年左右的时间中，"修养"这只魔爪把我推上了歧途，推上了悬崖。在文化大革命中，为党內一小撮走資本主义道路的当权派服了务，效了劳；忠实地执行了他們的資产阶级反动路綫；为資本主义复辟搖旗吶喊，对抗了以毛主席为代表的无产阶级革命路綫。这是多么危险，又是多么令人痛心的事情啊！現在一想起这些，我内心充滿了对"修养"的仇恨，对党内最大走資本主义道路当权派刘少奇这个坏蛋的恨。恨！恨！我要把无限的仇恨化为力量，高举毛澤东思想这个千鈞棒，和革命派一起，批臭黑"修养"，打倒刘少奇，澄清万里埃。

批臭黑"修养"！

斗倒、斗臭、斗垮刘少奇！

战无不胜的毛澤东思想万岁！

最最敬爱的領袖毛主席万岁！万岁！万万岁！

南开大学八一八紅色造反团《冲霄汉》战斗队刘培庚

1967.4.6.

小 資 料

一、党内走資本主义道路的当权派的祖师爷刘少奇，妄想实现反革命复辟的大阴謀，达到篡军、篡政，制造反革命修正主义輿論，就使用职权，大肆印发《論共产党员的修养》这一黑书，販卖黑貨。

自解放后至一九六二年前，在修正主义祖师爷刘少奇的亲信指使下，由十三个出版社用汉、蒙、維、朝、英五种文字出版，共出版了二百一十三万一千六百冊。

一九六二年后，赫魯晓夫式的野心家刘少奇更变丧心病狂地販卖黑貨，开动二十二个出版社机器，用十二种文字出版共計一千七百六十五万零九百四十四冊。其中：

汉文：一千七百四十万九千一百四十六冊。　　外文版共計十三万八千五百三十冊。

蒙文：一万零三百六十冊。　　俄文：二万五千二百五十冊。

維吾尔族文：六万零六百冊。　　法文：三万七千二百五十冊。

朝鮮族文：一万五千冊。　　德文：一万零二百冊。

哈薩克族文：九千五百冊。　　英文：六万三千二百三十冊。

藏族文：七千冊。　　緬文：二千六百冊。

盲文：八百零八冊。

解放后共計一千九百七十八万二千五百四十四冊。

請看：刘少奇的野心多大，居心何其毒也？！

二、最大的个人野心家刘少奇的《論共产党员的修养》一书宣扬鼓吹的是什么货色？我們从下面几个数字統計就可以看出他的丑恶灵魂；书中提什么"自己"那就有一百八十四处之多，什么"修养"那就有七十一处，什么道德"品質"那就有二十七处，什么成"名"成"家"就有十七处，幷公开引用孔、孟、范（仲庵）等死而古的人的"格言"有十一处之多。要打开看書内容也就更清楚了，他所宣扬的就是什么成"名"成"家"，为自己修养、修养、再修养。全書一处也沒有提到毛澤东思想。

北京工农兵体育学院

毛泽东主义兵团《洪流》战斗队

彻底清算刘少奇反革命罪行

汇 编

第 五 集

天津工学院紅卫兵（八·二五）

批判刘邓联絡站

一九六七年四月十二日

最 高 指 示

你們要关心国家大事，要把无产阶级文化大革命进行到底！

《一九六六年八月十日接見首都革命群众时讲話》

否定馬克思主义的基本原则，否定馬克思主义的普遍真理，这就是修正主义，修正主义是一种资产阶級思想。修正主义者抹殺社会主义和资本主义的区别，抹殺无产阶級专政和资产阶級专政的区别。他們所主张的，在实际上并不是社会主义路綫，而是资本主义路綫。在现在的情况下，修正主义是比教条主义更有害的东西。我們现在思想战綫上的一个重要任务，就是要开展对于修正主义的批判。

《在中国共产党全国宣传工作会議上的讲話》

凡是錯誤的思想，凡是毒草，凡是牛鬼蛇神，都应該进行批判，决不能讓它們自由泛濫。

《在中国共产党全国宣传工作会議上的讲話》

馬克思主义的道理千条万緒，归根結底，就是一句話："造反有理"。几千年来总是說：压迫有理，剝削有理，造反无理。自从馬克思主义出来，就把这个旧案翻过来了。这是一个大功劳。这个道理是无产阶級从斗争中得来的，而馬克思作了結論。根据这个道理，于是就反抗，就斗争，就干社会主义。

《在延安各界庆祝斯大林六十寿辰大会上的讲話》

目　　　　　录

最 高 指 示

凡是错误的思想，凡是毒草，凡是牛鬼蛇神，都应该进行批判，决不能讓它們自由泛濫。

《在中国共产党全国宣传工作会議上的讲話》

彻底肃清反动的"馴服工具"論

在天工的罪孽影响

毛主席一貫教导我们："共产党員对任何事情都要問一个为什么，都要經过自己头脑的周密思攷，，想一想它是否合乎实际，是否眞有道理，絕对不应盲从，絕对不应提倡奴隶主义。"又說："群众是眞正的英雄，而我們自己則往往是幼稚可笑的，不了解这一点，就不能得到起碼的知識。"

但是党內头号走資本主义道路的当权派刘少奇却公然与毛主席唱反調，鄙視群众，奴役群众，为他的資本主义复辟大作與論准备。

一九五八年六月卅日，刘少奇专程到旧"北京日报"，为該报組織的"共产党員应不应該有个人志願"的討論作了一次总結談話。依此談話，并經刘亲自查定，七月廿九日，"北京日报"就抛出了"共产党員应該有什么样的志願"这篇大毒草，反动的"馴服工具"論，也就正式出籠了。多年来，它影响极深，流毒极广，不知毒害了多少革命群众。以至使其中一部分受毒较深的人在这次文化大革命中頑固地站到了刘、邓的資产阶级反动立場上，对抗毛主席的革命路綫，成了鎭压群众运动的干将、革命的阻力、历史前进的絆脚石。

在我們天津工学院，这种"馴服工服"論的反动思想影响是一直存在的，而且是根深蒂固，文化大革命一开始三反分子冀广民、燕杰等人为了維持他們的反动統治，就抛出了"絕对相信院党委""絕对相信党总支"的反动口号。企图用刘少奇的黑《修养》，《馴服工具》論来奴役群众，束縛群众，使群众成为他們的"牛馬"、"奴隶"、成为他們的"活工具"，从而对黑党委服服贴贴，順順从从，以达到他們扼杀天工文化大革命的可耻目的。

面对这一事实，人們采取了两种根本不同的态度：一种人是眞正高举了毛泽东思想的伟大紅旗，高举了革命无罪，造反有理的大旗，起来造反了。奋起千鈞棒，砸碎了黑《修养》"馴服工具"論这些狗东西，竪决地站到了毛主席这一边，捍卫了毛主席的革命路綫。但也有另外一种人，他們紧紧地跟在院黑党委的后面，把臭不可闻的刘氏黑《修养》，"馴服工具"論奉为真经，捧为至宝，高唱什么"反对院党委就是反对毛主席、反党党中央"，反对院党委"就是右派翻天"，"就是反革命""别有用心"等等，等等，他們从刘、邓那里原原本本地世袭下来了一些荒謬絕伦的臭詞滥調。他們掩盖党內两条路綫的斗爭，避而不談党內的阶級斗爭，一味地高喊："我們相信党，文化大革命不能沒有党的領导！"别人给党委贴了大字报，他們高喊什么"你們对党的領导这是抽象肯定，具体否定。"认为广大革命师生自发組織的"八·七"游行，电系的"送主席象事件"是"目无組織"，是"往党总支脸上抹黑、"是大阴謀"。他們要的不是"造反"，而是"順从"，他們要的不是毛泽东思想，而是什么"組織服从"，是所謂的"党性"、这是什么"党性"？是修正主义的"党性"！是法西斯的"党性"！

这些人运动前是黑党委的"馴服工具"、"管理"广大革命群众，高居在群众之上。

运动初期，这些人又当上了"官办文革"的"打手"、"奴隶"，記黑名单，写黑材料、跟踪盯哨，把革命造反的同学打成"反革命"、"右派"、"四类人"。

六六年八月廿五日，天工（八·二五）紅卫兵砸烂了"冀氏文革"、"黑党委"的統治以后，这些人仍然执迷不悟，更索性在燕、邢等人的直接操纵下成立了"保字号"的天工毛泽东思想紅卫兵，明目张胆地站出来，充当了党內最大的走资本主义道路的当权派和冀、燕、邢等人鎮压群众运动的一根大棍，成了刘氏黑《修养》的"馴服工具"，名符其实的《修养兵》。

几个月来，中央文件，紅旗杂志社論，人民日报社論·解放軍报社論，中央首长讲話，一篇接着一篇，一个接着一个。在这样一场史无前例的、急风暴雨的阶級斗爭的大风浪中，多少人觉悟了，进步了，可是这些人却置若惘闻，仍然死心塌地的抱着黑《修养》、《馴服工具》論这几个臭字不放。

为了搞垮一个革命造反組織，为了鎮压群众运动，正象他們自己所說的那样"我們也很辛苦呀！"是的，他們确实很辛苦，他們的組織中专門有人絞尽脑汁、出謀划策，拟出各种各样造謠惑众的大字报、宣传材料的底稿，而下边一大部分人，几个月实专門負責摘大字报、贴大字报。尽管天气很冷，他們一个个起的很早、有时甚至冒着雪花一夜一夜的不睡觉，抄呀！贴呀！同学們休息的不好，疲劳过度，有时只能倒在"大队部"的蓆子上睡几个钟头，面容消瘦，脸色青黄，一个个情緒幷不舒暢，但他們很会"忍耐"。他們对大字报的內容很少推敲，即使对上边发下来的"底稿"、"材料"有的怀疑、有所不滿，也很会"忍耐"。他們最习惯于上面有个"領导"，习惯于"布置"、"分配"，习惯于"逐級保密"。他們"干革命"不是光明磊落，而是神密莫测。天工毛泽东思想紅卫兵的指挥部，大队部成員从不透露，房門經常紧闭，唯恐走露一点內部的"动靜"。里面經常走出一些同学，抬着浆子桶，怀里紧紧地抱着一捆捆大字报，脸上沒有表情，不說也不笑，服服贴贴，順順从从地走上街头，一贴就是几个钟头，甚至整整一天，他們机械地贴呀！贴呀！把恶毒攻击"八·二五"的大字报、材料贴滿了大街小巷，他們从不提出异議，不述苦衷，他們无声无息地去了，又无声无息地回来。当别人与他們辯論的时候，他們习慣于这样回答："……，这个我不知道，我們指挥部知道，我完全相信指挥部，……"。这样的一切一切，层出不穷，举不胜举。

同志們，这一切难道不值得我們深思嗎？到底是什么东西使得这些同志迷途不返，頑固坚持錯誤立場呢？是什么东西奴役了这些人，磨去了这些人的所有稜角，而成为资产阶级反动路綫的"牛馬"、"奴隶"、"活工具"呢？这是刘少奇的罪恶，是黑《修养》的流毒，是反动的"馴服工具"論的罪孽，面对这样的事实我們能熟視无睹嗎？不，絕对不能，我們必须奋起千鈞棒硬烂臭《修养》，砸烂反动的"馴服工具"論！

在今天，两条路綫，两个阶級，两种命运决战的关键时刻，李雪峰又来天津执行了一整套的资产阶级反动路綫，他扶持保守派，压制造反派，打击了革命小将，使得一些地区和单位出现了，資本主义复辟的严重情况。对此天工毛泽东思想紅卫兵，无視眼前千万件鉄的事实，无視中央首长对天津市三結合的严励批評，跟在李雪峰的后面，大唱高調，喊什么"李雪峰是毛主席派来的，誰反对李雪峰，就是反对解放軍，就是反对党中央、反对毛主席"，跟在一小撮党內走資本主义道路当权派的后面，恶毒攻击眞正的无产阶级革命"破坏天津市的三結合"、"攻击解放軍"是反革命逆流，等等等等，在这里他們又一次充当了党內一小撮走資本主义道路的当权派的"馴服工具"。

文化大革命已經进行有近一年了，为什么这些人至今仍执迷不悟，心甘情愿做刘、邓路綫的"馴服工具"呢？难道都是受蒙蔽嗎？难道他們都是傻瓜嗎？不，不是的。有一部分人他們受毒极深，成了刘氏黑《修养》的思想俘虏，正象党內头号走資本主义道路的当权派所提出的那样，认为"有理想和做馴服工具是一致的"，认为跟着"党"走，"絕对服从"就能当将軍，当"部长"、"升官发財"，一句話"生前荣华富貴，死后名垂千古"，这就是他們的"理想"。

这是地地道道的"吃小亏，占大便宜"的市儈哲学！

这是彻头彻尾的投革命之机的个人野心家的邏輯！

这是腐烂透頂的个人主义的"理想"！

党內头号走資本主义道路的当权派，想用这种极端的个人主义来腐蝕我們的党員，要我們党員奋个人之"发"，有个人之"为"，"馴服"于修正主义，使一些人不仅組織上絕对服从，而且思想上也和他們同流合污，成为了他們复辟資本主义的"得心应手"的工具，这一切有多么危险呵！

同志們，一切革命造反派的同志們，为了保卫毛主席，捍卫毛主席的革命路綫，为了我們国家永不变色，为了使我們千百万的阶級兄弟不再上当，必须立即行动起来，口誅笔伐，掀起一場人民战争，彻底批臭、批透刘氏黑《修养》，打倒反动的《馴服工具》論，彻底肃清它在天津工学院、在一切阴暗角落里的罪孽影响，把无产阶级文化大革命进行到底！

天工八·二五《伏虎》战斗組

66．4．20．

挂"共产主义"之羊头卖个人主义之狗肉

刘少奇的《修养》批判之一

党內最大的走資本主义道路的当权派刘少奇的"修养",是一株反毛泽东思想的大毒草,是一本典型的打着"紅旗"反紅旗的黑书。这本黑书披着馬列主义的外衣,販卖修正主义的黑貨,挂"共产主义"之羊头,卖个人主义之狗肉,为复辟資产主义鳴鑼开道,为反革命夺权搖旗呐喊,是一个反革命綱領和宣言书。

毛主席教导我們:**"凡是錯誤的思想,凡是毒草,凡是牛鬼蛇神,都应該进行批判,决不能让他們自由泛滥。"**在当前无产阶級文化大革命的新阶段,我們无产阶級革命派一定要高举毛泽东思想伟大紅旗,高举革命的批判的旗帜,把"修养"这株反党反社会主义反毛泽东思想的大毒草批透、批臭,把党內头号走資本主义道路的当权派刘少奇打倒。

无产阶級世界观和資产阶級世界观的根本分界綫就是 在一个"公"字与"私"字上。打倒"私"字,一心为"公",这就是无产阶級世界观。不要"公"字,一心为"私",这就是資产阶級世界观。世界观的斗争,实际上是社会主义制度同資本主义制度的斗争,是无产阶級和資产阶級爭夺領导权的斗爭。无产阶級文化大革命,是一場触及人們灵魂的,破私立公的思想大革命。

党內头号走資本主义道路的当权派刘少奇的《論修养》挂"共产主义"之羊头,卖个人主义之狗肉。正像《紅旗》杂志評論員文章所說的"轉弯抹角地提倡資产阶級个人主义,鼓吹"公私合营","个人发展","投机取巧""投降变节"等謬論。

一、"公私合营"論的貨色

毛主席敎导我們:**"全心全意地为人民服务,一刻也不脱离人民群众;一切从人民的利益出发,而不是从个人或个人小集团的利益出发;向人民負責和向党的领导机关負責的一致性;这就是我們的出发点。"**

而党內头号走資本主义道路的当权派刘少奇却在黑《修养》中宣揚"公私合营"的"公私溶化論"。他說:"个人利益,更应该完全溶化在党和无产阶級的一般利益和目的之中"(62年再版88頁)"如果我們的党員把学习馬克思列宁主义的理論,加强自己的工作能力,建立各种革命的組織。領导广大群众进行胜利的革命斗爭等,作为自己的目的,把为党做更多的工作,作为自己的目的,那末,共产党員这种个人目的和党的利益是一致的。"(62年再版78—79頁)这是党內头号走資本主义道路的当权派刘少奇要的第一个花招。

党的利益和个人利益是客观存在的东西，是矛盾的两个侧面。个人利益和党的利益这对矛盾的斗争是客观存在的。因此，无论那种情况，"公"与"私"的矛盾斗争，不是你打倒我，就是我打倒你，或者公而忘私，或者损公利私，二者必居其一。公与私是絶对不可能"溶化"在一起的。刘氏的所謂"溶化"，就是公开地在思想領域里搞"公私合营"，搞公与私的和平共处，合二而一。实际上就是以私化公，损公肥私，为公是假，为私是真。这个謬論就是打着"党的利益"的招牌，販卖"个人利益"的私貨，貼"公"字标签，包"私"字黑貨。总之是把剥削阶级的哲学——资产阶级个人主义在党內合法化。这就是刘氏假革命真反动的"公私合营"論的实质。这种"公私合营"論在文化大革命中是推行资产阶级反动路綫的思想基础，一些"怕"字当头，"保"字領先的人在文化大革命中站在资产阶级反动立场上，犯了不小的錯誤。

二、"个人发展"論的毒素

毛主席教导我們："**我們的共产党和共产党所領导的八路軍、新四軍，是革命的队伍。我們这个队伍完全是为着解放人民的，是彻底地为人民的利益工作的。**"

而头号走資本主义道路当权派刘少奇却在黑《修养》中散布私字第一的"个人发展"論。說什么："党员总还有一部分私人的問题需要自己来处理，弁且也还要根据他的个性和特长来发展他自己。因此党允許党员在不违背党的利益的范围內，去建立他个人的以至家庭的生活，去发展他个人的个性和特长。"（62年再版88頁）甚至还号召"党的組織和党的負責人在解决党员問题的时候，应該注意到……使党员能够在无产阶级的革命事业中不断地发展自己，提高自己。"（62年再版90頁）

毛主席教导我們要"完全""彻底"地为公，这是衡量无产阶级世界观的两把尺子，是检驗共产主义道德的最高标准。而刘少奇却大唱反調，把"发展个人"做为出发点和目的。资产阶级个人主义在党內是不合法的，但刘少奇这个赫鲁晓夫式的阴谋家，为了使个人主义在党內合法化，还提出了一套"发展个人"的論据。一曰："党员要根据他的个性和特长来发展他自己。"二曰："党允許党员在不违背党的利益的范围內"去发展他个人。三曰："党的組織和党的負責人""应該注意到"使党员"发展自己。"不管怎样轉弯抹角，花言巧語，总之是私字第一。正象毛主席在《紀念白求恩》一文中所說的"一事当先，**先替自己打算，然后再替别人打算。**"在文化大革命中正是这种"发展自己"的毒素腐蚀了一些人，产生了风头主义、山头主义和小团体主义，眼光狹小，看不到全局，看不到全国人民和全世界人民的利益，在掌权以后，不能永葆革命青春，彻底革命，而成为历史上曇花一现的人物，这是非常深刻的历史教訓。

三、"投机取巧"論的原形

毛主席教导我們："**白求恩同志毫不利己专門利人的精神，表现在他对工作的极端的負責任，对同志对人民的极端的热忱，每个共产党员都要学习他。**"

而赫魯晓夫式的野心家刘少奇却在这本黑书里鼓吹"吃小亏占大便宜"的"投机取巧"論。他說："眞正刻苦修养，忠实作馬克思列宁主义創始人的学生的人，……他絕不計較自己在党内地位和声誉的高低，絕不以馬克思、列宁自居，絕不要求人家或幻想人家象尊重馬克思、列宁那样去尊重他，他认为自己沒有这样的权利。然而正因为他这样做……他就能够受到党員群众自觉的尊重与拥护。"（62年再版26頁）

他还說："党員只有全心全意地爭取党的事业的发展、成功和胜利，才能提高自己的能力，增加自己的本領，否則，党員要进步，要提高、是根本不可能的。"（62年再版87頁）这是典型的"投机取巧"的奸商哲学，这是"吃小亏占大便宜"一本万利的剥削生意，刘少奇的丑恶灵魂完全暴露无遗！

尽管赫鲁晓夫阴謀家刘少奇多么故弄玄虛、翻新花样，說的比唱的还好听，但狐狸尾巴总是藏不住的。正是在他为"絕不計較自己"的假面具之后隐藏着"他就能够"得到"尊重与拥护"的可耻目的。正是在他的这种"全心全意"的幌子下，甩售"提高自己的能力，增加自己的本領"的私货。所謂"絕不計較自己""全心全意"不过是用来达到个人目的，实现卑鄙野心的手法和途径。你要个人主义嗎？那你先要牺牲一点个人主义。你要占大便宜嗎？那你先要吃点小亏。这是地地道道的市儈的哲学，投机商的理論，完全暴露了他的"吃小亏占大便宜"的"高級"个人主义的丑恶嘴脸。用吃小亏占大便宜的办法来掩盖公与私的矛盾，用投机取巧的办法来弥补公与私的冲突，不但是骗子手式的欺人之談，而且是"癞蛤蟆想吃天鵝肉"一样的痴心妄想。在文化大革命中，一些人鬼迷心窍，围攻可梢革命造反者，大整革命闖将的黑材料，还不是这种"投机取巧"論的形象写照嗎？

四、"投降变节"論的骨相

毛主席教导我們：**"要奋斗就会有牺牲，死人的事是經常发生的。但是我們想到人民的利益，想到大多数人民的痛苦，我們为人民而死，就是死得其所。"**

而赫鲁晓夫式的阴謀家刘少奇却在这本黑书里，公然贩卖"投降变节"論，为叛徒哲学辩解。胡說什么"党在可能条件下顾全和保护党員个人的不可缺少的利益……以至在反动派統治的环境下，在必要时还要放弃党的一些工作来保存同志等。然而，这些都不是为了別的，而是为了党的整个利益。"（62年再版89頁）在这里，刘少奇恬不知耻地要牺牲党的利益，出卖党的利益，去保存个人的生命，去"顾全和保护党員个人的不可缺少的利益"，这是完完全全的投降的理論，这是地地道道的叛徒哲学。刘少奇1936年任北方局书記时，根据他的叛徒哲学，就伙同林枫等策划出卖共产党員灵魂的投降变节罪恶活动，指示薄一波、安子文等人发表叛党自首声明苟全性命！更可气的是，薄一波、安子文、刘瀾涛等混蛋还在蒋匪青天白日旗下，在蒋該死的狗像下，鞠躬宣誓："感謝院方敎导，我們已經改过自新，今后决不为共党利用，坚决反共，为国效劳。"就这样，这些不齿于人类的叛徒，从敌人的狗洞里爬了出来，这就是刘少奇"投降变节"論的活样板！在文化大革命中，一些人不讲革命原則，調和折中，見风使舵，委曲求全，在紧要关头不能挺身而出，保卫毛主席的革命路綫，成为唯唯諾諾的奴隶。

以上列举，归根結底一句話，挂"共产主义"之羊头，卖个人主义之狗肉，通过"私"字在人們灵魂深处篡权，为达到其在全国篡政的政治目的而做好輿論准备和党的利益之間的正确关系。"的核心和实质。刘少奇的《修养》实质不是"修养"，而是"养修"，是培养修正主义的教科书，是造就个人的座右銘"。

"宜将剩勇追穷寇，不可沽名学霸王"。在这嶄新的"百万雄师过大江"的两个阶段、两条道路、两条路綫的决战阶段，让我們奋起毛泽东思想的千鈞棒，砸烂刘、邓黑司令部，高举革命批判旗帜，彻底批判中国的赫鲁晓夫，彻底打倒他，确保无产阶級江山千秋万代永不变色！

天工八·二五《紅色雷达兵》

67.4.6.

最 高 指 示

凡是錯誤的思想，凡是毒草，凡是牛鬼蛇神，

都应該进行批判，決不能讓它們自由泛濫。

彻底批判刘少奇的黑貨《論修养》！
彻底肃清黑《修养》的流毒！

戚本禹同志的文章和《紅旗》杂志第五期評論員的文章，写得何等的好啊！它像一把利劍插进了刘邓之流的心脏，宣判他們的死刑！

目前，正是两个阶级的搏斗，两条路綫的斗爭，两种命运决战的关键时刻！

在史无前例的无产阶级文化大革命中，以毛主席为代表的无产阶级革命路綫和以刘少奇为代表的資产阶级反动路綫的斗争，是我党四十多年历史上最大、最激烈、最尖銳、最广泛、最深刻的一次斗争。它将关系到中国革命的命运，世界革命的命运。以毛主席为代表的无产阶级革命路綫已經取得了决定性胜利，以刘少奇为代表的資产阶级反动路綫遭到毁灭性的打击。

两条路綫的斗争，幷非今日开始，而是由来已久。刘少奇一贯的反对毛主席，反对毛泽东思想，而《論修养》这本书就是他手中的一张王牌。刘少奇利用这本书，大反毛泽东思想，流毒极深，影响极广，因此，必須把它彻底批深、批臭。

《紅旗》杂志一針見血的指出："《論修养》这本书，是欺人之談，脱离现实的阶級斗争，脱离革命、脱离政治斗争，閉口不談革命的根本問題是政权問題，閉口不談无产阶级专政問題，宣揚唯心主义修养論，轉弯抹角地提倡資产阶级个人主义，提倡奴隶主义，反对馬克思列宁主义、毛泽东思想。按照这本书去修养，只能是越养越"修"，越修养越成为修正主义。"

但是，像这样的修正主义的破烂貨，竟被刘、邓之流及其門徒們視作金科玉律，到处宣揚販卖，大肆出版。《論修养》在1939年出版，1949年再版，1962年党內最大的走資本主义道路当权派刘少奇，配合国內外反动派的需要，又抛出这本书，大量印刷、发行，大作輿論准备，为复辟資本主义效劳。

据查，自解放后至1962年以前，在修正主义祖师爷刘少奇及其亲信的指使下，由十三个出版社用汉文、蒙、維吾尔、朝鮮、英国五种文字出版，共出版213万册。

1962年后，赫鲁晓夫式的野心家刘少奇，更丧心病狂的兜售其黑貨，开动了22个出

版社的机器，用十二种文字出版共計1765万册，其中包括汉文、蒙古、維吾尔、朝鮮、哈薩克、藏文，甚至还有給盲人用盲文版。外文有俄、法、德、英、緬甸等国文字，請看，刘少奇的野心有多大！居心何其毒也！

现在，是时候了！是彻底的批判和肃清《論修养》这本黑书的流毒的时候了！是揭发批判1962年刘少奇大量抛出《論修养》的大阴謀的时候了！

（一）一 个 大 阴 謀

——看《論修养》再版抛出的政治背景

一九六二年八月，刘少奇抛出再版本《論修养》。这是偶然的嗎？不是！不是！絕对不是！这是一个信号，它表明刘少奇苦苦修行多年，終于得道成仙，要下山了，要夺权了。

看一看1961年、1962年的政治气候，排一张时間表，我們就会立刻得到非常深刻的印象！

1961年初，《海瑞罢官》迫不及待地破門而出，三家村的伙計們也兴高彩烈地开张营业了！他們一开始就恶毒的把矛头指向我們伟大的領袖毛主席，在六、七月就达到了一个高潮，陣陣恶浪，股股妖风，簡直是不可一世。

就在这个时候，1961年6月31日在中国共产党成立40周年庆祝大会上，刘少奇和着这股妖风，这陣恶浪，公然貶低毛主席，貶低毛泽东思想。絕口不談毛泽东思想的巨大威力，根本不承认毛主席天才地、創造性地、全面地继承、捍卫和发展了馬克思列宁主义，根本不承认毛泽东思想是当代馬列主义的頂峰。更甚者，刘少奇在这样重大的紀念会的讲話結束时，竟然不呼"毛主席万岁"的口号，不呼"战无不胜的毛泽东思想万岁"的口号，岂不令人深思！

不久，邓拓們从刘少奇那里得到启示鼓舞，七月二十五日就抛出一篇最恶毒的黑話《专治"健忘症"》，疯狂的攻击毛主席。

1961年9月，刘少奇指示制定了"中央关于全党干部輪訓的决定"，鼓吹什么"自由思想"、"自由討論"、"三不主义"（即不打棍子、不抓辮子、不戴帽子），为反党分子造就"早春气候"，放右傾机会主义分子出籠，让他們大肆放毒。

1962年1月，刘少奇在中央召开了七千人的大会，刘少奇在会上发表了长篇讲話，这篇讲話是复辟資本主义的反革命宣言书，刘少奇以总結工作为名，大肆攻击三面紅旗，揚言要把三面紅旗当作历史教訓来总結，胡說什么"我們現在总結前几年的工作，恐怕总結不完，我們后代还要进行总結。"刘少奇甚至别有用心的提示所謂甄别问题，明目张胆为右傾机会主义分子翻案。叫嚷"反对毛主席，只是反对个人。"

一时，牛鬼蛇神莫不兴奋，都从阴暗角落里爬了出来，蠢蠢欲动，要"大显神通"了。吴晗掩飾不住內心的狂喜，在报上高叫："这半年多来，冲击着社会的一股'浪'"，"这股浪头可眞大"，邓拓則原形毕露，赤裸裸地說，"大地很快就要解冻了"。紧接着，1962年5月，刘少奇批轉了"中央財經五人小組的报告"，竭力夸大我們工作中的缺点錯誤，妄图否定三面紅旗，为大搞"三自一包"，为复辟資本主义效劳。經过一系列的緊张活动，刘少奇作报告、批文件；三家村以及社会上大大小小的牛鬼蛇神，刮阴风，点邪火，上下串通，逐相呼应，搞得烏烟瘴气，黑云滚滚，就在这个时候，一九六二年八月，《論修养》經过精心修改，着意粉飾，又被抛出来了，刘少奇妄图以此詆毀毛泽东思想的伟大影响，幷在八届十中全会之前抛出，明眼人就看出，刘少奇想用这本书扩大影响，抬高自己，对八届十中全会施加压力，为他那些被罢了官的狐朋狗党打气，妄图集合队伍，振作精神，整頓士气，以謀东山再起，卷土重来。

但是刘少奇高兴得太早了！大海航行靠舵手，毛主席就在这个关键的时刻，中流砥柱，力挽狂涛。毛主席在八届十中全会上发出伟大号召：千万不要忘記阶級斗争。全党和全国人民坚决响应毛主席的伟大号召，頂住資本主义的妖风恶浪，坚决斗争，在社会主义的航道上，取得一个又一个的胜利，刘少奇的狼子野心也暴露在光天化日之下。

同志們！这就是《論修养》这本书在1962年再版1765万册的政治背景。刘少奇大量抛出《論修养》，是他篡党篡軍的大阴謀的一个信号！

（二）《論修养》是反对毛主席、反对毛泽东思想的黑书

同志們！让我們揭开《論修养》的美妙的外衣，看一看刘少奇反对毛主席的狼子野

刘少奇含沙射影的攻击我們最最敬爱的毛主席，恶毒的說"这种人根本不懂得馬克思列宁主义，而只是胡諂一些馬克思列宁主义的术語，自以为是中国的"馬克思、列宁"装着馬克思列宁的姿态在党內出現，幷且毫不知耻地要求我們的党員象尊重馬克思、列宁那样去尊重他，拥护他为"領袖"，报答他以忠心和热情。"刘少奇还不以此为滿足，又恶毒的說："在我們党內就从此不会再有这种人了呢？我們还不能这样說。"刘少奇一再暗示，一再表白，自以为是"中国的馬克思、列宁"的人，現在就有。这不是赤裸裸地誣蔑我們心中最紅最紅的紅太阳毛主席又是什么？刘少奇的用心多么恶毒，是可忍，孰不可忍？！

就是这样，刘少奇还不甘休，他又千方百計的貶低毛主席，他挖空心思的假借别人之口来誣蔑毛主席，含沙射影的攻击毛主席"視野不广阔"，"沒有找出正确的道路"，"沒有把矛头指向应当打击的目标"。等等，等等。

刘少奇一方面极力誣蔑、貶低、攻击我們最最敬爱的毛主席，另一方面却想尽各种办法，提高、美化、吹捧自己。

毛主席在党內思想建設方面和党員思想改造方面，創造性地发展了馬列主义。《老三篇》、《反对自由主义》等文章，永远閃耀着金光！但是，修正主义头子刘少奇对毛泽东思想十分害怕，十分仇视。在1949年的版本中，全书中連一句毛主席語录都沒有！在1962年的版本中，刘少奇才勉勉强强地加进五处毛主席語录，但不加任何闡述和解释，真是岂有此理！刘少奇为了抬高自己，把自己打扮成"中国的馬克思"处处把自己

与馬、恩、列、斯直接联系起来，全书中提到"馬克思列宁主义"这一术語达124处之多，而絕口不提毛泽东思想，看，刘少奇放肆到何等地步！

刘少奇反对毛主席，反对伟大的毛泽东思想是一貫的，他的罪恶滔天，让我們全党共誅之！全国共討之！

（三）《論修养》中，抹煞阶級斗爭，提倡主观唯心的进行"修养"

毛主席教导我們："党內不同思想的对立和斗爭是經常发生的，这是社会的阶級矛盾和新旧事物的矛盾在党內的反映。"

但是，刘少奇反其道而行之，他把党內严肃的政治斗爭、路綫斗爭說成是"因为各种党員看問題的方法不同，就引起党內許多不同意見，不同主张的分歧和爭論，就引起党內的斗爭。"看！刘少奇认为党內的斗爭只是"党員看問題的方法不同"，眞是胡說八道！而且刘少奇大叫大喊，要人們不要介入"无原則的斗爭"，說什么沒有多大的"是非"、"善恶"可分，不要人家来一个"不对"，我也还他一个"不对"等等。

刘少奇抹煞党內斗爭的阶級实质，是彻头彻尾、彻里彻外的修正主义謬論。从我党四十多年的历史看来，党內斗爭，两条道路的斗爭就是社会上阶級斗爭在党內的反映，这絕不是什么方法問題，这是两个阶級的搏斗，是两种思潮的决战！在当前文化大革命中，两条路綫的斗爭尤其是这样。刘少奇力图使我們脱离阶級斗爭，用庸人的观点去看待两条路綫的斗爭，用心又何其毒也！至今，一些中《論修养》毒害很深的人，还在为刘少奇所炮制的資产阶級反动路綫招魂，抓住革命小将的缺点错误，大作文章，往他們脸上抹黑，从而否定文化大革命，我們要向这些人大喝一声！如果不与資产阶級反动路綫划清界限，决沒有好下场！

刘少奇所讲的修养，尽管他嘴上也讲要参加革命实践，实际上还是主观唯心的，他向往渺茫的天国，寄托远古的盛世，不过是青卷黄灯下的忏悔，佛爷、天主前的祈祷。他不结合当前党內任务，斗爭形势，敌、友、我的分析，提出应注意的主要修养方面，而是用华丽的詞藻，侈談修养，这都是紙上談兵，越养越"修"！

恰恰相反，毛主席总是结合当时党的任务，斗爭的形势，敌、我、友的分析提出糾正错误思想的問題。毛主席的光輝著作《老三篇》《反对自由主义》《关于糾正党內的错誤思想》等，是我們的最高教科书，是我們的座右銘，让我們牢記林彪同志的教导"讀毛主席的书，听毛主席的话，按照毛主席的指示办事。作毛主席的好战士、好学生！"

（四）《論修养》集封建杂家的大成，提倡資产阶級个人主义

同志們！刘少奇在《論修养》这本书中，不但大反毛主席、大反毛泽东思想，而且在这本书中大量的引用封建圣賢的"座右銘"，封建諺語来闡明共产主义者的思想修养，岂不是天大的笑話！？

翻开《論修养》，便有大量的封建杂家的胡言乱語，什么"必先苦其心志，劳其筋

骨，餓其体肤，空乏其身，行拂乱其所为，所以动心忍性，增益其所不能"（意思是要我們像"和尙"一样的出家修道），在1949年版本中又說什么："大丈夫能伸能屈"（意思是鼓吹奴隶主义、鼓吹吃小亏占大便宜），什么"利刀割体創犹求合，恶語伤人恨不消"，什么"誰人背后无人說，那个人前不說人？"等等，等等。眞是滿目污穢不堪入目！

这仅仅是詞句的借用嗎？不，絕不是！这些話，在刘少奇看来是合情合理的，是天經地义的。他根本沒有批判，而是直接引用，借題发揮，奉为信条！

刘少奇在《修养》中，大力兜售这种黑貨，博得大批牛鬼蛇神的喝采！特大的牛鬼蛇神吴晗就对刘氏《修养》十分欣賞，在文化大革命中，当革命群众迎头痛击吴晗的反动言行时，吴晗就搬出刘少奇的《修养》作为护身符，妄图阻止革命人民的反击。眞是物以类聚，臭味相投，一丘之貉！

刘少奇为什么拜倒在封建杂家的門下呢？关于这一点，刘少奇自己一語道破了天机。在1949年的版本中，他就說："学习我国历代圣賢的优美的、对我們有用的遺教。"什么样的遺教呢？就是"人不为己，天誅地灭"，用刘少奇裝飾过的話說，就是吃小亏占大便宜"，就是資本家"剝削有功，压迫有理"，当革命处于困难的时候，去当叛徒，并美其名曰："革命的需要！"眞是天下之奇聞！1936年他就是这样指使包庇彭眞、薄一波、安子文等几百个叛徒自首叛变的。

不仅如此，刘少奇还用大名大利去勾引党員苦苦"修养"，超度来生，他說，虽然大多数同志"在无产阶级革命理論方面不能达到（馬、恩、列、斯）那样高深和淵博"，但是只要"眞正有决心"是可以"成为馬克思列宁式的政治家"的，他开口是"家"，閉口是"家"，梦寐以求的还是"家"！他这里不是用成家欲望作为修养的动力嗎？见鬼去吧！以《修养专家》自居的刘少奇其实是一个地地道道的伪君子！是中国最大的党內的走資本主义道路的当权派！刘少奇的《修养》是彻头彻尾的修字号貨色！在文化大革命中，他还揮舞起《修养》来，妄图使人們服服貼貼的順从他的資产阶级反动路綫，用組織紀律縛住革命群众的手脚，使革命群众不敢革命，不敢造反。刘邓路綫的忠实执行者，他們包庇党內走資本主义道路的当权派，打击革命群众，制造白色恐怖，长資产阶级威风，灭无产阶级志气，又何其毒也！

《紅旗》杂誌說得好："对这本书必須彻底批判，肃清它的恶劣影响，对这本书的批判，也是批判資产阶级反动路綫的重要內容。"

让我們牢記毛主席的教导，"宜将剩勇追穷寇，不可沽名学霸王！"关心国家大事，把无产阶级文化大革命进行到底！

打倒党內最大的走資本主义道路的当权派刘少奇！

彻底批臭黑《修养》！

无产阶級文化大革命胜利万岁！

战无不胜的毛澤东思想万岁！

偉大的領袖毛主席万岁！万岁！万万岁！

天工八·二五《反修》战斗組

1967.4.4.

最 高 指 示

任何时候，好同坏，善同恶，美同丑这样的对立，总会有的。香花同毒草也是这样。它們之間的关系都是对立的統一，对立的斗争。有比較才能鉴别。有鉴别，有斗争，才能发展。真理是在同謬誤作斗争中間发展起来的。馬克思主义就是这样发展起来的。

《在中国共产党全国宣传工作会議上的讲話》

貼"修养"之标签，包养修之私貨
刘少奇《修养》批判之二

毛主席敎导我们："凡是要推翻一个政权，总是要先造成輿論，总要先做意识形态方面的工作。革命的阶級是这样，反革命的阶級也是这样。"

1960年10月20日，毛主席的亲密战友林彪同志主持召开中共中央軍委扩大会議，彻底批判和清算了彭黄资产阶級軍事路綫。做出"关于加强軍队政治思想工作的决議"林彪同志在会上作了极其重要的指示。

1962年，党內头号走資本主义道路当权派刘少奇，，出于阶級本性，在国际上帝国主义、修正主义、各国反动派猖狂反华，国內地富反坏右牛鬼蛇神紛紛出籠之际，把他的《修养》修修补补，又抛了出来，开动了22个出版社的机器，用中外12种文字，印制1765万册，充斥国內外，为实现他的反革命夺权呼风喚雨，为实现資本主义复辟鳴鑼开道。

为了撕开《修养》的画皮，揭穿他的鬼花招，把他的猙獰面目暴露在光天化日之下，今将軍委扩大会議决議与刘少奇的黑話加以对照、比較和鑑别，分析批判如下：

一、疯狂已极地反对我们伟大領袖毛主席

林彪同志号召我们："讀毛主席的书，听毛主席的話，照毛主席的指示办事，做毛主席的好战士。"全国人民积极响应。而党內头号走資本主义道路当权派刘少奇却恨之入骨，公开对抗。在62年再版的《修养》中，别有用心的說："我们每个共产党员，就

是要这样去学习馬克思和列宁的思想和品质，作馬克思和列宁的好学生。"借此来反 对林彪同志提出的"做毛主席的好战士"的伟大号召。同时，这个赫鲁晓夫式阴謀家，右赫鲁晓夫大反斯大林之时，别有用心地把"做馬克思、恩格斯、列宁、斯大林的好学生"改成"做馬克思、列宁的好学生"，删去了斯大林的名字，否定斯大林是伟大的馬克思主义者。借攻击斯大林，来攻击我們最最敬爱的伟大领袖毛主席。在这本《修养》中刘少奇还含沙射影地攻击我們心中最红最红的红太阳毛主席，說什么"自以为是'中国的馬克思、列宁'，装作馬克思、列宁的姿态在党內出现……"

这个赫鲁晓夫式个人野心家，就是这样疯狂已极地攻击我們伟大領袖毛主席。林彪同志說："毛泽东同志是当代最伟大的馬克思列宁主义者。"刘少奇这样攻击毛主席，我們一定要全国共討之，全党共誅之。

二、明目张胆地反对战无不胜的毛泽东思想

林彪同志指出："**毛澤东同志是当代最偉大的馬克思列宁主义者。毛澤东同志天才地、創造性地、全面地继承、捍卫和发展了馬克思列宁主义，把馬克思列宁主义提高到一个嶄新的阶段。**"全国人民把毛泽东思想当做自己的命根子。而党內头号走资本主义道路的当权派刘少奇在他的黑书里，只字不提"毛泽东思想"还别有用心地以"努力学习馬克思列宁主义。"来对抗林彪同志，"讀毛主席书"的号召，明目张胆地反对全国人民学习毛泽东思想。林彪同志66年指出："我国是一个伟大的无产阶级专政的社会主义国家，有七亿人口，需要有一个统一的思想，革命的思想，正确的思想，这就是毛泽东思想。"刘少奇这样反对毛泽东思想，正进一步地暴露了他的狼子野心。

三、别有用心地抹杀阶級斗爭

中共中央軍委扩大会議决議中指出："在国內，社会主义和資本主义两条道路的斗爭，仍然是主要的矛盾，資产阶级和无产阶级之間在意識形态上誰战胜誰的問題还沒有完全解决……这种国內外的阶级斗爭，必然在我軍內部不断地反映出来。"而党內头号走資本主义道路当权派刘少奇，在62年国內外阶级斗爭异常尖銳复杂激烈的情况下抛出的《修养》，闭口不談国內外现实的阶级斗爭和当时的重大政治使命，空談"共产主义"，說什么"是人类历史上最好的、最美丽的、最进步的社会。"什么"空前未有的、无限光明的、无限美妙的幸福境地。"另外，刘少奇还胡說什么"因为各种党员看問題的方法不同，就使他們处理問題的方法也各不相同，就引起党內許多不同意见、不同主张的分歧和爭論，就引起党內的斗爭。"完全抹杀了是"国內外的阶级斗爭，必然在我軍內部不断地反映出来"的眞理。也直接对抗主席的教导："党內不同思想的对立和斗爭是經常发生的，这是社会的阶级矛盾的新旧事物的矛盾在党內的反映。"其用心是多么恶毒!

四、恬不知恥地为赫禿子涂脂抹粉

中共中央軍委扩大会議决議中指出："我們不仅同帝国主义之間存在着你死我活的斗爭，而是在国际共产主义运动中还面临着同现代修正主义的严重斗爭。"并且指出："必須运用毛泽东思想这个鋒利的战斗武器，发揮它的革命光芒同帝国主义、现代修正主义以及一切資产阶級思想作針鋒相对的斗爭。"而刘少奇不但絕口不談反修斗爭的問題，还配合苏修大肆攻击"在过去某一时期內，某些教条主义的代表人，就比上述的情形更坏。这种人根本不懂馬克思列宁主义，而只是胡謅一些馬克思列宁主义的术語。"他还为赫禿涂脂抹粉，吹捧"苏联社会主义建设的成功"，胡說什么事实"証明"了"共产主义事业的必然胜利"，极力掩盖赫禿把苏联引上資本主义复辟道路的事实。

五、居心险恶地为右傾机会主义者翻案

中共中央軍委扩大会議决議中，在关于反对不良傾向的問題中指出：其主要表现是"政治上右傾。有些人对党的总路綫、大跃进、人民公社持怀疑和抵触态度。"而刘少奇在62年两条路綫的斗爭异常激烈的时候，在再版的《修养》中大砍大劈关于两条路綫斗爭的部分，大加特加为右傾机会主义者提供翻案的"理論"根据。說什么"党內的"左"傾机会主义者对待党內斗爭的态度，他們的错誤是很明显的。按照这些似乎疯癲的人看来，任何党內和平、即使是在原則路綫上完全一致的党內和平，也是要不得的。他們在党內并沒有原則分歧的时候也硬要去"搜索"斗爭对象，把某些同志当作"机会主义者"，作为党內斗爭中射击的"草人"。他們认为，党的发展，无产阶级革命斗爭的胜利，只有依靠这种错誤的斗爭，依靠这种射击"草人"的火力，才能得到灵驗如神的开展。"刘少奇这个阴謀家是真的在反对"'左'傾机会主义"嗎？不！他是打着反对"'左'傾机会主义"的幌子，来攻击右傾机会主义的斗爭，居心险恶地妄图为右傾机会主义分子翻案，为实现其篡党篡政的野心网罗党羽。

六、轉弯抹角地提倡个人主义

中共中央軍委扩大会議提出"开展兴无灭資斗爭""在任何时候都关心政治，关心国家大事，关心党和人民的大事，关心公共事业，处处为人民着想，为社会主义，共产主义着想。个人利益服从集体利益，局部利益服从全局利益，暂时利益服从长远利益。"而刘少奇这个个人野心家却轉弯抹角地提倡个人主义，胡說什么"党員总还有一部分私人的問題需要自己来处理，并且也还要根据他的个性和特长来发展他自己。"甚至要求"党的組織和党的負責人，在解决党員問題的时候，应該注意到……使党員能够在无产阶级的革命事业中不断地发展自己，提高自己。"很明显，这本黑书中从头至尾貫串一个用合法外衣裝飾起来的"私"字，貫串着一个不折不扣而又轉弯抹角的資产阶

級个人主义。

七、借尸还魂地鼓吹主观唯心主义

中共中央軍委扩大会議决議中指出："以革命斗爭现实生活中的問題为中心，进行馬克思列宁主义教育，着重抓活的思想，抓实际的教育，是我軍政治思想工作的优良传統。"而大毒草《修养》中所鼓吹的，完全是一套反动的主观唯心主义的修养論。把孔孟这些封建唯心主义的說教奉为"經典"，要党員加以学习。吹捧孟子的"吾日三省吾身"、"动心忍性"，宣揚孔子的"吾十有五而志于学，三十而立，……"的修养过程。这是对我們共产党員的极大的污蔑，按他的主观唯心主义哲学去"修养"只能"修养"成赫鲁晓夫式个人野心家。

反革命修正主义分子刘少奇的《論修养》，貼"修养"的标签包养修之私貨，是一株彻头彻尾的反毛泽东思想的大毒草，我們必須认眞进行批判，彻底消除其流毒。

天工八·二五紅色雷达兵

1967.4.8

砸碎刘少奇反动"修养"的枷鎖

史无前例的无产阶级文化大革命，是一場触及人們灵魂的，破私立公的思想大革命。你是什么样的世界观，在两条路綫的斗爭中你倒底站在那一边，都在实际斗爭中受到检驗。现在不少受蒙蔽的"八·九"派已經觉醒，并反戈一击；但有一些人仍背着"沒有私心"，"阶级感情深"，"服从組織守紀律"等包袱，以庸人的观点、形而上学的观点来看待两条路綫斗爭，这极大地阻碍着他們的觉悟。追其根，究其源，还是受着刘氏"修养"枷鎖的禁錮。过去貪婪地吮吸，中了許多毒，今天，是彻底砸烂枷鎖，清算此帐的时候了。

一、高級的个人主义

刘氏"修养"用了不少馬列主义詞句和似是而非的理論，把"成名成家"装扮起来，很容易使世界观沒改造好的人陶醉。刘氏口口声声說什么要使自己变成品质优良、政治坚强的革命家啦，要修成什么"成熟的、老练的，能够运用自如地掌握革命规律的革命家"啦，等等，同时几乎每頁却都离不开"自己的进步"、"自己的提高"、自己的修养"。用"革命""进步"等紅色花环，巧妙地把"自己的"遮盖起来，让你去"修养"。否则，刘就恫吓你，会落后，以至失去共产党員的資格，这对于我們党員来說，是一种可怕的危险的結局"。这是极为虛伪的市儈哲学。

212

至于个人利益和党的利益，刘也讲得很堂皇：前者服从后者。但刘氏特别点明一句"党员只有全心全意的爭取党的事业的发展、成功和胜利，才能提高自己的能力，增加自己的本領。"这实际上还是为了提高和发展自己，只不过先吃些小亏，"为党作些工作"，则能"占大便宜"，捞到"大名、大利"。有些人受了"修养"的腐蚀，喝了刘氏"个人主义"的迷魂汤，实际上把自己的进步看得高于人民的利益，陷入"私"字的泥坑而不能自拔，还自以为"清高、廉洁"、"高人一等"。不是嗎。在这場文化大革命中有的人就不是为了彻底鏟除資本主义复辟的基础，而是为了做个"模范党团員"，为了"火綫入党"，他們不可能像革命造反派那样天不怕地不怕，具有大无畏的革命精神，而是疑慮重重，私心过重，在革命的紧要关头站錯了立場，阻碍了革命，严重地甚至淪为反革命」

《三論提倡一个"公"字》說得好，"我們每一个人的言論和行动，是为公还是为私，是否符合广大人民群众的最大利益，拿什么作标准呢？就是要看他对以毛主席为代表的无产阶级革命路綫采取什么态度。"一切要革命的"八·九"派必须起来肃清刘氏余毒，造自己头脑里私字的反，回到毛主席革命路綫这边来，不要坚持錯誤，死不悔改，否则，杜玉金就是先例。

二、"君 子"和"痞 子"

刘氏《修养》廉价地貫彻了不少华丽的詞句，来兜售他的"君子"哲学，什么"忍辱負重"呀、"委曲求全"呀、"一日三省"呀，什么"愼独自爱"呀等等，甚至公开推崇封建"至賢之道"。他念念有詞："一个人要求得进步，就必须下苦功夫，郑重其事去进行修养。"这完全脱离工农，脱离实践，空发議論，但对于知识分子却有其特殊的迷惑作用。有些人熟讀刘书，中毒甚深，也确实下起苦功夫来，把修养"奉若神明，郑重其事地进行"自我修养"实际上是用封建的、資产阶级的四旧来约束、检查自己的言行，修着修，修成明察秋毫而不見輿薪的君子，謹小愼微而忘記党的政治任务的糊涂虫。在这些"君子"看来，一个人好坏，不是看其大节而是重其小节，不是看他是否站在毛主席革命路綫这一边，是否突出政治，是否有革命干劲，而是专門挑剔其生活作风，工作态度，工作方法以至人緣关系等的錯誤，幷作自我安慰，咄咄逼人。这种人不去检查他过去甚至现在仍站在刘、邓路綫一边，却瞪着眼自我吹嘘什么"阶級感情深"。請問对誰的感情深？"君子們一向标榜自己作风正派"、"安分守己"，而一提革命派，则两眼一閉，一言以蔽之"糟得很，純属痞子。自然嘍」不少革命闖将是不像"君子"那样乖巧，那样善于"检点，鑽营"，富于"涵养"，但他們始终不論地站在毛主席革命路綫这一边，大方向全然沒錯，有些傢伙妄图抓住痞子們一些缺点錯誤，无限上綱，欲置死地而后快，这是絕对办不到的。毛主席教导我們："有些同志的批評不注意大的方向，只注意小的方面"。"这种批評一发展，党內精神完全集泾到小的缺点方面，人人变成了謹小愼微的君子，就会忘記党的政治任务，这是很大的危险。"刘氏修身"就是有意培养"君子"而根本对抗毛主席的教导。但"痞子"們却敢于冲破其枷鎮，大造其反，而且掌了权，好得很！"君子"們則极不服气，嘟嘟囔囔。难到让你們继續掌权，办不到！你們必須很触灵魂，改变立場，当心滑到反革命方面去！

三、提倡奴隶主义

刘少奇一向鼓吹他的所謂"組織紀律"，在"修养"第一节中，总結我党特点时，絕口不提我党是以战无不胜的毛泽东思想为指南的，却把特点仅仅归結为有"严格的組織紀律"，这是对我党的极大歪曲，也暴露了刘少奇对光焰无际的毛泽东思想恨得要命，怕得要死。刘氏屢屢鼓吹"党需要做什么工作，就去做什么工作，不管这个工作是自己愿意做的或者是不愿意做的，都应該愉快地努力地做好。"这里刘少奇公然借党的紀律、党的需要来欺騙我們的党員，反对党員按照毛主席敎导的那样对任何事情都要問一个为什么，而只要求党員盲从和提倡奴隶主义。以致使我們許多同志的革命造反精神都扼杀了。平时他們只相信上级，不相信群众、对修正主义貨色毫无抵抗能力，而是唯唯諾諾，貪得无厌。甚至认为"宁愿政治上犯錯誤，也不能在組織上犯錯誤。"这样跟对了，可鬧个"积极分子"，跟錯了，責任在上面。在这种思想支配下，逐使刘、邓路綫得以推行，致使在革命高潮时，辨不清政治大方向，跟在"領导"后面盲从。有的人为了維护这一点，不惜炮打无产阶级司令部。針对这种黑紀律，六月二日人民日报評論員的文章写得何等好哇！"对于无产阶级革命派来說，我們遵守的是中国共产党的紀律，我們无条件接受的是以毛主席为首的党中央的正确領导，对一切危害革命的錯誤領导，不应当无条件接受，而应当坚决抗制。"对此，某些同志还不应該猛醒嗎？

四、党内斗爭与路綫觉悟

刘少奇一方面假惺惺地說什么要"不畏惧必要的党内斗爭"，一方面却以反对"平地起风波"为名誣蔑党内斗爭，竭力鼓吹"党内和平"。他甚至咬牙切齿地把反对右倾机会主义的斗爭罵作专門射击"韋人"的硬搜索"斗爭对象"的斗爭。刘之所以这样做，目的是为了推行資产阶级反动路綫，否定阶级斗爭，从而对抗毛主席的革命路綫，保护党内一小撮走資本主义道路的当权派。

毛主席敎导我們："**我党历史上各次錯誤路綫和正确路綫的斗爭，实质上即是党外的阶级斗爭在党内的表演。**"民主革命时期证明了这一点，在这場震撼世界的无产阶级文化大革命中揭发出的无数怵目惊心的事实，更証明了这一点。他使人們看到，剝削阶級人还在，心不死，它們在党内的代表人物打着"紅旗"反紅旗，妄图篡党、篡軍、篡政，复辟資本主义。毛主席亲自点燃的无产阶级文化大革命之火，彻底摧毁了他們的复辟美梦，于是他們站在反动的資产阶级立場上，执行資产阶级专政，围剿革命派，妄图把这場轰轰烈烈的文化大革命打下去。事实告訴我們，阶级斗爭是客观存在，路綫也是客观存在的，沒有調和的余地。但一些熟讀"修养"的人都认为这些革命派該围剿。"他們不是反革命也不是好东西，哼！"他們对刘、邓路綫或者麻木不仁，或者积极推行。問題尖銳了惊慌失措，迷失方向，敵人裝模作样，却又怜憫敵人。甚至对从上到下的資本主义复辟逆流視若网聞。但他們对革命派的一些缺点却敏感得很，稍一触及他的灵魂，他就歇斯底里大发作，叫嚷什么"你們执行了形更'左'，实更右的資产阶級反动路綫，你們扩大了打击面，"等等。我們要大喝一声："危险啊！'同志'！你再这样下去，脑袋掉了，还不知怎么掉的呢！

八·九派的同志們，你們要赶快翻然悔悟，造反不分先后，革命永远无罪，希望你們站在毛主席的革命路綫这边来，做一个革命派。如果有人死抱住刘邓路綫不放，甘心做資产阶級反动路綫的殉葬品，那也請便。

清华井崗山兵团 《老实話》 战斗組

天工八·二五 《攻坚》 战斗組翻印

67.4.4.

最 高 指 示

学生也是这样，以学为主，兼学别样，即不但学文，也要学工、学农、学军，也要批判资产阶级。学制要缩短，教育要革命，资产阶级知识分子統治我們学校的現象，再也不能继續下去了。

彻 底 批 判
刘少奇修正主义教育路綫

无可辯駁的事实証明，刘少奇是党內头号的走資本主义道路的当权派。他的手伸得特别长，不但党、政、軍內有其羽翼，教育战綫上也不例外。以刘少奇为首的资产阶级黑司令部，一貫对抗毛主席革命路綫，推行修正主义路綫，妄图为資本主义复辟效劳。

我們的伟大領袖毛主席，早就为我国教育革命提出了一系列的正确方針、政策。毛主席光輝的教育思想，是对馬列主义天才的、全面的、創造性的发展。早在1921年，毛主席就提出中国教育革命問題，在教育与生产劳动相结合方面作了杰出的論述。1936年，毛主席和他的亲密战友林彪同志亲自領导，創办了"抗大"等完全崭新的学校，并提出"一面学习，一面生产"的伟大号召，为无产阶级教育事业写下了光輝的篇章。建国以来，毛主席对教育事业作了一系列重要指示，1957年在《关于正确处理人民內部矛盾的問題》的光輝著作中，极为精辟的提出我們的教育方針。1958年在武汉大学视察时，指示："学生要搞半工半讀"。同年在天津大学视察时对高等教育又作了重要指示。毛主席对江西共产主义劳动大学极为关怀。毛主席的教育思想是最新的、最完美、最輝煌的馬列主义。教育与生产劳动相结合和半工半讀則是毛主席教育思想的一部分，是毛主席很早就提出来的一貫的教育思想。

1963年，毛主席总結了中国革命和世界革命的經驗，特别提出培养和造就无产阶級革命事业接班人的問題，給予青年一代以极大的鼓午和关怀。1964年，毛主席发表了《春节讲話》、《七·三指示》和《五七指示》，这些金光闪闪的指示，是我国教育革命的指路明灯。

但是，党內一小撮走資本主义道路的当权派，极端害怕和仇视毛泽东思想。他們千方百計的抵制毛主席的光輝指示，刘少奇就是这样的人物。他貪天之功为己功，肆意篡改历史，把半工半讀当作他自己的首創，同时反对毛主席的阶级斗爭学說，抽去半工半讀的革命灵魂，把半工半讀变成为資本主义复辟鳴鑼开道的工具。1963年当毛主席提出培养无产阶级革命事业接班人的問題后，刘少奇很快的意識到这是爭夺青年一代的大好机会，立刻"关心"起教育事业来。据我們調查。仅在1964年一年中，刘对教育部門及有关省市下达有关教育問題的指示即达十次以上。而在 1963 年以前，这样的专門"指示"是寥寥无几的，刘少奇这样卖力于教育战綫，就是要自立門戶，另搞一套，对抗毛主席的光輝的教育思想。

1964年春节，毛主席召开了教育工作座談会，作了极其重要的指示，1964年3月，毛主席又将北京鉄路二中的材料批示轉給刘少奇等人。但是刘少奇阳奉阴违，一个月之后，他便跳了出来，他在中央会議上，完全撇开毛主席的指示，反而提出"两种劳动制度和两种教育制度"的口号。1964年暑假，毛主席对毛远新談話，对教育工作做了重要指示。同年八月，毛主席同尼泊尔教育代表团談話，对教育工作提出批評，但刘少奇等人仍然置若罔聞，就在这个时期，刘不仅通过彭真、陆定一所控制的教育系統貫彻他的黑指示，而且亲自出馬，周游大半个中国，到处推銷其修正主义黑貨，并威胁人們說：对反对半工半讀的人，要給他扣大帽子，你們是反对社会主义，反对共产主义，反对消灭三个差别。"并揚言要成立第二教育部、第二教育厅，妄图窃取教育大权，与毛主席分庭抗礼。

1965年以后，在刘少奇、陆定一等一小撮人的操纵下，在教育部中，"两种劳动制度和两种教育制度"竟成为最时髦的口号，他們十分恶毒的抵制毛主席的光輝指示。不仅如此，在刘少奇的指使下，有关部門先后召开了五、六个全国性会議，推行刘氏"半工半讀"，一时刘之身价被大加抬高，对刘少奇的歌功頌德也达到令人作呕的地步。

1965年7月3日，毛主席又批示了北京师范学院历史系一个班的材料，这就是光輝的《七三指示》。刘少奇对此故作不知，而其手下干将陆定一、蒋南翔之流则肆意歪曲毛主席的指示精神，打着"紅旗"反紅旗，以貫彻指示为名，行反毛泽东思想之实。不久，刘少奇以中央政治局的名义，召开了中央各部、国务院各部負責人参加的座談会，在会上，刘少奇完全无視毛主席光輝的教育思想，儼然以教育界的"祖师爷"自居，处处把自己与馬、恩、列、斯直接联系起来，妄图大力推行其修正主义的教育路綫。

可以看出：近几年来教育战綫的斗争，就是两种思想、两条教育路綫的斗争。一方面是以毛主席为代表的无产阶级教育思想、教育路綫。一方面是以刘少奇为代表的修正主义教育思想、教育路綫。这是无产阶级与资产阶级之間斗争的重要部分。

现在让我們看看刘少奇所推行的教育路綫究竟是什么样的貨色！

我們的伟大領袖毛主席英明的提出："我們的教育方針，应該使受教育者在德育、智育、体育几方面都得到发展，成为有社会主义觉悟的有文化的劳动者。"但是，刘少奇横加篡改，他提出"我們的目标应該培养能当干部、当技术员、当工程师的水平。"实际上就是要培养骑在人民头上的官老爷和修正主义苗子。毛主席又提出："高等学校应抓住三个东西，一个是党的領导，二是群众路綫，三是把教育和生产劳动相結合。"

而刘少奇却鼓吹高等教育的問題"还是专家問題"。还胡說什么"学校內决定一切的問題是教員。"毛主席在《春节讲話》中指示教育必須革命，但刘少奇拒不执行，一年多之后，还公然叫嚷"千万不要瞎指揮。"为了与毛主席分庭抗礼，刘少奇揚言成立第二教育部，并极力抬高刘氏"半工半讀"的身价，貶低战无不胜的毛泽东思想。党的八届十一中全会公报明确指出："用毛澤東思想武裝工农兵群众，革命知識分子和广大干部，进一步促进人的思想革命化，是防止修正主义、防止資本主义复辟，使我們社会主义和共产主义事业取得胜利的最可靠、最根本的保証。"但刘少奇则处处强調刘氏"半工半讀"的作用，认为两种教育制度等三項措施是防修的根本措施，而閉口不談毛泽东思想。更有甚者，刘少奇还认为，普及教育之后，工人文化提高，就可以防止貪污，因为工人"会算帐"，可以防止官僚主义，因为"工人中有許多大学生，他們会叫他（厂长）下台，因許多工人都可以而且有能力当厂长。"眞是胡言乱語，其意甚毒？其心甚黑！

毛主席一向对青年一代十分关怀，特别是政治思想方面的成长，并諄諄教导我們："沒有正确的政治覌点，就等于沒有灵魂。"但是刘少奇一貫反对政治挂帅，鼓吹业务第一，他鼓吹"安心学习，两耳不閗窗外事，一心专讀圣賢书，窗外事可以問一問，但不要因此不安心。"刘为了使学生不問政治，故意吓唬人們說："学文比学工容易出問題，""搞自然科学的，对政治糊涂些，破坏性少些"，力图把青年一代引入歧途，为資产阶级政治服务，并鼓动党团员，知識分子"要下苦功学习，认眞鑽研业务，很好地掌握各种专門技术和科学知識，凡是有条件的，都应当努力使自己成为'又紅又专'的紅色专家"。其实，按刘少奇这一套，只能培养出白色专家，为名利而奋斗的可怜虫！

1964年，毛主席指示毛远新："阶級斗争是你們的一門主課，你們学院应該到农村搞四清。"并指出："阶級斗争都不知道，怎么算大学毕业呢？"毛主席这一英明指示，給全国师生极大鼓午，他們纷纷奔赴阶級斗争的最前綫。在阶級斗争中經风雨，见世面。但是刘少奇却十分仇覗这一革命行动，别有用心的把参加阶級斗争与学习质量对立起来，他叫嚷："参加四清，耽誤了一年，就补他半年一年，不要强挤时间，要把課程学完。""不要因参加，学习质量降低。"云云。

下面我們再来看看刘氏"半工半讀"，实质上与毛主席提出的半工半讀，与毛主席光輝的教育思想是背道而驰的。1966年毛主席总结了中国和世界革命的經驗，天才的創造性的提出："学生也是这样，以学为主，兼学别样，即不但学文，也要学工、学农、学軍，也要批判資产阶级。学制要縮短，教育要革命，資产阶级知識分子統治我們学校的現象，再也不能继續下去了。"这就是光輝的《五、七》指示。这个指示具有伟大的历史意义！

按照毛主席的指示办事！我們的学校将办成亦工亦农，亦文亦武的革命化的毛泽东思想的大学校。但是，刘少奇提出的刘氏"半工半讀"，则是"半天劳动，半天讀书"的，为了解决就学与吃飯而建立的学校，其实这不是什么新鮮貨色，而是資产阶级教育"双軌制"的翻版。資本主义国家的教育是为資产阶级一小撮人服务，一方面是全日制，但劳动人民的子弟根本无权就学，資产阶级就打出"勤工俭学""职业教育"的旗号，使劳动人民子弟为了就学而受資本家的残酷剥削。这种"双軌制"怎能很好为培养无产阶級接班人服务呢？！但是刘少奇却是五体投地。早在1957年11月8日《参考資料》中午报轉載了一篇文章，声称美国大学生有三分之二"半工半讀"。刘少奇見后兴致勃勃地加了批示："此件送团中央一閱，中国是否可个别試办，請你們研究。"刘少奇一面大力推行刘氏"半工半讀"，一面叫嚷"全日制要搞一百年，二百年，三百年"而且拒不执行毛主席关于敎育革命的指示，力图保存旧全日制的老一套，把敎育革命推向遙远的将来，按刘少奇的意志，就是把中国敎育事业推上資产阶級敎育"双軌制"的邪路。

刘少奇为了推行刘氏"半工半讀"，抛出了各种五光十色的誘餌。

其一曰："滿足讀书要求"，据他說："我看到工厂里边的青年男女工人……好多都是初中学生，让他們五年，十年都搞现在的工作，到了三十岁以后，就要鬧情緒，因此，要替他們想出学习的办法，其办法就是組織他們实行半工半讀。"还有，小学毕业就要升中学，中学毕了业就要升高中，升了高中，不让升大学，还是不滿意，就象有了孩子不让生不行，生下来不让长不行，所以有了半农半讀的制度，就可以充分滿足他們升学的願望，誰願意上都行。"云云。

其二曰："不亏本。"刘少奇称："学生在四年，四年半之内，不給工資，只吃飯，要做工，为什么会亏本？"刘又說："一般四小时劳动就可以养活自己，搞得好的还可以补助家庭，""即使办得还不太好，他也不吃什么亏，不会折本的。"

其三曰："培养接班人。"刘喜形于色道："这些人既能脑力劳动，又能体力劳动，他們可以当厂长，当車間主任，当党委书記，市长，县长等等，他們都可以嘛！他們有这个文化水平。"又說："……培养接班人嘛，他們有技术有文化，恐怕比我們的老干部好一些。"

其四曰："这就是共产主义了。"刘少奇說："到共产主义也是这样，至少劳动四小时，其余的时間也可能都去玩。或者管經济，或者画画，或者唱戏，或者搞研究工作。"由此可以看出刘少奇办学的目的，說得真是天花乱墮，名目煩多，但不外名利二字，豈有他哉！

刘氏"半工半讀"与毛主席光輝敎育思想是沒有絲毫共同之处的。毛主席光輝的敎育思想是总結我国社会主义革命和社会主义建設的各方面經驗，研究了十月革命以来国际无产阶級革命和无产阶級专政的各种經驗，特别是吸取了苏联赫魯晓夫修正主义集团实行資本主义复辟的严重敎訓提出的。毛主席的敎学思想，創造性地如何防止資本主义复辟，巩固无产阶級专政，保証向共产主义胜利过渡这些問題，作出了科学的答案。刘氏"半工半讀"完全脱离了轟轟烈烈的阶級斗争，而是为了"滿足讀书要求""不亏本"等单純业务、經济观点，尽管他也鼓吹过"半工半讀本身就是阶級斗争"的論調，对主要是指人們对待劳动的态度，并以此吓唬别人，从这一点出发，他对半工半讀的理解就是"半日做工半日讀书"。而反对毛主席提出的"以学为主，兼学别样，即不但学工，学农，学军，也要批判資产阶級。"我們按照毛主席的指示办事，就可以大大的提高我国人民的思想觉悟，促进人們的思想革命化，从而蕩滌旧社会遺留下来的一切污泥浊水，扫除一切旧思想、旧文化、旧风俗、旧习惯，就会使我国人民的精神状态，思想意识起根本的变化。而按刘少奇这一套，除了增加半天劳动外与旧的教育制度不可能有什么两样！

刘氏半工半读所培养的"接班人"据刘声称"是有文化有技术，能脑力劳动，体力劳动。"这样的接班人，难道就是无产阶级革命事业的接班人吗？否！毛主席英明指出："无产阶级革命事业的接班人，是在群众斗争中产生的，是在革命大风大浪的锻炼中成长的。"因而没有参加阶级斗争，没有学习军事，没有随时参加批判资产阶级的文化革命，这样的教育制度就不是为无产阶级政治服务，这样的接班人就不是用毛泽东思想武装起来的革命闯将，而还可能成为修正主义苗子。

至于刘少奇所幻想的所谓"半天劳动，半天休息"的共产主义，那是地地道道的赫鲁晓夫式的假共产主义！只有按照毛主席的指示，把全国各行各业都要办成亦工亦农亦文亦武的革命化大学校，才能逐步缩小工农差别，城乡差别，体力劳动和脑力劳动的差别，才可能培养出有高度政治觉悟的全面发展的亿万共产主义新人。

由此可见，刘少奇所推行的刘氏"半工半读"，是资产阶级教育的翻版，是刘少奇对抗毛主席革命路线，复辟资本主义的重要一环。必须给予彻底批判！

史无前例的文化大革命，揭开了教育革命的新纪元，让我们举起铁扫帚，将刘少奇为代表的修正主义黑货统统扔到历史的垃圾箱，把教育战线办成红彤彤的毛泽东思想的大学校！

天工八·二五《反修》战斗组

67.4.4.

刘少奇、王光美丑事多！

一、刘少奇想吃螃蟹，垂涎三尺，王光英善拍马屁，跑断两腿：

刘少奇平日喜欢吃螃蟹，这件事，由王光美传到王光英的耳朵里，念念不忘的记在心里，总想在这上面作一篇好文章以讨好"显贵"的妹夫。在国家因连续三年灾荒而处于暂时困难的时期，天津的自由市场很活跃，王光英亲邀黄炎培来津观光，黄看后赞赏不绝，当黄看到活螃蟹在那里唧唧吐沫时，连声叫好，于是一下子点通了王光英，事后赶即买了一批活螃蟹送往北京，分别送给刘少奇，陈××黄炎培等，当然刘少奇在解馋之余，不免要赞谢几句，于是王光英就趁机大送特送，刘少奇也就大吃特吃！一个要吃，一个想送，恰当妙处！

二、 小 女 婿 尽 孝
老 丈 母 享 福

刘少奇的丈母娘，董洁如出身于剥削阶级家庭，其弟董权甫是天津恒源纱厂的资方代理人，董洁如在娘家就养成一身的剥削性，嫁給王槐青时，更是一个吸血成性的老板娘，她直接掌管近百間房子，高价出租，进行剥削，解放后，对这样一个母老虎，本应得到人民的制裁，可是由于董洁如是刘少奇的丈母娘，在刘的庇护下，不但沒有給予应有的处理，反而当上了北京市人民代表！刘少奇为了孝敬丈母娘，亲自送給她一架罗馬尼亚的半导体收音机，董洁如平日抽的大中华香烟也是刘少奇送的，此外刘少奇还懷国家之慨带着这位年紀与他相彷的丈母娘到北戴河休养，到海南島等地旅行，使得这位军閥，官僚，资本家三位一体的臭婆娘用人民的血汗作威作福，可憎！可恨！

三、 复 杂 的 关 系
簡 单 的 答 案

王光英生在英国，王光美生在美国，王槐青这个洋奴才，为了永志不忘其洋主子，故分別为之起名光英，光美。王光复是为了紀念人民公敌蒋介石的所謂"光复大陆"而得名，现在这小子还在台湾，挂上少将的头衔，他并当过国民党空军头子王叔銘的駛駕员，王光美也认王叔銘为干爹！王光英的臭老婆应伊利是个地主分子，她有五个兄弟姐妹现仍在台湾，有的还任要职，对于这样一个社会关系极为复杂的地主分子，居然当上了天津市政协委员，这是与刘少奇有直接关系的。而应伊利在62年时还与台湾有书信来往，这其中有些什么奥妙，不是昭然若揭了嗎？刘少奇与这些牛鬼蛇神来往甚密，暗中勾搭，其目的就是为了在中国复辟资本主义。

四、 几 条 黑 綫
一 个 目 的

刘少奇与天津黑市委的关系是极为密切的，他不仅直接控制天津黑市委，同时还通过华北局来控制，这是两条明綫，还有一条暗綫，这条暗綫就是通过王光英，王經常以"探母"为名到刘少奇那里去領旨，王从北京回来后，也必到黑市委去传旨。王光英在天津是一位"紅"得发紫的人，就是由于他的这个特殊地位，王光英与反党分子万晓塘的密切关系可从下事得出答案。59年全国人民代表大会时，王与万同室而臥，万当时并給王出主意如何发言，而王则經常在其母处与刘碰头会面，一条黑綫就这样暗中建立了。其目的是結党营私，复辟资本主义！

五、 驢 販 子 教 画
娇 夫 人 賞 光

王光美有一个孩子学画画，当时急于請一个家庭教师，找来找去，相中了黑驴販子黄胄，黄胄这个三反分子感到自己能为这样一个"名貴"家庭当家庭教师，真是受宠若惊，求之不得，急忙走馬上任，由于黄的卖力，刘少奇也当然不会亏待他，也就在黄任家庭教师不久，就名揚全国，此岂非刘氏的"恩賜"？

天工八·二五

《反修》战斗組

彻底砸烂万张反党集团

在天津市工交战綫执行刘、

邓、薄的反革命修正主义黑綫

天津市经委调办无产阶级革命联合会

一九六七年四月十七日

目　　　录

彻底砸烂万张反党集团在天津市工交战綫
执行刘、邓、薄的反革命修正主义黑綫

万张反党集团是天津市委、市人委内一小撮走資本主义道路的当权派，是刘、邓、薄反革命修正主义路綫的忠实执行者和代理人。多年来，万张反党集团直接統治着工交战綫的政治、經济大权，竭力詆毁伟大的毛泽东思想，猖狂反对以毛主席为代表的无产阶級革命路綫，大肆販卖修正主义黑貨，妄图在工交企业中复辟資本主义制度。他們在組織上結党营私，招降納叛，安插亲信，打击异己，把工交战綫变成他們进行反党活动的根据地和推行刘、邓、薄反革命修正主义路綫的黑分店。

在毛主席亲自发动和領导的这場震憾全球的无产阶级文化大革命中，全市的革命造反派高举毛泽东思想伟大紅旗，敢字当头，經过艰苦的斗爭，終于揭开了市委、市人委的阶級斗爭的盖子，揪出了万张反党集团。这是我市无产阶级文化大革命的伟大胜利，是毛主席的革命路綫的伟大胜利，是毛泽东思想的伟大胜利！当前无产阶级文化大革命已进入向党内头号走資本主义道路的当权派发起总攻击的新阶段。人民日报四月八日社論指出：我們批判党内头号走資本主义道路的当权派，一定要同各地区、各部門、各单位的斗、批、改任务紧密結合起来。因此，我們将万张反党集团在天津市工交战綫执行刘、邓、薄反革命修正主义路綫的罪行，初步揭发幷綜合整理出来，供工交战綫的革命造反派和广大革命群众参考。我們必須高举毛泽东思想伟大紅旗，高举无产阶级的革命的批判大旗，紧紧掌握斗爭的大方向，更广泛地发动人民战争，彻底揭发万张反党集团的一切罪行，全部揪出他們安插在工交战綫上的一切干将和爪牙，坚决清除他們执行刘、邓、薄反革命修正主义路綫的流毒，为把无产阶级文化大革命进行到底，为把我市工交战綫的各級机关和工厂企业办成紅彤彤的毛泽东思想大学校，为建設社会主义的新天津而奋斗！

（一）敌視毛泽东思想，反对活学活用毛主席著作

党的八届十一中全会公报指出："全党全国大学毛澤东同志著作，是一个具有历史意义的重大事件。毛澤东同志是当代最偉大的馬克思列宁主义者。毛澤东同志天才地、創造性地、全面地继承、捍卫和发展了馬克思列宁主义，把馬克思列宁主义提高到一个崭新的阶段。毛澤东思想是在帝国主义走向全面崩潰，社会主义走向全世界胜利的时代的馬克思列宁主义。毛澤东思想是全党全国一切工作的指导方針。"公报还指出："用毛澤东思想武装工农兵群众、革命知識分子和广大干部，进一步促进人的思想革命化，是防止修正主义，防止資本主义复辟，使我們社会主义和共产主义事业取的胜利的最可靠、最根本的保证。"

万张反党集团窃取了天津市的党政财文大权，一贯地攻击和詆毁伟大的毛泽东思想，竭力扼煞广大职工活学活用毛主席著作的群众运动。林彪同志号召"为了把毛澤东思想真正学到手，要反复学习毛主席的許多基本观点，有些警句最好背熟，反复学习，反复运用"。还指出"毛主席的話，一句頂我們一万句。"万晓塘狗胆包天，竟然在一个厂蹲点时說："不要背毛主席的原話，要用自己的話来說。"

林彪同志号召，在文化大革命中要牢牢掌握毛泽东思想这个最銳利的武器。万晓塘却公然在去年六月半工半讀学校的学生代表会上污蔑《湖南农民运动考察报告》现在不适用了。

就是这个万晓塘，一方面狂吠"学习毛主席著作要自覚自顾"，"对毛主席无限崇拜的提法不好"，另一面却到处吹捧刘氏《修养》說："这本书可不能离，我越学越爱学，他是馬列主义的。"他还把邓小平捧为"全党公认的学习主席思想最好，跟毛主席思想最紧的一个"。

张淮三是个大叛徒，最坏的反革命分子，也是天津市工交战綫最大的走资本主义道路的当权派。他作为市委主管工业的书記，把持了工交大权近十年，从来不高举毛泽东思想伟大紅旗，不宣传毛泽东思想，不抓活学活用毛主席著作的群众运动。他不仅从来沒有做过有关学习毛主席著作的报告，却是一貫地抵制毛泽东思想，反对广大职工活学活用毛主席著作，販卖了大量反毛泽东思想的黑貨。

（1）扼煞工人学毛主席著作的运动。

早在一九五八年，仁立毛呢厂等厂的一部分老工人組織起来活学活用"实踐論"、"矛盾論"，在改造客观世界和改造主观世界方面都有极大收获。当时康生同志在津发现这一新生事物，曾給予很高的評价，并积极支持。但是，万张反党集团只怕广大职工群众掌握了毛泽东思想，起来造他們的反，借口"生活困难时期要劳逸結合"，大肆宣传保命哲学，把这个刚出现的群众性学习毛主席著作运动的新生事物給压下去了。

（2）抵制毛澤东思想，大办业余技术敎育。

在张淮三、崔荣汉直接主管下的市委工业部，在一九五九年就成立了敎育处。顾名思义，敎育处作为市委工业部的一个职能部門，本应高举毛泽东思想伟大紅旗，突出无产阶级政治，大抓毛泽东思想的灌輸工作，大抓活思想。但是，张淮三、崔荣汉却规定敎育处的任务是"以技术敎育为重点，全面安排政治、文化、技术敎育"。张淮三对业余技术敎育抓的很紧，經常給工业部作这方面的黑指示。一九六二年十二月，在他的一个黑指示中就写道："多年来业余敎育的管理机构、干部，基本上是文化敎育的，但是对技术敎育不大适应。技术敎育也复杂，問題更多，这方面要多靠基层，加强領导，……。各工业局对技术敎育要有个大体上规划，每个时期的具体要求。业余大学、业余中技班，如果需要也可考虑从今年的大学生中抽些，补充些专职的理工科敎师……。"张淮三就是这样明目张胆地妄图以技术敎育挤掉传播毛泽东思想这一根本的政治任务。他一再鼓吹业余技术敎育，就是要使职工群众不关心国家大事，看不見阶级斗争，埋头学技术，走白专道路。

（3）大办企业管理訓練班，灌輸修正主义黑貨。

毛主席敎导我們說："实現国家的社会主义工业化，坚持經济战綫上的社会主义革命，还必須在政治战綫、思想战綫上进行經常的、艰苦的社会主义革命斗爭和社会主义敎育。"张淮三却大肆鼓吹"管理现代化企业，特别是向六十年代先进水平进军中，缺少科学技术和經济知識，就很难做好工作。……要努力钻研业务，要系統地提高自己的文化科学水平，要成为本行专业的內行"。在他指使下，市委工业部和市經委先后办了两期（每期一年）企业管理訓練班，根本不提毛主席对工业工作的一系列重要指示，却以《七十条》为主要內容，大肆推銷修正主义管理制度，企图把社会主义工业企业演变成修正主义企业。

（4）竭力阻挠印发《毛主席語录》。

一九六五年一月，市委工业部的一些同志为了使广大职工更好地掌握毛泽东思想，委托工厂翻印了軍委总政編的《毛主席語录》共五万册，并已发到工厂去。广大干部和职工領到这本宝书，喜悦万分，高呼"毛主席万岁！万万岁！"并且随身携带，时时运用，立杆見影。这样一件大好的事情，张淮三却认为是犯了严重的政治性錯誤，以"要严肃对待印刷毛主席語录"为借口，要市委工业部"从中吸取敎訓"，并要作深刻检查。在他的指责下，市委宣传部的反革命修正主义分子侯苟一竟恶毒地让工业部全部收回《毛主席語录》，并勒令銷毁。

（5）在文化大革命中，以抓学习毛主席著作为幌子，妄图压制革命。

《十六条》指出，在文化大革命中，要"开展活学活用毛主席著作的运动，把毛澤东思想作为文化革命的行动指南"；"在这样錯綜复杂的文化大革命中，更必須认真地活学活用毛主席著作。"去年六月和九月，都是在工厂文化大革命运动刚刚蓬勃开展起来的时候，张淮三为了扼煞运动，施展了一个大阴謀，提出"用抓学习毛主席著作来轉比較順"，"要掀起学习毛主席著作的高潮和生产高潮"，并从此入手"轉入經常工作"。张淮三就是这样明目张胆的违背《十六条》，不是让群众在斗爭中活学活用毛主席著作，反而用学习毛主席著作来压革命，企图保住他們的狗命。但是，事与愿违，工交战綫上的广大革命造反派一旦掌握了伟大的毛泽东思想，立即看穿了他的阴謀，坚决进行抵制，并且和全市的革命造反派一起，終于揪出了万张反党集团，取得了文化大革命的决定性的胜利。

（二）反对学解放軍，反对突出政治

中国人民解放軍是伟大領袖毛主席亲手締造的，是全国人民的学习榜样。一九六三年底，毛主席发出了全国都要学解放軍的号召，并且指出，"解放軍的思想政治工作和軍事工作，經林彪同志提出四个第一、三八作風之后，比較过去有了一个很大的发展，更具体化又更理論化了，因而更便于工业部門采用和学习了"。

正当全国工交战綫上的广大干部和职工群众热烈响应毛主席的号召，欢欣鼓舞地大学解放軍的时候，邓小平、薄一波却先后抛出了工交企业与解放軍不同的所謂"特性"，大刮阴風，大潑凉水，和毛主席唱对台戏。张淮三对邓小平、薄一波的黑指示如获至宝，大肆宣传，忠实执行。他在全市工交系統的干部会上大嚷大叫說工厂企业和解放軍有七个不同：（1）企业受經济規律支配，受自然規律支配，和解放軍不同；（2）企业要保証社会主义建设，增加生产，扩大积累，和解放軍不同；（3）企业生产不能間断，活动时間少，和解放軍不同；（4）企业职工中有各种非无产阶级的成份加入，有地富反坏右，有小业主、資本家，和解放軍不同；（5）职工待遇是按劳付酬，和解放軍不同；（6）企业职工有家属，居住分散，与社会上有密切联系，和解放軍不同；（7）企业职工与各地区有密切联系，上下左右关系复杂，和解放軍不同。为什么他们在毛主席指出解放軍的經驗更便于工业部門采用和学习的时候，就那么急急忙忙地上下呼应大讲"特性"呢？原因只有一个，他们最害怕工厂企业学习解放軍高举毛泽东思想伟大紅旗，活学活用毛主席著作，突出政治，坚持四个第一，发揚三八作風的基本經驗。他们强調"特性"，不許工厂企业大学解放軍，就是他们反对我們伟大領袖毛主席的滔天罪行的鉄証。

毛主席还指出工业各个部門要自上而下地建立政治工作机构，加强政治思想工作。一九六四年初，全国工交政治工作会議上討論了建立政治机构的問題，各地区、各部門都坚决拥护毛主席的指示。但是万张反党集团对执行毛主席的指示一直是消极抵抗。天津市在一九六三年就有十几个工厂建立了政治工作机构，一九六四年又有一百多个工厂建立了政治工作机构。但由于万张反党集团的阻挠，流于形式，只剩下几十个工厂还继續坚持下来。一九六五年，全国各地区絕大部分都建立了从上到下的政治工作机构，万张反党集团仍然以北京没有搞为理由，拒不执行。直到中央工交政治部主任谷牧在一次会議上指名批評了天津，他们才被迫建立。就在万张反党集团关于調整体制的决定中，仍然只字不提毛主席关于建立政治工作机构的指示，却說什么"随着社会主义革命和社会主义建设形势的发展，我市工业、财貿部門的領导体制和机构设置已显得不相适应。……市委决定，調整我市工业、财貿的領导体制，幷建立政治工作机构"。他们在决定中，还規定了許多限制，如搞四清的企业和小厂不建立政治工作机构，对政治工作干部的配备，强調要半脱产或不脱产。直到现在，还有不少企业没有建立政治工作机构。

毛主席教导我們："政治是統帅，是灵魂"；"政治工作是一切經济工作的生命綫"。万张反党集团把持天津市工交战綫近十年，一貫地抵制突出无产阶级政治，不抓人的思想革命化，竭力灌輸資产阶级政治，宣揚"突出政治要落实到生产上"，"生产好就是政治好"的折中主义謬論，企图使社会主义工业企业和平演变为修正主义企业，把革命职工引向資产阶级个人主义泥坑中去。

（1）片面強調技術、物質的作用，抹煞人的因素第一。

张淮三、崔荣汉一貫地把天津工业落后归罪于"技术力量、技术水平不如上海"，"河北省揩了天津的油"，幷以此为借口，年年向中央爭項目、爭投資、爭設備、爭大学毕业生，結果，天津工业越搞越落后，受到中央多次批評。他們为了改变中央对天津的坏印象，在一九六三年两次組織上百个企业近千人的"三結合"大軍到上海、北京、广州等地去学习先进經驗。但是他們不是要求各厂首先要学习兄弟厂高举毛泽东思想伟大紅旗，高举总路綫的紅旗，突出无产阶级政治，实现人的思想革命化和企业革命化的經驗，而是让大家单純学习先进技术經驗和管理經驗。因此，影响了学习的效果，即使学到一些具体經驗，回来后也实现不了。他們为了应付中央有关部門对天津生产的自行車、縫紉机、手表质量不好的批評，专門派市級机关的領导干部到工厂去坐鎮，不宣传毛泽东思想，不抓阶级斗爭和两条道路斗爭，不充分发动群众，光从物质、技术条件上給予支持。如为了解决縫紉机的电鍍质量問題，不惜动用战略物資（鎳）作为电鍍材料。由于他們不抓突出政治，結果这些厂的物质条件越好，精神条件却越差，落后的帽子长期摘不掉。

（2）把市总工会改造为"生产工会"。

工会是党向广大职工进行毛泽东思想的宣传教育的大学校，但是张淮三长期控制市总工会，把它变成为"生产工会"。一九六四年，总工会召开全市代表大会，张淮三为了推行他的修正主义貨色，亲自动手修改大会报告，安排会議的内容，把大会变成为单純交流技术、业务的活动場所。他甚至公开說，"把产业工委建立起来以后，工会不抓生产，就沒有作用可起了，就沒有存在必要了"；"工会还是应該抓好生产竞賽"。一九六五年，市委工交政治部、經委、总工会提出工厂企业开展"五好"运动，张淮三别有用心地将"运动"改为"竞賽"。在开展"五好"运动的宣传提綱中，第一部分主要写的是高举毛泽东思想伟大紅旗，学习解放軍，张淮三竟几乎全部都删掉，光剩下职工思想情况和一些具体做法。再一次暴露出张淮三对毛泽东思想，对解放軍有着多么刻骨的仇恨！

（3）抽掉比学赶帮的政治内容，使之成为单純的生产运动。

一九六四年，毛主席发出"关于加强互相学习，克服骄傲自滿、故步自封"的指示，全国掀起了比学赶帮的高潮。张淮三竭力販卖薄一波的"比学赶帮要以生产为中心"，"四好为一好（即为生产好）"的修正主义貨色把轟轟烈烈的比学赶帮运动引向邪路。近几年来，张淮三每次召开工交工作会議，都要树一批"标杆"企业，对这些企业，平时不从政治上帮助，到时候只看生产上有成就，就派"秀才"去总結"經驗"，結果，有些企业严重弄虚作假也被評为"先进"。一九六五年全市工交战綫上树立了十个先进企业，其中一个"干部作风好"的"先进"企业，在四清中发现領导班子已經烂掉。

（三）反对学大庆

一九六三年底，毛主席发出了中央各部門学习石油部和工业学大庆的伟大号召。一九六四年二月，党中央又批轉了大庆的經驗，明确提出大庆的經驗"具有普遍意义"，幷指出它的一些主要經驗，不仅在工业部門中适用，在各部門、各級机关中也都适用，或者可做参考。一九六四年底，周总理在政府工作报告中，概括了大庆的經驗，幷給予高度的評价，指出大庆油田是活学活用毛主席著作的典范，是学习解放軍政治工作經驗的典范，是全面貫彻总路綫的多快好省的典范。

刘、邓、薄从不放过一切机会反对毛主席，反对毛泽东思想，他们对大庆油田进行了恶毒的攻击和污蔑，蓄謀把毛主席亲自树立起来的大庆这面红旗砍倒。刘少奇大吹冷风，胡說什么"大庆的經驗有特殊性，不能代表一般"。他还故意挑剔說大庆"劳逸結合不好"，"沒有按劳付酬"等，企图贬低大庆經驗的伟大意义。薄一波也大唱反調，狂吠什么"大庆經驗代表不了我們整个工业的情况"，竭力抵制在工交战綫宣传、推广大庆經驗。一九六四年底，大庆工委写了一个"以'两分法'为武器，大踏步前进"的总結报告，薄一波却借口石油部有驕傲情緒，拒不批发。他还不許印发大庆关于政治工作經驗和生产管理經驗的小册子，企图造成大庆有問題的假象。一九六四年底，正当周总理在政府工作报告中高举大庆的旗帜的时候，薄一波却在全国工交会議上按照刘少奇的黑指示，别有用心地推广齐齐哈尔车辆厂企业管理革命化的經驗，与党中央、毛主席关于工业学大庆的号召唱对台戏。

万张反党集团跟紧在他们的主子后面一唱一和，扮演了奴才的可恥角色。万晓塘故意不提大庆是靠"两論"起家，"两分法"前进这个事实，却胡謅什么"大庆的知識分子多，工人中青年多，能搞成这样的队伍，与这有关。"张淮三也大肆散布說"大庆生产方式简单，代表性不强"；污蔑大庆"沒有以阶級斗争为綱"；胡說什么"学大庆要有分析的学，有的能学，有的不能学"，"党的領导分一綫、二綫不能学"，"亦工、亦农不能学"等等，竭力反对把企业办成毛泽东思想大学校。张淮三甚至还不許去大庆参观学习回来的干部向下传达大庆經驗，企图对职工进行封鎖。万张反党集团的干将、經委第一付主任廖斗寅也胡說什么"沒搞四清的企业沒法推行大庆經驗"，"学大庆只能学具体的管理經驗"。

万张反党集团竭力抵制毛主席关于"工业学大庆"的号召，故意歪曲大庆的基本經驗，在工交战綫上大搞邪門歪道，把轰轰烈烈的学大庆的群众运动引向斜路。

（1）大搞評功摆好，抹煞阶級斗争。

大庆人的"五好"評比，是在活学活用毛主席著作，破私立公，实现思想革命化的基础上，自觉地經常地开展起来的。万张反党集团却閹割了大庆"五好"評比的实质，故意抹煞企业中存在着尖銳、复杂的阶級斗争，违背毛主席关于"一分为二"的敎导，片面强調評功摆好，而且还要人人都参加，胡說什么"越是落后的人，越要給他評功摆好"，"評的落后的人冒大汗，坐不住，启发了他們的阶级觉悟"，等等。他們还让总工会主任許明亲自在第一鐵絲厂蹲点总結"經驗"，在天津日报的第一版用大篇幅宣传，并召开干部会議在全市推广。結果，在許多工厂刮起了一陣歌功頌德、阶级調和的黑风，甚至对資本家、四类分子也大搞評功摆好。

（2）推行崗位責任制，对工人实行資产阶级专政。

大庆的生产工人崗位責任制，是在群众自觉的基础上，自下而上地推行的；是大庆人活学活用毛主席著作，提高政治責任感的具体表现。廖斗寅却胡說什么"崗位責任制是大庆經驗的核心"，"崗位責任制是生产三要素的結合，抓住了它，就可以解决企业管理的根本問題"。他明知企业管理革命化的关键，首先是領导干部革命化的問題，却不去解决，而把矛头指向工人，在全市工厂企业推行生产工人崗位責任制。有些厂乘机大反工人当中的所謂"自由化"，大整工人的劳动紀律，纵容企业中走資本主义道路的当权派对工人实行資产阶级专政。

（3）片面号召大練基本功，引导职工走白专道路。

万张反党集团还在全市大张旗鼓地推行大庆人練基本功的經驗。他們閉口不談大庆人的生产目的性是为了中国革命和世界革命，是"站在井台上，胸怀全世界"，片面号召职工群众大搞业务和操作練兵，并树立标兵大肆宣传，把群众引向追逐个人名利的白专道路上去。

（4）用資本家管工人的办法，搞夜間检查。

有的局的領导干部以学习大庆"二十四小时管生产"为名，組織干部在夜間到工厂进行突击检查，监督夜班工人的生产。这是对工人阶级的极大污蔑，廖斗寅等人竟然通报表扬，推广他們的經驗。张淮三对这种做法也很感兴趣，居然身体力行，亲自在夜間坐小臥車到南郊的电表厂去查夜。

（5）推广齐市車辆厂的經驗，与学大庆唱对台戏。

一九六五年初的全国工交会議結束后，张淮三便急急忙忙地把齐市車辆厂厂长請到天津来做报告，传授經驗，表示对薄一波的无限忠誠。廖斗寅則更卖力气，亲自筹备介紹該厂經驗的小型展覽，組織各厂去参观。同年六月和八月，楊拯民和廖斗寅还召开了两个企业管理革命化座談会，进一步贯彻車辆厂的"集中到厂部，服务到班組"的經驗，在工厂企业中大搞合并机构，减少层次，精减报表等活动，抵制大庆的基本經驗。

一九六六年初，薄一波为了掩飾自己抵制"工业学大庆"的罪行，在全国工交会議期間让各部門、各地区推荐七十个大庆式企业。万张反党集团本来也是抵制学大庆的，正是他們把全市轰轰烈烈的群众性学大庆的运动引到斜路上去的，这时一看形势不妙，便急急忙忙打着灯籠找大庆式企业。結果生拉硬扯找到两个"大庆式企业"，其中一个，区委就不同意，张淮三让廖斗寅亲自到区委去說服，才勉强同意凑数。另一个，連本厂都认为政治工作差，不够条件。张淮三却看中了这个厂产品还不錯，批訴說："政治工作不好，怎么搞出的好产品？經驗要去找，去总結，大庆不是出了石油才有了經驗嗎？"看！万张反党集团就是以这样恶劣的态度对待毛主席关于"工业学大庆"的伟大号召！

（四）抵制"鞍鋼宪法"，推行修正主义綱領《七十条》

在一九六〇年初的技术革命高潮中，毛主席在鞍山市委向中央的一个报告上作了批示，提出了著名的"鞍鋼宪法"，即：坚持政治挂帅，加强党的領导，大搞群众运动，大搞技术革新和技术革命，实行"两参一改三結合"。毛主席幷且在批示中指出，"鞍鋼宪法"在远东在中国出现了。实践証明，"鞍鋼宪法"是办好社会主义工业企业的根本大法，是毛主席的革命路綫在企业中最集中的体现。

一貫反对毛泽东思想的刘、邓、薄对"鞍鋼宪法"极端仇視，污蔑为"不能喊口号，要有实在內容"，竭力加以封鎖和抵制。由薄一波在一九六一年主持起草的《七十条》，就是他們狷狂地反对毛泽东思想，和"鞍鋼宪法"公开唱对台戏的一棵大毒草。在《七十条》中，根本不提工业企业要抓两个阶級、两条道路斗爭这个綱，不提毛泽东思想是企业一切工作的指导方针，不提把企业办成毛泽东思想大学校，相反的，却改头换面地塞进了一整套苏修的黑貨。《七十条》是以治"乱"为出发点的，也就是要治社会主义建設大跃进之"乱"，妄图把我国社会主义工业企业納入修正主义軌道上去。因此，它是一个彻头彻尾的反动黑綱領。

万张反党集团完全和刘、邓、薄一个鼻孔出气，也将"鞍鋼宪法"对全市几十万职工进行了封鎖，同时，幷恶毒地进行污蔑和攻击。反党集团的大謀士，原市經委第一付主任宋祝勤一馬当先，充当了反毛泽东思想的急先鋒。他胡說什么"鞍鋼宪法只适用于百分之十的大洋企业，而不适用于百分之九十的旧企业和中小企业"。他在一九六二年初亲自主持起草的《四年來工业工作的总結》中，对"鞍鋼宪法"的五项基本原则大肆进行攻击。他胡說什么"政治只能在具备物质基础的条件下，才能发揮它的最大作用"；攻击工厂企业的党委"不适当地强調党的絕对領导"，"影响了行政的积极性"；污蔑大跃进中"不該搞群众运动的也搞了，該小搞的大搞了"；胡說前几年的技术革命"拖住了企业的主要力量，只顾前进，脱离了技术基础"；公然认为"把'两参一改三結合'也作为一项根本制度，幷不完全适当"。宋祝勤这个全面否定"鞍鋼宪法"的黑总結，显然是得到万张反党集团的支持的。直到一九六六年初，张淮三在市委工业領导小组扩大会上还认为这个总結是好的，只是在个别詞句的提法上欠妥，眞是不打自招，暴露了他們的狼子野心。

《七十条》出籠以后，万张反党集团一连几年把它当作企业管理的中心工作，在工交战綫上全面貫彻执行，流毒很深，危害极大。

（1）推行"五定"、"五保"。

把国家和企业的关系，片面限制为"定"和"保"的关系，企业只要在完成"五保"任务的条件下，就可以調剂使用結余的原材料，可以将工资总额的結余用于增加职工奖金等，实际上是鼓励企业搞单干，搞物质刺激。

（2）制訂和推行了《車間党支部工作条例》。

这个条例把車間党支部的核心領导作用，改变为单純对生产行政工作起保证和监督的作用。

（3）推行总工程师制和总会計师制。

要在82个重点工厂实行总工程师制，尽快建立以总工程师为首的统一的技术指揮系統和技术責任制，规定总工程师和生产付厂长要统一起来，掌握企业的生产、技术大权，甚至技术人员的提拔、晋級、調动必须征得总工程师的同意，变相复活苏修的"一长制"。市經委还举办了会計师訓练班。

（4）全面恢复以管、卡工人为主要內容的管理机构和规章制度。

万张反党集团竭力抵制毛主席关于"大破大立，先破后立，不破不立"的革命路綫，胡說这是"脱离实际，违反事物客观规律的"，大肆鼓吹"有破有立，以立为主"、"先立后破"的謬論，甚至把"先立后破"說成是"对巩固规章制度起了好的作用"。他们积极恢复了在三年大跃进中被冲垮的官僚主义机构和不合理的规章制度。仅市經委在一九六二年和一九六三年就召开了一系列专业会議，散发了三、四十个文件，絕大部分都是在加强基础性技术工作、加强經济核算、大搞定额管理、大搞生产协作的幌子下，规定了許多束縛群众手脚，限制群众积极性的框框，扩大了領导和群众的矛盾，阻碍了企业实行革命化。

（5）大搞物质刺激。

实行奖金挂帅，把广大职工引向經济主义的泥坑中去。

（6）大办"业务"教育，贩卖苏修黑貨。

为了和全面貫彻《七十条》相配合，在崔荣汉的直接指使下，以提高干部的业务理論知識为名，举办了两期企业管理訓练班，传授苏修和反党分子馬洪的一套修正主义工业企业管理貨色，在全市工交企业中散布毒素。

毛主席曾多次提出要修改《七十条》的意见，薄一波一再拖延、抵制，直到一九六五年初毛主席对此尖銳地提出批評以后，薄一波才不得不被迫着手进行修改。修改后的《七十条》，仍然是棵大毒草，继續贩卖修正主义貨色，在許多重大原則問題上甚至变本加厉，頑固地坚持那一套反动綱領。因此，无論是新、老《七十条》都必須彻底进行批判，彻底肃清修正主义流毒的影响。

233

（五）大办托拉斯，复辟資本主义

由刘少奇在一九六三年提出的，并通过薄一波在全国范围大张旗鼓推行的托拉斯，是他們推行的反革命修正主义路綫的一个重要內容，也是他們妄图在我国复辟資本主义制度的一个重要手段。

刘、邓、薄竭力鼓吹的托拉斯，是彻头彻尾的反毛泽东思想的修正主义黑貨。他們打着用"經济办法"管理企业，实行"高度集中垄断"的招牌，借口反对所謂的"行政办法"和"多头领导、分散經营"，企图用資本主义托拉斯来改造我国的社会主义工业管理机关和工业管理体制。

毛主席教导我們，"政治是統帅，是灵魂"；"政治工作是一切經济工作的生命綫"。刘、邓、薄非常害怕光焰无际的毛泽东思想，坚决反对突出无产阶級政治。他們污蔑突出无产阶級政治为"那是大家都要做的一般共性問題"而加以抵制，却号召大家去研究"办托拉斯要解决的特殊矛盾"，"摸索人家办不到而托拉斯却能办得到的特殊問題"。他們所倍加贊赏的"經济办法"，实质上是苏修正在大力推行的"利潤挂帅"的变种。刘少奇就公然說"公司考虑怎样有利就怎样干"，甚至还恬不知耻的說，利潤多了，"国家就兴旺，前途就光明"。他让托拉斯只要着眼于一个"利"字，唯利是图，这与資本主义托拉斯还有什么区别？他們还竭力主张托拉斯应当"专搞經济业务"，它的任务只是出"更多的品种，更高的质量，更大的积累，……使生产、建設事业多快好省地发展"。一句話，他們就是企图使社会主义工业管理机关离开为无产阶級政治服务的大方向，滑到資本主义的斜路上去。

毛主席在論十大关系中指出，"应当更多地发揮地方的积极性，在中央的統一計划下，让地方办更多的事"；"有两个积极性，比只有一个积极性好得多"。刘、邓、薄正是与毛主席唱反調，强調"社会主义經济要比資本主义更加集中、更加垄断"，要逐步按行业办許多"一杆子插到底的全国性托拉斯"，而且是"只此一家，别无分号"的。不仅这样，他們甚至还要把計划、物資、产品价格、产品銷售等大权都由各托拉斯統管起来。薄一波甚至搬出苏修搞"生产党"的反动論点，提出要建立"密切結合生产特点和生产实践的經常性政治工作"，在全国范围內按照托拉斯的系統把工厂企业的党組織和政治工作机构都收上来，最后統一于薄一波所把持的工交党委之下，妄图在我国搞"工业党"。一句話，他們就是打算把工交战綫变成由薄一波一手独霸党、政、財、物大权的独立王国，大大削弱地方的权力，以便于他們自上而下更有效地推行反革命修正主义路綫。陈伯达同志对他們这种做法曾提出反对，并針鋒相对地提出要自下而上地办托拉斯，而且在同一个地区的同一行业可以办两个托拉斯以便比較，竟受到他們的恶毒攻击。

毛主席一再教导我們，要总結我国自己办社会主义工业的經驗，走自己的道路。刘、邓、薄却竭力美化資本主义制度，公然号召向苏修和西方国家学习。刘少奇在一九六三年十月就說："資本主义管理企业的經驗，特别是垄断企业的經驗要学习，苏联好的經驗也要学。"薄一波还积极組織力量收集資本主义托拉斯的"經驗",出簡报,編成书,在全国发行,大肆宣传。他們还把这些"經驗"改头换面塞进他們所謂的"社会主义托拉斯"中来,硬說办托拉斯是"我国工业管理的方向問題、道路問題",迫使各部門、各地区遵照执行。

万张反党集团是刘、邓、薄开設在天津市推行其反革命修正主义路綫的黑分店的黑掌柜,他們对推銷托拉斯这个修正主义貨色特别卖力气,聞风而动,大面积实行,遙居全国各大工业城市之冠,深受他們主子的称贊。他們的罪証主要是:

（1）积极支持办全国性托拉斯。

一九六四年下半年,化工部要办橡胶、医葯两个总公司,向天津市委提出将市属橡胶、制葯两个工业公司及所属工厂企业和事业单位全部收归总公司領导,万张反党集团毫无异議,如数上交。一九六五年五月,薄一波召开全国試办托拉斯工作座談会,万晓塘是会議領导小組成員之一。会上,上海等地的代表抵制办全国性托拉斯,受到薄一波的压制和围攻,万晓塘却表示天津沒有意見。而且听說中央还要办仪表托拉斯,就急急忙忙在天津市組織仪表工业公司,并决定办成地方性托拉斯,为全国性的仪表托拉斯作准备。

（2）大办地方性托拉斯。

一九六三年底,刘少奇在全国工交会議上提出办托拉斯的問題,万张反党集团立即聞风而动,曾打算办无綫电托拉斯等。一九六四年八月,刘少奇盜用党中央的名义批轉了国家經委党組关于試办工交托拉斯的报告,在中央文件下达以前,万张反党集团就已决定将机床工具、染料化学、造紙三个工业公司改为地方性托拉斯,并开始了籌办工作。一九六五年薄一波召开托拉斯座談会議后,万张反党集团又决定再办五个地方托拉斯,做到每个工业局都爭取有一、两个托拉斯,以便取得經驗,逐步推广。以后因其中有三个公司的企业正在搞四淸,沒有办成,只有針織和塑料两个公司在一九六六年正式改为托拉斯。

（3）在全市工业公司中实行"半托拉斯"化。

一九六五年七月,在市經委召开的托拉斯、工业公司座談会上,根据万张反党集团的意图,起草了"工业公司試行組織办法",由市委、市人委批轉执行。根据这个"公司法",全市除托拉斯以外的三十多个工业公司,全部由行政管理机关改为一级經济組織,集中管理工厂企业的一部分业务,各主管局也下放部分权力給公司。实际上,工业公司除了不是基层計划单位和基层經济核算单位以外,已經和托拉斯沒有什么区别了。这个"公司法"在全国各地还是首創,受到薄一波的重視,通报全国以資鼓励。

（4）在全市大造声势。

万张反党集团为了将全市工业迅速实现托拉斯化,从一九六四年十月以后的一年多时间中，竟异乎寻常的用市委名义批发有关托拉斯的文件达三次之多，責令各級党組織遵照执行。他們还在党刊"天津工作"上轉发了有关托拉斯的經驗，让全党动手办托拉斯。市經委付主任廖斗寅作为薄一波和万张反党集团之間的牽綫人，在大办托拉斯的工作上卖了很大力气。他还将一本从薄一波那里拿来的小册子《美国的工业生产組織》推荐給张淮三研究。张淮三看了以后果然很受启发，不仅做了笔記，而且还让廖斗寅与书店联系发行，让各局領导干部都好好学习这本书，充分暴露出这个叛徒可耻的面貌。

万张反党集团在全市丁交战綫大肆推行托拉斯，不仅直接支持了刘、邓、薄在全国推行反革命修正主义路綫，而且使本市的工业企业在政治上、經济上都受到不同程度的毒害。（1）他們办地方托拉斯的目的，不是为了把全行业办成毛泽东思想的大学校，不是政治統帥經济，而是单純强調經济管理，强調一切为了生产，把政治工作从属于經济、业务工作，把无产阶级专政的工业管理机关改变成为不突出政治的經济业务組織。（2）托拉斯强調自上而下的集中統一，不依靠广大群众，不抓人的思想革命化和机关革命化，逐步成为"三脫离"的官僚机构。过去工业公司平均編制仅五十人，托拉斯化以后，公司工作人员增加一、两倍以上，机构庞大，层次重迭，行政手續煩杂，文牍主义增加，工作效率降低，生产指揮不灵，又得不到广大职工群众的直接监督，工厂的干部和职工意見很大。（3）托拉斯"管"字当头，而不是为基层服务，只强調集中統一，忽視分級管理，严重挫伤了工厂經营管理和发展生产的积极性、主动性。由于削弱了工厂独立的經济核算，造成了"吃大鍋飯"的浪費現象。（4）托拉斯所属的生产合作社改为合作工厂，资金統一使用，混淆了两种所有制的界綫，管理上发生不少漏洞。

（六）歪曲和抵制"八字方針"，破坏社会主义經济

一九六一年，以毛主席为首的党中央提出了"調整、巩固、充实、提高"的八字方針。这是一个积极的方針，充实和提高，就是前进；調正和巩固也是为了更好、更快地前进。三年調正时期的实践充分証明，在我国連續几年遭遇重大自然灾害和苏修背信弃义的情况下，由于正确地貫彻了"八字方針"，大大加速了我国的社会主义建設。

刘、邓、薄出于他們的資产阶级反动立场，无視三年大跃进的伟大成就，誇大暂时的經济困难，散布悲观論調。刘少奇在一九六二年一月的中央工作会議上就胡說什么缺点、錯誤不止是一、两个指头的問題，要"三、七开"。薄一波甚至污蔑說"現在的情况实际上就是經济危机"，"中国的經济至少要七、八年才能恢复"。他們认为三年大跃进是"过头"了，对"八字方針"消极地理解为"全綫潰退"，薄一波也就以"調正"为名，片面地大抓"关、停、併、轉"，把国家生产、建設事业来了个大收縮。

万张反党集团也同样被暂时的經济困难吓昏了头脑。万晓塘在一次报告中就說："这样大的困难，沒有十年八年好轉不了。"张淮三还把陈云主持搞的中央財經小组的黑报告亲自拿到高干自修班去推銷，把它說成是"科学論断"，要大家好好学习。他們緊跟刘、邓、薄，在天津市貫彻执行"八字方針"的过程中，推行了一套右傾机会主义路綫。

（1）大搞"关、停、併、轉"，使天津工业遭受极大破坏。

一九五八年，毛主席发出"全党办工业、全民办工业"的伟大号召，并且指出要"土洋结合"，"两条腿走路"。全市的广大群众热烈响应毛主席的号召，机关、学校、商店、农村、街道都大办工业，形势大好。在三年调正时期，万张反党集团对这些新兴的工业来了个"一风吹"，将几百个学校办的工厂砍掉只剩下二十个；将两千多个街道組織的生产点砍掉了一千三百多个。即使是工业部門发展起来的一些土洋结合的工厂也不能倖免。当时，紡織工业局就搞了三十多个人造紆維厂，一个也没有留住。小化肥、小維尼龙、玻璃鋼等厂，都是重要的方向产品，只因没有过經济关或技术关，也都关的关，轉的轉，在市内断了根。

有些工厂不該轉产的，也乱轉一气。津南制革厂是全市唯一生产重革的老厂，在"三北"地区占重要地位，因为暂时原料（生皮）供应不足，崔荣汉硬将該厂改为自行車另件厂。轉产以后仅一、两年，形势好轉，因軍工需要，又不得不在别处重新投資恢复重革的生产。

在基建战綫上，有些重要项目（如特种玻璃等）不該下馬的也下了。还有一些重要项目（如硫酸厂等），原来規模太大，只要适当压縮，还是可以继續上馬的，也都全部退了下来。

（2）在"充实、提高"方面，貫彻一套只搞加工工业，不搞原料工业；只搞尖端，不搞基础的修正主义方針。

根据"八字方針"的精神，需要加强短綫产品的生产、建设，尤其是金属、化工方面的原材料工业，更急需发展。但是万张反党集团却热衷于抓无綫电、仪器仪表等尖端产品和自行車、手表等"門面"产品，对一些生产金属和化工原材料的项目极不重視。例如，增塑剂、树脂、合成脂肪酸、薄板、中板等，都是該上未上或上得很慢。

（3）在精簡职工的工作上，先頂后压，造成严重后果。

精减职工和减少城鎮人口，是貫彻"八字方針"的一个重要内容。万张反党集团起初对抗中央，拒不执行。万晓塘就公开説："减那么多人，我干不了，如果有人能干，让他当第一书記。"张淮三也口口声声説："我不同意精减，根本减不了。"陈伯达同志曾到天津鋼厂蹲点研究精减問題，向天津市委提出天鋼应当减××人，受到万张反党集团的竭力反对，崔荣汉在会后还得意地説："这场辯論好热鬧，晓塘、淮三据理力争，我們比他看得更具体一些。"以后，伯达同志在中央工作会議上又就天鋼精减問題批評了天津市委，万张反党集团聞訊后，由张淮三、崔荣汉連夜組織材料报送給刘少奇和邓小平，告伯达同志的状。这也可以看出，万张反党集团和刘、邓的不正常关系了。

以后，他们看頂不住了，又反过来向下压精减职工和还乡的任务，致使基层单位在动員工作上一方面发生簡单生硬、强迫命令的問題，另方面采用多发路費和补助費等物质刺激的办法代替細致地政治思想工作，腐蚀了职工队伍，影响了工农团结，政治上造成极坏的影响。

在精减工作中，中央规定一九五八年以后由集体所有制轉为全民所有制的企业，可以动员群众改回集体所有制，并算在精减数内。崔荣汉和路达却嘴上压下，乘机将一百六十多个企业（車間）共四万五千余人，都轉为集体所有制，其中有些本来就是全民所有制的企业，也被轉了集体，造成所有制的大倒退。在动员轉集体时，崔荣汉、路达指使下面的干部大讲集体所有制的优越性，說什么"多赚多得"，"年終可以分紅"等等，鼓动职工追求經濟主义。

由于万张反党集团在三年調正时期，歪曲"八字方针"执行右倾机会主义路綫，使天津工业工作远远落后于先进地区。一九五七年底，天津市的工业总产值的三倍相当于上海，到一九六二年底，差距扩大到三倍半才頂一个上海。至于在品种、质量、劳动生产率方面的差距就更大。

（七）抵制工业"轉軌"的方針

一九六二年，毛主席在党的八届十中全会上提出"以农业为基础，以工业为主导的发展国民经济的总方针"。同时，并指示要坚决把工业部門的工作轉移到以农业为基础的軌道上来。

薄一波一貫对毛主席施展两面手法，在"轉軌"問题上，再一次暴露出他的反革命修正主义的面目。他在八届十中全会上，假装对毛主席提出的总方针十分拥护，还提了不少建議，以驅取毛主席的信任。但是会后，他却事过境迁，根本不管。一九六二年底，他在广州主持召开全国工交工作会議，却不貫彻十中全会中关于阶级斗争和工业支援农业的方针，只提出增加产量、提高质量、减少亏损、全面提高企业管理水平，作为四大任务，布署一九六三年的工作。这就充分证明他是抵制十中全会决議的。

万张反党集团和薄一波是一丘之貉。他們口头上也讲工业部門要"轉軌"，要支援农业，实际上他們一直就热衷于发展大天津，大搞"高、精、尖"产品，为他們搞独立王国装飾門面。天津市作为一个沿海的老工业基地，本应把支援內地建設、支援农业經济，作为方針性的問題来对待，并作出应有的貢献。但是万张反党集团从一九五八年以来，对天津工业的发展方针，先后提出以无綫电电子和仪器仪表为中心，以船舶配套为中心，以海洋化工为中心，以石油化工为中心，……等，规划一个接一个，就是不提工业支援农业。他們甚至还以"天津工业已经上軌"；"天津工业面向全国，不能只考虑为农业服务"；"农业不拿出规划来，地方怎么'轉軌'不好办"等等为借口，抵制"轉軌"的方针。不仅如此，他們还采取許多措施，破坏"轉軌"，妄图搞垮天津市支农的生产能力。

（1）"三北"訪問，是为了捞取政治资本。

八届十中全会前夕，万张反党集团派出了声势浩大的"三北"訪問团，分东北、西北、华北三路，考察了一个多月。名义上是了解广大农村的需要，以便天津市今后更好地支援农业，实际上是为了在"三北"地区和上海、广州等地争市场，为了搞物资协作，調查各地开放自由市场的情況。尽管访問团寄回来許多报告，提出了不少工业如何支援农业的建議，但是万张反党集团却既不研究，也不向下传达、布置。最后，这个兴师动众的"三北"訪問，仅以大搞以物易物为成果，悄悄地收場了。万张反党集团此举却捞到不少好处，既博得了紧跟中央精神，积极支援农业的好印象，又从外地捞来大批物資，做到政治、經济"双丰收"。

（2）砍掉化肥工业仅有的苗子。

三年大跃进中，在毛主席提出的"**逐年增加化学肥料，是一件十分重要的事**"的鼓舞下，天津市化工部門曾建設了一个五百吨规模的小合成氨厂，已經都过了技术关，只是还赔錢。像天津市这样一个老工业城市，对化肥工业仅有的苗子，本应积极扶持，逐步发展。但是在崔荣汉、李中垣一手策划下，竟以"小合成氨厂成本太高，要赔錢，沒有前途"为借口，勒令这个厂关閉，連設备都給了外地。上海、江苏等地当时也搞了一些小化肥厂，由于坚持試驗，不断改进，过了关，现在有了很大发展，而天津市的化肥工业至今还是空白点。

（3）片面追求"高、精、尖"，搞垮农业机械的生产能力。

一九六三年，万张反党集团以精简机构，便于机械工业统一规划为名，撤消了农业机械局，将所属各厂划归第一机械工业局，一部分交汽車配件公司领导，另一部分由新组成的农机公司领导。他们以精简机构为幌子（因为天津市的机构越精简越多、越大了），实际上为了搞垮农机制造力量，发展高级、精密机械工业产品，猖狂抵制八届十中全会决議。一九六五年，他们不顾中央的统一规划，硬挤着搞汽車，又将农机公司改为农机服务公司，将它所属的二十多个工厂划給汽車、拖拉机公司领导，改变了工厂的产品方向，进一步削弱农机制造力量。

（4）轉不了产的农机工厂，就甩"包袱"，挤出天津市。

万张反党集团对外迁的工厂两样对待，也充分暴露出他们反对天津工业"轉軌"。凡是外迁生产"高、精、尖"产品的工厂，他们或者坚持不迁，或者强调要"一分为二"，留下"种子"。但是外迁农业机械工厂，如面粉机械厂、农业葯械厂、水泵厂、手推車厂等，却大慷其慨，不但"积极"支持，而且几乎都是連根拔掉，当作"包袱"甩出去。

（5）卡投資，进一步削弱农机力量。

一九六五年全市工交战綫的技术改造費中，属于工业支援农业的项目，拨款数仅占总投資的千分之四。

万张反党集团，片面发展"高、精、尖"，不惜搞垮支农的生产能力，充分暴露了他們竭力抵制八届十中全会决議，阴謀搞独立王国，推行反革命修正主义路綫的罪行；

（八）反对大搞群众运动，反对大搞

技术革命，貫彻执行专家路綫

在工业战綫上大搞群众运动，是我国工人阶級在大跃进中的創举。伟大領袖毛主席滿腔热情地支持这一新事物，把它列为"鞍鋼宪法"的一个主要内容。毛主席說："**发展鋼鉄工业一定要搞群众运动，什么工作都要搞群众运动，沒有群众运动是不行的。**"毛主席还对有些同志不願意在工业方面搞大規模的群众运动提出严厉的批評，指出："**他們把在工业上搞群众运动說成是不'正規'，貶之为'农村作风'，'游击习气'，这显然是不行的。**"

刘、邓、薄正是毛主席所批評的那些不願意大搞群众运动的人。邓小平大肆污蔑三年大跃进中轰轰烈烈的群众运动是"大忽隆"，是"违反群众路綫的群众运动"，竭力鼓吹要"扎扎实实"、"精雕細刻"，胡說什么"扎根串連也是群众运动"。薄一波也恶毒攻击群众性的技术革新、技术革命运动，污蔑說"技术革命把技术都革掉了"，大肆鼓吹爬行哲学和奴隶主义。

万张反党集团公然无祝毛主席的教导，跟紧刘、邓、薄的后尘，拾来一些牙惠，大嚷大叫，对群众运动大肆攻击。他們鼓吹"不能事事都搞群众运动"，胡說什么大跃进中"干部精力都忙于赶各种运动，經常的群众工作也就无法进行了"。他們对广大职工解放思想、破除迷信大搞技术革新、技术革命的行动大泼冷水，污蔑为"上边要什么，下边有什么"；胡說群众运动中"忽视科学技术理論是产生蛮干和瞎指揮的重要原因"。他們还竭力宣揚"賈桂思想"，鼓吹神秘主义，說什么"自然界的規律也不是那么容易掌握的"；"尖端技术、改革产品設計、研究和推广新技术等，如果不大搞群众运动，采取比較稳健的方法，就会更好些"。由于万张反党集团执行了一条不要群众运动的修正主义路綫，致使天津市工交战綫从一九六一年以后，很长时間厂内厂外一片冷冷清清，技术革新、技术革命运动也消沉下去了。特别是三年大跃进中群众的大批革新創造，也由于无人过問，被打入废品庫中去了。有不少新产品，如活性染料、石英管等，本来是天津先試制成功的，結果却成了"天津开花，外地結果"。有不少新技术，本来天津和外地都在进行試驗，由于天津沒有坚持，結果外地已普遍推广，天津却还是空白。仅紡織工业局系統就有四十一項重大技术革新項目，如静电紡紗、滾珠錠子、无梭織布等，都被万张反党集团刮来的阴风給吹掉了。现在上海紡織厂几乎已全部改为滾珠錠子，天津却一直沒有进行。

万张反党集团一方面竭力反对大搞群众运动，反对大搞技术革命，另一方面却在科技工作中积极推行了刘、邓、薄的资产阶級专家路綫。张淮三在一九六二年亲自主持制訂的《关于貫彻中央对自然科学工作中若干政策問題指示的意见》（簡称《十条》），就是他們在技术政策上最集中的修正主义綱領。

　　毛主席指出，从旧社会来的知識分子，作为階級的意識形态，还要在我国长期存在，絕不能忽視必要的思想斗爭。但是，在《十条》中根本不提階級斗爭，却认为技术人員"一般的說，在政治思想上已經發生了根本的变化"，因此在紅与专的問題上，对技术人員"紅的要求不能过高过急"；"对他們学習毛主席著作，不能要求与党政干部一样学的那么多，懂的那么細"。甚至还規定，如果"政治活动与业务活动在時間上有矛盾时，应尽可能照顾业务的需要"；"也可以不提倡技术人員参加劳动鍛煉"。万张反党集团就是企图抹煞对知識分子的思想改造，把他們引向只专不紅的修正主义斜路上去。为了实现这个目的，张淮三还指使市科委举办业余科技进修学院，鼓励科技人員单純学外文，学技术理論，脱离本单位的三大革命运动，为追逐个人名利地位而奋斗。

　　万张反党集团还违背毛主席一再指示的干部工作的階級路綫，竭力鼓吹和执行彭眞的"重在表現"的修正主义路綫。在《十条》中規定，"技术人員的紅，应当在他們鉆研业务的实际行动中表現出来"。对技术干部的提拔，认为"主要看技术，用也是用他的技术，不是用他的政治"。张淮三在一九六四年二月的一次讲話中，甚至公然說："提拔工程师要看人家技术，别受政治历史限制，又不是提拔党政干部。技术职称主要看技术，管他什么历史問題，只要不是現行反革命、破坏分子，应当什么就是什么。"还說："資本家也可以提拔为总工程师。"张淮三还緊跟薄一波，大肆吹捧大貪污犯王燦文，說什么"要敢带敢用，就是反革命，有一技之长，我們也要使用"。张淮三这个大叛徒，不仅在党政干部中招降納叛，而且还把他的黑手伸进科技系統中来。在他的指使下，仅在一九六四年工交系統就提拔了近七百名工程师，其中一些有严重政治历史問題的人还提拔为总工程师。张淮三还同意从板桥劳改农場調出两个大右派分子，把他們安排为搞汽車制造的"权威"。他还竭力包庇一个混入党內的階級异已分子，不仅百般重用，甚至还让这个人参加日本工业展覽的技术交流活动。

　　万张反党集团无視党的領导和工人群众在生产、技术工作中的主导作用，一味推行依靠少数"权威"、"专家"办企业的資产階級反动路綫。在《十条》中規定，"技术工作，必須服从总工程师的指揮"；"技术問題主要由技术人員来决定，領导人員不应采取武断的态度来处理"。廖斗寅在一九六二年大肆推行"三按"（按图紙生产，按工艺加工，按标准检驗），并执行《七十条》的規定，"即使不合理的工艺，在技术人員沒作修改以前，工人也必須执行"，把工人当成单純执行命令的阿斗。廖斗寅还在一个提高产品质量的管理办法中，規定检驗人員有权建議領导对严重违反工艺紀律的工人进行处理。广大职工对这一套以管卡群众为手段的技术政策极为不满，他們說："技术人員是制法的，检驗人員是执法的，我們工人成了犯法的了。"

　　张淮三还竭力鼓吹"外行不能領导內行"的反动謬論。他在一九六四年五月的一次讲話中說："工厂中党团干部基本上是工人提拔的，对知識分子不了解，要从改变領导成份上解决。"积极主张基层党委、工会、青年团的領导成員中，要有三分之一是技术人員。

（九）大搞物质刺激，实行利润挂帅

一九五八年，毛主席在《工作方法六十条（草案）》中指出："应该作出这样一个总的规定，即是在多快好省地按計划按比例地发展社会主义事业的前提下，在群众觉悟提高的基础上，允許并且鼓励群众的那些打破限制生产力发展的規章制度的創举"。广大职工群众热烈响应毛主席的伟大号召，向一切不符合社会主义經济基础的上层建筑猛烈开火，他們自觉地废除了严重腐蚀工人阶級革命意志的各种奖励制度和計件工資制**度。**

群众的革命創举，吓坏了大大小小的走资本主义道路的当权派，他們急急忙忙跳出来大嚷大叫，維护他们复辟资本主义的秩序。薄一波一馬当先，在《七十条》中塞进大批物质刺激的黑貨，使之合法化，大肆推行。万张反党集团也緊跟在后面搖旗吶喊，大造輿論。宋祝勤在他主持起草的臭名昭著的"四年工业工作总結"中，把群众的革命行动，污蔑为"一概否定計件工資的必要，并且把它和'个人主义'、'鈔票挂帅'等混淆起来去批判，是不妥当的。"他竟然胡說什么"历史經驗反复說明，計时工資加奖励的制度和計件工資制度是可以而且应該并行的。"他們还故意制造"政治挂帅第一，物质鼓励第二"的折中主义謬論来迷惑群众。

毛主席的亲密战友林彪同志指出："环境越是艰苦，政治思想工作越要活跃；**物质的东西越少，精神的东西越要多**"。万张反党集团却反其道而行之，在我国暫时經济困难的时期，大刮物质刺激的阴风，大肆推行修正主义路綫。一九六一年，他 們 就 提 出"抓思想、抓生活、促生产"的修正主义口号，竭力宣揚"留得青山在，不怕没柴烧"的保命哲学；他还在市內开放自由市场，纵容资本主义势力猖狂进攻；在这同时，他們又以"关心职工生活"、"反对平均主义"为名，在工交战綫大张旗鼓地推行物质刺激的黑貨。

崔荣汉、宋祝勤是天津市大搞物质刺激的黑司令。他們竭力主张"在一九六二年和一九六三年內，着重搞好奖励制度，适当推行一些計件工資"。他們根本不 提 政 治 挂帅，而是把奖金作为指揮生产的法宝，大搞单项奖。那个指标完不成，那个关鍵解决不了，就在那里建奖。什么"质量奖"、"节約奖"、"安全奖"……五花八 門，不胜枚举。仅印染行业就有什么"花号奖"、"无补印奖"、"少剩浆奖"等达十多种之多。工人們說："一看那一项奖金多，就知道那里是关鍵"。有的厂甚至在职工大会上摆着收音机 动员大家去攻关鍵。有的厂还让工人先領奖，后去包打关鍵。以后，崔荣汉、宋祝勤等将单项奖改为綜合奖，又规定評奖时不許附加政治条件，只要完成指标，就可以得奖。一九六三年，在企业干部中也实行綜合奖，进一步把广大干部引向經济主义的泥坑；与此同时，崔荣汉还竭力鼓吹"計件工資有科学性"，"能更多地提高劳动生产率"，积极恢复和扩大計件工資制度。到一九六二年底，全市实行計件工資的达七万五千人，其中工交企业达四万二千人。

万张反党集团还企图用物质刺激的手段腐蚀工人阶级的先进人物。就在八届十中全会公报提出阶级斗争的問題以后不久，他們就以給劳动模范发奖为名，提出"尽可能奖一些实惠的东西，从穿着上着眼"，"比祗发奖章好些"。他們給一名特等劳模发一条毛毯，一身棉制服，值六十元；一般劳模一身棉制服，值三十元；模范班組的成员也分別发絨衣或短袖汗衫等。共花了五万余元，用布票近八千尺。他們就是企图用这一点点物质利益，号召全市职工为一条毛毯、一身棉制服而奋斗，这又是何其毒也！

万张反党集团这一切花招，就是企图用經济主义、物质刺激的办法，把人們引向邪路，只顾眼前利益，而丢掉无产阶级的根本利益。这是同毛主席关于为人民服务和政治挂帅的教导針鋒相对的，是适应修正主义和平演变的需要的，是彻头彻尾的反革命修正主义貨色。广大革命造反派在文化大革命中痛斥物质刺激和奖金挂帅，他們说："物质刺激是腐蝕工人阶级灵魂的毒药"；"奖金挂帅不是把我們引向北京，而是引向了莫斯科"。

利潤挂帅和物质刺激是修正主义的孪生姊妹。崔荣汉、宋祝勤在大肆推行物质刺激的同时，又竭力实行利潤挂帅。一九六二年，党中央发出"扭轉亏损、增加盈利"的指示，崔荣汉、宋祝勤公然违背毛主席关于"发展經济，保障供給，是財政經济工作的总方針"的教导，根本不提政治挂帅，不充分发动群众，而是靠少数人自上而下地就利潤抓利潤，就亏损抓亏损。他們单純抓七十个利潤大戶，派人到这些厂去算細帐，挖潜力，向工厂压利潤任务。对一些亏损企业，根本不考虑它們在国民經济中的地位，简单地采取限期扭轉，逾期勒令关閉的办法，向工厂施加压力。他們还积极鼓吹"以杂养专"，"为国家多賺錢"，支持工厂大搞资本主义經营，只要做到扭亏、增盈，不管采取什么手段实现的，就通报表扬，推广經驗，甚至还将一个弄虚作假的工厂树立为全市扭亏增盈的"标兵"。

在崔荣汉、宋祝勤的黑手遮天之下，使許多工厂企业为了片面追求利潤，大刮资本主义經营的黑风。有些厂接受国家計划任务时，挑肥拣瘦，大利大干，小利小干，无利不干。有些厂对兄弟单位的协作任务，粗制滥造，弄虚作假，乱敲竹杠。甚至有的厂竟然弃工經商，大搞投机倒把。所有这一切，不仅打乱了国家計划，破坏了市场供应，更为严重的是，这样做正是刘、邓、薄推行反革命修正主义路綫的结果，使一些社会主义企业迷失了政治大方向，走到资本主义斜路上去了。万张反党集团实行利潤挂帅罪責难逃，必须彻底清算！

（十）对抗《二十三条》，在四清运动中执行形"左"实右的反动路綫

（1）忠实地推行形"左"实右的修正主义貨色——"桃园經驗"。

当一九六四年下半年全市开展第一批四清运动时，毛主席亲自主持制定的《中共中央关于目前农村工作中若干問題的决定（草案）》（即《前十条》）早已下达，万张反

革命修正主义集团竟敢不按这个决定来指导四清运动，而把党内头号走资本主义道路当权派刘少奇抛出的"王光美在桃园大队蹲点經驗"及"后十条"奉为"圣旨"。一九六四年七月，在河北省委召开工作会議期間，刘少奇和王光美来津，在刘少奇的推荐下，王光美向河北省、天津市的領導干部，大讲"桃园蹲点經驗"。万张反革命修正主义集团为了討好他們的主子，便立即专門組織干部收听录音，印发材料，广为宣揚。在别的地区都是把"前十条"印发給每一个四清工作队员，以便經常学习和利于工作。可是在天津市第一批四清单位中，工作队员却很难找到一本"前十条"，与此相反，"桃园蹲点經驗"倒发的不少。在运动中，他們违背毛主席关于阶级分析的教导，对每个单位抓住一些材料，就說是全部烂掉了，看成漆黑一团，到处是"螞蟻"。因此就怀疑一切，否定一切，排斥一切。在运动中他們把企业原有的干部和原有的組織都一脚踢开。在运动中，他們把广大群众也甩在一边，大搞扎根串連。万晓塘极力宣揚扎根串連，說什么"扎根串連是基本功的基本功。""扎根的基本观点是，和任何人接触，又相信，又不相信。""如果他家里有立柜，贫农就是假的，只要看他家里的陈設，就可以大体了解他家是什么阶级。"他們把原来的积极分子抛在一边，强調什么"要到落后层中去找珍珠宝貝"。在运动中还搞了不少繁瑣哲学，例如对积极分子搞一事一訓等等。这样，脱离了广大革命群众，脱离了那些好的和比较好的干部，整天忙于翻档案、找根子，孤立地、靜止地进行扎根串連，在少数人中間活动，结果有的地方搞了二、三月的扎根串連，收效甚少，有的地方虽然扎了一些根子，但有些扎得不正。更严重的是，把运动搞得冷冷清清。

（2）对抗《二十三条》，鼓吹彭眞的黑报告。

一九六五年一月，中共中央政治局召集的全国工作会議討論紀要：《农村社会主义教育运动中目前提出的一些問題》，即二十三条，公布以后，指明了四清运动的方向。万晓塘对毛主席的有关指示沒有向干部作传达，对《二十三条》沒有引导大家深入学习，清算前一段的错误。在此期間，反革命修正主义分子彭眞在北京向干部和四清工作队员作了两次黑报告。万晓塘对这两个黑报告很感兴趣，亲自去听传达，回来后又亲自向干部做传达，把反对毛主席思想，对抗《二十三条》的大黑話，視为至宝，积极貫彻。說什么，"从党的历史上历次运动中有些干部整错了，跟党結成疙瘩，很不好解，这一次一定要注意别整错了。"后来就刮起了两股歪风，就是：保护党内走资本主义道路当权派和宽大无边。結果那些走資本主义道路的当权派，有的在他們的庇护下，就过了关；有的在内外有别的欺騙下，也混过了关；有的本应从严处理的，在他們的庇护下，从輕处理了；特别是对那些有严重四不清問題的人，过分的寬大处理，在广大职工群众中，造成极为不良的影响。

（3）对抗《二十三条》，忠实执行薄一波的《四清座談会紀要》。

一九六五年夏天，反革命修正主义分子薄一波在北戴河召开了工交企业四清座談会，提出了一个对抗毛泽东思想和对抗《二十三条》的《座談会紀要》。此后，万张反革命修正主义集团对抗《二十三条》的活动更为嚣张了。

《二十三条》指出，"**我国城市和农村都存在着严重的、尖锐的阶级斗争**"；"**抓住阶级斗争这个纲，抓住社会主义和资本主义两条道路斗争这个纲**"；"**忘记十几年来我党的这一条基本理论和基本实践，就会要走到斜路上去。**"而张淮三在二批四清工作队整训中就阉割《二十三条》的革命灵魂，散布阶级斗争熄灭论，保护党内走资本主义道路的当权派。他说什么，"阶级斗争前几年尖锐，这两年随着经济形势的好转，比较缓和了。"他还提出什么，"一、二类企业主要领导干部是好人，但有缺点、错误。""对这些单位可以从检查总结工作入手。"

《二十三条》指出，"**在整个运动中，省、地、县以及党委和工作队，必须逐步做到，依靠群众大多数，依靠干部大多数（包括放了包袱的干部），实行群众、干部、工作队三结合**"。而张淮三在一九六五年八月的一次报告中，与《座谈会纪要》唱一个调子，说什么"应当一进厂就实行三结合"。还说什么，"一、二类企业，原则上应由工作队和厂党委共同领导运动。"

（4）扭转运动的重点，对抗《二十三条》。

《二十三条》明确指出，"**这次运动的重点是整党内那些走资本主义道路的当权派**"。而张淮三在一次布署四清运动问题的报告中，却说什么，"重点不是唯一的，在四清运动中，不仅要整党内走资本主义道路的当权派，而且要解决各种四不清问题。"这样，他把运动的重点摆在一个无足轻重的位置上去了。他在一九六五年五月的一次报告中，就只字不提整党内走资本主义道路当权派的问题，把斗争矛头引向群众。

《二十三条》指出，"**不论在运动中或运动后，都不许用任何借口，去反社员群众。**"这个原则同样适用于城市的四清运动。而万晓塘公然对抗《二十三条》，扭转运动的方向，整工人群众。一九六六年一月七日，他在风动工具厂谈双清斗争时说，"揭发到一定程度，首先还是解决工人中的问题。"

后来，在开展对敌斗争的阶段，他们就大搞"议、排、查"，还提出什么"查到那里算到那里，查到谁算到谁。""打一个，带一串，清一片"等错误口号。在群众中搞背对背的排队，面对面的质询，你查我，我查你，互相怀疑，弄得职工之间见了面也不敢说话。经过"议、排、查"，列为怀疑对象的面扩大了，少则占全厂职工的百分之三、四十，多则甚至达到百分之七、八十。结果搞得人心惶惶，挫伤了广大职工群众的积极性，不利于对敌斗争。而有些走资本主义道路的当权派，却在他们的庇护下，依然逍遥自在，直到无产阶级文化大革命蓬勃开展起来之后，才被广大革命群众揪出来。

（十一）欺上压下，大搞独立王国

毛主席教导我们，"国家的统一，人民的团结，国内各民族的团结，这是我们的事业必定要胜利的基本保证"。

万张反党集团多年来篡夺了天津市的党政财文大权，对上积极投靠刘少奇、邓小平、彭眞、薄一波，忠实执行反革命修正主义路綫，猖狂抵制毛泽东思想和以毛主席为代表的革命路綫；同时，幷在市内大肆結党营私，招降納叛，把他們的統治势力伸进各个系統和部門，对广大革命干部和革命群众实行資产阶级专政。他們把天津市变成了針插不进，水泼不入的独立王国。

天津市是一个大工业城市，是万张反党集团进行反党活动的最大政治資本，他們搞独立王国的阴謀活动，在工交战綫上暴露得更突出。除了前面已經揭发的十个方面的問題以外，还可以从几个事情进一步揭露他們的丑恶面貌。

（1）反对、攻击陈伯达同志。

伯达同志从一九六一年以来，經常到天津来蹲点，对天津市的工业工作提出許多重要指示。万张反党集团对伯达同志的指示一贯的极不尊重，竭力抵制。一九六一年伯达同志到天鋼研究精減問題，他們就布置厂党委汇报假情况，封鎖消息。一九六四年伯达同志向万晓塘当面提出天津搞氧气炼鋼的指示，万一直不研究、不执行。直到一九六五年，經过許多同志的努力和伯达同志的大力支持，才确定天鋼搞。张淮三还以花钱太多，不如多搞几十个加工厂为理由，企图取消这个工程。万晓塘、张淮三还經常散布伯达同志"是搞理論的，对天津情况不了解，提的意見不适合天津"，污蔑伯达同志"不务正业"等流言蜚語。

陈伯达同志是毛主席的好学生，是我們党杰出的理論家，万张反党集团恶毒地攻击陈伯达同志，实际上就是攻击光焰无际的伟大的毛泽东思想！

（2）謊报成績，对中央封鎖天津的眞实情况。

市統計局是地方向中央綜合报告国民經济情报的权力机关。統計工作必須以阶级斗爭为纲，坚持党的方针政策，如实向中央反映眞实情况。万张反党集团非常害怕中央发現天津的問題，竭力控制統計局，强調要"以服务为綱"，"千方百計为市委服务"，把統計局变为他們搞独立王国的馴服工具。一九六三年，宋祝勤就让統計局在《上半年财务指标执行情况》的报告中，有意地縮小企业亏損面，夸大利潤額，向中央虛报成績。同年年底，崔荣汉为了不使职工年末人数突破計划指标，让劳动局将两万名临时工在十二月二十五日"解僱"，轉年一月三日继續录用，让統計局在年終报表中不統計在內，对临时工則說是放假。他們还以"情况調查不准，牟然上报，会給市委造成被动"为名，指令統計局凡是涉及人、财、物方面的重要調查报告一律不得报国家統計局，对中央进行封鎖。

（3）目无党的組織原則，任意調动、任命省管以上的干部。

万张反党集团的干部政策，完全是为他們的反党政治路綫服务的，根本不考虑党的組織原則。他們为了控制市委工业部，在省委沒有批准的情况下，就将廖斗寅从經委調到市委工业部任第一付部长。等省委批准对廖的任命下来时，他們为了控制經委又把廖調回来了。宋祝勤有重大政治历史問題，华北局提出不适合担任經委付主任，他們就把宋調出搞四清一个时期，又让宋担任科委付主任。李虹从河北区委提拔为化工局党委书記，华北局不同意，他們就背着华北局硬派她来化工局。一九六五年七月，各工业局成立党委和政治部，有关局党委书記和政治部主任的配备，既不在市委工业領导小組討論，也不在市委工交政治部的部务会上研究，只是由张淮三等少数人一手把持决定的。

（4）对下竭力压制广大干部和群众的批評。

由于万张反党集团推行反革命修正主义路綫，把天津工业搞得乱七八糟，长期落后，不能翻身。工交战綫的广大干部和职工对黑市委意见很大，每年的工业会議上都提出許多批評。万张反党集团只怕揭开他們的盖子，始終把矛头指向下面，竭力进行压制。万晓塘在一次会議上說："有人批評天津市今不如昔，不如上海，这是給天津吹冷风、浇冷水"。有的局长向张淮三反映天津工业落后于上海，张竟大发雷霆斥責說："不要长他人志气，灭自己威风"，"不要妄自菲薄"。他还别有用心地說："不要小看天津工人阶级，天津工人也不笨。"企图把責任推給各级干部。

另一方面，他們又在市内大肆造謠言，放暗箭，反对省委，企图将天津落后的原因全部归罪于省辖市。万晓塘一馬当先，鼓吹"天津特殊論"，胡說什么"天津不同，北京有彭眞，上海有柯老。"张淮三也說："省辖市不能和别人比，中央投資少"；"河北省揩了天津市的油"。他們还通过計委、經委、統計局收集所謂河北省揩天津"油"的黑材料，到中央去告状，硬要国家計委在下达河北省的各项指标中，单列天津的戶头，以防止省揩天津的"油"。

市經委发了一个一九六四年工作总结，指出这一年是天津工业工作落后轉变的轉折点，是由于听了党中央、毛主席的話，批判了驕傲自满以后，振作了精神……的结果。张淮三看到报告极为不满，指責"是誰让这样写的？"幷說："这是有意貶低过去，夸大缺点，我不同意。"他还責令經委将已发出的报告全部收回，甚至规定，今后經委的总结报告都得送他审查后才能发出。

无产阶級文化大革命胜利万岁！

以毛主席为代表的无产阶級革命路綫胜利万岁！

战无不胜的毛泽东思想万岁！

伟大的中国共产党万岁！

我們最最敬爱的伟大領袖毛主席万岁！万岁！万万岁！

天津市經委調办无产阶級革命联合会

一九六七年四月十七日

最 高 指 示

　　你們要关心国家大事，要把无产阶級文化大革命进行到底！

　　人民靠我們去組織。中国的反动分子，靠我們組織起人民去把他打倒。凡是反动的东西，你不打，他就不倒。這也和扫地一样，扫帚不到，灰尘照例不会自己跑掉。

彻底清算閻、韓反革命宗派集团的
滔 天 罪 行 ！

天津市"小百花"劇团（长征文工团）
革命造反联合总部

前　言

天津市河北梆子劇院，成立于１９５８年７月１日建院时，包括河北梆子一团、二团、"小百花"劇团及以后的附屬学校。

多年来，由于河北梆子劇院及其所屬各团党、政、財、文大权长期地掌握在以內党走資本主义道路的当权派閻鳳楼和叛党分子韓俊卿爲首的反革命宗派集团手中。所以多年以来，拒不执行党的方針政策，和毛主席的革命文藝路綫相对抗。偉大的毛澤東思想和毛主席的革命文藝路綫，在我院、(团)根本不能树立。而以周揚、夏衍等反革命修正主义分子爲首的反革命修正主义文藝黑綫，却在我院(团)畅通无阻、星罗棋布。

多年来，在閻、韓反革命宗派集团及上、下黑根把持下的河北梆子劇院、"小百花"劇团，成爲他(她)們网罗地、富、反、坏、牛鬼蛇神的"收容所"；反党、反社會主义、反毛澤東思想的"大本營"。充当了反对毛主席的革命文藝路綫的　急先鋒"。

毛主席教导我們說："必須善于識别干部。不但要看干部的一时一事，而且要看干部的全部历史和全部工作，這是識别干部的主要方法。"

早在１９５３年，閻鳳楼就以走主演路綫、团結改造伪充的"老藝人"韓俊卿而得名，連連晋級，并受到过舊中宣部修正主义頭目周揚等人的讚揚。与此同時，韓俊卿搖身一变，居然成了爱國的進步的老藝人。而且其臭名随之大大远揚。从此后，俩人便在政治上互相利用，一个有"权"、一个有"名"，借此之机，他們招降納叛、結党营私，到处招搖撞騙，死心踏地地爲封建主义、資本主义复辟服务。因其二人貫彻、执行周揚的文藝黑綫有"功"，深得其主子的賞識，多年來一直扶搖直上。

１９５８年河北梆子劇院建立，閻、韓同時被任命爲付院长，閻并兼党支部书記。從此以閻、韓爲首糾集了一小撮資産阶級代表人物。在梆子劇院逐步形成了一个反革命宗派集团，他們控制与統治了梆子劇院至"小百花"劇团长达八年之久。

这个反革命宗派集团，通过韓俊卿上与周揚、夏衍、田汉、邓拓等反革命修正主义分子直接挂勾，来往頻頻，关系密切。在市里有反革命修正主义分子李耕濤，局里則有三反分子黎砂、王血波等給撑腰做主。由于根子硬、主子多，他(她 們肆无忌憚，一度猖狂到了極点。

在他們統治梆子劇院及"小百花"劇团的八年之中，水潑不进，針插不入，使劇院成爲發展他(她)們个人勢力的獨立王國。干尽了坏事，确是做惡多端，对党、对人民犯下了罪不容誅的滔天罪行。今天我們要彻底清算！

天津市小百花剧团（长征文工团）

革命造反联合总部

１９６７・４・２６

最 高 指 示

人民靠我們去組織。中国的反动分子，靠我們組織起人民去把他打倒。凡是反动的东西，你不打，他就不倒。這也和扫地一样，扫帚不到，灰尘照例不会自己跑掉。

彻底清算閻、韓反革命宗派集团的
滔 天 罪 行 ！
招降納叛、結黨营私、黨同伐异、陰謀复辟

毛主席教导我們說："世界上一切革命斗爭都是为着夺取政权，巩固政权。而反革命的拼死同革命势力斗爭，也完全是为着維持他們的政权。"

以閻、韓为首的反革命宗派集团，多年来，就是为了巩固他（她）們的政权，維护他（她）們的"半壁江山"。便不惜本、利地到处罗和他（她）們"志同道合"的狐朋狗友。凡是犯有原則錯誤的干部，便馬上搜罗进来。然后，就毫无保留地交与他們职权。以此，来完成他（她）們的共同"使命"。

現將这个反革命宗派集团的要員、干將一一揪出示众！看其反动本質。

閻鳳楼：原河北梆子劇院黨支部书記兼付院长、"小百花"劇团黨支部书記兼团长。中农出身。1941年任交通站长时，因玩忽职守故使黨的事业遭受损失。1946年参加第三宣傳文工队时，因蔣匪向我方展开进攻，他貪生怕死而开小差。平时他常以"作風正派、老革命、老干部"自居，而实質是一个一貫流氓成性、思想腐烂、衣冠楚楚、道貌岸然的伪君子。他与叛黨分子韓俊卿关系暧昧，同流合污。是韓的入黨介绍人之一。他曾喪失立場喪失黨的組織原則地在酒桌面前給阶級异己分子韓俊卿作揖下跪。他对阶級敌人同情怜悯，对革命群众却冷酷无情。

他依仗其主子势力在梆子劇院專横跋扈、胡作非为。他是周揚修正主义文藝黑綫的積极执行者，是推行"三名、三高"政策的模范。他是一个地地道道的走資本主义道路的当权派，是一个貨真价实的三反分子。

韓俊卿：原河北梆子劇院付院长、"小百花"劇团付团长、党支部委員。出身于舊藝人家庭，而后其父成了残酷剝削压榨穷苦藝人的封建把头。韓是一个隐瞞血腥反革命历史混入黨內的阶級异己分子。她拥有骗取的全国政协委員、全國劇协理事、全國劳动模范、三八紅旗手、河北省妇联理事、河北省人民代表、天津市劇协付主席、天津市文藝工會付主席、市特等劳动模范、先进工作者等职衔和称号不下十幾个，是一个貨真实料的"人造模"，是一个比小站西右营張鳳琴還有过之而无不及的反革命人物。

她貫用和平演變的手法，用肉体和糖衣炮彈腐蝕侵襲革命干部。揭开她的历史，她過去絕不是什么老藝人，而是一个和汉奸婊靠、依仗惡霸勢力騎在老藝人头上的吸血鬼！是一个可恥的民族敗類。在日寇侵華时期，曾以一百元"現大洋"將四个十幾岁的階級姐妹出賣給日本法西斯。是一个有着三条人命血債和匪槍嫌疑，並在１９４８年于天津慰勞"国軍"而且參加了国民黨的历史反革命。

她是黑邦、黑綫在天津文藝界的牽綫人，更是周揚修正主义文藝黑綫的忠實維护者。文化大革命开始，她自絕于黨和人民畏罪服毒自杀，惡貫滿盈、罪所应得，真是大快人心！

段长福：原河北梆子劇院黨支部委員，一团团长，宗派集团的第三号人物，解放前，曾是任丘一帶有名的拥有"兩千傾"地的大地主高萬德（現天津市第一机械局局长，萬、張宗派集团的爪牙，三反分子）的警卫。解放后混入革命隊伍，此人一貫流氓成性，道德敗坏。进梆子劇院仅三个月，便成了韓俊卿的入黨介紹人，他与韓有着物質、人身的双重交易。乃是天津市文藝界"四大公案"之一的梆子劇院一案的重点"犯案人"。

杜义亭：原一团付团长，舊藝人出身，乃舊社会的"遺少"。于１９５６年被閻拉入黨內。此人在舊社會就一貫作風敗坏，乱搞两性关系。而至解放后，一直惡习不改。是我院典型的资产阶级、封建主义習慣勢力的代表人物。他与閻鳳樓吃喝不分，亲密无間，並有干亲之瓜葛。是閻的忠實爪牙，五体投地的崇拜者！在整風运动中，他曾揚言"閻鳳樓就是成了右派，我也要跟着他走！"看！立坊是多么"堅定"，閻有这样"知心"的干將能不志高气揚嗎？

崔岩：原梆子劇院黨支部委員、附校校长，乃宗派集团最得力的干將之一，此人能言善辯，詭計多端。原在"电台"因犯錯誤被貶下"凡尘"。閻、韓見其"人材出众"便馬上拉入劇院。

此人到劇院后，更是專橫跋扈、惟所欲爲。曾多次和附校女教师張××發生不正当的关系。

除此之外，对附校所发生的一切貪污、盗窃及强奸幼女案，充而不聞、視而不顧。並在閻鳳樓的"家丑不可揚外"的指示下，遲遲不予处理。使很多不滿十岁的女少年的幼小心灵，受到严重摧殘，給黨的事业造成極大的损失。影响極坏！

在他所掌管的附属学校，曾出現了資本主义的"体罰教育制"充当了复辟資本主义的急光鋒。

譚松藻：原河北梆子劇院、"小百花"劇团的一等秘书，乃是梆子劇院、"小百花"劇团不是支部委員的"常务委員"，人称"實权派"。此人解放前曾干過國民党的伪警察，后鑽进革命隊伍。但一直不务正业、吊儿郎當、笑里藏刀、道德敗坏。是閻、韓的忠實"大管家"。是閻、韓反革命宗派集团有名的"狗头軍事"。韓俊卿的"出名得利"，有着他一半功勞。韓的"勞模事跡"就是此人的筆下之"功"。

試想，梆子劇院、"小百花"劇团的生、杀大权，掌握在这一帮狐群狗黨手中，能不变色嗎？！

瘋狂反对毛澤東思想

我們偉大的領袖毛主席是世界革命的導師，是我們心中最紅最紅的紅太陽。而在這个反革命宗派集團統治下的梆子劇院，多年來，極少見到毛主席的像，八年沒有买過一面國旗。閻鳳樓的办公室從沒有挂過毛主席像，却把反革命修正主义分子邓拓的題詞高懸在室內最显著的地方。僅此一点就可以清楚地看出他們对我們偉大領袖毛主席是多么仇視啊！

林彪同志号召："讀毛主席的書，听毛主席的話，照毛主席的指示办事。"

當全國掀起大学毛主席著作的高潮時，他們却与此大唱反調，利用職权竭立号召和强調背誦唐詩、大学古文、練習書法等用以抵制学習毛主席著作。1964年同志們下連當兵回来，掀起学習毛主席著作的高潮，在這种形势下，閻、韓裝腔作势也学習起毛主席著作來了。閻不是在办公室学習，而是喝着茶水，在大門口学，以此裝璜門面。韓則根本連学的样子都不撰，只是看到別的同志在主席著作上划出重点，她也照样划在自己的書上，以此應付差事。出于他們反毛澤東思想的反革命本性，他們是絕不會学，也更不會"用"。这么多年，我們從來沒有聽他們引用過一句主席的話。他們所以擺出学習的样子是爲了行其反对之實，而怕露出狐狸尾巴罷了。

同志們一再强調要求保証主席著作的学習時間，閻、韓則以业务忙爲借口說什么："学習主席著作是上去了，可排不出戲也白搭，不排戲沒飯吃"等，强行砍掉了雷打不动的学習主席著作时間。他們還極端地歪曲毛主席的人民战爭思想。閻曾講："我過去當民兵时，和日本鬼子碰見了，民兵被日本鬼子都打死了。過去的民兵不敢和日本人見面。"還說："我們过去唱每一个子彈都是臭的"。（原歌詞是：每一顆子彈消灭一个仇敵)就是說我們的子彈十有九顆是臭子，根本不能打仗。"

毛主席教導我們說："真正的銅墙鉄壁是什么？是群众，是千百万真心实意地拥护革命的群众。這是真正的銅墙鉄壁，是什么力量也打不破的，完全打不破的。"

而閻、韓反革命宗派集团就是这样明目張胆地誣蔑和歪曲偉大的毛澤東思想。

反對突出政治、压制青年進步

毛主席說："政治是統帅是灵魂，是一切工作的生命綫。"

閻、韓反革命宗派集团却竭力反对突出政治。揚言什么："政治要落實在业务上"、"政治上去了业务上不去，光突出政治不行"、"光講政治，业务上不去那也是白搭"等反动謬論。並把党內最大的二号走資本主义道路的當权派邓小平所雌黄的："白猫黑猫能拿住耗子就是好猫"的黑話，也在青年中散布，大肆反对毛澤東思想。

他們一貫打击革命同志在政治上要求进步的積極性，有的同志滿腔希望地寫了入党申請書，閻鳳樓却當了大便紙。真是反动到了极点！为了應付出国任务和进"怀仁堂"，这个反革命宗派集团還隱瞞了个別"主演"的家庭成分和做了不符合事實的家庭問題結論。

欺騙黨中央！欺騙毛主席！這是何等的狂妄！他們還强制共青團支部發展了一批"任务"團員，把地、富出身的"主演"拉入團內，而一些所謂业务条件差的工、农子弟却被关在團組織大門外。

毛主席教导我們說："政治不論是革命的和反革命的，都是阶級对阶級的斗爭，不是少数个人行为。"

閻、韓宗派集团反对突出无产阶级的政治，这就是資產阶級向我們發动的猖狂进攻，我們必須迎頭痛击！

彻底砸爛閻、韓反革命宗派集团！！！

頑固推行反革命修正主义文艺黑綫

毛主席指出："這些协会和他們所掌握的刊物的大多数（据說有少数几个好的），基本上（不是一切人）不执行党的政策，做官当老爺，不去接近工农兵，不去反映社会主义的革命和建設。最近几年，竟然跌到了修正主义的边緣。……"

閻、韓反革命宗派集团統治下的梆子劇院，早巳走向了修正主义道路。這些年來，根本不执行党的政策，不执行毛主席的革命文藝路綫。以"小百花"劇团爲例，忠實貫彻和执行了周揚文藝黑綫和修正主义分子李耕濤所制定的建团二十四字方針和文藝綱領三十条。

建团二十四字方針爲：（　　）爲籥者所加。

　　繼承优秀傳統、　　努力革新創造，　　　吸取百家之长、　　　树立独特風格。

文藝綱領三十条摘抄：其中

第三条：不怕沒好戲，就怕沒好演員。（修正主义的"三名、三高"之一，"名演員"）

第五条：演員上台即归千百人所有。（不是爲工农兵服务，鼓吹"全民文藝"）

第九条：听到批判，不要情緒低落，应该成爲进步的动力。（受到批判仍不回到毛主席的革命文藝路綫上来、頑固到底！）

第十一条：应该在最短时期聘請京劇花旦教师、小丑教师、老旦教师、聘請河南梆子琴师及一名青衣、花旦教师。（爲丰富封建主义、資本主义的東西，使其更好地傳宗接代，實行資本主义复辟。）

第十二条：送一位学員拜历慧良爲师，必須以禮尊之，以禮待之，半載爲期。送两位学員到豫劇院学两出戲，最好是"紅娘"和"穆桂英挂帅"。（拜反革命分子爲师，還要以禮尊与待之，眞是反动到了極点！）

第十四条："十絶、百戲"絶尚不足十、戲不足百。此一口号很响，但還打不响，能否在１９５９年打响？至晚应在１９６０年打响。（鼓吹"藝术至上"，迫不及待地放牛鬼蛇神出籠，爲阶級敌人复辟資本主义推濤助浪。）

第十九条　戲之好坏，决定有无好演員，有好演員則戲好編、好排，培养演員要下决心，成一个好演員是演好戲之中心一环。（公开对抗毛主席所提出的辨別文藝的六条政治标准，鼓吹演員的"个人"作用，与毛澤東思想大唱反調。）

第二十二条："小百花"劇团是演历史戲的劇团，但要時刻注意其現实意义，如何以旧劇形势演現代戲，可作爲一个題目討論，但形式和內容未得到协調以前，不必勉強演現代戲。（鼓吹先立后破，明目張胆反对演出革命現代戲。）

第二十四条：群众所喜欢的演员，就應該采取合乎群众要求的办法，尽量給群众以深刻的印象，使在群众中獲得喜爱，以獲群衆观点。（步苏修"全民"文藝的后尘，肆意歪曲毛主席所提出的文藝爲工农兵服务的方针）。

第二十七条：分年級、分待遇應执行。（根据业务"好、坏"，實行修正主义的物質刺激）。

第二十九条：先組织一个戲劇研究委員會，把天津喜欢戲劇的、有些特长的、有些經驗的、有些学问的老先生吸收进來，聘請他們當教授。（搜集舊社會的遺老遺少，網罗社會上的牛鬼蛇神，組成裴多菲式的俱乐部，妄圖實現资本主义复辟）。

第三十条：做出十年規划，其中把提高文化一項具体地做出來，十年以內"小百花"的演员要有那么一些人，一定要达到大学水平。（多方面地培養修正主义的接班人）。

閻、韓宗派集团对于这样一个彻头彻尾的反对毛澤東思想、反对毛主席革命文藝路綫的修正主义文藝黑綫的产物，奉若神明，字句照办。

于是在"小百花"的带动下，使天津舞台上刮起了一股"專場"、"百戲"的妖風，什么：拉郎搶亲、墙頭馬上、和尙下山、尼姑想郎（宣揚低級趣味、庸俗、黃色的戲），借衣、哭窰、拜杆、算粮（胡說人民穿不上衣、吃不上飯，都餓怕了），鍾魁下界、四郎探"娘"（鼓吹有鬼无害論，宣揚叛徒哲学），眞是牛鬼蛇神，滿台逛蕩。爲资本主义复辟的輿論准备立了一大"功"。

反對和扼殺革命現代戲

毛主席說："許多共产党人，热心提倡封建主义和资本主义的艺术，却不热心提倡社会主义的艺术，岂非咄咄怪事。"

閻、韓反革命宗派集团頑固維护封建主义和资本主义的东西，百般反对和扼杀社会主义的革命現代戲。

①1964年京劇改革，全國掀起大演革命現代戲的高潮，而"小百花"劇团却仍然上演"合鳳裙"之类的傳統戲。閻鳳楼還得意的說："還是这玩藝儿來錢，上座就是比現代戲好。"但作賊心虛，爲蒙騙群众，竟然內演才子佳人，外边高悬現代戲"雷鋒"的广告牌。眞乃掩耳盗鈴、強盗手段。

②1965年5月份反革命修正主义分子陸定一來天津要看"小百花"的傳統戲，閻韓宗派集团得此信息喜欣若狂，認爲复辟资本主义又有希望，當革命群众提出不願演出傳統戲時，閻則压制群众說什么："中央从來沒說過不演傳統戲，今后還要两条腿走路。"爲此他們還保留了傳統戲的"看家戲"的道具、布景。

③"小百花"劇团傳統戲服装成堆，而且直到1964年全國大演革命現代戲以后，閻、韓宗派集团還花二万多元买了苏洲在津展覽的傳統戲服装，有的甚至一次未用，至今已經損坏。而同年排演革命現代戲"雷鋒"居然連几块錢一身的铁路工人服、护士服都不

予購買，每次演出許多演員穿自己的服裝上台，有的則是從外边借來的。买傳統戲服裝通過市委用金条锈制莽袍，並讓坏分子張玉田背着元宝下江南換金綫。而演出革命現代戲却連幾块錢的服裝都不准添置？！这是經济問題嗎？不是！絕对不是！這是文藝界中一小撮反革命修正主义分子向毛主席革命文藝路綫发动的猖狂进攻。

④"小百花"過去演傳統戲根本很少由市局、審查，既使他們來人看了也是立即同意演出。但自演革命現代戲以來却截然不同。每排出一个劇目都要严格審查，尤其是文化局多次審查，强調反复修改提高，就是不准上演。他們就以此手段打击革命現代戲。而經常來這里審查劇目的大員則是閻、韓宗派集团的直接上司、三反分子王血波。王与閻鳳楼同是過去群众劇社的"平山派"，而今又都干着共同的反黨勾当，所以交情甚厚，感情頗深。閻曾多次想將王的老婆齐建華弄到"小百花"当导演兼任藝术室主任。后經群众堅决反对此事沒能得逞。王血波改編的大毒草"油漆工"群众不同意排練，閻、韓便亲自坐陣，强行排練。

⑤1965年，中南局会演的所有劇本以及其它省、市推荐的优秀劇目轉到天津来后，通過王血波的綫，不到戲研室而直接轉到"小百花"。但閻、韓宗派集团照其主子意图在包括"歐阳海之歌"等优秀劇目中，以选不出劇本爲名，不进行排練。並將所有劇本扣压在"百花"，使其它文藝团体无所选择，使全市戲劇舞台不能或减少上演革命現代戲，以便讓牛鬼蛇神出來占領文藝陣地。由此可見他們的用心何其毒也！

⑥除此以外，閻、韓宗派集团還以各种借口和手段反对現代戲。在一次团的党支部會議上，有人提出"小百花"年青演現代戲有条件，閻、韓極力反对說什么："演現代戲經济問題怎么办？吃飯問題怎么办？"還說什么："從傳統戲到現代戲要有个過渡，逐漸增多才行。"当時团里討論了許多好的劇本如"代代紅"、"南方來信"、"琼花"等，甚至有的已經讀了詞也都被閻、韓派集团付之于行政手段砍掉了。同志們爲了响应毛主席发表支持剛果(利)的聲明，聲援亚非拉人民的民族解放斗爭，滿腔热情多次要求排練"赤道战鼓"，而閻却說："不要從兴趣出发"，並串通他們的主子不準排練。

就這样"小百花"劇团在他們的統治下，自大演革命現代戲以來，只非出了能够上演的現代戲三幾个，少的可怜，革命的現代戲在我团幾乎都被他們所扼杀。

毛主席教导我們說："要推翻一个政权，必須先抓上層建筑，先抓意識形态做好輿論准备。革命的阶級是這样，反革命的阶級也是這样。"

閻、韓反革命宗派集团和他們的主子也十分清楚這一点，他們頑固地推行修正主义文藝黑綫，瘋狂地反对毛澤东思想和毛主席的革命文藝路綫，就是爲了要推翻无产阶級的政权，实行資本主义复辟。

充当万、张反革命修正主义宗派集团的御用工具

1959年，"小百花"进京献礼演出，在一个文藝工作會議上受到周揚的贊揚。此時，天津的万、张反革命修正主义宗派集团見"小百花"受到了"大人物"的賞識，有稻

草可撈，便想方設法地把它的黑手插入河北梆子劇院"小百花"劇团。这个集团的总头目万曉塘曾幾次亲臨梆子劇院参加宴會，下达黑指示。他講："'小百花'要做一面永不倒的紅旗"。鼓励閻、韓宗派集团和毛主席的革命文藝路綫对抗到底。其反党野心豈不端倪已見！閻、韓宗派集团对于这个新的主子更是搖头晃尾，言聽計从。自此梆子劇院進一步充当了万、張反革命修正主义宗派集团进行資本主义复辟的工具。此后閻、韓宗派集团在万、张反党集团的干将自権指揮下，与文化局的三反分子黎砂、五血波等勾结一起狠狠爲奸，在舊市委宣傳部制定的"挖、整、創、移"這面黑旗的掩盖下，向党发动了猖狂的進攻。

梆子劇院按照三反分子黎砂的黑指示"文藝部門依靠知識分子"。便拚湊了以反动学术权威王靭、漏網右派分子李邦佐、摘帽右派分子王庚生、右派分子李相心等牛鬼蛇神爲核心的"藝术室"。这些牛鬼蛇神对党怀有刻骨的仇恨，在閻、韓宗派集团的操縱下，利用他們对党的仇恨炮制毒箭向党進攻。

①１９６２年爲了配合反党分子向党进攻，在他們黑主子的旨意下，出籠了"海瑞"戲"五彩轎"，這是一株爲右派分子歌功頌德、毒害極深的大毒草。曾受到周揚的誇講、贊揚。

②在國家經济暫時困難時期，他們挖掘，整理了"挖蔓莖、紅戀禧、桃花园"等含沙射影攻击大跃进失败了，人民吃不飽、穿不暖，和苏修唱的是一个調子。

③惡毒攻击三面紅旗，发洩心中不滿。挖掘改編了什么"大报仇、陰阳河 胡迪罵閻等咒罵党和社會主义。

④配合反革命修正主义分子孟超向党進攻。积极創作鬼戲"梅降雪"，並迫不及待地学习了孟超的"李慧娘"之一折，多次演出大量放毒。

在閻、韓宗派集团操縱下的藝术室，除了以搞劇本向党進攻，同時抛出了許多"杂談"、"戲曲評論"，"戲曲介紹"以及书寫扇子面等極端反动的東西來攻击党的領導，攻击毛主席的革命文藝路綫。这那里是"藝术室"這不是一个名符其實的裴多菲式的俱樂部嗎？！

和周揚等反革命修正主义分子的关系

周揚修正主义文藝黑綫在"小百花"流毒如此之深广，閻、韓宗派集团起了很大的作用。韓俊卿凭籍她骗取的社會地位，早与田汉、夏衍、邓拓、周揚等反革命修正主义分子有着聯系和密切的关系。她开口、閉口稱呼"田老"如何如何，直至在化大革命以將开始田汉已受批判，她還曾到北京田汉家里以要劇本爲名領取黑旨。意１９５８年以后，李耕涛曾邀邓拓來天津看"小百花"演出"荀灌娘"。邓拓來津后，韓便带領"荀灌娘"的主演去招待所登門拜访，並亲自捧來了邓拓給"小百花"的题詩。

对于周揚這个文藝界修正主义的大头目韓早已結識。早在１９５３年戲劇會演时，韓俊卿的"秦香蓮"就倍加周揚的賞識，此后便在周揚面前成了大紅人。１９５９年周揚通過李耕涛指示要"小百花"排演"生死牌"。閻、韓宗派集团得此聖旨，便停止一切工作赶排了這一宣揚阶級調和，歌頌"海青天"的大毒草"生死牌"。可見閻、韓宗派集团和周揚等人的关系絕非一般。

對抗上級的检查，发展個人勢力

閻、韓反革命宗派集团，在其主子李耕濤、黎砂、王血波等反革命修正主义分子的支持和慫恿下，十幾年來，把持着整个河北梆子劇院和"小百花"劇团的生、杀大权。閻、韓宗派集团的"要員"、"干將"們多年來更是橫行霸道、獨斷專行、欺上瞞下、惟所欲爲、盛气凌人、不可一世，眞是老虎屁股摸不得！外界休想提一个"不"字。從而，使河北梆子劇院完全地走上了修正主义、資本主义的道路。在建院不到兩年的時間里，便出現了大量的損害國家財产和严重的鋪張浪費現象，成爲天津市文藝界有名的"四大公案"之一。

爲此，文化局派來了以李芳文同志（局人事处长）爲首的工作組進院检查工作。工作組到院后，先找到幾个工农出身的干部進行調查了解。

閻、韓宗派集团的头目閻鳳楼見工作組"官小势微"容易对付，于是便找到他（她）們的"高参"賈杜（原局党委办公室主任）共同去找他們的主子黎砂、王血波商議对策。黎、王本來就对此事大为不滿，這下就更觸动了他們的肝头之火。研究后，馬上找來工作組的李芳文同志大加斥責，並以工作組进院不提前和閻鳳楼打招呼爲借口，責令李芳文同志今后不准再進梆子劇院大門。緊接着，黎砂又亲臨劇院，召集了閻、韓反革命宗派集团的"要員"、"干將"們參加的所謂"干部會"，居心叵測地布置了讓閻鳳楼等人作反調查的工作，把原工作組所調查的眞實情況，大事化小，小事化无、然后一一否掉。最后，黎砂又給閻鳳楼出主意說："你可找白樺、王亢之去，寫个材料，就象魯揚（原戲校校长，三反分子）那樣，寫个多少字的材料，就把問題解決了。"

但是，由于他們的罪惡事實實在难以隱瞞，后來還是受到了上級党委的批評。而身爲文化局长的黎砂却意味深长地对閻說："別傻干了，沒事在家寫点大字，不行你就走吧！你不走早晚吃"小百花"的亏！"由此可見，反革命修正主义分子黎砂对閻鳳楼是何等的关心，想的又是何等的週到，"君"、"臣"二人是多么"志同道合"、"亲密无間"那！

1961年，市委又派了以楊循（原文化局付局长）、韓濤（原宣傳部藝术处长）等人爲首的工作組，到劇院檢查工作。閻見这次比上次"來头大"不可力敵。于是，便立即把此事報告給他們的頂頭上司李耕濤，反革命修正主义分子李耕濤颇有感觸的說："他們不是整你，而是爲了整我。"黎砂、王血波虽表面不敢吭聲，暗地里却也一再爲閻、韓宗派集团出謀划策，欲以反击。随后便要出了他們的鬼蜮伎俩，来个三十六計的最后一"招"，將"小百花"調往北戴河去"执行任务"，梆子一团則不讓參加鳴放，只留下剛剛成立幾个月根本不了解情况的"紅鷹"劇团參加运动，從而，使這次大規模的整風运动在无聲无息的情况下，不了了之。

1962年春天，市監委又派來已經是第三次進院的工作組。宗派集团頭目閻鳳楼見這次来势大，陣容强，明知逃不過去。便在他主子們的一手策划下，干脆躺下不干工作，逃之夭夭，躲到第一中心医院去装病号，妄圖逃脱這次检查。在閻住院时，黎砂、王雪波曾多次"临床看望"，以示关心。而閻、韓宗派集团的爪牙們，更是到处打听風声，探听消息，随時到医院給閻通風報信。更爲恶毒的是，閻、韓反革命宗派集团爲了破坏工作組的工作正常开展，竟連一間办公室都不与以按排，使工作組的同志們只好到菜地里研究工作，困難重重。

与此同时，閻、韓反革命宗派集团還使用出他們貫用的"美人之計"——責令宗派集团的二号頭目，大交際花韓俊卿到文藝界的"祖師爺"周揚那里去告狀。于是，韓俊卿便在周揚召集的文藝座談會上，大賣風騷；在周揚面前痛哭流涕，爲她的政治投机伙伴鳴冤叫屈。韓的逢場做戲，得到了周揚的同情与怜憫，事后周揚便馬上批評了市委及宣傳部。

历時五个月的工作組，在上压下挤的情况下，也只好甘败下風，揚場而去。

綜上所述，上級黨委的三次檢查，都被閻、韓宗派集团在其主子的包庇、慫恿下，用一抗、二躲、三逃避，然后来个杀回馬槍的軟硬兼施的方法，一一頂了回去。由此可見，閻、韓宗派集團的权势之大、实力之厚、根子之硬、黑綫之长，絕非一般。

正因如此，多年来，在閻、韓反革命宗派集團一手把持下的河北梆子劇院，"小百花"劇团，变无產阶級專政，爲資產阶級專政，把劇院变成他們发展个人势力的"獨立王國"；把"小百花"变爲与世隔絕的"世外桃園"，真是鈰插不進、水潑不進，如同鉄桶一般"。

所以，长期以來偉大的毛澤東思想和毛主席的革命文藝路綫在我院、（团）根本不能树立，而以周揚、夏衍爲首的及李耕濤的反革命修正主义文藝黑綫，却在此畅通无阻。閻、韓宗派集團对反革命修正主义份子李耕濤、黎砂、王血波眞是毕恭毕敬，惟　是从。這些黨内走資本主义道路的當权派在我院（团）代替了"党"的地位，他們的話就如同"圣旨"一般，从不打半点折扣地認眞执行。使梆子劇院、"小百花"劇团成爲他們复辟資本主義和向黨进攻的重要基地。

１９６２年下半年，閻、韓反革命宗派集团一手策划的南下演出宣告破产后，反革命修正主义分子趙風(原"小百花"劇团团长)，見"小百花"的錦綉前程已大势已去，于是便来个"一退溜二五"，用"棄官逃走"来开脱罪行。

无奈，文化局黨委決定把"小百花"劇团交給閻鳳樓，閻立即表示难以胜任，並說："这任务堅决不能接受。"是"虛心"還是"心虛"？！但是當他們的主子黎砂、王血波亲临劇院后，只对閻吩咐幾句，閻便立卽拿出他那很乖的奴才像，随即滿口应承下來。

爲什么文化局再三以組織名义布置工作，閻鳳樓則采取拒人于千里之外的態度，而黎砂、王血波不費吹灰之力却能把問題解決呢？一語道破，无非他們有着一个共同的反革命目的，"主"卽唯命、"仆"何不是從，显而易見，他們是爲虎作倀，朋比爲奸的一丘之貉。

極力吹捧階級异已分子韓俊卿，并拉其入黨

毛主席教导我們說："什么站在革命人民方面，他就是革命派，什么人站在帝国主义封建主义官僚資本主义方面，他就是反革命派"。

首先讓我們揭开韓俊卿的遮羞布，看看她到底是何須人也？！

韓俊卿在解放前乃是一个有三条人命血債，至今還窩藏手槍不报的反动透頂的國民黨員。是封建流氓、把頭的姘妇，日本鬼子的洋奴，国民黨軍官的姨太太。過去，长期地騎

在老藝人的頭上敲榨勒索、作威作福。

在日本時期，這个滅絕人性的民族敗類，曾喪尽天良地出賣我中華女儿。在天津各地搜罗貧困家的姑娘、妇女，送到日本人的閣樓里去，供日本鬼子踩蹦，她便从中謀取暴利。

1948底天津解放前夕，這个臭漢奸婆勾結其它狐群狗党，竟去慰勞与我偉大的人民解放軍爲敌的国民党軍隊。可見立場是多么"鮮明"。

以閣鳳樓爲首的反革命宗派集团，对这样一个罪惡昭彰、認賊作父、忍心害理、血案如山的双手沾滿勞动人民鮮血的罪不容誅的劊子手，不但不与以揭露、斗爭、監督、改造。反而替其隐瞞血腥历史，並涂脂抹粉，大吹特捧，不到幾年便使這个历史反革命分子成爲拥有不下二十余头衔和光荣稱号的全国赫赫有名的"特殊"人物。

早在1953年全國戲劇汇演時，韓在文化局和宣博部的一手操縱下，得了个"一等表演獎"。韓見時机已到，便馬上来个沽名釣譽，于是，就花了一干元买了个"爱国藝人"的稱号。

而閣鳳樓便一眼看中了这棵能使自己升官发財的"搖錢樹"。于是，則千方百計地为这个反党分子大树个人威信，把這个一般演员，吹捧爲"藝术大师"；把這个守旧派，吹捧爲"革新迷"。說什么"韓俊卿即能团結同志、又能吃苦耐勞"，吹得真是至高无上 无出其右。最后竟連別人的工作，也記到她的"功勞簿"上。並積极准備把其拉入党內

怎奈1956年，文化局人事处轉來韓曾参加国民党的旁証材料，他們才不得不暫時的停下来

但是、他們賊心不死，竟偷偷地把这份材料扣了起来。最后想尽一切办法 上下串通。終于在1959年的一次五人的支委會上，以三票反对，两票贊成的"多数服从少數"的情況下，强行通過。韓俊卿就是这样被强拉硬拽而混入党內的。事后，閣鳳樓等人竟又敢冒天下之大不韙，把支部會議記錄明明記有"韓俊卿是国民党員，有严重的历史問題的字句."——否掉，並一概不填入她的入党申請书內。他門就是这样胆大妄爲地目无党紀国法！目无党的組織原則！目无党的民主集中制！

韓俊卿入党后，果然沒有辜負閣的"提拔之情"。于是，到处游說："她这些年的進步1 完全是閣的領導有方和耐心帮助"。韓的出力也終于使閣这个默默无聞的这个小干部，居然也跑到北京向全国文藝界介紹起"先进經驗"来了。真乃无耻之尤！

一个为升官发財、一个爲出名得利、一个利用"业务"之便在报紙上大吹特捧、一个則利用"职衔"之便在上級面前进尽美言。他(她)們就是在这种互相利用，互相包庇，互相吹捧的情況下，使韓這个罪大惡極的反革命份子，由一个普通演员一跃爲拥有十七个头衔的全国馳名人物；而閣則也由一个本来貌不惊人、才不出众的十八級的小干部，驟然鑽进十五級的高干行列。這也就是他(她)們互吹、互捧、互利、互用的"廬山眞面目"。

喪心病狂地打擊、排擠工农干部

在閣、韓反革命宗派集团統治下的梆子劇院，也曾有过斗爭，但由于閣、韓宗派集团的主子多、根子硬，那些堅持斗爭的同志，不但沒有取得勝利，反而成爲被打擊、排挤的

对象，被視爲眼中釘、肉中刺，最后被一脚踢出門去。先、后被排斥走的有李芳梅、赵春福、徐荷蓮、王怀中、王茂芝、韓紅云、白春波等工农出身的革命干部不下十幾个。這些同志因坚持眞理而被打击、排挤，眞是有苦无处訴、有寃无处鳴，只好忍气吞聲、含淚而去！

梆子劇院的"順我者存、逆我者亡"的干部政策，眞是名不虛傳。固梆子劇院的干部調动異常頻繁。

曾参加过长征的老干部徐荷蓮（劇院党支部委員、附校付校长），因在党支部会上給閣提过意見和不同意韓俊卿入党，他（她）們便怀恨在心，处处与以刁难。在徐工作不到三年的時間里，曾先后三次被按排下放，一次防汛和一次炼鋼。以示体罰！此外，還指使他們的爪牙和徐打架，辱罵徐是"國民党"的官。看！猖狂到何等地步！

更爲卑鄙的是在徐下放期間，正赶上过春节，閣、韓等人以党支部的名义，昧着良心，假仁假义地給徐爲了封慰問信，信中信口雌黄地說："妳（徐）家中都很好，我們已看望過了，勿念！請安心工作"等冠冕堂皇的詞句，以示"关怀"。但轉天徐就收到家中电报，"說家中的三个孩子都病倒了，望速归。"眞是无耻之极，自欺欺人！當徐回津后，拿着农村只是病号才能吃的山芋面窩頭，去找他（她）們彙报思想、工作的时候，他（她）們正在陪着宗派集团的"高參"賈杜在韓的卧室里，边吃边喝的打着扑克呢？！

毛主席說："……我們的干部要关心每一个战士，一切革命队伍的人都要互相关心，互相爱护，互相帮助。"

而閣、韓等人哪一点又是按照主席的話去做了呢？！他（她）們哪里還有一点共产党員應有的道德品質呢？！

李芳梅同志（劇院黨支部付书記、办公室主任）因見閣、韓等人的工作与生活作風有問題，向文化局党委做了汇报，哪知他們上下串通、官官相护，事后不久便被閣鳳楼等人知道。于是，对李处处爲难，伺机报复。閣曾揚言："我這个支部书記就不信管不了你這个办公室主任！"

一次閣在后院和河北宾館的工人打架（慣性），因理屈詞穷，便讓大去前楼叫"紅鷹"劇团的演員前去助战。當時李芳梅同志正在作整風动員报告而問清情由，便馬上制止這一行动。閣久等"援兵"不到，于是就恼羞成怒，從后楼一直罵到前楼（約半里之遙）。看！道德、作風就是如此之敗坏！到底"誰"是國民熟的官，其不一目了然、不言而喻了嗎！

此外，对王懷忠（院黨支部委員、人事科长、部隊轉业干部）王茂芝（院黨支部委員、工會主席、部隊轉业干部）二同志也是如此，因這二同志和他（她）們"志"即不同、"道"又不合，所以也想方設法地进行打击、排挤。閣、韓明知這二人是荣誉殘廢軍人，不能下放或参加重体力勞动（中央规定），可是硬要按排下放，后經李芳梅、徐荷蓮等同志坚持原則，此計才未得逞。

王懷忠同志雖是人事科长，但有些事必須得問科員（閣、韓宗派集團的爪牙）不然就不知道。

王茂芝同志是脫產工會主席，却叫人家去養猪、管菜园、种白菜，還給王起了个外号叫"白荣主任"，进行人身侮辱！宗派集团的狗頭軍師"譚××還曾狂妄自大的說："这个花盆我叫他(王)搬到东，他就不敢搁到西。"看！反革命气焰是何等的囂張！对工農出身的革命干部和革命先輩，就是这样地进行人身攻擊和政治迫害！是可忍孰不可忍！這筆帳今天一定要清算！！！

網罗牛鬼蛇神、包庇重用坏人

毛主席教導我們："世界上沒有无緣无故的爱，也沒有无緣无故的恨"。

出于閻、韓等人的階級本性，他(她)們的爱、憎更是"分明"。把工農出身的革命干部視如仇敌、不共戴天，而对地富反坏右却視爲知己、爱不釋手。

爲了达到他(她)們夢寐以求的資本主义复辟的目的，在其主子的旨意下，便不惜一切手段地到处网罗牛鬼蛇神，哪怕是有一"技"之长，便也搜罗進来。什么：地、富、反、坏、右、國民黨、三青團、青帮、流氓、伪警鑗、特工隊、投机倒把分子，各色人物应有尽有，眞成了牛鬼蛇神的"集中营"。无怪乎一位老藝人对挪于劇院的这种現象頗有感觸地說："哎！全國的坏人都跑戲班来啦！"

不但如此，而且对这些人物更是加倍重用，言聽計从。对右派分子王庚生、李相心崇拜得眞是五体投地！由于他們泡制大毒草"盤皮"(鬼戲)"有功"，便捧爲"藝术大师"，以"專家"相待，給他們專門雇一名厨师另設小灶，眞是关心备至，奴顏婢膝。57年王、李被訂爲右派分子后，他們之間還是藕断絲连、暗送秋波。后竟沒通過群众偷偷地把王的右派分子帽子摘掉。並還計划給李也要摘掉帽子，經群衆的强烈反对，此計卡未得逞。他(她)們就是这样的目无群众、胆大妄爲。助长了右派分子的反革命气焰；打擊了无产階級革命群众的威風。

1961年，"小百花"在北京軍区海运倉招待所执行任务，閻、韓竟讓王、李同將軍一級的軍官住在同一楼中。試想，如果发生意外，这一責任將由誰来負，可見，閻、韓等人的狗胆是何其之大！

对地主兼資本家出身的國民党员、"九三"学社社員，王輡(劇院付院长兼附校校长)更是倍加信任，將掌握全院文藝方向的"藝术室"交与此人掌管。使其高高在上，整天无所事事，长期逃避劳动，成天在星品茶問烟、吟詩作畫，互相体會"妓女自嘆"；彼此探討"解職入深山，……"使"藝术室"成爲名符其实的"裴多菲"俱乐部。

更爲严重的是1960年，閻鳳楼竟讓王去起草"黨支部"的全年工作总結。看！哪里還有一点黨的組织原則！眞可謂是"全民黨"，這一点比起他們的总后台刘少奇来都有過之而无不及！

对关硬农這个解放前曾在邢台敵工特务組当過特务的老牌反革命分子，也是多次包庇、慈恩！

韓、关在解放前曾多年焙簧，而至今旧情难忘。1956年关在中國戲校因对女同学耍流氓，而被削職。韓見時机到来，机不可失，就挤命地要求把关調来，閻便来个成人之类。关到劇院后，馬上被封爲附校三个班的业务主任。关在閻、韓的包屁慫恿下，不但惡习不改，反而故態复萌，曾先后姦汚七、八个只有十幾岁的革干子女。閻、韓等人知道此事后，不但不协助公安局对其处理，而且以"家丑不可外揚"之名，進行阻撓，將关途進医院妄圖逃脫罪責。他（她）們就是滋样公开地抵制和破坏无产階級专政！這是对无产階級专政的示威！

此外，他（她）們還大肆維护和包屁大投机倒把分子紀××，此人在國民經济遭到暫時困难時期，大搞投机倒把、开"地下工厂"。文化大革命初期，儲群衆的一張大字报，就交出現款2750元（除去幾年揮霍、費用）。可是就是這样的一个大投机倒把分子，幾年来却一直无动于衷，逍遙法外。在其大搞特搞時，因私做立鑵（沒执照），在南市被公安局扣留，可是閻鳳楼覓用黨支部的公章，通過文化局把立鑵"保"了出来。看！他們和投机倒把分子混得多么"火热"，对挖社会主义牆角的违法行爲都支持到底！

一团演員武××，一貫流氓成性，多次乱搞不正当的男女关系，而閻、韓則充而不聞、視而不顧。1959年其在一次乱搞中被人发現，閻、韓等人对其不但不与以处理，而且带其到北京去爲"十年大庆"献禮，來逃脫群众輿論。

事實很多，举不胜举。

因此有的同志总結出這样一句話"戲班（指掷子劇院）当中沒王法。"就是這样。在閻、韓反革命宗派集团所控制的十幾年中，混淆是非，顯倒黑白，地、富、反、坏、右任意横行，而工农子弟連主持正义的权力都沒有。多年来，就是地、富、反、坏不臭；貧下中農不香，看！这不是資产階級專政这是什么？！這不是资本主义复辟又是什么？！

今天，我們一定把他（她）們顛倒過去的历史，再顛倒過来！！！

虎踞龙盘今胜昔，天翻地覆慨而慷。

生活腐化墜落、道德作风敗坏

毛主席說："在阶級社会中，每一个人都在一定的阶級地位中生活，各种思想无不打上阶級的烙印"。

黨內走资本主义道路的当权派閻鳳樓和叛黨分子韓俊卿及其宗派集团的干將、爪牙，由于出于他（她）們的阶級本性，多年來，吃喝成風、揮霍成性。他（她）們是沒酒不工作、沒酒不开會、沒酒不過节、沒酒不過年。

閻公开讀："今朝有酒今朝醉、莫叫金樽空对月"。宗派集团的"狗头軍專"潭××也鸚鵡学舌："在劇团干工作就得二两酒，两盒烟，一两茶叶，要不甭想干好"。而韓俊卿在这方面更是"拿手好戲"，完全地掌握了"吃小亏佔大便宜"的一整套絕技，"用"字真下了功夫。

閻鳳樓早在1953年就以"撒酒疯"閗名中、外，那還是带一团赴鮮朝慰問中國人民志願軍的時候。出發前，閻還一再强調要遵守紀律、注意影响，可是一到朝鮮他便喝了一个叮噹大醉，三天沒干工作，國際影响極坏。

他（她）們還經常以"庆祝"节日和過年爲名，大擺宴席，揮霍國家資財，他（她）們便從中捞点"稻草"。1959年僅過春节一次宴會就擺了三十七桌，花費3000余元。事后面无法下帳。他（她）們就是這样大慷国家之慨！

1961年，演員×××犯了錯誤，閻对其不与处理，同志們意見很大。閻爲了搪塞群众的輿論，于是就"怒气冲冲"地到×××家去，准備对其批評。可是一進門正巧×××在喝酒吃飯，閻一見有"酒"頓時眉笑顔开，驟然把去的任務"忘了" ！！于是便举杯碰盞地对飮起来，酒足飯飽一走了之！看！這就是黨支部书記所做的"思想"工作！真是荒謬絕倫、无耻之尤！！

象這样的"天下奇聞"何止一起？！

試想，梆子劇院、"小百花"劇团在这样一群混蛋的把持下，怎么不會改变顔色！怎么不會邁進修正主义的泥坑！！怎么不会复辟資本主义！！！

結　束　語

毛主席敎導我們說："阶級斗爭、生产斗爭和科学实驗是建設社会主义强大国家的三項偉大革命运动，是使共产党人免除官僚主义，避免修正主义和敎条主义，永远立于不敗之地的确实保証，是使无產階級能够和广大勞动群众聯合起来，实行民主專政的可靠保証。不然的話，讓地、富、反、坏、牛鬼蛇神一齐跑了出来，而我們的干部則不聞不問，有許多人甚至敌我不分，互相勾結，……照此办理，那就不要很多時間，少則幾年、十幾年，多則幾十年，那就不可避免地要出現全國性的反革命复辟，馬列主义的党就一定會变成修正主义的党，变成法西斯党，整个中國就要改变顔色了。"

在閻、韓反革命宗派集团一手把持的河北梆子劇院及"小百花"劇团，早已改变了顔色，早已成爲刘、邓，万、張搞資本主义复辟的御用工具，早已成爲他們复辟資本主义作輿論准備的宣傳陣地。

今天，我們偉大的領袖毛主席亲自点燃了无产階級文化大革命的熊熊烈火，革命的烈火越燒越旺！

以刘、邓爲首的资产阶级反动路綫已宣告彻底破产；以万、張爲首的反革命修正主义宗派集團也已土崩瓦解；以閻、韓为首的反革命宗派集团則更是分崩离析！

现在，閻、韓宗派集團的大頭目閻鳳楼已被罷官撤職、二号人物韓俊卿也一命鳴乎！

但人虽死却陰魂未散、官被罢則流毒尚存！

我們一定要更高地舉起毛澤東思想的批判大旗，"宜將剩勇追穷寇，不可沽名学霸王"拿起筆作刀槍，向舊世界猛打猛冲，不把修正主义的河北梆子劇院、"小百花"劇团鬧个天翻地复死不瞑目！不殺出一个紅彤彤的"小百花"誓不罷休！！！

彻底批判反革命修正主义文艺黑綫！

彻底砸烂閻、韓反革命宗派集团！

我們心中最紅最紅的紅太阳毛主席万歲！万歲！万万歲！！

天津市小百花劇团革命造反联合总部
1967·4·26

263

彻 底 清 算
刘少奇反革命罪行
汇　　編
第四集

天津工学院紅卫兵（八·二五）

批判刘、邓联絡站

1967，4，29

最 高 指 示

修正主义是一种资产阶级思想。修正主义者抹殺社会主义和资本主义的区别，抹殺无产阶级专政和资产阶级专政的区别。他們所主张的，在实际上并不是社会主义路綫，而是资本主义路綫。在现在的情况下，修正主义是比教条主义更有害的东西。我們现在思想战綫上的一个重要任务，就是要开展对于修正主义的批判。

《在中国共产党全国宣传工作会議上的讲話》
1957年 3 月12日

在我国社会主义革命取得基本胜利以后，社会上还有一部份人梦想恢复资本主义制度，他們要从各方面向工人阶级进行斗争，包括思想方面的斗争。而在这个斗争中，修正主义者就是他們最好的助手。

《关于正确处理人民內部矛盾的問題》1957年 2 月27日

人民靠我們去組織。中国的反动份子，靠我們組織起人民去把他打倒。凡是反动的东西，你不打，他就不倒。这也和扫地一样，扫帚不到，灰尘照例不会自己跑掉。

《抗日战爭胜利后的时局和我們的方針》
1945年 8 月13日

目 录

265

最 高 指 示

凡是錯誤的思想，凡是毒草，凡是牛鬼蛇神，都应該进行批判，决不能讓它們自由泛濫。

《在中国共产党全国宣传工作会議上的讲話》

《紅旗》杂志評論員文章摘抄

千万不要再上《修养》那本书的当。《修养》这本书是欺人之談，脱离现实的阶级斗爭，脱离革命，脱离政治斗爭，閉口不談革命的根本問題是政权問題，閉口不談无产阶级专政問題，宣揚唯心主义的修养論，轉弯抹角地提倡资产阶级个人主义，提倡奴隶主义，反对馬克思列宁主义、毛澤东思想。按照这本书去"修养"，只能是越养越"修"，越修养越成为修正主义。对这本书必須彻底批判，肃清它的恶劣影响。对这本书的批判，也是批判资产阶级反动路綫的重要內容。

《紅旗》杂志一九六七年第五期

高举毛泽东思想伟大紅旗，勇敢地投入战斗，
彻底批判党內最大的走資本主义道路的当权派

彻底批臭黑书《論修养》

《紅旗》杂志一九六七年第五期評論員文章指出："《修养》这本书，是欺人之談，脱离现实的阶级斗爭，脱离革命，脱离政治斗爭，閉口不談革命的根本問題是政权問題，閉口不談无产阶级专政問題，宣揚唯心主义的修养論，轉弯抹角地提倡资产阶级个人主义，提倡奴隶主义，反对馬克思列宁主义、毛泽东思想。按照这本书去"修养"，只能是越养越"修"，越修养越成为修正主义。对这本书必須彻底批判，肃清它的恶劣影响。对这本书的批判，也是批判资产阶级反动路綫的重要內容。"

戚本禹同志的文章《爱国主义还是卖国主义？》敲响了党內最大的走資本主义道路当权派刘少奇的丧钟，为了彻底揭穿《論修养》这本书的眞面目，今略加評注，供革命同志分析批判。

一、恶毒地攻击毛主席，贬低毛泽东思想

林彪同志說："毛主席是我們最高領袖，誰反对他，全党共誅之，全国共討之。""毛澤东思想是当代馬克思列宁主义的頂峯。"而刘少奇恶毒地攻击毛主席，贬低毛泽东思想的伟大意义。

林彪同志讲："毛主席比馬克思、恩格斯、列宁、斯大林高得多，現在世界上沒有那个比得上毛主席的水平。"而刘少奇則說："我們的这一部分，比馬克思、恩格斯、列宁、斯大林的那一部分当然是小得多。"还别有用心的引用恩格斯的話影射毛主席說："我們之中沒有一个人象馬克思那样視野广闊，在需要坚决行动时，他总能找出正确的道路，并立即将矛头指向应当打击的目的。"林彪同志号召"讀毛主席的书，听毛主席的話，照毛主席的指示办事。"而刘少奇却說："我們每个共产党員，就是要这样去学习馬克思和列宁的思想和品质，作馬克思和列宁的好学生。"刘少奇还含沙射影地攻击毛主席說："自以为是'中国的馬克思、列宁'，装作馬克思、列宁的姿态在党内出現，并且毫不知耻地要求我們的党員象尊重馬克思列宁那样去尊重他，拥护他为'領袖'，报答他以忠心和热情。他也可以不待别人推举，径自封为'領袖'，自己爬到負責的位置上，家长式地在党内发号施令，企图敎訓我們党，責罵党内的一切，任意打击、处罰和摆布我們的党員。"

二、抹煞阶級斗爭，取消党内积极的思想斗爭

毛主席敎导我們："阶級斗爭并沒有結束。无产阶級和资产阶級之間的阶級斗爭，无产阶級和资产阶級之間意識形态方面的阶級斗爭，还是长期的，曲折的，有时甚至是很激烈的。""党内不同思想的对立和斗爭是經常发生的，这是社会的阶級矛盾和新旧事物的矛盾在党内的反映。党内如杲沒有矛盾和解决矛盾的思想斗爭，党的生命也就停止了。"而刘少奇却胡說什么"因为各种党員看問題的方法不同，就使他們处理問題的方法也各不相同，就引起党内許多不同意見、不同主张的分歧和爭論，就引起党内的斗爭。"而且他还别有用心地指桑罵槐說："抱这种絕对态度的人，他們认为无論在什么条件下都要开展党内斗爭，而且斗爭得愈多愈凶就愈好。他們把什么小事都提到所謂'原則的高度'，对什么小缺点也要加上政治上的'机会主义'等大帽子。他們不按照客观需要和客观事物发展的规律来适当地具体地进行党内斗爭，而是机械地、主观地、横暴地、不顾一切地来'斗爭'"。他又含沙射影地胡說什么"在党内不存在原則分歧，沒有产生机会主义的时候，硬要把同志間在某些純粹带实际性质的問題上的不同意見，扩大成为'原則分歧'。"在"論修养"中散布"合二而一"的謬論，歪曲、攻击党内开展的阶級斗爭。

三、为右倾机会主义翻案

毛主席教导我們說："在我国社会主义革命取得基本胜利以后，社会上还有一部分人梦想恢复資本主义制度，他們要从各个方面向工人阶級进行斗爭，包括思想方面的斗爭。而在这个斗爭中，修正主义者就是他們最好的助手。"刘少奇竟然为右倾机会主义分子鳴寃叫屈，为右倾机会主义分子翻案，大造輿論。他别有用心的說："这种对党內斗爭的絕对态度，在一个时期內曾經被党內的"左"倾机会主义者所利用。他們把党內的机械的过火的斗爭，发展到故意在党內搜集"斗爭对象"，故意制造党內斗爭，并且滥用組織手段甚至党外斗爭的手段来惩罰同志，企图依靠这种所謂斗爭和組織手段来推动工作。"而且在62年再版的《論修养》中特别恶毒地加入"按照这些似乎疯癲的人看来，任何党內和平，即使是在原則路綫上完全一致的党內和平，也是要不得的，他們在党內并沒有原則分歧的时候也硬要去'搜索'斗爭对象，把某些同志当作'机会主义者'，作为党內斗爭中射击的'草人'。他們认为：党的发展，无产阶級革命斗爭的胜利，只有依靠这种錯誤的斗爭，依靠这种射击'草人'的火力，才能得到灵驗如神的开展。他們认为只有这样'平地起风波'，故意制造党內斗爭，才算是'布尔什維克'。当然，这并不是什么眞正要郑重其事地进行党內斗爭，而是对党开玩笑，把极严肃性质的党內斗爭当作儿戏来进行。主张这样做的人，并不是什么'布尔什維克'，而是近乎不可救葯的人，或者是以'布尔什維克'名义来投机的人。"

四、鼓吹修正主义"全民党"的謬論

毛主席敎导我們說："旣要革命，就要有一个革命党。沒有一个革命的党，沒有一个按照馬克思列宁主义的革命理論和革命风格建立起来的革命党，就不可能領导工人阶級和广大人民群众战胜帝国主义及其走狗。"而刘少奇极力推行修正主义建党路綫，鼓吹"全民党"的謬論。胡說什么："还有些人主要是由于在社会上找不到出路——沒有职业、沒有工作、沒有书讀，或者要摆脱家庭束縛和包办婚姻等，而到共产党里来找出路的。甚至还有个别的人为了要依靠共产党減輕捐税，为了将来能够'吃得开'，以及被亲戚朋友带进来的，等等。……然而即使如此，也不是什么了不起的問題。某些人要来依靠共产党，到共产党里来找出路，贊成共产党的政策，总算还是不錯了。他們找共产党并沒有找錯。除开敌探、汉奸、投机分子和野心家以外，我們对于这些人是欢迎的。只要他們承认和遵守党綱、党章，願意在党的一定組織內担負一定的工作，并且繳納党費，他們是可以加入共产党的。"

五、販卖剝削阶級的世界观

毛主席敎导我們："我們的共产党和共产党所領导的八路軍、新四軍，是革命的队伍。我們这个队伍完全是为着解放人民的，是彻底地为人民的利益工作的。"

刘少奇在这本书里贩卖剥削阶级的腐朽的世界观。說什么"一方面，党員个人应該完全服从党的利益，克己奉公。不应該有同党的利益相违背的个人目的、私人打算。……另一方面，党的組織和党的負責人，在解决党員問題的时候，……使党員能够在无产阶级的革命事业中不断地发展自己，提高自己。特别是对于那些眞正克己奉公的同志們，要給以更多的注意"。这就是刘氏"吃小亏占大便宜"的哲学。他还在这本书里轉弯抹角的散布个人主义的处世哲学，說什么"要在这种斗爭中求得自己的进步，提高自己革命的品质和能力。由一个幼稚的革命者，变成一个成熟的、老练的、能够'运用自如'地掌握革命規律的革命家"等等。

六、提倡奴隶主义，抹杀革命造反精神

毛主席教导我們："共产党員对任何事情都要問一个为什么，都要經过自己头脑的周密思考，想一想它是否合乎实际，是否眞有道理，絕对不应盲从，絕对不应提倡奴隶主义。"而在这本黑书里刘少奇却要党員"容忍""委曲求全""甚至在必要的时候，能够忍受各种誤解和屈辱而毫无怨恨之心。"能够"以德报怨"。毛主席說："危害革命的錯誤領导，不应当无条件接受，而应当坚决抵制。"而刘少奇却胡說什么"党的干部和党的領导人，更应該是党和无产阶级的一般利益的具体代表者"，这实际上就是"上級就是党"的鬼話。

天工"八·二五"《紅色雷达兵》兵团
1967.4.3.

最 高 指 示

凡是要推翻一个政权，总要先造成舆論，总要先做意识形态方面的工作。革命的阶级是这样，反革命的阶级也是这样。

《論修养》重新出籠的时代背景

《論修养》是党內最大的走資本主义道路当权派刘少奇的一张王牌。这本书披上了庄严的法衣，招摇撞骗，在一九六二年重新发表，是赫鲁晓夫式人物刘少奇妄图篡党、篡軍、篡政，在中国复辟資本主义的舆論准备，必須彻底批判。为了更深刻地认訳《論修养》是怎样出籠的，我們看一看当时的政治气候，排一张时間表。

1959年6月，反党反社会主义的急先鋒吳晗，放出了大毒草《海瑞罵皇帝》，恶毒地咒罵以毛主席为首的党中央。緊接着又放出了另一株大毒草《論海瑞》。

随后，党内右傾机会主义分子彭、黃、张、周反党集团恶毒攻击三面紅旗，向以毛主席为首的党中央发动了进攻。被打退，并撤职罢官。

1959年9月，刘少奇在《馬克思列宁主义在中国的胜利》一文中为右傾机会主义分子、反党集团鳴寃叫屈，說什么"在大跃进和人民公社这些問題上，在我們党內也有过不同意見的爭論。"他贬低毛泽东思想的威力，只是說："我們的一切胜利，都是馬克思列宁主义的新証实和新胜利。"故意不提毛泽东思想的无比威力。

1959年10月，林彪同志发表《高举党的总路綫和毛泽东軍事思想的紅旗闊步前进》的文章，树立毛泽东思想在軍队中的絕对領导。指出意訳形态上的阶级斗争远没有熄灭。

1960年9月，具有伟大历史意义的《毛泽东选集》第四卷出版。它是我国第三次国內革命战争时期人民革命斗争的伟大記录和胜利經驗的結晶，是馬克思列宁主义的重大发展。

1960年10月20日召开軍委扩大会議，彻底批判和清算了彭、黃資产阶级軍事路綫。林彪同志在会上指出：毛泽东思想是当代馬克思列宁主义的頂峰，号召全軍大学主席著作，提出"带着問題学，活学活用，急用先学，立竿見影"的方針和"四个第一"。会議指出："在国內，社会主义和資本主义两条道路的斗争，仍然是主要的矛盾，資产阶級和无产阶級之間在意訳形态上誰战胜誰的問題还没有完全解决。"

1961年1月，党的八届九中全会指出："我国在过去三年中所取得的伟大成就，說明了党的社会主义建設总路綫、大跃进、人民公社是适合中国的实际情况的"。

1961年1月，刘少奇在中央召开的七千人的大会上，大肆放毒說："一九五九年的反右傾过火了，反右傾斗爭本身就是錯誤的，党的生活是'残酷斗爭，无情打击'"。

1961年1月《海瑞罷官》迫不及待的破門而出。矛头对准庐山会議，对准了以毛主席为首的党中央，要翻庐山会議的案。叫喊右傾机会主义分子的"罷官"是"理不公"，呼喚右傾机会主义分子东山再起重新上台，实现資本主义复辟。

1961年6月，刘少奇在"庆祝中共四十周年大会上的讲話"中公然贬低毛主席，贬低毛泽东思想，說："毛泽东同志和我們党中央运用了馬克思列宁主义关于社会主义建設的理論，吸取苏联和其他社会主义国家的建設經驗……"。結束时刘少奇竟然不呼"毛主席万岁"的口号，不呼"战无不胜的毛泽东思想万岁"的口号。

接着，"三家村"黑帮，配合右傾机会主义分子，又在《前綫》、《北京日报》、《北京晚报》，連續发表《燕山夜話》、《三家村札記》等等，在长达数年之久的時間里，連續地向党发动了进攻。

1962年初，刘少奇在五級干部会議上，向毛主席为首的党中央发动总攻击，为全国性的反革命复辟下了总动員令。他胡說什么"反对毛主席，只是反对个人""和彭德怀有相同观点的只要不里通外国，就可以翻案。""在党的会議上讲的就不定罪。"等。

一时間，牛鬼蛇神莫不兴奋，都从阴暗的角落里爬出来，蠢蠢欲动。刘少奇作报告，批文件，"三家村"煽阴风、点邪火，上下串通，遙相呼应，配合默契，搞得烏烟瘴气，黑云滚滚。就在这个时候，一九六二年八月，《論共产党員修养》，經过精心打扮重新出籠了。

他在这本黑书里，配合美帝、苏修反华大合唱，恶毒地攻击我們最最敬爱的伟大领袖毛主席，說什么"自以为是'中国的馬克思、列宁'"。极力贬低毛泽东思想，只字不提毛泽东思想。

他在这本书里，抹杀了阶級斗爭，妄图使我們脱离阶級、阶級斗爭用庸人的观点去看待党內两条路綫的斗爭。胡說什么"因为各个党員看問題的方法不同"，"就引起党內的斗爭"。他闭口不談党內不同思想的对立和斗爭是社会的阶級矛盾和新旧事物的矛盾在党內的反映。

他在这本书里提倡剝削阶級的世界观，提倡奴隶主义，說什么"党的干部和党的领导人，更应該是党和无产阶級的一般利益的具体代表者"。（实质上就是"上級就是党"）"某些人要来依靠共产党，到共产党里来找出路，……是欢迎的。"

他在这本书里，特别加入了"按照这些似乎疯颠的人看来，任何党內并沒有原则分歧的时候，硬要去搜索斗爭对象，把某些同志当作机会主义者作为党內斗爭射击的"草人"等段落，为右傾机会主义翻案。

他的这本书发表在党的八届十中全会前，是想对八届十中全会施加压力，为他那些被罢了官的狐朋狗党打气，集合队伍，重整士气，以谋东山再起，卷土重来。

1962年9月，毛主席在八届十中全会上，发出了"千万不要忘記阶級斗爭"的伟大号召。响亮地吹起了向企图复辟的資本主义势力和封建势力进行坚决斗爭和战斗的号角。

回顾这一段历史和无产阶級文化大革命的实践，重溫毛主席的教导：**各种剝削阶級的代表人物，"他們有长期的阶級斗爭經驗，他們会做各种形式的斗爭——合法的斗爭和非法的斗爭。我們革命党人必須懂得他們这一套，必須研究他們的策略，以便战胜他們。切不可书生气十足，把复杂的阶級斗爭看得太簡单了"。是多么的亲切呵**，

天工"八·二五" 《紅色雷达兵》 兵团

67.4.3.

刘少奇反革命修正主义眞面目

前　言

中国最大的修正主义者刘少奇，长期以来，打着"紅旗"反紅旗，窃踞中央和国家領导职位，进行了一系列的反党反社会主义反毛泽东思想的罪恶勾当，对党对人民犯下了滔天的罪行。

大量事实說明：刘少奇是一个极端阴险的个人野心家。

大量事实說明：刘少奇的的确确是党內最大的走資本主义道路的当权派，是一个不折不扣的反革命修正主义分子，是隐藏在我們最伟大的領袖毛主席身边最危险的人物。

今天，无产阶級文化大革命的风暴已无情地把刘少奇的画皮撕去，扯下他的伪装，刘少奇反党反社会主义反毛泽东思想的眞面目暴露无遺了。

这是一件大快人心的好事！我們应該继續高举毛泽东思想伟大紅旗，乘胜前进！"宜将剩勇追穷寇，不可沽名学霸王。"我們一定要把刘少奇揪出来，斗倒、斗臭，让他永世不得翻身！

现根据我們收集的材料，整理成文，揭露刘少奇反革命修正主义眞面目：

一、反对毛主席，同毛主席分庭抗礼

林彪同志告訴我們："毛主席是我們党的最高領袖，誰反对他，全党共誅之，全国共討之。"

刘少奇，这个党內走資本主义道路的头号当权派，长期以来，疯狂反对毛主席，同毛主席分庭抗礼。刘少奇反对毛主席的罪行必須彻底清算！

狂妄跋扈，竟敢与毛主席相提并論

在刘少奇看来，"老子天下第一"，因而目中无人，他曾狂妄宣称："外国出了个馬克思，中国为什么不能出个刘克思"。并且与毛主席相提并論，他于一九五九年在一

次中央軍委扩大会議上說过,在大革命时代"那时毛主席作农民运动工作,我做工人运动工作。"幷大言不慚地說:"当毛主席有别的事情……,中共中央要我代理他的职务,我自己也认为可以代理,而且我代理比别人代理也不见得怎样不好,在这种时候,我是不推辞的。"更加可恶的是,刘少奇在一九六六年七月二十五日的讲話中,竟敢凌駕于毛主席之上,他說:"正确的意見也可能是少数,我有这个經驗,毛主席也这样,在很多时間里,在很多問題上也是少数。"这是刘少奇狼子野心的大暴露!

恶毒攻击毛主席,狂妄叫喊要毛主席下台

毛主席是我們心中最紅最紅的紅太阳,是我国人民和世界革命人民的伟大舵手。但是,刘少奇却恶毒地誹謗,狂妄地攻击毛主席,幷揚言:"反对毛主席,只是反对个人"。他还借清华一个学生的反动标語"拥护党中央,反对毛主席"来大反毛主席。一九五九年还叫嚷:"难道說毛泽东………这些人不能反对的吗?"幷說:"不論誰,毛主席也好,林彪同志也好,以及任何同志,有了錯誤都是可以批評,可以反对的。"这是什么鬼話!

林彪同志說过:"**十九世紀的天才是馬克思、恩格斯,二十世紀的天才是列宁和毛澤东同志**"。幷說"**毛主席在全国全世界有最高的威望,是最卓越最偉大的人物。**"但是,刘少奇却狠毒地說:"世界上沒有十全十美的領导者,古今中外都沒有,如有那就是裝腔作势,猪鼻子里插葱裝象。"幷說什么"不左不右絕对正确的領导是沒有的"。眞是胡說八道!他甚至在一九六四年九月三十一日給江渭清的信中,还胡說什么"官越大,眞理越小,官做得越大,眞理也越少,大官如此,小官也如此。"看!刘少奇猖狂到何等地步!

林彪同志还教导我們:"**我們现在拥护毛主席,百年以后,我們也拥护毛主席,毛澤东思想要永远流传下去!**"但是,刘少奇却对毛主席千方百計地进行攻击,他在《論共产党員的修养》一文中罵道:"某些敎条主义的代表人,根本不懂得馬克思主义,而是胡謅一些馬克思列宁主义的术語,自以为是中国的馬克思、列宁。"幷阴險地說:"然而,我們是否能够完全自信地說,在我們党內从此就不会再有这种人呢?我們还不能这样說。"这是什么意思?这不是影射地漫罵毛主席又是什么?!令人更加不能容忍的是,刘少奇公然要毛主席下台,他在一九六三年六、七月間与三反分子薄一波談話时恶毒地說:"老的不行嘛!不要站(占)着茅房不拉屎,要下台,要让位,不能摆老資格!"幷胡說什么"上海的大青紅帮头子黄金荣,他的徒弟蒋介石,黄金荣老了,主动地把座位让給了蒋介石。"眞是混蛋透頂!这是刘少奇反党反社会主义、篡党、篡政野心的大暴露。从这里可看出,刘少奇的黑心多么狠毒他简直要翻天!

但是,历史是无情的,誰敢反对毛主席就打倒誰!刘少奇逃不了历史的惩罰!

招降納叛,結党营私

为了篡党、篡政,长期以来,刘少奇一貫用人唯亲,在許多重要部門和負責的崗位上大力培植亲信,企图为他最后象赫鲁晓夫那样篡党、篡軍、篡政准备条件。在他領导

下的原北方局里云集了彭眞、林枫、蔣南翔、陆平、楊述、周揚、李井泉、安子文、任白戈等等的牛鬼蛇神。

解放后，刘少奇把其亲信党羽安插在各重要部門，如高崗任东北局书記，西北局书記为习仲勳，华东局书記为饒漱石，中南局书記邓子恢，西南局书記邓小平，刘瀾涛在华北局負責工作。

在軍队中，在刘、邓支持下，陈賡同志逝世后，罗瑞卿任总参谋长。在八届十中全会上，一举把罗瑞卿、陆定一，楊尚昆塞进中央书记处。刘少奇还特别提拔反革命修正主义分子彭眞，使他近年来飞黄騰达，"紅"极一时，一跃为八大常委第一付委員长，当彭眞被揪出后，刘还极力包庇彭眞，另外把楊秀峰提升为全国最高人民法院院长，把持专政机构。

在中央所属各中央局，国防委員会，国务院所属部門都安插了刘、邓大批亲信，形成刘、邓資产阶级黑司令部，来与毛主席为首的无产阶级司令部分庭抗礼。誰敢給他提意見，誰就大祸临头。儼然反对他就是反对党中央，老子天下第一，这在1941年在华东党校的两位同志因給他提意見，而被打成托派，柯庆施同志曾批評刘少奇"老右傾"，刘得知后，千方百計打击柯庆施同志，眞是老虎屁股摸不得。近年，北京一同志上书揭发刘少奇，竟遭刘之党羽强行关入精神病院，眞是駭人听聞！

在文化大革命初期，刘、邓合伙糾集了彭眞、陆定一、楊尚昆、吳冷西等拼凑所謂文革领导小组，幷亲自任命大黑帮头子彭眞为組长，妄图把文化大革命引向歧途。刘、邓还乘毛主席不在北京之机，抛出了彻头彻尾的資产阶级反动路綫，企图保护自己及其同伙过关。

最近几年，刘少奇的"任人唯亲"路綫又有发展，刘的老婆，女儿也紛紛粉墨登場，眞可謂走"老婆路綫""女儿路綫"了。

从这可以看出，刘少奇的篡党、篡軍、篡政的狼子野心由来已久，而且在积极伺机而动了。

二、反对毛泽东思想，反对学习毛主席著作

长期以来，刘少奇极力反对毛泽东思想，把毛泽东思想看作眼中釘。因而十分害怕广大革命群众学习毛泽东思想，掌握毛泽东思想。

否认毛澤东思想是当代馬列主义的頂峰

林彪同志教导我們："毛澤东思想是当代馬克思列宁主义的頂峰，毛澤东思想就是最高水平的馬克思列宁主义。"这一点已是家喻戶晓了。但是，刘少奇不是这样看，他在一九六六年六月对民主人士讲话中，恶毒地說："（馬列主义）当然还要发展，不是到毛泽东思想阶段就为止了，如果这样看，是錯誤的，是机械唯物論"。这是刘少奇反对毛泽东思想的鉄证。

早在一九五一年十一月四日，刘少奇就胡說过："馬克思列宁主义，毛泽东思想是

"是"还是"非"，要研究一番才知道。沒有学习，**没有研究就没有发言权。"**这梳梳是鬼話！看來，自命为刘克思的刘少奇，实际上对馬列主义、毛泽东思想是一窍不通，而有的却是攻击、誹謗之能事。

贬低毛澤东思想的偉大意义，詆毀毛澤东思想

林彪同志告訴我們："**毛主席比馬克思、恩格斯、列宁、斯大林高得多，现在世界上沒有那个人比得上毛主席的水平**"。并且着重指出："**全世界誰也不能代替毛澤东思想。**"而且号召我們"**讀毛主席的事，听毛主席的話，照毛主席的指示办事，做毛主席的好战士。**"

但是，刘少奇却丧心病狂地横加贬低，他早在一九四八年就說："馬克思主义的內容是有世界历史以来无比丰富的，世界上任何大原则性問題均解决了。"并在，一九六二年再版抛出的《論共产党員修养》中写道："我們这一部份比馬克思、恩格斯、列宁、斯大林的那部分当然小得多。"而在一九五九年《馬克思列宁主义在中国的胜利》一文中說什么："我們的一切胜利都是馬克思列宁主义的新証实和新胜利。"閉口不談毛泽东思想的伟大胜利。更有甚者，在一九五六年党"八大"期間，刘少奇别有用心地提出所謂反对"个人崇拜"的問題，并伙同邓小平，把"七大"通过的党章横加修改，竟然把"中国共产党以馬克思列宁主义理論与中国革命实践之統一思想——毛泽东思想作为自己的工作方針"这一重要段落删去，甚至把党員义务中"学习毛泽东思想"七个金光闪闪的大字横加砍掉，刘少奇的黑心何其毒也！

为了贬低毛主席，也是为了与林彪同志唱对台戏，刘少奇提出"做馬克思列宁的好学生"并强調"做馬克思列宁主义創始人的最忠实最好的学生"。而根本不提作毛主席的好学生，真是岂有此理！一九六〇年一月，在刘少奇批准的一个团中央文件中，竟不准提"学习毛泽东思想"，只准提学习"毛泽东著作"。这一切是偶然的嗎？不是！这是刘少奇反对毛泽东思想的大暴露！

对于国际形势，毛主席早在一九五七年十一月就英明地指出："**目前形势的特点是东风压倒西风**，也就是說，社会主义的力量，对于帝国主义的力量，占了压倒的优势。"毛主席这一英明的論断，完全为历史所証实。但是，刘少奇在一九六三年却說："目前世界革命力量和反革命力量的对比究竟如何？这个問題很难讲。"以此来对抗毛主席，詆毀毛泽东思想。是可忍，孰不可忍？！

打着学习馬列主义的旗号，竭力反对学习毛主席著作。

林彪同志指出："**毛主席的話，水平最高，威信最高，威力最大，句句是眞理，一句頂一万句**"。并号召大家"**反复学习毛主席的許多基本观点，有些警句最好要背熟，反复学习，反复运用。**"并强調指出："**在学习馬列主义的經典著作中，99％的学习毛澤东著作，这是革命的教科书**"。但是刘少奇却反其道而行之，早在一九四八年刘少奇就說："学习馬列主义就是学习外国的經驗，世界革命的經驗。"在刘的心目中，学习馬列主义就是讀外国的书，把毛主席著作排挤在外。一九六四年又說："这里联系

到一个原則問題，就是我們应該向誰学习，是向党內和党外群众中一切有真理的人学习，不管他的职位高低，不是向职位高的人学习。"并恶毒地叫嚷学习毛主席著作是"教条"，說什么"现在党內把毛泽东思想当成教条的大有人在。"云云。

这是对广大革命群众学习毛主席著作的莫大污蔑！

当广大革命群众努力学习毛主席著作，掌握毛泽东思想的时候，刘少奇之流吓破了胆，挥午起形式主义的大棒，妄图扼杀群众的革命热情。他叫嚷："现在学习毛选出现了一种形式主义，这样搞下去，会弄虚作假，学习毛主席著作，写千万字的讀书笔記，千万不要宣传。"

在一九六五年十二月，吳法宪同志在汇报中，談到"四清"中如何組織貧下中农学习毛主席著作的經驗时，刘少奇一句话也不答理，根本不談这个問題，大讲"四清"如何"驗收"。六六年二月，还誣蔑"四清"中大学毛主席著作，"是用毛主席著作去代替'四清'运动。"因而在"四清"中只許学《二十三条》。这是刘少奇赤裸裸地反对工农兵学习毛泽东思想的鉄証，也是刘少奇扼杀群众学习毛著革命热潮的滔天罪行！

反对活学活用，公然与林彪同志唱对台戏

林彪同志敎导我们：学习毛主席著作时要"带着問題学，活学活用，学用結合，急用先学，立竿見影，在用字上狠下功夫。"而刘少奇鼓吹的所謂学习的方法是什么呢？用他的话說是："学习理论，提高认识，联系实际，改造思想。"并鼓吹什么"安心学习，两耳不聞窗外事，一心专讀圣贤书"。按照刘某的方法，不就把人們引向单純理論的死胡同去了嗎？！这不是与林彪同志唱对台戏又是什么？

这一切的一切，把刘少奇反对毛泽东思想的丑恶面目暴露无遗了，原来他就是彻头彻尾的大右派！

三、民主革命时期，害怕革命，妄图阻止历史車輪前进

刘少奇从来就不是无产阶级革命家，而是一个地地道道的資产阶級代表人物。在民主革命时期，他的狐狸尾巴已經暴露出来了。

幻想和平，反对斗争、企图同敌人妥协

一九四五年，毛主席在去重庆談判时，就向全党发出指示，"告訴全党絕对不要因为談判而放松对蒋介石的警惕和斗争。"并且强調指出："蒋介石总是要强迫人民接受战争，他左手拿着刀，右手也拿着刀……，现在蒋介石已經在磨刀了，因此，我們也要磨刀。"在这針鋒相对的斗争中，刘少奇根本违背毛主席的指示，在他主持中央工作期間，《解放日报》竟然发表社论，向美国政府呼吁和平，希望美国政府和国民党反动派同情中国的和平事业。这真是天下之奇談！难道能够在創子手那里得到什么恩賜嗎？！其目的是有意向人民散布和平幻想，麻痹革命人民的斗志。

一九四六年二月，刘少奇在为中央起草的一个文件中，更看出了他害怕斗争、害怕

革命的真面目。他完全迴避与蔣介石进行针鋒相对的斗争，高唱什么："**旧政协决議付諸实施，中国将走上和平民主新阶段。**"企图瓦解解放区軍民的战斗意志，同敌人妥协。

曾几何时，蔣介石撕毁《双十协定》，疯狂地向革命圣地延安进攻时，这位自称为刘克思的人，內心惶惶了，当敌人刚进瓦窑堡，他就溜之大吉了。刘少奇那里还有一絲革命者的样子？在敌人面前，真乃胆小如鼠。

实行形"左"实右的土改路綫，破坏土地改革。

一九四七年九月，刘少奇主持召开了土地会議，制定了形"左"实右的土改路綫，强调"彻底平分""乱打乱分"，侵犯中农利益，破坏中小工商业，乱打乱杀，乱"搬石头"。在刘少奇这条形"左"实右的路綫影响下，部分解放区的土改运动受到重大的损失，破坏了农村的经济，也破坏了党的统一战綫的政策，刘少奇在历史关键时刻，都是站在毛主席革命路綫的对立面，是十足的机会主义者！

在胜利面前，惊慌失措，妄图阻止革命的发展

一九四八年是我們民主革命取得决定性胜利的一年，蔣家王朝处于土崩瓦解，全国处于解放的前夕，在这关键的时刻，毛主席发出庄严的号召："**将革命进行到底！**"但是，在胜利面前却吓坏了刘少奇，他的貪生怕死！害怕革命风暴，幻想投降、妥协的资产阶级本性又暴露出来了。他在同年十二月十四日惊呼："现在革命形势发展很快，出乎我們预料之外，现在不是怕慢了，而是怕快了，太快，对我們的困难很多，不如慢一点，我們可以从容准备。"

如果按照他的意旨去做，中国的革命必然来个大倒退，中国的命运必然回到半封建、半殖民地的深渊中去。

四、在社会主义改造时期，維护資本主义制度，抗拒"三大改造"

在社会主义改造阶段，刘少奇由于資产阶級的本性所决定，竭力維护資本主义制度，抗拒"三大改造"，反对社会主义革命。

鼓吹公私企业合作发展，妄图把社会主义革命引向遙远的将来

早在一九四九年，毛主席教导我們，"**在革命胜利以后，……把中国建设成一个偉大的社会主义国家。**"并且着重指出："**如果认为我們现在不要限制资本主义，认为可以抛弃，'节制资本'的口号，这是完全錯誤的，这就是"右倾机会主义的观点。**"

但是，刘少奇却不是这样，一九四九年九月，刘少奇說："中国将来的前途，是要走到社会主义和共产主义去的……但这是很久以后的事情。"对资本主义百般扶植，他說："私营企业的活动范圍很大。"居然提出"可以和国营企业平行发展。"这不是要

在我国泛滥资本主义又是什么？一九四九年四月，刘少奇借到天津抓工作之机，到处放毒。胡說什么"在新民主主义經濟下，在劳资两利的条件下，还让资本家存在和发展几十年。"并說什么："这样做对工人阶级的好处多，坏处少。"并荒謬地提出："从原料到市场，由国营和私营共同商量，共同分配，这叫做'有飯大家吃，有錢大家賺'，就是貫彻公私兼顾的政策。"还要国家机关，"組織对外貿易委員会时要吸收资本家参加，他們比我們熟悉，应与他們商量，定出办法。"

刘少奇这些"主张"，究竟要把我国引向何处，不是很明显的嗎？在社会主义改造取得基本胜利以后，毛主席英明地指出："**社会上还有一部分人梦想恢复资本主义制度，他们要从各个方面向工人阶级进行斗争，包括思想方面的斗争。**"但是，刘少奇一意孤行，一九五七年他还为資本主义的复辟活动歌功頌德，胡說什么："私商地下工厂既然那么灵活，我們社会主义不能那么灵活？也可以灵活一下嘛！"并对资本主义国家很欣賞，鼓吹什么，"一到资本主义国家什么都能买到。"因而要我們搞資本主义的灵活性，多样性，否则就沒有"社会主义的优越性"云云。

这是什么意思？这不是鼓吹资本主义經濟的优越性又是什么？这不是明目张胆地鼓励资本家投机商大搞地下工厂又是什么？这是他反社会主义的鉄証！

无恥地頌揚資本家剥削"光荣""进步"
狂吠資本主义剥削"永垂不朽"

林彪同志教导我們："不懂得阶级，不懂得剥削，就不懂得革命。"

馬克思說过，"**資本来到世間，就是从头到脚，每个毛孔都滴着血和肮脏的东西。資产阶級正是在无产阶級的垒垒白骨之上建筑起了他們罪恶的天堂。**"共产党人从来就是把消灭阶级压迫、消灭剥削制度，解放全人类，实现共产主义的伟大的理想作为自己的崇高职責。

但是，在反革命修正主义分子刘少奇眼里，资本家剥削工人不但无罪，反而有功。一九四九年他对资本家說过："今天資本主义的剥削，不但沒有罪恶，而且有功劳。""今天不是工厂开得太多，工人剥削太多，而且太少了，工人、农民的痛苦在于沒有人剥削他們，你們有本事多剥削，对国家人民都有利，大家贊成。"这是对我們工人阶级的莫大污蔑！簡直是胡說八道！从这里可以看出，刘少奇对无产阶级有多么刻骨的阶級仇恨！而对资产阶级却拜倒在地，充分暴露了他工賊、叛徒的嘴脸！

刘少奇还无恥吹捧资本家說："剥削得越多，功劳越大……我說这个功劳是永垂不朽的。"这番話說得多么露骨，多么反动！这还不够，为了使工人服服貼貼地受资本家的剥削，刘少奇还胡說什么："我們就怕资本家不来剥削你，資本家能够剥削很多工人，那才好，有人剥削总比沒有人剥削好一点，沒有人剥削，完全沒有飯吃，有人剥削还能吃个半飽，这总是好一点。"这眞是混蛋透頂！居然把吸血鬼资本家說成是工人阶级的救世主，眞是岂有此理！刘少奇在一九五一年又进一步发揮，在談到有些资本家提出"剥削者""資本家"这些名字是否可以改一下时，刘少奇馬上奉承地說："剥削者、資本家也很好！很进步嘛！现在人家要請你剥削，这些問題不是我們故意这样讲，因为这是眞理，眞理就要宣传，不能隐蔽！"而且还打保票地說："今天的剝削是合法的，愈多愈好，股息应该提高！"多么可耻，多么卑鄙！

够了！按照刘氏理論，只能得出一个結論，就是剝削有理，压迫有理，革命无理，这是十足的混蛋邏輯，强盗邏輯！

按照刘氏理論，为了保命，为了"吃个半飽"，为了"土豆烧牛肉"，可以出卖革命原則，出卖灵魂，可以向敌人妥协、投降，可以"合二而一"。这比起赫魯晓夫的"向魔鬼要貸款的共产主义"有过之无不及。

正当中国的民主革命轉入社会主义革命的时候，刘少奇高唱"剝削有功""剝削永垂不朽"的濫調，这是刘少奇反社会主义眞面目的大暴露，也是他为复辟資本主义而制造的輿論，妄图阻止社会主义革命滚滚向前的車輪！

宣揚阶級投降主义，把工厂大权拱手相让給資产阶級

毛主席在七届二中全会上說："**在城市斗爭中，我們依靠誰呢？有些糊涂的同志认为不是依靠工人阶級，而是依靠貧农群众，有些更糊涂的同志认为是依靠資产阶級。**"并且指出："**我們必須全心全意地依靠工人阶級，团結其他劳动群众，爭取知識分子，爭取尽可能的能夠同我們合作的民族資产阶級分子及其代表人物站在我們的方面。**"

但是，反革命修正主义分子刘少奇却反其道而行，一九四九年他在天津說："工人阶級在一定的时候，也可能是不能依靠的，不要以为依靠工人阶級是沒有問題的。"并提出："国家依靠工人，同时也依靠职員，特別依靠厂长、工程师和技师。"又說什么："我切切实实的負責的向你們說，希你們考虑这个意見……使資本家工头能够管理工厂，为了生产的需要，使資本家有雇佣工人和辞退工人的权力。"这不是要我們把权拱让給資本家又是什么？这是刘少奇公开宣揚阶級投降主义的自供！

更令人气愤的是，他竟然大肆地污蔑工人阶級，胡說"工人管理不好。"力图往工人阶級的脸上抹黑，說什么："国家现在接收官僚資本家的工厂，管理后还不如資本家管理得好。"并兴灾乐祸地說："資本家办的工厂被工人接收来办合作社，自己办了一两个月就垮台了。"

从这里可以看出，刘少奇为資本家涂脂抹粉是多么的卖力，而对工人阶級却竭尽贬低、斥責之能事。在他們标榜的"合作"后面，就是把工厂的领导权，双手奉送給資产阶級，抗拒三大改造，实行資本主义复辟而已。

鼓吹长期保存农村資本主义經济，反对农民走社会主义道路

毛主席教导我們："**在逐步地实现社会主义工业化的同时，逐步地实现对于整个农业的社会主义的改造，而实行合作化，在农村中消灭富农經济制度和个体經济制度。**"

但是，刘少奇却不是这样。早在一九五〇年就鼓吹："我們采取的保护富农經济的政策，当然不是一种暂时的政策，而是一个长期政策。"并鼓动雇工剝削，不管雇"十人，几十人，百人"都不管。这是刘少奇妄图在农村复辟資本主义的自白书。

关于农业合作化問題，毛主席早就指出："**在我国的条件下，则必須先有合作化，**

然后才能使用大机器。"一九五一年，全国已开始出现数量不少的合作化組織。但是，刘少奇却十分害怕、仇視农业合作化运动，他咒駡道："这是一种空想的农业社会主义，是錯誤的。""农业要实现社会主义，如沒有工业的发展，不实现工业化，农业根本不可能实现集体化。"

按照刘氏的理論，农业要实现社会主义还是遙远的将来。他还說："几个初級合作社，不能算社会主义的萌芽、要合作化，必須象苏联一样，一大片一大片的，要搞合作化，条件不成熟。"妄图扼杀农业合作化运动。

一九五五年七月卅一日，毛主席发表了《关于农业合作化問題》的光輝著作，全国出现了轰轰烈烈的农业合作化高潮，亿万农民沿着毛主席指引的道路胜利前进！就在这时，刘少奇又跳出来大泼冷水，大叫大嚷："合作社的計划太大了""大冒进了"。于是乎赶紧来个"坚决收縮"，并下令解散了已經組織起来的廿多万个合作社，严重的破坏了农业合作化运动。

刘少奇在三大改造中的反革命罪行，必須彻底清算！

五、在所有制改造基本完成后，竭力鼓吹阶級熄灭論

与一切反革命修正主义分子一样，刘少奇一貫宣揚阶級斗爭熄灭論，以阶級調和代替阶級斗爭，以"合二而一"代替"一分为二"。公开地和毛主席关于社会主义过渡时期阶級与阶級斗爭的光輝学說相对抗。

鼓吹阶級敌人已經消灭，阶級斗爭已經熄灭

一九五七年，毛主席发表了《关于正确处理人民內部矛盾的問題》和《在中国共产党全国宣传工作会議上的讲話》两篇光輝的著作，天才地全面地創造性地发展了馬列主义关于阶級和阶級斗爭的学說，对于我国社会主义革命和社会主义建設，作了不可估量的伟大貢献。

毛主席告訴我們："被推翻的地主買办阶級的殘余还是存在，资产阶級还是存在，小资产阶級剛剛在改造，阶級斗爭并沒有結束。"但是，刘少奇就在毛主席发表这两篇光輝著作之后，跑遍河南、广东数省、市大放其毒，公开反对毛主席的光輝学說。他在上海說："国內主要的阶級斗爭已經基本上結束了""现在国內敌人基本上被消灭了"。而在一九五六年党"八大"政治报告中，大声疾呼道："官僚买办资产阶級已經在中国大陆上被消灭了，封建地主阶級除个别的外，也已經消灭了，富农阶級也正在消灭中。"这純粹是胡說八道！

毛主席教又导我們："阶級斗爭还是长时期的、曲折的，有时甚至是很激烈的。"并且着重指出："我国社会主义和资本主义之間在意識形态方面的誰胜誰負的斗爭，还需要一个相当长的时間才能解决。"

但是，刘少奇却认为：我国社会主义和资本主义誰胜誰負的問題现在已經解决了。一九五七年在上海又声称："公私合营以后，无产阶級与资产阶級的主要矛盾也解决了。"

并提出："今天我們国内的主要矛盾是无产阶级思想与非无产阶级思想的矛盾。"一九五六年七月在一次同外宾的談話中又胡說什么："資本家、地主、富农都将进入社会主义。"

这些謬論都是与毛主席的光輝学說相对抗的，他妄图麻痺人民的斗志，破坏社会主义革命，因此必須給予批透批臭！

宣揚資产阶級的本性已經改变，混淆阶級界限

毛主席英明地指出，在公私合营后，民族资产阶级还是存在两面性的，"他們现在还在公私合营企业中拿定息，这就是說，他們的剝削根子还沒有脫离，……就是不拿定息，摘掉了資产阶級的帽子，也还需要一个相当的时間继續进行思想改造。"这是毛主席对于中国资产阶级极为正确的分析。

而反革命修正主义分子刘少奇并不是这样看的，在他心目中，剝削阶级的本性經过三大改造以后早就改变了。一九五七年刘少奇說："資本家已經把工厂交出来了，除开极少数的分子以外，他們已經不願意反抗社会主义了。因而他說："今天的資本家已是公私合营的新式資本家了。"同年十二月，又說："資产阶級这个說法不可用，因为现在还有定息，再过五、六年，定息也不給了，就不好再讲資产阶級。"力图为資产阶級摘帽。不但如此，刘少奇还硬拉資本家混入共产党內，一九六〇年，他与王光英一家亲热"聚会"，要拉資本家入党，对王光琦說："工商界的有几个参加共产党的好，有点榜样，搞几个……你資本家也当了，也沒整你，又加入了党則更好了。"多么无耻！刘少奇对資本家如此奉承吹捧，热心鼓吹其本性已改变，这并不奇怪！說明他很早以前就是一个十足的資产阶級在党內的代表人物！

刘少奇为了所謂"阶級合作"，他坐在資产阶級的板凳上，給資产阶級以无微不至的关照。一九六一年他对"民建"、全国工商联領导人說："我們可以这样分工，你們管一头，要所有工商业者思想进步，走社会主义道路，改造世界观，为国家做事，这一头你們包了，对工商业者的照顾等等，由我們包！"請看刘少奇如何热情的照顾吧！从定息、高薪、年老退职，子女上学……等等，都想到了，难怪資产阶級人物都称刘某是"平凡而伟大的热誠"的人物，出口閉口不离"刘主席如何如何說的"，可想而知，刘少奇与資产阶級早就穿連档裤了！

六、1962年配合国內外阶級敌人，大肆攻击三面紅旗，
大刮翻案风、单干风

刘少奇对于全国人民在毛主席領导下高举三面紅旗的伟大革命运动，极端恐慌，极端仇視，一有机会便跳出来，疯狂反对。1958年以后，我国社会主义革命与社会主义建設以大跃进步伐奋勇前进，取得了伟大的胜利，但在1959年以后的連續三年中，遭到严重自然灾害給我国带来了困难，赫鲁晓夫修正主义集团撤走专家，撕毁协定，进行一系列的破坏活动，美帝国主义及各国反动派掀起一次次的反华浪潮，国內牛鬼蛇神纷纷出

籠妄图复辟資本主义。这在这时，刘少奇以为时机已到，利令智昏地进行阴謀活动，配合国內外阶級敌人的需要。

别有用心地誇大困难，誇大缺点錯誤

毛主席教导我們："我們的同志在困难的时候，要看到成績，要看到光明，要提高我們的勇气。"并說："我們的困难是能夠克服的，因为我們是新兴的有光明前途的势力。"特别是在1962年时毛主席就指出："形势大好，問題不少，前途光明。"但是刘少奇唯恐天下不乱，恶毒地說："主席讲的形势大好，是指的政治形势大好，經济形势不能說大好，是大不好。"还胡說什么："目前财政經济的困难是很严重的，我們的經济临近了崩潰的边緣。"只不过是暫时的困难，就把反革命修正主义分子刘少奇吓破了胆了，那里看到了什么光明，于是他要我們对当时的所謂"严重形势"要有足夠的估計，极力反对成績和缺点是九个指头和一个指头的正确提法，胡說什么："九个指头和一个指头不恰当……有部分地方不是三七开，有的地方是九比一。""漆黑一团。"眞是閉眼瞎說，颠倒黑白！刘少奇还故意煽动地說："产生困难的原因是'三分天灾，七分人祸'。……全国有一部分地区可以說缺点和錯誤是主要的，成績不是主要的。"刘少奇毫不知恥的摆起"祖师爷"的面孔，教訓人們，如果不是像他这样誇大困难和缺点，"就不是眞正的勇敢，絕不是革命家的气概，絕不是列宁主义者应有的态度。"刘少奇打着"紅旗"反紅旗，赤裸裸地暴露他阴险狡猾的面目。

瘋 狂 攻 击 三 面 紅 旗

刘少奇攻击我們在执行总路綫的过程中，"只注意多快，不注意好省。""不是由人民群众实事求是地去鼓足干劲，不是由人民群众切切实实去力爭上游，而是由少数干部，站在群众之上，命令群众，形式主义地去鼓足干劲，力爭上游。"刘少奇这个党內資产阶級的代表人物，极端仇視群众运动，恶毒地誣蔑大跃进是"一轰而起。""使国民經济各个部門的比例关系，消費和积累的比例关系，发生了严重的不协調現象。"刘少奇还躲在阴暗角落里，专門搜集群众运动中的缺点錯誤，說什么："基本建設战綫太长，项目过多，要求太快太急"啦，"設备损坏"啦，"修建了一些不仅无益反而有害的水利工程"啦，"产品质量降低、成本提高，劳动生产率下降"啦，"三力（人力、地力、畜力）亏损七、八年也难免复原"啦，等等。这跟帝国主义、現代修正主义攻击我們大跃进是"冒险計划"是說大話"跟国內右傾机会主义罵我們大跃进是"得不偿失"的腔調有什么不同？眞是同出一辙。刘少奇还摆出一付"秋后算帐"的面孔，别有用心地說："群众的热情和干劲受了挫折，在某些地方受到严重的挫折，"并要人們"很好地进行研究这个問題。"这不是公开地挑拨党、群关系，抵毁三面紅旗又是什么？这是全国人民絕对不允許的！我国广大革命群众有战无不胜的毛泽东思想作武器，从来就是精神焕发，干劲十足的，任何动摇和削弱我們干革命的信心和决心都是徒劳的。在1958年当人民公社的萌芽刚刚露头的时候，毛主席曾英明地指出："人民公社好！"并且很快地在全国兴办起来了。但是刘少奇却大喊大叫人民公社办早了，胡說什

么"迟办几年还可以。"叫嚷人民公社办糟了,公社化"搞得太急","优越性不明显。"幷含沙射影地說:"我們雖然是馬克思列宁主义者,但那时就沒有这样的聪明。"借此攻击我們伟大的領袖毛主席。刘少奇完全无视三面紅旗的巨大威力及伟大历史意义,竟別有用心地要把三面紅旗作为历史經驗来总结。說什么"总结前几年的工作,恐怕总结不完,我們后代还要进行总结。"幷揚言要"重新估量,重新认識三面紅旗"幷煽动社会上牛鬼蛇神去揭露所謂"假象",胡說"揭露后会出現光明"这是刘少奇妄图扭轉社会主义的历史車輪的大暴露!罪責难逃!

大 刮 翻 案 风

正当我国人民在毛主席領导下高举三面紅旗奋勇前进的时候,一小撮混进党內的資产阶級野心家、阴謀家,在赫魯晓夫修正主义集团的支持下,向以毛主席为首的党中央发动猖狂进攻。1959年的庐山会議上,在毛主席的領导下,一致奋起给这个反党集团以坚决的回击,彻底粉碎了他們的阴謀,保卫了以毛主席为代表的革命路綫,这是毛泽东思想的伟大胜利,但是刘少奇站在資产阶級反动立場上,支持右傾机会主义分子,大刮翻案风,刘少奇故意抹杀这場你死我活阶級斗爭的实质,恶毒誣蔑党內"重犯了过去三次'左'傾路綫时期的那种过火斗爭的錯誤。"要求人們掩旗息鼓,按照刘氏"修养"的所謂"正常的党內斗爭的方法办事。"刘少奇千方百計地包庇右傾机会主义分子彭德怀,认为彭抛出的反革命修正主义綱領"所說的一些具体事情,不少还是符合事实的。"他还千方百計煽动右傾机会主义分子起来"翻案",叫嚷"和彭德怀有相同观点的人,只要不里通外国的就可以翻案。"幷极力为右傾机会主义分子辯护,对于他們反对毛泽东思想,反对三面紅旗的言論极为賞識,认为"他們可以讲这些話"幷鼓动右傾机会主义分子"只要本人提出申诉,領导和其他同志认为有必要,就可以翻案。"眞是猖狂已极!这說明刘少奇与右傾机会主义分子是一鼻孔出气的。是他們的大后台!刘少奇的野心不仅要給他們翻案,还要进一步地否定反右傾的斗爭,他誣蔑說:"庐山会議后,不适当的在农村、企业和学校的干部中,甚至在群众中也展开反右傾斗爭,在許多地方,部門发生了反右傾斗爭扩大化的現象。"这足以說明刘少奇与右傾机会主义分子都是一丘之貉。

大 刮 单 干 风

在历史上刘少奇就反对过农业合作化运动,在合作化运动中执行右傾机会主义路綫,他曾声称:組織互助組合作社"是一种空想的农业社会主义,是錯誤的。"当合作化高潮蓬蓬勃勃的发展起来后,他又来个"大收縮",下令解散20万个合作社。刘少奇的这些反毛泽东思想的罪行虽然受到了批判,但他仍坚持其反动立場,一有机会,便又兴风作浪。1962年他认为时机已到又跳出来,煽动农民搞单干,他揚言:"过渡时期一切有利于調动农民生产积极性的办法都可以,不要說那一种办法是最好的,唯一的"。刘少奇所謂調动农民生产的积极性的办法是什么呢?用他自己的話是"农业上也要退够,包括包产到戶、单干。"当时,农村中一小撮党內走資本主义道路当权派,糾集地、富、反、坏，刮起单干黑风，破坏集体經济，复辟资本主义，使不少地区曾出现两极分化，其总根子就是刘少奇！

七、提出形"左"实右的四清路綫，破坏社会主义教育运动

一九六三年五月在毛主席亲自主持下，制定了《中共中央关于目前农村工作中若干問題》（草案）（即前十条），在农村中掀起了广泛、深入的社会主义教育运动，取得很大胜利，刘少奇反对《前十条》，全盘否定社敎运动的成果，胡說什么"全国四清运动在一年多的时間內，基本上打了败仗。""連一个公社也沒有搞好。"1963年冬到1964年春，王光美根据刘少奇的指示到桃园蹲点。六四年上半年，刘少奇又亲自到湖南蹲点18天，回京后作了一个有关"讲話"。王光美的所謂"桃园經驗"經刘少奇以中央名义抛出后，流毒全国。不久又經刘少奇亲笔修改，抛出《后十条》与《前十条》相对抗。一个"讲話"，一个"經驗"一个《后十条》，集中体现了刘少奇的形"左"实右路綫。

歪曲社敎运动的性质妄图轉移运动的重点

《23条》明确地指出，社敎运动的矛盾性质是社会主义与資本主义之間的矛盾。但是，刘少奇却故意抹杀社会主义与資本主义两条路綫斗争的实质，胡說什么："要么是四清改造四不清，要么是四不清改造四清"。幷认为社敎运动性质是"四清四不清的矛盾"，"党內党外矛盾的交叉，或者是敌我矛盾，和人民內部矛盾的交叉"。《23条》中指出，运动的重点，是整党內走资本主义道路的当权派，而刘少奇则热衷于群众"洗澡会"。《23条》还指出：要依靠工人阶级、貧下中农、革命干部、革命知識份子，和其他革命分子，注意团結95％以上的群众，团結95％以上的干部。"而刘少奇则大唱反調，說什么："团結两个百分之九十五，不能幷列，应把95％的群众，做为基础，前提。"把斗争的矛头对准一般的干部。

反对毛主席关于調查研究的方法。
大搞神秘化扎根串联

毛主席敎导我們："一切过高地估計敌人力量和过低估計人民力量的观点，都是錯誤的。"

但是刘少奇为了貫彻其形"左"实右的机会主义路綫，故意誇大农村中阶级斗争的严重性，声称基层单位"不少于三分之一"在阶级敌人手里。幷吓唬人們說："过去多次运动中阶级敌人摸熟了我們有几套方法，甚至有的地方研究党的方針政策比我們的党員还研究得好，記得熟"。幷煞有介事地說："我是国家主席，带着武装去的，他們还赶我，你們去还不会赶嗎？"在这种錯誤思想指导下，刘少奇主张大搞秘密工作，反对放手发动群众，而是由少数人包办代替，冷冷清清。毛主席早就提出沒有調查研究就沒

有发言权，并十分精辟的提出一系列的調查研究的方法。但是刘少奇反对毛主席英明論断，胡說什么"用开調查会的方式来調查研究，现在已經不行了。""找基层干部开調查会，找貧下中农开調查会，几个人座談，一談情况就清楚了，沒有那回事↓"刘少奇恶毒地攻击我們伟大領袖毛主席提出的調查研究的方法，实在令人不能容忍↓刘少奇貪天之功，把自己打扮成四清的"权威"，提出工作队要搞秘密工作，搞所謂"合法斗爭"。冷冷清清地搞少数人的扎根串联，并主张"要做一，二个月的秘密工作"，否則"和坏干部斗爭时就受騙就斗不贏。"在刘少奇的形"左"实右路綫的影响下，把轟轟烈烈的群众运动打下去，把群众当成阿斗，使运动走过場。使全国社敎运动受到很大的損失。

忽視政治上两条道路斗爭
强調經济上的彻底退赔

《23条》中指出："經济退赔不能馬馬虎虎，同时要合情合理，問題不严重，检討又較好，經过群众同意，退赔可以减、緩、免。"而刘少奇不是突出政治上两条道路斗爭，突出重新敎育人，重新改造人的原則，却强調經济挂帅，主张对犯有經济不清的干部来个彻底退赔。在他亲笔修改的《后十条》中就写过"貪污盗窃的贓款，不論多少，必須彻底退赔。"这样看起来，似乎很"左"，但是不突出毛泽东思想，简单的对一般犯錯誤的干部施加經济压力，并不能触及灵魂，甚且还在群众中造成經济主义的傾向。刘少奇还声称："对干部的退赔并不难，干部有'四大件:(註：即自行車、收音机、手表和縫紉机）卖了就行了。"并且还揚言："退赔退得不好，是群众沒有发动起来"。刘少奇还摆起"祖师爷"的面孔，敎訓人們說，如果不按刘某的"彻底退赔"的办法行事，就是阶級立場，阶級感情問題。恰恰相反，有問題的不是别人，正是刘少奇自己↓刘少奇站在資产阶級反动立場上，反对毛主席的革命路綫，抛出形"左"实右的修正主义黑貨，把社敎运动引入歧途。刘少奇是有罪的↓

1965年1月在毛主席的亲自主持下，制定了《23条》，精辟地分析了形势及运动的性质，提出了一系列正确的路綫方針，政策，彻底批判刘少奇形"左"实右的修正主义的路綫，把社敎运动引向正軌使全国四清运动轟轟烈烈的开展起来，这是毛泽东思想的伟大胜利↓

八、提出資产阶級反动路綫，妄图扼杀无产阶級
文化大革命。

在毛主席的亲自領导下，无产阶級文化大革命的熊熊烈火燃烧起来了，这場史无前例的，群众性的伟大革命运动，迅速地、猛烈地开展，其势如排山倒海，銳不可当。刘少奇眼看自己狐狸尾巴藏不住了，他的狐朋狗党也粉粉被革命群众揪出，他对文化大革命极端恐慌，极端仇視，迫不及待地抛出資产阶級反动路綫，妄图扼杀文化大革命。

千方百計地支持、包庇反革命修正主义集团

毛主席說："什么人站在革命人民方面，他就是革命派。什么人站在帝国主义、封建主义、官僚資本主义方面，他就是反革命派。"并在1963年12月，和1964年6月毛主席就文艺界問題作了两次重要的批示："最近几年，竟然跌到了修正主义的边缘，如不认眞改造，势必在将来的某一天要变成象匈牙利裴多芬俱乐部那样的团体。"而刘少奇完全无視毛主席的指示，反而大肆吹捧反革命修正主义分子周揚的謬論。周把文艺界的問題說成是"认識上有时清楚，有时不清楚"。刘对此十分欣赏，点头示意"很好"。1965年毛主席又指出《海瑞罢官》的要害問題是"罢官"，是一个政治斗争的問題，必須彻底批判。但是刘少奇对抗毛主席的指示与彭眞合伙，妄图把文化大革命引向学术討論，他說："写文章要愼重一些，要高水平，要写出高明的东西，这是打笔墨官司，不要辱罵。"1966年，文化大革命进一步展开，二月份，彭眞、陆定一等反革命修正主义大头目，为了破坏运动，迫不及待的抛出臭名昭著的《汇报提綱》，妄图扼杀文化大革命，而这个提綱是在刘少奇家里討論通过的。后来又在他的支持下，盗用中央的名义，发到全国，流毒全国。

在彭、罗、陆、楊反革命修正主义集团被揭露以后，刘少奇吓慌了手脚，急忙粉墨登场，为反党集团开脱罪責，并标榜自己与反党集团沒关系，眞是欲盖弥彰。1966年6月，他公然为彭眞辩护，說什么："这个人有工作能力……作了不少地下工作。"并假惺惺的声称彭眞"也是反对我"刘某人的。罗瑞卿的問題只是"盛气凌人""专搞一言堂""突出个人"。对陆、楊也是极力包庇。眞是打在反党集团身上，疼在刘少奇心上。1966年7月，当《紅旗》杂志发表文章揭露和批判周揚时，刘少奇眞是心焦如焚，急忙派人对周进行"撫慰"，亲热地嘱咐：不要紧张""好好养病"。看！刘少奇与反党集团勾結得多么紧密，这說明他是一个地地道道的反革命修正主义分子！

瘋狂实行資产阶級反动路綫
妄图扑灭无产阶級文化大革命烈火

《16条》指出：无产阶級文化大革命，只能是群众自己解放自己，不能采用任何包办代替的办法。

在1966年5月25日，聶元梓等同志贴出了第一张馬列主义大字报。我们的伟大領袖毛主席高度評价这张大字报的伟大意义，一切革命者为之欢呼，全国文化大革命出现了汹涌澎湃的伟大場面。但是，刘少奇站在資产阶級反动立場上，反对、压制这张大字报，并打击坚决支持这张大字报的康生同志。不久，刘少奇又一手策划制定所謂《中央八条》，什么"內外有别""注意洩密""坚守崗位"等，妄图束縛住革命群众的手脚。不准群众起来闹革命。接着刘少奇趁毛主席不在北京的机会，向全国大派工作组，鎭压轰轰烈烈的群众革命运动叫嚷"工作组就是代表党，反对工作组就是反党"把大批革命闖将打成"反革命""假左派、眞右派"等等，制造白色恐怖。甚至还将张承先鎭压北大革命派的"經验"推广全国，并加了所謂"中央指示"，說什么："别处发生了

类似情况也要照此办理"等等，一时阴风四起，文化大革命轰轰烈烈的形势，变得冷冷清清，长资产阶级威风，灭无产阶级志气，其心何其毒也！

刘少奇还迫不及待的派出王光美，插手清华，操纵文化大革命运动，自己躲在幕后进行控制。他們把矛头对准革命派，抛出一頂頂的"反革命"帽子，企图扣在革命闖将头上。并一手操纵保守組織，发号施令，运动群众。把群众当成阿斗，把自己当成諸葛亮。当紅卫兵这一伟大新生事物出现在地平綫时刘少奇更是吓得魂不附体，叫嚷"紅卫兵是秘密的組織，也是非法的"等等，妄图把这一新生事物扼杀在搖籃里。刘少奇在文化大革命中的罪恶活动，赤裸裸地暴露其反革命修正主义面目。也正如毛主席英明指示的："搬起石头打自己的脚"，这是中国人民形容某些蠢人的行为的一句俗話，各国反动派也就是这样的一批蠢人，他们对于革命人民所作的种种迫害归根結底，只能促进人民更广泛，更剧烈的革命。"反革命修正主义分子刘少奇，也就是这样的蠢人！

九、反对无产阶級世界观，宣揚資产阶級利己主义

一貫以"修养""祖师爷"自居的刘少奇，究竟他的灵魂深处是什么样的王国？刘氏"修养"葫芦里究竟卖什么药？现在已是昭然若揭了。

狂热地販賣"吃小亏，占大便宜"的处世哲学

毛主席教导我們："我們这个队伍，完全是为着解放人民的，是彻底地为人民的利益工作的。"并号召我們学习张思德、白求恩、刘胡兰、雷锋的共产主义精神，毫不利己，專門利人。全国人民热烈响应林彪同志的号召，活学活用毛主席著作，特别是把"老三篇"当做座右銘来学，改造世界观。但是，刘少奇一貫鼓吹"吃小亏，占大便宜"的处世哲学，按他的說法为了获得更大的个人利益，可以放弃个人的小利益，甚至为此可以去"吃苦"，去"干革命。"但是，最后一定可以得到人家的信任，甚至还可以往上爬，当什么"长"，像我刘某一样，是一个堂堂的国家主席。刘少奇經常鼓吹："宁願吃点亏，人家不干的你干，这不是吃了亏嗎？要宁願吃这个亏，这叫吃小亏，占大便宜……。最后大家說你是个好人，大家願意与你交朋友，将来还有大发展。"刘少奇的所謂吃小亏是什么呢？他自我解释說：例如搞地质的，"立志去干几十年野外工作。"回乡参加农业生产的"不当干部，連会計也不当……认眞地种三、五年地。""党员干部参加劳动，扫扫地，劃劃土，群众的观感就改变了。"这样下去，"不怕自己吃一点亏，不是吃一次、二次、三次、多次……要这样下去，一年、二年、八年、十年，人家就会知道你是好人，誠实的人，可靠的人。"甚至可以当乡、县、省干部、也可以到中央。"刘少奇还煞有介事地鼓吹："过去上山，打游击，吃了小亏，现在当了将軍……地委书記、部长助理，有的是付部长，占了大大的便宜。"眞是胡說八道！这是对一切眞正革命者的絕大的誣蔑！

刘少奇为了兜售其黑货，还极力为这种资产阶级处世哲学寻找根据。胡說什么："吃点小亏，占点大便宜，是向相反方向发展的规律……是合乎馬列主义无产阶級世界

观的。"真是打着"紅旗"反紅旗！刘唯恐人們不信，又以自己現身說法，自吹自擂胡謅什么，"我不想当国家主席，但可我現在也当上了主席。"力图要人家相信，按我刘某这一套，吃点小亏不是当了主席嗎？不是"成功"了嗎！不是在"写历史的时候，写上一个名字"了嗎！这是刘少奇典型的资产阶級人生哲学的自白，也是一篇反毛泽东思想的反面教材！这說明他早已滚到修正主义的泥坑中去了。

反革命"合二而一"論的"祖师爷"

1963年，全国人民在毛泽东思想的指引下，严肃批判楊献珍"合二而一"的反革命謬論，取得了很大的胜利。

实际上，刘少奇与楊献珍是一丘之貉。都是"合二而一"論的狂热鼓吹者，刘少奇早在1939年就鼓吹这种謬論，可称得上"合二而一"論的"祖师爷"。

关于事物的矛盾法則，毛主席早在1937年发表的光辉著作《矛盾論》中作了十分精辟地闡述，幷提出对事物的"一分为二"的科学論断。但是早在1939年刘少奇却大反毛主席的伟大学說，胡說什么"两个相反的东西，结合成为一个新的东西。"避而不談矛盾的斗争性，胡說什么"矛盾的最基本的性质是矛盾的统一性。"刘少奇应用"合二而一"的反动謬論来解释党內斗争，声称解决党內矛盾是"可以用改良主义方法取得的。"这些都是地地道道的修正主义黑貨！

叛 徒 哲 学 的 吹 鼓 手

毛主席教导我們："人固有一死，或重于泰山，或輕于鸿毛。"但是刘少奇之流在革命紧要关头，对敌人怕得要死，甚至变节投降。早在1936年刘少奇負责北方局工作时就指示薄一波、安子文、刘瀾涛、楊献珍等几十人向敌人自首投降，发表叛党"声明"。刘无恥地把自首变节，写叛党声明看作"履行一个手續，……只是一个形式，"幷美其名出狱后"迎接抗日局势"，刘庇护下的这批叛徒出狱后对刘感谢涕零，刘则把他們当成掌上明珠，倍加重用，結党营私，反对毛主席。党"七大"时，刘少奇甚至提出在党章中規定自首过的人也可以选作中央委員，当时因其他同志反对未写进党章，但他們仍把一些人拉进了中央委員会。解放后，他又到处宣揚立场的改变只是"一念之差"，为其叛徒行径辩护。毛主席教导我們："在阶級社会中，每个人都在一定的阶級地位中生活，各种思想无不打上阶級的烙印。"而刘少奇却鼓吹："就个人来讲……可以革命，也可以反革命，也可以不革命。基本問題是一个念头，"一念之差"的距离，"差之毫厘，失之千里。"根据这种謬論，刘认为托匪叶青叛党投敌是"容易的"，是"一念之差"，……而当了叛徒。更荒謬的是，刘少奇还认为阶級敌人也可以"一念之差"而放下屠刀，立地成佛。刘說："可以一念之差"，地主不做了，問題就解决了"，这样地主阶級就会"站在劳动人民方面"，真是胡說八道！这是刘少奇叛徒嘴脸的大暴露，刘少奇是一切牛鬼蛇神的"大紅伞"。

十、对抗毛主席教育方針，推行修正主义的 "两种教育制度"

1963年，毛主席英明地提出无产阶級接班人的条件，幷根据苏联資本主义复辟的教訓，提出一系列反修防修的政策。刘少奇对抗毛主席的这一指示，又把黑手伸进了教育战綫。作为他复辟資本主义的重要一环。

1964年以来，刘少奇发表有关 "两种教育制度" 的讲话近二十次，跑了十几个省作报告，极力兜售其修正主义黑貨，为了掌握教育大权，刘还亲自組成了一个教育办公室，还自成系統，揚言成立第二教育部、厅、局，来貫彻刘氏修正主义教育綱領。

毛主席早就为无产阶級教育制定了一系列的正确的方針，路綫，政策，全面地創造性地天才地发展了馬列主义。但刘少奇貪天之功为己功，把半工半讀当作自己的首創。在报告中多次提到半工半讀是他1958年在天津提出的，对毛主席光輝的教育思想只字不提，处处把自己与馬、恩、列、斯直接联系起来，不学毛泽东思想，偏要搞什么 "馬、恩、列、斯論教育与劳动生产相結合" 的材料。妄图为自己树立刘氏教育制度的个人紀念碑。其实刘少奇的所謂 "两种教育制度"，实际上幷不是什么創造，而不过是他从資本主义、修正主义国家販运来的資产阶級 "双軌制" （即全日制正規教育和职业教育）的旧貨，加以改头换面而已。

刘少奇搞半工半讀、半农半讀，幷不是为了培养无产阶級革命事业接班人，而别有用心提出所謂解决經济就学問題。刘說：由于搞半工（农）半讀，学生 "可以升学……小学生不閑了，国家花錢少，家庭也負担得起。" 甚至还荒謬地认为，搞半工半讀是为了滿足青年的讀书要求，胡說什么 "青年男女工人……让他們五年、十年都搞现在的工作，到了三十年以后，就要閙情緒" 如果搞半工半讀就可以 "滿足青年的讀书要求。" 眞是荒謬絶伦！难怪当刘少奇发现 "美国大学生有三分之二半工半讀" 的消息时，如获至宝，甚至兴致勃勃地要試办几个，这就很自然的了。

刘少奇的半工半讀是什么貨色呢？用他自己的話說是 "一半时間做工，一半时間讀书"，不是把半工半讀办成学习毛泽东思想的大学校，而是不問政治，业务挂帅，幷吹噓如果按他这一套办事就是共产主义。他說："到共产主义也是这样，至少劳动四小时，其余的时间也可能都去玩，或者管經济，或者画画，或者唱戏，或者搞研究工作。" 多么美丽的詞藻！刘氏的共产主义只不过是地地道道的修正主义而已！再看看刘少奇在半工半讀中所貫彻的方針吧。刘的方針是脑力劳动与体力劳动相結合，与毛主席提出的 **"应該使受教育者在德育、智育、体育几方面都得到发展，成为有社会主义觉悟的、有文化的劳动者"** 的教育方針是相违背的。刘少奇繪声繪色地說，按他的办法培养的人材 "跟工人不一样，跟现在的农民不一样，跟现在的知識分子也不一样，跟地主資本家当**然不一样……**是在我們新社会，在社会主义社会里重新教育出来的一种新人。他既能脑力劳动，又能体力劳动。" 幷胡說什么有了这样的毕业生，以后工厂里就不会出现貪污、出现官僚主义，因为工人 "会算帐"，"因为許多工人都可以而且有能力当厂长。" 所以可以把官僚主义的厂长赶下台。如此等等，不一而足。

　　刘少奇不但在半工半讀中推行其修正主义路綫，而且极力破坏全日制教育改革，他叫嚷"全日制大概要搞一百年、二百年、三百年"。1965年当毛主席"春节讲話"发表后，給全国革命师生很大的鼓午，但刘少奇千方百計加以抵制，揚言"如何改革，再开一次会，看不准，千万不要瞎指揮。"刘还极力提高"专家"的身价，声称高等教育的問題"还是专家問題"，"在学校內决定一切的問題是教員"。鼓吹分数挂帅，要求学生"考五分"。幷鼓励"党員、团員和革命知識分子都要下苦功学习，认眞鑽研业务，良好的掌握多种专門技术和科学知識。"搞业务挂帅，技术第一。

　　1966年，毛主席发表了光輝的"五七"指示，幷英明指出：学生"**以学为主，兼学别样，不但要学文，也要学工、学农、学军，也要批判資产阶級。学制要縮短，教育要革命，資产阶級知識分子統治我們学校的現象，再也不能继續下去了。**"这一光輝指示像一盞明灯，把教育革命的道路照得通亮通亮。毛主席光輝的教育思想，創造性地对如何防止資本主义复辟，巩固无产阶級专政，保証逐步向共产主义过渡这些問题，作出了科学的答案。在毛泽东思想的阳光照耀下，全国革命师生在教育革命的道路上奋勇前进，刘少奇的修正主义教育路綫彻底破产了！

　　綜上所述，我們可以看出：刘少奇是彻头彻尾的反革命修正主义分子，就是中国的**赫鲁晓夫**，是資产阶級在我們党內的最大的代理人，是藏在我們敬爱的領袖毛主席身边的一颗定时炸弹，我們必須把他揪出来，斗倒！斗臭！

　　敌人不投降就叫他灭亡！

　　打倒刘少奇！

　　无产阶級文化大革命万岁！

　　中国共产党万岁！

　　战无不胜的毛澤东思想万岁！

　　我們最最敬爱的領袖毛主席万岁！万岁！万万岁！

天工八·二五《反修》《眞如鉄》战斗組

"狂 人" 日 記

陈 里 宁

★

(一)
一九六七年
五月《狂人日
记》被"四人
帮"捧为反刘
少奇的英雄。
　请看下集:
(二) 1967年
10月,都变成
《反毛主席罪
责难逃》的。
古月乔题

南开大学卫东红卫兵《紅海燕》　印

1 9 6 7, 5 月

目 录

編 者 的 話

去年十二月十九日夜，清华大学井崗山、清华大学紅敎工、地质东方紅的战士，支持了北京紅卫医院革命造反派"紅旗"战斗队全体同志，造了这个医院的反。这个反造得好！

北京紅卫医院是一所精神病院。这个医院的一小撮走资本主义道路当权派和资产阶级反动学术权威，明目张胆地和党内一小撮反革命修正主义分子相勾結，把这个精神病院变成他们迫害革命同志和包庇反革命的工具，与赫魯晓夫式的"疯人院"毫无二致。他們把革命同志誣为"精神病人"，关在里面遭受非人折磨；他們把反革命分子和腐化堕落分子"診断"为"精神病人"，放在医院供养起来使之逍遙法外。

共产党員陈里宁同志，就是遭到他們狼狽为奸残酷迫害的"病人"之一。

今年一月六日，上述各单位战士及北医八一八紅卫兵战士，又造了与陈里宁案有关的某上级机关的反。这个反也造得好，造得成功！造反战士的上述两次革命造反行动，都得到中央文革小组的全力支持。目前，造反战士正乘胜追击，除了要把紅卫医院的問題搞彻底以外，还积极准备到全国各地的"精神病院"去造反，从"精神病院"这个缺口，向刘邓反革命专政冲击，彻底揭露刘邓反革命修正主义及其党徒們的法西斯暴行，为保卫毛主席的革命路綫、保卫无产阶级紅色江山而战！

"下定决心，不怕牺牲，排除万难，去爭取胜利！"

·編 者·

一月七日王力、戚本禹同志在北京紅卫医院接見該院紅旗战斗队全体队員、清华井崗山兵团、清华紅教工、地院东方紅、北医八一八部分战士談話紀要

　　一月七日下午四时，中央文革小组王力、戚本禹两位同志来到北京紅卫医院，在該院洗衣房接見了該院紅旗战斗队全体队員及上述各单位在該院革命串联的部分革命师生，进行了长达一个多小时的亲切談話，同时接見了由于受到刘邓反动路綫政治迫害而被关在該院的"病人"陈里宁、王褔显等四位同志。中央首长对該院党內走資本主义道路的当权派及反动学术"权威"充当迫害革命同志的工具的罪行，表示极大的愤慨，对紅旗战斗队全体战士和革命师生作了重要指示，下面是这次接見的談話紀要。

　　王力同志，戚本禹同志先找到几个同学，說要見医院《紅旗》战斗队，同学說正在开会。首长說："好，我們去会場。"众："首长接見我們，我們热烈欢迎！"（热烈鼓掌）王、戚：这里沒有首长，我們都是同志，我們看到《紅旗》战斗队、清华井崗山等揭发你們医院的情况，很好的同志被打成精神病关在这里。陈里宁从62年就批評刘少奇，批評的很尖銳，是否还有类似的情况，可以当場叫他們出院，可以嗎？

众：可以。

王：我們支持你們的革命造反精神，必须彻底造精神病院的反，全国有类似的精神病院，都要造反。

戚：从你們这一个角落揭露精神病院的情况，从这里揭露也是对刘邓路綫的揭露，也是重要的揭露，你們作了重要的貢献。

　　（陈里宁从病房来到与首长握手）

　　（众高呼毛主席万岁等口号）

戚問陈：你什么时候来的？

陈：十月份，这是第四次入院了。

戚：你现在怎么样？可以出院嗎？

陈：可以。

戚：这几天你留下来和这里的同志們一起干革命。你从62年就批評刘少奇的错誤，你沒有精神病，你要出院。刘少奇是党內走資本主义道路的当权派，你的材料写的很好，他們才有精神病。你可能对院外形势不太了解，多看看报纸。你的馬列主义水平很高。你还要向革命的小将学习。

金大夫：他是第七次住院（湖南住三次，北京住四次），在医院被秘密逮捕，眼睛蒙上黑布送到北京来。最近看守所仍不同意給他平反，要让他去劳动。

戚：你們可以到其他精神病院去点火。

王：精神病院的工作人員可以去，你們了解情况。

（同学又进来一些。）

王：看到你們的材料，你們造反造的好！

戚：你們是精神病院造反的首創者，造修正主义的反，将来苏联搞文化大革命也得这样。

王、戚对陈：先給你家里打个电报。

众：他沒衣服。

戚：我們給他找衣服。

王：你就在这里鬧革命吧！

（同学介紹另一个反对刘少奇的"病人"王景瑞的情况。）

戚：他现在在什么地方、

众：已經出院了，我們正在調查这件事。

王：你們医院与政治有密切联系，精神病院的大夫，护士要政治挂帅。

同学：我們要把陈里宁的事登在三司的报上，公布到全国。

王：可以嘛！

戚：你們精神病院的病人大部分是有病的，一小部分沒有病。要把这一小部分解放出来。

紅旗战斗队队員（以下簡称队員）：目前紅旗战斗队还是少数，为了进一步促进运动，我向首长提两点要求：

（1）希望首长給我們讲話作指示。

（2）和全国精神病院串联。

王：讲話不要讲了，我們还有事情要回去。我們来了，就是支持你們。

戚：串联要安排一下，学生多去些，医院少去些。

同学：全国的精神病院唯心的框框很多，沒有阶级观点。我們想到全国宣传。

王：我們回去商量商量。

队員：我們病区有个高干，根本沒有病，就是耍酒疯，后来大夫說，因为是高干，就診断为"反应性精神病"吧。把他保护起来。

戚：你們看他是革命的嗎？叫什么名子？

众：不革命的，叫周克刚。

戚：什么高干低干的，不革命的就叫他走。

队員：还有一个工人，运动中被打成牛鬼蛇神，因为他揭发了問題，被送到这里来，其实沒病。

戚：把他叫来。

同学：军队院校可以武装扣留学生嗎？叶剑英說抓小老鼠……

戚：不对，他說的不对。他已經把自己的話收回去了。

王：他已經检討了，军队院校的問題你們可以找謝鐘忠同志。

同学：刘志坚怎么样？

戚：被人捉去了，他是执行刘邓路綫的。

　　（被打成反革命的"病人"王福显，李挡印来了，与首长握手。）

王福显：啊！天亮了！（非常激动）同志們，咱們唱个歌好不好？

众：好！（齐唱：天大地大不如党的恩情大，爹亲娘亲不如毛主席亲……在场的学生和队員有的感动得流下眼泪！）

戚問：你有精神病嗎？

王福显：沒有，《紅旗》战斗队作的好，不辜負毛主席的教导，是代表人民利益的。

王：他对你們的評价很高啊！（热烈鼓掌）

戚：他們为什么送你来？

王福显：我的意見和他們不一致，是少数派，要造党委书記的反，他們就說 我 有 精 神 病。

戚：这哪有精神病？他們才有精神病呢！

王福显：我是貧农出身，他們压迫我。我一直沒有屈服，我相信毛泽东思想。一切眞正的革命者，都必須沿着毛主席指引开辟的航道，林彪同志指示的方向，乘千里风，破万里浪，在斗爭中学会斗爭，在革命中学会革命，在游泳中学会 游 泳！与天奋斗，其乐无穷！与地奋斗，其乐无穷！与人奋斗，其乐无穷！革命一輩子，奋斗終生！

戚：很好嘛！这是主席的話。我看他們才是精神病。

王：都沒有精神病，这是两条路綫、两种立場的斗爭。

戚：对！

戚：你呆多少天了？

王福显：一个月了。

戚：比他（陈里宁）少多了。（笑声）

王福显：我很拥护他（指陈）的意見，他根本不是反党的！

戚：你們是好朋友！

陈：住一个屋子。

王福显：十三、十四、十五期社論我都看了，写到我心里了！不吃飯我也要 看 这 些 材料。

队員："扫干扰"时期，他捧着《紅旗》放不下，党支部說他是精神病。

戚：我看他們才有精神病。

王：都很正常。

戚：你怎么来的？

王福显：用汽車送来的。

王：旧社会就用精神病来陷害劳动人民，鲁迅所写的《狂人日記》中的"狂人"就是被統治阶级认为是狂人，是精神病的。你們是社会主义革命新时代的"狂人"。

戚：要是修正主义变了天，我和王力都得了"精神病"。

戚問金大夫：你是不是党員？

金：不是，我是团員。

众：他們不要这样的党員，說她是毒蛇，是反革命。

戚：他們修正主义的党不要，我們毛主席的党要。

（一个病人家屬介紹一个解放軍病人的情況。另一病人李紅君进来与首长談自己的情況。）

首长听完后說：因为我們还要开会，不能詳談。可以让金大夫給你看看，給你診斷一下，如果有病就治疗，沒病就出院参加文化大革命，好嗎？

李：好！

戚：我和王力同志代表中央文革小組建議以金大夫和王志同志为首，組織一个班子，到每个病区，一个一个病人作检查，作出正确結論，你們同学把材料好好整理出来。

同学：我們不参加軍訓留下来可以嗎？

王、戚：可以，留下来把这搞好。

王志（紅旗战斗队队員）：我們宣布一个审查小組名单。

王：还是民主选举吧！

王福显指揮大家齐唱《大海航行靠舵手》。

（接見結束，首长与群众一一握手告別。《紅旗》战斗队全体队員及革命师生送首长上汽車。高呼："毛主席万岁！""請首长代問毛主席好！""把无产阶級文化大革命进行到底！"）

　　　註：此文根据記录稿整理，未經首长审閱，如有出入由整理者負責。

整理者：紅卫医院紅旗战斗队宣传組

清华大学井崗山駐院串联学生

北京紅卫医院紅旗战斗队
給全国精神病院革命职工倡議书

1967年1月。北京

革命的职工同志們，战友們：

北京紅卫医院的革命职工，在和党內走資本主义道路当权派斗爭和彻底批判资产阶級反动路綫的过程中，揭发出的大量事实，触目惊心。精神病院竟被那些党內走資本主义道路的当权派和頑固执行反动路綫的人利用，作为资产阶級专政的工具，一种"特种监狱"。他們利用精神病院迫害那些敢于起来反对他們的錯誤領导，敢于批判他們的錯誤，敢于革命，敢于和他們斗爭的同志，給这些革命同志以极大的政治上的和精神上的摧残，給戴上"疯子"的帽子，永世难以翻身。相反，他們利用精神病院来包庇坏人，在"精神病"的幌子下使坏人逍遥法外。那一套欧美、苏修的反动的唯心主义的精神病学害人不浅，給那些走資本主义道路当权派迫害革命同志創造了方便的条件。医院完全不突出无产阶級政治，而突出资产阶級政治，那些反动的学术"权威"当政，馴养了一批忠实为走資本主义道路当权派充当打手的人，为其政治服务。医务人員只管"业务"，而不管政治。但是"精神病人"中很多都和政治問題有着密切的关系，这些医务人員只按着送来单位的領导的主訴的框框去强制"治病"，不去关心和調查那些政治問題，这就必然会被利用，必然会站在那些走資本主义道路当权派的同一立場上去帮助他們迫害革命同志。反动的唯心主义的精神病学統治着精神病院的情况是再也不能继續下去了。我們要彻底砸烂这个旧世界，彻底造旧精神病院的反。

北京紅卫医院紅旗战斗队起来造了反，这个反造得好！我們造反取得了初步的胜利。在革命造反的整个过程中，我們一直得到了中央文革的大力支持和亲切的关怀，也得到了很多革命造反派組織的帮助。一月五日，王力、戚本禹同志到我們医院来接見了紅旗战斗队全体同志并做了重要指示，这就更鼓舞了我們必胜的决心。我們要一反到底，不获全胜、决不收兵！目前，我們由革命坚定的医护人員組成了一个病案审查鉴定小組，对政治問題有关的案例进行彻底地审查。这个小組的同志多数都是能够打破过去学术框框的革命同志。

我們呼吁，全国各精神病院的革命职工同志，都起来造反，大破旧精神病院，大立全新的在毛泽东思想伟大紅旗指导下的精神病院，让精神病院成为无产阶級专政的工具，彻底为人民服务。同志們，让我們共同把全国精神病院的革命烈火烧得旺旺的吧！

我們一定要关心国家大事，把无产阶級文化大革命进行到底！

抓革命、促生产！

伟大的导师、伟大的領袖、伟大的統帅、伟大的舵手毛主席万岁！万岁！万万岁！

首都紅卫医院紅旗战斗队、病案审查小組

最 高 指 示

"舍得一身剮，敢把皇帝拉下馬"，我們在为社会主义共产主义而斗争的时候，必须有这种大无畏的精神。

"狂 人" 日 記

說 明

这里，我們向大家介紹一个普通的共产党員，由于怀疑和批判刘少奇，因而遭到刘邓反动路綫和反革命分子罗瑞卿之流的残酷的政治迫害的情况。

共产党員陈里宁同志，現年32岁。他初中毕业后即参加革命工作，原职湘潭市人委資料員。1960年在参加××公路工程中，获"劳动模范"奖状；1962年获市委机关"优秀党員"奖状。

自1957年起，他从刘少奇的著作及其言行中，逐步看出了刘少奇的問題。他感到問題很大，自称这个問題"把我急疯了"、"使我的神經到了錯乱的地步"、"害怕刘主席反对毛主席"。他把自己对刘少奇的批判在同志間議論，但遭到了"批判"，精神受到极大的压抑、刺激和摧残，幷被当作精神病人，在1962年4月至1964年12月間，三次关入湖南精神病院。可是他对刘少奇的反毛泽东思想的罪行，一直进行着无情的揭露和批判，每次出院之后，他仍继續"琢磨"着刘少奇的問題。1964年10月間，他"忍不住以一个共产党員的名义，不怕死，利用时間，写了三十多封信扩大影响，幷把一切行李拿回家，准备不怕死大斗一場。"但是，他給毛主席、林彪同志、康生同志等首长的信，却落入了某些别有用心的人手中，成了他"反革命"的"罪証"。

1965年1月，反革命修正主义分子罗瑞卿（刘少奇和他是什么关系？！）派人将陈里宁从精神病院"秘密逮捕"入獄。当时，迫害他的"凶手"丧心病狂地威胁陈里宁說："毛主席年岁大了，只挂个名了，眞有权的是刘主席，你反对他是自取灭亡……。"入獄后，他被連續审訊了七个月之久。在獄中，他与外界断絶了一切联系，不准看书，看报和写信。为了与外界取得联系，他想出了唯一的办法——裝疯。1966年10月底，他第四次被送入北京安定医院（即現在的紅卫医院），这是他第七次被关入精神病院。

这个"精神病人"，无論是在獄中或是在病院中，对刘少奇的問題，一直做着十分正确的批判，对党对毛主席无比热爱。他經过了絕食斗争，才获得了看书、看报的权利。但他从病院中送出的信件，却一直被扣压在"病历"中，成了他新的"罪証"和"病証"。直到去年十二月底和今年一月三日，主管陈案的人还两次对他扬言說等他病好了就送他去劳改，并不准他与紅卫兵接触。

但是，无产阶级文化大革命的波涛，早就震撼了这个走資本主义道路当权派統治着的害人医院，他第四次进入安定医院的主管大夫从陈里宁的言行及"病历"中看出了"間題"，文化大革命启发了这位共青团員的政治責任感。她看清了这是走資本主义道路当权派的迫害，她否定了以前那些反动权威对"病人"的診断，冒着风险，帮陈里宁把信件发出去了！

1966年12月19日，紅卫医院的革命造反派，联合了清华大学井岡山、清华大学紅敎工和其他院校的革命师生，造了医院的反；接着于今年一月六日，又造了与陈里宁有关的某上级单位的反，把有关材料直接汇报給中央文革小組。革命造反派的行动得到了中央文革小組的支持，陈里宁等"病人"被解放了，造反行动的第一个回合胜利了！

下面，我們把已搜集到的有关陈里宁的部分材料，分类按日期先后編纂起来。（材料原文有作删节的，均用"……"表示，原文中的用詞用字，均按原来面貌，未加修改，閱讀时請加注意。）这些材料，是对刘邓路綫的重要揭露和迎头痛击。它把刘少奇剝得体无完肤，把王光美打得狗血喷头，也是对那些精神病学方面的资产階級反动学术权威的有力审判和"診断"！

編入的材料极不完全。希望同志們續后多給我們提出意見！

清华大学紅敎工宣传組
1967年 1 月11日

第一部分　用毛泽东思想检驗一切。向刘少奇这个"庞然大物"开炮！

——陈里宁日記和别人对他的"揭发"

1963年 4 月23日

在人們把我推上吉普車（送去精神病院）时，我向××同志說了一遍，我是故意說的：我要給×××（机关领导）一粒象征性的子弹，表明我将以毛泽东思想来打击敌人，作为一顆子弹一样。

1963年 6 月21日（这一天，陈里宁第一次出院）

我沒有什么病。我可以清楚地合邏輯地想起当初的情况……。

1964年 9 月14日夜

韶山，花明楼，两者眞有天壤之别。毛主席爱的是山，气势磅礴；这个人爱搞什么楼，眞是与毛主席唱对台戏！（参看第13頁《給江麓机械厂党委信》及《給湘潭县委信》）

1964年10月 7 日夜

我們应当坚持馬列主义、毛泽东思想的眞理，修掉錯誤。可惜的是，有些人成天地搜集眞正用毛泽东思想处身作事的人，敌我不分，向他們的所謂"領导"邀功。这种人不赶快猛醒过来，党和毛主席以及广大工农群众，是决不会饶恕他們的。

1964年11月2日夜

有的人站在資产阶级立場上，把好得很說成糟得很。他也大談其政治、阶级斗爭，等等。实质内容是資产阶级的东西，那末这种人只不过象紅薯一样，紅皮白心。可怕的是：这种人党内混入很多，发号施令。不可一世。我看就糟了。还是要彻底清理一番，照毛主席說的那样做。

大干部想特殊，以为他就是救世主，他沒有想到：他作一个报告，中間的数字句子，都是集体的創作，沒有群众的劳动，他不可能作报告。我劝他謙虚一点……。

不阶级分析，光舍己为人那是不对的。比如坏人当权，他說他代表党，结果說什么叫我去为他維护威信，就是維护党的威信。坏人怎么能代表党呢……。他还伪装是叫你当雷鋒，这样的雷鋒不是雷鋒，而是修正主义者。爱憎分明，总能当雷鋒。

有些人喜欢把問題复杂化，迷惑人的注意，接触到原則問題，就息事宁人，实质就是为反动派效劳。他們被阶级的有色眼鏡迷住了眼睛，把眞理当毒草，似乎只有某人說的就对，毛主席說的就不对。他們口头拥护毛主席，实质反对毛主席。

林彪作风很可取。革命干部，共产党員，見有益无害的事情就干，战备观念强，随时准备打仗，这就是无声的命令。

1964年11月4日夜

馬克思的資本論是外国货，說很多名堂，四大本，农民暂时看不通，看了也是远水救不了近火，不如把他通俗化，說实质問題……。我相信，如果馬克思在生的話，也会拍手欢迎的。

1964年11月5日

不要把那些資产阶级人物当宝貝，他們有些人頑固得很，到社会主义革命阶段，仍是死要面子，名利都要……。

对敌人，反其道而行，就是办法。敌人主张用什么方法害人，我就小心了，它就再也害不到我。胡风反革命集团，主张用橡皮鞭子，我就提防了。对敌人，我也照样打过去，以其人之道反治其人之身。这就是高明之处。有人說这太野蛮了，我却不以为然，难道只能挨坏人的整，坏人不能挨我的整？

有的人专干坏事，但是他到处吹嘘他就是党，代表毛主席，眞是怪事。

有这样一种謬論值得駁斥：就是把我們光荣伟大的中国共产党，当作包庇錯誤的場所。有成績是个人的，有缺点当作党的，由党包起来。……对这种人，我劝他放明白一些。

1964年11月6日中午

老帐、新帐一把算。老帐不算淸，坏人还是可能欠新帐。干脆都算淸，是非分明，免得兴妖作怪。誰說不算老帐，坏东西，害人一大堆，竟說不要算老帐，岂是不为虎作倀。

1964年11月7日夜

我們敬爱的領袖毛主席最謙虚，实事求是，他老人家的著作印出来，就是要每一个走共产主义道路的人大学大用，到处用，活学活用，見了豺狼虎豹就用毛泽东思想之矢射去，毫无留情，把旧世界杀个落花流水。

1964年11月8日深夜

今天我又看了《白毛女》电影，这是第三次了。每一次都更加深了我对一切削剝阶級的仇恨。象那种"旧社会把人逼成鬼，新社会把鬼救成人"的事情，还在地球上不断地重复……。

1964年11月9日

千条万条，我們一切知识或成就，都不是私有财产，一切都应当归功于党，毛主席和新社会。……

有的人害怕新思想，怕掌握新思想的人多了，水平高了，他的歪道理就行不通，所以总是寻机报复，限制你发言。恰恰相反，他是蠢货，在群众面前暴露了丑恶面目，自己搬石头打自己，丧失群众威信，倒是好事。这种人很不少，我很不喜欢，我也寻机打落他們的威信。

附：别人对陈里宁的"揭发"材料：

第一篇　《陈里宁的反动言論之一二》

一、說刘主席是大流氓、政治骗子：

"自己本来有爱人，离了婚，又找一个年輕的学生王光美做爱人，带着游馬路，还要游到外国去。"

"……照他（指刘少奇）的說法，好象毛主席、周总理、林彪同志的被人民群众崇敬，都是他搞个人崇拜搞起来的。"

"安源煤矿的大罢工，写成是他个人的功劳，实际上，工人們的死伤很大。"

二、說刘主席的《論共产党員修养》和八大《政治报告》是錯誤百出，幷将該书乱加批語。

"我看了一下，这两本书至少有五十个錯誤：《論共产党員修养》第一句話……显然是荒謬的……他教育党員修养的目的是为了做一个模范的共产党員。"

"《政治报告》（1956年）中，他宣布地主阶級、资产阶級消灭了，……等等，这是否认阶級，阶級矛盾，阶級斗争，这是与毛主席的学說唱对台戏。其实哪里消灭了。"还在該书上批着："旣不可能，又不需要"、"此处猫屁不通"等等。

三、說苦日子都是刘主席带来的。

"說什么連續三年自然灾害，……，哪里是自然灾害带来的困难，都是他搞的不好带来的。"

四、說王光美同志的报告是假的

"她作的报告都是假的，我听了几句，觉得冒（湖南話，沒有）一点味道，讲了一天，结果是自己在农村里沒有吃到飯。是她沒有找中地方，象妖精一样。我在河东河西都走过，农民是很欢迎的，沒有吃到一餐飯，就要搞社会主义教育。"

五、說×书記是婊子养的

"……他要杀我，我倒不怕……，我是老虎屁股摸不得。"

陈里宁經常說："我姓陈，是东边挂鋤头，他鋤禾苗，我要鋤毒草。"

"你要不相信，我說的是有根据的，将来历史也会作結論的。"

×××　　1964年10月4日

第二篇　《陈里宁的言論非常反动》

陈里宁在群众中对刘少奇主席、×书記(机关領导)进行了恶毒的謾罵和攻击，他在10月2日說："我就不拥护刘少奇，就是要反对他……他写了一本《論共产党員修养》，有50余个問題，我要和他进行辯論。"又說："我不怕，要杀就杀……宪法上有規定，党章上也有規定，党員对党的組織和党的領导，直至中央有意見，有权利提，就要提。要杀，你們就杀，我只有一只笔。"

10月4日上午在办公室他对我說："……×书記这个婊子养的，到×××厂去工作，看見一个女学徒工长得漂亮，就說她看問題水平高，将她調来市工作……"

×××　　　10.4

第三篇　《检举陈里宁的反动言行》

……十月一日晚上十一点多钟，交际处前坪的电影结束了，这时陈在桌旁看书，見我进了房，忙說："……刘少奇过去自己有妻室儿女，丢了不要，而不知从哪个学校里找了个30多岁的女学生，轉山游馬路，带了出国，喚做夫人，还拍成电影，眞是当了婊子还要起牌坊。他是大騙子，大流氓，到处招搖撞騙。有的人还选他当人民代表，我是坚决反对他。我姓陈，我东边挂鋤头，到处去挖。……"

陈說到这里开始上床睡觉，我插嘴問道："你刚說的这些向組織談过嗎？"他說："我談一点，他們就諷刺我，我懒得說。……今晚我又写信給中央，我不信鬼，說不得硬要說。"此刻，陈从床上爬起来，急忙翻閱《宪法》和《党章》，幷說："……我是个共产党員，还怕什么！我拿了这本宪法和党章可以走遍全国。"我提出要他把《論共产党員修养》那本书給我看看，他不但答应供书，还将写好的信递給我看。我估計，他是先看书，后写信的，书上批語和信上写的全部系謾罵刘主席的一大堆话。我說："你这情况应找組織上的同志談談。"他冒作声。第二天清晨，我便把陈的反动透頂的言行向党支书×××作了口头汇报。

十月三日晚上，陈很生气地說："我就是恨透那些人，造了我一些謠，說我想爱人，疯了，隐瞞家庭情况。×××假名送我去长沙治病，结果他在宾館住了十几天，他和市委书記×××把手枪扳起来要杀我……近来也好，有人跟随我，监视我，我写了信，别人告了密，被拿去了。我向党小組长談談个人思想，又說我是会后議論。这眞叫我只有死路，冒得路走。"

上述两晚陈的反动言行，我认为不能作为是疯子的表現，陈幷不怎么疯。从他恶毒的謾罵刘少奇主席，要以笔去杀革命的同志，看来是有极其反动的政治思想作指导的，是有意的在我国庆节的夜晚放肆发泄阶級仇恨。

材料检举人
教育局干部×××
1964.10.4

第 二 部 分　用 生 命 来 保 卫 党!

——陈里宁的信件

下面的信，有的是陈里宁在湖南时所写，从时間上看，多是从精神病院出来以后写的。但他在 1964 年 10 月間冒死所写的給首长的 30 多封信，大部分未搜集到。信的另一部分是他在紅卫医院中写的，它們（除了給中央文革的一封信外）都被扣压在"病历"中，沒有寄出。（信中的內容有所重复，我們作了删节）

1964年10月 2 日

給《新湖南报》的两封信

第一封：

中国有一个披着馬克思主义外衣的封建主义代言人，一再修改他的唱本，向共产党員和积极分子說敎：

"孔子說……四十而不惑，五十而知天命，六十而耳順，七十而从心所欲，不逾矩。"

生长在毛泽东时代的青年共产党員深深知道：有志不在年高。新中国青少年从懂事的时候起就应当做党的紅孩子，入党入团那就更不用說了。伟大的毛主席在青年时代就写出了"天不怕，地不怕，鬼不要怕，資本家不要怕……"等豪言壮語。抗日战爭时期、朝鮮战爭时期就有英雄小八路，少年游击队。既然如此，为什么此人念念不忘孔子的說敎呢，文章并不是沒有修改的机会呀！

我們还可以找到許多封建說敎：

"另一个封建思想家孟子說过，在历史上担当'大任'起过作用的人物，都經过一个艰苦的鍛炼过程……"

这段話証明：此人連历史都不懂。中国社会历史是一个阶級斗爭史，孟子所指的那些担任"大任"的人物，可惜都不是什么鍛炼。他們鍛炼的是如果杀人民、剝削压迫人民的本事，那些鍛炼方法只不过是騙人的鬼話，……。

……如此等等。这种既不加批判、不加分析，盲目說敎的人，正是"伟大的"刘少奇主席在論《共产党員修养》中告誡的。"既然这样，我們还要去……学习那些所謂圣賢之道干什么呢？他們的目的就是要升官发财……"这一段話用在这里，岂不是十分恰当的帽子吗！……

第二封：

作为一个共产党員，应当是遵照毛泽东同志的敎导，应当象雷鋒同志那样做。

但是奇怪的是：中国有一个著名的人物，写了一本著名的书，流行国內外，甚囂尘上。书上說的是：

"共产党員为什么要进行修养呢？

人們为了要生活，就必須……。"

按照这种奇談怪論，岂不与"人为财死、鳥为食亡"以及陈立夫之流的"唯生論"等論調，同出一轍嗎？……

我們再看看此书的結尾吧：

"……共产党員在思想意識上进行修养的目的，就是要把自己鍛炼成为一个忠誠純洁的模范党員和干部。"

由此可見，他說半天是劝共产党員当模范。我們知道：模范的称号，不是共产党員修养的目的。共产党員思想改造的目的是为了改造世界，毛主席也一再教导 我 們 这 样做。退一万步說：模范党員和干部，并不是某人去封的，也不是自封的，共产党員不应当在思想改造中抱着这样一个目的。……

为什么此人如此放肆呢？还不是廿多年前刘少奇主席英明的預見嗎："……人的言論行动，都是有人的思想意識来作指导的。而人的思想意識又常常和他的世界观分不开的。"

这眞是一个极端严重的原則問題……。

1964年10月6日

給江麓机械厂党委信，揭发刘少奇霸占国家物資为其地主家庭修"花明楼"

江麓机械厂党委：

我記得1960年时，贵厂支援农业成績很大。但是其中有一部分是值得研究的。比如說，有人唆使一些坏东西，另搞什么花明楼，架子大，气势汹汹，硬拿强要 馬达、水泵、鋼材之类，……供地主阶级祖宗搞什么"光宗耀祖"之类的低級趣味。这是很值得追查的。……

1964年10月7日

給湘潭市公安局的信

湘潭市公安局王局长等同志們：

毛主席是我們最热爱的領袖，也是世界人民最爱戴的无产阶级导师之一。我記得解放后不久，馬克思、恩格斯、列宁、斯大林、毛泽东五位无产阶级导师的象 片并排挂的，后来不知为什么只剩下馬克思、恩格斯、列宁、斯大林等四位导师的象并排挂了。我很奇怪，一九六二年正当赫鲁晓夫与帝国主义等反华大合唱的时候，有人 在一本很"著名"的书內，又用笔砍掉了恩格斯、斯大林的名字。此人胆子眞不小呀！为此事，我急疯了！

中国共产党員　陈剑鳴

一九六四·十·七夜

1964年10月9日

給湘潭县委信，再次揭发刘少奇为其地主家庭修"猪楼"事（信封上有"特急"二字）

中共湘潭县委：

……我們知道，有人以皇帝的派头，大建什么猪楼，到湘潭全民所有制工厂横行无忌，侵占工人阶级創造的财产，实际上就是对劳动人民犯下了罪行。……

俗語說：擒贼要擒王，打蛇要打七寸。这些看法如无不当，請你們准备一下材料，掌握敌人的罪証、証明人，找出眞正的为首分子，不管他的官有多大，都不要怕。我相信六亿神州已是中国共产党和毛主席領导的工农革命群众的天下，什么鬼都是不可怕的。不管它如何詭計多端，我們也要用"三打白骨精"的精神，按照党和毛主席的无声的命令，统一思想，将旧世界杀个落花流水，必获全胜！

1964年10月13日夜

給林彪同志信

林彪元帅同志：

我有一个事情向您反映一下，近翻《解放战爭回忆录》見《美蔣和平阴謀的破产》这一文章說：毛主席去重庆談判期間，有人在党中央的一次会議上，"挾天子以令諸侯"，主持把南方的一些部队調驻北方，这样既可巩固北方的解放区；又可使这些部队在內战一旦发生后；不致孤悬敌后，被人吃掉；同时对談判也有好处。云云。我仔細想过此問題，认为与毛主席的战略战术思想是根本对立的，实质是与蔣介石遙相呼应，摧残有生力量，布置一次围剿，使伟大的工农红軍集結一处，便于在半路拦击，暴露我游击队目标。这是一种犯罪行为。我认为：全国都是工农革命人民的天下，游击队应当在这些地方扎下根子，与群众有如鱼水关系，不断壮大，迎接主力红軍的到来，长期隐蔽，待机破敌。

我觉得琼崖纵队孤悬敌后23年，紅旗不倒，是一个典型的例子，安徽、江苏游击队也坚持得很好。但是有些却复沒了，如洪湖赤卫队，……有些被敌人破坏，如新四軍等。这些事情决不是偶然的。現在东风絕对地压倒西风，我建議中央軍委和您是否能听取这个意見，派人专题調查研究一下这些事件的眞相，则无产阶级事业幸甚。

我认眞看过您的书，知道您对于党和毛主席的事业是忠誠的。我祝您身体健康。顺致布尔什維克式的敬礼！

同志　陈剑鳴

1964.10.13夜　湘潭市人委

1964年10月19日

陈里宁給他的女朋友的信

……現在，領导正在追查我，說我是混进革命陣营里的反革命分子，所以我害怕得很，病又复发了。

1964年10月26日

陈里宁給他的女朋友的信

小×同志：

……我神經病又发作了，最近以来，我写了很多信件发到中央和各地。追查起来，我是犯錯誤的。我一定承认错誤，但以后还会继續犯类似这样的错誤，除非我的生命停止了跳动。我知道这样作的后果是什么，但是我决定坚决地做下去，直至有人打击我为止，再和他說道理。……

1964年12月2日
給妹妹的信

××妹：

看到你的来信，我认为你在革命的熔炉里鍛炼得更純了。党和毛主席太阳一般的光輝，賦与每个革命青年新的生命……

但是，我又被当作一个疯子，早几天送到湖南医学院和省精神病院看病，估计又要住两个月，……我厌倦医院那种生活，希望作一个健康的自由人，生活在太阳照耀下的大地上。

昨天，趁着等医院床位的空隙，我象一个幽灵一样，蹒跚在长沙到湘潭的柏油路上……祖国南方的人民迎接了丰收，瑞气盈盈，无論是工业、农业等各方面捷报頻传。我应当振作，心情愉快，奋勇地战胜病魔的纏繞，按着毛主席所教导那样，树立革命的乐观主义精神，一切魔鬼通通都会被消灭……。

1965 年 10 月 31 日
給母亲的信

母亲：

一月十五日我被逮捕了，关在北京×××看守所，審訊記录写了半尺高。这件事我感到惊奇和可怕。但我相信党和毛主席是英明、伟大的，对我的問題的处理是不会錯的，希望母亲不要大惊小怪。……如果母亲找到組織連系，也不要过于激动，客观地說明情况就可以了。　　　　　祝

安　好

儿　里宁上
65.10.31

1965 年 11 月 9 日
給原单位党支部及母亲的信

敬爱的党支部：

我相信党和政府是英明、伟大、正确的，他們对我的問題是明察秋毫的，一定能全面考虑与正确处理……。

陈里宁上
1965.11.9 于北京

母亲：

……請母亲不要多心，听党和政府的話沒錯。

向妹妹弟弟問好，好好学习，听党和毛主席的話。

儿　里宁
1965.11.9 于北京安定医院

1965 年 11 月 30 日

給妹妹的信

××妹妹：

……我毫无顾虑，千条万条，相信党和毛主席是第一条，我相信毛泽东思想是領导无产阶级事业走向胜利的科学。有了她无論什么都可以战胜……

1966 年 4 月 18 日

給母亲及妹妹的信。陈里宁在信封背后写看最高指示：

"要奋斗就会有牺牲，死人的事是經常发生的。但是我們想到人民的利益，想到大多数人民的痛苦，我們为人民而死，就是死得其所。不过，我們应当尽量地减少那些不必要的牺牲。"

—— 《为人民服务》

母亲并弟妹：

……母亲啊！千万請您放宽心，要相信党和政府是不会宪枉人的……

1966 年 9 月 19 日

給妹妹的信

××妹：

……我相信在党和党中央毛主席領导下，一小撮牛鬼蛇神的搞乱，只不过是"蚍蜉臧树談何易"罢了，它們的灭亡是必然的。党和毛主席直接領号的无产阶级文化大革命必能取得彻底的胜利。……

衷心希望你更好学习毛主席著作，改造自己，做一个有益于人民的人，为共产主义事业奋斗到底。

哥哥　里宁絕笔

66.9.19

1966 年 11 月 23 日

給母亲的信

母亲：

……

爭取一个好的前途，并好好地学习毛主席著作和时事政策，坚持眞理，修正錯誤，我相信前途是光明的。而修正主义者和一切牛鬼蛇神必将在无产阶级文化大革命中被彻底斗倒斗臭，永世不得翻身。

……此外，請母亲写信給中共湘潭市委政治部或湘潭市人委組織上，請求他們营救我出獄。万一我有不幸，也請母亲弟妹放宽心怀，因为人总是要死的，为了捍卫毛泽东思想而死。也是义不容辞的，希望母亲不要忧伤，好好保养身体。希望母亲和弟妹好好学习毛主席著作，特别是老三篇，把心怀放开一些。我于十月二十九日到紅卫医院，現在感到好多了。……

儿里宁上

一九六六、十一、二三于北京紅卫医院

1666 年 12 月 1 日

給中央文革小組的信

中共中央文化革命小組：

……现在全国掀起了汹涌澎湃的无产阶级文化大革命高潮。当我得知这个消息时，我这个失去自由的人，情不自禁地高兴得跳起来，我虽然没有参加运动，但我对文化革命有关消息感到十分亲切！内心里情不自禁地高呼毛主席万岁！中国共产党万岁！

……我在北京时间内，有关当局（不明身份）曾經对我审訊了七个月，我尽可能把一切想法和问题，向政府有关当局作了彻底交代。他們用一种特别的方式，說我是反革命，阶级异己份子等等，扣了一些帽子，使我感到惊奇。在看守所，我看不到报紙，直到今年五月才如願以賞。我一直坚持"党是不会冤枉人的。……。（下略对刘少奇的揭露和批判）

……我对以上问題一直找不到答案。如果我错了，又错在什么地方？我承认我水平很低，沒有社会经驗，我怀疑了一个庞然大物——刘少奇。但是矛盾幷不是可有可无的，既有明显的矛盾，我有权利以一个共产党员的革命名义，理解这些矛盾。头可断，血可流，都在所不辞。問題不弄个水落石出，决不罢休，死不瞑目。

敬爱的首长，由于我失去了自由，我一无所有，我連信紙都是千方百计借来的，有信封了，又沒有錢买邮票……。

最后，向你們致以最崇高的敬礼，內心里高呼毛主席万岁！万万岁！

陈里宁
于紅卫医院四病区　1966 年 12 月 1 日

1966 年 12 月 14 日

給中央文革小組的信

中共中央文化革命小組：

……我回忆我所作所为，主要是对刘少奇有了怀疑，发现他的《八大政治报告》、《論共产党员修养》、《在1959年軍委扩大会的讲話》，有許多問題自己解决不了，一共有五十多个问题，写信給毛主席和林彪同志，可能沒有收到。我对刘少奇有怀疑的地方，例如：八大报告中一开头說中国消灭了地主阶级、资产阶级、富农，变为自食其力的劳动者，这是与毛主席思想相违背的。在 1959 年軍委扩大会上，他說他过去搞毛主席个人崇拜，现在搞邓小平个人崇拜，这是護罵毛主席。他还說掌握党的政策要象开飞机到莫斯科一样左一下右一下，才能到目的地……。

敬爱的中央文革小組！我的問題主要是意识形态的問題。……怀疑刘少奇，幷不等于就是反党。最近从紅卫兵传抄的材料中，我看到聶元梓等十一人写的大字报以及其他材料，說邓小平是走資本主义道路的当权派二号人物，而刘少奇则是一号人物。他們幷沒有犯法，而我却犯了法，使我十分惊奇……。致以

最崇高的敬礼！

毛主席万岁，万岁，万万岁！

陈里宁于紅卫×医院
1966.12.14

第三部分　赤胆红心永远忠于毛主席！

—— 陈里宁狱中言行（狱中看守人員所記）

1965 年 2 月 11 日

犯人（指陈里宁，以下同）自言自語說：

"毛主席，救救我！"

下午，犯人被提出受审訊之后，搜出犯人用手指甲在上面刻着字的肥皂，上刻着：

"毛主席万岁！

媽，永別了！

共产党万岁！

共产党員　陈里宁

1965．2．11"

1965 年 2 月 21 日

"不知你們怎么搞的把我当成了反革命，当成了叛徒。我沒有犯錯誤，我是一个紅色革命干部……。"

1965 年 2 月 22 日

犯人用草根在手紙上剌小洞，让小洞排成字句：

"毛主席：永別了，我无罪，祝您万岁！"

1965 年 2 月 23 日

犯人向看守人員要毛选，要雷鋒日記，要报紙，說要进一步学习政治。还說："他們就是不給。"

犯人被提出去审訊后，在床上搜出了他用草在脏手紙上剌的五张字：

——媽，儿已被杀！勿悲伤，祝安好！

——砍头不要紧！只要主义員！杀了陈里宁！还有后来人！

下午五时，犯人大哭："媽，我沒罪，人家犯法我倒霉。""看守，什么时候枪毙我？死时我写个字条送媽媽。"

1965 年 2 月 27 日

犯人在观察孔的玻璃上哈气，不让看守人員看見。幷且高唱：《学习雷鋒》、《洪湖水》、《紅色娘子軍》……等歌曲。

1965 年 3 月 4 日

"同志，你太辛苦了。我給你唱《白毛女》的歌。"說后就歌唱。

1965 年 3 月 17 日

中午，用小草根在手紙上剌大字：

"天涯何处覓眞理？"

下午被审訊回来，又大唱《娘子軍歌》。

1965 年 3 月 18 日

"我都快死了，給我一本书看看吧！"

并举起了拳头，呼"我要为真理作斗争！"

1965 年 3 月 25 日

犯人被提审完回到住室后自言自語說：我要去看天安門！我要跟着共产党走，走毛主席的路。你們把我关在这里，我跑也跑不了，你們把我放了吧，我死也死个光荣呀！我要看看毛主席，看看天安門。

說后就对着看守人員高呼：

共产党万岁！

毛主席万岁！

1965 年 3 月 29 日

"我只罵了皇帝一句，你們就要把我杀掉了。"

1965 年 4 月 6 日

犯人說：把我烧成灰也找不出反革命的影子来！

1965年 4 月 × 日

"我光吃飯不干活，这不是成了二流子嗎？叫我劳动改造吧。"

他还对看守人員說：我要交代一个很重要的問題，要检举一个大反革命，就是我死了也要检举清楚。

1965年 4 月15日

今天仍然对看守人員說：我不是国民党反革命。国民党时我还是一个小毛孩子。共产党要杀国民党和反革命的脑袋，我是共产党员，我不害怕。

1965年 4 月20日

犯人問："你老把我关在这里干什么呀，把我养肥了杀肉吃嗎？……我不是国民党特务，是真正的共产党员，你們把我抓錯了。"

1965年 4 月 × 日

犯人自言自語：可惜呀我沒有长上翅膀呀，如果我有翅膀，早就飞跑了。接着又問看守人員：

这里离北京市有多远呢？不知道有沒有公共汽車？

1965年 5 月 1 日

犯人坐在床上說：今日是"五一"国际劳动节。我算了一算，是国际劳动节。

犯人被审訊回来后，对看守人員說：那位穿呢子制服的审訊首长說我是披着馬克思主义的外衣，贩卖私貨。我沒有披过馬克思的外衣，我披的是破棉衣。……法官还說我是贩卖私貨，我检查了一天也沒检查出来，我連一分錢都沒有怎么贩卖私貨呀。

我沒有披馬克思的外衣，县里的一个书記披过馬克思的外衣。他报告說我反对毛主席反对三面紅旗。反而把我給抓来，沒有抓他，叫我当替死鬼。

赫鲁晓夫披过馬克思的外衣……。

1965年 5 月10日

上午犯人問："我什么时候能回家呀，我要去給农业社干活，在这里沒有什么意思。……你們干嗎不給我书看呢？"

1965年5月19日

"他反对毛主席为什么不杀他的脑袋呀？我不反对毛主席为什么要杀我的脑袋呀？不行，我得找个地方去讲理。"

"难道我相信馬克思、列宁的話我就反动嗎？我相信馬克思主义敎，我不信天主敎和蒋介石的鸡巴敎，我就反动嗎？我思想搞不通。"

1965年5月22日

犯人在地下走着說个不停："审訊我的首长說我的脑袋中毒太深，要我消消毒……郍个老头子可厉害了，我斗不过他，咱一个跟头打十万八千里还是出不了他的手心。"

1965年6月9日

犯人自言自語：那个鸡巴毛把我关在这里，我犯了什么錯誤，要杀我的脑袋。

我給毛主席写信反映情况，你就把我抓起来不放。抓我的人是坏家伙，我出去以后非要枪毙他不可！为什么隨便把一个共产党員抓起来？眞他嬷的不讲理。

1965年6月22日

犯人用手紙叠了一只鴿子，幷和它說話："我罵了皇帝，罵皇帝是要杀头的呀。……反革命分子眞历害，想作皇帝。"

附：看守所人員对"密捕"陈里宁以后的情况的报告二則：

（一）×××同志：

逮捕陈的保密工作，想继續下去很困难，×××意見是否可通知××，公开向其家属宣布陈已依法逮捕。　　　　　　　　　　　×××　1965·4·16

（二）……陈母寻找陈犯，她怀疑，着急，据她自己說，她急的有些疯疯癲癲。……四月二日，陈母借了五块錢，到了××落脚，幷去了市委組織部，市委組織部的一女同志×××拿了陈里宁調动工作通知的存根給她看，說是已被省人事局調走。四月五日，陈母去省人事局寻找，人事局的两个女同志答复說：根本没有这回事。……

现在，陈母的态度是：认为不該瞞着她，她說"……就是犯了什么事情，只要告訴我一下，也沒問題。有什么問題，就办到那里，我也不会有什么顾虑。即或犯了錯誤，他也不是当权派，我想也没有蛮大的錯誤犯啊！……我的恩女都是政府养大的。……我若不是想得宽，看着几个細伢子遭孳（河南話：可怜），就死了……"

　　　　　　　　　　　　　　　　　　1965年4月×日

第四部分：走資本主义道路当权派和反动学术权威們，
　　　　你們才有精神病！

——陈里宁"病历"及他自己在病院中所写的"病情小結"

一、湖南省精神病院大夫所写的陈里宁"病历"二則:

1963年12月×日

……病人对刘主席有十多点怀疑:

（一）刘主席所写的《論共产党員修养》和《論党內斗爭》违背了《矛盾論》和《实践論》。

（二）与普列汉諾夫亲密一家、拥抱。

（三）带爱人出国遊馬路遊山玩水。

（四）刘主席当权以来，不是过左，就是过右。刘主席的主张象开汽車一样，一左一右。

（五）疑刘主席的爱人是特务。

（六）刘主席发表的反修文章观点不对，很勉强。

（七）刘主席工作不深入基层。

（八）刘主席訪問越南后多了一个万岁"刘主席万岁"。……

病人还說要到省委去証明他不是疯子。

……因此又送来住院，胸部透視无异常发現，发育正常，营养中等，神态清晰……、

1964年11月7日

……九月下旬，**忽然又大写文章，謾罵刘主席，說刘主席**《論共产党員修养》一书中有五十多处不正确的地方。說刘主席的观点是'人为财死，鳥为食亡'……。

受鑑定人陈里宁生活上一直表現尙正常，仪态整洁，表情自然，意識清楚，定向力。理解判断力、記忆力、相当好。

受鑑定人自己感到几年来变得特别喜欢思考問題，看了毛主席著作，**就用毛主席思想来看别人的問題**，所以发現刘主席的书有50多处錯誤……。

談到自己别名叫陈剑鳴时，說要使他变成毛主席手中的宝剑……。

結論:

①**此員精神病复发，其所以出現反动言論，乃是原来反动思想在精神病症状上的反映。**

②诊断: **仍为精神分裂症。**

医生×××（签字）

1964.11.7

二、北京紅卫医院大夫及护士所写的陈里宁"病历"

1965年8月16日

……伴诊×同志述: 目前病人正在京×××受审訊，因病，影响审訊。已和我院联系，先住院治疗，病情好轉后，继續审訊。

查体: 一般情况佳。

精神状态: 意識清醒，接触良好，对答切題……。但无自知力，不知道自己为何在×××被审。

印象: 精神分裂症（妄想型）。　　　　　　　　×××（签字）

1965年 8 月18日

說話滔滔不絕，語流快，未听有破裂性思維。被动接触良好，能回答护士提出的一切問題，能将自己家庭历史詳細叙述。

……

大量地看报，而且都是过期的报紙。

問你有什么病，說有时給毛主席写信，想見毛主席。

中班×××

1965年 8 月19日

病人自述"我最恨尼赫魯、肯尼迪、赫魯晓夫，我恨死他們，要揍他們。"

观察病人情态仍是活跃，說話时表情丰富，形象，动作神神彩彩，內容丰富，語流快，常常引来許多人圍着病人。常常把自己經历和家庭历史毫无保留地滔滔不絕告訴給病友和护士，常常向病友讲解天文，地理等知識，被动接触良好，对护理合作，大部分时間，专心地看报，甚至一口气能看三、四个小时。

早班×××

病人夜里睡眠好，早起料理生活好，在床上閱讀毛选《为人民报务》，自述昨晚吃了葯夜里睡眠很好，脑子什么問題都不想了。表現愉快。

夜班×××

1965年 8 月25日

病人上午很兴奋，自己滔滔不絕地向别人述說自己的看法："刘少奇是地主出身，在家盖自己的房子是光宗耀祖，沒有阶級观点，曾經給《論共产党員的修养》提出二十个問題，他們不解答，說我是右派，沒关系，我坚持原則，向毛主席写信告他們。"說时感情很激动，比手划脚。

早班×××

1965年10月15日

患者夜間睡得好，晨起主动地帮助工作人員进行劳动，能积极地参加集体活动。生活飲食均好。未見异常情况。

夜班×××

1965年10月29日

病人仍无自知力，不知道自己得了精神病。

1965年12月24日

患者积极参加病区娛乐活动，协助工作人員劳动打扫卫生等，有时独自看书看报，今日問护士："我什么时候能出院？病基本上完全好了，我在医院一定安心养病，出去好工作。"病人主动接触好。

早班×××

三、陈里宁在紅卫医院亲手所写的"病历"二篇

（另一篇未知何时何地所写，好象是"口供"記录）

1965年11月11日

"我在湘潭和北京发病的原因都差不多，……我害怕刘主席会反对毛主席。我疑心刘主席的原因有如下一些：

1．1950年刘主席作土地改革报告，說地主三年可以改变成份。这个說法是不符合馬列主义和毛泽东思想的。这很明显是一种阶级斗争息灭论。

2．1956年他說：地主阶级消灭了，富农快消灭，资产阶級正消灭。这很明显是一种修正主义。1962年中央农村工作双十条說明地主阶级存在，并沒有消灭。經济上改变了，政治思想上沒改变，不能算阶级消灭。列宁說：要在政治、經济、思想上消灭阶級社会带来的一切痕迹，才能算消灭阶级。

3．刘主席在1959年軍委扩大会上說：我过去搞毛主席的个人崇拜，现在搞林彪、×××的个人崇拜。这种說法是不对的，我們党和毛主席从来就是反对个人崇拜的。提高領袖的威信与个人崇拜根本不能相提并論。我們拥护毛主席，是因为毛主席正确，并不要别人去搞个人崇拜。

4．毛主席一貫主张掌握党的政策要反右防"左"，坚持正确的路綫政策。可是刘主席1959年說：掌握党的政策要左一下，右一右，象开汽車、飞机一样。我认为这是对党的政策开玩笑。

5．刘主席在《論共产党員修养》一书上修掉了恩格斯、斯大林的名字。1962……正当赫鲁晓夫反华之时，这是不是相呼应？如此等等还有許多許多，我在×××看守所交代过了。这些矛盾我提出来，总是遇到批判，我不相信我的眼睛了。我害怕中国出了修正主义，就会与蒋介石呼应，人头滚滚。

6．1960年湘潭市都說刘主席故居要修花明楼。党委书記不通过手續，跑到湘潭市×××厂要馬达、电綫、木材、水泥。刘主席家是地主，房子本来就比农民好，再修好让别人参观又是什么意思呢？这算不算背叛地主阶级？

陈里宁　1965年11月10～11日写

1965年11月19日

"现在我感到自己的病情好轉，………

对刘主席的看法問題：

……我把刘主席的文章《論共产党員修养》、《八大报告》、《在軍委扩大会議上的报告》等与毛泽东选集对照，这时我看問題不同了，把《論共产党員修养》烧掉了。1964年后，我更发展到写信給毛主席，說刘主席与毛主席唱对台戏。

……我认識到：我們党有毛主席領导，党的团结有如鋼鉄一般，……。

54床　陈里宁"

196×年×月×日

一、1963年11月，市人委把我抓到长沙湖南精神病院，正在等床位。我向湖南省委张平化书記交了一大包信，信是我找到省委交給传达室，其中包括給毛主席和张鼎丞检察长、謝觉哉院长的信。

二、1964年9月向政治局、毛主席写信一包，寄去的。里面攻击刘主席及××书記、××书記等（地方的）領导。攻击刘主席年已花甲，怎么又结婚，訪問四国沒有宣传馬

315

列主义。

三、1964年10月向湘潭市公安局王局长写信，建議查清为什么馬恩列斯毛主席的象解放初放在一起，后来又分开挂。此信由市人委传达室轉去。

四、1964年10月向湘潭县委写信，又提起五风为什么这么严重，要查清原因。

五、1964年10月向宁乡县委写信，攻击刘主席是地主，为什么要修花明楼。是什么人到湘潭大厂子搞材料去用？

六、1964年10月向康生等同志写信，攻击刘主席不好。

七、1964年10月向湖南省委社教团写信，誣蔑刘主席和××书記、××书記（地方的領导，与本項第二条同）搞私人关系。

第五部分　砸烂刘邓反革命专政，跟着毛主席干一辈子革命！

——陈里宁和金大夫在"紅卫医院控訴刘邓反动路綫大会"上的发言

1967年1月10日

陈里宁发言：

敬爱的同志們——敬爱的紅卫兵战士們！

您們好！

我能够参加这样一个会議，我真是高兴极了，我的心好象是要跳出来！一月七日下午，中央首长王力、戚本禹同志接見紅卫兵并向我宣布"你自由啦！"我真是高兴得要跳起来！我禁不住要高呼：毛主席万岁！祝毛主席万寿无疆！这是毛主席和党救了我！是革命群众救了我！是亲爱的紅卫兵战士們救了我！我內心里說不尽的感激！！沒有这些，我早就完了。

下面我把我近几年的遭遇，向大家作一个汇报！

事情是这样的，我叫陈里宁，在湘潭市人委办公室工作，一九五四年入党，从一九五七年开始，我对刘少奇产生了怀疑。刘少奇一九五六年在八大会議上一手遮天地作了一个政治报告，說中国消灭了地主阶級、资产阶級、富农……。我把这个論点与列宁、毛主席著作对照，认識到刘少奇的論点是反对毛主席的。毛主席从来教导我們，改变了所有制，我国政治思想体制誰胜誰負的問題，走社会主义和資本主义道路的問題并沒有解决。列宁同志教导我們：什么叫消灭阶級呢？就是要在政治上、思想上、經济上消灭旧社会带来的一切痕迹（列宁文选两卷本第二卷）。为什么刘少奇反对列宁和毛主席的教导呢？这条阶級斗争的紅綫促使我对刘少奇产生了更多的怀疑，并成天推敲不已。到一九五九年反右倾机会主义的时候，刘少奇在軍委扩大会上說："我过去搞毛主席的个人崇拜现在不搞了，我要搞邓小平个人崇拜……"又說："掌握党的政策，就是要左一下右一下，象开飞机到莫斯科一样，才能达到目的。……"这使我更怀疑了，我与其他同志陈中虎、陈泽声等作过爭論并老是琢磨这个問題。到一九六二年，我又重新对照刘少奇的《論共产党員修养》，发现修改本把恩格斯、斯大林的名字勾掉了，并很少很少提毛主席的教导，这到底是怎么回事呢？我沿着这个綫索，带着刘少奇的問題活学活用毛主席著作，使我对刘少奇的幻想消灭了，于是在一九六二年独自钻研推敲刘少奇著作，共发现五十多个論点值得怀疑，于是我在个人的笔记上記下了这样一些問題，可是我因公外出，有人爬窗戶进来，偷看了我床枕头上的这本笔记本。一九六三年四月份，我写了一份材料交給李力秘书长，他誣我精神病，把我送入湖南省精神病院。回机关后，我又琢磨那些問題。在一九六三年十月，我忍不住了就写了信給毛主席，談到了我的怀疑。不久我又被送入精神病院，出院后我继續琢磨那些問題，但湘潭人委办公室党支部开大会批判我。在"舍得一身剐，敢把皇帝拉下馬"的伟大精神鼓舞下，从恐惧到无畏产生了一个飞跃，我忍不住以一个共产党員名义，不怕死，利用时间，写了三十多封信扩大影响，并把我的一切行李拿回家，准备不怕死大斗一场。我认为修正主义也只不过是紙老虎。接着住入精神病院。

一九六五年一月十五日有三个人把我从医院秘密逮捕到北京，非法审訊七个月之久，扣上了"現行反革命"，"民族败类"，"叛徒"，"阶級异己份子"，"黑帮"，不准写信，不准說話，挨打受罵，威胁，用墩布棒子打我，把臭袜子放入我口內，夏天光脚走水泥地，并准备把我用绳子吊到窗戶的栏杆上。资产阶级反动路綫眞是害人呀！我也針鋒相对地作了斗爭，如想办法找住院红卫兵，与外界联系等。

我听到外界文化大革命的消息后，心中高兴极了，毛主席眞是英明呀！我总是想法找紅卫兵。幸亏第七次住院金大夫冒着极大的风险，帮我与红卫兵联系上了，把給中央文革的信寄去了。我还想通过同乡周齐明弟弟探亲，把給中央文革的另一封信发出去，后来信被扣。有曲折有反复，但我想到毛主席教导，相信党，相信群众，我就什么也不怕了，毛主席說做一个彻底的唯物主义者是无所畏惧的。从毛著中能找到鼓舞，支持，力量，克服私心杂念。认识到光有敢字还不够，还要有一个善字，从毛著中找到聪明和智慧。毛主席的話字字句句是力量，使我懂得了人生的意义，掌握了万能武器。我虽然能力有限，但体会到，与人奋斗，其乐无穷。經过这场斗爭，我接受了党对我的初步考驗。我准备同千千万万的革命者去迎接新的考驗。对我本人来说，今后更要加倍努力学习毛主席著作。我的缺点和錯誤还是相当多的，我的家庭出身不好，但我充满信心，有党和毛主席的英明领导，我什么也不怕。现在看来，反革命修正主义分子，也不过是紙老虎！我完全相信自己可以克服缺点和錯誤，背叛我的家庭。一个人不可能选择自己的家庭出身，但是完全可以选择自己的前途。我要做无产阶级的接班人，永远站在毛主席路綫一边，跟着毛主席干一辈子革命！上刀山入火海也甘心情愿！明知山有虎，偏向虎山行，不怕任何艰险，就是献出生命，也在所不惜，坚决同刘邓反动路綫斗爭到底！

革命无罪，造反有理！

无产阶級文化大革命万岁！

毛主席万岁！万岁！万万岁！

金弘敏大夫的发言：

同志們：

今天在这里开这样的大会，由刘邓资产阶级反动路綫的直接受害者来控訴，这一方面說明了我院无产阶级文化大革命和全国一样，形势大好；另一方面也是毛泽东思想的光輝胜利。过去精神病人一旦被扣上精神病的帽子，就是永世不得翻身，說話沒人信，办事不可靠，政治上低人一等。而今天，党中央和毛主席給我們指出了方向，过去被认为"疯子"，受政治迫害的人也和我們一块起来造反了。我們坚决和走資本主义道路的当权派斗争。把資产阶级的精神病院砸个稀巴烂！

　　同志們，陈里宁同志第四次住我院由我来主管，在和陈里宁同志接触时，我认为他是一位革命同志，是一个革命意志坚强的同志，他經受了考驗和鍛炼。陈里宁同志才只三十一岁，曾先后七次住湖南精神病院和我們医院。本次入院是十月二十九日。病历記录着现在职务是政治犯，由看守所送来，主诉是吃屎，喝尿，面对这样的"病人"，我仔細翻閱了既往病历，发现陈里宁出于对毛主席的热爱，出于誓死保卫党中央的决心，而从一九五七年开始对刘少奇之流产生怀疑，对刘少奇的一系列问题做了系統分析研究，并做了严肃的、非常正确的批判，并于一九六二年开始就有关问题給党中央毛主席写信。但是，以刘邓为首的反动路綫的黑綫，对陈里宁进行了政治迫害，从精神病院中秘密逮捕到京，长期住看守所，进行多次审訊、逼供，遭到了生活上的虐待和政治上的迫害，不許看报纸，不許讀毛选，过着与人世完全隔絕的监狱生活。后經陈里宁同志的絕食斗争，才給一本《論人民民主专政》看。了解以上情况后，感到一个社会主义国家精精病院的大夫不应无视政治，首先必须对每一个精神病人政治上負責任。毛主席說过："沒有正确的政治观点，就等于沒有灵魂。"我想，精神病本身是介于自然科学和社会科学之間的、与社会现实生活密切联系的一門科学，一个临床工作者头脑缺乏政治，就会犯錯误，就会使革命同志受迫害，使坏人受保护，因此我决心接受主席教导："周密仔細地思考"，"对任何事情都要問一个为什么"，"不应盲从"。尽管陈里宁同志每次住院都受到限制，不能写信，不能自由活动，而且病人多次提醒我："金大夫，你对我这样，不怕受連累吗？！因为我是政治犯人。"但我还是主动給病人寄出去几封信，使病人两年多来第一次和家中亲人取得了联系，和其他病人享有同样待遇，可看电影等等。以后，我又感到，应进一步仔細周密思考，我发现病人最后两次住我院时間只隔一个月，为什么这么快又犯病？而且为什么病人入院后馬上一切在看守所的精神症状全部消失了呢？更值得怀疑的是，为什么每次入院的原因都是吃屎喝尿？一系列問題使我决定不能再做以前几次诊断的奴隶了，中国的精神病工作者要做中国精神病学的主人，而不能做苏修、英美精神病学的奴隶。在苏联，反对赫鲁晓夫的人被送到精神病院，而现在走資本主义道路的当权派则把怀疑刘少奇的同志打成"反革命"关在监狱、精神病院里，能容忍这一切吗？絕不能！精神病学要为无产阶级政治服务。后由于革命师生的革命造反精神，及中央文革首长的支持和关怀，终于給陈里宁同志彻底平反，陈里宁同志获得了自由。这是党中央、毛主席給的。我們要高呼：毛主席万岁！

　　类似这种事例还很多，应使我們每一个临床工作者深思了，要从自己的工作中看到政治，不能再埋头于业务和大病历的书写中了。陈里宁同志曾对我說过：我得到一个結論：就是你們大夫只能管治病，但管不了政治。同志們，陈里宁同志对我們提出如此尖銳的批評，一针見血地击中了我們的要害，这不仅仅是陈里宁一位同志的批評，也是多少阶级兄弟对我們的严肃批評！过去我們的工作中确实有一部分充当了刘、邓反动黑綫的工具，陷害了革命同志，保护了坏人，但是毛主席說过："錯誤和挫折教訓了我們，使我們比較地聰明起来了"。我們的确应猛醒了，我們也要起来造反，清算走資本主义道路当权派的罪行。在以前工作中大夫也診断錯、治錯了病人，但是这一切都是走資本主义道路的当权派和資产阶级反动学术"权威"的罪責，責任应由他們来負。在这場史无前例的无产阶级文化大革命运动中，要冲垮一切資产阶级反动学术"权威"。安定医院幷不安定，里边存在着尖銳复杂的阶级斗爭。最近中央文革小組王力、戚本禹同志来我院，建議我院成立一个調查小組，要求我們用清醒的政治头脑去审查与政治有关的病历，对被反动路綫摧残、折磨成精神病的同志，不单治好病，也要从政治上帮助他，从政治上关心他。

同志們，这是首长对我們的期望和信任，但是要眞正搞好，必須依靠广大革命群众，依靠革命医生、护士、工人等同志，一块大揭发，彻底批判，将資产阶级的反动东西彻底砸烂，肃清刘、邓路綫的恶劣影响。我們还要到全国精神病院点燃无产阶级文化大革命的烈火。同志們，让我們一块造資产阶级的反吧！

革命无罪，造反有理！

无产阶级专政万岁！

无产阶级文化大革命万岁！

我們伟大的領袖毛主席万岁！

陈里宁在清华大学井崗山兵团紅教工召开的
"控訴刘邓反革命专政大会"上的发言（有删节）

一九六七年一月卅日

亲爱的革命造反派同志們，亲爱的清华大学井崗山兵团战友們！

您們好！

首先：让我們共同祝願我們最最敬爱的伟大領袖、我們心中最紅最紅的紅太阳毛主席万寿无疆！

今天我能出席这样一个大会，和大家一块控訴刘邓反革命路綫，內心激动极了，我謹向您們致以无产阶级文化大革命的战斗敬礼！

……下面我要把近几年的遭遇和經历，向大家作一个汇报。我要憤怒控訴刘少奇、邓小平反革命路綫对我的严重政治迫害！我要高呼：打倒刘少奇，打倒邓小平，打倒他們的一切爪牙！

……刘少奇一九五六年在八大会議上，一手遮天地作了一个政治报告，說："我国社会主义和資本主义誰战胜誰的問題，现在已經解决了。"說："外国帝国主义的工具——官僚买办資产阶级已經在中国大陆上消灭了。封建地主阶级，除个别的外，也已經消灭了。富农阶级也正在消灭中。原来剝剥农民的地主和富农，正在被改造成为自食其力的新人。民族資产阶級分子正处在由削剥者变为劳动者的轉变过程中。"我把这个論点与列宁、毛主席著作对照，察觉到刘少奇的观点是反馬列主义和毛泽东思想的。伟大的列宁教导我們："什么叫做消灭阶级呢？就是要在政治上、思想上、經济上消灭旧社会带来的一切痕迹。"伟大的毛主席教导我們："在我国，虽然社会主义改造，在所有制方面，已經基本完成，革命时期的大规模的急风暴雨式的群众阶级斗爭已經基本結束，但是，被推翻的地主卖办阶级的残余还是存在，資产阶级还是存在，小資产阶级刚刚在改造。阶级斗爭并沒有結束。无产阶级和資产阶级之間的阶级斗爭，各派政治力量之間的阶级斗爭，无产阶级和資产阶级之間在意識形态方面的阶级斗爭，还是长时期的，曲折的，有时甚至是很激烈的。无产阶级要按照自己的世界观改造世界，資产阶级也要按照自己的世界观改造世界。在这一方面，社会主义和資本主义之間誰胜誰負的問題还沒有真正解决。"为什么刘少奇胆敢公开反对列宁和毛主席的教导呢？我老觉得刘少奇的文章有問題。一九五九年反右傾机会主义的时候，刘少奇在九月的軍委扩大会上放肆毒罵毛主席和党的政策……，这使我更怀疑了。我与其他党员作过商量和爭論，并老是琢磨这个問題。到一九六二年，我又重新对照刘少奇的《論共产党员的修养》的新旧版本，发现修改本把恩克斯、斯大林的名字勾掉了，并很少提毛主席的话。此时正是"三尼一鉄"大反华之时，这到底是怎么回事呢？我沿着这个綫索，用阶级斗爭的观点对照刘少奇的所作所为，反复学习毛主席著作，使我越来越对刘少奇这个"庞然大物"的幻想破灭了。

　　……一九六三年四月分，我把对刘少奇的怀疑写成一份材料交給当时湘潭市委李力秘书长。他說我有精神病，派人七手八脚地把我推入湖南省精神病院。医院里一个象日本人的高医生給我作"麻醉分析"，使我昏迷后乱說，企图从我咀里掏出更多的材料，别有用心地想把我打成反革命。出院以后，我又继續琢磨那些問題……。我认識到，不揭发刘少奇反毛泽东思想的言行，我們革命者是有罪的。如果刘少奇的阴謀得逞，就会使党和毛主席以及无数革命前辈、革命先烈打下的无产阶级江山付之东流！想到这里，我就坐立不安、通宵不眠。一九六三年十一月我写了一万字的信向毛主席反映刘少奇問題，（信由湖南省委张平化轉交，被扣下）。不久我又被送入精神病院，作了"电疗"（实际是一种电刑）多次，出院后即受到以领导为首的不少人的冷遇。一九六四年七月，我向党支部宣传委员王家述（地主家庭出身）提到我的怀疑，此人后来写了"检举材料"說我罵刘少奇。党支部在一九六四年九月份开党支部大会"批判我"，要我检討"罪行"。但是，毛主席关于"舍得一身剮，敢把皇帝拉下馬"的伟大精神鼓舞了我。我忍不住以一个共产党员的名义，按照党的組織程序，写了三十多封信給毛主席（共三封）、林彪、周总理、康生、陈伯达等党中央首长，并把我的一切行李拿回长沙家里，准备不怕死大斗一场。我认为修正主义也不过是紙老虎。一九六四年十二月，我又被送入精神病院。最近我才明白，这是刘、邓黑帮的爪牙利用"精神病院"这个招牌，对我进行残酷的迫害。他們用麻醉分析、电疗、胰島素来探測情况，做后如同死了一样，坐立不安，渾身出汗，記忆力衰退，难受已极，实际上是企图破坏人的記忆力，以达到他們的罪恶目的。在湖南省精神病院及北京安定医院，我本来沒有病态，我只是滔滔不絕地訴說我对刘少奇有怀疑，他們果然用电疗来对付我，安上了精神病妄想型的帽子。对刘少奇有怀疑，就成了精神病。这就是刘、邓黑帮迫害人的新花样！

駭人听聞的政治迫害，后来发展到更高阶段。一九六五年一月十五日，我在湖南省精神病院时，突然有三个人不肯表明身分（与医院及湘潭市人事部門当然是勾通的），把我秘密地骗至湖南省第二监狱，說送我去"疗养一下"。一路上他們带着短枪，如临大敌，不許我高声喊叫。后来才出示逮捕証，也拒絶說明逮捕理由。他們还多次欺骗长沙我的亲属，說我在"岳阳农场"，骗走了衣物、书籍等。一九六五年一月十六日他們給我带上手銬，披上大衣，系上大口罩，坐上火车，于十七日到达北京×××看守所，换上囚衣，非法审訊达七个月之久，无理地扣上了"政治犯"、"現行反革命"、"誣蔑、攻击、誹謗国家元首"、"民族败类"、"叛徒"、"阶级异己分子"、"黑帮"等帽子。直到一九六六年文化大革命开展了，他們还不准我写信，我家里人以为我失踪了，到处探听仍不明我的下落。在监狱和精神病院里，他們都不准我和别人說话，安定医院五病区有个费医生威胁要枪毙我，不准我提刘少奇，并发动病友斗争我。直到一九六六年九月，四病区的黄、楊二"医生"甚至威胁我："如果你說刘少奇，就把你关起来做电疗，后果自負。"在监狱里不准我看毛主席著作和报纸，挨打受罵，受尽看守人員的威胁、謾罵和侮辱。他們把我的手拉到背后带上两个手銬，一睡就痛如针刺。还把臭袜子或大便塞入我咀內等等。看守人員看了則哈哈大笑，眞是何其毒也！刘、邓反革命路綫及彭、陆、罗、楊黑帮眞是害人呀！

刘少奇、罗瑞卿及这些爪牙們的法西斯暴行，正好暴露了他們丑恶、猙獰的咀脸！……湖南省公安厅文化保卫处科长肖敏一九六五年在审訊中对我說："你攻击国家元首刘少奇，这是要杀头的，你懂嗎？毛主席也救不了你，你緩和一点吧，等死吧！"誰知道我还会活到今日，来控訴刘少奇等的罪行，使他們暴露于毛泽东思想阳光下的大庭广众中呢！

对刘、邓爪牙們的罪行，我也针峰相对地作了斗爭，設法保存自己，拖延处理时間，避免不必要的牺牲，想办法爭取与外界通訊联系、营救等。

当我听到毛主席亲自发动和領导的这場无产阶级文化大革命的消息后，心中高兴极了。毛主席他老人家眞是英明呀！他与革命群众員是心心相印呀！外界搞红卫兵动运，我身在医院，总是想办法联系紅卫兵，可是安定医院首先出現的某些"紅卫兵"不理我，四病区有个戴"紅卫兵"袖章的"张护士长"警告我自觉一点，不准我談到刘少奇，"医生"不准我說话。幸亏在去年十月我佯装有病，第七次住院（即北京第四次住院），外边形势也越来越好啦，紅卫医院年青勇敢、忠实于毛主席的"紅旗战斗队"队員金弘敏医生，冒着风险，不給我做"电疗"，不顾某些反革命当权派的警告，积极向上反映情况。反革命当权派不准我写信，她偏偏"违法"，亲自掏錢給我发家信，中断消息两年之久的家人得信高兴得跳起来。正巧此时清华大学"井崗山"兵团及"紅教工"、北京医学院八·一八紅卫兵、北京地质学院"东方紅公社"，在去年十二月十九日聞訊在紅卫医院設立"革命造反联絡站"，和安定医院紅旗战斗队員一道，下大力了解眞实情况，并把我給中央文革的信轉去了。但我的另一封給中央文革小組的信却被保字派搜走，交給了院长。去年十一月，看守所当权派見势不妙，还派人想把我"搞去劳改算了"，"勾掉名字"，企图消声匿迹，毁灭罪証，幸亏被金医生卡住，坚决不让放走人。有曲折有反复。但我想到毛主席一贯的教导。相信党和毛主席，相信群众，我就什么也不怕了……。我虽然能力有限，但也体会到：与人奋斗，其乐无穷。

今年一月七日下午四时，是我有生以来最难忘的日子，也可以說是我获得新生的日子，在党和毛主席領导下的文化大革命的凯歌声中，在革命群众及紅卫兵战友的大力营救下，我自由啦，我又有了革命的自由！当中央首长王力、戚本禹同志向我宣布这个好消息并作指示时，我激动得几乎落泪，我終于得救了，脱险了！这完全是毛主席和党的伟大、英明、正确所致，这是以毛主席为代表的无产阶级革命路綫的胜利！这些天来，我在紅卫兵和革命师生无微不至的关心和照顾下，渡过了我生命史上最美好的日子，受到了同志們热心的帮助，到处是革命的友誼和战斗的欢乐。戚本禹同志见我刚出狱，派人送給我棉衣、围巾等。紅卫兵一个个热心地找我談話聊天，革命友誼溢于言表，他（她）們勉励我听毛主席的話，赠給我"老三篇"，給我带上了最敬爱的最盼望得到的毛主席象章。在紅卫医院批判刘、邓反革命路綫大会上，紅卫兵給我带上了鲜红的袖章，送給我"毛主席語录"、"毛泽东选集"、毛主席照片等，这也是我思慕已久的。有的紅卫兵见我受摧残后身体虚弱，热心地数次来看我，帮助我解决生活上的困难，有的还悄悄給我送来了鋼笔、餅干和香烟……。喜见此情此景，我感动得无法形容。我深深知道，我的一切，我今天得到的自由，归根到底，完全是党和毛主席給的，是革命群众給的，是紅卫兵战友給的。我将永远記住毛主席的教导，我要永远高呼毛主席万岁，万万岁！

在我获得革命的自由的日子里，我才知革命自由可贵，胜利来之不易。由于我好久看不到报紙，我进行了一些补課，弥补失去的时间，貪婪地看了許多报紙，社論及文章，才知道：刘少奇、邓小平是党內最大的走反革命資本主义道路的当权派，是反革命修正主义分子的祖师爷，是中国的赫鲁晓夫，是資本主义复辟势力的最大祸根，是埋在毛主席身边的定时炸弹。刘少奇长期以来，窃踞中央領导要职，大权在握，背着毛主席和党中央，招降納叛，結党营私，大搞独立王国，甚至发展到明目张胆地攻击毛泽东思想，把矛头指向我們心中最红最红的红太阳——毛主席。这是我們坚决不能允許的！随着运动的深入，我才知道：刘少奇还通过彭、陆、罗、楊反革命集团来执行自己制定的反革命路綫。我的遭遇完全是罗瑞卿及其亲信爪牙徐子荣（公安部第一付部长）等所陷害。罗瑞卿把他的爪牙截获的我写給毛主席的信加批下发徐子荣，徐则大叫說我沒有病，要乘机抓我枪毙，罗、徐下面的爪牙则肆意残害我。这是刘、邓反革命路綫罪行的一个铁証。受害的不只我一个，我只不过是許多受害者中的一个。我們一定要坚决响应毛主席的伟大号召，一切革命派联合起来，把一切被反革命修正主义者窃夺的权力，毫不动摇、責无旁貸地夺回来！

經过这場生死斗爭，我接受了党对我的初步考驗。我还准备同千千万万革命者一道去迎接新的考驗。"宜将剩勇追穷寇，不可沽名学霸王"。我一定永远記住紅卫兵在赠送我的"毛主席語录"上勉励我的話："跟着毛主席，永远干革命！"对我本人来说，今后更要記住中央首长的教导，加倍努力学习毛主席著作，好好干工作。事实也証明：我現在完全精神正常，身体健康正在恢复，沒有什么"病"，也沒有什么"罪"。我存在的缺点、錯誤还是相当多的，我的家庭出身幷不好。一个人不可能选择自己的家庭出身，但是完全可以选择自己的前途。我要永远站在毛主席一边，做无产阶級的革命接班人，跟着毛主席干一輩子革命，改造一輩子思想！上刀山下火海也心甘情願，那怕是献出生命，也在所不辞，坚决同刘、邓反革命路綫斗爭到底：

　　　　打倒刘少奇，打倒邓小平！

　　　　革命无罪，造反有理！

　　　　无产阶級文化大革命万岁！

　　　　中国共产党万岁！

　　　　最最敬爱的領袖毛主席万岁！万岁！万万岁！

坚决揪出万张反党集团的爪牙—张博

揭开反修錦綸厂两条道路斗爭的盖子！

（二）

天津市反修錦綸厂

无产阶級革命派大联合紅色造反团

67.5.

最 高 指 示

在拿枪的敌人被消灭以后，不拿枪的敌人依然存在，他們必然地要和我們作拚死的斗爭，我們决不可以輕視这些敌人。如果我們现在不是这样地提出問題和認識問題，我們就要犯极大的錯誤。

坚决揪出万張反党集团的爪牙——張博
揭开反修錦綸厂兩条道路斗爭的盖子！

反修錦綸厂是在万張反党集团核心人物万曉塘、張淮三直接領导下兴建的；是在万張反党集团爪牙，化工局局长，党內走資本主义道路当权派，反革命修正主义分子——張博直接带領下兴建的；是在捷克修正主义"专家"协助下兴建的；是他們勾結在一起，推行修正主义，搞資本主义复辟的一个試驗所；因此是一个修正主义問題相当严重的工厂！

反修錦綸厂，从建厂的那一天起，在一系列重大原則問題上，一直存在着两条道路的斗爭，从未間断过，而且斗爭是那样地激烈、尖銳而又复杂！

在万張反党集团控制下的天津黑市委，掌管了天津市的党、政、財等大权，他們的黑手伸到了天津市的每一个角落，他們的爪牙遍布天津城，形成了大大小小的反党集团，結成了死党，把个天津市搞得烏烟瘴气。无数党的好干部，遭到了这些反党集团的打击、报复和排挤，而那些牛鬼蛇神，走資本主义道路的当权派，有严重历史問題的人，道德败坏者，却步步高升，青云直上，窃据着重要領导位置。反修錦綸厂就是这方面的一个典型。看看反修錦綸厂在一系列重大原則問題上的尖銳斗爭，就能窥探天津市阶級斗爭的一班，就能确认張博是万張反党集团的忠实爪牙。

文化大革命一开始，反修錦綸厂广大革命职工，纷纷把斗爭矛头指向我厂一小撮走資本主义道路的当权派，反革命修正主义分子，指向天津黑市委，及万張反党集团的爪牙——張博（張淮三多年的秘书）。广大革命群众，通过多方面的了解，調查与揭发，才把他們多年来的罪恶事实揭了出来，才把他們丑恶嘴脸暴露在光天化日之下，才把我厂的阶級斗爭盖子逐渐揭开，严重的修正主义問題才有所揭发。广大革命群众，决心高举毛澤东思想偉大紅旗，奋勇前进，乘胜追击，不把我厂激烈的阶級斗爭問題搞深搞透、不把我厂严重的修正主义問題搞彻底，誓不罷休！彻底砸烂天津黑市委！坚决揪出万張反党集团的爪牙——張博！

一、建厂指导思想上的两条道路斗爭

毛主席告诉我们说："勤俭办工厂，勤俭办商店，勤俭办一切国营事业和合作事业，勤俭办一切其他事业，什么事情都应当执行勤俭的原则。这就是节约的原则，节约是社会主义经济的基本原则之一。"

反修錦綸厂是在一九六三年五月份正式动工兴建的，是在我国連續遭受三年自然灾害之后，国民经济刚刚开始有所好轉的情况下兴建的，是用大量外汇請捷克修正主义"专家"帮助兴建的，我們是在一个困难重重的条件下兴建的。在这种情况下，应该按照什么样的指导思想来建厂，实行什么样的原则，这是每一个領導干部必须严肃认真思考的問題，否则就不可避免地要犯极大的錯誤！

当时，以厂党委书記張文勵同志（第一任党委书記）为代表的主張坚持自力更生的方針，实行俭勤节约的原则；根据毛主席"自己动手，丰衣足食"的教导，主張一切事情都要自己动手。然而以化工局局长張博及厂长周铁群为首的一小撮混蛋，却站在張文勵同志的对立面上，主張一切都依靠外国人，似乎离了"洋拐棍"就走不了路；什么事情都主張让别人干，"包出去"以便自己省事。这两种思想之間的斗爭，是相当激烈的，从不間断的，这也是我国在社会主义过渡时期，两个阶級、两条道路斗爭的必然反映。

一、捷修"专家"來华人数问题

張文勵同志认为，我国正处在经济困难时期，应该本着自力更生的精神，俭勤节约的原则，少花錢多办事。从当时的条件来分析，我们自己完全有能力把厂建好，无需求助于外国人，因此在"专家"来华人数问题上，主張不請或者少請，因为多来一个"专家"，国家每天就要为一个"专家"花費一百四十元，给国家造成极大的困难，要付出大量的外汇。以化工局局长为代表的却主張多来"专家"，越多越善，多多益善，把我厂的建設重担，完全寄托在捷修"专家"的身上。張博为了让多来"专家"，甚至不惜让厂副总工程师謝頤年，以局党組的名义，向市委打报告，要求"来二十五人亦可以"。

捷克修正主义政府，为了撈取大量的外汇，为了刺探我国的经济情报，为了搞間諜活动，要求多派"专家"来华，他們提出来二十五人，而这些"专家"，要求高額薪金，优厚待遇，舒适条件，完全是一派修正主义味道。在人数問題上，周总理曾經批示来九人，但是張博、周铁群等人一味地走"专家"路綫，一个劲地要求多来"专家"，因此，与天津黑市委勾结起来，經过周密策划，秘密交談，暗地活动，擅自篡改周总理的意見，置周总理的意见于不顾。張博，周铁群甚至还串通化工部有关负責人，及工业上最大黑帮头子薄一波，要求多派"专家"来华，而薄一波给了明文批示："总理閱后，轉化工部照办，一切以按装好，能运轉，能开工为目的，不要在一两个人身上爭来爭去。节約完全是必要，但那是我们自己的事，向人家学技术，就是要多花些学費的。"于是"专家"来华人数問題，就基本上按照捷修政府的意見定下来了，共計来二十一名"专聘請了这么多"专家"，实际上并没有起多大作用，一切重大技术問題，还是依靠我們自己解决的，結果是我們出力，捷修"专家"賺錢。我們国家为这批"专家"共花一百七十万元，这么些錢，如果拿来买大豆，每一列车按四十节车皮計，可装四——五列车；解放牌卡车一万七千元一辆，这些錢可买一百辆。捷修"专家"来华工作了十个月，就为他們花了这么多錢，这是一个多么龐大的数字啊！严重的問題在于，捷修"专家"散发了濃厚的修正主义味道，推售了許多修正主义肮髒的私貨，許多干部被这股妖风所刮倒，被糖衣炮彈所打中，被拉下了水，我厂阶級斗爭之所以这么激烈、尖銳与复杂，修正主义問題之所以这么严重，就是中捷修"专家"的修正主义毒素太深！

二、设备安装问题上的斗争

毛主席告诉我们："我们的方针要放在什么基点上？放在自己力量的基点上，叫做自力更生。我们并不孤立，全世界一切反对帝国主义的国家和人民都是我们的朋友。但是我们强调自力更生，我们能够依靠自己组织的力量，打败一切中外反动派。"

我厂在设备安装问题上，是由我厂自己人装，还是由别人管，是有过很激烈斗争的，这也是两种不同的建厂指导思想尖銳斗爭的典型例子。特别是在紡織机械的安装問題上，張文勵同志坚持自力更生的方针，对于设备，主张自己安装，而从条件来分析，这是完全有可能的。用毛澤东思想武装起来的工人阶級，什么人間奇迹都能創造，什么困难都能克服，因此有坚定不移的信心，可以装好机器；由全市各大紡織厂中抽調的一百零八名技术高名的工人，这是一支技术力量相当雄厚的队伍，他們的主人翁責任感很强，社会主义积极性很高，他們对于各种紡織机械的安装，都是內行，因此对装捷修的紡織机械是胸有成竹的，他們要在反修斗爭中作出成績来，要在捷修"专家"面前显示中国工人阶級的力量；除了我們本厂的力量之外，兄弟单位，北京合成纖維厂的領导同志，将給我們以大力支援。基于这些条件，我厂广大工人同志，于一九六三年十月十六日贴出大字报，一致要求自力更生，自己动手，安装紡織机械。大家认为，这样作，可以发挥本厂技术队伍的潜力，可以通过实际安装而訓练人，摸透机器的性能，以便于今后在运行中維修机器；自己安装，可以节省大量的开支；自己安装，可以大大加快建厂进度。

張文勵同志怀着滿腔热情，积极地支持工人同志們这种革命倡議和革命行动。然而張博、周铁群、謝烽等一小撮混蛋，把張文勵同志看成眼中釘，肉中刺，死对头。他們不但不支持工人同志們这种革命行动，反而由謝烽出面，把大字报抄下来，全部撕掉；他們还調查是那些人写的大字报，并逼他們写檢查；甚至还企图給張文勵同志强加莫須有的罪名，认为写大字报是張文勵同志鼓动的，以便对張文勵同志进行政治陷害。在那时，工人同志們敢于起来贴大字报，給厂党委提意见，这是一种何等偉大的革命行动啊！然而那些走資本主义道路的当权派，在革命的大字报面前，心发慌，臉发黄，怕得要死。于是張博、周铁群伙同黑市委張淮三、崔荣汉、王培仁对这些革命的大字报进行圧制，不給予支持。

張博、周铁群一个勁地主张把設备交給安装公司，认为那是专业化队伍，技术力量强，殊不知安装公司对紡織机械的安装并不如我厂的老工人，并不知我們由各大紡織厂抽来的这批老工人技术高明，这就是不相信自己，只相信别人。一个劲地要給安裝公司安裝，就是怕影响安裝公司的盈利，怕影响两个单位之間的"关系"，怕伤了"和气"等等。尽管来自領导方面的阻力很大，尽管捷修不給我們安裝用的图纸，尽管当时各方面的生活条件比较艰苦，但是广大的工人同志們，拿出了愚公移山的劲头，克服了重重困難，日以继夜，夜以继日，忘記了疲劳，忘記了休息，沒有图纸，自己摸着机件，一件一件地試裝，終于把机器裝好，运轉起来了。这充分地显示了用毛澤东思想武裝起来的偉大的中国工人阶级，任何困難都是能克服的，任何人間奇迹都是能創造的，这在政治上，对捷修是一記响亮的耳光！这对那些"洋奴才"也是一个很好的教训！

三、在对待捷修"专家"态度问题上的斗爭

毛主席告訴我們："修正主义是一种資产阶级思想。修正主义者抹杀社会主义和資本主义的区别，抹杀无产阶級专政和資产阶級专政的区别。他們所主張的，在实际上并不是社会主义路綫，而是資本主义路綫。在现在的情况下，修正主义是比教条主义更有害的东西。我們现在思想战綫上的一个重要任务，就是要开展对于修正主义的批判。"

修正主义作为一种思潮，在苏共第二十次代表大会之后，即赫魯曉夫上台之后，在世界范围內大肆泛滥，許多国家被卷入到这股逆流中去了。当代最偉大的馬克思列宁主义者，世界革命的偉大导师，我們心中最紅最紅的紅太阳毛主席，带領全国人民，高举革命的旗帜，反修的旗帜，坚决与修正主义展开殊死的搏斗！

捷修"专家"来华前，我国已經发表了"六評"，对以苏修領导集团为代表的修正主义展开了猛烈的評击。也正是在这种情况下，張文勳同志坚决主張斗爭，积极地反对修正主义，因此要大家"要爭一口气，不要有依賴思想，修正主义是不怀好意的，否则会要吃大亏的。"然而以張博、周铁群为首的一小撮混蛋，却取消斗爭，不突出政治，不談毛澤东思想。張博在公开场合就說："不要談政治"，"和专家不要搞那么多政治，不要搞的那么紧張，我們是要他們帮助建厂来的，要学到技术，迅速把厂建好投入生产；"而周铁群为了迎合"专家"，则写了一个报告，經張博批示，而在厂借二千元錢；为周铁群、钟明、謝烽、許景儒、謝頤年五人作西服，把自己打扮成一个十足的"洋奴才"，与捷修专家同流合污。

捷修"专家"来厂前，張文勳同志到市里有关单位，收集了一些資料，在全厂职工会上作了一个反修报告，可是周铁群連听也不听。

毛澤东思想是当代最偉大的馬克思列宁主义，是放之四海而皆准的眞理；是世界各国人民革命的指路明灯。每一个革命者，都应該时时，处处，事事学习，运用和宣傳毛澤东思想。張文勳同志曾經建議在综合大楼二楼休息室，多摆些毛主席著作，人民画报以宣傳毛澤东思想，可是周铁群、謝烽认为麻煩，要增加翻譯，故不同意，他們就是这样以种种借口来反对宣傳毛澤东思想的。

六四年一月二十五日在一次宴会上，張文勳同志讲："毛主席是我們的偉大領袖，中国人民的幸福生活是他老人家带来的；哥德瓦尔德在捷克人民心中有着崇高的威信，他是革命的……"周铁群、謝烽等人一听，吓破了胆，怕得要死，为此事謝烽还两次整理張文勳同志的材料，报送上级机关，說張文勳同志有"大国沙文主义……。"因此張文勳同志曾遭到在全国化工系统进行通报。他們如此陷害革命同志，用心何其毒也！

　　負責冷凍站工作的捷修"专家"M¹⁷，是一个地地道道的流氓，不折不扣的修正主义分子。M¹⁷曾經画了一些另星的"图綫"，要工人为他作另件，今天作一件，明天再作一件，好长时間了，后来工人問他到底做什么，M¹⁷說作"衣架"，但把图紙拼在一起却是一幅女人的裸体图。工人发现此問题后，急忙反映給厂領导，在会議上。張文勳、王金貴，賈启章同志堅决不主張作，而那个民族败类，反革命修正主义分子謝烽却主張做，认为如果不做完，"恐怕搞不好关系。"在这样严肃的問題面前，周铁群不表态度。周铁群、謝烽一对"洋奴才"的嘴臉，是多么地丑恶，多么地可卑可鄙。

　　六四年四月底，張博、周铁群，通过張淮三、崔荣汉把張文勳同志排挤走了之后，他在厂內肆无忌憚地，明目張胆地擅自降低原合同規定的质量指准，撕毁合同，出卖人民利益，损害了党的威信，干尽了丧权辱国的坏事，里通外国，泄露国家机密；在捷修"专家"一系列政治挑衅面前，不敢抗議，不作斗爭，反而随声符合；他们三日一小宴，五日一大宴，游山玩水，参观游覽，大肆揮霍国家財产，揮金如土，而所散发的却是修正主义的恶臭。

　　我厂修正主义問題之所以这么严重，阶级斗爭之所以这么激烈，尖銳而又复杂，就是張博，周铁群之流推售修正主义黑貨，大搞反革命資本主义复辟的结果！

二、干部路线上的斗争：

　　毛主席說："共产党的干部政策，应是以能否堅决地执行党的路綫，服从党的紀律，和群众有密切的联系，有独立的工作能力，积极肯干，不謀私利为标准，这就是"任人唯賢"的路綫。"

　　化工局局长張博，厂长周铁群，在使用干部上，全然不是"任人唯賢"的路綫，而是"任人唯亲"的路綫，这实质上是化工局以張博为首的反党宗派集团在干部路綫問题上的必然反映，他们必然要搞"任人唯亲"的一套东西，收罗社会渣滓，形成狐朋狗党，以便扩充和巩固自己的反党宗派集团。

　　張博、周铁群提拔和重用的是些什么人呢？

　　尚立本是国民党区分部委員，中华火柴厂接收大員，历史反革命分子。一九五三年公安部門依法逮捕了他，一九五四年釋放他的那一天，坐电车，其售票員正好是曾經被他压迫和剝削过的女工，售票員对他恨之入骨，沒有卖給尚立本电车票，还是去接他的另一个人給他买的票。尚立本还未出獄之前，張博就为他按排好了位置，尚立本一出来，就让他到計划处与处长在一起，还沒正式工作，而尚立本每天鸡蛋，牛奶，高級烟，吃吃喝喝还問别人"你們看見了嗎？"极力宣揚資产阶级的生活方式。

　　一九五六年肃反工作剛开始，張博就在局里急急忙忙成立生产办公室，让尚立本担任領导工作，掌握大权，从而逃避运动，逃避斗爭，保护了尚立本过关，全行业公私合营的时候，張博又把全局公私合营的大权交給了尚立本，让他抓这一件政治意义重大的工作。在五八年，張博甚至还让尚立本出入軍事单位，联系軍工生产任务，由于該单位审查尚立本的历史，发现有問題才拒絕了尚立本的联系。像这样的一个历史反革命分子，却得到張博如此寵爱，不忍釋手。

　　一九五九年張博調往河北省輕化厅工作，这才不得不把尚立本下放到崑崙制药厂工作，可是尚立本在那里不但不好好工作，甚至还耍流氓，结果被工人狠狠地教訓过。一九六三年張博由省厅回来，馬上就把尚立本調到正在建厂的反修錦綸厂，厂长周铁群将要害部門鍋炉房的設計按装等重要工作交給尚立本，鍋炉按装竣工后不能使用，只好推倒重建，給国家造成数万元的损失。像这样一个历史反革命分子，道德败坏者，不学无术的人，竟然得到張博的重用，甚至在六四年張博不经局党组討論，就擅自把他提拔为副总工程師，尽管遭到張文勳等同志的反对，但无济于事。張博急忙把尚立本調往軍粮城化肥厂工作。文化大革命一开始，尚立本即畏罪自杀。張博所重用的这号人物在化工局大有人在！

謝烽出身于地主阶级，是个有名的浪蕩公子。在捷修专家来厂时，周铁群要謝烽当专家办公室主任，认为这人"能說会写，有外交风度"，而張文勳同志坚决表示反对，不同意謝烽为专家办公室主任，但是这种正确的意見受到压制，不能实现。謝烽在专家工作问题上，丧失了一个共产党員应有的立场，干尽了丧权辱国的坏事，与捷修"专家"同流合污，在一系列重大的政治问题上不斗争，以吃吃喝喝，游山玩水，物质刺激来維系"团結"，結果在修正主义的泥坑里，越陷越深，更进一步地暴露出他是一个地地道道的反革命修正主义分子。

在提拔干部的时候，以周铁群为首的一小伙人要提拔王××。在第一次党委会上，其他的党委委員表示不同意，未能通过；周铁群等人見用民主的方法不行，则企图用行政命令方法进行压服，所以在第二次党委会上，許景儒威胁說："局里的意見要提王××当科长，如不提，则調出去。"但是仍然遭到反对，不能通过，在第三次党委会上，周铁群、钟明又提出此事，而实际上王××已经填完表了，这次开会只不过是走走过场而已。他们就是这样独攬大权，目空一切，采取非法的手段，搞"任人唯亲"的干部路綫，搞小集团，結成死党。

三、党委委員的多次更换說明了什么？！

建厂初期，反修錦綸厂党委成員有張文勳、周铁群、周建华、許景儒四人。

随着建厂的进展，职工陆續增加，党委委員应該相应增补，否则不能适应工作的需要。周铁群提出原国民党"特"字号的特别党員，有严重政治历史问题的，六〇年才能被拉入党內来的謝頤年（不学无术的所謂技术权威）作党委委員，呈报紅桥区委批示，区委不同意；而張文勳同志提出王金貴（組織部长），賈启章（宣传部部长），陆德貴（团委书記），三同志为党委委員，呈报紅桥区委批示，批示还未下来，張文勳同志就被排挤走了。

張文勳同志一被排挤走、張博、周铁群立即策划，他们一边否定呈报紅桥区委的党委名单，一边以化工局党组之名，对所要增补的党委委員重新作了决定，他们提出：钟明、李旭、謝頤年、甘希增。張博还亲自請示了他的老上司，万張反党集团的核心，自首叛党分子張淮三，经張淮三同意后，張博以化工局党组的名义下达紅桥区委，文中写到："經化工局党组討論，經張淮三同意，决定合成纖維厂增补钟明、李旭、謝頤年、甘希增为党委委員，望区委批示宣传"。抄报張淮三。化工局与紅桥区委不存在上下級的关系，为什么化工局胆敢責令紅桥区委"批示宣传"呢？这很显然是張博狐假虎威，狗仗人势，仗势欺人。

由于紅桥区委对化工局这种作法意见很大，沒有批示，直到六四年六月底紅桥区委才批示周铁群、周建华、許景儒、王金貴、賈启章、陆德貴、甘希增七人为党委委員，将原来化工局党組的决定給否定了。紅桥区委这一批示下达后，周铁群极为不滿，将这一批示压了很长時間才宣布。

一九六五年，党的关系規划到化工局領导，張博任局党組书記，在張博、周铁群的策划下，又把原紅桥区委的批示雅翻了，形成了周铁群、周建华、許景儒、王金貴！賈启章、陆德貴、甘希增、钟明、李旭、謝頤年、周典型等十一人的党委班子。有严重政治历史問題的原国民党特别党員，被拉入到共产党內来还只有三年多時間的謝頤年终于被張博、周铁群按插到党委会中来了。張博、周铁群所策划的党委班子中除了副书記一人，工会主席一人外，厂长四人，副总工程师一人，将政治工作人員排挤在外，这样的党委班样只能形成业务領导，而不能形成政治領导，其结果不是党指揮业务技术工作，而是技术业务工作指揮党，这与毛主席的教导："政治工作是一切經济工作的生命綫"正好唱反調。

事实上、張文勳同志在时，以張文勳、王金貴、陆德貴为代表的党群綫（党、工、团），以周铁群、許景儒、钟明、謝烽、程国忠为代表的行政綫就有很大的矛盾，党群綫沒有实权，实权却控制在以周铁群为首的行政綫上。周铁群不問政治工作，而把時間都放在研究行政业务上，那么党团的工作，活的政治思想工作就被排斥在外，政治工作无法开展。張文勳同志要想召集一个党委会非常困难，即使有的时候給点時間召开一下，结果不是这个有事，就是那个中途退席，要不就是看书看报，誰也不发言，周铁群等人总是处心积虑的使党委会达到議而不决，决而不行，甚至不議不决而散之。

張文勳同志被排挤走后，周铁群兼任党委书記，但他很少召集党委会，总是以党委扩大会代替党委会，即使是这样的扩大会，也很少研究政治思想工作，而是研究业务工作，这样一来，就把一个党委扩大会，混同于一般的厂务会了。即使在这样的会上，周铁群也实行一言堂，他的发言就是决議，誰也反对不对，否则便遭打击。把一个反修錦綸厂变成了"周家店"。

由反修錦綸厂党委委員的几次更換，不难看出，以張博为首的化工局反党宗派集团极力在化工局系統所属单位，安插亲信，排斥革命干部，建立分店，以保护張博的統治地位，巩固和扩大以張博为首的反党宗派集团的勢力和范圍，从而更进一步地执行万張反党集团的旨意，为資本主义复辟創造条件。

化工局以張博为首的反党宗派集团，之所以敢于这样肆意横行，目空一切，横行霸道，为所欲为，那是因为有万張反党集团、有張博的老上司張淮三在为他撑腰、所 化工局反党宗派集团的黑根在黑市委里。

四、化工局以張博为首的反党宗派集团，是如何安插亲信、結党营私、排挤革命干部的[1]？

毛主席说："宗派主义的残余，在党內关系上是应该消灭的，在党外关系上也是应该消灭的"。

331

……但是宗派主义的残余是还存在的，有对党内的宗派主义残余，也有对党外的宗派主义残余。对内的宗派主义倾向产生排内性，妨碍党内的统一和团结；对外的宗派主义倾向产生排外性，妨碍党团结全国人民的事业。铲除这两方面的祸根，才能使党在团结全党同志和团结全国人民的伟大事业中畅行无阻。"

凡是在化工局工作过的人，都能深深地感觉到，化工局是一个水泼不进，针插不入的独立王国，是以张博、周铁群、刘鹤池为首的反党宗派集团控制下的张氏王朝。在张博控制下，十几年来，形成了一个实力雄厚，相当顽固的堡垒。无数工农出身的好干部，敢于坚持真理，维护党的原则的好干部，无一不遭到打击、报复和排挤，有的下放到基层，有的干脆一脚踢到化工局之外，真是顺之者昌，逆之者亡！

化工局副局长周铁群，是张博亲自派到我反修锦纶厂来的，是带着张博的使命，是带着任务来的，是带着要把张文勋同志排挤走的任务来的，以便自己独揽大权。周铁群来到反修锦纶厂后，一方面与张文勋同志处处作对，无故刁难；另一方面则拼命地拉拢一伙人，如周建华、许景儒、谢峰、谢颐年之流，作为自己的党羽，形成了万张反党集团在我厂的支流，硬把者张文勋同志给排挤走了。

张文勋同志贫农出身，共产党员，一九三七年参加革命，一九六三年由部队转业到地方，转业前任空军上校，副师长，十二级干部。

当反修锦纶厂建厂时，肩负着繁重的反修任务。张文勋同志来厂后，积极主持党务工作。在捷修"专家"来厂的前几天，张文勋同志到市里有关部门借阅了一些文件和资料，写成一个报告，在全厂职工大会上作了报告，其基本精神有三点："这次捷修专家来，我们要准备斗争，①政治斗争，②思想斗争，③术术斗争，……"。周铁群连听也不听。张文勋同志在对待捷修"专家"问题上是主张反修的，主张积极地斗争的，并且身体力行之。从这个意义上来说，张文勋同志不愧为一个坚强的反修战士！

张文勋同志一九六三年四月十八日来厂后，积极从事建厂工作，在建厂的主导思想方面与化工局局长张博、厂长周铁群存在着根本的分歧。纺织机械的安装就是最典型的例子。由于张文勋同志对张博有斗争，所以张博怀恨在心，一心想把张文勋同志排挤走。

一九六三年九月六日这一天，在化工局里，张博召集张文勋、许景儒、平凡开会，研究明天向化工部张珍付部长汇报的问题，在会上，张文勋同志的态度开始时还是好的，在反映了厂建设情况后，顺便给张博提意见说："我们曾经遇到了不少困难，可是局长很少帮助我们解决。"那知，张博一听火了说："我当了这些年的局长，我也搞过企业，我怎么不知道解决困难。"张文勋同志也不示弱，嚷道："你别以局长压人，比你更大的官我也见过"，"……"，"……"，两人就在一些问题上争吵不休，互不相让，吵得面红耳赤脖子粗。

第二天（九月七日），本来他们四人去向张珍汇报的，结果张文勋同志没去。在市委招待所时，许景儒拉过平凡来，对他说："老平老平，告诉你一个好消息，周铁群要到合纤去当书记。"这个会后，张博与张珍商量了周铁群去合纤当书记的问题，当天下午，张博还给他的老上司，自首叛党分子张淮三多次打电话说："要是有张文勋在，合纤就别想搞好……"。为此，还打了个报告，要把张文勋给弄走。

当时周铁群正在防汛指挥部，由于张博给张淮三又通电话，又打报告，结果张淮三指使天津工业部，就把周铁群马上给调出来了。在張文勳同志頂替張博后的第三天（即九月十日），吳力踐就領着周铁群到合纖来"报到"了。从此，周铁群这个反革命修正主义分子就把合纖厂搞得乱七八糟，烏烟瘴气。

周铁群来合纖后两天（即九月十二），趁張文勳不在厂，周铁群召集周建华、許景需、平凡开会，周铁群的第一句話就是："今天我們来开个沒有书記的党委会"，說后馬上把臉孔一拉，声色俱励地质問平凡："你說，是誰的主意，把程国忠由人事科調到安技科去的，誰决定的……。"程国忠調入安技科，这是平凡同志来厂前，經过化工局批准而变动的。平凡同志回答說："我来厂人事科长是由学伊，沒有程国忠，关于程国忠为什么調入安技科，我不知道，請你問别人。"轉天（九月十三日），張文勳同志在厂，周铁群又召集昨天的几个人开会，周铁群說："老張，咱們开个会吧！"張文勳同志答："开吧！"周铁群一上来，就单刀直入的直接把矛头指向張文勳同志，大声质問道："張文勳我問你，是誰的主意把程国忠調走的？""为什么要把程国忠由人事科調到安技科？""你得老老实实的給我說出来……！"于是两人就把一个小小的会議室，搅得天翻地覆了。这次吵架，实质上是周铁群按照他的后台老板——張博的意图，公开地与張文勳同志决裂，以便为排挤張文勳同志作輿論准备！

从这次"会議"以后，張文勳同志則多半时间都到基层去，到現場去，和一般干部及工人在一起了，而周铁群則多在上层活动，特别是拉攏周建华作为自己的党羽，企图把厂的領导干部都拉在自己一边，形成自己的势力范圍，以便打击張文勳同志，达到最后把他赶走的目的。事实上，这次会以后，周铁群、周建华就不断地到紅橋区委、化工局、市委工业部去告張文勳同志的狀，說張文勳同志什么态度坏啦，什么工作主观啦，什么群众关系不好啦，什么不遵守劳动紀律啦……，莫須有的罪名一大堆。

离吵嘴后时间不久，周铁群又到局里反映張文勳同志的問題，局批建处处长国庆芳（張博的忠实爪牙），也趁机对他的主子張博說："合纖的基建很难搞，怎么办？"張博十分明白这个奴才的意图，于是計上心来，而授机宜道："下去調查調查吧，再写个报告上来，"国庆芳一听，笑在臉上，喜在心上，认为这是立功的机会到了，于是精神一振說道："張博局长，請你放心，这个任务交給我吧！"

国庆芳領了圣旨之后，迈开大步，直奔合纖而来，急急忙忙召集周铁群、周建华、許景儒、由学伊、謝頤年……等人开座談会，正式收集張文勳同志的"材料"，国庆芳經过一段时间的紧張活动，整理了一份黑材料，这个黑材料經过吳力踐大量的文字修改，最后由張博审閱定稿，准备上报黑市委，由于其主子張淮三、崔荣汉已同意将張文勳調出，而未上报。

周铁群就是带着任务来的，就是听了張博的黑指示而来的，所以一来到合纖，就培植个人势力，安插亲信，招降納叛，結党营私，結成了死党，巩固自己的势力范圍，在不到半年的时間里，終于把張文勳同志給排挤走了。張文勳同志在被挤調个后，仍然連夜赶写了六四年政治工作計划，其內容主要有：①加强政治工作，大学解放軍，大学大庆，②狠抓社会主义教育，③做好专家工作等等，这一很好的計划，却被周铁群、鐘明等人完全否定，他們又另找了两名党外人士，两名党員，根据周铁群的意图，重新編写了党委工作計划。党外人士写党委工作計划，这是反修錦綸厂特有的奇聞！！！

不仅如此，他們还让旧知識分子、总工程师馬师尚負責抓保卫科的工作；让謝峰編写有关"专家保卫工作条例"……，这都是些什么問題？！无产阶級的政权到底給誰？誰来掌管？在張博、周铁群、謝峰之流的眼里，那里还有无产阶級专政！那里还有党的原則！

当張文勳同志調令下达后，紅桥区委不同意，压了一个多月才不得不通知張文勳同志。張文勳同志一九六四年四月底調出，而市委一直沒有給他安排工作，就暫时让他去搞四清，工資仍由我厂发放，一九六五年七月才給安排工作。

張文勳同志被排挤的过程，很清楚地說明了，万張反党集团的爪牙遍布全天津，他們把持了各种权力，实行資产阶級专政，对革命干部进行疯狂的打击、报复和排挤，以便維持他們的统治地位，推行修正主义黑貨，企图配合党內最大的走資本主义道路的当权派，搞反革命資本主义复辟！

結　束　語

万張反党集团的忠实爪牙，化工局局长，党內走資本主义道路的当权派，反革命修正主义分子——張博，在反修錦綸厂犯下了滔天罪行，罪恶累累，罄竹难书。我反修錦綸厂所出现的每一个重大問題，都有着激烈的斗爭，但是都是張博串通他的主子張淮三，依仗他們所把持的权力給压下去的，结果使得我厂的問題累累，障碍重重，结果阶級斗爭激烈、尖銳而又复杂，修正主义大肆泛滥。严重的修正主义問題，至今还沒解决，我厂修正主义根子肯定在張博身上。

文化大革命以来，我厂广大革命职工，揭发了張博的罪恶，在无可辩駁的铁的事实面前，張博对自己部分罪行供认不偉，但是这个狡猾的老狐狸，仍然頑固地站在資产阶級反动立場上，拒不自动坦白交待，像挤牙膏似的，挤一点說一点，不挤就沒有，以此软功夫，来与无产阶級革命派相对抗。

張博的根子很深，一条是張淮三，虽然張淮三已經被揪出来了，但是黑市委里还有張博的党羽，他們还在負隅頑抗；另一条是化工部，那里有張博的同事，同学及其党羽。无产阶級革命派，要想彻底打倒張博，必须坚决鏟除这两条黑根！

反修錦綸厂广大革命职工，将高举毛澤东思想偉大紅旗，坚决揪出万張反党集团的爪牙——張博，把他打倒，再踏上一支脚，让他永世不得翻身！

　　　砸烂万张反党集团！

　　　无产阶級文化大革命万岁！

　　　无产阶級专政万岁！

　　　伟大的中国共产党万岁！

　　　我们心中的紅太阳毛主席万岁！万岁！万万岁！

天津反修錦綸厂红色造反团

1967年5月

彻底清算刘少奇的反革命罪行

汇　編

第　六　集

目　　录

天津工学院紅卫兵（八·二五）批判刘邓联絡站

·一九六七年五月四日

最 高 指 示

你們要关心国家大事，要把无产阶級文化大革命进行到底！

……要特别警惕象赫鲁晓夫那样的个人野心家和阴謀家，防止这样的坏人篡夺党和国家的各级领导。

《关于赫鲁晓夫的假共产主义及其在世界历史上的敎訓》

凡是錯誤的思想，凡是毒草，凡是牛鬼蛇神，都应該进行批判，决不能讓它們自由泛滥。

《在中国共产党全国宣傳工作会議上的讲話》

否定馬克思主义的基本原則，否定馬克思主义的普遍真理，这就是修正主义。……我們现在思想战綫上的一个重要任务，就是要开展对于修正主义的批判。

《在中国共产党全国宣傳工作会議上的讲話》

刘少奇和王光英狼狈为奸

前　言

　　党內头号走資本主义道路的当权派刘少奇从来就不是革命者，而是假革命，反革命，是睡在我們身边的赫魯曉夫，是我国的資本主义、修正主义、一切牛鬼蛇神的总根子！

　　刘少奇多年来，一直进行着反党、反社会主义、反毛泽东思想、反对毛主席的罪恶活动，妄图复辟資本主义制度，是資产阶級在党內最大的代理人。

　　刘少奇生长在罪恶的地主家庭，地主阶級的本性促使他怀着个人投机的野心鑽进了共产党的队伍，窃取了党的重要职务。长期以来，他到处結党营私，培植个人势力，在党內外各个重要部門安插亲信，以扩大自己的陣地，为实现資本主义复辟作各种准备。

　　刘少奇抛弃前妻，与資产阶級分子王光美結婚，与資产阶級結下了"良緣"，这絕不是一件偶然的事情。地主阶級和資产阶級的共同点使刘少奇与王氏家族的联系成为阴謀实现其資本主义复辟的一个組成部分。

　　刘、王結亲后，刘少奇把王氏群丑按排在一些重要的部門中，作为联系这些部門中的修正主义分子，資产阶級分子的紐帶。刘少奇的舅子，反动資产阶級分子王光英，就是河北黑省委，天津黑市委一小撮反革命修正主义分子与刘少奇之間上竄下跳的小丑，又是刘少奇在資产阶級中的代言人。这样，刘少奇、王光英之間的罪恶活动就构成了一条反革命黑綫，大量的事实証明了这一点。

　　毛主席經常教导我們說：**"帝国主义者和国内反动派决不甘心于他們的失败，他們还要作最后的挣扎。在全国平定以后，他們也还会以各种方式从事破坏和搗乱，他們将每日每时企图在中国复辟。这是必然的，毫无疑义的，我們务必不要松懈自己的警惕性。"** 因此，对刘少奇与王光英的罪恶活动必須徹底清算，决不能让他們的阴謀得逞；对刘、王这条反革命黑綫，必須徹底砸爛，肃清其流毒。

　　在这里，我們仅提供一些刘少奇与反动資产阶級分子王光英之間的罪恶勾当，供大家批判。

一、王光英、王光美何許人也？

　　王光英、王光美出生在一个反动官僚兼資本家的家庭。其父王槐青，曾任北洋卖国政府駐巴黎合会的代表，北洋政府农商部工商司司长，代理部长；又是永利、和几个銀行的大股东。在北洋卖国政府和国民党統治期間，王槐青与大軍閥李宗仁，大战犯王叔銘等交往甚密。解放后又由其快婿刘少奇安排在中央文史館任館长。

　　解放前，王槐青曾周游海外英、美各国。当王槐青在英国时家中生子得名光英；当王槐青在美国时家中生女而得名光美，以表对英、美的崇拜之意。王光英、王光美生在这种反动官僚資产阶級家庭，自幼过着小姐，公子哥儿的生活，受着反动資产阶級的教育。二人同在志成中学讀书，后又同讀洋办的輔仁大学。王光英在志成中学讀书时，曾加入特务外圍組織"自治会"，在輔仁时又成了天主教徒。畢业后，为了发財曾搞过橡皮膏，保险套等投机生意，又曾为日寇侵华生产过酒精。日寇投降后，又当了国民党的接收专员，大撈外快。由于王光英善长于剝削，投机，人称"三只手"，在短短的几年里，由15輛自行車的資本变成了一个經营中等企业的資本家。

王光美在輔仁时，就来往于国民党上层人物之間，与公子哥儿們打得火热，是个有名的"校花"。在她年青时就学会了一套四面圓滑，八面玲瓏的交际手腕，追逐于上层官僚之中。王光美的五哥王光复是国民党大战犯王叔銘（曾任蔣匪空軍司令，总参謀長等，現仍在台灣任职）的駕駛員，通过这个关系，王光美和王叔銘眉来眼去，以"干爸爸"和"干女儿"的关系經常交往。1945年王光英、王光美等为其狗爸爸王槐青操办七十狗寿时，中堂高悬李宗仁贈送的寿字，王叔銘等国民党反动官員亲临恭贺。車水馬龙好不热鬧。此后不久，有一次王叔銘又送了一个精致的小手提包給王光美，同时附有名片和請帖，請她到中南海怀仁堂参加国民党高级官老爷和太太們的交际舞会。王光美接到請帖后受寵若惊，穿着緊身的大妖裙赴王叔銘的舞会去了。

1946年，王光美混入北京我軍調处当英文譯員，以后又怀着个人投机的心里，混入了革命圣地延安。这样一个滿身資产阶級臭气的"交际花"，恰恰被刘少奇这个地主阶級的孝子賢孙看上了。眞是臭味相投，一见鍾情。1948年在反革命修正主义分子，大叛徒安子文的撮合下，刘少奇抛弃了第四个妻子，就和这个資产阶級分子王光美成为"夫妻"了。

在北京尚未解放之时，王光美就不惜泄露党的机密，迫不及待的給他狗老子写信，告訴家中她已經和一个"共产党內地位是很高的人"結婚了。

"一人成佛，鷄犬升天"，刘少奇和王光美的"姻緣"为王氏家族增添无上光采，刘少奇、王光英黑綫就此挂上了鉤。

二、刘少奇是怎样把反动資产阶級分子王光英捧上天的

49年，北京刚解放不久，刘少奇便借其妖妇王光美拜訪他老丈人来了。

那天王槐青将多年未用的銀质餐具摆将出来，擦得明亮閃光，十分耀眼。庭堂桌椅也打扫得一干二淨，除了自己准备的荣淆之外，还特意在西單的"楼牌曲园"飯店要了一桌湖南酒席，准备招待刘少奇这个乘龙快婿。刘少奇到后翁婿分別落座，談古論今，互相祝酒，共叙情誼，好不快活！席后王光美高兴的說："爸爸娘娘想的真周到。"又說："我和少奇都住在劳动大学，有事可去电话，毛主席也住在那里。"王光美不顾毛主席党中央的安危，再次泄露党的重要机密。

当时，王光英亦在北京，第一次见到了他的这个"妹夫"。刘少奇問王光英說："在作什么？"王光英答："在天津开个小化工厂。"刘高兴的連声："好！好！"接着刘又向王光英問天津的工商界的情况，并对王光英說："光英，你是参加工作呢？还是搞厂子，再搞些工商工作？"最后刘又面諭王光英說："回天津你多与工商界接触接触，联系联系！只要是切实可行的意见，我可以作一半主！我准备不久到天津去了解工商方面的情况。"

在这次见面中，王光英发现刘少奇沒带圍巾，就买了一条棕色花格圍巾交給了王光美，轉贈刘少奇，作为这次的见面礼。

王光英回天津后，就把这些情况向天津軍管会付主任、市长黄敬的秘书李之楠（又是统

战部付部长，天津大资本家李鐘楚之子）認了。从此，王光英就和市委挂上了鈎。不久，刘少奇真的来天津了。

刘到天津后，在王光英的陪同下，参观了自行車厂，游覽了天津市容，当汽車走到大德百貨商店时，又陪同刘少奇观察了大德商店。随后，在天津政协礼堂，刘少奇接见了"天津工商界上层代表"，一时冠盖云集，市长黄敬，总工会主席黄火青，市政府秘书长吴硯农，天津日报社长王亢之，市委統战部付部长李之楠，統战部秘书长李定等都出席了接見大会。被接见的有天津的大资本家李燭尘，畢鳴歧，宋棐卿，周叔濤，朱繼圣……等，王光英則以既是"工商界人士"，又是刘少奇之"貴亲"的双重身份，出现在会场上，表现得十分活躍，一时身价倍增，就連市长黄敬也殷切致意："那个学校畢業的？""近代化工厂的經营怎么样？"对王光英也特殊的关心起来。

刘少奇此次天津之行，其"成績"之大是和王光英的"努力"分不开的。在王光英的介紹下，刘少奇、王光美参观了天津有名的"文明地獄"东亚毛紡厂，并和资本家"活閻王"宋棐卿勾搭上了。他們在一起干了很多不可告人的勾当（见天工八·二五《攻堅》战斗組编"打倒刘少奇第七集"刘少奇在天津活动录"）。最后在刘少奇的纵容下，宋棐卿携拐巨鈔叛国，經香港逃往国外。逃至香港时宋棐卿这个反动资本家还得意的声称："我一个齿輪也不拿，就把东亚搬到了香港。"宋棐卿的叛国逃跑，使刘少奇和宋棐卿的阴謀勾当完全暴露了。由于出自于內心的惊惶，一方面为了欺騙輿論，在刘少奇的示意下，当时的天津日报发表短評說："东亚企业公司經理宋棐卿，为了发展該厂，实现新建設計划，定时內赴港采购机器。只有共产党才能扶助民族资本家扩展生产事业。于此得一确証……宋棐卿君南下了，祝他一路順风，把政府四面八方照顾生产的实例带到江南去。"真是撒了个弥天大謊！另一方面，为了挽救阴謀败露，使他繼續蒙混下去，刘少奇和市委，及反动资产阶级分子王光英等商議对策。刘对王光英示意說："宋应当回来好好商議着办。"同时天津也派了一个秘书长去港劝說，均无效。

刘少奇的天津之行，王光英是初露"鋒芒"，使刘发现王光英是个"会办事"的人，应該加以"培养和重用"，使王成为自己的"心腹"。另外由于刘少奇的抬举，把这个过去的国民党接收专员，搞橡皮膏、保險套生意的吸血鬼的身价大大的提高了。过去王光英在天津大资本家的眼里是"工商界不知此人"，而經此一躍，变为"工商界的少壮派"，和大资本家李燭尘、宋棐卿等平起平坐，并得到了市委官老爷們的特殊"关怀"和"照顾"。刘少奇在天津期间，王光英这个野心勃勃的资产阶级分子曾請示于刘少奇說："我經常在天津，有事怎么办？"刘說："天津市委的負責人你都認識了，可找他們，多依靠市委！"就这样刘少奇把王光英与天津市委的关系給肯定下来了，从此市委对王光英百般关照，倍加扶持，以此来献媚于刘少奇。

自从王光英有了刘少奇这个后台之后，对刘少奇是言听計从，一有机会就去北京找刘少奇、王光美，反映天津情况，領令刘氏意图。王光英曾說："刘少奇让我与天津市工商界多接触接触，联系联系，我就是这样作了。""刘少奇还让我穿着工商界的衣服，我是对他反映了不少工商界每个阶段的思想动态。每次见到刘少奇也是向他扼要汇报工商界的情况，至少給他个印象我是听話的……他几次都是对我的估价很高。"此即所謂"手眼通天"。而天津市委能得到这样一个"手眼通天"的人物，当然是从心眼里愿意重用，連王光英自己也承認"如果我不是刘少奇的亲戚，也不会这样扶持我。"资本家們虽然口里不說，誰都知道他有

"通天"的本领，因此也就"凡事一托"。正因为王光英这个反动资产阶级份子和刘少奇存在这种特殊的关系，而天津市委和资本家们又感到这是一种可以利用的关系，在这种情况下，王光英就扶摇直上，步步登天了。

王光英是怎样步步高升的呢？

据王光英自己供认："自从解放以后，刘少奇来天津前后，我才与天津市工商界上层代表人士接触……，刘少奇来天津陪他参观自行车厂，游览市容，参加座谈会，就与黄敬市长吴砚农秘书长等熟悉了，当时吴砚农是市委统战部长，但不大管事，主要是付部长李之楠管事，逐渐与李之楠、李定（前统战部秘书长，付部长，后又任市委付秘书长）熟悉起来。"市委的官老爷们领会了刘少奇扶植王氏的意图，因而也就着手为王光英高升铺平了道路。

首先，市委官老爷们要抬王氏需要为王光英制造"代表性"。李之楠对王光英说："你得把企业搞好，说话才能有影响。"李哲人（当时的华北行政委员会财贸部负责人）也对王光英说："光英，你得把企业搞大起来，才更有代表性。"

由李之楠出面叫王光英参加"三五"俱乐部（当时的"三五"俱乐部是华北天津地区一些大资本家大企业主组成定期聚会的地方）每星期三，在开滦招待所吃一顿饭。饭前大家聊天，李之楠也经常参加，这样王光英就周旋，联系于这些大资本家之间，一些情况负责向李之楠或统战部汇报和反映。用这种方法把王光英和上层大资本家联系起来，以增加王光英在上层大资本家中的代表性。

后来，李之楠又叫王光英与中型企业各代表人士接触。就在烟草同业公会联系，每星期有一桌饭，听取他们的反映和情况，向统战部汇报，这样又把王光英和中型企业代表人物联系起来。

以后，李之楠又叫王光英参加了青联社，联系一些资产阶级份子和欧美味十足的知识份子。每星期去起士林吃一顿饭。请人作报告，讲形势。李之楠有时去，不去时就由王光英负责把情况汇报给统战部。由于这些作法给王光英增加了社会联系，就连王光英自己也不得不承认："由于和刘少奇的关系，不少人心里明白，当面不问也不讲，就是由于这个关系，我又参加了社会活动，工商界的消息非常灵通。一解放，近代属于化学染料同业公会，我就被'选'为同业公会付主委了。"

50年民建天津分会成立，李烛尘，资耀华（大资本家），通知王光英让王参加民建会，而王光英当时犹豫不定，想请示市委统战部，该不该参加，正好在"三五"俱乐部门口碰上吴砚农。王问："李烛尘让我参加民建，能不能参加？"吴同答："我这不是道喜来了吗？还不能参加吗？"就这样，王光英不但参加了民建会，还当了这个分会的常委兼宣传处长。

市工商联成立后，大资本家们在人事安排上，发生了激烈的争吵，特别是对"主委"，付主委名次及常委名单吵得更凶。最后定下来由李烛尘当主委，毕鸣歧当第一付主委，朱继圣等为付主委，剩下的常委秘书长是个掌握实权的重要位子。由于李之楠的幕后活动，给李烛尘作工作，并向常委会提出："得请一位年青力壮的人当秘书长。"再由李之楠把王光英名字一提，李烛尘就同意了。这样王光英就当上了市工商联的秘书长。

就这样，王光英开始扶摇直上了。

以刘少奇为首的党内一小撮走资本主义道路的当权派为了实现其复辟资本主义的罪恶目的，他们觉得只给王光英按排职务是不够的，还必须提提这个反动资本家的臭名气，增加一些政治资本，只有这样才能爬得更高，才能按着自己的需要和意图来进行塑造。

当时李之楠、李定、魯同（市工商联党员付秘书长）都曾对王光英說过："光英，今后你就主要搞社会活动……。"他們阴謀用"社会活动"来为王光英的高升鳴鑼开道。

1951年，江南各省正在开展轰轰烈烈的土改运动。全国政协也組織了土改工作团。五月份王光英被安排去四川参加"土改"之后，王光英的老婆应伊利也被組織去湖南参加"土改"。本来应伊利就生长在地主家庭，解放前一直依靠地租剥削生活。47年，应伊利的哥哥，国民党第六兵站总监部經理处少将处长应俊彪从重庆飞回北京时，曾派其秘书协同王光英、应伊利同去大兴县索取租子，这种向农民逼过租子的地主婆和資本家竟也被安排去搞"土改"了。

尽管此事丟丑，但市委官老爷們为了給王增加政治資本，以討好其主子刘少奇，也就管不得那么多了。

同去四川参加土改的还有一些大資产阶级分子和資产阶级知識分子等一伙。在5.1节动身去京。在北京政协住了兩天，然后坐飞机去四川。参加土改对广大干部来說是一次阶级斗爭的鍛炼，是光荣而艰苦的工作。但是对王光英这种人，则完全是另外的一回事。出远門要坐飞机，就这样王光英还有顾虑，心情不安定。在北京时，王光英給王光美、刘少奇打电话，告訴他們此去参加"土改"有些想不通，要求給解决这个"思想問題"。因此刘少奇和王光美就接見了王光英。刘少奇对王光英說："我們几百万党员和干部，不缺少你那样的。如果能穿着高价的衣服，屁股坐到工人阶级这边来，为工人阶级办事，在工商界里赛不出你来，那就好了。现在当了干部，也得派他到熟悉的地方去工作吧！"这分明是在告訴王光英，叫你参加土改，并不是少你工作作不了，而是給你鍍上一层金，增加政治資本，以后就会高升了。王光英这个投机商当然会意了，觉得"很解决問題"，也就安心去"土改"了。这充分暴露了刘少奇这个赫魯曉夫式的阴謀家，結党营私，培植个人势力，大力抬举反动資本家王光英，为其复辟資本主义作准备的大阴謀！

王光英这伙資产阶级吸血鬼們飞到重庆，住的是胜利大厦，吃的是六荣一湯，还有大量广柑水果，走到哪里吃到哪里。連这些吸血鬼們自己也假惺惺的表示："招待的特別好"，"实在过意不去"，王光英自己心里也明白："这哪象是土改来的，而是大請客人了。"而群众则叫他們是"蝗虫队"！

在重庆，反动資产阶级分子王光英等一伙听了刘邓黑司令部的一员大干将张际春的"关于四川农村土改情况的报告"，在胜利大厦，刘少奇的同伙，党內另一个最大的走資本主义道路的当权派邓小平接見了王光英这群吸血鬼。邓小平对王光英等关怀备至，对他們讲了些对哥老会、土匪、国民党特务等注意事项，生怕这些吸血鬼們丧了狗命。

在重庆吃喝享受了之后，王光英就被安排到川西。又坐汽車到了成都。在成都，刘邓走卒又安排了一批人来車站欢迎王光英这些吸血鬼。把王光英等又安排在大招待所里。"吃住又非常好"，同时又是川西統战部长、成都市长李宗林亲自接待。王光英等"感到很满意。"以后就决定把王光英安排去成都附近的一个县里搞"土改"，住在工作总团团部后边和李宗林住在一起。李宗林領会上級的意图，对王光英是另眼相待的，經常和王光英一块乘他的吉普車去村里参加活动。王光英断了香烟时，李就送他一桶英国的"綠炮台"香烟。每天晚上回来后总在院里坐一会，聊聊天。李还希望王光英能組織天津工商界到四川来投資搞磚瓦工业。"晚上路上有动静时，李就叫王光英走在中間，叫李的警卫在后边，李亲自提着手槍上了子弹为王光英"保駕"，生怕要了王光英的狗命而向上交不了帐。

当时西南民族学院举行开学典礼，会开的不久，会后大摆宴席。王光英这些吸血鬼蜂拥而至，据王光英自己向人宣扬："吃的是山珍海味俱全，是我一生中吃的最讲究的菜。"为什么招待的这样丰盛？原来该院的院长就是刘、邓的老部下、中共中央委员王维舟。

这样的"土改"經过了五个月即将结束，在飞回北京之前刘邓黑司令的大干将、西南地区的土皇帝，反革命修正主义分子、当时任川西行署主任的李井泉接待了王光英这群吸血鬼，并在成都和李一同过了国庆节。李井泉和王光英拉关系說："光美土改是和我在一起的。"还野心勃勃的指着成都的隍城城门楼說："这就是我們的天安門！"还說："用几年的功夫就把城楼兩边马路修好，也很象个样子。"

在回京之前，还安排了这群吸血鬼去四川名山名水去游山逛景。为了开他們的狗眼，还去了大邑县刘文辉的庄园和古代有名的工程都江堰去参观。眞是好不自在！

临行时，李井泉又接见了王光英等。李没有說什么話，問問大家参加"土改"有什么"感受"，意思是說满意不满意。最后又大慷国库錢財，叫李宗林给每个吸血鬼准备一套棉衣，怕在飞机上冻着。还送給每个呼血鬼一条四川名产"織綿"被面。除此之外，王光英还在四川**撈**了些毛衣（三件）、女手表（一块）、鑽石戒指等。眞是满载而归，又镀了金，一举多得！

以刘少奇为首的党內一小撮走資本主义道路的当权派，并不满足于已有的"成績"，为了把王光英**捧**得更高，还要为他制造国际"声誉"，把他**捧**上国际舞台上去。

天津是通往北京的門戶和交通要道，經常有外宾經过和訪問，在接待外宾上，这个反动的資本家竟成了主要的接待人物之一。

例如王光英在天津先后接待过的就有：苏联最高苏維埃主席团主席**伏**罗希洛夫，朝鮮的首相金日成，委员长崔庸键，波兰总理西倫凱維兹，捷克总理西罗基，古巴总統多尔蒂克斯，还有阿尔巴尼亚歌舞团，日本代表团……。在外国人面前王光英是以紅色資本家、社会名流、活动家等等的身份出現的，也有时是以包含刘少奇的国舅的多种身份参加接待的。

通过这些活动，王光英就逐渐扬名四海了。在国内接待外宾仅仅是一个小小的方面，党內最大的走資本主义道路的当权派刘少奇及其党羽，还为王光英安排了三次出国的机会。

第一次出国是在56年由章泽（团长，前团中央书记处书记，后調陕西省委书记处任书记，和反革命修正主义分子李頡伯关系密切）带领，代表中国青年訪問了埃及、叙利亚、黎巴嫩等国，王光英是团員之一，并在团內掌管了財务和总务大权。通过出国，王光英結交了不少人，也长了不少待人接物的手腕，更撈了不少政治資本。

第二次出国是在1958年末到1959年初，代表中国人民参加第一届亚非人民団結大会，赴开罗，团长是郭沫若，付团长是刘宁一。团員还有赵朴初，达普生，謝冰心，包尔汉，张瑞芳，**吴晗**，**金仲华**，等人。

在出国前，刘少奇單独接见了王光英，王向刘說明了出国事情后，刘少奇問王光英說："过去参加过这样大的国際阶級斗爭的场合嗎？"王答："沒有。"刘則說："那就出去看一看，学一学吧！"这完全暴露了刘少奇对反动資产阶级分子王光英的栽培之意了。

在这次出国过程中，王光英結交了郭沫若，吴晗，张瑞芳等，成了臭气相投的朋友。在途中的**火车**上，郭沫若作詩，张瑞芳朗誦，吴晗和王光英則阿諛奉承**捧**场叫好。这些**丑**态都被記者照下来，王光英則拿这些照片到处宣揚给别人看，以显示自己，抬高身价。

第三次出国，是在1959年夏，由全国青联出面組織的中国青年代表团去維也納参加第七届世界青年联欢节。团长是全国青联主席，团中央书記处书記刘西元，一付团长是团中央书記处书記张超，另一付团长就是奥资本家王光英。路途上經过苏联、匈牙利等国家，最后到达奥地利的首都維也納，路上也有接待，和苏修、匈修均有交往。在維也納期間，王光英竟代表中国代表团在奥地利青年議員会見会上讲了話。"照說反映不錯"，頓时王光英的身价又提高了一大块。

在維也納，苏修驻奥大使在一个别墅里曾邀請中国代表团正付团长和高音歌唱家郭淑貞吃飯。共同欣尝了郭淑貞的独唱，苏修大使夫人玩弄資产阶級的一套技倆，裝模作样哭天抹泪，王光英等也竟被感染。

联欢节結束后，团內又决定訪問芬兰，王光英竟当了团长。在訪問芬兰期間，王光英为树立个人威信，违反国家法紀，在赫尔辛基市政府和烏发斯庫拉市宴会上均擅自邀請上述两地市长到"我驻芬使館去吃中国飯"。在赫市新聞記者招待会上，对記者随便宣布"中国京剧团訪芬消息"。

經过刘少奇等一小撮反革命修正主义分子的"培养"，王光英便成为鼎鼎有名的人物了，报上、刊物上也經常可見王光英的名字和照片，刘少奇也为之满意。有一次刘少奇正准备接待外宾在門口等候。王光英亦在場。刘少奇指着王光英对他的新来的一位秘书說："你認識他嗎？他也是有名的人了。报上常登他的名字。"可見刘少奇对王光英是既"关心"又得意的。

据王光英供認："解放十八年来对我的安排很多都是通天的。"党內一小撮走资本主义道路的当权派，为了取得党內头号走资本主义道路当权派的信任，效力于刘氏，在极力"培养"王光英的同时，給王光英加官晋爵达到了惊人的程度。

在工商联系統：先后任市工商联常委秘书长，付主委，主委，河北省工商联付主委，工商联全国执行委員，全国工商联常委。

在民建会系統：民建会天津分会常委宣傳付处长，付主委，省民建会主委，民建中央委員，民建中央常委。

在青联系統：53年参加第三届全国青年代表大会被安排为中华全国青年联合会常委兼工商部付部长，天津市河北省青联付主席；57年"当选"为全国青联付主席；

在政协系統：任市政协秘书长，市、省政协付主席；

在人委系統：在天津为直辖市时任市人委委員，市省合并后任省人委委員；

在最高权力机关人代会系統：在54年召开人代会前曾被聘为天津市人民代表会議的代表（非人代会代表是聘請的），54年召开人民代表大会时被安排为全国人民代表大会代表。又是市、省人代会代表；

此外还有什么"和大"河北省、天津市分会付主席，天津市中苏友协付会长；对外文协天津分会付会长；国际贸易促進会天津分会付会长等等、等等。由此看来，王光英竟成了"你争我搶"的"三头六臂"式的人物了。党內头号走资本主义道路的当权派，刘少奇大肆抬举反动資产阶級分子王光英，大搞复辟资本主义的活动，是可忍，孰不可忍！

三、刘少奇是怎样包庇反动資产阶級分子王光英的？

王光英这个反动的資产阶級分子解放前就是个人称"三只手"的残酷剝削工人的投机商，大吸血鬼。为了发財不惜为日寇生产酒精，帮助日寇侵略中国，干了汉奸的勾当；为了赚錢制造保險套供日寇和高官富賞污辱中国妇女用，国民党来了，王光英又当上了国民党的接收专員，为国民党打內战效劳。他是一个十足的民族败类。罪恶滔天。但是在解放后，他的罪恶不但沒有得到徹底清算，反而变本加厉，更加猖狂，这都是党內头号走資本主义道路的当权派刘少奇包庇的結果！

1952年"三、五反"时，在刘少奇的示意下省市委內的官老爷們对大投机商王光英进行了包庇。为了保証王光英安全过关，好向其主子刘少奇交帳，他們秘密进行了策划。在"五反"剛开始时，市委統战部党派处处长辛毓庄把王光英和李鐘楚（統战部付部长李之楠的狗爹，丹华火柴厂的总經理）請到了統战部，交待說："天津要开展'五反'运动，从'三反'看出，工商界'五毒'泛濫，严重的影响了国民經济和国家建設，你們倆人要好好檢查过去的'五毒。行为，回去認眞查一查，你們先作，以后好搞工商界的'五反'运动的工作。"还說："以后到部里汇部。"接着市委为了使王光英及早过关，通知王光英把隐匿的敵产先退了，提前处理了王光英隐匿敵产的問題。然后市委又让王光英去"推动"資本家交待問題，帮助搞"五反"工作。

运动后期对工商业划类定案时，由于王光英所經营的近代厂的"五毒"俱全，民憤极大，广大职工坚持要求给王光英經营的近代化学厂定为"严重违法戶"（最坏的一类），这下子可吓坏了市委的官老爷們，为了向其主子刘少奇交帳、市长黄敬竟亲自出馬，找到了近代化学厂的职工代表开会談判，做工作，結果给"近代"訂了个"守法戶"（最好的一类）。这样，王光英就安全的过了关。

市委官老爷們保王光英过关还觉得不够味，还要乘机把这个投机商抬一抬。运动結束时在中国大戏院召开了"五反审判大会"，在大会上审判了一些罪恶极大的資本家和封建把头。宣判之后审判长王笑一（当时的法院院长、省統战部长，后调中央）讲了話。而投机商王光英則被市委官老爷們安排为付审判长，并以付审判长的身份也讲了話。一个严重违法的臭資本家竟当上了付审判长，审判其他不法資本家，眞是天下奇聞。

1954年11月20日在反动資本家吸血鬼王光英所經营的近代化学厂发生了一次駭人听聞的硝化棉爆炸事件，有七位阶级兄弟在这次事件中牺牲了，六位阶级兄弟受了重伤。吸血鬼王光英就是这个事件的罪魁祸首！当时王光英是近代化学厂的厂长兼工程师，这个事件就是吸血鬼王先英和大技术騙子金西候等一手制造成的。在全国第三届青年代表大会上，王光英为了给自己制造名誉，增加其政治資本，提出"保証一年內建一个硝化棉厂"，因此不擇手段，采用了資本主义的挖别人墙角的手段，用高薪金从上海請来了騙子金西候，帮办生产硝化棉厂。同时大搞資本主义經营方式，图快、图利，不顾职工的生命安全，缺乏安全設备，"危管会"审查該厂后，多次指出在安全設备不合要求时，不能开工生产，并提出了安全設施……但吸血鬼王光英根本不顾工人生命安全，一味敷衍，而二輕局局长张博为了树王光英之声誉，以討好刘氏党羽，竟批准开工了。就这样发生了这次大爆炸！

在爆炸事件中有七位阶级兄弟牺牲，六位重伤，广大革命职工悲憤已极，强烈要求依法惩处杀人劊子手——大吸血鬼王光英！但是王光英在以刘少奇为首的党內一小撮走資本主义道路的当权派的包庇和保护下竟长期逍遥法外。

事件发生后，市委在广大革命群众的压力下裝腔作势地进行了三个月的所謂"調查"，对有关人作了一些"处份"，但对王光英却是拚命的保护，提出什么"王光英是左派""处理王光英是破坏統战"什么"王光英是第一个公私合营的""責任不应由他負"等等，只给王光英一个"記过处份"企图了事。这引起了广大革命职工强烈的不滿和反对，連市委檢察院的革命干部都有意见，拿着决定找到最高檢察院的张鼎承，张不敢表示意见，决定去請示刘少奇，但刘少奇故意表示"不加过問"推給彭眞。彭眞是看刘少奇眼色行事的。批了个"同意天津市委决定"。当时有人提出反对意见、而彭眞怒斥："你眞傻，这是立场問题。"就这样，这个事件的处理就草草收场了。

这笔血债过去他們沒有偿还，这个仇过去沒有报。今天在毛主席亲自发动和領导的无产阶級文化大革命中，我們无产阶級革命派作了主人。现在是偿还血债的时候了，是报仇雪恨的时候了。我們一定要向反革命修正主义分子刘少奇，反动資本家王光英及一小撮党內走資本主义道路的当权派討还血債！

反动資本家王光英历史不清，在1953年5月市委所撰写的"王光英小傳"中曾記載"据說曾加入国民党（？）"后边帶个問号，又57年市委給王光英的鑒定上記載："在1957年4月在天津市工商联肅反运动中交待："参加过国民党。"在59年12月由市委撰写的"王光英小傳"上亦有："王出身官僚家庭，日降后曾任伪經济部特派員办公署接收专員，并参加国民党。"看来王光英是国民党已沒有問题，但不知又为什么在60年为王光英搞起了翻案"調查"。在調查报告中写道："經张珍同志了解据回忆，在57年工商界肅反中，可能和李定（市委統战部副部长）同志个别談过。經通过李定同志了解：王在工商界肅反中沒有交待过参加国民党問題。为了进一步弄清以上問題，于1960年1月15日又向王光英之胞妹王光美去过公函，后經王光美来函証实：'王在志成中学讀书期間，沒听說王光英参加过国民党。'……根据此情况分析，关于王参加国民党問題并不屬实，故应予否定。"

以上就是关于王光英参加国民党問題的材料和全部翻案"調查"及定案"根据"！

这不能不使人惊奇！

53年的材料上有問号，但57年的材料是根据自己交待才肯定的，59年的材料亦是肯定的，这是合乎规律的。但为什么60年又要为王搞起翻案"調查"来了，誰是主使者？

市委老爷們为什么把不确切的"据回忆""可能"式的"調查"材料作为正式定案的理由呢？

李定是个什么东西，他和王光英是什么关系？他的話可靠嗎？王光美的回函只說了"在志成中学讀书期間，沒有听說参加过国民党。"难道說只有在志成中学才能加入国民党嗎？王光美的"沒听說"就等于"沒参加"嗎？这能作定案的最后根据嗎？王光美是替誰說話的人？省市委的官老爷們为什么那样"相信"王光美和刘少奇？刘少奇是否直接参与此事？这些都是值得我們深思的問題。

不难看出，在所謂的"調查"材料中，刘少奇和王光美的态度是十分明确的，就是包庇！尽管他沒拿出什么証据来說明王光英不是国民党員，但是只要是有了态度，对于省市委一小撮反革命修正主义分子定案就有了依靠了。因此他們敢于给王光英作沒有根据的翻案。

这个解放前的投机商、吸血鬼、国民党接收专員的王光英，已經罪恶滔天。解放后更变本加历，对中国人民又犯下了不可饒恕的罪行。就是因为王光英是刘少奇的皇亲国舅。受到了以刘少奇为首的党內一小撮走資本主义道路的当权派的包庇和保护，几次都逃脱了人民对他的懲罚。今天我們必须把王光英的后台刘少奇，以及包庇王光英的一切坏家伙統統揪出来示众，彻底清算他們的反革命罪行！

刘少奇——王光英的罪恶活动

刘少奇对他的舅子王光英十分关照，处处抬举，利用王光英这个政治小丑上窜下跳，勾結省市委內一小撮走資本主义道路的当权派，干了大量的不可告人的罪恶勾当！

王光英这个反动的资产阶級分子依仗他这个刘氏国舅的头銜目空一切，在刘少奇和黑省市委的包庇下干尽了坏事；他們把王光英封为"紅色資本家"，"左派"，"左派的核心"等等，而王光英自己則以改造者自居，經常是"提着棒子打别人"。在市工商联是飞揚跋扈，对革命干部实行资产阶級专政。把市工商联搞成了个牛鬼蛇神的"安乐窝"。他經常标榜自己是"通天人物"，在62年夏天的天津蔬荣专业会議上，王曾以工商联主委的身份公开的叫嚷："别看咱灶王爷庙小，手眼可能通天！"这更証明了解放十八年来王光英和刘少奇、王光美等来往是十分密切的。

刘少奇和王光英臭气相投。刘向王光英傳授了大量的反动黑话。王对刘的話是言听計从，捧为圣旨。經过王光英的添油加醋又到处贩卖，流毒極广。

在一次全国人民代表大会上梁啓超的儿子梁思成因为搞大屋頂式的建筑，受到了批判。在大会休息时刘少奇下来对王光英不滿的說："对梁思成可以給他一部份錢叫他搞，然后他搞的有用部份我們吸收，有害的东西盖在哪里了叫大家批判，从正面反面都有好处。"刘少奇就是这样的一个一切旧势力、反动势力的代表和維护者。

1955年毛主席接见了民建、工商联两会的一部份代表人士。毛主席先听了工商界代表的发言，然后对工商界的工作做了指示。在会議休息时，刘少奇乘机对王光英說："今后工商界合营接受社会主义改造，可不可以有絕大多数合营，合营百分之九十或百分之九十五。剩下一部份还叫他自己搞，等他搞出东西后，我們接过来，还叫他自己去干。这样可以补充社会主义企业顧不过来的东西。他們搞了，我們再接过来。"在这里刘少奇誹謗社会主义經济的优越性，企图以发展資本主义的自由竞爭来抵制党对私营資本主义工商业的社会主义改造，与毛主席大唱反調。

1955年刘少奇还曾經对王光英說："个人問題怎么解决也解决不了，还是先解决民族、国家問題。大的解决了，小的才能解决；民族、国家解决了，自己的問題也就解决了。我就沒考虑过自己和錢的問題。你把工作做好了，人民就会替你考虑生活問題。"刘少奇就是"私"字当头的高级个人主义者，野心家。这些話正是他"吃小亏，占大便宜"的市儈哲学的又一体现。

还有一次刘少奇与王光英交談时說过："大公无私，只有私。为了最大多数人最大利益，其中即有了本阶級的利益；个人利益服从整体利益，有了整体利益，个人利益也就有了；当前利益服从长远利益，有了长远利益其中即有自己的一部份……。"

这是刘少奇極端个人主义者的最深刻的大暴露，这更加証明刘少奇是反动的"人不为己，天誅地灭"的狂热鼓吹者！

刘王两家来往十分密切，刘少奇对王家照顾得十分周到，礼品来往是常有的事。王氏家族則以此为荣，拿着这种"礼品"到处吹嘘。王槐青曾对去他家的一干部說："别看我这糟老头子，少奇同志还送我这书！这收音机也是少奇送我的"。另外象送烟啊、外国咖啡啊，挂毯啊，絹头巾啊……。刘少奇对王家眞是体贴入微了。

刘少奇每到天津必找王光英，例如：

51年冬刘少奇、王光美来天津派人专程請王光英夫妇吃飯。

53年一个星期天，忽然有一个人到王家找王光英，原来是通知王光英說："刘少奇来天津了，在云南路招待所"。刘把王叫去在那吃了一頓飯，王幷向刘汇報了天津工商界的情况。……。

而王光英經常到北京去，去北京时則一定到刘家登門拜訪，例如：54年王光英去北京开第一次人代會见到了刘少奇，刘問："晚上有活动沒有？"王答"沒有。"刘說："那就到我那玩玩去！"晚上王光英就去了……。

59年王光英和其狗老婆应伊利到北京开會，到了刘少奇家里。王光美說："少奇晚上去跳午，你們去嗎？"晚上在同去跳午的車上，刘少奇問王光英說："对人民公社有什么反映？"王讲完后，刘說："有点象惊弓之鳥啊！"

刘少奇对人民公社想搞什么鬼？

60年人大常委在北海对岸看烟火，刘少奇又把王光英拉去了。

62年一天王光英到刘少奇家里去吃烤鴨子，当时反革命分子杨尚昆也在場，抱着刘少奇最小的女孩"小小"（一岁多）蹦蹦跳跳的"玩"吃鴨子时，刘少奇故作姿态的說："在宴会上吃东西，为了顾工作也不能细吃出味来，在家里搞一点，每人吃上几块，倒吃出味道来了！"刘少奇为什么在家中請客就吃出味道来了？

刘少奇和他的舅子、反动资产阶分子王光英亲亲密密，打的火热，特别是自从刘少奇把王光美、王光英的狗娘董潔如請到了中南海刘家之后，王光英去刘家更勤了，关系更加密切了，刘少奇是个什么东西不是很清楚了嗎？刘少奇是千方百計抬舉王光英，把他当作心腹而这正是王光英所追求的。王自己也曾說："我自己想多接触接触少奇或光美，多給指点指点。"

王光英这个大吸血鬼本来就是国民党嫌疑分子，但他依仗刘少奇这个后台老板的势力，千方百計的企图鑽入党內，他竟在58年提出"入党要求"眞是他妈的天下奇聞！

58年，有一次王光英见到了刘少奇，向刘提出申請参加党組織。刘說："你給党和人民作事情，能起到一个党員起不到的作用，只是沒有党証。作一个党外布尔什維克不也很好嗎？"

刘少奇早已承認王光英为"党員"了，只是沒有党証。就是这一点，王也还不甘心。在天津又向市委李定提出了入党申請。李定回答說："少奇不是讲过嗎？还是好好工作，好好改造自己，党对你是信任的，你斗志昂揚，态度鲜明……。"

自此，市委就着手解决王光英的入党問題了。59年有一次刘少奇高兴的对王說："有人来了解你入党問題了！"

60年春节，刘少奇接见了王光英全家时，又讲了王光英的入党問題。刘少奇說："你們（指王光英和兄嫂等）要怎么入？是密秘入还是公开入？""工商界有几个参加共产党好不好，有点榜样，搞几个。可以，那就对国外沒有影响了，我看帽子还可以代一个时期，有利于工作，你资本家也当了，也沒整你，又入了党，則更好了。"刘少奇企图拉资产阶級分子王光英入党的罪恶目的暴露无遺了。

64年王光美去桃園"四淸"，經过天津时，又曾間过王光英說："你怎么样？你还沒入党嗎？应該爭取嘛！"

刘少奇陰謀把反动资本家王光英拉入党內，这是他妄图把党变成资产阶級的党，修正主义的党，搞资本主义复辟陰謀的大暴露，是一个严重的政治事件！

反动資本家王光英是刘少奇安排在統战部門中的耳目，是个上窜下跳的政治小丑，刘少奇就把这个小丑作为他进一步向資产阶級投降，搖旗吶喊的开路先鋒。

王光英长期活动在工商界里。刘少奇对王光英的态度，实际上就是对整个資产阶級的态度，資产阶級代表人物都深知这一点。这样王光英就象一条紐带一样，把資产阶級和刘少奇緊緊的系在一起。

自从刘少奇把王光英从一个无名小輩提拔为"出名的人物"后，立刻引起工商界資产阶級代表人物的重視，而一躍成为"工商界的少壮派"。中央統战部李維汉、徐冰等一小撮反革命修正主义分子領会刘少奇的意图，把反动資产阶級分子王光英捧上了"紅色資本家""左派"的宝座，而全国青联中的一小撮反革命修正主义分子也不示弱，把王光英捧成了"社会活动家"、"名流"等。河北黑省委、天津黑市委則把王光英当成"通天"的宝貝，不肯放他走（注：全国工商联陈叔通曾要求調王光英到全国工商联当付秘书长，因省市不放而未調成。）。

60年，刘少奇接见了王光英一家，大讲了"吃小亏占大便宜"的資产阶級市儈哲学和資产阶級入党問題。中央統战部得知后，如获至宝。中央統战部王奋从王光英口里知道刘少奇对王氏家族发表了这个讲话之后，一定让王光英整理出来。王光英在王奋的"盛情"之下，也沒有推脫，就把刘少奇的讲話記录整理出来送交给中央統战部。

王光美、刘少奇知道这件事后慌了手脚，怕刘少奇的反革命修正主义丑恶嘴臉暴露出来。便找到了王光英說："你怎么把少奇的讲话送出去了？少奇的讲话是要經过政治局的，用你送出去嗎？我要兴师問罪！"之后王光英把这事又告诉了全国工商联党員付秘书长黄阶然（又是中共中央工商行政管理局付局长）說了。黄說："沒什么，整理材料仅仅是让統战部几位部长看看，給中央統战部作参考。"刘少奇对臭資本家的讲话竟成了中央統战部的"指导性"的文件，部长們的参考材料！

62年中央統战部长李維汉由上海到北京路过天津，特邀請王光英吃飯。在言談之中对王表示十分"关切"，問王的生活怎样。王光英說："我的生活是靠我和爱人的薪金过日子，定息存在银行里。"李維汉听后感慨的說："一年給你5500元包下来总可以了吧！我在上海也了解一些人的生活情况。我有病很久沒管事了。我想对工商界的要求不要过高，过急，象打太极拳似的，先打三手的，然后再打五手的，以后逐步增加打到二十一手的。这样要求低一些，工商界作得多一些。要求打三手，他能打五手。那就增强了信心。不能要求高了，他作不到反而不好。"

李維汉在王光英面前和刘少奇唱一个調子，大搞阶級投降难道这是偶然的嗎？

全国青联和团中央中的一小撮反革命修正主义分子对反动資产阶級分子王光英也倍加重視，給王光英安排了两次出国的机会。64年又欲安排王訪問柬埔寨，且拟任团长。被公安部否定后，团中央还一再坚持。他們的用心是多么明显！怪不得王光英对团中央的感情非常好，經常宣揚胡耀邦如何如何。

华北局李雪峰也感到王光英在自己的管轄之内是个有用的人物。66年6月，一次王光英去市委統战部长周茹家，周茹（黑市委万张反革命修正主义集团的干将）給王传达了一个指示說："省委迁保了，省委书记处研究过，你在省里职务也不少，今后市政协你就得多抓了，文史資料也管一管。你找一些人把資产阶級生活方式，如何吃喝玩乐写一写，人不要多，但要典型人。这不是文史資料，写出来只供少数人在內部看。找他們要讲清楚，不要顾虑。你回去与林子平(市工商联党员付秘书长)閻秉礼(市工商联办公室主任)研究研究。华北局很重視这个材料，是李雪峰叫搞的。你可千万别往外說，你知道就行了。"于是第二天王光英便和林子平，閻秉礼商量，找了孙敬之（元陸之孙），雍鼎从（大軍火商雍劍秋之子），王运洲（三代买办），庞馨吾（东北土閻王）还有袁世凯的孙女等人，搞了一份有关资产阶级生活方式，怎样吃喝嫖睹，婚丧嫁娶等方面的材料。經市工商联办公室，市委最后交至华北局李雪峰。李雪峰为什么把这样一个秘密任务通过天津黑市委交給王光英？这个"材料"对李雪峰有什么妙用呢？这些都是值得深思的問題。

河北黑省委对王光英之所在特别感到得天独厚，黑省委中的一小撮反革命修正主义分子也为王光英在省里搶了几个官职。对王百般抬举，希望能通过王光英增加一条通往刘少奇的道路。

自58年省市合并后，省委为王光英安排了省人委委员，政协常委，省工商联付主委等。由于有了这些职务，和省委官老爷的接触与联系也增加了。

刘子厚和王光英是很熟悉的，见了面总是裝得很亲热的样子。在1964年全国人代会期間刘子厚和万曉塘曾对王亲切的說："你要出国了！"原来，黑省市委、青联曾拟議王光英出国訪問柬埔寨担任团长。但由公安部不同意而最后被否决。但还未决定下来的事刘子厚、万曉塘就把消息透露給王光英，不惜违反制度来討好王。

64年冬天，刘子厚通知王光英到河北宾館开省人委委员会議，但王到后刘子厚对王說："召集一次省人委委员全体会議很不容易，今天就召集你們看看有些什么意见。"结果什么意见也沒提出来，刘子厚就請王光英吃了一顿涮羊肉了事。

63年人大会議期間，前門飯店服务员通知王光英說："王光美来看刘子厚了。"王光英听后就见王光美去了。王光美問王光英："有事嗎？"当时王光美、刘子厚等正在开会。后来在吃飯时刘子厚高兴的对王光英說："光美要到咱省来四淸蹲点了。"

65年人代会时，刘子厚特約王光美讲話。为了談話他們中途退出会場，談了半天。在談話之前王光英亦在場。可见刘子厚与王氏兄妹是不见外的，王氏兄妹的确为刘子厚增加了一条通往刘少奇的道路。

省委候补书記王路明一次去天津俱乐部见到王光英对王光英笑着說："光美在桃園蹲点，很有成績。最近还給三級干部作了报告，反映很好，她眞健談啊！"后来王光英把这事告訴了王光美，王光美很得意，忙追問是誰說的。王光英說是省委候补书記王路明。如此，通过王光英使王光美、刘少奇又增加了一个得意的信徒。

河北黑省委中的一小撮反革命修正主义分子如此抬举王光英，并不奇怪，他們本来就是刘少奇的追随者，是刘邓黑司令部的地方势力。他們长期以来积极推行刘邓黑司令部的黑指示。例如在治海河工程中，刘子厚执行的是刘少奇的"上蓄中疏下排"的指示，按这个精神按排了計划，修了几个大水庫都存在問題，一遇洪水人們就替它担心。閻达开这个刘少奇的信徒，张口少奇說，閉口还是少奇說。刘少奇的所謂"防修三条"总挂在口头上到处販卖。黑省委对刘少奇的"兩种劳动制度、兩种教育制度"奉若神明，到处宣揚。直到65年省人委开会时还大肆吹捧，但对毛主席的教育思想只字不提。在65年全国人大河北省的代表发言中，又是大談了"少奇的兩种劳动制度、兩种教育制度，半工半讀"等，与主席的教育思想大唱反調。由此看来河北省委中的一小撮反革命修正主义分子、王英光、刘少奇等都是一丘之貉。

天津黑市委是王光英的頂头上司，关系尤为密切。王光美也經常囑咐王光英說："有事向党汇报，多找地方党委！"对此王光英是牢牢的記在心里。

万张反革命修正主义集团的大头目万曉塘对王光英十分尊重，在每次市里开人代会时，万总是提出："今天的会光英主持。"

59年全国人代会时，万曉塘和王光英同住一室，万經常給王出主意，連王在大会的发言也是万曉塘帮助拟定的。王光英同天津后也大肆宣傳"万书記"和自己如何亲近："我和万书記住在一个屋里了。"

有一次王光英对安排他去劳动很有意见，亲自向万曉塘反映說："我将要去南开園林场半天劳动半天学习。"万听后装出又惊奇又体貼的样子說："我沒听說这事，是不是去还可以考虑。如果去，也不一定半天劳动，能劳动一个小时也好，二个小时也好。你劳动能創造多少劳动价植？我有一次劳动就把腰扭了，躺了好几天，这叫得不偿失！你如果去得注意身体啊！"

万曉塘的謀士李定（黑市委统战部付部长后任黑市委付秘书长，万张集团的干将）亦經常对王光英說："光英一年只要能抓一两件大事就行了。不要忙忙碌碌的，年令也大了，得加强修养工作。"

黑市委书記处书記王亢之见到王光英就作个"罗圈揖"总是小声的对王光英說："光英你好嗎？""有什么事来就找周茹他們。"

64年机关搞革命化时，反动資产阶級份子王光英作了所謂的革命化"檢查"。王亢之看了大为感动，对周茹說："光英可以这样检查，但对工商界不能要求这样高的水平，对工商界不能这样要求，不能要求过高、过急、过严。"

由于王亢之对王光英照顾得无微不至，致使王光美、刘少奇听了都很感动。在一次全国人大会上王光美让王光英指給她："哪位是王亢之书記？"

无产阶級文化大革命給刘氏党羽敲响了丧鐘。王光英这个反动的資产阶級份子感到自己的末日就要来了，內心十分紧张。为了寻求保护，多次向市委联系。66年6月份王光英去找周茹，周問王："最近去过北京沒有？"王答："沒有"。这时周茹迟疑了一会对王說："文化大革命工商界怎样搞，上边还沒有决定。先学习学习文件吧！把情况抓得及时些。"然后又問王："你对文化大革命有什么想法？"王光英就用整风反右的框框套了一下。周茹听后說："你可以思考思考，哪些人有問題，准备准备材料！"

八月下旬，紅卫兵小将走上街头，王光英吓得失魂落魄，急忙把自己的存折和定息折交市工商联組織处要求帮助轉移。而工商联党支部付书記忙請示统战部，部里决定收下，尚称"中央有指示以后再处理。"就这样把反动資本家王光英的"剝削錢"給保护起来。

八月二十三日，建联中学紅卫兵小将到工商联找王光英。黑市委慌了手脚，急忙和市工商联党支部联系，在市委统战部的指示下，由工商联組織处出面对王說："我們研究过了，你看怎么样，或者躲一躲……。"王正在犹豫之际这位处长又說："王培仁（市委常委，付市长）管这事，或問問他！要不問問周部长。"接着又說："要不明天就搬到工商联。"

就这样，第二天王光英就帶着半导体收音机，和从外国买来的折送式鬧鐘躲进了工商联的大楼里，逃避紅卫兵小将的捉拿。

八月二十五日王光英終于被紅卫兵小将从工商联大楼里揪出来游街示众了，眞是大快人心！

之后，王光英被轉到紅卫（原近化）化学厂劳动，在九月二十二日，王光英又找到了市統战部付部长李杰，并"訴了冤"。李杰对王說："群众、干部对你的批判，不是党对你的看法，党对你是有一定的看法的，你是革命的，运动后期会区別对待。要在近代化学厂好好劳动一段，千万不要与党有隔阂。"又說："运动嘛！你可不要对党有隔阂，你还得作作应伊利及小孩的工作！"

在这次史无前例的无产阶級文化大革命中，黑市委中的一小撮反革命修正主义分子仍然妄想包庇王光英过关，这不正暴露黑市委中的一小撮反革命修正主义分子是刘邓黑司令部的忠实走卒的眞面目嗎？

毛主席教导我們說："**阶級斗争，一些阶級胜利了，一些阶級消灭了。这就是历史，这就是几千年的文明史。**"刘少奇、王光英这些反动阶級的代表人物，終究逃脱不了人民对他們的惩罰；这是历史发展的规律所决定的！

天津工学院　紅卫兵（八·二五）《攻坚》战斗組
1967.5.3

刘少奇与王光美海滨罪恶之行

編者按：战鼓咚咚，炮声隆隆。正当全国掀起徹底批判党內头号走資本主义道路的当权派高潮之际，我天工"八·二五"一支小分队开赴渤海之濱——秦皇島市北戴河区草厂大队，調查了反革命修正主义分子刘少奇海濱罪恶之行。

刘少奇这个个人野心家和阴謀家，手伸得特別长，很擅长于进行"吃小亏，占大便宜"的政治交易。海濱之行也反映了这样一个側面。刘少奇短短几小时的訪問，散布了不少修正主义毒素，造成了极坏的影响。现將我們調查情况公布于众，共同批判，徹底肃清流毒。

当我們翻开五八年九月二十八日的秦皇島日报时，躍入眼帘的醒目大字标题是："領袖和社員在一起"，文中报道："八月三十日是北戴河区海濱人民公社誕生的第二天，也是全社社員終身难忘的最光荣的一天。刘少奇同志和他的爱人、子女全家加入海濱人民公社，并且把捷克斯洛伐克代表团訪問中国时送給少奇同志的一台无綫电收音机送給公社，做为少奇同志和他全家加入海濱人民公社的股分积金……。"（见附件之一）

情况眞是这样的嗎？中国头号走資本主义道路的当权派怎么会屈駕"光临"人民公社，出现全家入社的"新聞"？社員們眞的对这位所謂的"領袖""終身难忘嗎"？！史无前例的无产阶級文化大革命解开了这个"謎"，弥天的謊言被揭穿了！今天是恢复历史本来面目、徹底戳穿刘少奇这个伪君子的画皮，清算他反革命修正主义罪行的时候了。

海濱公社座落渤海之濱，紧靠聞名世界的避暑胜地北戴河休养所。那里背靠連綿大山，面向无际大海，山水相连，格外壮闊。夏日来临，气候凉爽，空气新鲜，整个避暑区南望碧波万里，岸边綠树成蔭，山上郁郁蒼蒼，风景甚是优美。北戴河草厂村就在休养区中，南靠海濱，（不到二百米）三面休疗單位环绕，距刘少奇所住的中央直屬机关休养所不到一华里。就是这个地方，在五八年人民公社化的高潮中难得的被刘氏选中，演出了閃电式的"劳动""入社"丑剧。

351

一、王光美裝模作樣，海濱出丑态

反革命修正主义分子刘少奇和資产阶级分子王光美这个臭婆娘，臭味相投，总是形影不离的，五八年八月王也紧随刘少奇，带着一帮孩子到了北戴河休养所。当时正是举国上下在三面红旗的鼓舞下，从城市到农村一派热气腾腾大跃进的局面，人民群众意气风发，斗志昂扬，工作中人們无不奋发努力，勤奋工作为社会主义貢献力量。王光美却悠閑自在，携儿带女避暑休养，眞是資产阶级的狗性难改！

为了适应刘少奇的不可告人的目的，八月下旬，王光美走出了中直休养所，美其名日到公社参加"劳动"，开始光顾这个就在他們眼皮下的北戴河海濱公社草厂大队。

以国家主席夫人目居的王光美参加劳动是很神气的。区区几华里的路程也要乘车而来。下地时臭婆娘和宝贝儿女們穿着考究的衣服、戴着时髦的凉草帽，騎红红綠綠、大大小小各式各样的进口自行车，飞馳而来，不知內情者眞以为是到海濱的演出队，眞是洋相出尽。

臭婆娘王光美所謂"参加劳动"每天只来半天，每次"劳动"实际干不到两小时，干些翻薯秧、拔草等輕松活計，就此也忙坏了随行人員。一次下地拔草，一位秘书告訴王光美的孩子說："你也沒把草拔干淨呀！"她的孩子竟恬不恥地說："我拔干淨了还带你干什么！"一句话道破了他們"劳动的眞情，他們的"劳动"是假，盗名窃誉是眞。为刘少奇日夜薫陶的人都是很精通"吃小亏，占大便宜"之道的。

目睹他們"劳动"的社員說："一眼看去，就不象是劳动的，倒象是資本家的臭太太、小姐。"这是贫下中农对他們"劳动"客观的評价，这是贫下中农对王光美在海濱裝模作样丑态的好鑒定。

二、刘少奇政治投机，野心勃勃

繼臭婆娘王光美草厂出丑之后，刘少奇出场了。八月三十日下午草厂村突然紧张起来，村里、村外、田野、沿路保卫人員大量增加，下午三点左右刘乘高級車来到村边，下了车，从小道鬼鬼祟祟进到村里。

刘少奇昂头挺肚，迈着四方步走在最前面。妖妇王光美紧贴右臂伴随，逢人便嬌声嬌气的赶忙介紹："这是少奇同志！"唯恐別人怠慢这位"尊貴的"刘大人。后面跟着秘书，保卫人員背着照像机，拖着电影摄影机的记者們，一行队伍浩浩蕩蕩，好不"威风"。

刘少奇受到队干部隆重迎接之后，边听汇报，接着按予定路綫，一行队伍前呼后拥向予定的劳动地点走去，在路上刘还不懂装懂地說："你們这儿都是黃土地，掺些沙子好不好？"（按：粘土才掺沙子）当众出了丑。刘到了地里半个多小时的翻薯秧、便匆匆返回村庄，又走訪了两家社員，历时不到三小时，反革命修正主义分子刘少奇便結束了訪問人民公社、全家入社、参加劳动的非常"隆重"的全部活动，实现了所謂給乎社員"終身难忘的最光荣一天"的"創举"。

八月三十日的"闪电"行动，对于一向不关心农村，为富农經济大唱贊歌、拼命反对农业集体化的刘少奇，的确使人比較費解。原来，五八年在大跃进的凱歌声中，农村人民公社这个共产主义組織形式的萌芽，在伟大的祖国誕生了。我們伟大的領袖毛主席及时发现了这个新生事物，在他老人家的亲切关怀和大力倡导下，人民公社象雨后春笋，蓬蓬勃勃地发展起来，一个人民公社化的高潮迅速形式。八月二十九日，中共中央正式通过了"关于农村建立人民公社問題的決議"，決議中指出："……人民公社，將是建成社會主義和逐步向共產主义过渡的最好組織形式，它將發展成為未來共產主义社会的基层單位"。一貫擅长于政治投机的刘少奇，尽管他內心里对人民公社百般仇恨，此时看到大好的趋势，人心所向，意識到人民公社巨大影响，也要乘机捞一把，这就是八月下旬臭妖婆王光美草厂"劳动"和"关于农村建立人民公社問題的決議"通过后第二天刘少奇海濱之行的政治背景。

臭名远扬"吃小亏占大便宜"的創始者刘少奇在海濱又一次实踐了自己的"哲学"，一貫喜欢用洋货送礼的刘少奇这一次又付出了"代价"，这就是用侵貪的捷克送来的礼品，作为他自己的"股分积金"贈給了公社，王光美还在信中还吹捧修牌的收音机"质量不錯"（见附件二），眞是恬不知耻！按照刘贼的打算收益是巨大的。

（1）报紙、电影、展覽舘四处宣揚刘少奇海濱之行，替刘少奇贏得了"領袖"的桂冠，为实现篡党、篡軍、篡政的野心，大作興論准备。

（2）"全家入社"换来了"关怀"人民公社巨大影响。

（3）刘少奇、王光美在风景如画的北戴河虚张声势，应付五七年中央規定的干部参加劳动的规定。逃避了必须参加的体力劳动。

反革命修正主义分子刘少奇如意算盤打的是够妙的，但是权术是长不了的！用毛泽东思想武裝起来的革命人民骗不了！今天刘少奇反革命的罪行赤裸裸暴露在光天化日之下，他的丑恶灵魂已暴露无遗了！

三、大肆散布修正主义毒素，腐蝕群众革命意志：

反革命修正主义分子刘少奇到草厂村，不宣传毛泽东思想，不谈轰轰烈烈的大躍进，对于在人民公社化高潮中誕生的海濱人民公社的社員，也不讲人民公社，甚至在全部和群众接触中，一次也没有提到伟大的領袖毛主席，只听到王光美喋喋不休地說：少奇同志怎样怎样。看！刘少奇的心目中哪里还有毛主席！他頑固地反对毛泽东思想的反动嘴脸不是昭然若揭了嗎？！

在談話中刘少奇大力宣揚物质享受，說什么"我們搞好生产，使粮食吃不完，衣服穿不完，糖也吃不完！""社員肉吃得太少，叫社員吃得好点嘛！""你們这里风景很好，以后，你們社員房子也要和休养所一样，住房也不花錢了。"极力散布不切实际的幻想，宣揚好逸恶劳地說："咱們还得苦干三年，三年以后，就不用这样苦了，我們就要念书了，十年以后就都成了大学生了。""三年以后，吃饭也不用花錢了，穿衣服也不花錢了，住房子也不花錢了。""今后每一个人，不只是一千斤粮食問題，今后社員吃饭也不要錢。"还說什么：大小人口平均每年吃一百斤肉够不够？""每人一年十斤棉花够不够？"等等、等等。

試問：刘少奇！在全国人民发奋图强、艰苦奋战、力争尽快改变祖国一穷二白面貌之时，大力宣揚物质享受，大讲特讲"吃的好点"，住"休养所"，做"大学生"，目的何在？要把人們引向何处？正当全国人民意气风发、斗志昂揚、共产主义风尙高漲之机，大搞物质刺激，什么"三年后，就不用这样苦了"，大讲要錢"不要錢""够不够用"，用心何在？搞的是什么鬼？

說穿了，刘少奇这一套，就是赫禿子的"土豆燒牛肉"，就是勃日列涅夫，柯西金的卢布挂帅"。他們是一丘之貉！贩卖的都是修正主义黑货。

刘少奇这个修正主义的徒子徒孙，也有"青出于兰"之处，他有一套从理论到实踐的

"吃小亏，占大便宜"的本事，善于施舍小恩小惠，攏絡人心，在草厂大队刘少奇忍痛割爱"贈送"的捷克收音机，每人送香烟一包，吃葡萄"不用記工分了"，（传：刘少奇真不知天下有羞恥事！）都是具体的体现。刘少奇从头到脚浸透了修正主义毒素，浑身散发出资产阶級腐朽的臭味！

四、大搞欺騙宣传

刘少奇这个野心家，所到之处，都要留影紀念。个人活动也要报导，广树自己的威信。跟随刘少奇这次出訪，記者一大邦，每到一处，都要一照、再照。臭婆娘王光美更是上窜下跳，出謀划策，选择镜头，丑态百出。后来当草厂大队負責人到北京汇报工作，提出要像片到唐山农展館展覽时，刘、王二賊压抑不住內心的狂喜，刘少奇不作答，臭婆娘王光美半推半就的說："我們入社劳动，还給我們展覽呀！……行啊！等几天再取吧！我給你們洗几张去，好不好？"结果，放出二尺寬，一尺半高的大型照片三张，让送去展覽。后又以王光美的名义随收音机寄去29张照片广为宣传，与此同时，反革命修正主义分子刘少奇的爪牙利用其操纵的宣傳陣地，在秦皇岛日报，河北日报为刘少奇海濱之行大搞欺騙宣傳，这是刘少奇为篡党、篡军、篡政大作輿論准备，这是刘少奇狼子野心的大暴露！

刘少奇，王光美草厂大队之行，完全暴露了他們反革命修正主义的丑恶咀臉，今天，濱海区貧下中农起来了开除了这两个狗男女的名誉社員，他們义愤填膺，愤怒控訴刘王二賊在草厂犯下的反革命修正主义罪行，让渤海之濱革命风暴来的更猛烈吧！我們无产阶級革命派，高举革命的批判大旗，奋起毛泽东思想的千钧棒，把中国的赫魯曉夫——刘少奇打翻在地，批倒斗臭！彻底肃清刘少奇修正主义流毒，建立一个光焰无际的毛泽东思想的新世界。

天津工学院批判刘邓联絡站

赴北戴河調查組《攻坚》战斗組

一九六七年五月一日

附件一：

一九五八年九月二十八日秦皇岛日报的有关报导

領袖和社員們在一起
刘少奇同志全家入海濱人民公社

本报記者俊青、益庭报道：八月三十日，是北戴河海濱人民公社誕生的第二天，也是全社社員終身难忘的最光荣的一天。刘少奇和他的爱人、子女全家加入海濱人民公社，并把捷克斯洛伐克代表团訪問中国时，送給刘少奇同志的一台无綫电收音机送給公社，做为少奇同志和他們全家加入海濱人民公社的股份积金。……

……少奇同志說：今后我們领导干部每年也要在公社参加一定时間的劳动。他还諄諄的嘱咐社員：你們一定在党的领导下，繼續苦战三年，三年以后，我們国家的社会生产力将会大大发展，那时候我們就会有大批机器耕地了；每年生产的粮食、猪肉、糖吃不完，衣服穿不完，人們的劳动时間将会大大縮短，学习时間也就多了。

在少奇同志来到海濱人民公社参加劳动以前，少奇同志的爱人王光美同志和他的孩子平平、丁丁、濤濤已經連續在社里参加了将近二十天的劳动。……九月中旬，社里收到了王光美同志的来信（全文另发）和少奇同志从北京寄来的一台无綫电。

附件二

臭婆娘王光美給給海濱公社負責人的信

杨少洲同志:

你們好!

八月三十日,当少奇同志到海燕社参加劳动的时候,曾和你們說,他愿意送一台无綫电收晉机給你們,作为少奇同志及我和孩子們加入你們公社的股金,当时,曾經取得你們的一致同意。现在,特送上收晉机一台,这是捷克斯洛伐克出品,是过去捷克斯洛伐克代表团访問中国时,送給少奇同志的,质量不錯。

在我們一起劳动时,我曾經給同志們照了一些照片,洗印出二十九张,請分給有关同志和小朋友。請代問同志們,我就不一一給他們写信了。

平平、丁丁、濤濤問候你、蔡阿姨、馮叔叔、李叔叔和I叔叔、阿姨、小朋友們!

祝你們获得秋季丰收,并予祝你們明年获得更大丰收!

敬礼

王光美　　　1958年9月7日

刘少奇在西貨场现形記

前　　言

党內头号走資本主义道路当权派刘少奇,为推行反革命修正主义路綫,实现資本主义复辟,极力争夺天津这个重要陣地。一九六〇年中国的赫魯曉夫刘少奇頂着"国家主席"的招牌,打着"視察"工作的旗号,在天津到处乱窜到处放毒。刘少奇在西貨场的"視察"就是他反对三面紅旗,大搞資本主义复辟的鉄証。刘少奇在西貨场"視察"的眞相,充分暴露了刘少奇反革命修正主义的眞面目。

一、劳民伤财的准备工作

中国头号走資本主义道路的当权派为达其不可告人的政治目的,他到处招摇撞骗,想尽种种手段来抬高自己的身价骗取群众的信任,为自己的阴謀复辟捞取政治資本,而天津的黑市委万张反革命修正主义集团同他是一丘之貉,为了依附这个大野心家,更是想方設法的要巴結这个"大人物"。60年3月刘少奇視察西貨场足以說明这班狼狽为奸的家伙們搞了些什么勾当,眞是有其主而必有其奴。

慷国家之慨,博主子之欢

西貨场本来是专門卸煤,装货的场所。平时只要微风一吹,到处揚起一片煤末。在场工作的工人师付总是满臉的煤渣,连耳朵眼里也灌满了煤屑。毛主席說过:"我們应該深刻地注意群众生活的問題,从土地、劳动問題到柴米油盐問題。……一切这些群众生活上的問題,都应該把他提到自己的議事日程,应該討論,应該决定,应該实行,应該检查。要使广大群众认识我們是代表他們的利益的，是和他們呼吸相通的。"可是从西貨场的官老爺們，到天津市委由张淮三直接控制的工交口，他們把工人同志当作旧社会的奴隶一样来使喚，而对工人的福利条件一概不管。可是突然在60年3月的一天，西貨场的"領导們"在天津市委、鉄路分局、东站站党委的敦促下，大事布置和打扫了西貨场，动员了大批工人在下班后一律义务劳动二小时打扫场內卫生，这样一直打扫了半个多月，当时的要求是场內不能有一根稻草，一块石头，散磚之类的东西。百余名36中，24中的学生每天来平整路面，連鉄路医院的大夫护士也利用政治学习时間前来扫除。抽調80人以学技术为名，半天学习半天扫除，有的地方高低不平，都要掘开，用黃土壤好，連草根子也要拔掉，另外还提前抽調了大批生产人員，脫产大搞宣傳，从东站派来了四个画家帮助美化西貨场的办公室、礼堂。有一个为了画画，竟十多天沒有回家。大搞喷浆，刷花，要求达到客厅化。还特地从河东区卫生局联系来几輛大型洒水车，連續喷水三天三夜。由于喷水车的载重量太大，上下路基顛动剧烈，造成汽车机器損坏。后来又借了地毯，买了大批红布作横幅，大量的高級烟卷，茶叶，从东站拉来了专門接待貴宾的江西瓷。刘修来前，西貨场已布置成一片彩旗的海洋，大幅标語写着"欢迎中央首长来天津西貨场視察指导天津站工作"，"感謝刘主席的关怀"，"欢迎刘主席的視察"，礼堂里挂滿了山水风景画，窗帘，地毯，沙发，高級烟茶样样俱全，还洒了香水。为了这次視察，所作的准备，据統計，买了六、七匹红布，70面彩旗，大量紙张。这些紙一直到64年才用完。红布到现在还留着。还赔偿了清潔队一輛洒水车的机器。现在我們才恍然大悟，正因为刘少奇的"修"是出了名的，所以其爪牙才不惜一切工本，絞尽了脑汁以求得其主子刘修的欢心和賞識，真是物以类聚，人以群分，一丘之貉。

为保主子狗命，貨场戒备森严

为了刘少奇的所謂"視察"，可忙坏了万张的一些爪牙們。在参观前几天，由交委办公室付主任×××通知在宁园开筹备会。参加的都是市委工交部办公室主任，交通局付局长，鉄路系统的党委付书記，河东区公安局局长等。在会上专門研究了参观项目，介紹人，保卫工作等。尤其是保卫工作，更是詳細。連西貨场之外马路上的保卫都考虑在內了。本来西貨场的貨物运輸全国，任务是很紧张的，只要是紧张的，只要西貨场的生产停頓一会，就会給全国的生产带来很大的損失，可是为了这个老混蛋的狗命，天津黑市委真是煞費苦心。

在"視察"的这一天，鉄路正綫全程断絕交通，机车庄火，生怕机车的煤烟熏坏了这个老爷。而西貨场里更是草木皆兵，如临大敌，全场一切作业全部停頓，场內鴉雀无声，派出所人員全部出动，另外还有大批便衣保卫人員，这与肯尼迪为保其狗命，上街时前呼后拥，层层戒备有什么区别呢？

二、瘟神降临"临时监狱"

六〇年三月二十七日那天，西貨场內外戒备森严，一切正常的工作都停止了，场內雅雀无声，各项操作表演都准备就緒，车皮摆好了准备刘一到即操作。原来貨场的工人們，在黑省市委的蒙騙下披星戴月加班奋战已达半月之久，都迫切地想看看到底是那位国家領导人来西貨场，然而事与愿违，黑市委和站党委下达命令，下班的一概离场，当班的工人均让提前解好大小便，分别被关进工人休息室，不准出来，屋外还設岗哨监視，为什么会这样呢？这是因为这位"剥削有功"論者——反革命修正主义分子刘少奇最害怕接近工人。

九点、十点……一个上午过去了，这位瘟神还没有来，原来刘修和王光美昨晚看戏晚了，早上十点还起不来，好一个"国家主席"真是不折不扣的资产阶级老爷派头。

群　丑　图

下午三点左右，十几辆新型流线型小卧车驶进了西货场，中国的赫鲁晓夫刘少奇，带着臭名远扬的臭婆娘、公子、小姐、保姆，全家在黑省市委的陪同下进行"视察"。刘修和反革命修正主义分子万晓塘坐了第一辆车、第二辆车是臭婆娘王光美和公子、小姐，大批的摄影师，记着围绕着这邦魔鬼大作文章，大抢镜头，为这位中国的赫鲁晓夫树碑立传（不久之后就上映了电影《刘主席视察天津新闻》），臭婆娘王光美身穿黑呢大衣肩挎一个小皮包，上窜下跳。陪伴着刘修来"视察"的黑省市委一小撮反革命修正主义分子林铁、刘子厚、万晓塘、张淮三、樊青典等，在其主子面前奴颜婢膝，大显殷勤。前呼后拥地来到布置的"富丽堂皇"的接待室。

接待室内的丑剧

由于这位刘修的臭架子和威风，人们都非常紧张，连服务员都楞了神。臭婆娘王光美为"刘克思"耽心别累着！慌忙发了言："大家不要拘束，都坐下坐下！"也显示一下她的"身价"。

铁路负责人向刘少奇作了汇报，这位"国家主席"不注意听，却不懂装懂地问："西货场吞吐量有多大？"这吞吐量一词原来不是铁路货场术语，这下可叫临时降作货场主任的站长傻了眼，答不上，直冒汗。臭婆娘一看事情不妙，急忙为"刘克思"解围，可又想不出说什么好，只好帮腔说："沉住气，别紧张！慢慢说，"刘、王的双簧真是令人作呕。

党内头号走资本主义道路的当权派，满脑利润挂帅，根本不提无产阶级政治。在座谈时，只问些"提高效率多少？""减少人多少？""降底成本多少？"……只字不提阶级斗争，也不问装卸工人的生活、政治情况等。

尽管接待室里准备的都是高级烟、茶，但刘修也认为很危险，臭婆娘王光美始终没敢让刘少奇喝一口水，生怕毒死这位"刘克思"。

刘少奇父子金口

二十多分钟的参观现场，就是走马看花。为了适合刘少奇的胃口，特地指定表演机械操作的都不穿工作服，穿上节日的服装，个个刮脸理发，尤其是卸煤工人，故意穿上"白大褂"，以显示"高度"机械化。

这个党内头号走资本主义道路的当权派，对技术革新一窍不通，却指手划脚，胡说八道，如在看电铲表演时说："双人电铲不如单人电铲好。"又说"吊杆效率低，应该搞溜滑化。"……凡是从刘狗咀里吐出的每一句话，都被黑市委奉若"圣旨"。刘少奇小孩由于受其父的熏陶满脑子"高精尖"、"自动化"，竟然也提出了"建议"，那邦黑狗也当场吹捧并决定照办。

这个自称中国数一数二的"刘克思"，摆出"至高无上"、说一不二的架势是不奇怪的。他想的是骑在人民头上当官作老爷，难怪其子也有所"继承"。那帮连刘狗放屁也香的黑省市委的混蛋们，就象领皇上圣旨一样，无条件执行刘狗的种种黑指示，以致流毒全国。

现　场　丑　态

在参观中，黑省市委中一小撮反革命修正主义分子百般照顾他们的主子，唯恐发生意外。

在过铁道时，反革命修正主义分子林铁，怕刘狗摔着，亲目挽扶这条老狗，大献殷勤，可謂肉麻！

車站站长李浩在前边引路，不注意擋住了摄影师的鏡头，这下惹火了反革命修正主义分子林铁，上去把李浩推到一旁，并狠狠地斥責了一頓，才算了。这群混蛋为了爭一个鏡头，不惜付出吃奶劲，可见这次觅察后面是搞的什么鬼了！

才轉了二十多分鐘，这帮官老爷就感觉乏味了，更主要是怕累着这个"刘克思"，反革命修正主义分子万曉塘看了看表便說："已五点了。"刘狗馬上会意了，于是一群黑狗簇拥着黑主子、黑妖婆匆匆上車走了。（上車还有专人护着刘狗的腦袋，生怕撞坏了这个狗头）

送走了瘟神，工人才恢复了自由，解除了禁閉，老工人气憤地說："我們这些扛了几十年活的老工人犯了什么罪，旧社会官老爷来了让我們迴避，刘少奇比以前的老爷还厉害，連門都不让出！"

三、彻底批判和肃清刘少奇在西貨场的流毒

1．流毒全国的黑指示：

刘少奇到西貨场"觅察"之后，不几天就溜回北京了，为了显示堂堂"国家主席"对西貨场的"关怀"，張張他的威风，刘少奇通过他的爪牙呂正操下达了五道黑指示，大肆攻击三面紅旗，极力宣揚其修正主义生产方式，妄图实行罪恶的資本主义复辟。这五条黑指示是地地道道的反毛泽东思想的黑綱领，它公然和毛泽东思想、和三面紅旗相对抗，是刘少奇在鉄路系統推行修正主义路綫，实行資本主义复辟的宣言书，我們要坚决把它批倒批臭，肃清它的一切流毒！

① 不突出无产阶級政治：

毛主席教导我們說："**政治工作是一切經济工作的生命綫。在社会經济制度发生根本变革的时期，尤其是这样。**"

而在刘少奇五点指示中，只字不提突出无产阶級政治，把业务提到第一位，企图**抹**杀两个阶級两条道路的斗争。中国的赫魯曉夫刘少奇却大唱阶級斗争熄灭論，把他揀来的一套装卸法視为解决鉄路运輸的关键。

② 抵毀三面紅旗。在毛泽东思想和三面紅旗的光輝照耀下，鉄路职工**掀**起了轰轰烈烈的群众技术革新运动，工人同志敢想、敢干，因陋就简，创造出許多奇迹。西貨场的工人师付也不例外，他們在散装貨物的装卸上创造出很多性能良好的机械化设备。毛主席教导我們說："**除了党的领导之外，六亿人口是一个决定的因素。人多議論多，热气高，干劲大。从来也沒有看见人民群众象现在这样精神振奋，斗志昂扬，叠气风发。**"而党内头号走資本主义道路的当权派刘少奇眼里根本沒有群众，对工人群众的创造不感兴趣，却大吹什么"滑溜化"，以推行滑溜化为名，行砍杀鉄路工人大跃进创造成果之实。

2．借"东风"

反革命修正主义分子刘少奇的这次"觅察"非同小可，把黑市委一小撮反革命修正主义分子及其瓜牙們弄得神魂顛倒，玩命地为其主子效劳。

当天送走瘟神后，黑市委負責人立即在接待室内回忆核对刘狗的各项口头"指示"，企图尽快地貫彻刘狗的指示，以博得主子刘狗的嘉奖。当即作出二项紧急决議。

①刘少奇說："單人电鏟好，可以改單人的"。限你們三天把双人电鏟改完。

②西部二綫裝車要改成自動綫，这是刘少奇小孩提的，突击改出来限三天完成。

这两项是純屬脫离实际的措施。五谷不分四体不勤的**刘氏父子**一言金口，說到就得办到，結果改电鑕后，單人电鑕效率不好又不安全，浪費了大量国家資材和人力，工人不願用，后来又改回来了。

至于，刘狗小孩提的把裝車改成自动綫問題，被西貨場小工厂的工人給抵制了。只作了一台自动少先吊車，**摆摆样子**，也根本不能使用。

天津站党委的老爷們甚至在大会上恬不知恥地說："要借刘少奇来視察这个东风！"有的幷散布謬論說"技术革新要搞冷門的，搞出成績再把刘主席請来。"以此来刺激工人群众的干勁，可见赫鲁少奇的流毒之深，这根本不是什么"东风"，而是西风，我們必須清算、肃清。

3．刘少奇的"滑溜化"：

刘少奇无視工人群众的創造，竟將毫无基础的"滑溜化"强加于工人群众。为了实现所謂"滑溜化"，在黑市委的領導下，全力以赴，全市八方支援。

为了早日完成西貨場的任务，市委工交部苏明，天鉄办事处范××等亲临现場指揮，挖滑溜仓（长70米、寬4米、深2米）每天几十人劳动，干了近六个月时间，当时要錢有錢，要料有料，要人有人。可是工程完畢不实用。下雨后成了大水坑，工人叫它"养魚坑"。就此，这个貨站白白报廢了，損失之大，可謂惊人。最根本的是沒有群众基础。

另外还有高架滑坡、滑地溜子等都是不切实际的，使国家的数吨鋼材变成了廢鉄，这笔賬必須向罪魁禍首刘少奇清算！

反革命修正主义分子刘少奇的"滑溜化"终于以失败告终，它給西貨場以及全国各地帶来了极大危害，西貨場工人群众的技术改革的积极性受到了极大的摧残。曾经为全国学习的标兵之一，就此下降了。这就是刘狗在"視察"背后所搞的罪恶勾当。必須清算刘少奇在西貨場犯下的罪行！

4．"花園化"、"客厅化"、"噴霧化"——修正主义的典范

在刘少奇"視察"流毒影响下，在西貨場刮起了一陣又一陣的妖风，搞什么"花園化"、"客厅化"、"噴霧化"，这难道是改善裝卸工人的劳动条件嗎？不，这是一付腐蝕剂，企图把社会主义的貨場引向修正主义道路，培养"修养"式的貨場，我們必須加以批判和揭露。

西貨場主要是裝卸煤、灰、砂、石的，因此，在这样的作业場合，不适于种花，官老爷們却計划撤消西部二綫，搞大花園，噴水池子，……为了"花園化"竟不惜国家 運輸受損失，这是十足的修正主义，裝卸工人根本顾不上观尝，說穿了是为了供一小撮官老爷观尝罢了。工人說："貨場不卸灰就卸煤，沒风也沫屑弥漫，花木种上别說不活，即使能活得了，也保不住颜色，卸灰就白，卸煤就黑。"在工人抵制下"花園化"未能得逞。

"客厅化"也是刘狗在西貨場流毒表现之一。局站党委的官老爷們为此要弄花招，欺騙工人，利用高奖金引誘工人，然后又从奖金中扣款用来布置工人休息室，购买了电表、塑料台布、床單、茶具、日光灯、刷墙的大白、……甚至刷墙的白面也让工人从家里拿，事后在全場大树标朴，让各班組都搞"客厅化"，企图以和平演变手段腐蝕工人阶级，工人們堅决抵制了这一修正主义貨色。

"噴霧化"美其名是照顾工人身体健康，其实不切合实际，消不了尘，按了管之后就廢了。

"花园化"、"客厅化"、"噴霧化"是徹头徹尾的修正主义貨色，是"刘毒"的具体表

现。这些个"化"根本不代表工人阶级利益。用毛泽东思想武装起来的工人阶級，終于抵制了这些"刘毒"，使之未能进一步泛濫。

結　束　語

　　这就是刘少奇以視察为名,抵毁三面紅旗,实行資本主义复辟之实的鉄証,視察是假，放毒是眞,刘不满足于对黑省市委的控制，还亲自下到基层散布毒种，毒害工人阶級，危害社会主义企业，为資本主义复辟鳴鑼开道。其狼子野心何其毒也! 我們必須高举革命的批判旗帜，批倒批臭这个党內头号走資本主义道路的当权派刘少奇，并徹底肃清他在天津的流毒!

　　打倒党內头号走資本主义道路当权派刘少奇!

　　彻底批臭刘氏黑修养!

　　战无不胜的毛泽东思想万岁!

　　我們心中最紅最紅的紅太阳毛主席万岁! 万岁!!万万岁!!!

天工　八·二五　《追穷寇》

1967.5.4

刘少奇的"两种教育制度"
究竟是什么貨色?

　　党內头号走資本主义道路的当权派刘少奇是一个地地道道的个人野心家，是中国的赫鲁曉夫。他在政治上陰謀篡党、篡政、篡军；在經济上推行資本主义的經营方針；在思想战綫上大肆贩卖修正主义，恶毒地反对毛泽东思想，为資本主义复辟大造舆論准备；在敎育战綫上，他瘋狂地对抗毛主席的敎育路綫，竭力推行一套修正主义的敎育路綫!

　　近几年来，这个党內头号走資本主义道路的当权派，在敎育工作上，为了反对敎育革命，反对毛主席的敎育路綫,实现其資本主义复辟阴谋,提出了修正主义的敎育主张——"兩种劳动制度，兩种敎育制度"。并到处游說，推銷他的黑貨，鼓吹什么"兩种劳动制度，兩种敎育制度"是反修、防修、防止資本主义复辟的根本措施之一。

　　刘少奇为了更好地貫徹他的主张，为了与毛主席分庭抗礼，积极进行組織准备，公然要成立"第二敎育部、敎育局"。使这个党內走資本主义道路的当权派的黑主张得以貫徹，在旧中宣部、旧敎育部的反革命修正主义分子陆定一、杨秀峰、蔣南翔、何伟之流的卖力推銷下，一时刘氏的"半工半讀"象瘟瘤一样漫延，流毒很广，遺毒很深。

　　但是，人們要問，刘少奇所兜售的"兩种敎育制度究竟是什么貨色? 为什么刘少奇在64年跑到天津、济南、上海、武汉、广西等十三个地方游說? 为什么刘少奇竟又吓唬别人說: "誰反对（刘氏的）半工半讀，就是反对社会主义，反对共产主义，反对消灭三大差别?"为什么黑帮分子彭眞、陆定一、林楓、蔣南翔和何伟之流在刘少奇抛出"兩种敎育制度"之后，便搖旗吶喊，叫嚷教育工作"方向明了，路于寬了，办法多了，教育办活了。"

　　难道刘少奇的"兩种敎育制度"眞的象他們所吹捧的那样嗎? 不! 絕对不是，这只是企图給他的修貨披上紅色的外衣罢了。

因此，必須撕开他的画皮，透过其现象，看清它的本质！

一、为什么要抛出"两种教育制度"？

（1）为了对抗毛主席的"春节指示"

八届十一中全会公报中明确地指出："毛泽东同志是当代最伟大的馬克思列宁主义者。毛泽东同志天才地、創造性地、全面地繼承、捍卫和发展了馬克思列宁主义，把馬克思列宁主义提高到一个嶄新的阶段。"

同样，毛主席的教育思想，也使馬克思列宁主义的教育理論在当代提高到一个嶄新的阶段。

1964年春节，毛主席对教育工作做了极为重要的指示，提出了学制、課程、教学方法、考試方法都必須进行改革，毛主席認为："**现在的学制太长，要縮短，課程要砍掉一半，教学方法不甚得法，考試以学生为敌人进行突然襲击，是摧残人材，摧残青年，害死人。**"毛主席这一重要的指示是具有伟大的历史意义的。全国各大专学校的广大革命师生在听了毛主席的"春节指示"的傳达报告以后，方向更明了，并且立即掀起了一个教育革命的新高潮。正是在这个时候，即在同年四月份，党內头号走資本主义道路的当权派刘少奇为了貶低毛主席的"春节指示"的伟大意义，为了对抗毛主席的指示，妄图与毛主席分庭抗礼，于是就迫不及待地抛出了"两种教育制度"的主张，胡說毛主席的"春节指示"只是改革全日制学校的具体措施。他在一次中共中央政治局扩大会議上，說什么："全日制学校的改革也要抓这个問題，毛主席在春节时就提出来了，还没有解决，請高教部、教育部准备，如何改革再开一次会，看不准千万不要瞎指揮。"并叫嚷：要"抓半工半讀""就是要造成一个形势，将他們的軍，逼着全日制改革，非改不行"。

这是什么意思？！他在这里的意图不是很明显嗎？他惡毒攻击毛主席的"春节指示"并没有解决全日制的改革問題，而且是"瞎指揮"，因此，刘少奇的"两种教育制度"的主张不就是企图将主席的"春节指示"的軍了嗎？眞是猖狂以极！

（2）反对突出政治，鼓吹智育第一

毛主席教育思想的出发点，就是在社会主义社会教育战綫上还存在着尖銳、复杂、严重的阶级斗爭，存在着无产阶级与資产阶级爭夺领导权的斗爭，存在着无产阶级与資产阶级爭夺青年一代的斗爭。因此，毛主席教育思想的核心就是突出政治，以阶级斗爭为綱，就是用毛泽东思想教育人，改造人，促进人的思想革命化。

圍繞这个核心，毛主席早在1959年就提出："**我們的教育方针，应該使受教育者在德育、智育、体育几个方面都得到发展，成为有社会主义觉悟的有文化的劳动者。**"这是最全面、最完整而又最正确的馬列主义的教育方针。

但是党內头号走資本主义道路的当权派刘少奇却不是这样，他所提出的"两种教育制度"极力歪曲和篡改毛主席的教育方针。他在65年的全国半工半讀会議上，說什么"半工半讀学校"要培养有社会主义觉悟，有文化科学知識，有技术，有实际操作能力的新型劳动者。""我們的目标应当培养能当干部，当技术員，当工程师的水平。"

請看！这不是明目张胆地篡改毛主席的教育方针又是什么？！他把主席的教育方针的德、智、体全面发展的要求删掉了，而只强調智育，只强調"文化科学知識""实际操作技能"。

很明显，刘少奇提出的教育方針是与毛主席的教育方針背道而驰的。他根本不提阶级斗争，不提突出政治"不提德、智、体的全面发展，而是强调业务，不要政治，并且片面强調了生产劳动的作用，說什么"半工半讀，半农半讀本身就是阶级斗争。""只要参加了生产，思想問題解决了，不通的事情就通了，麻煩的事情就沒有了。"就能成为"旣能腦力劳动，又能体力劳动的新型劳动者"了。因此，他抓半工半讀只抓学制、課程、教材、教師培訓等业务試驗，强调在制度上逐步"定型"，逐步建立体系。这就抹刹了教育战綫上的阶级斗爭、两种教育思想、两条教育路綫的斗爭。

如果沿着刘少奇的修正主义教育路綫走下去，那怨不可能培养出无产阶级革命事业的接班人，而只能培养出所謂有劳动技能的資产阶级知識分子，这就必然使青年走上資本主义、修正主义的邪路，为其篡党、篡政效劳，其用心何其毒也。

（3）取消教育革命，維护旧的教育制度

毛主席着重指出："学制要縮短，教育要革命，資产阶级知识分子統治我們学校的現象再也不能继續下去了。"

这就是說，必須大破旧的教育体系，大立新的无产阶级的教育体系。毛主席的伟大号召象一声春雷激动着亿万革命師生的心。但是，却受到党內头号走資本主义道路当权派刘少奇的极力反对。他为了反对教育革命，妄图維护旧的教育制度，爭夺青年一代，因此提出"两种教育制度"的主张，借"改革"之名，行維护旧教育制度之实。他一方面大肆鼓吹"半工半讀的"优越性"，但又强调"慎重"，必須經过"五年試驗，十年推广""发展不能太快"。另一方面对全日制口头上也大喊要"进行改革"，实际上却按兵不动，叫嚷什么："全日制学校也是需要的，还得好好办""大概要搞一百年、二百年、三百年"，并說什么"等到半工半讀大、中、小学大量办起来了，而且办好了，全日制就可以縮小"，对于学制年限，刘少奇又說："不能规定死为几年，要规定总学时，学完就行，年限可长可短，三年可以五年也可以。"叨唠了半天，就是沒有触及旧教育制度的实质，沒有提出教育要徹底革命，还是老一套。因此，刘少奇所以要提出"两种教育制度"不是为了教育革命，而是取消革命，为了篡夺无产阶级在教育战綫上的领导权！企图把我国教育事业納入修正主义的軌道上去，让資产阶级知識分子統治我們教育的現象长期继續下去！

二、刘少奇的"半工半讀"的来源。

刘少奇提出的"两种教育制度"是自己的"发明創造"嗎？不是！那么刘少奇所大力推行的所謂"半工半讀"究竟来自何处？原来刘少奇的"半工半讀"只不过是改头换面的美国貨。

一九五七年！十一月八日，中文版的"参考資料"轉載了一篇文章，内容是："美国大学生有三分之二半工半讀"。这篇文章是蒋匪帮的中央日报从美国"大众科学"杂志翻譯过来的。刘少奇看到后，如获至宝，馬上兴致勃勃地批示："此件送团中央一閱，中国是否可以个别試办，請你們研究"。

从此以后，刘少奇便大肆宣传，把从美国捒来的破爛貨"半工半讀"巧裝打扮，加上几句革命的詞藻正式出籠了，提出"两种教育制度"的主张。

美国牌的"半工半讀"所以引起刘少奇的兴趣，并沒有什么奇怪，因为他在旧社会曾經尝过資本主义这一套的所謂"甜头"，他曾念念不忘的对别人說："我是搞半工半讀的，我在保定育德中学搞过一年半工半讀，作坊就是三个房子，有一个技师，两个技术工人和我們，一个五馬力的发动机和三个車床，我們一班六十个人，还能兼錢，上午上四小时課，下午作四小时工，身体也很好，书也讀了。"

从这里我們可以看出，刘少奇的"半工半讀"只不过是抄襲于資本主义教育制度，在垃圾堆里揀来的破爛而已。虽然如此，刘少奇还装腔作势地把他自己看作我国"兩种教育制度"的首倡者，是我国"半工半讀"的首倡者。胡說什么："1958年我到天津，在那里讲了一次，他們那个时候的热情很高，呼隆呼隆就办起来了。"真不知天下还有羞恥事！！

三刘少奇的"半工半讀"是什么东西？

刘少奇所提出的"半工半讀"与毛主席所提出的"半工半讀"是毫无共同之处的。毛主席的"半工半讀"的教育思想是一貫的。那就是一貫主张教育为无产阶级政治服务，教育与生产劳动相结合，一直主张使学生在德、智、体全面发展，培养无产阶级革命事业的接班人。毛主席的这一光輝思想，突出的表现在学生**以学为主，兼学別样，即不但学文，也要学工、学农、学軍，也要批判资产阶级。学制要縮短，教育要革命，资产阶级知识分子統治我們学校的现象，再也不能继續下去了。**"这一英明的指示中，并反复强調学生要学习軍事，要参加阶级斗爭，要通过阶级斗爭来学习和掌握馬克思列宁主义。这是我国教育革命唯一正确的方向。

而刘少奇的半工半讀却不然，他完全**抹**杀阶级斗爭，所謂"半天学习，半天劳动"就是刘氏"半工半讀"的全部內容。

对于"半工半讀"，刘少奇又是如何解释呢？他在与柬埔寨宋双談話时說："最近我們想出一种办法，我們对他們（指青年）說，开半工半讀，半耕半讀学校，一半时間作工、耕地，一半时間讀书……他們自己搞飯吃，自給自足，国家补貼一些……这样你們可以不断升学，小学畢业可以升中学，中学畢业可以升大学，小学生不閙了，国家花錢少，家庭也負担得起。"

这就是說，刘少奇的"半工半讀"是为了使青年"不断升学"而設立的，是为了經济目的的。除了这些，还有什么呢？照刘少奇看来，搞了半工半讀，学生参加了半天的劳动，就可以培养出全面发展的新型劳动者了，就可以防修，就可以消灭三大差别，过渡到共产主义了。

所有这些都是騙人的鬼話！都是空头支票。如果学生光参加劳动，而不突出政治，不参加阶级斗爭，不用毛泽东思想来武装自己，在教育制度上又不进行徹底的革命，不徹底改变资产阶级知識分子統治我們学校的现象，不貫徹毛主席的教育思想，就能成为一个有社会主义觉悟的有文化的劳动者，那不就成了"劳动万能"論者了嗎？这不是欺人之談，又是什么？！其实，如果沒有毛泽东思想做指导，学生参加半天劳动，掌握了某些技能，也不可能培养出什么"劳动观点"的，更談不上具有社会主义觉悟的有文化的新人。

因此，刘少奇的"半工半讀"除了和全日制比較起来，多了半天劳动以外，是沒有什么区别的，它根本不可能消灭三大差别，反而扩大差别。正由于他强調了"劳动"，使不少工厂把半工半讀的学生当作兼价的劳动力使用，甚至把学生轉为临时工和徒工。

由此看来，刘少奇的"半工半讀"和資本主义国家的"半工半讀"都是一路貨。

四、刘少奇的"两种教育制度"的实质

刘少奇所提出的"兩种教育制度",从他所鼓吹的"半工半讀"来看幷沒有什么新东西,只是繼承了資本主义教育的衣鉢,而在全日制方面也沒有提出什么革命的主张,反而認为"全日制学校现在还是需要的,还得好好办",甚至說什么"眞正到了共产主义时代是否还需要全日制很难說。"

从这里可以看出,刘少奇所崇拜的仍然是资产阶级的老一套,他所要維护的仍然是旧的教育制度。那么,刘少奇的"两种教育制度"究竟是什么东西不是很明显了嗎?还是看看刘少奇本人是如何解釋的吧,他在1958年中共中央政治局会議上說:"学校分两类,第一类学校和第二类学校,第一类是全日制学校,第二类是半工半讀,业余教育,主要是半工半讀,第一类学校是国家办的,质量要求高,阶级成份好,文化质量也要較高,这只能吸收一部(分)人,因此势必要有第二类学校,即半工半讀学校,半工半讀是有經济目的的,因为第一类收不了这么多的学生,同时家庭也供不起,自己又考不取,因此就要不靠家庭,不靠国家,靠自己做工讀书,优秀的考上第一类,次一些的就进入了第二类……。"而对半工半讀学生畢业了怎么办的問題,刘少奇在65年接見外宾时提出:"我們对他們(指青年)讲清楚了这一条,說畢业了以后还要当工人,当农民,做工种地,如果你們(指青年)答应就办,否则不能办,如果他們答应就办,因为他們本来就是半工半讀的……。"

这就是刘少奇的"兩种教育制度"的眞象!

在这里我們清楚地看出,刘少奇心目中的"兩种教育制度",一个是高质量的全日制,一个是质量次一些的半工半讀,前者是少数,后者是多数,而且这个"半工半讀"是为了經济目的,是为了滿足青年升学的要求而举办的,这不是人为的把人分为两等了嗎?很明显,由于半工半讀的学生所謂质量差,畢业后又必須要种地和做工,那势必是貧下中农和工人的子弟,这大部分人成了必然的体力劳动者,而讀全日制的学生由于"质量高",按照刘少奇的培养目标,那必然成为"国家干部",成为"当然的工程师"了,这部分人便成为"腦力劳动者",这样,这一部分所謂"高质量"的学生便被培养成精神貴族,高薪阶层,特权阶层,成为资产阶级的接班人。

因此,刘少奇的"两种教育制度"根本不可能消灭三大差别,只能扩大三大差别,根本不能反修,防修,而是培养新的修正主义分子,为其资本主义复辟而鋪平道路!

由此看来,刘少奇的"兩种教育制度"的实质就是資本主义教育"双軌制"的翻版!!

在資本主义国家里,教育是为资产阶级一小撮人服务的,一方面是全日制,但由于劳动人民的子弟根本无权就学,于是资产阶级就打出"勤工俭学""职业教育"的旗号,使劳动人民子弟为了就学而受資本家的残酷剥削。而刘少奇的"兩种教育制度"不就是这样的貨色嗎?!

綜上所述,刘少奇近几年来所鼓吹的"兩种教育制度"幷不是什么新东西,而是地地道道的资产阶级的破爛貨!他所执行的是一条徹头徹尾的资产阶级教育路綫,是与毛主席的无产阶级的教育路綫背道而馳的!

他培养的不是无产阶级的接班人,而是资产阶级的接班人!

他的教育主张根本不能防修、反修,而只能导致修正主义的丛生!

因此,如果让刘少奇的"兩种教育制度"的方针发展下去,我国的教育事业就会断送,

我国只能导致资本主义的复辟！我国的政权就会变颜色！

今天，我們必須徹底清算刘少奇这一套修正主义教育路綫的影响，必須把他批倒、批臭！只有这样，才能树立毛主席的教育路綫！才能徹底貫徹毛主席的教育方針和教育思想，才能让毛泽东思想占領我国整个教育阵地！！

打倒刘少奇！

打倒刘邓陶！

彻底批倒批臭刘少奇的修正主义教育路綫！

战无不胜的毛泽东思想万岁！

无产阶级文化大革命万岁！

我們心中最紅最紅的紅太阳伟大領袖毛主席万岁！万岁！万万岁！！

天工"八·二五""冲霄汉"战斗組

一九六七年四月二十六日

最 高 指 示

你們要关心国家大事，要把无产阶級文化大革命进行到底！

在拿枪的敌人被消灭以后，不拿枪的敌人依然存在，他們必然地要和我們作拚死的斗争，我們决不可以輕視这些敌人。……

撕开叛党分子韩﨡嶄
的 畫 皮

天津市長征文工团（原小百花劇团）
革命造反联合总部

撕开叛党分子韓俊卿的畵皮

最 高 指 示

人民靠我們去組織。中国的反动分子靠我們組織起人民去把他打倒。凡是反动的东西，你不打，他就不倒。這也和扫地一样，扫帚不到，灰尘照例不会自己跑掉。

《前　言》

我們心中最紅最紅的紅太阳毛主席亲自發动和領導的遺坊史无前例的无产阶級文化大革命，势如暴風驟雨，迅猛異常，它以摧枯拉朽之力，橫扫一切鑽進党內的資产階級代表人物，橫扫一切資产阶級反动学术"权威"，橫扫一切牛鬼蛇神。重炮猛轟資産階級反动路綫。亿万工農兵群众紅卫兵战士，以偉大的毛澤東思想爲武器，蕩滌着旧社会遺留下来的污泥濁水，腐朽的旧世界已土崩瓦解，一个紅彤彤的毛澤東思想的新世界正在這場无产阶級文化大革命的暴風雨中誕生。

我院堅决走資本主義道路的當权派，反动藝术"权威"，隱瞞历史混入党內的階級異己分子韓俊卿，解放前，她根本不是什么"勞动人民""老藝人"而是一个頑固地站在反动立場上，依仗汉奸、国民党的惡霸、地主、資本家、地痞流氓之势殘酷地压榨剝削和出賣勞动人民及穷苦藝人的吸血鬼，害人虫。解放后，她又利用"和平演变"的手法，用肉体和糖衣炮弹，腐蝕侵襲革命干部。在她的主子周揚、田汉及市局內的資产階級"权威""老爺"們的吹捧下，多年來，使這个双手沾滿勞动人民鮮血的历史反革命分子青云直上，窃取了党和国家許多重要职务。以此到处招搖撞騙，干尽了反党，反社会主義，反毛澤東思想的罪惡勾當。在這場史无前例的无产阶級文化大革命中，我团广大革命群众，高举毛澤東思想偉大紅旗，終于在八月二十九日上午将這个暗藏多年的历史反革命分子揪了出來。使她原形毕露。這是无产阶級文化大革命的胜利。是毛澤東思想的偉大胜利。但是韓俊卿被揪出以后，拒絕接受改造，与党和人民相对抗，于八月二十九日下午六点鐘畏罪自杀，从而走上自絕于党，自絕于人民的反革命道路"叛黨分子韓俊卿人虽死，但其流毒甚廣，必須徹底肅清。爲此，我們特将叛黨分子韓俊卿解放前、后的滔天罪行公諸于衆。以供共同批判。

一、韓俊卿的血腥历史

韓俊卿出身于一个旧藝人的家庭。她的父亲韓月恆是一个舊戲班的頭目人，是一个以敲詐勒索勞苦藝人為生的封建流氓把頭，倒賣銀元的大奸商。她的家就住在有名的"韓家大院"。韓俊卿的学戲和別人不一样，其他藝人学戲是為生活所迫，糊口吃飯，而韓俊卿学戲則爲了消遣解悶，出名得利，當官太太。所以自从韓俊卿唱戲以来，仅从十幾岁开始就先后与汉奸司令、国民黨軍官、偽法院院长、地痞、流氓、封建把頭、資本家等姘靠着。她爲了进一步騎在劳动人民頭上进行殘酷的压榨和剝削，同時也爲了达到她卑鄙可耻的獸欲，則不顧一切地要出种种手腕，討好献媚甚至厚顏无耻地拿着肉体做交易。在韓俊卿的眼里是"官勝似民"所以誰的官大、有錢、有势，她就千方百計地段靠誰。這些民年来她就是依仗這些民族的敗类，劳动人民的死敵之权势騎在劳动人民頭上作威作福，殘酷地剝削和榨取劳动人民的血汗，而她自己則过着荒淫无耻的寄生虫生活。

韓俊卿是一个血債累累，拥有三条人命的杀人犯。

在她當汉奸參謀长李俊卿的姨太太时，更是威風凜凜，不可一世。过着荒淫无耻的剝削階级生活。整天陪着李俊卿打牌、抽大煙，花天酒地，寻欢作樂。倆人躺在床上抽着大煙讓艺人們給他(她)唱戲，供其享樂。在韓俊卿和李俊卿結婚的时候，李曾用自己的一枝手槍送給韓俊卿作爲禮物，這枝手槍始終也沒交出来，至今下落不明。韓俊卿对她下边的人則更是毒辣万分，张口就罵，伸手便打，誰都懼怕她三分。有一次正當韓俊卿和她的姘頭龔树青發生关系时，正巧叫她的傭人老太太看見了，當時韓俊卿怕讓李俊卿知道此事，就气冲冲地对老太太說："老不死的，你要是走漏半点風声，我就活活地打死你。"从這以后韓俊卿对老太太恨之入骨，視爲眼中釘，肉中刺，处处找岔，百般刁难，今天打，明天打甚至一天打幾次，直打的老太太遍体鱗伤，由于老太太年老体衰經不起这种殘酷的折磨，沒過幾日老太太因伤势過重，又无錢医治，因而得病臥床不起。韓俊卿这个狠心的狼，見此情景就心生一計，准備把老太太打發走，以免后患，所以就借老太太身染重病的机會，一脚将老太太踢出門外。这位不幸的老太太回家后，連气再加上伤势過重又无錢医治，沒過幾天就含冤而死。临死前，老太太含着眼淚向她的侄子訴說了事實的真像及自己的苦处，并再三地囑咐她侄子："一定要給我报仇雪恨。"韓俊卿這个老妖婆就是這样血腥地殘害我們勞苦的劳动人民。

韓俊卿的姘头龔树青同样也是断送在這个老妖婆之手。

在韓俊卿當李俊卿的姨太太之前就和龔树青姘靠多年。韓俊卿随李到滄县杜林之后(因当時李俊卿駐守杜林)經常不能和龔树青見面，由于她对龔树青的舊情难忘，晝夜想念，爲此韓俊卿爲了满足她的獸欲，就假借成立戲班爲名，把龔树青弄到杜林。自从把老太太害死之后，韓俊卿和龔树青仍不顧發生关系，有一次被李俊卿的馬弁看見了，馬弁将此事报告給李俊卿，李聞知此事勃然大怒，立即将龔树青拖到滄县杜林西公路北的小松树坟里，先将龔树青的生殖器割下，然后处死在此地。回来后又要治死韓俊卿，怎耐這个潑妇花言巧語跪在地上苦苦求饒，才放了她这条狗命。

后来，韓俊卿又和一个国民黨軍官姘靠。本来这个軍官已有幾房妻子，但韓俊卿這个无耻的敗类，見其有錢有势，就死死地抓住不放，成天鬼混在一起，干尽了坏事，就这样韓俊卿並不滿足企圖將這个国民黨軍官占爲己有。爲此她經常從中挑撥离間，并无中生有的撥弄是非，最后竟唆使这个國民党軍官將他的小老婆活埋了。

韓俊卿又曾先后作過汉奸部隊团长小老官；高部隊高洪吉的姨太太。當时韓俊卿在高洪吉面前則是說一不二。这些人也具是大汉奸头子，作惡多端的，杀人不眨眼的劊子手。韓俊卿这个反党分子，就是这样一个喪失人性、出賣肉体、出賣灵魂、血债累累的杀人犯汉奸婆，大坏蛋。

死心踏地的为敌人效劳，出卖阶級姐妹

階級異己分子韓俊卿乃是一个勾結日本帝国主义。汉奸国民黨屠杀陷害摧殘勞动人民的罪魁禍首。反动透頂的國民党員。在日本帝國主義侵占天津時期，韓俊卿这个民族的敗类，却當上了日本鬼子的洋奴。當時她正領着一个戲班，在堂二里唱戲。當時日本鬼子到处找中國妇女蹂躏。这个反黨分子韓俊卿就用一百块現大洋的價格將劇团的王××董××等四个只有十四岁的小姑娘賣給了日本鬼子，並准備送往日本閻樓。幸亏當地貧下中農的掩护下，才使這四个不幸的小姑娘免此大難。与此同時韓俊卿還忠實地为漢奸、惡霸當走狗，多次陷害我們階級姐妹，原河北梆子一团的×××同志，就是被她陷害的其中一个，當時×××也只有十四岁，就被这个反革命分子出賣給一个汉奸惡霸头子供其任意污辱踐踏。使×××同志痛不欲生，幾次自杀未成。而韓俊卿這个害人虫却与漢奸頭子一起喝酒抽大烟，讓×××同志爲她做壽，唱"玉堂春"供他們享乐。反黨分子韓俊卿就是這样惡毒无恥地宰割着我中華民族，爲日本帝國主義及其走狗們的享乐，出賣着我中華兒女，吸吮着我中華民族的血液。而她自己却過着荒淫无恥的糜烂生活，真比禽獸還不如。

日本帝國主义投降以后蔣介石匪帮重新統治着我們偉大的國家，压榨和剝削我們勞动人民。凡是愛國的人民无不紛紛起来，高举"打倒蔣介石，解放全中國"的大旗同国民黨反动派作你死我活的斗爭。爲了全國受苦受難的人民的解放，无数先烈献出了自己宝貴的生命。而韓俊卿這个可恥的民族敗类却當了慰勞國民黨軍隊的"慰勞大隊長"。解放前曾在天津的庸报上刊登有"韓俊卿女士慰勞國民將士"的吹捧稿件。以此可以清楚地看出韓俊卿在解放前完全站在了反革命的反动立場上，忠實地效忠于日本帝國主义和國民黨反动派，干尽了反党反人民反革命的罪惡勾當。

心狠似狼，灭絕人性

叛黨分子韓俊卿一貫流氓成性，道德敗坏，自從她开始唱戲以后，由于她到处坑、蒙、拐、騙、東妍、西騙，搜得一筆橫財开始嘗到了"甜頭"所以韓俊卿就用这些不义之財，叫她的父亲給她买了一个穷苦人家的小女孩。指望她也要象韓俊卿一样成爲一个搖錢树，出名得利，爲韓家"光宗耀祖"。但是經过一段時間后由于这个孩子年紀太小，确实条件差一些所以韓俊卿就对這个孩子喪失了信心，同時也就是這个小女孩大難临头的時候到了。从这以后韓俊卿拿這个孩子根本不當人看，百般虐待。這个孩子每天都要和韓家吃两样飯。自己睡在潮湿的稻草堆里，挨打挨罵更是家常便飯，使這个不幸的女孩子的身心健康受到極大的摧殘。后来韓俊卿爲了不失這筆买身賬，才又把這个女孩子賣掉了。

369

韓俊卿這个老妖婆无論是解放前、后都是一样流氓成性，解放前，她不僅和當时的"上層人物"及地痞流氓姘靠，而且會和她的现在父亲韓月恒發生過关系，並且有了私孕，她們爲了遮人眼目避免輿論，這个孩子生下后，韓俊卿就无耻地將自己的親生女兒改稱爲自己的同胞妹妹。眞是可耻到極点。现在韓俊卿的"妹妹"其實就是她的自己親生女兒。反党分子韓俊卿就是這样一个道德敗坏禽獸不如灭絕人性的敗类。

仗势独霸"梨園界"残酷剝削老艺人

約在1946年期間，韓俊卿嫁給一个出身于剝削阶級終日放高利貸的小李老，此人原以开妓院爲业，韓俊卿就用和國民党，漢奸姘靠来的沾滿人民鮮血的金錢，叫這个小李老給她放高利貸，对我們勞动人民和穷苦藝人再行剝削。幷凭借當时的國民党法官"蕫克昌"的权势，獨霸着整个梨園界的大权。对藝人們實行敲骨吸髓的剝削，如藝人每天赚五十大子，韓俊卿就要從中得十五个。而且她想讓誰唱戲，誰就能唱，稍不如意，就被她開除。並且串通各劇場的資本家誰也不准收留被開除的藝人唱戲。在韓俊卿的压榨剝削和威逼下，使很多藝人沒有飯吃流离失所紛紛改行，有的賣窝餅果子、抬轎、賣报、拉小畔、甚至沿街乞討。而韓俊卿却在梨園界說一不二，大把的摟錢，過着花天酒地，荒淫无耻的寄生虫生活。

以上事實是叛党分子韓俊卿解放前的部分罪惡历史。僅從這些駭人听聞的事實来看，韓俊卿确實是一个頑固地站在反动的立場上罪惡如山，压榨剝削勞动人民，双手沾滿人民鮮血的劊子手，大交际花，灭絕人性的漢奸婆，大坏蛋。

最 高 指 示

帝国主义者和国内反动派决不甘心于他們的失败，他們还要作最后的挣扎。在全国平定以后，他們也还会以各种方式从事破坏和捣乱，他們将每日每时企图在中国复辟。這是必然的，毫无疑义的，我們务必不要松懈自己的警惕性。

叛党分子韓俊卿解放后的滔天罪行

解放后韓俊卿這个双手沾滿劳动人民鮮血，罪大惡极的历史反革命分子，不僅没有老老實實地向黨交待其罪惡，向人民低頭認罪，棄舊圖新，反而隐瞞了血腥历史，對黨对人民怀着刻骨的仇恨，搖身一变混入黨內，並在上、下黑邦的吹捧和扶持下，窃居了党和國家的許多要职，及一些有其名无其實的"光荣称号"不下十幾个。這个一貫反动透頂的阶級異己分子，就披着这些外衣，到处招搖撞骗，欺上瞒下，她貫用一套"和平演变"之手法，打进去，拉出来，用肉体和矿衣炮弹拉拢腐蝕干部，用腐朽透頂的資产阶級思想毒害青年更是她的拿手好戲。幾年来叛党分子韓俊卿和上下的黑邦黑綫勾結在一起，一唱一合，狠狽爲奸，干尽了反党，反社會主义，反毛澤東思想的罪惡勾當。韓俊卿的反革命伎俩比解放前有過之而无不及，变得更加隐蔽，更加狡猾，确系一員复辟資本主义的"智勇双全"的得力干将。

爭出风头，伪裝積极，打击別人，抬高自己

自解放十七年来，叛党分子韓俊卿无一日不思念舊社會，留恋她已失去的資产阶級花天酒地的生活，時刻夢想复辟資本主义。爲此她对社會主义則心怀不滿，極端仇視，經常在群众中散布不滿情緒，反革命气熖极爲囂張，尤其她对一些解放后的新生事物，則更是極力的抵制和反对。在解放軍進天津时，這个賊心不死的老妖婆却喪心病狂地叫嚷什么："我就是反对解放軍进城，反对开會"等反动言論。这就赤黑裸地暴露了韓俊卿的反动本質。在韓俊韓刚加入國營劇团时，她曾說："到劇团后看发展如何，如果我有了权，就呆下去，否則的話，就拉着我的人离团單干。"可見這个野心勃勃的反革命分子时刻在注意同我們爭奪領導权。到了國營劇团以后，她爲了尽快地向上爬，出名得利，她就使出了她貫用的一套卑鄙手段，对上討好献媚，阿諛奉承。对下則是拉一伙，打一伙，挑拨离間，搞得劇团烏烟瘴气。在原河北梆子劇团，历史性的金、韓关系一直也沒有得到徹底解决，后經广大革命群众的揭发，才澄清事實，确系韓俊卿这个老妖婆一人制造。

５２年全國汇演时，她爲了爭名奪利，爭出风头，就不擇手段地貶低別人，抬高自己，

最后才争得了一个"全國汇演一等奖"。當時全团同志对韓俊卿這一卑鄙行径非常不滿，但敢怒而不敢言。53年抗美援朝时，她又僞裝積極，一下子就捐献了人民币一千元，從而撈取了一大筆政治資本，並买得了一个"愛國藝人"的稱号。同年河北梆子劇团接受了赴朝慰問英雄的中國人民志願軍的任务，當接受这一光荣而艰巨的政治任务之后，全团同志无不欢欣鼓午，干劲十足，而韓俊卿却大爲不滿，本想拒絕隨团赴朝，但又考慮到这是使自己出名得利的好机會，为了达到其个人目的，才不得不去。到了朝鲜之后，每人一个揹包都是自己來揹，而叛黨分子韓俊卿却爲此大发牢騷，並破口大罵："奶奶的，你們不要我的命，我媽媽還要我的命啦"。看韓俊卿的反革命气焰是何等的囂張。

毛主席教導我們："敵人是不會自行消灭的。无論是中國的反动派，或是美國帝國主义在中國的侵略勢力，都不會自行退出历史舞台的。正是他們看到了中國人民解放戰爭在全國范圍內的勝利，已經不能用單純的軍事斗爭的方法加以阻止，他們就一天比一天地重視政治斗爭的方法。中國反动派和美國侵略者现在一方面正在利用现存的國民黨政府來進行"和平"陰謀，另一方面則正在設計使用某些既同中國反动派和美國侵略者有联系，又同革命陣营有联系的人們，向他們进行挑拨和策动，叫他們好生工作，力求混入革命陣营，构成革命陣营中的所謂反对派，以便保存反动勢力，破坏革命勢力。"

韓俊卿這个反革命老手，没有辜負中國的反动派和美國侵略者的希望，爲了达到其反革命的两面手法，她就牢牢地抓住了这个"自称文藝界的祖师爺"周楊等老牌的反革命修正主义分子，以及市局內的資产階级"权威"、"老爺"們，極尽溜須拍馬、僞裝积極、大賣風騷之能事，隐瞒了自己的罪惡历史，搖身一变，混入党內，並骗取了"全國政协委員，全國文聯理事，省人民代表，省妇联理事，市文藝工會付主席，市戲劇协会付主席，市勞动模范，市先進工作者，三八紅旗手，河北梆子劇院付院长，党支部委員"等職銜和称号不下十几个。這个一貫反动透頂的階级异己分子，就披着這些外衣，到处招搖撞騙，欺上瞞下，干尽了坏事，对黨对人民犯下了不可饒恕的滔天罪行。

叛党分子韓俊卿和上下黑邦、黑綫的关系

多年來叛黨分子韓俊卿上和周楊、田漢、夏衍、邓拓等反革命修正主义分子，有着極爲密切的聯系，並且不断地在其主子面前領取黑旨意。在周楊來津时，韓俊卿曾多次登門拜訪，並在其主子面前搖头摆尾，大賣風騷，丑態百出。周揚見韓俊卿反黨有功，便大加贊賞。而后韓俊卿更經常到周揚的家里去請安問好，听從教誨。61年省、市監委派工作組來检查梆子劇院的工作，並批評了原黨支部书记，三反分子閻鳳楼，閻鳳楼爲了抗拒工作組的检查則躺倒不干，而韓俊卿由于和閻鳳楼的关系十分爱昧也大为不滿，在周揚來津召开文藝座談會时 韓俊卿便借此机會，在周揚面前極尽讒言，並痛哭流涕的爲三反分子閻鳳楼喊寃叫屈。當时周揚聽信讒言，对检查組的負責人大加斥責，並命令今后检查組不准进梆子劇院的大門。就此看來韓俊卿与周揚的关系絕非一般。事后，韓俊卿還得意洋洋的說："我有了事可以去中央告状。"叛黨分子韓俊卿就是这样依仗其主子的权势，在梆子劇院專橫跋扈，胡作非爲，並与三反分子閻鳳楼勾結在一起，互相吹捧，互相利用，狼狽爲奸，使梆子劇院成了水潑不进，針扎不入的独立王國，瘋狂地反对毛澤東思想，大量地推行反

革命修正主义货色。

反革命修正主义分子邓拓58年曾修正主义分子李耕涛的邀请来津看戏，韩俊卿得知此事更是喜出望外，便带领几个学员火速前去拜访，并和邓拓同坐一个沙发，谈的十分投机。反革命分子邓拓见韩俊卿飘勃风流，办事有功也赞不絕口。并为我团"荀灌娘"一剧提黑诗一首，此诗乃彻头彻尾的反毛泽东思想的黑话，而韩俊卿却如获珍宝，捧回之后，高悬于醒目之处，视如圣经到处宣扬。韩俊卿和上海的已被揪出的反革命分子贺绿汀也是关系密切来往频繁，不分彼此。

韩俊卿对老牌的反革命分子田汉，景拜的更是五体投地，张口"田老"闭口"田老"的叫个不停，在文化大革命开始领后，田汉已经受到批判，而韩俊卿仍然去田汉家里共谋反党策略，回来之后，并且大肆宣扬"田老的房子如何讲究，局里有沙发、地毯、各种设备、应有尽有，自己还有花园"等腐朽透顶的资产阶级生活方式，以此来宣耀自己。

在市里有修正主义分子李耕涛，万张反党宗派集团的总头目万晓塘和他的得力干将自稼，局里有反革命分子黎砂、王血波等，剧院里有三反分子阎凤楼给她撑腰，瞧韩俊卿的上下黑根儿是何等的粗硬，可称是手眼通天，不减当年啊。叛党分子韩俊卿多年来就是倚仗这些黑邦黑党的权势，横行霸道无人敢逆，顺者存，逆者亡。并且使这个历史反革命分子青云直上，连年加官晋级，臭名大大远扬。

揭开韩俊卿"劳模"的密秘

由于上至周扬、田汉、夏衍、邓拓等反革命修正主义分子，对韩俊卿这个阶级异己分子如此的重视。市里以万晓塘为首的万张反党宗派集团的吹捧，文化局以黎砂、王血波为首的一伙反革命分子也就不敢怠慢的遵照其主子的意图，决心在天津市树韩俊卿这杆"大旗"。如果搞出成绩，也好一同去主子那里请功受赏。所以为了把这个万史反革命分子，资产阶级的代表人物打扮成一个"政治、艺术出众的模范人物。"所以市局黑邦就积极地推荐说："一定要想法在天津市树立韩俊卿的威信。"为此在每年的"评选"前，他们就连连下达指示，催促韩俊卿的"模范事迹"材料，而剧院的走资本主义的当权派则慌了手脚，便立即命令他的爪牙两三人，昼夜为韩俊卿拼凑材料，真是绞尽脑汁，费尽了心血。由于韩俊卿的"模范事迹"确实少的可怜，对给她写材料的人也是个极大的耻辱，有一次，阎凤楼责令谭××（院长秘书）给韩俊卿写"模范事迹"上报材料，谭××为此十分羞耻，并唉声叹气的说："咳！咱又算找着事了。"尽管这样，材料还必须写出来按时上报，无奈他只好采用颠倒事非，混淆黑白的卑鄙手段，东拼西凑地为这个解放前犯有三条人命的杀人犯，历史反革命分子塗脂眼材料。并肉麻地吹捧韩俊卿，自解放以来"对党和毛主席无限热爱""改造主观世界好"、"努力培养第二代"、"团结老师好"等等。这完全是胡说八道，一派胡言。事实证明，韩俊卿这个反动透顶的家伙，自解放以来，顽固地站在资产阶级的反动立场上，对党和人民怀着刻骨的仇恨。对老师阴一套，阳一套，勾心斗角，矛盾百出。对青年则更是毒害无穷，大量地宣扬成名成家的资产阶级思想，竭立培养修正主义接班人，为资本主义复辟招兵买马。尤其令人气愤的是，竟然穷急败坏地把别人的成绩也无耻地记在韩俊卿的功劳簿上。凡是知情者、看过韩俊卿的材料的，无不为之羞愧万分。同时也为这个材料的搆凑者感到十分惊雅，向这样一贯反动透顶的老妖婆，五毒具全的老奸商，竟然巧妙地把她打扮成一个"政治藝术超群"，举世无双的"劳动模范"，真不亏是知識淵博，这种泡制"劳动模范"的本領，可以說是十二分高明。而韓俊卿自己都大言不惭地說什么："某某戲是我排的，某某演員是我培养的"等等。真是貪天之功，不知羞耻。

下边我們再看看韓俊卿这个"劳动模范"的實際表现吧：韓俊卿每月拿高薪300多元，她自己住着三間大房子，屋里摆满了奇花異草，稀奇古玩无奇不有，並整天股有高級烟，高級茶，高級糖及水菓等食物，随時即可食用，尤其在國家暫時困难時期，韓俊卿經常坐着三輪下高級館，大摆宴席，一次就是幾十元，天津"起士林"更是常來常往，每次也都是四、五元。反黨分子韓俊卿和解放前一样，過着荒淫酒肉臭的剝削阶級生活。但是这个狡猾的老狐狸为了掩飾蓋，欺騙群众，她表面上却扮出一付艰苦扑素的样子，就只說韓俊卿的抽烟吧，平時她拿着三种烟，当着領导抽"恒大"的，群众場合抽"大銭"的，没人時，她自己則抽"双貓"、"大中華"，"摩爾衛門"等高級烟。反黨分子韓俊卿就是这样一个逢場作戲，兩面三刀的偽君子。

再看她的衣着吧，更是花兩样，从没見過她穿布衣服，尤其去北京見她的主子周揚時，打扮的更是风流時髦、花枝招展，如同妖精一般。反黨分子韓俊卿由于她過貫了剝削阶級的生活，多年來她从不参加任何劳動，並且为了她自己享受，還顧着一个与她年齡相似的保姆專門伺候她，一日三頓都由保姆盛她端到三樓的臥室里去吃，保姆還必須随時給韓俊卿斟茶倒水，早晚铺床叠被，就連洗脚衣，洗腳來也得保姆为她端來倒去，尤其使人不能容忍的是，这个可耻的败类，連她自己的脏褲又了也讓保姆給她洗。而反她对保姆則是非常刻薄，百般虐待，自从保姆到韓俊卿这里起，雖然比在別处多拿1元錢，但是干的活买大大超級到1元錢的干倍。保姆每天不僅对韓俊卿这样上下伺候，就連韓俊卿她"妹妹"的活也得來鞭穿靴被，保姆每天將活就是堆很出，根本干嵌不完，无奈只好等同候完韓俊卿深夜陪着后自己再去做。韓俊卿重翁帚鄙乎我完全愚与刘少奇的"吃小亏，占大便宜"的处世秘訣是一脉相承的。

63年市里号召大搞卫生時，我团建立了一个"分片包干"制，每人一块，个人負責，当時韓俊卿也分了一块，並當衆表示"我一定完成任务，而且保質保量。"事實又是如何呢？自从建立制度那天起，她所負責的卫生区，她自己一次也没擂過，这个也都交給保姆替她做。每次保姆做完之后，她還要檢查一番，然后還在群衆面前无耻地吹嘘自己"热愛劳動"。韓俊卿吃飯是十分講究的，可是保姆却自己單吃一样，有時只能吃一些韓俊卿吃剩下的殘菜剩飯。看反黨分子韓俊卿難啟道不是仍騎在劳動人民的头上作威作福嗎？通過以上事實充分地說明韓俊卿絕不是什么"劳动模範"，而确系一个地地道道的黑材料的"大造模"。是一个缩小路圖右置的"張鳳翠"本通之面无不灰虹反革命人物。

用肉体和糖衣炮彈拉攏腐蝕干部

反黨分子韓俊卿不靈如此，還爲了實现复辟資本主义的美夢，她還用一套"和平演变"的手法，用肉体和糖衣炮彈拉攏腐蝕干部。我院黨內走資本主义的当权派三反分子劉鳳楼就是被韓俊卿这个老妖婆用金銭、物資、吃吃喝喝拉下水去的其中一个。劉鳳楼和韓俊卿同流合污共同干着反黨反社会主义反毛澤東思想的罪惡勾當。開始韓俊卿看上了閻鳳樓在梆子劇院的這把"大紅傘"可以爲她避風避雨。而三反分子閻鳳樓同樣也看上了韓俊卿這个在社會上轟動一時的"大紅人"可以作爲自己向上爬的牽綫人。由于她(他)們各都抱有不可告人的个人目的，所以她(他)們就一見鐘情，臭味相同，在政治上互相利用，並逐步形成一个閻、韓反革命宗派集团，他們在一起，互相勾結，狼狽爲奸，招降納叛，結黨营私，打击排挤工农干部。在生活上則更是不分彼此，整天鬼混在一起，形影不离，大搞物質拉攏，韓俊卿曾給閻鳳楼买過"衣料、皮帽子、雨衣、毛衣、衬衣、圍巾、鬧錶、鋼筆、儿童玩具等"。韓俊卿還肉麻地說："我要是有這么个男人，我一定把他打扮得漂漂亮亮的。真乃不知人間之羞耻也。除此之外，韓俊卿還經常把閻鳳樓叫到她的臥室里去熏酒作樂，一喝就是深夜两、三点鐘。韓俊卿的床，閻鳳楼是任意躺臥，而且有時在韓俊卿的床上睡至午夜以后方才回家。平時韓俊卿還专門爲閻鳳楼備有高級烟，高級茶及上等酒菜，供其随時飲用。如果閻鳳楼买東西需要錢的話，韓俊卿便馬上派人到銀行去取。韓俊韓這个老妖婆爲了使閻鳳楼出入她臥室的方便啓見，特把她自己房間的鑰匙給了閻鳳楼一把，所以不管白天、黑夜，三反分子閻鳳楼便可随便出入韓俊卿的臥室，从不敲門。由此可見閻、韓的关系絕非一般。

有一年過春节時，韓俊卿在閻鳳樓家里熏酒作樂，韓企圖借喝酒之机，在閻的面前搬弄事非，挑拨干部之間的不团結，當時閻鳳樓爲了更愉快地同韓俊卿畅飲幾杯，不愿意韓提这些不愉快的事，而韓俊卿見此情景勃然大怒，一脚將滿桌子酒菜踢翻在地，作爲當時黨支部书記的閻鳳楼，对此場面目登口呆，不知所揩，別說是批評，連个大气儿也沒敢喘。就這樣韓俊卿仍然不依不饒，並气冲冲地对閻鳳楼說："你可是我的入黨介紹人！"閻鳳楼自知韓俊卿入黨有問題，心中有鬼，怕將事情鬧大不好收拾，所以閻鳳楼也一口否定地說："我不承認。"韓還要与他爭吵，閻見事不妙，一气便將自己的衣服撕坏，並跪在韓俊卿面前，叩头求饒。通過这一系列的事實看來，閻韓之間究竟是个什么关系呢？她(他)們又都搞了些什么不可告人的勾當呢？其不一目了然嗎！？

恶习未改，一貫流氓成性

自解放以來，叛黨分子韓俊卿，不僅沒有改邪归正，反而故態复萌，繼續她解放前的流氓行爲。解放前韓俊卿有一姘头，关硯农，此人解放前曾参加過"青帮"及"五仙壇"任扶亂官，后又參加了偽邢台市警察局特务科特务組織。解放后隱瞞其反动历史混入黨内。56年在中國戲校担任級任時因对女同学进行流氓行爲被撤掉級任职务，並准備予以处理，在这时韓俊卿得知此事，于是就借用職权之便將关硯农拉入河北梆子劇院附屬学校，不久便提拔爲三、四班的业务主任，致使关硯农有隙可乘，繼續爲非作歹。韓俊卿和关硯农在解放前就一直姘靠多年。解放后仍然保持着原有的关系。每當韓俊卿去北京時都要到关硯农家里去住，而且关硯农每星期日還要来津一次与韓俊卿相會。尤其关硯农被韓俊卿拉入附校之后她(他)們的关系更爲密切，整天鬼混在一起熏酒作樂，並多次发生两性关系。坏分子关硯农自被拉入附校之后經常喝醉酒撒酒風丑態百出，並一貫流氓成性，作風惡劣，对附校只有八九岁的女学員(都是革命干部子女)七八人之多進行猥藝和姦污，严重地摧殘了幼女的身心健康。犯下了滔天罪行。此事被群众揭发后，叛党分子韩俊卿和三反分子阎凤楼不僅不积极协助公安部門破获此案，反而竭立地予以包庇。最后在广大群众的强烈要求下，才将坏分子关硯农依法逮捕。約在５４年左右叛党分子韩俊卿和原河北梆子一団的武××也曾發生過不正當的男女关系。當時韩俊卿这个老妖婆以讓武××教字讀劇本爲名，却干着不可告人的勾當。這个衣冠禽獸，解放前、后，象類似這样出賣肉体、出賣灵魂的丑事举不勝举。可称是一个地地道道的大交际花，女流氓。

市局黑邦一力担保，上下買通混入党內

韩俊卿這个反动透頂的阶級異己分子，在市局黑邦及閻凤楼就包庇下，多年来逍遙法外並混入党內。５８年关于韩俊卿的入党問題，在党內也曾多次進行斗爭，第一次小組討論時，由于大部同志都知道韩俊卿有严重的历史問題，沒有彻底交待，特別根据她的解放以来的种种表現根本不够一个共产党員的水平，爲此遭到全体党員的反对。韩俊卿得知此事后，她就大显身手，用金錢上下买通，並有关干部勾勾搭搭，這時她爲了尽快的混入党內，就和原河北梆子一团团长，党支部組織委員，历史上与敌特有過聯系的，段长福勾搭上了，韩俊卿对段长福不僅是吃吃喝喝，花錢送礼，而且沒過多久韩俊卿和段长福竟然姐弟相称，並且韩俊卿入党以前他(她)倆曾发生过不正当的男女关系。而后閻凤楼和段长福都成了韩俊卿的入党介紹人了，与此同时市局黑邦也爲韩俊卿的入党問題十分着急，並連連下达指示；"一定要发展韩俊卿入党。"並說："发展這样的人入党对党的事业有好处，你們如果不发展我們发展。"可見市局黑邦对韩俊卿的入党是一力担保。尽管如此的給群众施加压力，同志們爲了对党的組織負責，对党的事业負責，第二次討論時大部分同志又沒有表示態度，仍然沒有通过。這時三反分子閻凤楼就气冲冲的說：你們如果不說話，我願意做韩俊卿的入党介紹人"。韩俊卿这个解放前双方沾滿劳动人民鲜血的歷史反革命分子就这样混入党內。韩俊卿的入党不僅隐瞞了她的血腥的历史，而且爲了便于到处招摇撞骗，還隐瞞了年龄十岁之多。韩俊卿混入党內之后，還以恥爲荣的和老藝人刘××說："大姐要想入党該放点就放点吧。"意思是說要想入党必須花錢买通干部，否則就甭想入党。看！這就是韩俊卿的入党自白书。

積极配合社会上的牛鬼蛇神，大搞資本主义复辟活动

毛主席教导我們："对于我們的國家抱着敌对情緒的知識分子，是極少数。這些人不喜欢我們这个无產阶級專政的國家，他們留恋旧社会，一遇机会，他們就会兴風作浪，要想推翻共產党，恢复舊中國"。

韩俊卿這个阶級異己分子，自混入党內之后，披着党員的外衣，更变本加厉的干着反党、反社会主义、反毛澤東思想的罪惡勾当，時刻夢想复辟資本主义。正当國家暫时困難時期，社会上的牛鬼蛇神，紛紛出籠，十分猖狂，向党发动猛烈的進攻，韩俊卿这个反革命分子，見时机已到，便迫不及待的赤臂上陣，积极的配合社會上的牛鬼蛇神，大搞資本主义复辟活动。６２年韩俊卿的母亲病死時，她便趁此机会，发洩她对党对社会主义刻骨仇恨，大搞封建迷信，大肆宣揚唯心主义，在她母亲死的第二天，韩俊卿借职权之便，責

令我劇院的職工、干部二十余人去她家，為她操办喪事，迎送往來並輪留守靈看夜，同时還找來大批的和尚晝夜唸經，接受的花圈、紙錢更是不計其数，真是威風凛凛好不热鬧。為了進一步达到她的卑鄙目的,在三反分子膣鳳樓的指示下,還命令３０名学員去她家,為她死母陪灵吊孝，並將她的死母送至坟營。韓俊卿的这个反革命举动正迎合了社會上的牛鬼蛇神、同时也暴露了韓俊卿灵魂深处是何等的肮脏。用心又是何其毒也。

疯狂地反对大学毛主席著作、反对突出政治

林彪同志指出：“毛澤東思想是革命的科学，是經過长期革命斗争考驗的无產階級眞理，是最現實的馬克思列宁主义，是全黨、全軍、全國人民的統一的行动綱領，必須彻底把毛澤東思想貫彻于全黨、全軍、全國人民、用毛澤東思想来統一我們思想”。

而叛黨分子韓俊卿对毛澤東思想的態度，彻底暴露了她的反动本質。在全國掀起大学毛主席著作高潮时，反黨分子韓俊卿却极力的抵制和反对，与此大唱反調。在同志們要求学習毛主席著作时、她却百般阻撓、並散布說：“政治要落實到业务上，光突出政治、业务上不去也不行，不能到台上作报告，還得指着演戲。”等謬論、用以反对大学毛主席著作，反对突出政治，反对毛澤東思想。６４年同志們下連队当兵回来，掀起了一个大学毛主席著作的新高潮，在這种形势下，反党分子韓卿俊為了应付差事装璜門面，看到別的同志学習时，在毛主席著作上用紅筆划上重点，她也照样划在自己的书上，以此来欺骗群众。象韓俊卿这样一个一貫反动透頂的历史反革命分子，出于她的反动本質，她決不會学習毛主席著作，也更談不上用。

拉攏腐蝕青年、和党爭奪下一代

我們心中最紅最紅的紅太陽毛主席对我們青年寄以无限的希望。他老人家把中國革命和世界革命的命运都寄託在我們青年一代的身上。而反革命分子韓俊卿也同样把資本主义的美夢寄託在青年一代的身上。為此多年来她一貫利用吃吃喝喝、賄賂拉散、拉攏腐蝕青年。為資本主义复辟培養接班人。韓俊卿拉攏腐蝕青年的手段是非常恶劣的，她常常以关心学員為名，对当时的所謂“主演”賜与什么巧克力、牛奶、鷄蛋、水菓、生活补貼，住单間、貴重补药，特需供應等五花八門，无奇不有，販賣了一整套修正主义的货色。企圖將這些青年演員培養成資產阶級修正主义的接班人。就这样她並不滿足，還經常把学員叫到她的屋里，抽烟、喝茶，陪她下跳棋，打扑克，每次即至半夜以后。還為女学員买什么皮鞋、皮包、戒指、胸花、項鏈等装飾品。並借此机会給学員們灌輸吃吃喝喝，出名得利成名成家的資產階級思想。尤其令人气憤的是竟給男女青年演員介紹对象。以此对抗党的晚婚政策，达到她复辟資本主义的痴子野心。就是在四清前綫，在韓俊卿的所在組队也是吃喝成風“三同”极差,在貧下中农当中影响极坏。

毛主席說：世界上沒有无緣无故的爱、也沒有无緣无故的恨。出于韓俊卿的階級本質、她对地、富出身的子女非常寵爱，无論是在生活上、业务上，都是关心备至，处处予以照顧。就是地富子弟污辱女同学，韓俊卿這个地主阶級的代表人也不僅不給予批評，反而胡說什么“還是叫她們勾引坏的”。极力地為地富出身的子弟辯护。韓俊卿還公开叫讓什

么"，地富出身有什么了不起的。"以此来混淆阶级界限。相反对工農出身的子女却是冷眼相待。常常以所謂条件差爲借口，处处予以百般刁難。致使我团多年来 地富 不臭，工人、貧下中農不香，實行了一整套資産階級專政。

積极推行周扬的文艺黑綫，恶毒地咒駡党和社会主义

毛主席教导我們："我們的文学藝术都是爲人民大衆的，首先是爲工農兵的，爲工農兵而創作，爲工農兵所利用的。"而叛党分子韓俊卿却与毛主席的革命文藝路綫大唱反調，死心踏地的爲封建主义和資本主义的"遺老遺少"服务。在58年，反革命修正主义分子周扬爲了配合国內外的阶級敌人，攻击我們偉大的"三面紅旗"，實现資本主义复辟。在文藝界拋出了"挖、整、創、移"的黑指示。這時韓俊卿，便一馬当先，積极地按照其主子的意圖在梆子劇团院大搞"挖、整、創、移"的資本主义复辟活動。向党展开了猖狂的进攻。自从打出这面"挖、整、創、移"的黑旗之后；大量的牛鬼蛇神紛紛出籠，使封建主义和資本主义的帝王将相，才子佳人，佔領整个的文藝舞台。把文藝界搞的烏煙瘴气，群魔飞舞。当時我团會搞了"百戲上演"，並且有針对性的愚蠢創作了"借衣失窑"，"挖蔓菁"，"打棍子"，"拜杆"等戲。含沙射影地攻击我們的大跃进失败了，人民吃不飽，穿不暖，社會秩序混乱等。韓俊卿这个叛党分子就这样遵照其主子的旨意，積极地配合国內外的阶級敌人，恶毒地攻击我們偉大的"三面紅旗"，借此發洩她心中的不滿。与此同時爲了配合反革命分子孟超的"有鬼无害論"，還移植了鬼戲"李慧娘"之一折。在排這个戲時，韓俊卿更是大显身手，亲自臨場指導。並多次上演，大放其毒。就这样韓俊卿並不滿足，還以她付院長的職权命令原河北梆子一团，反梆子劇院的附校改編"大报仇""陰阳河""胡迪駡閻"等戲。以此咒駡党和社會主义。59年庐山会議后，反革命修正主义分子李耕涛，馬上讓我团排"失空斬"，並胡說什么："只演空城計一折是不够的，特別提倡斬馬謖那一段。馬謖是个軍事家，要强調寫諸葛亮錯用人，自我檢討的精神。"公然爲右傾机會主义分子翻案，恶毒地向党进攻。反党分子韓俊卿和三反分子閻鳳楼对這一黑指示更是毕恭毕敬，奉若神明。

毛主席敎導我們："許多共产党人，热心提倡封建主义和資本主义的藝术，却不热心提倡社會主义的藝术，豈非咄咄怪事。"

反党分子韓俊卿就是一个積极地維护和提倡封建主义和資本主义的藝术，而一貫反对大演革命现代戲的罪魁禍首。韓俊卿在梆子一团排"母親"一戲时，竟然明目张胆地反对和破坏革命現代戲。每當排戲時她即不严肅認眞，又不鑽入角色。別人排戲她睡大覚，經常誤場。對逼演是百般刁難，爲了进一步达到破坏這个現代戲的目的，在"母親"上演前夕，爲了拍照搶鏡头，和導演爭吵起来，並故意摆譜大叫把嗓子喊坏。第二天正式上演時，她的唱，观众根本聽不淸，結果使这样一个剛剛排出来的革命現代戲，受到了极大的破坏。最后只好停演，相反，如果演傳統老戲韓俊卿却非常賣力气，場上严肅認眞，对導演也是百依百从、从不誤場。當別人問她："爲什么爲新老、戲持有两种態度？"時，她却非常囂张的說"我就是不願意演現代戲，我演的秦香蓮爲什么不給我排电影。"看叛党分子韓俊卿抵毀革命現代戲的反革命气焰是何等的囂张。

韓俊卿調到百花之后，对大演革命現代戲更是橫加阻拦。在６４年京劇改革，全國掀起了大演革命現代戲的高潮时，而"小百花"仍然上演"合風裙"之類的傳統戲。韓俊卿到劇场后，却得意洋洋的說："還是這玩藝上座。"當全団同志強烈要求排演革命現代戲時，韓俊卿和閻鳳楼這俩个混蛋却百般阻撓，並說："演現代戲不上座怎么办？发不了工資怎么办？"還說什么"從傳統戲到現代戲要有个過渡，逐漸增多才行。"他們就用這种卑鄙手段來反对和扼杀革命的現代戲。韓俊卿多年來就是死抱着帝王將相，才子佳人的僵屍不放。６４年我团排演了"江姐"一劇，在音乐唱腔方面做了些嘗試性的改革，這一下可觸怒了这个老妖婆，于是，她便大發雷霆，並批評作曲人員說："你們把老梆子味都改沒了，干脆你們唱歌去多好呢！"在這个老妖婆的斥責下，只好把新改的並經群众討論通過的新腔改掉。

所以幾年來小百花在韓俊卿和閻鳳楼的把持下，排出來的革命現代戲确實少的可怜。音乐改革更是廖廖无幾。

叛黨分子韓俊卿就是這样尊照其主子的旨意，忠實地維护封建主义和資本主义的藝术。恶毒地攻击毛主席的革命文藝路綫，竭力地反对和扼杀无產階級的革命現代戲。多年來她們干尽了坏事，对黨、对人民犯下了滔天罪行。

抗拒改造、自絕于党、自絕于人民

毛主席教導我們："帝國主义者和國內反动派決不甘心于他們的失敗，他們還要作最后的捵扎。"

叛黨分子韓俊卿和一切階級敌人一样，她也決不甘心于自己的失敗。所以自开展无产階級文化大革命以來，这个一貫堅持反动立場的反革命分子，不但不老老實實地向群众交待其反黨罪恶。俯首就擒，反而負隅頑抗，繼續玩弄新的花招，迷惑群众，妄图纸里包火，蒙混过关。在文化大革命剛剛开始时，由于我团絕大部分同志都去农村搞"四清"，韓便趁此机會，和留在家的同志散布流言蜚語，說她："過去如何受苦，受壓迫，現在对文化大革命又是如何擁护"等等。並且還說："這回我是准備挨揪，挨斗的，反正咱不是牛鬼蛇神，我有什么可怕的。"以此来掩飾自己的丑恶嘴臉，爲自己蒙混過关作與論準備。于６６年８月２４日我团全体同志從四清前綫回來之后，都積極地投入了這場史无前例的无產階級文化大革命。當同志們給韓俊卿貼了一些大字报時，她便繼續耍陰謀，放暗箭，到处散布不滿情緒。她和她的保姆說："有的大字报還貼点边，有的根本就不对。"還說："吲他們貼吧，慢慢地都會明白過來"等等。对同志們給她貼的大字报肆意歪曲，用以对抗毛主席亲自發动和領導的这場震撼世界的无產階級文化大革命。

"金猴奋起千鈞棒，玉宇澄清万里埃"。

不管韓俊卿這个老狐狸多么狡猾，使用什么样的陰謀詭計，文化大革命必竟是大势所趨，用毛澤東思想武裝起來的革命群衆眼睛是雪亮的，是能够識破一切妖魔鬼怪的。韓俊卿這个暗藏多年的历史反革命分子，終于在８月２９日上午被广大革命群众揪了出來。但是，由于韓俊卿負隅頑抗，不懇向人民交械投降，拒絕改造，于當日下午六点鐘服毒自杀。叛党分子韓俊卿人雖死，但其流毒甚广，她上、下的黑根子，人還在，心不死。我們一定要牢記毛主席的教導："宜將剩勇追穷寇，不可沽名学霸王。"发揚穷追到底，痛打落水狗的革命精神，更高地举起毛澤東思想偉大紅旗，把叛党分子韓俊卿的上下黑根儿，統統地揪出來，将他們一网打尽，不获全勝，决不收兵！！！

打倒刘、邓、陶！

彻底砸烂万、張反革命宗派集团！

彻底肃清叛党分子韓翔雲的流毒！

无产阶級文化大革命胜利万歲！

光焰无际的毛澤东思想万歲！

伟大的中国共产党万歲！

伟大的导师、伟大的領袖、伟大的統帅、

伟大的舵手毛主席万歲！万歲！万万歲！！

天津市长征文工团（原小百花劇团）

革命造反联合总部

1967.5.4.

万张反党集团控制工交战綫
的五种人物和八种手段

天津市經委无产阶级革命联合会
　　　調办

一九六七·五·十·

最 高 指 示

混进党里、政府里、軍队里和各种文化界的資产阶級代表人物，是一批反革命的修正主义分子，一旦时机成熟，他們就会要夺取政权，由无产阶級专政变为資产阶級专政。这些人物，有些已被我們識破了，有些則还沒有被識破，有些正在受到我們信用，被培养为我們的接班人，例如赫魯晓夫那样的人物，他們現正睡在我們的身旁，各級党委必须充分注意这一点。

前　　言

毛主席指示我們：“**在一切錯誤政治路綫統治的同时，也就必然出現了錯誤的組織路綫。**”

窃取了天津市党政大权的万张反党集团，在工交战綫上忠实执行刘邓的修正主义路綫的同时，也推行了一套反动的組織路綫。他們为了复辟資本主义制度，在工交战綫上肆无忌憚地进行反党宗派活动，結党营私，招降納叛，安插亲信，排斥异己，无所不用其极。

近几个月来，在党中央和毛主席的亲切关怀下，我市工交战綫的革命造反派，在向万张反党集团发起总攻击的斗爭中，已經揪出了他們安插在工交战綫上的一批干将和爪牙，取得了很大的胜利。

但是，敌人是十分狡猾的。万张反党集团把持工交战綫多年，他們的根子很深，他們的势力分布很广，而且伪装得十分隐蔽。为了把万张反党集团安插在工交战綫上的干将和爪牙全部、彻底、干净地揪出来，把他們斗倒、斗臭，还必須作艰巨的斗爭。

毛主席教导我們，任何客观事物都是有規律性的，只有掌握了它的規律性，就可以更好地了解客观事物，改造客观事物。万张反党集团在工交战綫上推行的組織路綫，也是有它的規律性的。只要我們革命造反派掌握了这个規律，也就可以利用它来推动当前我市工交战綫的揪干将、挖爪牙的斗爭。根据毛主席的教导，我們对工交战綫上已經揪出的万张反党集团的干将、爪牙的情况作了一些調查，初步摸索到万张反党集团推行反动組織路綫的一些共性，供革命造反派的战友們参考，幷欢迎战友們批評指正。

万张反党集团重用的五种人物

毛主席早就指出，共产党的干部政策，必须是"任人唯賢"的路綫，而不是"任人唯亲"的路綫。毛主席并且坚决反对拉攏私党，組織小派別。万张反党集团却正是实行了"任人唯亲"的干部路綫，采用封官許愿，招降納叛等卑鄙手段，收买拉攏一帮人，結成死党，充当他們的忠实走狗。

从万张反党集团多年来所提拔、重用的干部来看，大体上有五种不同情況：

（一）"老部下"、"老关系"：

这种"老部下"、"老关系"，不是一般正常的上下級关系，不是建立在毛主席革命路綫上的同志式的关系，而是行会主义、利己主义的关系，是建立在不讲党的原則，唯唯諾諾，奉承阿諛基础上的庸人关系。

万晓塘是在公安局靠政治投机起家的。他当了市委第一书記以后，就提拔、重用了一大批公安干部到各个战綫的領导崗位上去，培植个人势力。在工交战綫上就有吳联云、高万德等人。吳联云在上級面前一貫唯唯諾諾，被万晓塘认为"忠实"、"可靠"，十分重用。一九六○年由公安局副局长提拔为塘沽区委第一书記，以后又調市內重要的工业区——河东区任第一书記。一九六五年各工业局建立党委，吳又当了全市职工最多的工业局——紡織局的党委书記。高万德是解放初期的公安七分局局长，又是张淮三在地方工业局时的保卫处长。这个人一貫抵制毛泽东思想，包庇重用坏人，宣揚和推行修正主义黑貨，却很受万、张的重用，长期担任天津工业的心脏——第一机械工业局局长。

张淮三，解放前在天津搞地下工作，解放后任团市委书記、地方工业局局长。

通过这些关系，他也物色到一些"好干部"，如李中垣、王文源等人，加以重用。李中垣是张淮三在地方工业局时的副局长，此人老奸巨滑，擅长看領导眼色行事，因而被重用。一九五六年他本来已經支援到內地工作，万、张又把他調回天津，不久就当了計委第一副主任。一九六一年又当上了副市长兼計委主任。王文源是张淮三出獄后的接头人，并通过他使张淮三得以混入解放区城工部工作，因此立了"功"。张淮三为了犒賞他的功劳，把他从总工会办公室主任提拔为总工会的副主任，一九五八年大炼鋼鉄时培养王任天鋼第二炼鋼厂（占全市鋼产量的70%）的厂长，不久，又提拔为二机局副局长、局长。

李树夫是万张反党集团在工交战綫上的干将。这是一个四面討好八面玲瓏地地道道的政治投机分子，又是一个道德败坏的大流氓、大坏蛋，他本是郭春源于1952年从华北局拉来天津的，很快又与馮文彬拉上了关系，当了市委国营工业部的干部处长。在"馮、楊事件"中，他窺測了风向，儼然成了揭发馮、楊的积极分子，大捞政治资本，深受万、张的器重。一九五八年，市委国营工业部和市委地方工业部合併，崔荣汉当部长，李还是干部处长，轉年，就被提拔为主管干部工作的副部长、市委监委委員。李树夫主管干部工作十几年来，忠实推行了刘邓的修正主义干部路綫，积极为万、张反党集团搜罗党羽、招兵买馬,并通过他安插到工交战綫的各个方面。仅从一九六一年以来,八个工业局中先后經他批准当过干部处长的二十六人中,据初步揭发就有百分之七十的人有問題,其中,有的是混入党内的阶級异已分子,有的有严重政治历史問題,有的是蜕化变质分子,等等。他除了管干部工作以外,崔荣汉还經常让他抓一些其他方面的中心工作。例如一九六一年和一九六二年,天津市全面試行的"工业企业七十条",就是在他主持下搞的。可見他在万、张反党集团中,是紅得很的一名干将。

(二) 招降納叛:

万晓塘包庇张淮三叛党自首的問題,张淮三也提拔重用一些历史上有政治問題或犯过严重錯誤的人,他們原来都是一丘之貉。他們所以要重用这些人,一方面因为这些人本身有問題,小辮子捏在万、张手中,便于进行控制;另一方面,也使这些人对万、张的重用感恩图报,死心塌地为他們效劳。这是万、张反党集团經常使用的十分阴險毒辣的手段,把工交战綫搞成为他們窩藏叛徒、特务、反革命分子、逃兵……等的收容所。

宋祝勤参加过国民党,还当过国民党的联保主任,加上他会写假报告,經常发表塞滿修正主义貨色的大篇文章,适合万、张反党集团的需要,而得到格外的重用。他本来是市人委办公厅主任,从来沒有管过工业,一九五九年就当了市委工业生产办公室副主任,实际上掌管了全市工业生产大权。一九六〇年提拔为市委工委副主任,不久又提拔为市經委第一副主任、党組副书記,成为工交战綫上推行修正主义路綫的一員干将。他又是万、张反党集团的大謀士,万、张有关工业的重要报告几乎都出自宋的手笔。一九六四年因华北局向天津市委指出宋祝勤历史上有严重政治問題,不适合在經委做領导工作,张淮三忍痛将宋調出搞了两年四清,又将宋安排到第二教育局当局长,宋不干,张淮三为了照顾他,又改为主管"高、精、尖"的科委当第一副主任,张淮三把有严重政治問題的宋祝勤由經委調到科委,这件事本身也就更充分暴露了张淮三这个大叛徒的贼心恶毒之极。魏蒲在历史上曾两次脱离革命队伍,至今問題尚未搞清,张淮三、崔荣汉对他却十分重用,让他长期担任軍工党委书記,掌握国家军事机密。一九六五年又提拔为二机局的党委书記。

宋罗歧、史思良都是历史上曾經犯过严重錯誤的,却都得到万、张反党集团的提拔重用。宋罗歧在解放初期任民政局副局长时,因搞宗派活动,进行打击报复,逼死人命,被开除党籍,行政上撤职、降級。万、张反党集团上台后,很快就物色到这样的人,张淮三、李中垣曾亲自到宋的工作单位发电设备厂,責令厂党委将宋重新吸收入党,以后,在五、六年当中,竟三次提級,連升四級,居然成了十三級的高级干部。一九六五年,凭张淮三的一封信,宋罗歧就一跃而成为一机局的第一副局长、局党委的常委。万、张反党集团生怕做得太露骨了,故意制造空气說什么"宋罗歧是改造好的典型","要树立这个典型"。但是,宋罗歧的臭名远扬,万、张此举,却正是欲盖弥彰。史思良是在橡胶总厂任厂长时,因为抗美援朝为志愿軍作胶鞋,擅自修改配方,造成军事上严重恶果,被万晓塘包庇,仅判处两年徒刑緩期执行,党内受留党察看处分,并調到市委国营工业部保护起来,一九五五年,他的刑期未滿,就被崔荣汉提拔为制車委員会副主任。一九五八年,又让史去北仓筹建万人大厂。一九六〇年提拔为物資局副局长。一九六四年調他当工业技术局副局长，他不干，几个月不上班，张淮三就偷偷把他提升为局长。不久，又提拔他为經委副主任、党組成員兼技术局长。

（三）黑靠山的牽綫人：

万、张反党集团篡夺了天津市的党政大权以后，为了巩固他們的地位，就想方設法在上面找黑靠山。党內最大的走資本主义道路的当权派刘少奇、邓小平，反革命黑帮彭、罗、陆、楊以及旧北京黑市委中的刘仁、郑天翔，反革命修正主义分子薄一波、林鉄、刘子厚，都是万、张反党集团緊跟的黑靠山。对于这些黑靠山派到天津来的黑綫爪牙，万、张反党集团則极力加以重用，以便通过这些人上下**牵綫**，領取黑指示。最典型的人物是廖斗寅、刘东。

廖斗寅給薄一波当了十年大秘书，深受薄的宠用。一九五九年薄一波通过万晓塘派他到天津来扎根，张淮三亲自給他安排到动力机厂任党委书記。一九六〇年，就提升为市委工委副主任，一九六一年又兼任科委副主任，一九六二年任經委第二副主任、党組副书記，一九六三年任市委工业部第一副部长，一九六四年調回經委任第一副主任、党組副书記。近几年来，工交战綫上的一些重大政治活动，张淮三都撇开政治部門的領导干部，专門找廖斗寅来抓，把廖当作自己的接班人加以培养。一度曾打算提拔廖担任市委工业部长、市委委員。由上可見万、张对廖是何等的重用了。他們这样做是有明显的政治目的。一方面，經常通过廖斗寅到薄一波那里去看中央政治局的机密文件，并从薄那里摸意图，領取黑指示，回来向万、张通风报信，以便忠实推行刘、邓、薄的修正主义路綫。另一方面，又可以通过廖斗寅的关系，向中央伸手爭投資、爭項目、爭設备。廖斗寅蒙受万、张反党集团的重用，不仅出色地扮演了牽綫人的丑角，而且还成了万、张反党集团推行修正主义路綫的大謀士和干将。

刘东是河北省委中最大的走資本主义道路的当权派刘子厚老婆，解放后曾包庇她的两个刑期未滿即行釋放反革命分子的哥哥。因为她有刘子厚这个后台，一九五八年調天津以来，也一直受万、张反党集团的重用。开始在第一机床厂任党委书記，一九六一年就提拔为市委工业部副部长，分管軍工企业領导大权；一九六五年又掌管了工交系統的干部大权。文化大革命运动中，刘子厚坐鎮天津市，亲自指揮鎮压革命小将。刘东主管全市工交系統半工半讀学校的文化大革命，在万、张反党集团和刘子厚之間穿針引綫，緊密配合，犯下了滔天的罪行。

（四）互相包庇，搞政治交易：

大叛徒张淮三自己心中有鬼，对掌握他的問题的知情人，如罗云、苑兰田等人，就极力拉攏，提拔重用。同时，他又利用职权抓住这些知情人的問题加以控制，也使这些人俯首就范。张淮三就是用这一套软硬兼施的特务手法，互相包庇，大搞政治交易。

罗云是前市委組織部长楊英的老婆。一九五八年张淮三当了市委工业书記后，就让罗云当了主管高精尖的电机局长；一九六一年底，又把他提拔为科委主任。罗云在当局长和主任期間，在科技工作和技术干部工作上，大肆推行修正主义路綫；同时，在历次政治运动中，她的右傾思想也极为严重。对于这样一个反党反社会主义反毛泽东思想的分子，张淮三却一直对她重用，这不是偶然的。因为张淮三的叛党自首問题，楊英最清楚，**张淮三**心中有鬼，害怕楊英揭发他的老底，便以包庇重用罗云作为政治交易。

苑兰田本人有历史問題，在审干时发现，市委組織部曾准备处理。但因为苑兰田在一九五六年当总工会組織部长和审干办公室負責人期間，曾包庇了金爽的叛党自首問題，幷及时帮助张淮三与金爽开黑会，訂攻守同盟，这样实际上也包庇了张淮三，立过"功"。所以，张淮三对苑本人的問題，不仅不处理，反而一再提拔重用。不仅在四年当中将他的工資连升两級，而且还几次让苑参加党中央召开的全国性会議，抬高苑的政治地位。

（五）任人唯亲，重用"夫人"：

万、张反党集团将他們自己的核心成員、干将和爪牙的老婆，安插到各个部門、单位加以重用，这也是他們任人唯亲的一个突出表現。在这方面，除了众所周知的万晓塘的黑老婆张露控制了公安局的經保处以外，其他的人，如：张淮三的老婆宋捷，也是个叛徒，是总工会办公室副主任，文化大革命以前，准备提拔为組織部长，企图把持工会系統的人事大权。李守真的老婆朱崢，政治水平和工作能力都很低，却长期担任国棉二厂的党委书記、河西区委工业书記、紡織局人事副局长等要职。一九六五年，张淮三又提拔她为局党委副书記兼政治部主任。白樺的老婆李虹，长期担任河北区委工业书記，对下专横跋扈，家长式领导，对上夸夸其談，报喜不报忧。河北区工业企业的广大职工对她意見极大，张淮三却一直把她打扮成为"好干部"而加以保护。一九六五年，又提拔她为化工局的党委书記。

以上这五种人，幷不完全只是由于某一方面原因而被万张反党集团所重用，而往往是几种情况兼备的。如李中垣，就既是张淮三的老部下，又是国民党 C·C·派的特务。

万张反党集团在組织上控制工交战綫的八种手段

万张反党集团利用他們所篡夺的全市党政大权，幷通过以上五种人作为他們的干将和爪牙，采取了以下八种手段，从組織上来控制工交战綫，为他們推行修正主义路綫服务。

（一）整頓黑司令部：

一九五八年，万、张窃居了市委的领导地位后，就开始着手巩固和扩大他們的势力。首先就从整頓黑司令部开始。

当时，工交战綫有四个九級干部，都是实力派，即：市委工业书記张淮三，市委工业部长崔荣汉，副市长兼計委主任郭春源，市总工会主任谷小波。崔、谷、郭三人对张淮三都不放在眼里，他們之間也勾心斗角，各行其是。当时，张淮三是无法控制工交战綫的领导大权的。在万、张的勾通之下，他們采取了又挤、又拉的手段。一九五九年，谷小波調省委工业部工作，提拔妇联主任許明当总工会主任。許明一貫对万、张十分忠誠，是推行刘邓路綫的干将，所以得到万、张的信任。一九六一年，郭春源調华北局計委工作，提拔李中垣为副市长兼計委主任，他是万、张忠实的干将。对崔荣汉，因为他在天津管工业多年，影响大，情况熟，与下面的干部关系深，万、张不得不依靠他，所以对他极力拉攏。一九五九年提拔崔荣汉为市委常委，一九六一年又提拔为市委候补书記兼工业部长，一九六二年兼副市长和經委主任。事实証明，崔荣汉从一九五八年就加入了万、张的反党俱乐部，成为万、张集团在工交战綫上推行修正主义路綫的主帅。崔荣汉兼經委主任后，市委工业部长一职就由李守眞以市委监委书记兼任。

从一九六一年以后，万、张反党集团控制工交战綫领导大权的黑司令部已經形成，同时，他們又有计划、有步驟地，自上而下地，向工交系统的各个部門伸进他們的黑手。

（二）单綫領导，分而治之:

一九六三年底，胡昭衡同志調来我市。为了改变我市工业的落后面貌，在胡昭衡同志建議下，成立市委工业领导小組，胡担任組长，张淮三为副組长。这就打乱了万、张反党集团在工交战綫上的黑司令部，因此，张淮三就极力抵制和破坏工业领导小組的集体领导。他一方面散布流言蜚語，說工业领导小組是"管生产的，不能决定重大問題"；"是协調关系的，只管业务，不管政治工作"；等等。另一方面，他还經常直接給计委、經委、科委布置任务，甚至对一个委的几个主任也分别直接布置任务，实行单綫領导，把权力都集中在他一人身上，破坏工业领导小組的统一布署。

张淮三还独霸了对市委工交政治部的領导，根本不让工业领导小組过問这方面的工作，在工交政治部內，他也实行单綫領导，使三个副主任都直接向他負責，部內形不成集体领导。甚至一九六五年研究配备各工业局的党委书记这样重大的事情，都沒有經过工交政治部的部务会議集体討論，而是由张淮三等少数人一手圈定的。

（三）抓要害部門:

总的說，万、张反党集团对有关工交战綫的部門，包括市委、市人委的各部、委、办，各区委、党委和各局，控制都是很紧的，并通过这些部門的亲信逐层进行控制。对公安局的經保处、市监委和统计局，虽然不属于工交系统，却和工交系统有直接的关系，所以万、张反党集团为了控制工交战綫，也是作为要害部門来抓的。

公安局的經保处，是主管經济保卫工作的专政机构。万、张反党集团为了从政治上控制工交战綫，以貫彻他們那套反革命的組織路綫。一直由他們的嫡系亲信桑仁政、王誠熙、张露等人世袭經保处长，并通过他們，在整个經济保卫系统中，扩充他們的势力。

市监委是党的监察机关，万、张反党集团派他們的核心成员李守眞和干将王眞如亲自坐鎭。他們把持了这个部門，对党中央封鎖，汇报假情况；对市內广大党员，破坏党的民主原则，进行压制、打击和迫害，实行資产阶级专政；对他們的"自己人"，则百般包庇，迟迟不处理，甚至假处理。他們在工交战綫的各级党的监察部門中，也安插了一些亲信。

统计局是万、张反党集团用以向中央弄虛作假、謊报成績、掩盖問題的一个重要部門。一九六二年，地方统计部門改为由上級统计部門垂直领导为主以后，更引起了万、张反党集团的重視。他們为了加强对统计局的控制，便派出他們的亲信，原計委副主任林远去当統計局长。张淮三还三天两头給統計局批条子，下黑指示，以示"关怀"。林远上班后，果然不負主子的重望，公然抵制統計工作必須以阶级斗爭为綱，必須如实反映情况的准则，极力宣揚"以服务为綱"、"千方百計为市委服务"，把 統 計 局 变为万、张反党集团进行反党活动的馴服工具。

（四）配副职，按釘子：

有些部門的第一把手不是万、张反党集团所十分信任的人，就配备副职进行牵制，逐步控制实权。例如：提拔許明当总工会主任，是万、张拉攏王亢之的一种手段。尽管許明忠实执行了万、张反党集团的修正主义路綫，但因王亢之与他們有矛盾，所以他們对許明也有一定的戒心，一九六二年就派去亲信苑兰田当总工会副主任、党組副书記，实际上抓了总工会的实权。又如紡織局，原来的万、张反党集团的紅人閻鎮任局长，以后因閻犯錯誤，中央追查，实在包庇不下去了，才不得已撤职处理，調国棉一厂厂长柳超任紡織局长。但他們对柳超又不放心，就以朱崢为人事副局长来进行牵制。

（五）安插亲信，先斬后奏：

万、张反党集团为了控制一个部門的領导权，簡直是不择手段。他們竟然目无党的組織紀律，不等上级批准，甚至在上级不同意的情况下，只要他們认为需要，就可以擅自調动、提拔和处分省管以上的干部。

一九六二年崔荣汉抓經委工作后，万、张就把身为市委組織部长的李守眞調任市委工业部长，仍兼市监委书記。一九六三年，因为李守眞要以全力控制监委的工作，对工业部顾不过来，万、张就在省委沒有批准的情况下，擅自将經委副主任廖斗寅調到工业部任副部长，实际是管全面。

一九六四年，崔荣汉調拖拉机厂，宋祝勤調出搞四清，新从陕西調来楊拯民任經委主任，一向是万、张反党集团在工业上的重要据点，这时却成了薄弱环节了。同时，又因中央工交政治部是在国家經委党組領导下工作的。张淮三认为天津也可能这样干，必須当机立断及早把經委重新控制起来。于是，就在省委批准調廖斗寅任工业部副部长的通知下来的时候，万、张却又把廖調回經委任第一副主任、党組副书記了。

其他的人，如李虹，是在华北局不同意的情况下，提拔为化工局党委书記；魏浦，是在上级沒有批准下来以前，就派他当二机局党委书記；王守西，是在中央发出了冻結干部的指示下达以后，张淮三还把他提拔为市委工委副主任。

（六）派打手，压陣脚，控制局面：

文化大革命开展以后，斗爭矛头指向万、张反党集团，他們吓的魂不附体，急急忙忙組織他們的亲信到所謂"閙事"的地方去，残酷鎮压革命小将和工厂企业的革命造反派。早在去年六、七月間，万、张反党集团就派王眞如、李虹、王文源、林远、史思良等人以市委工作队名义，分赴重点工厂、学校去"灭火"。八月的河北 宾 館 会議上，万、张反党集团为了"保护一小撮，打击一大片"，准备在这次会上把一些敢于造他們反的領导干部打成"反党分子"。会議中，各个小組的組长，如李中垣、廖斗寅、李虹等，都是万、张反党集团精心安排的打手。去年八月下旬，工交战綫全面开展了文化大革命，张淮三因工交政治部副主任毛平同志在八月宾館会議上揭发了他的問題，对他不放心，就派作为經委副主任的廖斗寅来領導工交口的文化大革命，却让毛平同志作为廖的助手，充分暴露出万、张反党集团"任人唯亲"的面目。廖斗寅忠实地执行了万、张反党集团的黑指示，在工厂企业中組織官办赤卫队，挑动工人斗学生，压制工厂企业內部的革命造反派，保护一小撮走資本主义道路的当权派。九月中旬，万、张反党集团通过廖斗寅还以"分期分批"、"掀起生产和学习毛主席著作的高潮"为借口，违背中央指示，妄图把工厂企业的文化大革命的革命烈火予以扑灭。张淮三还在去年九月份派史思良到化工局担任市委联絡員，企图直接控制化工系統的文化大革命。

（七）軟硬兼施，排斥异已：

对一些敢于坚持党的原则，不受万、张反党集团控制的領导干部，他们就采取軟硬兼施的两手。先是压，压不服就調走，調不走就"架空"起来。李权超同志，是位长征老干部，为人耿直，坚持原则，是个"爱提意见的人"，过去就是受黄火青排挤打击的。61年万、张集团为了提崔荣汉为候补书記，李权超同志做为陪衬也被安排为候补书記同时兼任政法部长，名位排在崔的后面。因为权超同志曾与万、张反党集团作过多次原则的斗争，万、张就以他身体不好为名，提拔樊青典当管政法的副市长，让权超同志当交委主任。一九六二年又把交委合併到崔荣汉所把持的經委成为一个处，把权超同志架空起来。原市委工业部副部长高仰先，也是因为敢于作斗争，被万、张反党集团視为眼中釘，长期不分配他抓工作。他们还抓住高仰先同志一些缺点、錯誤，在历次政治运动中煽动一些不明真相的机关干部斗爭他。

（八）包庇党羽，易地重用：

万、张反党集团把他们的干将、爪牙塞进了工交战綫的各个角落以后，为了巩固他们的反革命统治，对这些人在政治上极力加以保护。特别是在历次政治运动中，对他们的狐群狗党更是百般包庇，保护过关。实在过不去的，就采取調动工作，安插到别的部門照样重用。例如在这次文化大革命开始以前，万、张反党集团就准备把高万德調任經委副主任，把王文源調任計委副主任，企图把高、王在新的单位中保护起来。直到去年九月份，他们还企图让李虹到經委来工作，把經委当作防空洞。在工厂企业也是一样，他们对五反运动中和第一批开展四清的企业中的一些四类干部极力保护下楼，因受到职工的抵制，他们就把这些人調出参加第二批四清，直到这次文化大革命，才被革命群众揪回。

中央和中央文革负责同志在四月十日接見天津市代表时，周总理指出："张淮三在工交口安插了他的亲信。"康生同志还指出："天津对张淮三的走狗和爪牙还注意的很不够。"这是党中央对我們天津市革命造反派的关怀和期望，也是对我們的批評和督促。"金猴奋起千鈞棒，玉宇澄清万里埃"。我們坚决拥护中央和中央文革负责同志对天津市代表所作的一切重要指示，并决心和工交战綫的一切革命造反派并肩作战，紧紧掌握斗争大方向，在这場声势浩大的人民战爭中，高举毛泽东思想的照妖鏡，把万、张反党集团安插在工交战綫上的走狗和爪牙全部、彻底、干净地揪出来，在光天化日之下示众！

彻底砸烂万、張党集团！

彻底肃清万、张反党集团在工交战綫上的統治势力！

无产阶級专政万岁！

毛主席的革命路綫胜利万岁！

战无不胜的毛澤东思想万岁！

偉大的中国共产党万岁！

我們最最敬愛的偉大領袖毛主席万岁！万岁！万万岁！

天津市 經委 无产阶級革命联合会
　　　 調办

一九六七年五月十日

附　件：

万、张反党集团在工交战綫的干将、爪牙簡集

现在我們根据所串連到的一些并不完全的情况，作了扼要的整理为各革命造反派深挖万、张反党集团的走狗和爪牙的参考。

（一）計、經两委：

（1）李中垣，是国民党特务組織C.C.分子，并参加过閻錫山的反动組織"同志会"。他是张淮三在工业局当局长时的"老部下"，是张淮三的左膀右臂。一九五六年，李巳随115厂迁往西安，后来三番五次来津活动。张淮三等就設法把他要回天津，任机电局局长。他的政治历史問題，早巳查覺，万、张反党集团不但一直采取包庇掩盖的手法，而且还屢加提拔重用，很快被提为計委第一副主任，副市长兼計委主任，控制了全市国民經济計划大权。他还极积推行薄一波的反革命修正主义路綫，破坏我市經济建設。在无产阶級文化大革命中，頑固坚持资产阶級反动路綫，制造八・二六事件，鎭压革命学生。围剿計委革命派，把揭万、张反党集团的革命干部打成"反革命"。

（2）廖斗寅，原是反革命修正主义分子薄一波的十年大秘书，一直追随薄一波，反对党中央，反对毛主席，极力兜售苏、南修正主义黑貨。一九五九年，他借着在华北联大与张淮三同事的关系，給张淮三来信，要求到天津工作。万、张反党集团为了在上面找到靠山，見是薄一波的亲信，求之不得。經过张淮三几次亲自安排，最后安排在天津动力机厂当党委书記。一九六〇年，万、张反党集团为了进一步控制工业战綫，便把廖調到市委工业生产委員会当副主任，后来当經委副主任。一九六三年，张淮三为了更进一步的控制工交系統，又把廖調到市委工业部当副部长。一年之后，张淮三感到經委更需要，"心腹"坐鎭，便又把廖調回經委当第一副主任、党組副书記。

万、张反党集团通过廖与反革命修正主义分子薄一波穿針引綫，不断从薄一波那里領取黑指示。从一九六〇年以来，他在全市工交系統中忠实地执行了刘、邓、薄的反革

391

命修正主义路綫和万、张反党集团的黑指示。在文化大革命中，他与张淮三合谋，在工矿企业組織"赤卫队"，在"九·二"事件中，他挑动工人斗学生，鎮压革命小将。是忠实执行资产阶級反动路綫的急先鋒。

（3）宋祝勤，参加过国民党，当过国民党区联保主任。后来，他采取两面派手法混进我地方游击队和我抗日政府。天津解放后，他先后在市人委当过秘书主任、研究室副主任、办公厅副主任等职，在此期間，他推行右傾机会主义路綫，散布资产阶級人生哲学。他在津郊土改中，大搞和平土改，歪曲党的土改政策，包庇地主。一九五九年之后，他被万、张之流重用，先后在市委工业生产委員会和市經委当副主任、第一副主任。万晓塘、张淮三、崔荣汉的报告、讲話大多出自宋的手笔，成为万、张反党集团在工交战綫上推行刘、邓、薄修正主义路綫，搞资本主义复辟的急先鋒之一。在文化大革命中，他是貫彻资产阶級反动路綫，压制革命群众的一个急先鋒。一九六四年，华北局提出宋有严重政治历史問題，不适合在經委作領导工作，但是张淮三对宋的問題竭力庇护，幷仍加重用，把他調到科委当副主任。

（4）赤明，系河北省安新县前午門村人，家庭成分富农。他在混入革命陣营钻入党内之前，与其兄共同管家，农閑經商倒卖粮食、葦蓆等，直接从事剥削。他是混入党内的阶級异己分子。在抗日战爭期間，曾当过逃兵。在土改时犯过錯誤。一九五二年，因貪污和包庇貪污盗竊分子，利用职权，动用公款，借給大资本家高勃海人民币一千元等錯誤，被开除党籍，被人民政府逮捕法办过。他一貫包庇重用坏人，破坏国家經济建設。长期包庇重用恶霸地主，钻入党内的阶級异己分子，杀人犯吕克（已被处决）。他反对毛泽东思想，反对学习毛主席著作，大搞业务第一，技术第一，指标挂帅。而万、张反党集团对这样的人，却百般庇护倍加重用，他当过計委办公室主任、計委副主任，經委副主任兼物资局局长等重要职务。

（5）丁燠彩，是万、张反党集团安插在工交战綫上的一名忠实干将。由于他善于抱粗腿，溜鬚拍马，又慣于自吹自擂夸夸其談，甚为万、张集团器重。万晓塘曾拍着丁的肩膀，称贊他是"天津的余秋里"。万晓塘之死，使丁悲痛断肠，正值他出差乘車回津，路上得知万晓塘真是死了，当即抱头大哭起来，一直哭到黑市委。弔唁时，他的哭声又是格外出众。丁燠彩在解放初期不过是一个小厂的厂长，很快就調到輕工业局当办公室主任，不久即被崔荣汉看中提任市委工业部的办公室副主任。跟着就要提升办公室主任，未等明文宣布，又提升为市委工委副主任，后为市經委的副主任。崔荣汉調离經委之后，张淮三又曾把丁調任科委副主任未成。真是青云直上，不可一世。丁經常打着万、张、崔的旗号吓唬人，借以提高自己的身价，但却遭到广大群众的唾弃，臭名远揚。1962年8月丁燠彩奉万、张之命去西北訪問，一路上又是大搞"物资交流"，严重违反政策。其中私自动用十余万公尺棉布的案件，中央曾派检查組来津检查，却被万、张集团包庇下来，丁燠彩气燄嚣张，連检查材料都拒絕写。随即丁又被万、张反党集团加委兼任市委工业調整办公室副主任，在张淮三的直接指揮下，大力推行薄一波的"关、停、幷、轉"的反革命路綫，极力抵制毛主席的"調整、巩固、充实、提高"的革命路綫。仅一九六五年一至十月份，张淮三就亲笔給丁燠彩写了40多封黑信。他們以"調整"、"扩散"之名，大肆抵制破坏工业"轉軌"和支援內地的方針，犯下了滔天罪行。在机关文化大革命中，丁煥彩心中有鬼，即疯狂鎮压革命，先以抓生产压革命，又以"轉橫扫"企图扭轉运动大方向，成为扼杀机关文化大革命的劊子手。

（6）于允，是个历史不清，来历不明的人。他在日本帝国主义侵占华北时期，即与日本人拉上关系，任了伪警长。之后，他又与我地工人員拉上关系，进入我解放区混入革命队伍，又混入党內。他到了解放区之后，即在我城工部工作，結識了崔荣汉、路达、馮东生。一九五五年肅反审干时被万、张反党集团包庇沒有做結論就滑了过去。不久崔荣汉即违反组織原則把于允提拔为市委工委的副处长予以重用。于允为了报答他主子的恩情，一直死心塌地的为万、张反党集团效劳。在五反和四清运动以及文化大革命运动中，于允做为万、张反党集团的特使，前往钟表、仁立毛織、手表、电子仪器等大厂收集情报，直接向路达汇报。在这个期間，于允为包庇万、张反党集团的罪行，极尽效忠。在今年一月万、张反党集团罪行已经公开揭露的情况下，他仍为路达收集造反组織的情报。幷在他家窩藏路达和黑市委的大批黑材料，还为路达創造条件烧毁黑材料，事后还帮助路达消痕灭迹。

（二）第一机械局：

（1）高万德，是万晓塘当公安局长时的老部下，他当过公安局偵緝队长、公安第七分局长。万晓塘为了扩大势力范围，把高派进工业系统，充当地方工业局保卫处长。后来，先后被提拔为机电局第一副局长，一机局局长兼党组书記。十几年来，他利用窃踞的一机局党政大权，打着"紅旗"反红旗，竭力推行反革命修正主义路綫和万、张反党集团的黑指示，妄图把一机局引向资本主义道路。他在一机系统，招降納叛，結党营私，大搞宗派活动，包庇重用坏人。公然对抗和抵制中央的方針政策。甚至，他恶毒地反对毛主席、反对毛泽东思想，胡說什么："毛主席不是諸葛亮，不能前知五百年，后知五百年，毛主席也有錯誤。"……而万、张之流对高却倍加重用和关心，在三年間竟連升三級。他生活幷不困难，而张淮三却批准他每月領取三十元生活补助，有五、六年之久。在历次运动中，都是万、张之流保护他过关的，文化大革命前夕，又准备把他調任經委副主任加以保护。

（2）宋罗歧，是万晓塘的"老朋友"，关系密切。一九五二年，宋在民政局当副局长时，因搞宗派活动，打击报复，逼死人命，犯下了滔天罪行。当时，万晓塘等人企图一手遮天，庇护宋罗歧过关，惟因被中央及华北局察觉，不得不将宋开除党籍，行政给予撤职降級处分。可是，万、张之流对他仍然是十分重用和非常关心的。宋罗歧在重点企业发电设备厂当厂长时，张淮三和李中垣曾亲自出馬到該厂去責成原党委书記刘平将宋重新拉入党內。这还不算，在短短的六年之中，竟三次提級，連升四級（从十七級升到十三級）。一九六五年，凭张淮三的一封信，宋罗歧就一跃为第一机械工业局的第一副局长，局党委常委。万、张之流，这样做是为了把宋罗歧树立为："犯錯誤的领导干部中改造好的典型人物。"其实宋在恒大烟草厂和发电设备厂期間，仍未正视自己的錯誤。依然突出个人，鬧名譽、地位，甚至包庇、重用坏人。宋曾在××厂的一次会上有意替叛徒张淮三辯护說："我过去和张淮三在一起工作过，他的情况我知道，李超揭发淮三的問題，沒有那個問題。"

（三）第二机械工业局：

（1）王文源，一九四八年五月张淮三自首叛党，从国民党的特务机关里爬出来以后，首先找王文源。后来在王的庇护下把张淮三送往解放区。王长期包庇张淮三，还散布什么："张淮三被捕后，表现坚贞不屈，……"他在张淮三身上立下了汗馬功劳，因而被张所重用。不仅如此，张淮三对他的錯誤百般进行庇护，例如，王在"天鋼"当副厂长时，有右傾机会主义言論，在一九五九年反右傾时，本应定为右傾机会主义分子，而张淮三对此未作处理，反而把王从"天鋼"調出，到二机局当第一副局长，后来被提为局长。在文化大革命前夕，张淮三企图調他当計委副主任。

（2）魏蒲，原是重工业党委組織部长，市委工业部处长。在历史上曾两次脱离革命队伍，一九四二年他在清原县五区工作时被捕。释放后，就躲在他岳父家里，組織上多次寻找才把他找到。他的政治历史問題还没有搞清楚，而且意志消沉。万、张之流对他却是倍加重用，一九六五年，各局成立党委时，张淮三亲自提名魏蒲当二机局党委书記。在上級未批准前，张淮三即让他去上任了。

（四）第一輕工业局：

（1）吳源溥，原已随軍需部被服厂內迁去陕西省渭水。但他出于个人利益的打算，通过郭春源等人的关系，于一九五七年又調回天津。在原市委工业部当过干部处副处长、教育处处长。他对万、张之流善于奉顺吹捧，說什么："万晓塘在天津有威信，带病坚持工作。""张淮三艰苦朴素"。取得了万、张之流的宠信，特别是一九六一年在干部冻结的情况下，被破例提为經委副主任。一九六一年正当全市工人和干部大学毛主席的哲学著作的时候，他大搞各类技术、业务訓练班。一九六三年，他把五千多名企业領导干部进行业务輪训，系統地貫輸苏修的一套企业管理貨色。在文化大革命中，是鎮压"一輕"系統革命群众运动的罪魁祸首。

（2）彭有余，原是市委工业部的一个处长，后来被提为农机局局长，一九六四年調到一輕局当局长。几年来，他散布了不少反对毛主席、污蔑毛泽东思想的謬論，例如，他听到广播："我們心中最红最红的紅太阳毛主席"这句话时，就怀疑地說："有那么那么嗎？"一九六四年，在电手表鑑定会上胡說什么："我們应用一分为二的方法看問題，看毛泽东思想也要一分为二。"在文化大革命中，他到处宣扬什么："天津市委是革命的。""天津市委不是黑綫，和前北京市委不同。"在他的指揮下，凡是揭黑市委的传单一律不印，还挑拨学生和工人的关系說："不是我們不印，是工人不印。"他在企业中大刮反革命的經济主义妖风，忠实地推行资产阶级反动路綫，鎮压革命群众运动。

（五）第二輕工业局：

刘学田，原是手工业局局长，党組书記，后来当了二輕局局长。一九六一年，张淮三、崔荣汉和刘学田密謀把公社工业全部砍掉，倒退为合作社。一九六四年，他又搞公社大集体所有制倒退到企业小集体所有制。使七百多个公社集体所有制企业退到小集体所有制。一九六四年，刘学田在所謂"八月会議"上，把手工业服务方向定为长期为出口，为資本主义国家服务。这个方向是与毛主席提出的工业要轉向为农业服务的軌道，这个方針向对抗的。他对毛主席著作的学习漠不关心，甚至反对，說什么："不学毛主席著作也能凑合。"在生活作风上，他大讲排場，大摆闊气，一九六六年为了修繕他的住宅，竟花了一万多元。原来有一辆华沙轎車，他嫌不美观，就又搞了一辆大型的哈克森轎車。他为了在上面找到靠山，每当薄一波的老婆胡明（二輕部局长）来津时，他就破例亲自出馬迎送，陪同参观，贈送礼品，大献殷勤。

（六）紡織工業局：

（1）吳联云，是万晓塘在公安局的老部下，他在公安局当过預审科长、政保处副处长、局办公室主任、副局长，被万所重用。一九五八年至一九六〇年間，万晓塘向市委、市人委系統安插一批亲信时，吳联云也是其中之一，他于一九六〇年被提为塘沽区委第一书记。不久，調往重要工业区河东区委当第一书记。万、张反党集团为了进一步控制工业系統，一九六五年，吳被派到紡織工業局任党委书记。在文化大革命中，充当了万、张反党集团鎮压群众、鎮压学生的打手。他在紡校对学生們大讲"市委是革命的。""市委沒有問題，如有問題，中央就管了。"在三級干部会議上，当斗爭鋒芒指向万、张反党集团时，吳就大肆活动，大讲胡昭衡問題，轉移視綫，竭力保护万、张反党集团。

（2）朱崝，是大地主家庭出身。敌我界綫划不清，她经常給历史反革命的哥哥送錢去。她在政治历史上有严重問題，是个假党员。可是，因为她是万、张反党集团的骨干李守真的老婆，所以一直被提拔重用。她原在河西区委当副书记，犯了錯誤，被安排在一个有六、七千人的第二棉紡厂党委书记，为时不久，于一九六〇年，被直接提为紡織工業局副局长，掌握人事大权。幷把原来管人事的副局长刘松南挤走。一九六五年，在李守真的保荐下，充当了紡織局党委副书记兼政治部主任。

（七）化工局：

（1）张博，早在张淮三当地方工业局局长的时候，他就在张手下当秘书。他善于对张淮三溜鬚拍馬，阿諛奉迎，因而受到賞訳和宠信。在张淮三的一手提拔下，在该局当过办公室主任、副局长，后来調到化工局当局长。他一貫抵制毛泽东思想，反对学习毛主席著作。甚至在每星期三法定的政治学习时間里，他以种种借口，逃避学习。他对技术人员鼓吹技术第一，业务挂帅，走白专道路。在干部問題上，安插亲信，排挤革命干部。在反修錦綸厂的建設中，他主张：和"捷修"专家不要搞那么多政治。在重大原則問題上，也不主张斗爭。致使修正主义在该厂大肆泛濫。他搞物质刺激，奖金挂帅，大搞資本主义經营，为資本主义复辟鳴鑼开道。

（2）李虹，是万晓塘的部下白樺的老婆。原是712厂副厂长，后来提为市工业部办公室主任，不久又被提为河北区委工业书记。在河北区委期間，在历次运动中，群众对她意见很大，但万、张之流对此不予处理。不仅如此，还給予特殊待遇，一九六二年一月，让她列席参加中央的会議，一九六四年調她到輕工业局当副局长，她不干，也就沒有到职。一九六五年，各局建立党委时，张淮三就把她安插到化工局当党委书记，华北局沒有批准，张淮三就宣布了，成了化工局的黑书記。在文化大革命中，她还宣揚：

"张淮三艰苦朴素，作风朴实，勤勤恳恳，沒有什么問題。"她在反修錦綸厂大肆散布："市委是紅旗，是一条又粗又长的紅綫，工作队是市委派来的，誰反对工作队，誰就是反党。"忠实地执行资产阶級反动路綫，鎮压革命群众运动。

（八）冶金工业局：

李先元，在广大职工群众学习《实践論》和《矛盾論》的时候，他竟公然散布主席著作过时的論調，胡說什么："《矛盾論》是一九三七年写的，距今已有三十来年了……"。一九六五年，他抛出了"突出政治要落实到业务上"的謬論。毛主席号召，全国都要学习解放軍。工业企业要建立政治工作机构。而他竟公然在一次厂长书記会議上說："我不贊成成立政治工作机构。"在办企业的两条路綫斗爭中，他坚持修正主义路綫，甚至在一九六六年三月，在一次党委会上，他还胡說："計件工資本身也得突出政治，并不是实行計件工資就不突出政治，……"他在冶金局一手遮天，唯我独尊，实行家长式的統治，严重地違反了党内民主集中制的原則。在文化大革命中，他积极貫彻张淮三的黑指示，蒙蔽一部分群众保黑市委，也保他自己。后来又大刮經济主义黑风。

（九）工业技术局：

史思良，他在地方国营橡胶总厂及起重設备厂当厂长期間，重用坏人，丧失阶級立場，把阶級异己分子拉入党内，大搞資本主义經营。特别严重的是橡胶总厂为中国人民志愿軍加工胶鞋时，在他直接指使下，違法乱紀，弄虛作假，偸工减料，造成严重的质量事故，在几次战役中，使志愿軍造成不应有的损失。这个案件本应从严处理，但在万晓塘等人的包庇下，从輕判处二年徒刑，緩期执行。万、张之流对这样一个犯罪分子，在緩刑期間，仍很重用，让他当工业部巡視员及制車委員会办公室主任。后来竟破格提为物資局副局长。一九六三年，市委决定成立工业技术局，起初让他当副局长，他討价还价，不干，张淮三就封他当局长。不久，又提为經委副主任兼局长。

（十）交通运輸局：

刘健民，早在一九五六年担任南开区委副书記时，在包庇道德败坏、流氓成性的石国珍（原南开区委书記）的問題上，就与张淮三勾結在一起了，并且立下了汗馬功劳。那时张淮三就看中了他，說什么："刘健民这个人最可靠啦！"一九五八年，他在南开区极力貫彻刘少奇的修正主义教育路綫，搞起了所謂"半工半讀"，弄虛作假，搞了一个所謂"春和（織布厂）經驗"，为万、张之流在刘少奇面前献功，受到了万晓塘的表揚。一九六〇年，成立交通运輸委員会，他被破格提拔，一跃为市交委第一副主任。一九六二年，撤銷交委后，他被調至交通运輸局当局长。一九六四年，华北局曾提出他在該局不称职，但万、张之流，阳奉阴違，未作調动，一九六五年却提拔他为局党委书記兼局长。在文化大革命中，千方百計地鎮压群众，轉移斗爭大方向。在干部問題上，"打击一大片，保护一小撮"。大刮經济主义黑风，积极貫彻执行资产阶級反动路綫。

（十一）統計局：

林远，曾参加过国民党，隐瞞历史混入党内。他善于吹捧迎合，得到了万、张之流的重用，当过冶金局局长、計委副主任等要职。在中央决定改变体制，地方統計局实行垂直领导的情况下，万、张之流为了进一步控制这一重要部門，于一九六二年派林远到統計局当局长。他一到統計局即抛出："統計工作以服务为綱"的反革命修正主义綱領，企图取消阶級斗爭。統計局在林远的严密控制下，弄虛作假，封鎖消息，欺驅中央。例如在一九六三、一九六四两年里，每年用欺驅的手段瞞报临时工近两万人。有些比較重要的調查报告，特別是涉及人、財、物情况的报告都不报中央。一九六四年，他在針織厂搞四清时，是推行形"左"实右的"桃园經驗"的急先鋒。这个厂的一小撮党內走資本主义道路的当权派，在万晓塘和林远的庇护下过了关。在文化大革命中，他是万、张反党集团鎮压革命小将，鎮压革命群众的得力打手。特別是在发电設備厂問題上，大打出手，颠倒黑白，耍阴謀、放暗箭、造謠言，干尽了坏事。

天津市經委調办无产阶級革命联合会揭发整理

一九六七年五月十日

最 高 指 示

没有一个人民的军队，便没有人民的一切。

天工"八·二五"河大"井岗山"等 冲击人民解放军 天津驻军支持左派联络站真相

对待中国人民解放军的态度，就是对待无产阶级专政的态度，也是衡量是不是真正的无产阶级革命派的重要标志。有那么一小撮人，拒不执行中共中央《关于不得把斗争锋芒指向军队的通知》，竟然煽动一些不明真象的群众，把斗争锋芒指向人民解放军。五月五日至十日，人民解放军天津驻军支持左派联络站又一次受到冲击，是一次严重的政治事件。为了弄清这次事件的真相，我们走访了天津驻军支左联络站。现将这次受到冲击的详细经过公布于众，供革命的同志们分析批判。

中共天津市委机关革命造反联合委员会
一九六七年五月十七日

五 月 五 日

十四时三十分，有三十余辆汽车，开至天津驻军支左联络站驻地（河北宾馆），排成二列，堵在门前。人民约三、四十名。

支左联络站走来六、七名干部了解来意，得知汽车是人四一厂"大联合"开来的。要求支左联络站负责人肖思明、郑三生接见，反映该厂内武斗问题。

十五时左右，所谓"反复辟联络站"的天工"八·二五"、河大"井岗山"等组织二十余人，强行进入支左联络站办公楼，冲至二楼高喊："郑三生 肖思明 滚出来！"

支左联络站代表向他们表明：肖思明、郑三生同志不在天津，不能接见大家，有事转派代表交谈，其他人员和车辆很快回去，抓革命促生产。

武斗问题，解放军几次表明态度是反对的。你厂发生武斗，我们可派宣传车去宣传毛泽东思想、宣传十六条，坚持斗争反对武斗。

十五时十五分，支左联络站宣传车返回站，前往六四一厂。

五 月 六 日

时左右至二时半，支左联络站代表三名和六四一厂代表四名共同商定：支左联络站再去宣传车，六四一厂代表同意在五间楼召厂。

五时左右，支左联络站代表开出宣传车，准备按协议再建六四厂进行宣传。找六四一厂代表，他们避而不见。大联合哨兵们反映：他们到所谓"反复辟联络站"去了。

八时左右，六四一厂"大联合"四名代表又出来了。来与支左联络站代表说明，单方面，向大联合群众宣布："支左联络站没有诚意，不解决问题，坚决不走！"

随后，六四一厂"大联合"负责人来了。支左联络站下分干下战士派入到行在门前的六四一厂"大联合"的工人同志中去，同他们一起学习了毛主席语录，陈伯达、康生、江青等同志四月十七日讲话。

五 月 七 日

十六时左右，七八十辆汽车，批正两千多名工人、学生家属拥集在支左联络站门前。当时"大联合"两责人向车之广播：六四一厂的同志一律不许下车。"大联合"老、卩校心组一成员，从车队尾起上来，惊奇地问："到这里来干什么？"凡乎主子两责人都说不知道。

十七时左右，天工八二五、河大井冈山等组织开来四辆宣传车，高呼："打倒带枪的刘邓路线！""誓作六四一厂'大联合'的坚强后盾！"并宣布："六四一厂'大联合'全体战士下车整队。整队后全体人质坐于支左联络站门前。

支左联络站代表找"大联合"的负责人，问其来意。回答：正在开会研究。

"大联合"联委决定立即撤走。但天工八二五、河大井冈山、入圈成员讲：不要撤走，当下过夜给军队施加压力。

二十时左右，天工八二五、河大井冈山、六四一厂"大联合"等组织派代表十四人（其中六四一厂的代表仅四人）向支左联络站代表提出：军队要保证交通安全，及责挖出武斗的幕后操纵者等四项要求。

二十二时左右，商谈结束。在商谈中支左联络站代表，针对对方提出的问题，阐明了解放军的观点，要求他们很快回去。为了帮助六四一厂革命群众更好地贯切执行毛主席"抓革命促生产"的伟大号召，表示多派四十至五十名解放军干部、战士到六·一一厂宣传毛泽东思想、协助革命组织抓革命促生产。并向他们宣布：今回干部已经派调更换去了。但是，所谓"反复辟联络站"的代表又提出新要求：(1)解放军要派部队护送大联合回厂；(2)派一个部队进驻该厂运输处；(3)立即派公安调查组调查武斗事件。

当夜，支左联络站同志考虑到天有下雨可能，为了防止工人同志挨淋，经征求宾馆同志同意，请六·一一厂工人同志进宾馆食堂休息，"大联合"的负责人察看了食堂，表示同意。但所谓"反复辟联络站"的人员不让进。用宣传车仅反广播："下定决心，不怕牺牲……"的语录。因而，"大联合"领导人再次宣布支左联络站的建议。随后，天工八·二五、河大井冈山广播："支左联络站的老爷们，你们的阶级感情到哪里去了！""甘病牺牲吧。河大井冈山"的宣传车竟然喊出："天津驻军，你们不是支左，而是支右！""你们是李玉峰的部队！""你们是美帝国主义的帮凶！"整夜，五、六台宣传车齐声广播。当地又写了"郑三生、尚思、明人人支左联络站滚出去！"等标语。

五 月 八 日

三点左右，支左联络站代表，主动提出建议："解放军派代表到六·一一厂，同大联合代表，多数人同意，所谓"反复辟联络站"代表反对。

五时左右，大联合代表提出："郑三生、尚思、明不在，请一般及勤司志接见我们。"

为了满足工人同志们的要求，支左联络站领导成员、公安局军事管制委员会刘政同志决定代表尚、郑接见大众。对此，大联合代表很满意。刘政同志来后，天工八·二五、河大井冈山人员就喊："除了尚思明郑三生，别人谁也不行！"并下令将全部代表带走。支左联络站代表，两次说明刘政同志要同群众见面，而天工八·二五、河大井冈山人员都坚决反对，并说刘政标老几，靠边站！"

八时十分，刘政同志仍然来到群众面前，同大众见面，并向群众讲话。一部分人有意起哄，高呼口号："打倒李玉峰"等死保望天！"河大井冈山放高音喇叭起劲地干扰，使讲话无法进行。刘政同志刚走，他们又高喊："刘政接见是个大阴谋！刘政必须向革命……造反派作彻底及灵魂的检查！"

又午，大联合"联委会决定：十七时前回厂。

十三时三十分，经天工八·二五、河大井冈山鼓劲，"大联合"又决定不走了。但是经过支左联络站同志说服，"大联合"再次决定撤走。

二十时左右"大联合"核心领导×××打算宣布撤走的决定。但有一部分人起哄未宣布成。随后，"大联合"领导进行了改组。

二十四时左右，开会时××××发言："我们成立临时指挥下，因为你们"大联合"保守势力太大。当然，我们不包办代替，你们也参加人。"

十九时左右，天工八·二五"总"下两责人义、义义，坐在支持联络站大楼的二楼和三楼之间的楼梯上，同七八个人聚会。

这天，在支左联络站门前两侧写了一幅对联："李瓶儿愿为难同死，郑尚甘抗下场一样"。并呼出"打倒六十二军"的口号。一些人将"中国人民解放军天津驻军支持革命左派联络站"的牌子摘掉，摔烂，将"中国人民解放军"和"革命"九个字涂掉，将"支左"改成"支右"。后因革命群众抗议，又用白纸将"中国人民解放军"字样糊上。

五 月 九 日

一时左右，几十个中学生，冲到支左联络站三楼，冲入作战指挥室进行搜查，并将门上挂的"作战指挥室"纸条撕掉。

这时，六·四一厂"大联合"革命群众，一再喊："加强纪律性，防止坏人钻空子"。但是，天工八·二五"河大井冈山"人员广播："革命小将行动好得很！""红卫兵带头冲，我们紧跟上！"

三时左右闯入指挥室的人员，把主持支左联络站工作的衣参谋长，拉下来楼，进行围攻，三时半，将衣参谋长强行架入予先准备好的英制吉普车上，在天工八·二五"和河大井冈山"的带领下，百余人乘数辆汽车去北京。

五时左右，支左联络站代表，再次向"大联合"负责人指出："你们停止生产把这么多的人和车拉来冲击天津驻军最高领导机关是错误的，抓走了衣参谋长更是严重的错误。你们要立即动员大众回去。当时"大联合"两责人戴××，尚××，河××都表示："我们不知道为什么到这来。到了支左联络站知道不对，决定立即回去，但'反复辟联络站'不让我们走。我们知道这样做是错误的，但我们也控制不了队伍。"

十二时三十分，支左联络站代表向"大联合"负责人宣布了人民解放军六十七军的通知：奉国务院、中央军委命令，对六·四一厂实行军事管制。

五 月 十 日

一时三十分，"大联合"人员准备上车回厂。此时"反复辟联络站"又召集"临指挥部"和"大联合"骨干联络，委紧急会议。此时，河大井冈山广播宣传车广播说："河老八打了我们的众，打死了我们的人！"他们排着队，打着方所帜，朝着支左联络站大楼猛冲，推开门冈，砸坏了大门冲入楼内，同时，把准备回厂的六·四一厂工人叫下车，重新组织起来，在支左联络站门前绕场示威。

河大井冈山冲进大楼的几十人，从一楼一直到七楼，挨门敲打寻找郑尚。部分人员军入后楼，打了英馆服务员和间机，并将市夺权筹备工作小组办公室副主任刘永声和一名工作人员殴打后架走。

三时左右，河大井冈山又来二十余人，再次冲入支左联络站大楼撞入作战指挥室并挨门搜查郑尚。然后x部一营驻区进行搜查，并围攻该营副营长，五时三十分离去。

被揪走的衣参谋长于九日七时三十分到达北京，天工八·二五"河大井冈山"等组织要求中央文革、全军文革、北京军区文革接见，均被拒绝衣参谋长做限制自由。

一十时，蒯、郑派联络员向六四一厂"大联合"代表联系，让他们互选五名代表，供郑准备接见，他们不同意，派代表，随即将两条人拉到北京军区静坐，呼口号。

二十五时，他们从大联合名义写了一副对联，贴在北京军区门上，上联是"郑召业对意调拨挑起两条路线斗争"，下联是肖思、明赋支左长了老保威风"；横批是"打倒带枪的刘邓路线"。

<h2 style="text-align:center">五　月　十　一　日</h2>

蒯郑考虑，他们把衣季源长于秋泰北京作人质是非常错误的，但大联合还是个革命组织，不接见他们面去不好交代。于是在十一日零时至五时，接见了六四一厂大联合的代表，听取了他们的意见，指出了他们最近几天行动中的许多错误。

六四一厂"大联合"于十四十一时到十一日六时分批出四厂。

在整个冲击期间，支左联络站干部、战士经常深入到六四一厂"大联合"工人同志、中去，一起学习毛主席语录，宣传毛泽东思想、劝说他们很快回去抓革命促生产。

天津市毛泽东主义
战校 火燎原红卫兵
潘羽印
5月19日

触目惊心的

工农学亲复转退革命军人战斗兵团东方红区指挥部

最 高 指 示

要特别警惕象赫鲁晓夫那样的个人野心家和阴谋家，防止这样的坏人篡夺党和国家的各种领导权。

帝国主义者和国内反动派决不甘心于他们的失败，他们还要作最后的挣扎。在全国平定以后，他们还会以各种方式从事破坏和捣乱，他们将每日每时企图在中国复辟，这是必然的毫无疑义的，我们务必不要松懈自己的警惕性。

触目惊心的《二月兵变》

一九六五年十一月毛主席在上海发动了无产阶级文化大革命，刘、邓、彭、罗、陆、杨 反革命政变集团慌了手脚，为了逃避他们失败的命运，他们阴谋一九六六年二月进行反革命政变，即《二月兵变》，去年六月首光从北京高校开始 揭发了这一阴谋活动，正当革命群众乘胜追击、追查这一反革命事件时，八月份第一号反革命修正主义分子邓小平慌忙跳了出来，在人民大学的大会上一手包庇了这一反革命事件。康生同志严正指击:《二月兵变》真有其事，但是由于刘、邓的包庇，《二月兵变》事件，至今没有得到彻底的揭露，从我们初步了解的线索，完全可以看出这是刘、邓反革命集团在刘、邓黑司令部的直接指挥下的蓄谋已久的反革命事件，多年来他们已经从政治等各方面;在各个部门进行了大量的思想和物质准备。

是我们伟大的领袖毛主席及时发现了这一阴谋，彻底粉碎了这一反革命阴谋。目前市委机关文化大革命形势大好，有关《二月兵变》问题又提供了大量线索，现将我们收集的部分材料公布揭发，希望全市革命同志紧急动员起来，沿着各种线索跟踪追击，乘着北京革命委员会成立的东风，打一场义〈烈〉的人民战争。彻底揭开《二月兵变》的黑幕，宣判彭、罗、陆、杨反革命政变集团的死刑，宣判《二月兵变》的总后台刘少奇、邓小平的死刑。誓把无产阶级文化大革命进行到底!

一. 輿論準備

几年来彭真的死党和走狗闪烁的吹捧彭真，大造彭真可以做领袖的舆论，他们大讲彭真如何如何能干，讲彭真身体如何如何好，能吃，又年轻，前北京公安局甚至取下毛主席的像，并蓄谋悬挂彭真狗像，六五年底，六六年初政变集团大造战争一触即发的舆论，他们到处大作备战报告，大造战争恐怖气氛，此事北京全市满城凤雨欲来，政变集团还通过陆定一，吴冷西，姚溱等反革命修正主义分子，直接控制了新华社、中宣部、人民日報，中央人民广播电台等重要宣传工具，培养了大量的火线记者，以适应反革命政变的需要。

二. 組織工作準備

彭、刘（邓）反革命政变集团，为了实现其罪恶目的，他们在组织上已经进行了严密的组织准备，除了彭、罗、陆、杨结成死党外，政变集团的所有黑爪，无论是地方还是部队，无论是一般干部还是领导干部，都是经他们精心挑选的。从一九六五年三月起，他们就以备战为名，清理档案，烧毁大批档案，把他们需要的档案转到山区。一九六五年七月他们提出各厂迅速按备战配调干部，老干部跑不动的要换下来，各工业局长考虑配备35岁左右的干部，大厂和中厂配备30岁左右的干部，中小厂和车间的领导干部必须在30岁以下的，并付诸行动。不仅如此，刘、邓、彭、刘（仁）反革命集团甚至连其死党在兵变后的官都分好了，像邓拓这样的一个老牌的反党干将竟为上中宣部长，像项子明，王汝斌等反党分子竟基上市委书记的宝座。

三. 物质准备

彭、刘（刘仁）反革命政变集团为了《二月兵变》进行了大批的物质疏散和战备储存工作，六五年旧市人委就成立了第三办公室（专管备战工作）向京郊疏散了大量的物质，有粮食、石油、盐、料、胶建、布尺、医药等物，并在北京西郊北部地区大搞备战仓库，屯积粮草物质，这是保证政变时的物质供应，他们还企图改变北京商业体制，由条々改为块々，以便脱离中央另搞一维重点放在近郊区，如石景山·海淀，朝阳、丰谷等，此外六五年秋收后，刘仁以备战备荒为名，大量动员生产队集体储存粮食，后不久刘仁便以国家代储为名，将这部分粮食转到自己手里，另外《二月兵变》彭、刘（刘仁）集团责令财税局拨了大批物质，准备买一万了高级帆布帐篷（四季通用）名为供应学生下乡使用，实为政变作准备。

四．軍事准备

《二月兵变》完全是刘、邓、彭、罗、陆、杨阴谋策划的一次反革命军事政变。是在六五年秋天作准备《二月兵变》的准备，在物质上大搞小三战，在农村大搞軍事延筑，大肆扩建軍事工厂，增加軍工产品，彭刘（刘仁）亲自掛帅，他们还准备吞併张家口这个晋察冀軍事要塞为其兵变的根据地。在軍事技术上力量配备方面，大搞桥樑建设，大搞軍事电讯。六五年底时还特别选拨了初、高中毕业生60多人组成无线电训练班，进行短期训练后，派往北京郊区，设立軍事电台。刘仁亲自出马抓武装民兵，配备大量枪枝弹药，在不少高等院校也以搞軍训为名，结合专业配备兵种，为了便专战时指挥，刘仁还布置公安局在国外搞站、线，在外国设电话，以便在兵变时能得到外国支援，出卖祖国，他们还策划改变北京市政权体制，把原二级体制改为三级开抽调县级干部加强各区力量，在市委机关内他们还作了详细的户口调查，以作好人口疏散工作，为了增加他反革命的力量，他们竟违犯党纪国法肆意决定释放九万名劳改犯，把他们派往市郊农村，择机配合反革命活动（未得逞），同时又把本市大中学的反动学生集中在軍事要地、南口农场以便作兵变时骨干力量，他们还阴谋调兵调将从山西、汉口、天津等地大批调軍队来北京参加《二月兵变》。

五．控制中央

政变集团为了实现其罪恶阴谋采用了一系列极其卑鄙的手段企图控制中央的一些负责同志，特别是中央的軍委几个同志。前北京公安局在龙潭湖中的一个孤岛上建立了养鱼池,将中央军委的几个同志弄到那里去钓鱼,企图政变一旦发生,将这几位同志困在龙潭湖,切断联系不让回来,同时他们在养蜂夹道建立所谓的高干俱乐部,采取卑鄙手段腐蚀收买了叶子龙和中央机要部门。拉出去打进来,趁机窃取了大号机要文件,控制了中央机要部门。彭贼死党冯基平、吕展一手控制了中央负责同志的生活,连吃的东西都由犯人生产供应,甚至派遣反革命份子为中央负责同志服务,用心何其毒也,并且他们竟然在毛主席所有的生活场地上均安放了窃听机,以刺探情报,掌握毛主席的活动情况,可见他们疯狂到何种程度。一九六六年初彭真每天均查中央负责同志的动向,以便选择时机,发动政变。

六、政变前的疯狂活动

在兵变部署基本就绪的六六年初彭真几乎达到了疯狂地步,彭家完全变成了一个家指挥部。军事、急电、签件、军事急件日夜不断,三反分子旧北京市军区司令员杨勇。彭、罗、死党原作战付部长雷英、北京市公安局付局长吕×及彭贼死党刘仁、郑天翔赵凡、邓拓、李琪、宋硕、姚溱、张又松、项子明等经常×集彭宅围着军事地图密谋兵变,经常通宵不眠,科大三反分子科大党委书记刘达明党明目张胆地写信向彭真讨领枪炮弹药,当时彭贼家宅加强了警戒,彭贼竟狂妄地对下层人员讲"我是中央核心的核心,必须确保我的安全。"就在六六年二月的台基厂四号:酝酿着世界史上最大的一个兵变阴谋,如果阴谋得逞,千百万个人头就要落地,马列主义的党就要变成法西斯党,中国就要变颜色,世界历史就要倒退数百年,这个触目惊心的兵变被我们伟大的领袖毛主席发觉了,毒蛇一出洞就立刻被擒。

七、刘、邓是二月兵变的总后台

触目惊心的《二月兵变》破产了,彭贼被揪出来了,而指挥这次兵变的反革命修正主义总头子刘少奇至今仍然逍遥法外,拒不认罪,就在兵神前不久,我党致苏共公开信发表后,刘少奇竟指使彭真参加苏共二十三大,密谋投靠苏修,就在《二月兵变》之时,刘、邓、彭合影泡制出反革命的"二月提纲"也是在兵变前夕，彭真经常到刘少奇家，几乎每天晚上通电话，密谋策划兵变，一月底二月初一切布置就绪，刘少奇突然溜到新疆去了，在他们的大后方在廖汉生、王恩茂控制下的黑据点指挥兵变，二号阎王邓小平也在此时离开北京跑到西北刘澜涛处二线指挥兵变，《二月兵变》破产以后，罗瑞卿畏光被揪而来了，彭真和所有参加兵变的核心人物至今不认罪，直到二月底三月初跑到邓小平控制的西南基地和李井泉密谋，对抗毛主席，掩盖滔天罪行，逃避人民的审判，触目惊心的《二月兵变》被我们伟大的领袖毛主席彻底粉碎了。但是刘、邓、彭、罗、陆、杨的反革命政变集团的滔天罪行还没有彻底清算，我们呼吁全国、全市的无产阶级革命派，立即行动起来，彻底清算《二月兵变》集团的滔天罪行！

我们强烈最强烈要求立审反革命政变集团的总头目刘少奇、邓小平、彭真、陆定一、罗瑞卿、杨尚昆！宣判《二月兵变》集团的死刑！

绞死刘少奇！　　绞死邓小平！

绞死彭、罗、陆、杨！

彻底清算《二月兵变》集团的反革命罪行！

誓死保卫毛主席！

誓死保卫中央文革！

无产阶级文化大革命万岁！

战无不胜的毛泽东思想万岁！

伟大领袖毛主席万岁！万万岁！

欲加人罪何况无辞，"二月兵变"是乌需有。

北京市委机关《摧毁兵团》

北京大专院校《摧旧兵团》

工农学荣复转退革命军人战斗兵团东方红区指挥部

1967. 5. 20.

反革命修正主义分子
万张黑帮在四清运动中的黑話

干代会天津市統計局《前哨》造反队

大专紅代会河北財經学院东方紅公社 批判万张联絡站
計 統 調 查 組

反革命修正主义分子万晓塘
在四清运动中的黑話

　　万晓塘是天津黑市委万张反革命修正主义集团的黑首領。万晓塘自从窃踞天津市領导以来，紧跟他的主子党內头号走資本主义道路的当权派刘少奇，密切配合反革命修正主义分子彭、罗、陆、楊，疯狂地进行反党、反社会主义、反毛泽东思想的罪恶活动，阴謀把天津市变成复辟資本主义的桥头堡。

　　我們伟大領袖毛主席在一九六二年九月党的八届十中全会上，再一次强調了关于社会主义社会的矛盾、阶级和阶级斗争的理論。六三年五月廿日毛主席在杭州会議上亲自主持制定了《中共中央关于目前农村工作中若干問題的决定（草案）》（即前十条）。这一文件是毛主席对馬克思列宁主义的重大发展，是我国人民进行社会主义革命的强大思想武器。但是，这一重大历史文件，却遭到了万晓塘等一小撮反革命修正主义分子的百般抵制。他們頑固地推行党內头号走資本主义道路当权派刘少奇泡制的形"左"实右的右傾机会主义路綫，大肆販卖王光美的"桃园經驗"，破坏伟大的社会主义教育运动。《廿三条》公布之后，万晓塘极力掩盖形"左"实右的錯誤，大量販卖反革命修正主义分子彭眞的黑貨，大反毛泽东思想，大反《廿三条》，对抗毛主席的革命路綫，把伟大的社会主义教育运动引向邪路，眞是罪恶滔天!

　　"不破不立，不塞不流，不止不行。"不彻底揭露批判这个反革命修正主义分子推行的形"左"实右的机会主义路綫，就不能貫彻执行毛主席的无产阶级革命路綫。为了清算反革命修正主义分子万晓塘在"四清"运动中的罪行，我們現将他一九六五年十月到一九六六年六月在天津电梯、风动工具、机械木型、水暖等厂"蹲点"当中所散布的反党、反社会主义、反毛泽东思想的黑話予以揭露，供广大革命造反派的战友們分析批判，以彻底肃清其流毒。

一、猖狂攻击毛主席，极力反对毛泽东思想

1. 攻击毛主席，否定毛主席的正确領导

"犯錯誤的不光是小干部。小干部犯小錯誤，大干部犯大錯誤，过去的历史上的敎訓不用說，解放以后，还不是出来高崗、饒漱石、彭德怀、黄克誠呀！那都是高級干部呀！"

（1965．12．21．万对天津水暖厂工作队的讲话）

工作队汇报到重点人誣蔑我党工作中报喜不报忧时，万說："怎么报喜不报忧，毛泽东选集都写上了，我們死了几十万人�！"

（1966．5．1．万对电梯厂双清斗爭的几点意見）

（按：林彪同志說：毛澤东同志是当代最偉大的馬克思列宁主义者。毛澤东同志天才地、創造性地、全面继承、捍卫和发展了馬克思列宁主义，把馬克思列宁主义提高到一个嶄新的阶段。"而万晓塘却含沙射影地胡說什么"小干部犯小錯誤，大干部犯大錯誤……"，"毛泽东选集也写了我們死了几十万人。"恶毒地攻击我們最高統帅毛主席，否认毛主席的正确領导。

2. 反对活学活用毛主席著作，誣蔑学习毛主席著作不起作用

"有些厂对干部說深入学习毛主席著作，这是这批运动比上批搞得 好 的 地方。但是，有的队也有点毛病，有点拿主席的話生搬硬套。"

（1965．12．21．万晓塘对天津水暖厂工作队的讲话）

"现在备战，一讲这个（指有人盼蒋介石来）群众就可提高，可搞主席語录，可是不要搞得太多。让群众自己去学去。"

"主席思想是活的，不只是提两句話，活学活用就是要用活，不在于背原詞，而是运用他的思想。……一是学习主席著作，而群众中也有語言的，大家要多动脑子。"

（1966．1．13．万在风动工具、机械木型厂
双清工作汇报会上的讲話）

"学习主席著作不能敎条主义，不要背誦主席的詞句。"

（1965．11．对电梯厂工作队的讲話）

"学习毛主席著作，东西不要太多，主要是用毛主席著作指点指点。"

（对电梯厂工作队的讲話）

"学习主席著作要活学活用，要将主席思想变成自己的語言，引用是可以的，老許（厂总支书記許××）检查较好，用主席思想检查的，而不是引証，……必要时也可以

引証一下……。"

（1966．4．18．万在电梯厂航校工作队員
回校座談会上的讲話）

"我不是反对上綱……但上綱必将《廿三条》、主席思想变成群众的东西。而我們有些人，只滿足于口头上带几句主席的话，就是上綱了。这不一定是上綱。主席經常反对这个問題。引証他的话太多了他反对。因为只讲主席思想就行了。不这样就不能武装群众。讲活学活用，这怎么能活学活用。"

（1966.4.26.万在市委工交口团长会議上的讲話）

"我觉得学、揭、議、是个繁瑣哲学。揭也是学，議也是学吆！"

（1966．4．25．万在一机团团长、分团长会議上对当
前双清斗争的指示）

"……所以学毛著不要不議論，不要只是口号，口号多了无法实现。"

（1966．1．18．万在电梯厂全体干部会上的讲話）

（按：林彪同志說："为了把毛澤东思想眞正学到手，要反复学习毛主席的許多基本观点，有些警句最好要背熟，反复学，反复用。"而万晓塘公开叫嚣学习毛主席著作"不要搞的太多"，"不要背誦主席的詞句"，"不要生搬硬套"，"不要引証"，"不要提口号"，"要将主席思想变成自己的語言"等等，破坏大学毛主席著作，反对学习毛主席著作改造思想。）

"……主席思想现在又有发展。地方现在也开始学习了。要成为一个运动就行了，得下力量搞。部队年輕人多，記忆好。工人不一样，年岁大，有家庭問題，困难多些。解放軍不同，簡单些。我們现在正在摸索。"

（1966．1．13．万在风动工具厂航校队員座談会
上的讲話）

（按：林彪同志說："现在我們偉大的祖国，正在出现一个工农兵掌握馬克思列宁主义、毛澤东思想的新时代。毛澤东思想为广大群众所掌握，就会变成无穷无尽的力量，变成威力无比的精神原子彈。"而万晓塘假借工人"年岁大"，"有家庭問題"之名，散布在学习毛主席著作上可以和解放軍不一样。明目张胆地限制和反对工人大学毛主席著作。和反革命修正主义分子薄一波唱的是一个調子。）

"首先要解决这个对号問題，就是解决彻底革命問題。当然学习毛著也促进解决这个問題，但是不解决这个問題，学毛著也不行。如只学毛著不搞四清，只解决这个問題，也解决不了。"

（1966．1．18万在电梯厂全体干部会上的讲話）

"滿脑子里装着資产阶级思想学习毛主席著作，大部进不去，这些人掌握主席思想根本是不可能的。只有在大势所趋，利害矛盾下，跟着我們走。不可能让他們掌握毛主席思想……。"

（1966．1．18．万在电梯厂全体干部会上的讲話）

"旧社会就是把女的当玩物，对女同志来讲是痛苦的，真正把她（指一女工）改造过来，不解决她的人生观不行。不解决这个問題，学毛著也不行。要学习可让她学习主席著作有关妇女問題。"

（1965.12.21.万在陶正熔汇报电梯厂四清运动后的指示）

万晓塘听說电梯厂的工作队員学习毛主席"关于克服驕傲自滿，固步自封的批示"时，就别有用心地說："你們队又反驕傲自滿了，不要老反那个东西，……把积极性都反沒了。"

（按：林彪同志說："我們学习毛澤东同志的著作容易学，学了馬上可以用，好好学习，是一本万利的事情。"又說："要带着問題学，活学活用，学用結合，急用先学，立竿見影。"而万晓塘則恶毒的用不解决这样那样的"問題"，"学毛著也不行"，来否定学习毛主席著作改造世界观的伟大意义。）

"突出政治不一般讲了，有文章可看看。主席的語录可看看，少了可传着看看。有四个钟头都可以看完了。先要普遍学一遍，以后再带着問題学习。）

（1966．1．18.万在电梯厂全体干部会上的讲話）

（按：林彪同志說："我主張要背一点东西，首先是要把毛澤东同志的著作中最精辟最重要的話背下来。脑子里就是要記住那么几条。辩証法就是那么几条，可是他的变化是无穷的，你不懂得怎么能够用它。一定要把最重要的話背下来。"而万晓塘却胡說什么毛主席語录"可以"看看，"四个钟头"全可看完……明目张胆地反对反复学习毛主席語录，反对始終一貫的带着問題学，活学活用。）

3. 贬低毛泽东思想

"前天有篇学哲学的社論，这也是毛主席思想的发展。"

（1966．1．18.万在电梯厂全体干部会上的讲話）

（按：林彪同志說："毛澤东思想是当代馬克思列宁主义的頂峰，是最高最活的馬克思列宁主义。"而万晓塘胡說有篇社論是毛泽东思想的"发展"。公开贬低光焰无际的毛泽东思想。真是混蛋透頂！）

"主席思想不仅为中国服务，也为全世界服务。"

（1966.1.16.万在电梯厂工程技术人員座談会上的讲話）

（按：林彪同志說："毛澤东思想是反对帝国主义的强大的思想武器，是反对修正主义的强大的思想武器，毛澤东思想是全党、全軍和全国一切工作的指导方针。"而万晓塘把主席思想說成是"服务"，这又是对伟大的毛泽东思想的誣蔑、贬低和誹謗。）

"思想革命化具体要抓一些东西，上边讲了，要針对四清、生产中的問題来解决。

……革命是靠自觉，工作是靠措施方法吆。"

（1966．1．13．万在风动、枫木厂双清工作汇报
会上的讲話）

（按：林彪同志說："毛澤东思想是全党、全軍和全国一切工作的指导方针。"干革命靠的是毛泽东思想。而万晓塘却胡說什么"革命靠自觉"，工作靠"措施方法"，公开反对在一切工作中用毛泽东思想挂帅。）

"为什么帝国主义、反动派、修正主义都搞反华，而反不了呢？第一条，我們是搞革命的。全世界的人民都是要革命的……第二条，我們国家这么大，他们要孤立也孤立不了。一个小国可以孤立，这么个大国怎么孤立呀！整个欧洲也沒有中国大，整个美洲人口和起来，也沒中国多。我們是六亿七千万，他想孤立也孤立不了。"

（1965．12．2．万在电梯厂的讲話）

（按：林彪同志說："毛澤东思想是反对帝国主义的强大的思想武器，是反对修正主义和教条主义的强大的思想武器。"为什么帝、修、反动派，都反华而反不了呢？就是因为我们有伟大領袖毛主席，有战无不胜的毛泽东思想。而万晓塘却鼓吹"条件論"，說什么因为我国"地大""人口多"，"一个小国可以孤立"……极力反对毛泽东思想，否认毛泽东思想对中国革命和世界革命的伟大指导意义。）

"学大庆，干部不过硬不行。"你們是作基层工作的，不象我們随便，你們整天和群众在一块，沒那股子劲不行。学习大庆，首先要有大庆式的領导。"

（1966．万对电梯厂党政工作的几点指示）

"大家都知道大寨吧，他的經驗总結起来，首先是大寨支部，然后有大寨式的农民，就是有觉悟的农民，这是大寨人嗎！所以才有大寨式的先进单位。"

（1966．5．6万在电梯厂等八个单位党員积极分子会上的讲課）

（按：林彪同志說："毛澤东思想是一切革命工作最强大的武器。""人民群众掌握了毛澤东思想，就变得最聪明、最勇敢，就能发挥无穷无尽的力量！"大寨、大庆的經驗根本是掌握了毛泽东思想，活学活用毛主席著作，自力更生、奋发图强。而万晓塘只字不提毛泽东思想，这是对大寨和大庆人的誹謗，也是对大寨大庆成为全国学习的榜样的根本歪曲。实质上是否定毛泽东思想挂帅。）

"关于学习解放軍，学大庆。大庆我去看过，他们有些是老工人，但技术好，知识分子中青年多，工人中青年也是多的，能搞成那样的队伍和这个有关系，解放軍为什么搞的那么好！除了有好传统和林总抓的紧，另外解放軍也有个好的条件，复員的军人不那么整齐，主要有个带队的。要有骨干，地方上的队伍就比較复杂。"

（1966．1．9．万在电梯厂的讲話）

（按：学习解放軍，学习大庆，最根本的是学习他們坚决响应林付統帅的号召，高举毛泽东思想伟大紅旗，在实际工作中活学活用毛主席著作坚持三八作风，四个第一。但万晓塘对此闭口不談，却强調什么"条件"这是抵制和反对毛泽东思想的又一罪状！

414

同时也从根本上否定了解放军、大庆活学活用毛主席著作的伟大成績。）

4．吹捧刘少奇，抵制毛泽东思想

"再組織少数几个人，范围小点，用和他談心的办法，用群众的意见教育他，群众提的意见那几点对，让他考虑。目的要他用少奇同志的《論修养》，王杰日記等对对号，要抓对几个問題，和他展开辯論。"

（1965．12．21．万在陶正熠分析汇报后的指示）

"你們帮助他（指张××），让他看几篇文章好不好。少奇同志的《論修养》，主席的《放下包袱，开动机器》，都让他們看看。（这时工作队員都說让他看了）看他眞学了沒有？怎么学的？有什么收获？学了让他对对号，学了不解决思想問題也不行，象邵××一样，学《論修养》时光看受压抑时怎么办那一段，因为他自己认为是受压抑的，结果，越学越不滿意。"

（1965．12．21．万在天津水暖厂工作队的讲話）

（按：林彪同志說："我們要把毛澤东思想的偉大紅旗举的高高的，要用毛澤东思想統一全党、全国的思想，进一步促进人的思想革命化，挖掉资本主义复辟的根子，防止修正主义！"而万晓塘却极力贬低毛泽东思想，吹捧臭名昭著的刘氏《黑修养》。提倡用"修养"去"閉門思过"，使人們越"养"越"修"，越"修养"越成为修正主义。

"我們党有我們党的总路綫，总的是毛泽东思想，有我們党的传统，有我們党的一套作风，社会主义制度怎么搞，现在已經有了防止出现修正主义的一套制度：这就是一条是毛泽东思想，二条是搞社会主义教育，一条四清运动，一条是现在看四清运动有发展，文化革命，四条两种教育制度，两种劳动制度，五条干部参加劳动。我們正搞高薪吗？当然这个还要經过一段，但方向已經有了。"

（1966．5．6万在电梯厂等八个单位党員积极分子会上的讲课）

（按：党的八届十一中全会公报指出："用毛澤东思想武装工农兵群众，革命知识分子和广大干部，进一步促进人的思想革命化，是防止资本主义复辟，使我們社会主义和共产主义事业取得胜利的最可靠最根本的保证。"刘少奇却从根本上否定了毛泽东思想是防修、反修的最根本的保证，提出了"防修"的三个办法：一个是发动干部搞四清，一个是改革教育制度和劳动制度，一个是干部参加劳动。而万晓塘也把他的祖师爷刘少奇的两种教育制度、两种劳动制度的黑貨奉为"防修"的"法宝"，眞是罪大恶极，反动透頂！）

当技术員要求取消技术职称时，万晓塘說："也不一定把技术員的名称取消，对你們来說，一个是叫技术員，一个是叫工人，就是脑力劳动和体力劳动结合起来，将来有的可以当厂长，也有的可以当书記。"

（1966.4.4.万对电梯厂技术人员三結合問題的指示）

"六二年我和区委书記談話讲过，现在实行工資制度，所以当干部有工資，有待遇……如果把你們的工資都免了，放到狗窝里去住，你也要革命呀……有这个东西（指工資）可以，因为有这个条件，形成制度了麽！"

（1965.12.21.万在天津水暖厂工作队的讲話）

（按：毛主席教导我們說："我們这个队伍完全是为蕭解放人民的，是彻底地为人民的利益工作的。"而万晓塘却大力鼓吹追求个人名利的資产阶級人生观，反对毛主席全心全意为人民服务的教导。）

二、极力鼓吹阶級調和，抹煞阶級斗爭，美化資本家，丑化社会主义制度。

1．极力鼓吹阶級調和，抹煞阶級斗爭

"阶級斗爭，农村和城市不同。城市暴露的第一是資本家，第二是反革命、伪軍官、四类，农村是地富。郊区就沒有資本家問題。农村封建主义东西多。社会主义革命主要是对資本主义。"

（1966.1.13.万在风动航校队員座談会上的讲話）

（按：《二十三条》明确指出："我国城市和农村都存在蕭严重的、尖銳的阶級斗爭。在所有制的社会主义改造基本完成以后，反对社会主义的阶級敌人，企图用'和平演变'的方式恢复資本主义。"而万晓塘却极力地鼓吹刘少奇的"阶級斗爭熄灭論"，胡說"郊区就沒有資本家問題"，否认郊区存在着社会主义和資本主义两条道路的斗爭。）

"双淸（淸政治、淸經济）搞活泼一点，还是把四淸的几个內容联系起来，不要光把眼光集中在敌我矛盾上……"

（1966.1.9万在电梯厂的讲話記录）

"不要光讲对敌斗爭。叫对敌斗爭，特別是那些前段运动群众发动的不够好，黑綫搞的不够淸，工人放包袱不够，敌情暴露不充分,在这些单位叫对敌斗爭就限制住了。"

（同　上）

"一讲对敌斗爭，就容易把大家的眼光限制住……。"

（同　上）

（按：毛主席教导我們說："在拿枪的敌人被消灭以后，不拿枪的敌人依然存在，他們必然地要和我們作拼死的斗爭，我們决不可以輕視这些敌人。"而万晓塘在四淸运动的"双淸"阶段，竟极力鼓吹"阶級調和"，不让群众"把眼光集中在敌我矛盾上"。）

其目的是麻痺群众斗志，包庇地、富、反、坏和牛鬼蛇神。）

"过去有个提法，叫錯誤在干部身上，根源在地富身上。这个提法不完全对，因为有的干部就是好人变成坏人，要看到中国的工人阶级属于血統的幷不多，很多是小资产阶級轉化来的，它本身就有弱点，现在干部犯錯誤很多是因个人主义，幷不一定有地、富份子在拉攏。所以，不能說根子都在地富身上，他本身也存在內因。"

（1966.1.9.万在电梯厂的讲话記录）

（按：《二十三条》指出："支持这些当权派的人，有的在下面，有的在上面，在下面的，有已經划了的地主、富农、反革命分子和其他坏分子，也有漏划了的地主、富农、反革命分子和其他坏分子。"而万晓塘却否认阶級斗争势必要反映到党內，否认阶級敌人对干部的腐蝕侵袭，为阶級敌人涂脂抹粉，完全抹煞了阶級斗争。）

"打倒共产党只能写，不可能成为行动的。从性质上是这样的。从我們掌握的材料，是什么性质，还需要进一步看看。"

（1966.1.26.万对电梯厂双清路子的补充指示）

（按：毛主席教导我們說："蔣介石对于人民是寸权必夺，寸利必得，我們呢？我們的方針是針鋒相对，寸土必争。"敌人在喊"打倒共产党"，我們就要对他实行专政。万晓塘却以"不可能成为行动"为借口，姑息养奸。这与邓小平所宣揚的可以容忍阶級敌人"天天罵娘"的阶級調和論是一路貨色。）

"对資本家也有个团結大多数的問题……不能把什么問题，都說是和資本家界限不清？有些厂里有資本家，成天和他們在一起，搞不好就不好相处。相好共事，一握手一說話就是阶級界限不清，那就不好办了。"

（1965.12.10.万对皮带机厂工作队的讲話）

"資本家当权問题也要具体分析，光出主意，决定还是我們，这不能說是篡夺領导权問题。"

（1965.10.18.和23日万在水暖、风动、三通用等厂工作队汇报会上讲話）

"有一段（指五反）强調把資产阶級搞臭，結果把老資产阶級份子狠狠整了一頓，干部問题却沒有搞好。"

（1966.1.9.万对电梯厂四清工作队讲話）

（按：毛主席教导我們說："无产阶級和資产阶級之間的阶級斗争，各派政治力量之間的阶級斗争，无产阶級和資产阶級之間在意識形态方面的阶級斗争，还是长时期的，曲折的，有时甚至是很激烈的。"万晓塘却大肆宣揚刘邓的阶級調和論和阶級斗争熄灭論。极力主张与資本家和平共处，为資产阶級进行資本主义复辟鳴鑼开道。）

2. 抹 煞 党 內 的 阶 級 斗 争

"在党內在群众中都不能分派。……在工人阶级內部在党內划界綫，不利于团結。

417

……无产阶級只有一个党，只有一个派，全世界无产者联合起来。"

（万关于天津水暖厂的工作指示）

"……党内不能有派。这样讲容易搞混乱。四不清的問題检查了，就不能讲他是四不清干部。只有走資本主义道路的当权派，党內不能說派。眼睛向前看，不要向后看，不要算总帐。"

（1965.12.2.万在风动工具厂检查工作时的指示）

（按：毛主席教导我們說："党内不同思想的对立和斗爭是經常发生的，这是社会的阶級矛盾和新旧事物的矛盾在党内的反映。党内如果沒有矛盾和解决矛盾的思想斗爭，党的生命也就停止了。"而万晓塘大肆宣揚"党內不能分派"……公开抹煞党內的激烈的阶級斗爭。

3．美化資本家、丑化社会主义制度，誣蔑共产党

"现在的問題是在中等資本家，很大的資本家也不想定息了。象荣毅仁，錢对他沒有很多的用处，很小的資本家，定息几角錢，他也不在乎。"

（1966.1.9.万在电梯厂的讲话）

（按：毛主席說："他們現在还在公私合营的企业中拿定息，这就是說，他們的剝削根子还沒有脫离。"而万晓塘却說这帮吸血鬼不爱錢，抹煞了資产阶級唯利是图的阶級本质。）

"我国的資本家拿到外国，也是左派，例如广州有个資本家要求支援印尼鬧革命。"

（1965.12.2.万对风动工具厂四清工作队的讲話）

"从資产阶級来说，当然是个不好，但不能說所有的資本家都是坏蛋，这是不符合党的政策的。"

（1965.10.18.和23日万在天津水暖、风动工具、第三通用
等厂工作队汇报会上的讲話）

在談到劳逸结合时，万說："資产阶級为什么也搞八小时劳动制，他也有打算。时間长了效率就低了。中国的資本家那么干，一搞十六小时，是因为中国劳动力多。外国資本家不得不考虑这个問題。"

（1965.12.2.万在电梯厂的讲话）

"資本家为何搞八小时制呢？他有个剝削，时間久了效率就不行了，所以他們研究了八小时較好或比较好的。我們当然搞八小时不行，实际也不能搞得太久。"

（1966.1.13.万在风动、机木厂汇报双清工作会上的讲話）

（按：毛主席說："但是现在有些人說：資本家已經改造得和工人差不多了，用不着再改造了。甚至有人說，資本家比工人还要高明一点。……这些議論对不对呢？当然不对。"而万晓塘却极力地美化資产阶級，其目的是抹煞阶級斗爭，与毛主席的阶級斗

418

爭学說相对抗。）

"那天有一个小組青年对我說：'我們現在是最幸福。'我說：也对也不对。我們还要准备吃苦。实际不是还有灾荒嗎？"

（陶正熠汇报后請示万的指示）

（按：毛主席教导我們說："世上决沒有无緣无故的爱，也沒有无緣无故的恨。"青年們热爱社会主义，他們认为生长在社会主义社会最幸福。而万晓塘却极力丑化社会主义，說什么生长在社会主义社会"不幸福"，并且提出"要备战"、有"灾荒"作論据，含沙射影地攻击毛主席"备战备荒为人民"的最高指示。）

"美国共产党、日本共产党的党員搞多了就不純，日本是30多万党員，不需要那么多，艾地是300多万党員，党員也太多了。"

（66.4.28.万在电梯厂航校工作队員回校座談会上的讲話）

（按：毛主席說："中国共产党是全中国人民的领导核心，沒有这样一个核心，社会主义事业就不能胜利。"而万晓塘却含沙射影地攻击我們党的党員多了。用"多"就不純的謬論，誣蔑我們伟大的党，誣蔑以毛主席为首的党中央的正确领导。）

三、极力对抗"前十条"和"二十三"条，忠实地推行形"左"实右的机会主义路綫

1.宣揚刘少奇的黑指示，对抗"前十条"

"我几次都讲打破框框，从实际出发，理论与实际结合，就提高我們的认識。"

（1966.4.28.万对电梯厂双清斗爭安排的指示）

"打破框框以后，运动可能快一点。"

（同上）

（按：毛主席說："政策和策略是党的生命，各級领导同志务必充分注意，万万不可粗心大意。"而万晓塘却极力吹嘘刘少奇的所謂"打破框框"的黑指示，借口"打破框框"来公开对抗毛主席亲自主持制定的《前十条》和《二十三条》。真是猖狂之极！）

2.篡改《二十三条》，轉移运动重点

"归根結底，在运动中主要搞好：第一，是工人阶級本队；第二，是先鋒队；第三，是核心。通过运动，一定要把这三点搞好。有了这些我們就什么也都不怕了。"

（1965.12.2.万在电梯厂的讲話）

（按：《二十三条》指出："这次运动的重点是整党内那些走資本主义道路的当权派……"。而万晓塘却别有用心地轉移运动重点，借口"职工队伍复杂"，把矛头指向广大职工和广大党員。其恶毒用心，可见一斑。）

"从你們运动现在发展来看，这段的重点还是以清經济为主。现在已經暴露出不少綫索，应以这个为重点，政治問題交叉进行。"

"四清运动是不断提出問題，随运动的发展要有不同的重点，二者交叉进行。"

（1966.1.13.万在风动、机木厂汇报双清工作会上的讲话）

"你們这一段还是以清經济为重点，要解放一些一般問題，到一定时搞政治重点，到一定时再搞經济重点，二者交叉进行。"

（1966.1.15.万在电梯厂对专案工作的指示）

（按：《二十三条》规定："城市和乡村社会主义教育运动，今后一律簡称四清：清政治、清經济、清組織、清思想。"万晓塘到处篡改运动的重点，轉移斗爭目标，妄图把一场你死我活的阶級斗爭，引上单純的清經济斗爭的邪路上去。）

3.混淆两类不同性質的矛盾，企图把运动搞乱

"有些人的面目让他暴露在群众之下，不管他們是什么性质的，提高认識就是复辟活动。"

（1966.1.26.万在电梯厂双清斗爭的补充讲話）

"少奇同志对地主划成分时說，只要是地主問題不清的都划地主，要不你給我弄清楚，为什么来路不明。"

（1966.3.30.万对电梯厂清經济斗爭的指示）

（按：毛主席說："敌我之間和人民內部这两类矛盾的性质不同，解决的方法也不同。簡单地說起来，前者是分清敌我的問題，后者是分清是非的問題。"万晓塘极力推行其主子刘少奇的形"左"实右的机会主义路綫，有意混淆两类不同性质的矛盾，是企图把运动搞乱，达到保护一小撮的目的，其用心何其毒也！）

4.极力推行形"左"实右的机会主义路綫

把党員和干部队伍描繪得一团漆黑

"机木要排两个队，一是党員，一是基本群众……"

"最頑固不可改造的还是少数人，不一定是百分之几，也可能三七开，这还是少数。"

（1966.1.13.万在风动、机木厂汇报双清工作会上的讲话）

"麻煩的是有些党員不起核心作用，风动工具有三分之一的党員不起作用。可能說

的严重些，有的党員认資本家为干爸爸呢！”

（1965.11.26.万对各团四清运动的几点指示）

“小平同志說过：执政党，領导党在和平环境中有弱点。”

（对电梯厂工作队的讲话）

“现在干部問題揭出来了（指一般干部），机械木型投机倒把占百分之七十，八十，九十。十四个党員中（指一般党員），只有一个沒有問題……那儿什么坏人都有，而且他們也团結了不少群众，他們掌握群众有百分之五十。”（同上）

（按：《二十三条》中指出：“实踐証明，只要全党更深入地、更正确地、继續貫彻执行党中央关于社会主义教育运动的各項决定，抓住阶級斗爭这个綱，抓住社会主义和資本主义两条道路斗爭这个綱，依靠工人阶級、貧下中农、革命干部、革命知識分子和其他革命分子，注意团結百分之九十五以上的群众，团結百分之九十五以上的干部，那末，城乡存在的許多問題，并不难以发现，也不难以解决。”万晓塘却别有用心地把党員和职工队伍描繪得一片漆黑，其目的是为推行形“左”实右的机会主义路綫作輿論准备。）

“有些人，非用些話打动他才行。不仅有問題的干部，不打动不行，就是沒什么問題的干部，不打动也不行。让他承认有病，还不輕，这样自觉革命精神就起来了。自己还觉得沒病了，怎么革命？”

（1965.12.21.万在水暖厂工作队的讲话）

（按：毛主席說：“……对于犯錯誤的干部，一般地应采取說服的方法，帮助他們改正錯誤，只有对犯了严重錯誤而又不接受指导的人們，才应采取斗爭的方法。”而万晓塘则不仅对有問題的干部采取“打”，而且对沒問題的干部也采取“打”的方法，并且还强迫人家“承认有病”，这是十足的形“左”实右的邏輯。）

“现实是两头，一头是要抓好人，一头是要抓坏人……文化大革命，实际上是思想革命。文化大革命也会出现两个极端，一是出好人，一是出坏人，一抓两头，就把中間带起来了……。”

（1966.5.18.万在分团、公司和电梯厂对双清斗爭的指示）

（按：《十六条》指出：“有些有严重錯誤思想的人們，甚至有些反党反社会主义的右派分子，利用群众运动中的缺点和錯誤，散布流言蜚語，进行煽动，故意把一些群众打成‘反革命’。要謹防扒手，及时揭穿他們要弄的这套把戏。”万晓塘就是这样的大扒手，彻头彻尾的反革命修正主义分子。）

“现在干部中黑暗面、个人主义的东西实在太多。过去战斗中，哪有那么多个人主义东西？沒这么多复杂的問題嘛？和平环境本身就是很大的影响。名誉、地位、工資、汽車、安逸生活，这一套多了，都在影响人的思想。”

（陶正增汇报后，万的指示）

（按：《二十三条》明确指出："看待干部，要用一分为二的方法。""情况要逐步摸清，可能有以下四种：好的，比较好的，問題多的，性质严重的。在一般情况下，前两种人是多数。"万晓塘则与其主子刘少奇一唱一合，把广大干部看成"一团黑"，以此来推行打击一大片，保护一小撮的反动路綫，攻击毛主席的革命路綫。）

包庇地富反坏和资产阶級分子

"有的問題知情人不揭发，自己也不讲，沒有办法弄清。在斗爭方法上，力量使用上要考虑一下，要区别对待，抓住主要問題，解决可能解决的問題。不可能解决的有意放松点。"

（1965.12.6.万在水暖厂讲話）

"运动当然要求一个不漏，但是一个不漏不一定。什么事情不一定那么純洁，太純洁了反而不好。"

（1966.1.16.万对电梯厂工作队的指示）

"当然有明显的外部問題就当反面教材。留有余地，不等于放弃严重性的一面。我說的几种估計也有工作队下台阶的問題。"

（1965.12.6.万在水暖厂談話記录）

（按：毛主席說："革命不是請客吃飯，不是做文章，不是繪画綉花，不能那样雅致，那样从容不迫，文质彬彬，那样温良恭儉讓，革命是暴动，是一个阶級推翻一个阶級的暴烈的行动。"而万晓塘却要工作队和革命群众对"不可能解决的問題应有意放松点"，叫嚷"太純洁了反而不好"。等等。甚至对"外部問題"也要"留有余地"，似乎不这样工作队就"下不了台阶"。公然地进行"保护一小撮"的罪恶活动。）

"有的人可能斗不倒，不要紧，领导思想要明确这个問題，都斗倒了也不合辯証法，就沒有阶級斗爭了。一次四清完了，当然还可能产生新的，但是旧的也不是这样的，都斗倒了还有阶級斗爭学說？还有辯証法嗎？……剩下一个半个不算不完全胜利。"

（1966.4.28.万在电梯厂双清斗爭安排的指示）

（按：毛主席教导我們說："全世界人民要有勇气，敢于战斗，不怕困难，前赴后继，那末，全世界就一定是人民的。一切魔鬼逼邐都会被消灭。"万晓塘为了"保护一小撮"竟大喊："领导思想要明确"，"斗不倒不要紧"，并恬不知耻地歪曲阶級斗爭学說和辯証法。按照万晓塘的邏輯，似乎只有包庇一小撮才合乎辯証法，眞是混蛋透顶。）

"他們（指思想反动分子、反动资本家）越讲露骨了对大家教育越大。在解决他們問題时，先开小会，容易說理，开大会一轰就轰回去了。要让他們变心，叫他們讲，不叫他們讲不好。他們讲的越厉害教育越大。在一定的时間还要听，还要考驗我們的积极分子，使大家受教育。劝业場街搞得不错，运动完了后，有的积极分子給资本家道歉。"

（1965.12.2.万在风动工具厂检查工作时的指示）

（按：毛主席教导我們說："凡是錯誤的思想，凡是毒草，凡是牛鬼蛇神，都应該进行批判，决不能让它們自由泛滥。"万晓塘大力宣揚的就是黑帮分子彭眞强調的所謂

"放"。他們只許資产阶級"放"，不許无产阶級反击資产阶級。这个所謂"放"，是反毛泽东思想的，是适应资产阶級需耍的。）

"我們对資产阶級的問題，不是一个厂的問題，一个国家的問題，这是世界革命的問題。"

（1966.1.7.万在风动工具厂关于双清斗爭的指示）

"干部关系的問題得解决一下，干部資本家一块搞特殊化，对干部要求严一点，对資本家要放寬一点。"

（1965.12.10.万在皮帶机厂工作队的讲话）

"教育大家不要光看到那点錢，我們叫他多拿点，这証明我們工人阶級的伟大。"

（1966.1.7.万在风动工具厂关于双清斗爭的指示）

（按：毛主席說："……专政的第一个作用，就是压迫国家內部的反动阶級，反动派和反抗社会主义革命的剝削者，压迫那些对于社会主义建設的破坏者，就是为了解决国內敌我之間的矛盾……。"而万晓塘则千方百計地包庇不法資本家，对他們实行"寬大处理"政策。对犯錯誤的一般干部则实行"加重处理"政策。甚至与其主子刘少奇一唱一合，大力宣揚"剝削有功"的謬論。万晓塘的专政是专誰的政不是很清楚了嗎？）

当汇报重点人×××除經济問題外，还有政治問題，他曾托人买过榨油机图紙，怀疑他是否想把榨油机图紙机密弄出国外（他有日本社会关系）？万指示說："关于象榨油机图紙問題属于什么政治問題呀？这不见得是图紙，图紙是什么机密呢？日本技术水平不低，他榨油机就做不出来了嗎？这不是主要問題，問題不在这里。"

（1966.4.21.万对风动工具厂工作队的工作指示）

当工作队汇报：有个总支书記把一个刑滿释放犯拉到厂里，掌握基建大权并貪污四、五千元时，万說："这个問題要分析一下，一些释放犯人，也要安排就业的。"

（1965.12.10.万在皮帶机厂工作队的讲话）

（按：毛主席說："帝国主义者和国內反动派决不甘心于他們的失败，他們还要作最后的挣扎。在全国平定以后，他們也还会以各种方式从事破坏和搗乱，他們将每日每时企图在中国复辟。这是必然的，毫无疑义的，我們务必不要松懈自己的警惕性。"而万晓塘对反动分子的反动言論、反动行为不加追究，不加斗爭，反而大加贊赏，包庇反动分子蒙混过关，眞是反动已极。）

包庇走資本主义道路的当权派

"在工人阶級中不能分'当权派'和不是'当权派'，都是阶級兄弟，全世界无产阶級联合起来，那种說法（指叫'当权派'）在工人阶級內部，在党內划分界限，不利于团結。"

"干部洗澡过程中和下楼以后，如何促使他們自觉革命。过去'上压下挤'，只能解决一个問題，就是促干部知道，不自觉革命不行……要眞正解决問題，还得靠他本人。"

"要搞到明年五月份，确实是个问题。我担心在有的单位对干部扭的太厉害，我們要貫彻《二十三条》，抓住大是大非，着重进行教育，主要是重新教育人，重新改造人……。"

(1965.11.26.万对分团四清运动的几点指示)

"天津水暖厂干部洗澡安排到二月去了，这里可能有问题……洗那么长时间，把干部、群众、工作队，都搞疲了。"

(1965.12.10.万在皮带机厂工作队的講話)

"一批还是有这方面敎訓的，搞不好的話，对干部伤害太多。"

(同上)

"針織厂刘全吉（付厂长）的問題，只要往原则上一拉，就可以扣上反党分子的帽子。当时他认識了，还哭了一场，甚至对我說像他的父母……"所以他才包庇刘全吉。这是不打自招。

(同上)

（按：《二十三条》明确规定："这次运动的重点是整党內那些走資本主义道路的当权派，进一步巩固城乡社会主义阵地。"而万晓塘却千方百計地包庇走資本主义道路的当权派。看！万晓塘对走資本主义道路的当权派是何等怜憫，眞可謂关怀备至。眞是"一丘之貉"臭味相投。）

把斗爭矛头指向群众

"打活靶子問題……通过打活靶子，一是敎育群众，一是震动敌人。有联系的就打一个，带一串……这是好方法，可以快一些。一个人（指重点人）检查让他自己点三、四个重点人，这样他在会上点几个重点人，我們就变被动为主动，搞几个回合，問題大体可以搞清。"

(1966.4.27.万晓塘在市委工交口团长会議上的讲話)

（按：《二十三条》规定："明确宣布，不論在什么社队，不論在运动中或运动后，都不許用任何借口，去反社員群众。"而万晓塘却极力对抗毛主席亲自主持制定的《二十三条》，忠实地推行刘少奇的形"左"实右的机会主义路綫，把斗爭矛头指向群众。看！万晓塘对于整群众的方法想得何等周到，手段又何等毒辣。眞是罪大恶极，十恶不赦！）

四、鼓吹业务挂帅，反对突出无产阶級政治

"技术也是領导，技术有民主和集中，集中就是領导嘛。我看是首先把大家的积极性調动起来，首先是你們（按：指工程技术人員），你們是关鍵。"

(1966.1.16.万在电梯厂工程技术人員座談会上的讲話)

"面对任务，我們要向前看。过去的問題以后再說。个人主义的思想問題，对領导

和同志之間的意見也好，要先解決任務，其他問題等坐下來再解決。要接受過去的經驗教訓吶，因為問題要經过实践解決的，搞出了产品，也解決了思想問題。"

（1966.1.16.万在电梯厂工程技术人員座談会上的讲話）

（按：毛主席說："**思想工作和政治工作是完成经济工作和技术工作的保证，它們是为经济基础服务的，思想和政治又是統帥，是灵魂。只要我們的思想工作和政治工作稍为一放松，经济工作和技术工作就一定走到邪路上去。**"万晓塘把資产阶級学术权威看成掌上明珠，有了他們可以办到一切，他只字不提如何突出毛泽东思想，真是反动透頂！）

"政治是統帥，是統帥业务和生产的。四清运动要落脚在生产上。"

（1966.1.18.万在电梯厂全体干部会上的讲話）

（按：解放军报社論指出："**突出政治要落实在人的思想革命化上。**"万晓塘却大肆鼓吹四清、突出政治要落实在生产上的修正主义謬論。）

"出口电梯問题。当前我看你們一切工作要落实在出口电梯上……其他都搞好了，而这一仗打不好，也不行。"

"……最后讲一点希望，經过四清，經过你們的努力，是有希望的，大跃进，搞好生产，技术还是起重要作用的，不要輕視技术。"

（1966.4.4.万对电梯厂技术人員三結合問题的指示）

（按：毛主席教导我們："**政治工作是一切经济工作的生命線。**"万晓塘却宣揚"技术第一"、"一切为了生产"，这是和修正主义者唱的一个調子。）

"你們基本是脑力劳动者。你們看墙上貼的，政治是灵魂，灵魂就是脑子，所以我們就要用脑子，要放下包袱，开动机器。"

（1966.1.16.万在电梯厂工程技术人員座談会上的讲話）

（按：毛主席教导我們："**沒有正确的政治观点，就等于沒有灵魂。**"林彪同志指出："**政治就是阶級斗争。政治教育主要是抓阶級教育，抓活的教育。**"万晓塘不作阶級分析，把技术人員的脑子說成是灵魂，說什么只要"一开动机器"，就是突出了政治。这是別有用心的歪曲突出政治。）

"这个厂300多人，也等于一个营，但是情况就复杂多了。部队讲政治和业务三、七开，七分政治，三分业务，在工厂就不能三、七开。"

（1966.1.9.万在电梯厂的讲話）

（按：林彪同志說："**政治思想工作是一切工作的灵魂和統帥，是我軍經常的首要任务。**"万晓塘从根本上否定政治統帥业务，公然与林彪同志的指示相对抗。）

"对这次出口任务，大家智慧精力要集中，要当一个仗来打，当一个敌人来看待，主席不是讲三大斗争嘛？这样大家的积极性就調动起来了。）

（1966.1.16.万在电梯厂工程技术人員座談会上的讲話）

（按：林彪同志說："我們无论过去、现在和将来，都是依靠政治，……来搞一切事情。"万晓塘极力反对突出毛泽东思想，实现思想革命化来办好企业完成生产任务，他否认毛泽东思想是一切工作的指导思想。）

"今天想解放你們一下，运动你們可以不参加了，检举先不搞了，完成产品可再搞嘛。像红与专等問題不是一下就解决的，这样可以把你們脑子集中一下。"

（1966.1.16.万在电梯厂工程技术人員座談会上的讲話）

（按：毛主席教导我們："掌握思想教育，是团結全党进行偉大政治斗爭的中心环节。如果这个任务不解决，党的一切政治任务是不能完成的。"而万晓塘却是以生产压革命，把工程技术人員引向脱离政治的歧途。）

"搞好这一仗（指出口任务），你們厂就要翻身。因为你們厂有了点名声，再加上这个出口，香港按上电梯又是成功，所以就能翻身，或基本上翻身，落后帽子可能摘掉了。这是你們的荣誉，也会在我們技术上提高一大块。"

（1966.1.16.万在电梯厂工程技术人員座談会上的讲話）

汇报到生产任务安排时，万說："我看是'三步曲'：一是把出口电梯的問題打响了，二是名誉恢复了，再回过头来解决老产品定型，老产品的改装修复問題。"

（1966.5.18.万对分团、公司和电梯厂双清斗爭的指示）

（按：用毛泽东思想武装广大职工群众，实现人的思想革命化，什么人間奇迹都可以創造出来。而万晓塘却以"名利"、"地位"、"荣誉"为誘饵，腐蚀职工队伍，这是地地道道的赫鲁晓夫式的修正主义貨色！）

五、反对党的阶級路綫，鼓吹重在表現

"动員时是否主要讲讲重在表現，有問題的人，只要回头就行，从分化瓦解来讲，主要看讲不讲自己的問題，敢不敢讲别人的問題，现在讲了还算坦白。"

（66.1.12.万在分析案件中对"双清"工作的几点指示）

"阶級登記时做个动員报告，进行一次阶級教育，要着重讲重在表現。"

（66.5.9.万在电梯厂"双清"斗爭中的指示）

"你們要放开讲，要注意这点。話不要一下說死，就象咱們围城讲話一样，繳枪不杀。所以前面开头要把这段的收获、敌人暴露的問題讲出就行了，重点放在重在表現就可以了。"

（66.1.14.万在对双清二次輔导动員的几点指示）

"昨天我到一个农场（青年敎养所）在那劳动的都是城市調皮的，象劳动敎养似的，可是改造的不錯，有个青年有流氓作风，自己起名叫'鎮京津'，在北京、天津都乱搞男女关系，现在改造的不錯。我就跟他們說（农场干部）：将来他們那里可以发展团员，把过去表现不好的人改造过来，表现好了也可以入党，人总是会变的，犯点错误可作反面教员，犯过错误的人改了就好吺！不容易再犯大錯誤了。一点错误不犯倒不一定好，可能一犯就是大問題。"

（66.1.18.23.万关于天津水暖厂的指示）

"对有历史問題主要是重在表现。资本家与地主不一样，对他們还是团結改造，这些人还要做一段工作。所以划阶級問題，有主张划的。这牵连到孩子的前途問題，划这面好，划那面就不同了。这个問題，在划时需要做一些工作，对资产阶级子女是重在表现。"

（66.1.13.万在风动、机木厂汇报双清工作会議上的讲話）

"政治問題我感到不是历史問題，而是现实表现問題，党的政策是重在表现，第二次动员是否提重在表现，表现在什么地方？在哪一段？主要是在运动前和运动中的表现，运动前可以为：60年困难时期和蒋匪窜犯大陆时期，这两段最容易看动态，可以不下功夫搞历史問題，重点是搞现实問題，不要搞历史問題⋯⋯"。

"木型那儿，可以搞分化，可以联系清政治，都有个贵在表现，要讲这个，电梯厂今晚讲，用重在表现分化。所謂表现，就是一貫表现和运动以来表现，运动中还是重在表现，这样把敌人分化。⋯⋯对地富子女也要主要是讲前途，重在表现。"

（66.1.13.万在风动、机木厂汇报双清工作会上的讲話）

（按：林彪同志說："有沒有阶級观点是个很大問題。沒有阶級观点，就不能看清政治形势，沒有阶級观点就不能决定政策，沒有阶級观点就不能正确执行党中央所决定的政策，沒有阶級观点就不能判断是非，沒有阶級观点就不能为人民服务。"我们党的阶級路綫是有成份論，不唯成份論，重在政治表现。万晓塘这个反革命修正主义分子，歪曲党的方針政策，歪曲党的阶級路綫，大讲"重在表现"，大肆販卖黑帮分子彭眞的黑貨。）

六、自吹自擂，提倡奴隸主义

"有些人对領导根本不在乎，那怎么調动他的积极性？領导不在他們眼中，怎么政治挂帅？厂里領导书記是党的代表，你們說話不听那行啊！他們滿脑子个人主义，这就不行。"

（66.1.15.万在电梯厂对专案工作的指示）

"党是指党支部，党的領导不是抽象的，具体到你們单位就是党支部，党支部是貫彻党中央和各級党委的指示，主要是党中央指示。"

（1966。1.7。万关于双清斗爭的指示）

（按：毛主席教导我們："危害革命的錯誤領导，不应当无条件接受，而应当坚决抵制。"党的領导最根本的是毛主席的領导，是毛泽东思想的領导。万晓塘却不加区别地把厂領导、书記都当作了党的代表，让群众无条件地接受"領导"，这和党內头号走资本主义道路的当权派刘少奇所推銷的絕对服从上級領导，提倡奴隶主义是一个貨色。）

427

"作一个党員，是党的工具。"

(1966.5.6.万在电梯厂等八个单位党員、积极分子会上的讲話)

（按：毛主席說："中国劳动人民还有过去那一付奴隶相嘛？沒有了，他們做主人了。"刘少奇为了篡党、篡軍、篡政，提出了反动的"馴服工具論"，反革命修正主义分子万晓塘也摇旗吶喊，也提出了"作一个党員，是党的工具"的反动口号，把党的領导和党員群众的关系，歪曲成人和工具、奴隶主和奴隶的絕对服从的关系。）

"我当兵时，穿上軍装就扛枪，练是在战场上练出来的。"

(1966.4.21.万对风动工具厂工作队的工作指示)

"我对这个厂有个看法，就是对你們要求高一点。搞的不如你們的多得很，因为我常来，如果对你們要求不高，把我自己也放在低标准了。"

(1966.4.6.万对电梯厂清經济斗爭的指示)

"我們各級領导干部，特别是我这样的干部，就是在上面，又是市里領导同志，我們这些人，当然首先要学毛主席著作，二是要向你們学习，向工人学习，向农民学习，也要向干部学习。"

(1966.4.9.万在电梯厂全体职工会上的讲話)

（按：毛主席教导我們："我們应該謙虚、謹慎、戒驕、戒燥，全心全意地为中国人民服务，……"，"我們一切工作干部，不論职位高低，都是人民的勤务員，我們所作的一切，都是为人民服务，……"。万晓塘自吹自擂，凌駕于群众之上，摆老資格，他根本不是什么"老革命"，而是地地道道的反革命。）

干 代 会 天 津 市 統 計 局 《前 哨》 造 反 队

大专紅代会 河北財經学院东方紅公社 批判万张联絡站 計 統 調 查 組

1967.5.20.

新聞王包庇旧聞王

——陶鑄与周揚——

我们偉大的領袖毛主席在去年五月发出了"打倒閻王、解放小鬼"的号召，广大革命群众奋起响应，擣毀中宣部这个閻王殿，揪出了陸定一周揚等閻王、判官。群众对此无不拍手称快。但是，刘少奇这个中国头号走資本主义道路的当权派，对他手下的得力干将周揚十分寛爱。去年七月，刘少奇特意以他个人的名义，托当時正在北京开会的旧天津市委秘书长路达专程到天津医院去看望周揚，转达他对周揚的"关怀"，告訴周揚"不要緊張"，"注意休养"，"准备检查"。周揚对此感激涕零，大哭一場，并对刘少奇感恩不尽。以后一提起来便是"少奇"同志如何如何。

以陶鑄为首的新中宣部領导，忠实秉承刘少奇这个黑司令部的旨意。他们怕刘少奇关怀周揚的这个黑指示贯彻不够，怕周揚对这个黑指示領会得不深，还特意由常务剖长張平化打长途电話，再次传达刘少奇的黑指示和陶鑄对周揚的"关怀"。   中宣部和其他单位的革命群众，強烈要求把周揚揪回来斗争，但是陶鑄一伙頑固地拒絕群众的革命要求，说什么"中央（实为刘邓黑司令部）的意見，周揚思想上的病要治，身体上的病也要治。""周揚是全民財产，中宣部无权动用。"陶鑄还在各种場合，不遗余力地美化周揚，说"周揚过去是文艺方面的权威，有才华，我也很尊重他。""他是大理論家"，"我与他私交不坏。"就这样在刘少奇陶鑄的大黑伞的庇护下，周揚进

429

避了群众的斗争到天津"养病"去了。　去年七月份,全国各地报刊纷纷批判周扬。在形势的压力下,陶铸感到中宣部不能再按兵不动。七月十九日,由张平化主持,被迫开了一个批判周扬的"座谈会"。这个座谈会搞的是假批判,它有三个特点:一是"背靠背"的,你管你的"批判",他管他的休息,二是小型的,只有四、五十人参加,中宣部的广大工人同志被拒之门外,说是工人批判不了周扬那套"高深"的"理论",三是各报社和新华社记者请了不少,因为这个会一定要发消息,以便"扩大影响"使大众都知道中宣部在批判"周扬了。这个会倒象茶话会,四五十人围桌而坐,公务员奉命不断倒茶送水。会开得冷冷清清,连口号也不呼甚至把二周王林默涵与大判官袁水拍也叫来坐在一起,让他们自由发言,美其名曰"受教育"实际上是他们通情报,稳定他们的黑心。去年六月到七月,周扬一直躲在天津。六月底,周扬给陶铸、张平化写了一封信,信中希望陶、张在适当时候去跟他谈一谈,给他"开导"、"启发"与"帮助"。陶铸接到信后,马上叫张平化给天津市委打电话,要市委派人当面传达陶铸的话,"你的我收到了,我不给你写信了。要好好养病,准备检查"真是关怀备至、体贴入微。在生活上,周扬仍然是养尊处优。专门给他配备了两个服务员,一个招待员一个护士和一个司机,还有一辆专车,伙食费每天二至三元。他饱食终日,没事做,除了看电影,就是坐小汽车到市区或郊区游逛,观赏市容,逍遥自由。陶铸还唯恐周扬被革命群众揪走,通过中宣部文革要天津市委次为周扬转移住处,有时趁深夜大雨秘密转移,有时则捏造"押回北京"的谎言将其转移。天津市委在陶铸等人的授意下,东奔西跑,为周扬寻找名医治病。在开药方时,怕暴露身份,

陶鑄丑事

陶鑄曾吹噓过：「我没有私心雜念。」真是恬不知恥、撒謊成性的偽君子！　有一次会议上陶鑄疯狂攻击三面紅旗說「長征苦？長征那有大跃进苦。我虽然没経过長征，但我有資格講这些話。我老婆（曾志，原广州省委候补书記）長征过。我老婆長征就是我経过長征。碰巧有一天，日本来宾要求見々我们経过長征的女干部。一位负责接待的同志想起了曾志，陶鑄不是說过他老婆長征过吗？于是叫人把曾志找来了。　这時坐在旁边的匡梦觉吓慌了，连忙扯这位接待同志的衣角、苦笑說：嗬呀、我的天！她没有経过長征，她没……有，趕快……」搞得当場的人哭笑不得，狼狽不堪。幸好，翻譯人員見势不妙，没有翻譯出去，这才免了一場大笑話，没有造成恶劣的政治影响。陶鑄很象鸡蛋，外面光亮，里面又臭又黑。

〈首都、中南地区斗争陶鑄大会筹备处供稿〉

天津市革十六中学　工矿战斗组

1967. 5. 29.

批 彭真

天津十六中学民国时期与南开中学齐名为知名学校，新中国成立南开改为十五中学。十六中原名为私华中学，是向苏联学习，小学校均改为数字翻号。我去1955年

（民国四十四年）时在十六中学教务生化，没有到当年教学处那老夫子们必造反了！这份资料使我回忆和他们相处的情景！平日连一句话都不敢多讲的夫子们必造反了？这份材料我要珍藏！

古月帝2015.6.20（端午节）

毛主席亲自主持制定的

中共中央一九六六年五月十六日通知中指出：

所谓"五人小组"的汇报提纲是根本错误的，是违反中央和毛泽东同志提出的社会主义文化革命的路线的，是违反一九六二年党的八届十中全会关于社会主义社会阶级和阶级斗争问题的指导方针的。

…………

这个提纲是反对把社会主义革命进行到底，反对以毛泽东同志为首的党中央的文化革命路线，打击无产阶级左派，包庇无产阶级右派，为资产阶级复辟作舆论准备。这个提纲是资产阶级思想在党内的反映，是彻头彻尾的修正主义。

顺治二〇一五年
端午节

一九五五年教学处
原主任 李正中珍

天津市第十六中学教学处
部分革命职员翻印
1967.5.29

平日不敢多讲一句话
教务处的老夫子们
必造反啦！

彭真反革命的汇报提纲

（二月提纲）

文化革命五人小组二月三日开了一天大会，参加人有彭真、陆定一、吴冷西和康生同志以及许立群、胡绳、姚溱、王力、范若愚、刘红、郑关翔共十一人。会上讨论的问题及主要意见如下：

一、目前学术批判的形势和性质：

对吴晗同志的《海瑞罢官》的批判，以及由此展开的关于"道德继承"、"清官和让步政策"、历史人物评价和历史研究的观点、方法等问题的讨论，已使思想活跃起来了，盖子打开了，成绩很大。

这场大辩论的性质，是马列主义、毛泽东思想同资产阶级思想在意识形态领域内的一场斗争，是我国无产阶级取得政权，并且实行社会主义革命后，在学术领域中清除资产阶级和其他反动或错误思想的斗争，是兴无灭资的斗争，即社会主义同资本主义两条道路斗争中的一个组成部分。这场大辩论势必扩展到其他学术领域中去，我们要有领导地、认真地、积极地和谨慎地搞好这场斗争，打击资产阶级思想，巩固、扩大无产阶级思想的阵地，并且大大地推动我们干部、学术工作者、广大工农群众对马列主义、毛泽东思想的学习，把他们的政治思想水平大大提高一步。

彻底清理学术领域内的资产阶级思想，是苏联和其他社会主义国家一直没有解决的问题，这里存在着一个谁领导谁，谁战胜谁的问题，我们要通过这场斗争，在毛泽东思想的指导下，开辟解决这个问题的道路，在边争边学中锻炼出一支又红又专的学术队伍，并且逐步地、系统地解决这方面的问题。

我们通过这场斗争和其他一系列工作（例如提倡工农兵学习毛主席著作，工农兵学哲学等等）不仅要进一步打破旧知识分子，实际上是剥削阶级对学术文化的垄断地位，而且要从此进入一个广大工农兵群众直接掌握马列主义、毛泽东思想的理论武器和科学文化的新的历史时期。这当然首先是从他们中间有相当文化水平的人开始，并且随着工农群众文化的普及提高而而向前发展。

1962年12月18日 杨秀峰到十六中时的谈话

现在要把办好一批学校抓好，这次主席在十中全会还特别谈到这个问题，办好一批总结经验。中央一向这样提，但我们的工作始终没有很好地这样作，特别是没有很好地总结经验。现在要办好一批总结经验，中小学要很好地赶上去，否则大学提高质量就缺乏必要的基础。

58年贯彻方针成绩很大，但问题也不少。总的说普通教育从53年以后程度降低了，所以如此是学习苏联把人家十年的东西搞成十二年，外语还一度取消，做学版消了解析几何，还有很多方面程度降低了。这是过去教育部的错误，这个影响很深远。以外语来说从57年恢复到现在不过40%，故外语水平到大学到科研受很大影响，这个重要工具不够了。做学方面的解析几何也是如此。全国争取到65年在大中城市较好的中学设解析，语文教学长期在教学指导思想上不明确，影响了教学水平。这些教训要深刻记取，现在要想法赶上去。

另外这些年对全面发展的理解有毛病，认为是各科齐头发展，也影响提高质量，这都是严重的缺点。58年以后劳动多了些发展快了些，这种缺点容易解决，而以前那种问题，短期内不易解决，若干年才能恢复。比如外语想恢复，得有教师且语种是俄语多英语少，培养教师也要若干年。怎么办？先把一批搞好，先说这一批赶上去。中小学条例也是根据这精神，要求提高了，钟点加多了，课程要多主次，课程提高了从这一批开始，各种条件都来不及，当然提高程度也不能象过去那样搞跳级过度等办法。1960年的教改方向是正确的，但教育部在具体安排上有缺点过急了。今后从一年级开始，其他暂用旧计划，旧车子，不再走那样的道路，从实践看小学五年肯定可以，中学还要研究，总的看年限可缩短程度可提高。

执行新教学计划提高程度，也要从办好一批改始，总之要抓一批总结经验，推动其他要着重抓这个。

要办好一批，又得先一个个地办起。中央两个会后我在北京先抓了两个附中，回去还继续抓。这次到天津是开代表大会，趁此时间你些工作，多了不行，先抓一两个学校摸点经验，不足找缺点，缺点都有永远找不完。天津老的学校好的学校有一些，先找这两个。

总结经验大约有几方面。

一是校风，这是多少年的传统应与肯定及当总结发扬。其次那门学科在教学方法等方面特别有经验要加以总结。还有思想政治工作，各校办法也不同，应加以总结。

可以总结一项或几项，对正个办好一批关系很大，可以设想天津如办好十个，每校1000人每年就毕业不少。三五期间高等学校召生大约不会超过15万，这样办好一批就给大学召收新生准备了较好的基础，有个三年五年全国即可找出一批学校总结经验。

把教师经验归纳为几点，将来可登在人民教育上。

在16中校长汇报情况过程中相秀峰又接了以下的话

每班人数太多，教学外语教师负担太重过去咱们规定40人这个问题要研究，根本办法是减少每班的学生数。

现在师范院校都不讲究写字了，叶圣陶现在开讲座，可以请他到天津来。

将来编教学参考资料时，应注意解决语文教学的指导思想问题，不要把这个责任放在教师身上，也不是学校的责任，语文讲成政治课，文学课过去教学指导书就是这样提的，文学和汗语分家了。

各方面对我们学生写的字不满意，农民说连个对联也不会写，这个要狠八是完全对,可农民就是这个要求。中央负责同志看到学生的学也不满意。

对教师队伍要作分析,18名(据学校汇报时说有18名的教师不称职)里面有的还可以培养,有的教了几年还不称职就不好办了。你们自己还有个培养任务,实在不称职的看有多少。

有无年岁很高过去也有成绩可是现在不能教书了,对这些人要很好地对待,要养起来称到编外。但待遇照旧不能多教可以少教不能教可以作顾问。对于象外语教师×××(此处记录不清),无论如何不要动员其退职退休,将来从编制上解决。

刚才谈到学校对学生搞两套作业,很合乎因材施教,作好了负担还不重。目前一般看负担不轻,怎样学得好些负担又不重,要从各方面研究一下,政治上即能进步学业上也可以学得好,怎么办也要研究。今年高考,有的因干部考不上将来怎么办?照顾肯定不行至少要真考不行。当然记分方法上可以研究,但学校要研究这个问题怎样安排,使他们学得好些。天津是给剥削阶级出身的比重坤加了,上海给个相反。同样的标准怎样来的呢?将来谈思想工作时,还可以谈这个问题。怎样解决,要创造些经验。

转学的应流放试,多了可以不收,去的也要放试,该收的就收,干卫子女也要这样。

教学思想问题,首先是教育厅负责,而不是教师负责。

你们新老师闭结合作是个很好的传统,也是提高教学质量的重要条件。

　　　　一九六二年十二月十五日杨秀峰在一中的谈话

　　不设受干卫子弟习经,都是青年,都要教育。但有一个问题要注

436

意，即他希父家中无人，生活好，不喜欢劳动，要加强教育。别人的问题不容易被注意，干部尤其是高干子弟易受注意。他们本身有压力，教育时受注意，这一点（意即不要总和这个问题联系。）

谈到华侨学生问题时杨秀峰说：

要注意到华侨在国外生长，受影响较大，短期不可能改变，生活习惯也不一样。一个是资产阶级思想，一个是生活习惯受惯，不可能一下子改变，经常不上课要想办法。可否把最坏的归到一个学校，一个班级中教育免得影响别人。最坏的是指根本不上课的特殊坏的。对一般华侨生的问题是教育问题，不能太急。生活上他们有病，应照顾，吃的东西要帮助他们买。有些作了工作还不行（指最坏的），要晚让他回去，不能都养起来。在生活习惯上可以照顾，思想不能要求过急，但不上课就行？这得和华委谈々。外国人来中国上学的，不好好学也得让他回去，他们回去就骂我们，骂就骂吧！现在不是已经搞反华大合唱了吗？当然我们尽量作，工作实在不行的可以择出来。在这不行，可找个地方集中，实在不行就让他回去。一定向华侨提出来。你们是否讲过不上课根本不能在学校（学校说：不敢讲）学校不要旅馆。市里把华侨生表现最坏的汇总一下，一方面给卫里寄去，一方面给侨委打招呼。不上课要住不行。要和外事卩门、侨委联系。

生活上应照顾，政治上要关心能是后者。

得让他们到饭厅吃饭，学校要有个秩序。生活上实在当然可以帮助他做，但纪律该有。侨生可单搞个食堂。纪律上要注意他们。中央允许他们寄外汇买东西，但和住在学校不上课是两码事。

应把各校侨生问题查理一下，不要拖太久，给教育部、侨委、外事部各送一份。

对侨生要教育，但不要歧视、学校不是公寓要研究解决一下。

最后他谈了对一中的看法是、方向明确，学生学习是踏实的。

柏秀峰离津前的两次谈话

（我的原记录中没有具体时间）

这两次谈话参加的有 前市连文教部长王金鼎前付市长胡振亚，教育付局长刘起荣，还有河大的几个教师，他们是由柏秀峰约请来帮助教学分析的。

（一）

对作文分析的缺点的第三条 —— 结构松散的要求太高了，学生可以理，只要言之有物就够了。有的愿作长文，有的地方可以写只要不是空燥空就行，小孩子可以这样写，当然有些不必要的不该写长了。学生什么影响最大呢？还是小说。议说文不多叙事不步。这样水平还是可以的。有一点可以不和教师讲，即有的批改的地方不很恰当。

写字这但问题，有的写得不错，有的太潦草这要看他们是当堂发的还是课在的不能一概而说。

谈的方式，不要用我的名议谈这些意见，用教育局名义也不太恰当就用几个人名义来提出（即由河大几个教师名义提出）说我也看过了基本同意。

条件问题都他们解决一下，林铁同志也认为有问题。他们可以将来单独招扩大些范围这样的学校不宜太多，先搞些好的。16中想拆住宿根本没有及，一中如把房子还给他可以搞寄住宿。林枫同志很赞成北师大附中招住

各班人数要减少些特别是16中，否则对三门主科不会学好，是理论实也受限制，教师负担太重。一个班少招十来个人两个学校才一几个就分招

些美德不太文。所以招生时把人数适当减少些，都在50人左右16中省的挑53人到60人太多了，北师大附中少招初中多招高中这也是个办法。

一中房子的光线适当改善一下，充之（原市委文教书记）说搞东部分改造，这是长远的事。当前要改善一下宿舍也要改善。

16中的小工厂要搞好，只可用地下室，帮他们把那个铁的小棚子支起来，至少高中生能上床手干点事，如光依靠限业劳动，一年下去一点不行。这是方针性问题还要讲究要加强劳动观点的思想教育。

一中招英文班，现在也至少有三个可教英文的学校有英文班对学生有好处。改时将来从一年级改，中途不行。16中英文班能多点也好，不能多就算了。

教师中有10％左右不称职应该区别有的可以培养。16中物理的老地新的办法很好能培养的还要培养，有的实在差的要调正。从别校调好教师不好办就是把今年的好大学生给他调个，要下这个本钱。

一中华侨生要解决。总理特别指示对学生要严加管理，严格要求不管是谁的孩子。有九个完全不上课这情况无论如何要解决。如是中侨委来的你们可告诉教育部，告诉侨委来解决，该安排到那里就到那里。

16中校风思想工作还没谈，让他慢慢总结。寒假再来时再谈谈。英帝国主义时有什么好的也可总结，当时本质不好有的方法是好的要正面总结。校风和那一个学科的经验，培养教师也可先总结条个式的总结若干条。

一中也总结其传统，教育局帮助一下寒假后找个时间再听个。
我听了两三堂比较好的课，都是不错的。

过了寒假之后总结完了再谈。

基建至关还是要解决初中，初中二部制和高中的衔接和全日制之间抵消大大，小学完全消灭一部制恐怕得四五期间两误了。

工厂培养接班人很重要，自己办学可以培养接班人。他们武房设备我们武器钱，人就办起来了，可以缓和教育部门压力。

重点中学搞他十几个，象16中这样的办十几个，五年内办好二十几个。

小学中于部子弟多的要卡着他办好，否则办不好将来升不上去就有问题了。牢固的学校要打个招呼，帮他们办好，不然也不好说话，相应地办好一批小学马上抓十来所学校，23所三年内办好。这十来所学校要求各有特点，但要向一中十六中看齐。

学生的纸张不好，英文讲义的纸太黑，印的字也小。

在河大教师汇报分析一中，十六中教学情况时，相秀峰又谈到，全国只有设了外语，英语更少，扭转这种情况，不是短时间的事。对教材可以研究一下，看有什么问题。现在人民教育社对新的小学课本正在编，旧的问题很多，诸系前后程度不衔接。

一中完全是俄文是否好，可以研究当然改还需要条件。

把中学搞好，对大学有好处，希望你们帮助总结和校长教师交换意见，比如推荐些好教案对全市有好处看有什么可以推荐的提么。

（二）相秀峰对一中、十六中的意见

两校有基础，首先是教师有条件80％—90％可以称职。这个条件很不容易，要注意这个条件。老教师教课授课纵然不多不能多教了可以少教当教当顾问，不能退职这是宝贵财富。我这是根据总理指示谈的。当然这要有条件，将来部里搞个办法。

有的现在缺乏经验，经过锻炼培养可以称职的要培养。16中物理老一青合作很好，他继承的和学的都很好。我没有参加他们的备课活动但听他们谈，作得很好。

其次学校设备也有一定条件，对两校的小图书馆都很满意，利用上也较好。图书中的小车子，科技书保存下来的，对中学都很适宜。只有四库备要，廿四史不能用，别的利用率很高。每天借书的有三四百人次。我看了一中的作文，很大的影响不在教本，常是从图书看来的，描写方法是从小说来的。不足的是每班的人多了，所以似乎用不开。16中就采用分两班轮流用的办法，天平不少，但从学生人数看不称富裕。

学校保管得也很好。到学校一看，那是临时收拾的，那是平时收拾的，一看就看出来。有的仪器标本尘土很厚，一看就知道保管利用都不好。这些条件也很好的利用。最重要的是要看到培养学生对仪器很爱护，能培养到这样子是**很不错的**，共产主义道德纪律性就要从这里培养。有些学校不注意这些，特别是大学不注意是不好的，大学有的二三年级的学生就想结婚，对社会上不负责任，国家包不来。资本主义国家是不行的，他要打o算盘，道德培养不光这些，要让学生对各方面都爱护。有些条件打算给你们解决。一中教室光线不好，影响视力。应当解决，十六中的小车间要维护起来，扩大有困难，有那么多车床要用起来，这是贯彻方针培养劳动观点手续的问题。现在我们碰到的困难是没有劳动对象，没有条件的废品易作。

铸工的小房子要修起来，可弄点简单的房子用不了多少钱。市里可分配点加工任务，这些于道也不一定作。不仅要作，而且要有劳动教育，过去这种

16中学化学实验室就是李圣传老师建立的，我很想去。

杨秀峰是河北省饶阳，修到中学就自卷铺盖，这样的人还要打倒，不可奈何。（教育厅长）

缺页内容，于师是举杨秀峰的所谓那行。

遗憾缺页！！！

彻底清算万、张反党集团在
工交系統的反革命修正主义罪行

反修錦綸厂紅卫兵联合指揮部

1967.6.

最 高 指 示

帝国主义者和国內反动派决不甘心于他們的失败，他們还要作最后的挣扎。在全国平定以后，他們也还会以各种方式从事破坏和搗乱，他們将每日每时企图在中国复辟。这是必然的，毫无疑义的，我們务必不要松懈自己的警惕性。

—— 《在中国人民政治协商会議第一届全体会議上的开幕詞》

修正主义，或者右傾机会主义，是一种資产阶級思潮，它比教条主义有更大的危险性。修正主义者、右傾机会主义者，口头上也挂着马克思主义，他們也在那里攻击"教条主义"。但是他們所攻击的正是马克思主义的最根本的东西。他們反对或者歪曲唯物論和辩証法，反对或者企图削弱人民民主专政和共产党的领导，反对或者企图削弱社会主义改造和社会主义建設。

—— 《关于正确处理人民內部矛盾問題》

彻底清算万张反党集团
在工交系统的反革命修正主义罪行

以刘、邓为首的党內一小撮走資本主义道路的当权派安插在天津的爪牙——万张反党集团，長期以来在工交系統拼命地歪曲、抵制、反对毛主席的革命路綫和建設路綫。他們招降納叛、結党营私、独霸工业、弄虛作假、欺上瞞下，妄想把天津市的工交系統，变成复辟資本主义的营垒。他們反对无产阶级政治，大搞"一切为了生产"、"技术決定一切"竭力推銷資产阶级政治。他們反对学习解放军、反对"工业学大庆"抗拒中央指示、反对毛主席的革命路綫。他們肆意揮霍国家財产，人民的血汗，破坏社会主义經济体系。尤其恶毒的是他們攻击三面紅旗，反对学习毛主席著作，反对光焰无际的毛泽东思想，企图从政治上、思想上、經济上等各方面复辟資本主义的统治。

目前，正当全国展开批判刘、邓和黑《修养》全市批判万张的高潮之际，正当全市革命造反派彻底粉碎以李雪峰为首的資本主义复辟，同时为革命的三結合奠定基础的关鍵时刻，我們把万、张反党集团在工交系統的反革命修正主义罪行公布于众，以便和全市的革命造反派团結起来，共同战斗，彻底批深批透万、张反党集团的反革命修正主义罪行，彻底砸烂万张反党集团。

一、招降納叛、結党营私、重用坏人、为复辟資本主义奠定基石

天津市的工交系統由大叛徒、反革命修正主义分子张淮三亲自挂帅，由作风恶劣、能吹善拍、被万晓塘連提三級的反革命修正主义分子崔荣汉为副帅，并掌握經委大权，安插了国民党ＣＣ特务、閻錫山的"牺盟会"会員李中垣掌握了計、科委大权，重任了反革命"深泽邦"的李守真主管了工业部，又以参加过三青团、国民党的宋祝勤和給反革命修正主义分子薄一波当过十年秘书的廖斗寅为两大"笔杆"，長期以来頑固推行着一条資本主义的反革命路綫和建設路綫，把工交系統搞得烏烟瘴气。同时他們还在各区、局、公司、厂、安插了亲信，例如科协的康力，一机局的高万德、宋罗歧，二机局的王文源、化工局张博，紡織局吳联云等。又把三千多資本家和代理人安排在各单位的科室工作，其中一千多人是科、股長以上的职务。这样一来，天津市的工交系統从上到下就全被資本主义势力控制起来了。

二、反对学习主席著作，抵制毛主席和林付主席的指示，攻击陈伯达同志。

（1）反对学习主席著作，歪曲抵制毛泽东思想。

张淮三、崔荣汉等工交系統主要負責人从未出面作过学习主席著作的动员报告，也未总结过学习經驗，更沒写过学习心得，这些资产阶级老爷們根本就不学。可恶的是当群众兴起了学习主席著作的运动时，张淮三却批評什么"庸俗化"，誣蔑工人听毛主席的話是被"强迫命令了"。当全国出现了大批的学习主席著作积极分子时，薄一波不得不召开工交系統的积极分子会議，张淮三迫不得已"积极"起来了，但他不抓普及，而是抓尖子、裝璜門面，以便交差了帐。去年九月份张淮三又"积极"起来了，大抓所謂学习主席著作的尖子，用来鎮压文化大革命，把学习主席著作同文化大革命对立起来。

（2）耍弄资产阶级政客手段，抵制主席指示。

1963年三月份中央发出"五反"指示，五月份主席又在杭州会議上作了非常重要的指示，但张淮三等人对企业的"五反"一再后推，拒不开展。从五月份推到十二月份才勉强开始了第一批，而是从市委調了两三个人去搞，十二月份"五反"剛剛开始，华北局要在天津召开"五反"会議。张淮三认为欺騙成功，要开現場会！就忙着总结材料准备亲自上陣，去吹"經驗"。后来发现苗头不对，要挨批評就縮回来了，也不自己作汇报了。

（3）抵制林付統帅的指示，閹割"四个第一"。

林付統帅提出"四个第一"以后，万、张、崔等人只讲"抓活思想"，不要前边的"三个第一"，尤其是閉口不談"人的因素第一"，不搞世界观的改造、不搞人的思想革命化，使抓活的思想成了无本之木。长期以来市委根本不召开思想工作会議，在企业經营思想上不抓反对资本主义經营，树立全心全意为国家建設和为人民服务的思想，在企业內部管理上，不抓树立全心全意依靠工人阶级走群众路綫的思想，纵使天津工交系統的許多厂矿企业大搞资本主义經营，有些干部成了压迫工人阶级的资产阶级新貴族。

（4）对抗以毛主席为首的党中央，攻击陈伯达同志。

1961年陈伯达同志在南郊，发现天津的农业假劳动模范姜德玉是一个有严重罪恶的反革命份子，就指示天津严肃处理，万张对此事置之不理。1962年在中央的一次会議上，陈伯达同志尖銳地批評天津招待工作饭食过于丰盛，而万张等人在书記处会議上就这件事攻击陈伯达同志說："叫他吃了好的，他还在中央反映咱，薄一波来了好伺侯，以后对陈伯达这样的得注意点儿！"61年、62年、64年陈伯达同志来津对天津工业作过調查研究，并作过許多重要指示，但是万晓塘說："老头子（指陈伯达同志）的意见不合乎天津的情况。"于是万、张、崔等人对陈伯达同志的重要指示拒不理睬。这就充分暴露了万、张反党集团对抗党中央、攻击陈伯达同志的罪責。

三、封鎖、反对毛主席的关于"鞍鋼宪法"的批示。

大推《七十条》，企图把社会主义企业变成资本主义企业。

（1）用美帝国主义的臭貨对抗毛主席的指示。

1960年3月毛主席批示了鞍山鋼鉄公司的一个报告，要我們实行，为把我們的企业办成社会主义的企业。这是一个非常重要的指示，但张淮三、崔荣汉，把这一主席指示封鎖起来。是可忍、孰不可忍的！他們不討論、不传达，更談不到执行，以至全市干部、职工都不知道毛主席早在1960年就有这样一个极为重要的指示。这是万、张、崔的滔天罪行！必须清算！更可恨的是张淮三对薄一波推銷的《美国工业生产組織》一书却奉为至宝。这本书是廖斗寅从北京带来的，张淮三看了非同寻常的欣赏，如获掌上明珠，不但做了笔記，而且对人讲这本书"很有启发"，还叫他的秘书再买些来，叫各工业局的局长都讀。张淮三竟然以这本美帝国主义的臭货来对抗毛主席的指示，他站在什么立场上，是个什么东西这不是再清楚也没有了嗎？！

（2）《七十条》是刘、邓、彭、薄精心泡制的修正主义破烂货。

《国营工业企业工作条例》即《七十条》，是薄一波秉承刘、邓、彭的旨意精心泡制的，其目的是要用修正主义的破烂和他们的权位强制推行，把我們的社会主义企业办成资本主义企业；同时也是为了在工交战綫上给反对总路綫、大跃进立下了一个黑綱领。它是在主席批示"鞍鋼宪法"后不久开始泡制的，是完全针对"鞍鋼宪法"而来的。他们說三年大跃进中破了許多资本主义修正主义办企业的东西，是"搞糟了"，把企业"搞乱了"，需要"整頓"，这《七十条》就是作"整頓"用的，所以說《七十条》是"治乱"的。說穿了就是拿修正主义的破烂貨来"治"社会主义的"乱"，也就是要以資本主义代替社会主义。张淮三、崔荣汉这两个反革命修正主义分子也正有此意，他们在薄一波的《七十条》尚未出籠时，就已經組織人起草了同样性质的《八十条》了。虽然因晚点了，沒有拿出来，但是他们的思想、立场和世界观，是同刘、邓、彭、薄完全一致的。

（3）张淮三、崔荣汉大肆推行《七十条》反对三面紅旗，砍掉大跃进的輝煌成果。

对待《七十条》这样一个罪恶昭彰的的东西，张淮三、崔荣汉亲自出陣，督导經委負責，从1961年起連續三年，反复貫彻逐步施行。眞是不遗余力。为彻底执行《七十条》，1962年专门开了企业管理訓练班，訓练企业的主要领导干部，学后还要考試，检查学习成績。这还不行，崔荣汉又亲自坐堂，即听讲，又监督。后来又由崔挂帅，结合工业调整，按《七十条》搞"三查五定"实际就是按照薄一波的关、停、併、轉方針，对我們社会主义企业进行大杀大砍，以达到他们反对三面紅旗、取消大跃进成果的目的。

（4）实行"一长制"，不要党的领导。

毛主席在关于"鞍鋼宪法"的批示中，要求加强党的领导，就是要实行党委制，貫彻党的路綫、方針、政策。但是《七十条》实行的是变相一长制，反对党委领导，說党委领导是包办，行政工作是厂长負責制，付厂长只对厂长負責，厂技术工作和經济工作是实行总工程师制和总会計师制，車間支部不能领导只能保监督。天津在执行时就按张淮三的要求大反党委包办，批評所謂"书記一长制"实际上是不要党的领导。还要党委作检查，弄得党委不知怎么作好。这就使一些有問题的厂长同党委分庭抗礼，甚而领导了党委。他们又提拔了一批总工程师和总会計师执行"一长制"，即使沒有适当的人选也要有負責的人，負責貫彻执行《七十条》的有关规定。

（5）反对政治挂帅，大搞物质刺激。

毛主席在关于"鞍鋼宪法"的批示中，教导我們实行政治挂帅。但《七十条》是見物不見人，強調物質、技術、实行"五包"，大搞物质刺激，搞計件工資、物质金錢，奖励繁多，实行工会津贴等。天津就是如此，尤其是对"劳动工資"一章更加大肆宣揚。 在崔荣汉的主持下，召开定額會議，大搞各种定額，大力恢复計件工資，恢复了約五万人。大搞各种各样的单項奖、质量奖、超产奖、节約奖等等工会津贴开始试点，甚而在个別单位试行包工制，象农村包产到戶一样。

（6）以資本主义的清規戒律打击群众的革命創造精神、反对毛主席的群众路綫和干部路綫。

毛主席在关于"鞍鋼宪法"的批示中，强調我們大搞群众运动，而张淮三、崔荣汉等人大肆推行《七十条》反对群众运动，批評在三年大跃进中大搞群众运动"搞糟了"，要求"規規矩矩""扎扎实实"，要专家路綫，不要群众路綫。在天津，就結合万晓塘反对三面紅旗的"四年总結"反对所謂"大轰大嗡"，强調"恢复和建立生产秩序"，强調"劳逸結合"，必要时工作时間都可以縮短。所以大搞群众运动的口号在1961年、1962年都不提了。

毛主席教导我們"不破不立"，"破字当头，立在其中"，号召我們破除那些不符合社会主义原则的、过了时的資本主义的規章制度，清規戒律。在关于"鞍鋼宪法"的批示中，又号召我們实行"两参一改三結合"。而《七十条》却强調互相制約，强調自上而下集中統一的管理，对工人参加管理抱否定的态度，說規章制度在大跃进时被"破多了""破乱了"，要大搞規章制度，并恢复已經被破了的，而且規定以后不须，"不立不破""先立后破"完全同毛主席的教导唱反調。对"三結合"，表面上不予以否定，但强調以領导为主的"三結合"实际上是不要"三結合"、不要群众。天津在1959年就开始反对破規章制度了，动力机厂收回了下放职权，恢复科室，就是张淮三 崔荣汉的指示。有的工厂新搞了几万字的制度，条文，并胡說什么："烧紅了的鐵要用鉗子夹"。根据张淮三、崔荣汉的指示，天津市工交系統搞了許多什么"质量标准""操作規程""工艺守则""校驗規范"之类的东西，美其名曰："加强基础性技术工作。"这样就完全抹杀了群众运动，把群众运动制于死地了。

毛主席教导我們："必須坚持干部参加集体生产劳动的制度。我們党和国家的干部是普遍劳动者，而不是騎在人民头上的老爷。干部通过参加集体生产劳动，同劳动人民保持最广泛的、經常的、密切的联系。这是社会主义制度下一件带根本性的大事，它有助于克服官僚主义，防止修正主义和教条主义。"天津市的机关干部长期不参加生产劳动，不和工农民众相結合。万晓塘寻覓借口公开說："因粮食困难，干部参加劳动停止。"这样万、张反党集团就割裂了干群关系，以便于他們把干部推进修正主义的泥坑。

（7）万、张反党集团从"左"和右两方面扼杀技术革命，把揮霍国家财产的罪行恶毒地加罪于"三面紅旗"。

毛主席在关于"鞍鋼宪法"的批示中，号召开展技术革命。而《七十条》则强調严格地按图纸办事，不准"乱改乱革"。天津的技术革命，则遭到了张淮三、崔荣汉从"左"和右的两方面的破坏。在三年大跃进中，特別是1960年，他們以极"左"的面目出現，限令时間实現煤气化，要求到处都使用超声波，要超声化等等。結果是浪費了很多資金、材料，一事无成。例如搞超声波，有的棉紡厂要一人一个，不知用了多少鋼管，曾經一度把市場上的刮脸刀片都买光了。可是，到了貫彻《七十条》以后，又来了一个大轉弯，把他們揮霍国家財产的罪賣，加罪于总路綫、大跃进，借以攻击三面紅旗。他們又以右的面目出現，强調不准"乱改乱革"，"革新必須經过批准"，連"技术革命"的口号都不提了。报上来的革新計划經过漫长岁月的层层审查，最后还是不批准，甚而有的根本找不到了。群众自己搞的革新被誣蔑为"黑工艺"加以取締。搞了半截的，停下来了，搞成了的，也扔掉了，来了个"一风吹"，致使許多革新积极分子都抬不起头来，打击了群众的积极性和創造性，把轰轰烈烈的技术革命流产了。

四、反对突出无产阶級政治，竭力推銷資产阶級政治

（1）抹杀阶級斗爭，宣揚活命哲学，为阶級敌人大开方便之門。

在国家經济困难时期，阶級敌人用封建主义和資本主义思想来腐蚀干部和群众，大搞和平演变。而張淮三却故意开放自由市場，設立工业品批发市場，以便阶級敌人大搞投机倒把。万晓塘却胡說什么："救人要紧"，要干部"聞风而至"，强調所謂"劳逸結合"，实际上是多逸少劳或逸而不劳，这样就纵容了违法乱紀行为和資产阶級思想的泛滥，为阶級敌人大开方便之門。

（2）反对学习解放軍，抽掉政治工作的灵魂

毛主席发出大学解放軍的号召后，全国各地紛紛建立政治工作机构，加强政治思想工作。但天津市工交系統，一直是党政分开企业多头领导。万晓塘直至1964年对学习解放軍这一伟大号召，还拼死反对，拒不建立政治工作机构，还冠冕堂皇地說什么："怕政治工作被业务工作挤掉。"当薄一波来了一大套"共性""特性"的謬論来抵制毛主席的伟大号召时，万、张就更有了反对学习解放軍的理由大肆鼓吹这种謬論。直到1965年7月份，全国都成立了政治工作机构，天津才迫不得已解决工交系統的党政統一领导問題。但政治工作机构建立以后，張淮三在政治工作会議上闭口不談政治思想工作，而是抓干部調配发展党员，坚持"三会一課"等純事务工作，其結果是依旧抽掉了政治思想工作的灵魂，使所謂的政治工作机构只流于形式而已。

（3）否定大庆經驗，反对"工业学大庆"

人所共知，"工业学大庆"是毛主席亲自給我国工业建設指出的革命化的道路，是我国工业設建的发展方向。大庆是1960年平地起家的。大庆人大学解放軍、紧跟林付統帥的指示，以阶級斗爭为綱大学主席著作，狠抓活思想，改造世界观，大搞人的思想革命化，建設了一支革命化的队伍，依靠这支队伍創造出人間奇迹。这是毛泽东思想的伟大胜利，万张反党集团公开否定学大庆，反对毛主席的伟大号召。張淮三紧跟薄一波，一再强調大庆經驗的特殊性，說什么："大庆青年多，轉业解放軍战士多，經驗不好学。"并恶毒地說："大学沒有以阶級斗爭为綱"。当65年薄一波抬出"齐齐哈尔机車車辆厂的管理經驗"来同大庆相对抗时，張淮三立即紧跟薄一波，大喊："大推齐齐哈尔的經驗"，用所謂"企业管理革命"来代替学大庆。对于学习大庆經驗的报告，张淮三公开无忌地說：

"我只粗粗地看了一下。"由此可見万張等人的反革命修正主義的本质。

④反对突出无产阶级政治,把共产党变成了生产党。

張淮三、崔荣汉等人只抓生产、业务,反对突出无产阶级政治。他們設立的經济部門林立,机构庞大,人員众多,有的人說他們是"典型的事务主義者","手工業式的領导",实际上他們另有居心。他們大喊大叫:一切为了生产","生产就是一切","企業的任务就是生产","企業的好坏看生产","突出政治要落实到生产"等等。幷在"四年来工業工作总結"中恶毒謾罵:"各种专案任务都挂上'政治'的帽子,叫'政治专案任务',急如星火化錢損坏設備,打乱企業、生产秩序在所不惜"。他們把政治当作穿靴戴帽。每年一次的先进生产者和先进集体会議选举条件第一位的就是生产好和生产产品好。他們用单純生产观点挑选了天津鋼絲绳厂,幷极力保荐电子仪器厂,因为这个厂出了电子計算机是他們的一张王牌,而政治思想工作比較好的天津綫材分厂却沒有选上,原因是他們只不过是生产盘条。

1966年到大庆学习后,有个企業的同志检查說:"过去工作中就是抓生产,这个观点根深蒂固,貫彻到一切行动中。党委討論的是生产,忙的是事务,成了生产委員会、事务委員会了。看党員是看生产上能不能带头,发展新党員也首先看生产好坏,看干部也是看业务能力。为了完成生产計划,常常发生政策也不顾了,弄虚作假也逼出来了。要这样发展下去,党要变成生产党,要变质到修正主義的党。"这段話后来被写在学大庆的总結报告中,張淮三只"粗粗地看了一下"就立即感到触目惊心,恰好揭了他的居心所在,于是,馬上把这段話勾掉了。这簡直是此地无銀三百两。从这里我们可以看出万、張反党集团赤裸裸地反革命修正主義的原形。

⑤反对毛主席的"政治統帅一切"的指示,大搞技术統帅一切,技术决定一切

張淮三、崔荣汉拚命强调技术,他們說:"天津工業落后就是技术落后",因此"改变面貌就是改变生产技术面貌","赶超先进就是要在生产技术上赶超"。幷在"四年工業工作总結"中說什么:"执行党委領导下的厂长負責制方面出现的一些缺点是由于不适当的强调党的絕对領导造成的。"从而抹杀了党对工業的領导。前几年,年年都要去上海学习,就是去学技术,为了加强技术工作,科技工作机构叠床架屋,有了科委还要来个技术局。为了强调技术,他們指定各企業党委要增加技术工作人員的发言权,張淮三亲自规定:党委委員中要有技术人員。他說:"天津工業技术之所以落后,就是因为技术人員少。"为了增加技术人員,他就到处收罗,大量提拔。1962年到西北去要,有的思想很反动的人也搜罗来了。他在提拔时,只要有技术、只要不是现行反革命就可以提为工程师,这就为反动資本家篡夺技术大权大开方便之門。从而使許多企業的技术大权落到他們手里。为了宣扬"技术决定一切"的观点鼓励走白专道路,1963年大张旗鼓地传达了"文化科学界广州会議"的精神,1964年传达了李立三"对技术人員使用的批評和意見",1965年又大肆宣传邓小平、薄一波在錦州把一个犯人提为大工程师的样板。他們也把天津的几个人捧上了天,让給他們配备"如意的"学徒。这些人中有的思想很反动而且幷无学識。毛主席早就明确指出,"技术决定一切"的口号是錯誤的。但張淮三、崔荣汉等人就是只要技术不要政治的大搞,"技术統帅一切",其目的就是要把我們引到修正

主义的邪路上去。

五、反对毛主席的建設路綫，破坏社会主义的生产建設

（1）天津一直沒有肯定的发展方向，万张反党集团想入非非、信口开河，大肆浪費国家資财。

天津一直沒有肯定的发展方向，万张反党集团大吹大擂了八、九个长远规划，到现在一个也沒确定，就更談不上实现了。第三个五年計划已經开始了，可是至今还沒有正式計划，他们借口："研究研究"，"得中央点头才行"，一直推到现在，仍旧毫无晉信。**毛主席教导我们："任何地方必須十分爱惜人力物力，决不可只顾一时，滥用浪費。任何地方必須从开始工作的哪一年起，就計算到将来的很多年，計算到长期坚持战争，計算到反攻，計算到赶走敌人之后的建設。一面决不滥用浪費，一面努力发展生产。过去有些地方缺少长期打算，既未注意节省人力物力，又未注意发展生产，吃了大亏。得了这个教訓，现在必須引起注意。"** 而天津却是每年年度計划都是走一步，說一步，整个工交系統都在盲目中进行工作。万晓塘曾提出要把天津建成以机械化工为主的綜合性的工业城市，这就完全违背了毛主席1956年提出的十大关系中充分利用沿海的教导。一九五八年曾計划把百貨大楼和中心广場之間的房子都拆毁，在海河两岸建設行政大楼区，并設专門委員会筹划这一工作，由建工部担任設計图紙。結果，广場附近因拆房子而被迁移的居民的住房問題，至今还沒完全解决。在解放南路建設芭蕾舞剧院，中途下馬，改成商店了。在郊区投資了大量物資，建設四个现代化的万头养猪場，要求机械化送飼料，到时一吹哨，猪就都自动出来吃食，并仿照住宅式的房子盖了許多猪舍（每个猪舍可睡三个人），結果一个也沒用上。又如工业建設問題，张淮三五八年、五九年大搞鋼鉄，先后用一亿多元投資建設二、三、四、鋼厂，計划生产能力高达百万吨，結果到去年才生产40多万吨，大批厂房閑置下来，或改做其他建設用了。后来又来个大搞机电的高潮，规定建設北仓工业区，計划占地12.4平方公里，同时舖开鑄鍛中心、鍋炉、发电、設备、起重工程、精密机床等大型工程，耗用資金不下三亿元。一九六〇年大搞无綫电，动員紡織印染等行业上万名职工大搞特搞无綫电技术，并在西营門开辟无綫电工业区，建設生产十万只电子管的工厂，結果中途下馬，现在分別为冶金試驗所和半导体器件厂，一九六一年大搞造船配套，把天津作为造船基地，結果也是不了了之。一九六二年以来又連續提出石油、化工、仪器、仪表、机床、化肥設备等等。結果挤来挤去很多产品不能生产。万张反党集团就是这样拒絕毛主席的建設方針，不管国家是否需要，更不考虑天津的具体情况，而是按照他们看到的报紙杂志听来的道听途說，巧立名目，瞎指揮一气来破坏社会主义建設。他们又搞了什么噴气技术、原子能、半导体……总之，所有他们听到的东西沒有不搞的。天津的机械工业所属的一机局、二机局的工厂本来不多，他們今天要造汽車，明天要造輪船，还要造精密机床，无綫电、仪器、仪表、化工机械、医疗器械，还要搞什么高压、深冷、眞空設备等等。結果使得天津市的工业七零八落，无所事从，所获无几，严重地破坏了我們的社会主义生产建設。

（2）貪大求洋，求多，单純追求产值，弄虛作假破坏社会主義經济。

万张反党集团拒不执行毛主席"大中小結合，以中小为主"的方針，"两条腿走路"的方针和勤俭办企业的方针。原来天津有四千多个企业，这些中小企业具有灵活、适应性强的特点，并具有历史传统的协作、配套关系，有的厂还生产着有信誉的产品。61年62年陈伯达同志在天津曾反复强調这一精神，并亲自到一些厂調查、研究。但万张反党集团对陈伯达同志的指示視而不見、听耳不聞，却說什么："企业大了就先进"。并大肆联併中小企业。如发电设备，鑄鍛件，工程机械厂等，都是吃掉几十个中小工厂建成的，浪费了大量的資金，搞了好几年，都是半截子。拖拉机厂单是地基垫土花緩就以千万計。另外他們还把小厂台为大厂，或划为車間或划为小組，甚而形成一个厂跨几个区的形式。到1965年天津几乎有企业1800多个，每个企业平均人数达300个，高于上海，这样不仅把許多产品丢掉了，协作关系打乱了，而且大大削弱了經营．管理，造成生产上的停頓和瘫痪。张淮三这时却讲："管他中央有什么规则要求，你搞成了就自然有人来找"，"有了庙就好請神"，"要有骨干挑头，抓住一个可以带动一片"，对干部說："都是五十多岁的人了，要干成几件大事才行"，"坚持就是胜利"。于是他們又連續按排陈塘庄、白庙、西营門、良王庄．咸水沽．北仓、程林庄、宜兴埠、新开河、軍粮城、柳林、二号桥等十多个工业区，并安排楊柳青、咸水沽、唐官屯等地为卫星城市。自1958年到1965年全市基本建設投资20亿，其中工业投资12.4亿，但实际上許多基建项目因全面开展毫无重点，齐头併进，战綫太长而被迫中途下馬，或拖长时間，至今年全市尚未完成一个完整的工业区。工业企业本身不成套，閑置大量設备，受到效益的投资比例低于上海约10％左右，至1965年底統計投资受到效益的占87％，以12.4亿計，有1亿多元毫无收益效，白白浪费了。如天津鋼厂1958年到1965年国家投资1亿多元，而受到效益的仅7000多元，鍛鑄件厂投资数千元至今两座平炉和井式炉仍不配套，不能投入生产，造成很大浪费。工业区和工厂企业，生产生活不配套，工人上下班有的长达四小时之久，严重影响了职工身体健康。由于投资集中于新建、扩建，很多老企业投资少，也沒有什么改进，如天津金属制品厂，橡胶、制葯、地毯、造紙等长期担負国家的重要任务，为国家积累大量資金的老企业，却因技术改造得不到安排。至今还有的用着三十年代的老旧設备，工人劳动强度很大，而且生产效率不高。

几年来，在万张反党集团的指示下，天津每年都让各口各局到中央各部門爭投資、爭项目，样样都要，可是什么也干不成，严重的打乱了国家的計划。

万张反党集团，在工业上单純追求产值，反对毛主席关于"质量第一、品种第一"的重要指示。他們提出几年"赶上海"，就是在产值上赶。58年上海年产值90多亿，天津是30多亿，連續几年計划下达都是赶产值，任务一压再压，到第四季度仍追加产值任务，甚至到了年底最后一个星期还追加。这就造成了有些企业干大件不干小件、干粗不干精，盲目投料。生产上长綫越长、短綫越短，往往第二年初长时間出不了成品。1960年又提出"产值翻番"，又根据刘少奇、薄一波的謬论空喊"开門紅"，"生产直綫上升"要求"日增旬超，月提前"，"一月紅、二月超、三月更比二月高"等口号其实都是产值。1962年万晓塘还說："天津只要一年达到60亿产值别的問題就好解决了。"其实这是毫无根据的胡說八道。1960年曾达到98亿，1965、1966年都大大超过这个数字，但問題并沒有解决。单純追产值的结果使质量受到了严重的影响，外地都不願买"天津貨"，又丢掉很多产值小、但市場急需的品种，而那些产值大的产品（如試剂）大发展，最后卖不出去大量积压起来。1962年清仓核資就造成了成千万元的大批处理、报废。同时，有些企业弄虛作假，丢掉产品甚至大搞資本主义經营，如反修錦綸厂把次品当作一等品出售影响了軍工生产；工程机械厂外出协作一个工人每天要28元，鑄鍛件厂被称为"三年不开张、开张吃三年。中板厂系停产企业，但61年还上繳利潤。試剂厂60年产值达一亿八千万大受表揚"，实际作了些古怪产品到现在已沒用。有的工厂赶基建进度，工程质量低劣，如天鋼鋼炼柱基下沉，行車樑歪斜建成后又連續以数十万元加固，鍋炉厂柱子傾斜，牛腿发裂等等。

（3）反对毛主席提出的"以农业为基础""以工业为主导"和"备战备荒为人民"的方針

1961年毛主席提出"以农业为基础、以工业为主导"的方針了，1962年又提出"把工业轉到以农业为基础的軌道上来"，要求我們大力支援农业。崔荣汉却批評那些积极支农的企业說："你們搞好原有的产品就是支援农业了。"64年天津市竟把农机局撤銷只留下农机公司，把原来农机配件厂大部分轉为汽車服务，把一些厂迁往内地，一走了事。天津市工业占地数十万亩有些还是高产田。鋼厂附近的农民感叹的說：""遍地堆鋼碴、粉菜不回家。"每年天津市各砖厂产砖需挖地500亩。城市盲目招人，农村人口大量流入城市，造成天津郊区劳动力紧张耕地减少。另外天津大搞手表、自行車、縫紉机、仪表等产品，而对于广大农民需要的小商品则多方面进行压挤，因而不能滿足农民的生活需要。1963年万晓塘、张淮三、崔荣汉等人打着支援农业的旗号合謀勾通薄一波把投資二亿年产万台的大型拖拉机厂放在天津，他們抽調大批干部，大兴土木，结果因地势洼下便从唐官屯运土，只此一项即需耗用国家資金四千万元，把本来已能年产两千台的拖拉机厂搬来搬去，一連5年沒出一台拖拉机，最后还是下了馬了，給国家造成不可弥补的巨大损失。1964年、1965年毛主席提出"建立大小三綫"、"备战备荒为人民"的伟大战略方針，并一再敎导我們要立足于打，立足于大打。可是万张反党集团大放右倾机会主义的論調，在迁厂工作时万晓塘說："去几个厂子好，这就建立了亲戚关系，到战时再去人，就有个落脚处。"但又公开說："到战时我不鑽防空洞，我就到市委大楼"，以反对防空設施的安排，另外奇怪的是万晓塘派他的亲信樊青典担任市委备战领导小组付組长兼負責第三办公室，这就达到他在胡昭衡下边按放釘子，并可对备战工作进行直接破坏和控制的目的。

（4）以薄一波的四字方針代替党中央的八字方針，致使天津市工业的某些重要产品直綫下降。

在国家遇到暫时困难时，万张反党集团用薄一波的"关、停、併、轉"四字方針代替党中央的"調整、巩固、充实、提高"的八字方針，大吹冷风反对大跃进，取消大跃进的成果。毛主席很注意化肥的生产，1961年时，毛主席还讲大搞化肥厂，一县搞一个。而天津就一个也不搞，天津大学就搞了一个，接过来以后，1962年也关掉了；津南制革厂轉成搞玻璃，以后又轉成搞自行車另件；800吨合成氨关掉了，后来又要搞5000吨的；汽車已經作了几年的关掉了，改产拖拉机，后来又組織生产别的东西；鋼厂由四个而关停併了三个，留下一个；电炭厂关掉；变压器厂改产电炉；棉紡六厂改产玻璃紆維；这样就丟掉了大批产品，同时全市生产大幅度下降，60年到61年工业总产值由98亿元下降到50多亿。鋼产量由72万吨下降到20万吨，全市上繳利潤由22亿下降到11亿。此外还大量的减人，不加分析的减掉生产工人25万，又把五万全民所有制的职工轉为集体所有制，同时他們在經济生活上提出："抓革命促生产"，制造恐怖，說浮肿病人达七十万，动员各部門大搞人造肉和代食，到处宣揚保命哲学，什么干部补助糖豆，劳动时間不能过长，发动各部門搞副业，实行厂社挂钩，开放自由市場、高价商品等一系列泛濫資本主义的措施。总之在万张的阴謀破坏下使得天津建設遭到极为严重的破坏和挫伤，很多大跃进的成果砍掉了，有些重要的产品产量还低于1957年，1963年的工业生产下降到了最低点。

（5）万、张反党集团、独霸天津工业大搞独立王国。

毛主席教导我們："**个人服从組織，少数服从多数，下級服从上級，全党服从中央，是党的紀律**。"但万、张反党集团置之不理主席的教导和党中央指示，大搞独立王国，大搞地方經济破坏全国一盘棋。毛主席指示建設大小三綫。张淮三却讲："一綫是生产、三綫是建設"。张淮三、崔荣汉、李中垣多次宣传上海所謂搞"私生子"的經驗。說什么："中央不同意你就先搞"。"开始不承认等你搞出来了，天津又有条件，私生子也就不是私生子了"。这样就使天津的工交系統給中央施加压力，强使中央服从地方。中央刚发出"統配产品不准代料的决定"，李中垣公开反对說："这就卡死了！"同时他还背着中央大搞"协作"亲手批准統配产品代料加工。中央发出支援內地的号召，张淮三讲："不要伤筋动骨，不要影响成龙配套，不要影响天津市的发展方向。"在他的授意下天津就不肯把大厂、好厂迁往內地，有的迁了还要留下一部分設备。如新安电机厂、近代化学厂等就是如此。天津把工业搞不上去的责任推給中央，說中央投資少，其实中央投資并不少。中央給了投資天津仍然搞不上去，还借机"釣魚"，这种例子很多。1960年第二机械工业部要一种化工产品，投資和材料可以說是要多少給多少，有求必应，结果预算大大超过，但产品却迟迟搞不出来。1963年在《上半年财物指标执行情况》的报告中有意縮小了亏損面，誇大利潤額，向中央虛报成績。年底为使职工人数不超过计划指标将两万名临时工于12月25日解雇。64年1月3日又继續复工，这些人却不在年終統計报表之内。万、张反党集团还从組織上对抗毛主席关于民主集中制的指示，而大搞分散主义的多头领导，使天津的計划物質、财政、技术、生产管理等单项工作都得經过他們单綫領导，各部門根本沒有集体領导。

毛主席指示我們要精兵簡政。天津市把搞四清的人员都算精减人员，用以欺骗中央。1961年陈伯达同志到天鋼蹲点，研究精减問題，万、张布置該厂党委汇报假情况，封鎖消息，当陈伯达同志提出該厂人多，必须大减的指示后，万、张、崔等人竟和陈伯达同志公开頂撞。并按彭真、林鉄的黑指示，連夜收集陈伯达同志的"黑材料"，送向刘邓。天津市拒不执行中央指示盲目扩大城市，他們每年向中央要求增加大专学生分配指标，并到外地要来許多大专学生和技术人員。工业系統又盲目招人，农村人員大量流入城市，致使天津市区由解放时65平方公里至65年扩大到165平方公里市，区人口由180万扩大到320万造成郊区耕地和生产力减少，市內交通、供应等工作紧张，更絲毫无有备战的准备。

天津市工交系統由于万张反党集团的控制和破坏，工业产品的质量低、品种少、成本高、市內外上上下下都有很多意見，他們却批評《人民日報》報导天津的消息少；批評商业部門宣传不好，并拿出許多所謂統計材料报上級領导，証明天津工业并不落后。1963年全国树了五个勤俭办企业的紅旗，沒有天津的，他們說：“天津也有，就是沒有好好总結。”1962年以后年年組織去上海学习，回来的同志讲上海的先进事迹他們听了就批評說：“上海的月亮园”、“不要长他人的志气、灭自己威风”、“不要妄自菲薄”。万晓塘在一次会議上說：“有人批評天津市今不如昔，不如上海，这是給天津泼冷水、吹冷风”。1964年市經委向市委、市人委写了个工业生产总結报告，指出天津工业有所轉变是由于听了党中央、毛主席的話，批判了驕傲自满，振作了精神……。张淮三看了极为不滿大声呵斥說：“是誰让这样写的？”“这个报告不一分为二”，“这是有意貶低过去、誇大缺点”，并責令經委将发出的报告追回。

总之，万张反党集团利用权势，在天津市工交系統大反毛主席的革命路綫和建設路綫，大反毛泽东思想，大力推行我国党內头号走資本主义道路当权派刘少奇、邓小平的反革命修正主义路綫，大肆贩卖彭眞、薄一波的黑货，向社会主义的上层建筑和經济基础猖狂进攻，在天津市工交系統极力复辟資本主义。

我們最最敬爱伟大領袖毛主席亲自发动的无产阶级文化大革命，彻底粉碎了刘、邓、彭、薄复辟資本主义的阴謀，揭开了天津市尖銳复杂的阶级斗爭的盖子，把天津市工交系統修正主义資本主义的总根子，万、张反党集团赤裸裸的暴露在光天化日之下，但是，他們的罪行累累流毒深广。**毛主席教导我們：不破不立。破字当头，立在其中。**在这次史无前例的无产阶级文化大革命中，我們无产阶级革命造反派必須联合起来，团結起来，必須用毛泽东思想彻底清算万、张反党集团在工交系統的反革命修正主义罪行，肃清其影响，把它們斗倒、斗垮、斗臭。同时要不折不扣地执行毛主席1966年的“五七”指示和关于“鞍鋼宪法”的指示，把我們的社会主义企业办成毛泽东思想的大学校，让毛泽东思想的伟大紅旗永远飘扬在我市工交战綫上。

彻底清算万、張反党集团在工交系統的反革命修正主义罪行！

砸烂万、張反党集团！

打倒李雪峰！

打倒刘、邓、彭、薄！

战无不胜的毛澤东思想万岁！

我們心中最紅最紅的紅太阳伟大的領袖毛主席万岁！万岁！万万岁！

天津市反修錦綸厂紅卫兵联合指揮部

1967年6月

刘少奇在天津的反革命修正主义

言 論 汇 集

内部资料·供批判参考

天津东凤大学东风公社革命造反红卫兵《延安兵团》编印

１９６７年６月·天津

目　　录

炮 打 司 令 部

（我的第一张大字报）

全国第一张馬列主义的大字报和人民日报評論員的評論，写得何等好呵！請同志們重讀一遍这张大字报和这个評論。可是在五十多天里，从中央到地方的某些領导同志，却反其道而行之，站在反动的資产阶級立场上，实行資产阶級專政，将无产阶級轟轟烈烈的文化大革命运动打下去，顛倒是非，混淆黑白，围剿革命派，压制不同意見，实行白色恐怖，自以为得意，長資产阶級的威风，灭无产阶級的志气，又何其毒也！联系到一九六二年的右傾和一九六四年形"左"而实右的錯誤傾向，岂不是可以发人深醒的嗎？

毛 泽 东

一九六六年八月五日

前　　言

毛主席說："历史告訴我們，正确的政治的和軍事的路綫，不是自然地平安地产生和发展起来的，而是从斗爭中产生和发展起来的。一方面，它要同"左"傾机会主义作斗爭，另一方面，它又要同右傾机会主义作斗爭。不同这些危害革命和革命战爭的有害的傾向作斗爭，幷且彻底地克服它們，正确路綫的建設和革命战爭的胜利，是不可能的"。长期以来，在历史发展的每一个关键时刻，党內头号走資本主义道路的当权派刘少奇，总是頑固地站在資产阶級反动立場上，打着"紅旗"反紅旗，提出一整套反革命修正主义路綫，同毛主席的无产阶級革命路綫相对抗，妄图扭轉中国革命的航向，千方百計地要把中国革命引向岐途。

特別是中华人民共和国成立十七年来，他利用他所窃踞的党政要职，变本加厉地推行反革命修正主义路綫，猖狂地反党反社会主义反毛澤东思想。他对党对人民犯下的滔天大罪，眞是"罄南山之竹，书罪无穷；决东海之波，流恶难尽"。在全国如此，在天津也如此！中国的赫鲁晓夫刘少奇把天津視为其进行資本主义复辟的基地、窃踞天津党政大权的万张反党集团是刘少奇推行反革命修正主义路綫的忠实干将。

为使广大人民群众認清刘少奇的反革命咀脸；为把刘、邓反革命修正主义路綫彻底批倒、批臭；为把刘、邓在天津的忠实爪牙万张反党集团彻底打倒，我們摘抄和編录了刘少奇历年来对天津工作的黑指示，是为毒草集，供革命的同志們批判。

这些黑指示，是刘少奇疯狂地进行資本主义复辟，猖狂地反对毛主席，猖狂地反对毛澤东思想的历史的鉄証；是万、张反党集团奉若神明的"圣旨"！

"天若有情天亦老，人间正道是滄桑"。

全市无产阶級革命派联合起来！高举起革命的批判大旗，彻底批倒反革命修正主义分子刘少奇！彻底打倒刘少奇在天津的忠实爪牙万、张反革命修正主义集团！誓把无产阶級文化大革命进行到底！

天津东风大学　东　风　公　社
革命造反紅卫兵《延安兵团》

1967年5月

第 一 部 分
历 史 的 鉄 証
（刘少奇一九四九年的"天津讲話"）

最 高 指 示

"社会主义制度終究要代替資本主义制度，这是一个不以人們自己的意志为轉移的客观规律。不管反动派怎样企图阻止历史車輪的前进，革命或迟或早总会发生，並且将必然取得胜利。"

"当人民推翻了帝国主义，封建主义和官僚資本主义的統治之后，中國要向那里去？向資本主义，还是向社会主义？……事实已經回答了这个問題只有社会主义能够救中國。"

編者按： 一九四九年，正当解放战争取得全国胜利，民主革命即将完成，社会主义革命即将开始的伟大历史轉变时期，我們伟大的領袖毛主席发出了关于由新民主主义革命时期过渡到社会主义革命的一系列英明指示。召开了具有伟大历史意义的七届二中全会。会議上，毛主席亲自指导制定了一系列的正确方针政策。毛主席諄諄告誡全党全軍："必須用极大的努力去学会管理城市和建設城市。必須学会在城市中向帝国主义者、国民党、資产阶級作政治斗爭、經济斗爭和文化斗爭，并向帝国主义者作外交斗爭。"

一貫同毛主席的革命路綫相对抗的党內最大走資本主义道路的当权派刘少奇，却在中国革命的伟大轉折的关键时刻，頑固地站在資产阶級反动立場上，鬼鬼祟祟地进行了一系列的反革命活动，妄图扭轉历史車輪，把中国引向資产阶級专政的道路上去。一九四九年四、五月間刘少奇对天津工作的几次講話，就是他坚持資产阶級反动立場，对抗毛主席革命路綫，妄图实现資本主义复辟的鉄証。他在《天津講話》中公开对抗毛主席关于由新民主主义革命轉变到社会主义革命的一系列英明指示，公开对 党在七届二中全会上所制定的一系列正确方针。提出了一整套背叛无产阶級革命事业、否認阶級斗爭、否認两条道路的斗爭，极力鼓吹阶級斗爭熄灭論、积极主张阶級合作，妄图改变社会主义的宪向，他为了取悅于資本家，甚至不惜出卖工人阶級大肆宣揚反动的"剝削合法論"，大談"剝削有功"，搖头撰尾地乞求大資本家出来"治理"国家。

刘少奇的《天津講話》是他阶級本性、叛徒嘴臉的大暴露。刘少奇的《天津講話》是彻头彻尾的反革命修正主义的"建国綱領"，必須彻底批判。

刘少奇对天津工作的指示

（一九四九年四月二十四日）

....

那么工人阶级与资产阶级是不是有斗争呢？资产阶级过去压迫过工人，解放后，工人要求出出气，这要求是很可理解的。在经济上是有矛盾，在政治上与我们有矛盾呢？（原文如此）也有的，所以在必要的时候，与可能的情形下进行必要的斗争是应当的。

所以我们与资产阶级有联合、有斗争。如果只联合不斗争，是犯了陈独秀主义右倾的错误，如果只是斗争不联合，就犯了李立三路线"左"倾的错误。但重点在那里呢？在今天来说，重点是放在联合上的，将来是不是会把重点变更呢？可能的。但把重点放在联合上的时期是相当长的。将来，有一部分资产阶级有可能跟我们一道发展到社会主义，我和东亚毛线厂经理宋斐卿谈，我问他："二十年后，你办到八个厂的时候，那时，我们也许要搞社会主义，那时如果我们再给你八个厂，共十六个交你办，因为你能干，薪水不减,还要加你的薪水,你干不干呢"？他说："大势所趋，为什么不干呢？"所以今天重点主要是放在联合上，特别是在经济上要和它联合，联合的方法就是从原料到市场，要和他们有一个适当的分配，在工人问题上，政治问题上，理论上，思想上，我们和他们是有争论的。在那方面可以合作,那方面合作得少一点,这些要搞清楚。

同志们在天津，好象不知不觉就把自由资产阶级当作斗争对象，这就错了。我们的主要的斗争对象是帝国主义者，官僚资产阶级、封建阶级。同志们斗争拳头举起来了，但帝国主义者、官僚资产阶级、封建阶级等似乎看不见了，于是就把拳头打在自由资产阶级身上，拿朋友当作敌人，该打的没打，不该打的打了，这就是大成问题，帝国主义的势力，国民党的组织还是存在的，拿枪的敌人打倒了，不拿枪的敌人可难打，是一长期斗争。

我们依靠工人阶级、其他劳动群众、知识分子、自由资产阶级与帝国主义者、官僚资产阶级、封建阶级斗争，我们的阵线，可以团结百分之九十五以上的队伍，目的是在迅速发展生产，这是党的总路线。

....

第四，必须贯彻劳资两利政策，天津工人向资本家提出了要求有些是过高了，使资本家担负不起，或暂时担负得起，或长期担负不起，或者为了负担，须提高工业品价格，这样，农民就吃亏。另外还有些不应当的要求，如强迫资本家用人，强迫他们把临时工改为长工还有一些行动是不合理的，如不守厂规，不听指挥，上下工随便，生产时间内开会或搞游艺，都对生产不利。在工人方面讲，这样作是有原因的，因过去资本家压迫工人，因人设事，裙带关系，只重一利而不是两利，所以工人，也会产生单纯的片面的利益。但如果这样作下去，就会使工人的长远利益很不利。如不很快的指出，就会很快的成为一种系统的"左"倾运动，象过去曾犯过的很多冒险主义的错误一样，使工人孤立起来。现在有一些私人企业中已經产生这种"左"的现象，我们必須說服工人不能这样作，不然就会使得私人厂、商关門，工人就会失业。所以，应当号召工人忍耐暫时痛苦，实现劳資两利。应有一些条文規定，处理劳資問題。

"工人翻身"这句話有意义，維持資本主义統治，但是錯誤的，工人现在政治上是翻了身了，在經济上，今天尚不可能，只能保持原状。生产发展以后，只能改善一些；到社会主义时，才能在經济上解放。資本主义的剝削制度今天还不能废除。有人說，有人剝削比沒有人剝削好。沒有人剝削工人就会失业，所以，不是資本家太多了，而是資本家太少了。所以还应使資本主义有若干发展，即是要发展資本主义剝削，启新洋灰厂經理，說他现在情緒很低本想为国家多办几个厂子，但办多了就剝削的多了，罪恶就更大了，成了大資本家了。他說曾到希腊文中去找"剝削"二字的代替字眼，最好不用剝削二字。我說：剝削还是剝削，这是事实，不能否認。但这种剝削是进步的我们还希望你們多办工厂、剝削一点。今天你只剝削一千工人，我希望你能剝削二千工人，二万工人。股息就是剝削来的，天津資本家們正提議要限制股息，但我告訴他們，我們现在希望把股息提高。工业利潤提高了，商业利潤提高了，投机游資就会轉向工业，所以希望你們提高这剝削。政府现在正号召生产，你們响应政府号召，就必須进行剝削。这是社会制度問題，不是那一个人要剝削。剝削所得，如果用于吃喝浪費，那是不对的，但如用于扩大再生产，那就很好，你們办了工厂增加生产，国家还可抽税，那又是国家剝削你們了。很好呵，现在資本家們正提提要限制股息，主張过多的股息归国家，我說，那就請你們起草。我恐怕是他們試驗我們，看我們准不准他們賺錢。

市的机关。要作长期打算。今后我们不会再搬家，除非第三次世界大战发生，那时，你們就得准备搬搬家，不然，今后就永远不会搬家了。所以，要好好地管理各項工作，如象公家房屋，应該重新調整，由軍管会以军事命令执行，誰也不准不服从。房产不够用，可以再建一些，破坏的应当修理。应当建立工作人員的公共食堂、公共宿舍、医院、戏院、澡堂等，听說我們的工作干部进城以后，生活很苦，改善他們的生活、不要弄得太苦。可以搞机关生产，种小菜搞工业，不准搞商业，不許貪污，不許投机，必須到工商局去領执照。

刘少奇在天津干部会上所解答的問題

(一九四九年四月廿六日)

5.关于参加工会的条件問題。……如果是大学教授，即令其家里有几百亩地，但他主要是靠薪水生活的，可以加入工会因为其要求与工人很多是一致的。工程师也可以加入工会。总之，僱佣劳动者，工薪劳动者，都可以加入工会，我們許多同志只同情穷人，这是好的，目的有較大的可能爭取为无产阶级（原文如此），但要懂得，不要光看表面，光看生活，聘請就是僱佣，大学教授才掙几百斤米，是无产阶級。而农民、貧民只掙几十斤米，生活很苦，但不算无产阶級只是半无产阶級而己。

8.利潤不足，如何实施劳資两利，有同志問怎么办？我說毫无办法，这是从古以来就沒法解決的。天要下雨，娘要嫁人，这叫做无办法。如果是重要的工厂要是关閉了可能会影响国計民生不利，这就不能讓其关門。但是如果支持下去，不但賺不到錢，而且还要賠本怎么办？这就只有由政府設法来补貼了。此外还有什么办法呢？如果政府力量不足，貼不起怎么办？請同志去和勞資双方討論一下，如果双方大家都同意关門，分一点东西，那就叫做破产，解决不了問題。不然，如果双方同意，資本不賺錢，勞方减点工資，把工厂維持下去，这倒是一个办法，如果工人要把工厂分一分，每人分到一份，目前吃上几頓，或者目前多賺点工資，一个时期后工厂便要关閉。同志們，我們不要去贊成这种思想。現在听說有些工厂工資增高了几倍，厂方无利可图，資本家打算吃完就算，落后工人希望吃完分点东西就走，这是我們絕不能贊同的。当然吃稀飯不如吃干飯，但总比挨餓沒得吃好，工厂不賺錢是一个基本的問題，办法只有三条，一个是由政府补貼，这是最好的办法，一个是关門，还有一个是跟資本家和工人商量，工人降低工資，資本家不賺錢，使工厂开下去，以后再說，这总比使工人失业来得好。是否还有第四个办法呢？你們可想想，我想是再也沒有了，故此必須要使工厂能賺錢，使資本家能有利可图。否則，便是自杀政策，非常危险。同志們，这是"三光政策"是犯大罪，要影响全世界。故此，必須将利害告訴工人，懂得这个道理，不要把工資提得过高，否則将会犯"三光政策"的危险。

10. 关于处理乞丐的問題。听說天津的叫化子，現在也神气起来了，做小偷的也多了，这是很不好的，对于这个問題要好好解决。我主张由公安局負責，把监狱当作工厂办起来，还可以开一些农場。把这些人都弄去好好生产，这于政府于社会于乞丐本人三方面都是有利的。我想一定会办得好的，将他們的待遇提高一点，把小偷乞丐及所有犯普通社会法的都放进去，要他生产，犯人的待遇提高了之后，也許会有人要求进监狱，但我們不要，必須是偷盗的职业者才准进去，故此根本的解决办法是要把监狱、工厂、农場办好的問題，是强迫勞动的問題。

11. 有些資本家批評我們，說我們对增加工資問題，采取放任方針，支持工人无休止的增資要求，是害工人的，工厂倒閉了，工人便要吃大亏。这种批評是很对的，因为工厂倒閉了，資本家是餓不着，而工人便是首蒙其害，要失业，要餓肚子，那时工人就会罵我們，就要怨恨我們，說我們为什么不早告訴他們，因此，工人如果要求增加工資过高，我們不能同意，要是工人一定坚持，我們就只有对工人說清楚，告訴他們"要是工厂倒閉了，資本家是餓不到肚子的，你們失业了，就会餓肚子的"，这样，工人如果眞的吃了亏，也就不会埋怨我們。

13. 同志們問，国家資本主义何时能实行？我說現在就可实行。具体办法就是定货，至于如何进行詳細办法尚須研究。

15. 关于工程师的成分与能否加入工会的問題，工程师虽然是受資产阶級的教育和資产阶級較接近，在思想上受其影响，他們大多数是小資产阶級出身，但他們基本上还是工人阶級的一部分，其經济地位是靠出卖勞动力的薪水勞动者，亦即工錢勞动者。

22. 关于工厂的帐目公开問題，有的工厂賺錢很多，但不敢公开，我認为是应該公开，賺錢多是大家的功勞，并可說明賺錢的原因。亏本的工厂也可以向工人公开，說服工人降低工資，如工人因为工厂的賺錢或亏蚀而鬧糾紛，应該要說服工人，倘你們要說不了，可請示上級說服，要是我們不能說服工人，便証明工会在工人工作中的失敗。

23.合作社很不容易办好，不要性急，要慢慢办，现在主要是沒有合作社的干部，听說你們已发展了几万社員，如果收了工人的股金是很危险的，将来賠了錢是受罵的。

24.有同志問，我在报告中为什么沒有提到发动工人。我問发动人起来作什么？发动工人起来反对职員？发动工人增加工資？还是发动工人要房子住？这样就糟了。如果是发动工人团結职員，发动工人发展生产，那就对。昨我就对职員发动了一番，我发动他們作自我批評。在什么口号、任务下发动工人，发动工人作什么？不要乱提口号，一般空洞的提是农村化的，盲目的发动是有害的。你們发动了这么久，还不知发动的目标是什么，这叫做"无头公案"。

25.大股东操縱股份有限公司，就是資本家操縱，这是无可避免的，不然就无人投資了，现在最大的利益是发展生产，資本家的操縱是发展生产的弊病，但不大，所以不要以人数分紅。

39.有同志說，工人现要求学习文化和技求，不愿学政治，这很好，因为目前主要是学习文化，学技术，将来是学政治。

刘少奇对天津工作的初次意見

（一九四九年四月十八日）

无产阶級中心是体力劳动者，而脑力劳动者也是无产阶級一个阶层，因此只要靠薪金收入者其全部或主要生活来源的脑力劳动者也可以加入工会，但屬于私人工厂里的厂长經理人事科长等不能加入工会。

劳資糾紛問題，我們要召集工会干部先开一次会，再开各行业的会。在报紙上写几篇文章，批評那些过左的思想与作法。此外可訂一些有关劳資两利的具体办法 公 布 施 行。其要点：

工資：生产不大发展，可以不增加工資。

工时：基本上照过去一样。

待遇：分紅与否，可照旧例。厂方愿意分紅就分。

維护資方利益僱傭关系：……为了生产上的需要，資方得有僱傭或解僱工人 的 自 由。如工人要求增加工資超过原工資百分之五十以上，資方自愿答应，这时怎么办呢？我們要表示态度。不同意，但不要說这是违背法律。即使国民党从中破坏，我們讓他去吧！以后工人会相信我們的，这是眞理問題。

工人訴苦在原則上是允許的，不过可以先召集职員、工头解释清楚，最后工头、职員也可以进行自我批評。不能継續工作下去的，可以調换到另一个厂里去工作，太坏的也可以撤换。

刘少奇五月六日在天津市委扩大会議上的指示

最近对你們的帮助，主要是两个問題：一个是劳資关系問題。經过这几天之后，資本家高兴了，情緒算是安定下来了。有的資本家說：一年之后，天津就变了。这就是利用私人資本的积极性，把消費的城市变为生产的城市，是成功了。資本家没有生产积极性是一个社会大問題。現在的問題是工人不高兴，干部的思想沒有搞通，以消极的态度来抵抗。不作声就是有問題，需要我們好好說服。把那个办法一条条念，征求他們的意見，他們可能在一个时期产生右傾情緒的，不提意見啦，工作不积极啦等等。工資过高，而資本家又維持不下去，应說服工人减下来，工人代表不愿說服，这是有其顾虑的，须要我們上級派人去說服。接收資本家的工厂或商店，由工人开合作社的办法，肯定的要禁止。对于少数带有流氓无产阶级的破坏意識的工人，想搞垮工厂，要采取力制止（原文如此）。

……。如果除开国外矛盾不算，单就国內来說，无产阶级与資产阶级矛盾，的确是基本的矛盾。但尚不能互相脫离，我們可以拖一下，拖十来年，到无产阶级不需要資产阶级也能活下去的时候，我們就可搞社会主义了，那是十多年以后的事情。因此，与資产阶级的关系还不能搞破裂。……

有的工厂的工人說："我們这厂的資本家不是朋友！"这是对的，不要以为任何一个資本家都是够朋友的。列宁就說过：有文明的資产阶级和野蛮的資产阶級。

…………

……。我們的軍事代表要召回来检討一下。如維新化学工厂，軍事代表与厂长搞不好，听我講話之后，回去之后，向厂长自我批評了一下，那个厂长的情緒就安定了一些。

舞女問題，看可否召集来开会，我們派一些女同志去工作，舞女自己开舞厅，自己开茶館，减少中間剝削，好处在舞女有飯吃，花錢的人有地方花。

刘少奇在天津职工代表大会上講話

（一九四九年四月二十八日）

今天的解放是不是还可以进一步，不准許剥削，現在还办不到。……。东亚（指东亚毛織厂）工人的痛苦就是失业，就是怕沒有人剝削。所以有人剥削比沒有人剥削好。……

在新民主主义經济下，在劳資两利的条件下，还讓資本家存在和发展几十年。这样做对工人阶级的好处多，坏处少。……

我切切实实的負責的向你們說，希望你們放慮这个意見。……使資本家、工头能够管理工厂，为了生产的需要，使資本家有僱佣工人和辞退工人的权力。

（以上摘自中国科学院革命历史研究所、近代革命史研究所編印的刘少奇反革命修正主义言論汇編）

…………

……。总之要使資本家有利可图，不要怕資本家得利，不要怕資本家賺錢太多。說就是說資本家有利可图了，他們发财了，工厂开多了，临时工就可变长工。今天，吃稀飯固然沒有吃干飯好，但吃稀飯总比沒飯吃好。今天，要吃得很好，穿得很好，不可能，还是要苦的。共产党如果够的上朋友就不怕他們反对。……

………………

……。以我来說，我入党也不过二十余年，二十多年以前我也做过工人，打过铁，翻过砂，想从工业入手改造中国，再过三五年，我相信你們中可能有很大一部分变成共产党員。……

……。所以老实态度的人，会吃点小的苦头，但最后是得大便宜的，不老实的人，起初会得点小便宜，最后会吃大亏的。

刘少奇在工商业家座談会上的講話

（一九四九年四月廿五）（全文轉抄 翻印者註）

各位先生的意見很好，总起来說，不外是这么几个問題：进出口政策、税收政策、公私关系和劳資关系。我这次不能多談，以后黃市长可以多談。

政府的方針很明确。现在整个形势是这样的：反对帝国主义是很清楚的了，大門鑰匙放在自己的口袋里，要开多少、关多少，都由自己决定。这件事，我們的祖宗几百年来經过多少次流血斗爭都沒有作到。今天我們一定要作到。只要把鑰匙拿到自己手里，开关如意，中国工业就有了大保障。虽然现在整个国內經济还不完全独立，还有許多原料另件等等，需要依靠外国，但是因为鑰匙在手，只要有十几年时間，国內經济就可以逐漸独立。所以帝国主义基本上是反对得了的。其次，封建势力由于土地問題的解决，也可以消灭，官僚資本主义，在軍事发展下，也可以解决，因此目前的主要問題，是恢复与发展生产，只有这样，国家才能富强。所謂生产，无非指的是工业农业。一方面是生产，一方面要有分配。因此商业，进出口貿易，內地貿易，运輸业等都要和生产配合。

恢复与发展生产，除了国家的以外，还有私人的。在工业方面，一部分是国家資本，絕大部分是私人資本；至于农业，则全部是私人的。在整个国民經济中，近代化的工业生产只占10％，90％是落后的农业和小手工业。在10％的工业中，一部分是国营的，一部分是私营的，将来还可以組織一部分合作社經济。国营和私营企业之間可能会有竟爭，有矛盾，但是政府的方針，是要使国营私营互相合作配合，减少竟爭，政府要发展国营生产，也要发展私营生产，这就是公私兼顾，也許将来私营生产会超过公营的，但政府并不怕，我們的主要目的是发展生产，并不反对那样生产发展得多。重要的是配合問題。前次和几位先生談話，談到怎样使公私營企業結合起来。有位先生說，你訂一个計划，我們私营企業来帮你的忙，这个意見很好。公私合作有全面的，有暫时的，有长期的。我們有所謂国家資本主义，是私人和公家的长期合作，你有困难我帮助解决，我有困难你帮助解决，互相照顧，不是尔虞我詐，而是完全合作，彼此有益的。我們希望合作得多，合作得长，使公私两利，不过这合作是完全自由的，并不強制。

上次談論，有些先生說怕我們的貿易公司，說貿易公司是个大資本家，誰能和它竞爭呢？这也未可厚非。这就是自由竞争，就是学的你們的么！不过貿易公司統治原料、市場，是普通生意人的办法，如果国家貿易公司也用这种办法来經营，只顧到自己，那就是不对的，是违反党的政策的，上回李烛尘先生談到临清销盐問題。我已經告訴临清貿易公司不要这样作，并且要李先生再去卖。我主张采取这样的方針，就是：从原料到市場，由国营私营共同商量，共同分配。这叫"有飯大家吃，有錢大家賺"，就是貫彻公私兼顧的政策。不过这应是双方的，不但貿易公司要公私兼顧，你們也要公私兼顧，顧到国家經济。貿易公司的利潤，你要不照顧它，它也便不会照顧你。有人又說，我們现在只能在国营工业的空子里，吃点残羹余湯，其实不然。今天，中国的工业还不很发展，国营工业还不是籠罩在头上的，还只是些点点滴滴。私营企業的活动范围很大，可以和国营企業平行发展。我們也主张对私人資本有限制，但是今天有好些地方，說限制等于不限制。譬如鉄路、航空，中国今天还没有那末一个資本家說也要开办鉄路航空来和国营的竞爭。将来限制恐怕要多一点，如工厂愈办愈多，中国已不是产业落后，而已达到进步飽和了；生产不是太少，而是过剩了，那时就必須限制。不然，中国就要变成帝国主义，到国际上去搶市場，一搶就要打仗。要是那样的話，今天的政策便 是 失 敗的。不变成工业国不得了，一变成工业国更不得了。这些事情还远得很，但今天我們就可以有計划的避免，这一点政府可以做。譬如办多少紗厂以后，不要了，可以限制国家私人再办。我們的政府政策是走新民主主义，不是走旧的資本主义。要采取限制政策，就是为了避免旧資本主义的前途。公私兼顧就是一种限制，没有限制，那能兼顧？象李烛尘先生所提的，临清貿易公司应提高盐价，这就是要限制貿易自由，限制临清国营貿易公司有减低盐价的自由，劳資两利也是一个限制政策，如果只利資方不利劳方，是对資方沒有限制。又比如稅收問題，你們提議将3％减为1.5％，是說稅收限制你們发展，因此你們提議要我們把稅收限制一下，这就是相互的，城乡关系上，现在工业品太貴，农业品太賤，这对农民不利，应該互相照顧合作，所以也有限制性。

关于几个問題：

对外貿易問題提的意見很好，可以由外貿处与有关方面商量，想办法。統銷如果妨碍出口，可以修改。修改方法不一定取消已颁布的統銷法令，你們出口可以在互利的条件下与政府获得适当解决。

貸款方面也要互相商量。恢复工业需要一大批資金，光是公营厂房修补一下，就需要十五亿人民券。但是貸款仍需要办，应該統一筹划，公私兼顧，大家分一点。是不是能全部够，我想是不可能的。国家如果没有特殊原因，也不影响生产遭受破坏，应尽可能投資工业。加发票子，如果不致影响生产降低，可以发，問題是紙。章程可以具体研究一下，如临时貸几批，立即生产見效，应立即做。

稅收問題：天津稅收用旧稅率。为什么？因为我們有这样一个經驗，石家庄半年多不收税，反而引起工商业家恐慌，以为要算他們，不但不感謝，而且还不放心。所以在天津未解放前，我們就打电报通知，天津一解放就照国民党的办法收，除掉苛税杂税以外，收几个月再慢慢改。收的結果不坏，出我意外。现在政府一个月开支四亿，已收了八亿税，还有四亿沒收起。据你們説税收得多了，你們既可以照数交給国民党，为什么不能同样交給我們呢？你們拥护人民政府么！可見国民党贪污很历害。我們以后可以在财政上公开采取老实态度。調皮搗蛋，尔虞我詐，大家反对。过去在国民党下面，老实吃不开，现在人民政府下面，只有采取老实态度才吃得开。国民党收税时，你們用的是两本帐，所以实际收得少。这次税收得多，我們有一半功劳，因为变本帐变为一本帐。这样，这样中国就有救，有前途。

税收多了，要作点事。要把工厂玻璃安起来，以两个月盈余来开支就够了。其次，还有很多事业要办，如医院等建設。

税收重了，可以修改得合理一些。一种商品抽好几道税，是妨害生产的，怎样修改，請你們也提意見，提議个新的税率表，由税务局組織一个会大家商量。但大家应該負責的提，要公私兼顧。职工所得税也得和他們商量。

你們现在觉得負担很重，我可以把公家的情况告訴你們。国家經济是困难的，原因是要打仗。这次天津战役，单八二迫击炮弹打了十万发，一颗炮弹等于一个中农一年生产的总收入。现在又过了长江，有二百一十万战士同时在前綫作战，中国历史上从来沒有用过这么大的兵力，但全世界上我們的兵还是最便宜的（美国兵每人每年要用1.7万元美金，而我們的兵，一年用不到100—200白洋），政府财政这样困难，主要負担是农民，有負担20—30%的，他們又要出公粮，又要当兵，又要当伕子，又要支持前綫，优抗代耕，出教育费等等。你們負担比农民輕，所以他們抱怨工人、商人、資本家吃得好穿得好，怨声很普遍，这点請你們要顧到。城市負担多一点，可以說服农民。我主张把这次征额在报紙上公布，使农民知道城市里的人也負担了一些。

不过，这样的时期是不会很长的，大家咬紧牙关，过一年或者两年，炮弹不打了，兵不养这么多了，有的兵参加生产事业了，情况就会改变，现在你們需要多負担一点，税收恐怕一般还要多一些，当然，如果妨碍到生产是应該照顧的。可是，今天处在困难的情形下，工厂能够不断生产，不賠本，就算是我們胜利了，公营企业中甚至有的还触本，也要繼續开下去，用賺錢的厂贴賠錢的厂。今天工业利潤不可能很多，但工业的前途很光明。眼光要放远一些，賺大錢的时候在后头。

你們有些困难，像原料等問題，可以向政府声明，政府能办到的，一定尽量帮助，比如到鲁豫收买牛皮，完全沒有困难。有些問題，我們不了解，就希望你們提意見，和我們合作。上次有人提議成立一个諮詢委員会，很好。将来是要成立人民代表会的，但是目前人民还沒有組織起来，不宜于成立代表会。在这过渡时期里，我想，不妨在华北成立一个經济委員会，下面分几个部門，如税收、原料、貸款等等，看需要来設；产业界人士，工程师和专家都可以参加，一切問題和意見，都可以向这个会集中。

对外通电的問題，可以商量。和外通邮电，只要在不丧失国家主权的条件下，可以經过外商与外国建立关系的，这是临时办法，不是永久的。和帝国主义来往，只要不丧失主权，不致束縛我們的手足，和外国人作生意有好处就做（他也愿意办，两利）。这是講生意；政治問題是另外一回事，諸位可以不谈。中国受帝国主义压迫了一百年，今天帝国主义来找到我們，我們这口气不能忘記，就是說不要忘記民族立場。有好生意还是做。

商标假冒，是不好的。

公司法請你們起草，可用的話就頒布（是临时的）。是不是要限制股息呢？李烛尘先生主張要限制，以利潤的三分之一給工人，三分之一作公積金，三分之一作股息。我覚得頂好現在不加限制，提高或降低，要看对什么有利。固然，股息高了就人浪費（原文如此），但我贊成穿綢緞，抹胭脂水粉，大吃大喝，只要錢拿到工业上去，拿出来流通，总比埋在地下好。据說現在投机利潤最多，其次是商业利潤，最低是工业利潤，我主張压低投机利潤（投机家破产最好），減低商业利潤，提高工业利潤，七八年內不要限制，对国家，对工人对生产都有利。到底賺多少才算合法？我以为賺多少錢都合法！

私人房产問題：听說現在有的房主不修房子，怕分。我們的方針是，除了官僚資产阶級的房子沒收外，一律不沒收，而且保证私人产权鼓励出租。政府不号召減租运动，房租由双方議定，有糾紛再由政府調解。有錢可投資于房产。至于地皮問題是另一回事，現在不作宣布，恐怕将来要归国有。地皮是国有，房产是私有。将来要盖房子，盖工厂，可以向国家領地皮，不必花錢买，只由国家收一点房产稅、地皮稅，好的多收点，坏的少收点，房子垮了，地皮仍归国有。不过将来建筑房子要有規格，不能随便盖。

最后，一个重要問題是劳資关系問題。我們的政策是劳資两利，我們共产党和人民政府要貫彻这个政策，是要真正作到劳資两利的。因为不这样，要想把农业国家变为工业国家就不可能，大家要从根本上来了解这个政策，平日就不至为一时的或个別的現象所迷惑。

有人很不愿意听"資本家"这个称号，很怕听"剝削"这个名字。这些名字道不是原則問題。如果你們誰能找出另外的名字来代替也可以，不过事实是如此。在沒有找出另外的适当的名字之前，我只好仍旧叫你們"資本家"。資本家和工人是两个阶級。馬克思和列宁都說：这两个阶級要在根本上調和使其沒有矛盾是不可能的。根本解决，就只有搞社会主义，搞社会主义就一定要革命。这是事实，不是誰可以制造的。不过我們把这个道理来和中国的实际結合一下：中国从半殖民地半封建社会到新民主主义社会，必須經过革命，你們看現在和国民党的斗爭，就是严重地流血的斗爭，但是将来从新民主主义社会到社会主义社会就可以和平地走去，不必經过流血革命，这个工作，从現在起就搞，就是实行劳資两利和发展生产。私人資本是有他的积极性的，必須充分发揮。将来到中国的工业生产过剩的时候，就是要搞社会主义的时候，到那个时候，私人資本家的积极性已經用完了。但那将是几十年以后的事情。那时的前途只有两条路，一条是帝国主义的路，一条是社会主义的路，那么你們要选那一条呢？还有沒有第三条路呢？如果有人說还有第三条路，如果他能說服我們也行。不过这个問題在几百年前，在世界上像馬克思恩格斯这样的大学問家，終生就是研究这个問題，我研究这一門也有二、三十年，如果說你們在办工厂方面是专家，那么我在这一方面，倒也是专家。我們認为是非走社会主义的路不可。美国是帝国主义国家，不要以为美国好得很，其实美国是否苦得很，他們在鬧生活过剩，在鬧經济危机，要到国外去搶人家的市场，国內外人民都在反对它，美国不得了！但你們这些資本家，还在年青时代，資产阶級在年青时代是有很大积极性，年青时候不发财，总想发财，一旦发了财，就会觉得这个家很难当。生产过剩就要到国外去搶市场，就要打仗。过去第一次世界大战就是这样打起来的，第二次也是这样打起来的，杀了几千万人就是因为这个。这不是那个人愿不愿意打的問題，这是帝国主义这条路，使得他们一定要这样做。他们因为不得了，非打不行！好像国民党在和我們打仗中的命运一样，宋子文說：「和也是失败，打也是失败，与其和而失败，不如打，还有个生存的可能。」总之，失败是注定了的。帝国主义就是这样，失败是已經成为前提了，于是就非打不行，所以他們苦得很。但我們就不然，我們好得很！現在在新民主主义当中，你們这些資本家可以充分发揮你們的积极性，（今天解放了平津，明天又解放南京、上海，我們高兴得很！）将来过渡社会主义的时候怎么办呢？上次我对宋斐卿先生（东亚經理）談过，我說：「你現在才只办一个厂子，将来你可以办两个、三个……办八个厂子；到社会主义的时候，国家下个命令，你就把工厂交給国家，或者由国家收买你的，国家一时沒有錢发公債也行，然后，国家把这八个工厂还是交給你办，你还是經理，不过是国家工厂的經理，因为你能干，再加給你八个厂子，一共十六个厂子交給你办，薪水不减你的，还要給你增加，可是你得要办好啊！你干不干呢？」宋先生說：「那当然干！」（众笑）将来召集大家来开个会，討論怎样轉变为社会主义，大家一定不会縐着眉来，一定是眉笑眼开的来开会。

工人阶級和資产阶級这两个阶級的矛盾，今天是不可能从根本上来求得解决的，只能設法緩合一下。听說工人已經向你們提出了許多要求，这就是在向你們斗争，你們很难过，于是来找政府解决，这是事实，我們得承认这些事实。有些工人的要求是过高了的，如像要求增加工資一倍、两倍，到好几倍，使得資本家受不了，有些要求是不正当的，比如要求分工厂分店舖；有些行动是不妥当的，比如刚才有的先生所說的，工人不守厂規不听指揮，不到时間就自己下了工等。这些事情叫过分，过左，是部分的，不是全面的，有些事实，我們已設法糾正。这就是两个阶級在斗争，工人在斗你們，可是我要說明一点，就是这种斗争，是由两方面斗起来的，单是一方面是斗不起来的，而且一般的都是你們先斗。世界上向来就是如此，总是資产阶級先斗的，因为資产阶級先是处在优势，然后，工人就反过来，斗資产阶級，最后总是推翻資产阶級。听說过去有些厂里，資本家打人罵人，还有强姦，这就是阶級斗争的行为。今天解放了，工人有了共产党，神气十足，于是就有了过分的要求。

今天我們有三个敌人，四个朋友，民族資产阶級是我們的朋友，不是敌人。我在工人代表会上，曾号召工人要分清敌友，如果反对資本家，那便搞错了。要联合資本家使生产发展，除了联合以外，对資本家还須作「必要的适当的斗争」只有联合沒有斗争是不合事实的。我不但鼓励工人这样作，而且也叫你們資本家向工人作「必要的适当的斗争」。因为斗争是自然的客观的，两个对立的阶級，必須經过必要的斗争才能两利。政府拟定了一个劳資糾紛处理办法，等大家討論后同意了，再作正式法令颁布。但光靠那一个办法是不能完全解决問題的。他們必須要和工人斗争，如果不斗，将来你的厂子被工人斗垮了台，那时你就不能怪共产党不好。玩花头是不行的，比如某工厂为工人要求五一节发衣服的事，想在工会、政府口中討一句話拿来作資本，去挑拨工人恨工会、政府、共产党，这样做是不合道德，也不大合法的，反之，工人与資本家之間进行适当必要的斗争，倒是被允許合法的。此外在劳資斗争中不要去收买工人、工会、共产党員，不要故意拉这个打击那个，这样結果会使工人对你們感想很不好。这样当然可能引起工人內部一时的不团結，但明天他們会搞到一起的。用这些办法最后会弄得工人不信任你們。

現在有好些人怕說剝削，但剝削是一个事实。尽管工厂有几千几百个股东，但你是代表股东代表資方的，有义务有責任在工人身上剝削剩余价值，一块錢也是剝削。有这个事实，只好承認。但是，認为"剝削多，罪恶大，要审批，要枪毙"因而苦悶，这种想法是錯誤的。今天資本主义的剝削不但沒有罪恶，而且有功劳。封建剝削除去以后資本主义剝削是有进步性的。今天不是工厂开得太多，工人剝削太多，而是太少了。工人、农民的痛苦在于沒有人剝削他們，你們有本事多剝削，对国家人民都有利，大家贊成。你們当前当工人有很多共同利益。資产阶级在历史上是有功劳的。馬克思在共产党宣言里就說过：一百年中，資本主义将生产力空前提高，比有史以来几千年生产的总和还多。資本家剝削是有历史功績的，沒有一个共产党員会抹杀資本家的功劳。罵是罵，功劳还是有的。当然罪恶也有一点，但功大罪小。今天中国資本主义是在年青时代，正是发展它的历史作用，积极作用，建立功劳的时候，应赶紧努力，不要錯过。今天資本主义剝削是合法的，愈多愈好，股息应該提高，如果工資过高，你們自己可以提出来。

李烛尘先生提到合作工厂的問題，我贊成，但有两个条件：（1）不准外股参加；（2）从經理到工人，股息要平均，否则不能称为合作工厂。

僱請工人和辞退工人，你們有权，但必须是为了生产上的需要，如果挾嫌借故，裁撤工人，只留下你的亲戚朋友，而他在生产中作用又不大，那就不允許，工人就要斗你。听說私营工厂也有官僚化。也应和公营工厂一样，需要整頓一下。工厂办得好，才能說服工人，才能站在有利的地位，与工人进行适当的、必要的斗爭。

工人起来了，話說的不好听是有的，于是你們便觉得面子上过不去，觉得"士可杀不可辱"。自然，工人不守厂规是不对的，我們已告訴他們要遵守，你們也可以按厂规处罰，同时你們又需要在劳資两利，尊重工人人格的原则下，修改一下旧厂规，交給工会和工人討論，他們同意后，交政府批准，如果有的条文工人不同意，双方无法妥协，就提交政府总工会加以判断。条文成立以后，双方便都要遵守。

資本家和工人在人格上是平等的。工人对厂长职員輕視他們，很不滿意。一般知識分子常看不起体力劳动者，認为自己有身份，工农沒有身份。这和民主精神是不合的。"士可杀不可辱"是对敌人而言，但在中国人民面前，大家都是一样身份。知識分子常自高自大，要架子，凭条子吓人。現在你們应該放下架子，把工作服穿起来，和工人一样。职务可以有区别，人格却沒有高低，除了在职权上可以指挥工人之外，其它問題上，你只能以朋友的关系去建議。美国厂里职員和工人的外表沒有什么区别，这很好，这就是放下架子。高人一等的等级思想是貴族思想，封建思想，不是資本主义思想。資本主义的民主思想就是人格平等。象美国总統罗斯福說："在汽车上我就听汽车夫指挥"。又象北平大华窰业公司經理陈蔭堂的表現，便都是尊重工人人格。这样做，可以使劳資关系更好一些，矛盾、斗爭更少些。我們的軍队里官与兵分不出来，大家共苦甘；我們在这里的上下干部之間为什么不闹事呢，也因为能共甘苦。

以前的社会风气是有身份有架子的人才能吃的开，这是社会罪恶。如果說剝削是罪恶，也怪不了那一个人。过去你們一方面受帝国主义和国民党的剝削，一方面又剝削了別人，這是剝削社會的罪惡。我們現在要改的是社會制度，并不是对那一个人有仇恨；說放下架子也是一样。我們的目的，是要使工人、农民、小資产阶級、資本家互相尊重，各得其所。这样，社會秩序就可以安定，大家就好努力地进行建設工作。

（上述除註明出处者外，均摘自北京大学校文革宣传組翻印的"刘少奇講話摘抄"）

刘少奇給宋裴卿的信

（一九四九年五月二日）

宋裴卿先生大鉴：

接四月卅日来函，得悉貴公司职工团結，劳資双方共同努力扩大生产，增設新厂之計划，甚为欣慰。望本公私兼顾劳資两利之方針繼續努力，前途光明，国家民族之复兴指日可待也。順候

　台　安

　　　　　　　　　　　　　　刘少奇

　　　　　　　　　　　　　　5月2日

（見天津日报1949年5月6日）

按：宋裴卿　天津东亚毛紡公司經理，反动大資本家，美国洋奴，国民党反动头子孔祥熙、宋子文的至交，解放后（1950年）携巨额外汇逃往南美的投敌叛国分子。

一九四九年4月21日刘少奇會与宋做了促膝长談，心心相印。之后，宋把刘做为发展資本主义的大靠山，刘把宋当做发展資本主义的活样板，宋于1949年4月30日給刘寄去"扩大剝削"的計划，刘即复信如斯。

刘、宋之結合，絕非偶然，宋在与刘談心之后，說："我发展企业的理想是一个梦，一直梦了这么多年，今天在共产党領导下（注：在刘少奇的支持下）才眞正实現了"。这眞是一語洩天机，党內头号走資本主义道路的当权派刘少奇，欲把中国引向何处去，不是很清楚了嗎！。

刘少奇在华北职工代表会議上的报告

（一九四九年五月四日）

……。現在大家提出要解决之問題很多，有些問題目前是很难有办法解决，要是有誰能解决問題，那就好了，要是誰也不能解决，該如何办呢？……

……，全国的軍事时期將会很快地結束，結束以后，中国就要进入建設时期，特别是經济建設，……以前組織起来的軍事时期之战时工业，战时經济以及經济之軍事化，現在要轉变为平时工业，平时經济。

……，有的代表提出各企业系統应統一，如何統一呢？……要以不同之生产类别組織了不同之企业公司……这些公司中也可以讓私人工厂加入进去，……。公司中有国家的，也有私人的，可以减少互相之間竞争，因为竞争有坏处，有时竞争垮了，損失很大，所以要避免竞争，至于竞賽那是需要的，要避免竞争，提倡竞賽，資本主义之經济是不竞争就要垮台，竞争是資本主义工厂要进步之原动力，但是損失很大，我們要避免竞争而促进工业进步，就需要竞賽，在竞賽中进行自我批評，互相督促。

……，假如接收私人資本，那就是实行社会主义了。这是要犯政治上路綫錯誤的，中国今天还不能实行社会主义，否則将违背人民利益，也违背了工人利益。

接收私人資本的事在太行山五台山过去有过，大革命土地革命时期也會做过，工人接收后办合作社，大体上說是办不好，……过去工人接收了自己办，垮了台。……。

"左"的东西常常是一股幼儿的，反"左"的劲头一定要比它原来的劲头更大才行。反右的时候他一听右傾机会主义就会改，反"左"則他往往会反而說你右。最近我到天津，資本家很高興，工人有的可能不高興，但是不要紧……，最近天津东亚毛織厂的資本家宋棐卿写信給我，說要扩大生产，再开一个工厂，我也回了他一封，好像我是替資本家打算。……。关系拉好了发展了生产又不失掉立場，这就是馬克思主义，有人說和資本家拉好关系就是失掉立場，这是錯誤的說法，这种人大概立場不稳，一接头就投降了資本家，共产党員不是放在箱子里不見人的，而且要經风霜的，这才能攷驗一个人的立場。

…………。

发展生产的問題：

……我們办工厂的人，厂长、經理、資本家統統都应有一个发展生产的观点，……，工会和工人；对发展生产要負責，要采取負責的态度，……。

……现在工人、工会怕資本家賺多了錢，怕什么呢，相反，应該讓他賺錢。他賺了錢，或賺得多些，他才开工厂，不能怕人家賺錢，人家一賺錢你就想搞掉了它，那誰还想办工厂，……，錢賺得多，生产扩大开新工厂，越多越好，你替他打个主意，他才高兴。前几天資本家宋棐卿說他对工人是"剝削"，我說："你现在剝削1千多人，若剝削两千人就更好了。我們愿請你多剝削些工人"，像这样他为什么不高兴？如果你要使他少賺錢，他是不愿干。

…………。

工厂管理委員会，……多几个人負責还不好嗎？搞坏了的事，也不是你一个人的責任，搞好了有了功劳是大家的，大家都好，不要自己摆功劳，你应說："有了功劳是大家的，不是我自己的"这样大家就高兴。毛主席也說："中国革命胜利是大家功劳，不是我一个毛澤东的功劳"，也的确是大家的功劳，如沒有大家，一个人能搞的好嗎？……

…………。

我們的工会，要使厂长感觉到，有这个工会就好办事情。现在有些厂长，恰是有了工会就不好办事了。不但不能帮助办事，反而更麻煩了。如果有这种感觉的地方，就值得工会同志也反省一下，我们的工会应对厂长有很大帮助，使得有了工会就好办事，沒有工会就不好办事，……。

我们不应怕麻烦，但是这只是一个小麻烦，它可以去掉大麻烦。……。如工会搞起来，增加不了厂长的麻煩，反而替他减少了麻煩，这就是工会工作做到了家。……。今天我讲了很多，好像替你們找麻煩，但是，这是为了替你們减少麻煩的，你問我是麻煩，但你問了我我就会替你减去麻煩。

…………。

战勤費問題，……，在战爭中农民出了很大的力量，……这个革命实行了土地改革，农民是得到利益的，现在公粮虽占20－30%，但也还是有利的，过去繳租要繳50%，这样比起来要比过去好一点，现在不繳了，所以說这个革命中农民得到了好处……。今天基本上講，工人沒有得到什么，政治上講，工人是解放了，……所以目前的工人，政治地位虽然最高，但經济利益还沒有得到很多好处。

…………。

工会組織問題

工会干部……是头等干部，把最强的干部去搞工会去，北平我提出要彭眞同志去做工会主任，天津市委付書記兼組織部长黄火青同志去負責工会主任，因为你不把工会組織好，天津就将有一百五十万人叫起来了，但組織起来就好說服他，……

工人教育問題

……，我們自己也可以办訓練班，同时，还可以办技术訓練班……将来在工人中要产生大批的厂长、工程师，……，訓練出来的工人，还可到政府中去，工人可以当区长、当县长、当省主席、当政府中的部长……看你們誰有本事，我們共产党就可向政府提議提拔你們……。

刘少奇对天津国营企业职員的講話

（一九四九年四月廿五）

听說美国工厂里厂长、工程师和工人很难分別，这是資产阶级的民主精神。在苏联我看到就更难分別。所以，我們工厂里也应該如此。

（摘自中国科学院革命历史研究所、近代革命史研究所編印的刘少奇反革命修正主义言論汇編）

第 二 部 分

刘少奇一九五八年的天津講話

最 高 指 示

經过了偉大的全民整风运动，全国到处出现了蓬勃兴旺的气象。无論在农业、工业、文化教育以及其它建設事业方面，都形成了大跃进的形势。由于全国人民在共产党的領导下共同努力，我国社会主义建設的速度大大加快了。

政治工作是一切經济工作的生命綫，在社会主义制度发生根本变革的时期尤其是这样。

修正主义是一种资产阶級思想。修正主义者抹杀社会主义和资本主义的区别，抹杀无产阶級专政和资产阶級专政的区别。他們所主張的，在实际上並不是社会主义路綫，而是资本主义路綫。

編者按：

一九五八年，在我国經济战綫，政治战綫和思想战綫上都取得了輝煌的伟大胜利。毛主席和党中央及时总結了国际、国内的社会主义革命和社会主义建設的經驗，創造性地发展了馬列主义，制定了建設社会主义的总路綫。在总路綫的指引下，全国出现了一片蓬勃兴旺的大跃进局面。我国的社会生产力达到了空前高涨，我国社会主义建設事业向共产主义突飞猛进。在这大好形势鼓舞下，在工业、农业、文化教育以及其它建設事业方面湧现出大批新鮮事物，人民公社这一新生事物在大跃进的凱歌声中誕生了。他是我国人民的伟大創举是劳动人民智慧的結晶，他一出现就显示了他的强大生命力，**以其磅礴**的气势震撼了全世界。我們伟大領袖毛主席在視察徐水时发出了。"人民公社好"的伟大号召。与此同时，在教育战綫上也随着社会生产力的发展逞现一派大好革命形势。旧的一套教育制度已不再适应社会生产力的发展，我們伟大領袖毛主席在工作方法六十条中提出了半工半讀这一新型教育制度，这是我国社会主义教育战綫上的一件大喜事，是我国社会主义革命事业的又一伟大創举。但是刘少奇这个党內头号走资本主义道路的当权派站在资产阶級反动立場上，极端仇視这些新生事物，四处遊說，极力贩卖修正主义的黑貨，妄图将这些新事物扼杀在搖籃里，妄图改变社会主义的航向，妄图使历史的車輪倒轉。当天津的鴻順里人民公社誕生时，他就怀着不可告人的政治目的来到这里大肆兜售修正主义黑貨，为个人树碑立传，公然与毛主席的革命路綫分庭抗礼，把新生的人民公社引向邪路。与此同时，刘还把反革命的黑手伸向毛主席开辟的半工半讀这一新型教育战綫，不仅貪天之功，吹噓半工半讀是他在天津"发明""創造"的，而且把资产阶級的一套"双軌制"的教育路綫搬来披上一具紅色的"半工半讀"的外衣，培养资产阶級的接班人，妄图使"半工半讀"納入修正主义教育的軌道。使資本主义复辟在中国实现。刘少奇如此胆大妄为其用心何其毒也。但革命洪流滚滚向前，螳臂怎能挡車，历史的車輪岂能倒轉，我們一定要把中国的赫鲁晓夫刘少奇打翻在地，叫他永世不得翻身，彻底清算他的反革命修正主义滔天罪行。

刘少奇和天津鴻順里一部分居民
座談会上的插話

（１９５８年７月10日在干部俱乐部）

"人总是要吃飯，看孩子的。" "如果生活不組織起来，沒有食堂和托儿所，就搞不好生产。"

"要給参加生产的一定工資，不要太高，也不要太低。"

"光学文化还不行，还要懂得技术。組織起来参加生产，学会了技术，就变成了又有文化又有技术的工人了。"

"組織生产，也要組織学习，要使他們提高文化水平，都达到中学毕业、大学毕业的程度，成为又紅又专的識分子。"

"要学技术，到了大学程度沒事做，到初中程度就有人找你們了。"

"組織起来以后，什么工作都好办，防火、交通事故也可以消灭，我看将来連派出所也可以不要了。"

"現在派出所事情不多了，这个問题值得研究"。

"街道办事处可以叫生产服务社。"

（在听了鴻順里汇报后）刘少奇說："这是共产主义形式。" "将来搞共产主义也是这样。"

刘少奇在天津鴻順里"視察"时的講話

（１９５８年７月11日）

（在参观鴻順里生产組时）刘少奇对参加生产的妇女說："很累吧？" "你們一定要吃飽，别影响了身体。"

（在参观生产組后，到賈大娘家）刘少奇首先問生活怎么样？在银行存了多少錢？又問賈大娘的儿子搞了对象沒有？（賈大娘說沒有，搞了对象沒房子住）刘少奇說："你們現在生活方式变了，精神面貌变了，居住环境也可以改变，你們可以盖大楼嘛。"

刘少奇在区委还說："要把生活組織好。" "住房問題也要解决，可以攷虑盖大楼，采取民办公助。"

在参观鸿顺里时說"現在你們的生活方式是共产主义的。" "是共产主义幼芽。"

（摘自天津市卫东区人委"联筹" "毛澤东思想卫东革命造反团"刘少奇在鸿顺里贩卖的修正主义黑貨必須批判）

刘少奇在天津召开半工半讀
座談会上的講話

（一九五八年七月十日）

第二个五年計划要招收很多工人。……因此，我想了这个問題，是按照老办法还是按新办法，老办法有很多不合法，今后，……老工人按老办法，新工人按新办法，增加二千万人，是县以上的工厂，县以下的小工厂不算，这些工厂就要实行新办法。今天要你就来，不要你可以回家生产。

新工厂新工人实行新办法，老工厂老工人是否也可以实行新办法？不要急，慢慢改，能快改就快改，不能快改就慢改，实在不能改的就等一下。但是新招收的工人要实行新办法，一刀两断，进行到这里，以后就不再实行老办法了。

新办法在工业上大体有三种：

1.固定起来，这是少数人，大部分是老工人，技术复杂的工人和干部；2.长期合同工；3.短期合同工。三种都是正式工人，也是固定工人，什么都得作，作这样工作，也要作那样工作，沒事作閑起来不好，沒事扫扫地挑挑土也好，你們看有道理沒有？"

合同工，有事就干，沒事辞退，是工人也是农业社员，家安在农业社。

学徒工莫編制，按新的办法訂合同，学徒合同，招收初中毕业生时就談好到大学毕业，訂十一年合同，学徒自己走不行，到那个工厂，就把大字报送到那个工厂去贴，工厂之間不准挖墙脚，那是无組織行为。……

合同工，有工作你就来，沒工作你就回家，保险（劳动保险——編者）一条，因公負伤，給他医好，残废了发撫邮金，生病、生小孩有农村保险，临时工沒保险，可以比长期工高一点，加百分之五吧！平时把錢拿到手，有了病，生孩子就不向工厂和国家要啦！这样也比較合理。

（摘自中国科学院革命历史研究所、近代革命史研究所編印的"刘少奇反革命修正主义言論汇編"）

第 三 部 分

刘少奇1964年的"天津講話"

最 高 指 示

联系到一九六二年的右傾和一九六四年形"左"而实右的錯誤傾向，岂不是可以发人深醒的嗎？

我們的教育方針，应該使受教育者在德育、智育、体育几方面都得到发展，成为有社会主义覺悟的有文化的劳动者。

学生也是这样，以学为主，兼学别样，卽不但学文，也要学工，学农 学军，也要批判资产阶級。学制要縮短，教育要革命，资产阶級知識分子統治我們学校的现象，再也不能繼續下去了。

編者按：在我国經济处于暂时困难时期，国际、国內的阶級斗爭尖銳、复杂，帝国主义、现代修正主义和各国反动派以及社会上的牛鬼蛇神，互相配合，掀起了一股反华逆流，一时甚嚣尘上，大有乌云压城域欲摧之势，与此同时，这些牛鬼蛇神的总后台刘少奇与国际、国內的反动力量相呼应，向社会主义的中国发起了猖狂的全面的进攻。

但是，乌云遮不住太阳，伟大的中国人民在我們伟大領袖毛主席的領导下，在形形色色的敌人面前，頂住了黑风，鎮住了恶浪，經受了最严峻攷驗。

一九六四年我国經济已全面好轉，但是以刘少奇为代表的这一股反动力量并不甘心自己的失败，他們念念不忘的是資本主义复辟，党內头号走資本主义道路的当权派刘少奇，在天津极力鼓吹利潤挂帅，主张合同工，临时工，企图把我們社会主义的經济体制变成为垄断資本主义的經济体制，极力兜售他那早已沒人拣的破烂 —— 披上"半工半讀"外衣的刘氏修正主义教育路綫。妄图将青年一代培养成资产阶級接班人。与此同时当伟大的社教运动开始后，他派王光美到桃园推銷形"左"实右的机会主义路綫，并以桃园为据点，总結黑經驗（桃园經驗），并四处推銷，妄图将伟大的社教运动引入岐途。不仅如此，刘还到处宣揚"吃小亏占大便宜"的反动哲学，来做腐蝕剂，兜售反动的資产阶級世界观。总而言之一句話就是这个中国的赫魯晓夫刘少奇想的是資本主义，爱的是資本主义，干的也是資本主义，他所主张的不是社会主义道路，而是資本主义复辟的道路。他的目的就是使社会主义的中国轉入資本主义复辟的道路。

看，刘少奇的狼子野心多么恶毒，我們决不允許历史的悲剧重演，我們要誓死捍卫社会主义的鉄打江山。

"金猴奋起千鈞棒，玉宇澄清万里埃"

讓我們高举起毛澤东思想的千鈞棒，彻底肃清刘的流毒，将社会主义革命进行到底。

刘尒奇在天津市委書記座談会上的談話

(1964年7月3日)

今天談談城市工作問題，……最近工业生产怎么样，是好一点，还是差一点？工业生产經过一个下落又上长了。是不是又出现大跃进时一些不正常情况？……

……还有一个問題，城市人民公社有集体所有制企业，揩全民所有制的油……每个省，每个市，每个县，每个企业，应該有他的机动資金，机动的材料。……

……有那么个論調，当老实人吃亏，問題是讲老实話，不要讓他吃亏，調皮的不要讓他占到便宜。……共产党員不要怕吃亏。规律是占小便宜要吃大亏，有些人，什么亏也不吃，有威信的事他去做，占小便宜，这样一年二年可以，十年、八年就不相信他了，結果吃了大亏。老实人，做老实事，說老实話，暫时看来是吃了点小亏，十年、八年信任你了，終究是不吃亏的。……

两种劳动制度，两种教育制度。我們现在只有一种劳动制度固定工，……以后我看劳动制度不要只是一种，尽量的用临时工，利用农民的农閑季节，从城里搞一些临时工，主要是农民。……一年搞几个月，农忙时候回去，农閑再来。……

还有两种教育制度，……半工半讀，半耕半讀，由小学一直大学，……这样，又讀书、又工作，国家不拿負担了，家庭也不能負担了，对国家、对家庭、对个人都有好处，我們相信这样培养出来的人材比那种全日制学校培养出来的人材要好。我在保定育德中学讀书时，曾搞了一年的半工半讀，一天四小时上課，四小时做工，晚上两小时自习。学打鉄、学翻砂，学机械，就是一个个車間，只有一个师付，一个技术員，出了不少产品。我們这些人不拿工資，搞飯吃。

消灭三个差别，又是体力劳动者，又是脑力劳动者，也可能需要保留少数的脑力劳动者，如科学家，暫时停止他的四小时劳动，允許搞几个月，搞几年，搞出东西来，那个时候恐怕党也沒有了，……到那时，所有的唱歌的，演戏的，通通的等等所有的人都是半工半讀。……这样培养出来的演員，和工农感情一致的，也可以出大文学家和演員。

……讀了，做了工，又不拿錢，又是无产阶級，将来有的还可以当干部管理国家大事。天津如有几万人这样做了，一定受欢迎。

……搞五反的单位……总的前提是，五反不能妨碍生产，質量不能降低，事故不能发展，还要充分发动群众，搞好五反……解决时間問題要与工人商量，……我在安源煤矿搞过工人的，那个时候，我一个人在那頂着，情况也不清楚，不懂就問工人，……大庆油田是三班制，困难时候沒有飯吃，抽出一班人去种地，工作由八小时延长到十二小时，从厂长、党委书記都这样干。这样有了飯吃，有了房住，不增加工資，生产又沒有影响……凡是过份疲劳时，就要休息，……我問余秋里同志，大庆的工人是不是都滿意？他說不滿意的很少。彭真同志到大庆住了一个礼拜，了解到大約有百分之十五的工人不滿，对大家緊张有意見。……

……城市也好，农村也好，就要有三八作风，四个第一，还要战斗化，不战斗化就不灵。

刘尔奇在天津同河北省委負責同志的談話

（1964年7月5日晚上）

（註：参加人中有万晓塘和赵武城）

她（指王光美～編者）講出来了，我就講不出来，你（指李韻伯）能不能講啊？……不行怎么会知，不眞行就沒有眞知，經过实踐，搞出个报告，这是规律。现在还没很好总結，她（按：指王光美）还沒有完全用上去。她講四五小时，你們要她講六小时，还是三小时半講完好。（注：这是在王光美在河北省干部会上大肆兜售"桃园經驗"之后，刘少奇講的）

你們半工半讀的材料（按：指天津半工半讀材料）我看到了，不錯，……有成績嘛，毕业生二千多人。……将来，这些人有的可以当車間主任，有的可以当厂长，有的在科室工作。……这些若能做到又劳动，又办公，又管理，就可以看出点共产主义时代的作法。……消灭三个差别，首先是人的全面发展，半工半讀出来当工人，比較全面嘛，它就是要提高生产力的。

……半工半讀学校办的好，注意节省一点，国家不需要拿多少錢，劳动生产率提高，創造的利潤不見得会賠錢。

……职业学校也搞半工半讀，学习三、四年毕业以后能当工人，能当技术員，半工半讀这样出来的人当工人沒有反感，但我們分配时，可叫他們做科室工作……职业学校学生毕业后，說不包下来是假的，实际六亿人口都得包下来，問題是服从国家分配，讓他干什么事都沒有反感。……人家又可作工人，又可作技术員，为什么不包下来呢？就是要包这些人，这些人包下来沒危险，调皮搞乱的不包。

职业学校，訓練技术工人是必要的，但毕业生不到中技水平，不好分配工作，学到中技水平就好分配了。这样的人能当工人，又能当技术干部。那个人不是說要烧一輩子鍋爐嗎？他不提意見，我們要理解这个問題，是不是搞几班輪流，一班烧一年，也可换作別的工作。

搞几个学机械的半工半讀学校，学机器制造，能鉎、能磨，还能鉆床、鏜床、鍛压，毕业一批分配一批，开始当工人，以后当技术員，也可以分配到科室。……这些人半天劳动，半天工作。……經过培养可以当車間主任，当厂长，培养接班人嘛，……"告訴他們到共产主义也是这样，至少劳动四小时，其余的时间也不能都去玩，或者管經济，或者画画，或者唱戏，或者搞科研工作，将来的人都可以搞研究工作，这就不需要这么多专門研究人員了。

想办法把这两个厂（按：电子仪器厂和感光胶片厂）的工人都学习都变成半工半讀的人，都提高了，……就可以出现共产主义劳动的雛型，半工半讀的人当厂长不会拒絕劳动。

……在城市，慢慢地把工人都統統地换成这种人，那个时候，工人車間主任，厂长都是他們，……这样的厂、車間主任就不一样了嘛，反官僚主义就有典型可学了嘛，这是新典型的工厂，现在可以办习，不要非等到共产主义再办，现在已經是共产主义第一阶段了，人人都来参加生产，劳动生产率就提高了，现在这么多人脱离生产，共产主义就来的慢，反之就可以早点到。

这样的半工半讀学校，可以由中等技术学校发展到大学。……这些人出来一般可搞到五、六級工。他們占到80％就占了优势……有老工人不要紧，会听他們的話的。他工資不少，不需要多吃多占，不貪污盗窃了，他們能劳动……要在他們当中发展党团員，接班人也就好办一点。

領导手工业的工部恐怕不脱离生产好一些，一脱离生产反而不好領导了。你是主任，又是社員，参加劳动說話更有威信了。

……。他們的資产阶級思想总是少一点，因为他們既有文化，又能劳动。

两种劳动制度，除了半工半讀，还有亦工亦农問題。少用固定工，多用临时工，临时工可以做一輩子，我們历来反对轉正，待遇搞平等就是了，临时工資可以比固定工高一点，他們就愿干了嘛。

《文革史料叢刊》 李正中 輯編 古月齋叢書3-8

文革史料叢刊 內容簡介

　　《文革史料叢刊第一輯》共六冊。文革事件在歷史長河裡，是不會被抹滅的，文革資料是重要的第一手歷史資料。其中主要的兩大類，一是黨的內部文宣品，另一是非黨的文宣品，本套叢書搜集了各種手寫稿，油印品，鉛印文字、照片或繪畫，或傳單、小報等等文革遺物，甚至造反隊的隊旗、臂標也多有收錄，相關整理經過多年努力，台灣蘭臺出版社，目前已出版至第三輯，還在陸續出版中。

蘭臺出版社書訊　文革史料叢刊（第一輯－第五輯）

第一輯共六冊，圓背精裝
ISBN：978-986-5633-03-5

第一冊	頁數：758
第二冊	頁數：514
第三冊	頁數：474
第四冊	頁數：542
第五冊	頁數：434
第六冊	頁數：566

第一冊：最高指示及中央首長關於文化大革命講話

第二冊：批判劉少奇與鄧小平罪行大字報選編

第三冊：劉少奇與鄧小平反動言論彙編

第四冊：反黨篡軍野心家罪惡史選編

第五冊：文藝戰線上兩條路線鬥爭大事紀

第六冊：文革紅衛兵報紙選編

古月齋叢書 3 定價 30000元(再版)

第二輯共五冊，圓背精裝
ISBN：978-986-5633-30-1

第一冊	頁數：188
第二冊(一)	頁數：416
第二冊(二)	頁數：414
第二冊(三)	頁數：434
第三冊	頁數：470

第一冊：文件類

（一）中共中央文件 11

（二）地方文件 69

第二冊：文論類（一）

第二冊：文論類（二）

第二冊：文論類（三）

第三冊：講話類

古月齋叢書 4 定價 20000元

第三輯共五冊，圓背精裝
ISBN：978-986-5633-48-6

第一冊	頁數：239
第二冊	頁數：284
第三冊	頁數：372
第四冊（一）	頁數：368
第四冊（二）	頁數：336

古月齋叢書 5 定價 25000元

第一冊：大事記類
第二冊：會議材料類
第三冊：通訊類
第四冊（一）：雜誌、簡報類
第四冊（二）：雜誌、簡報類

第四輯共五冊，圓背精裝
ISBN：978-986-5633-50-9

第一冊	頁數：308
第二冊（一）	頁數：456
第二冊（二）	頁數：424
第三冊（一）	頁數：408
第三冊（二）	頁數：440

古月齋叢書 6 定價 35000元

第一冊：參考資料、報紙類
第二冊（一）：戰報類
第二冊（二）：戰報類
第三冊（一）：大批判、大學報集
第三冊（二）：大批判、大學報集

第五輯共五冊，圓背精裝
ISBN：978-986-5633-54-7

第一冊	頁數：468
第二冊	頁數：518
第三冊	頁數：428
第四冊	頁數：452
第五冊	頁數：466

古月齋叢書 7 定價 30000元

第一冊－第五冊：
大批判、大學報集

第六輯即將出版

購書方式
書款請匯入：

銀行
戶名：蘭臺網路出版商務有限公司
土地銀行營業部（銀行代號005）
帳號：041-001-173756

劃撥帳號
戶名：蘭臺出版社
帳號：18995335

100 台北市中正區重慶南路1段121號8樓之14
TEL：（8862）2331-1675 FAX：（8862）2382-6225
E-mail：books5w@gmail.com
網址：http://bookstv.com.tw/